巩启明

史前考古文集

文物出版社

责任编辑　张庆玲
封面设计　周小玮
责任印制　陈　杰

图书在版编目（CIP）数据

巩启明史前考古文集 / 巩启明著. —北京：文物出版社，2015. 7

ISBN 978 - 7 - 5010 - 4371 - 2

Ⅰ. ①巩…　Ⅱ. ①巩…　Ⅲ. ①石器时代考古 - 中国 - 文集　Ⅳ. ①K871. 104 - 53

中国版本图书馆 CIP 数据核字（2015）第 198411 号

巩启明史前考古文集

巩启明　著

*

文 物 出 版 社 出 版 发 行

（北京市东直门内北小街 2 号楼）

http：//www. wenwu. com

E-mail：web@ wenwu. com

北 京 京 都 六 环 印 刷 厂 印 刷

新　华　书　店　经　销

787 × 1092　1/16　印张：31. 5

2015 年 7 月第 1 版　2015 年 7 月第 1 次印刷

ISBN 978 - 7 - 5010 - 4371 - 2　定价：218. 00 元

Gong Qiming's Works on Prehistoric Archaeology

by

Gong Qiming

Cultural Relics Press

Beijing · 2015

在文物库房整理临潼姜寨遗址出土文物标本

1952 年在许昌县中读书时留影

1954 年在许昌第一高级中学读书时留影（前排右一为作者）

1956 年西北大学考古专业 55 级同学和部分教师在霍去病墓前合影（第二排右三为作者）

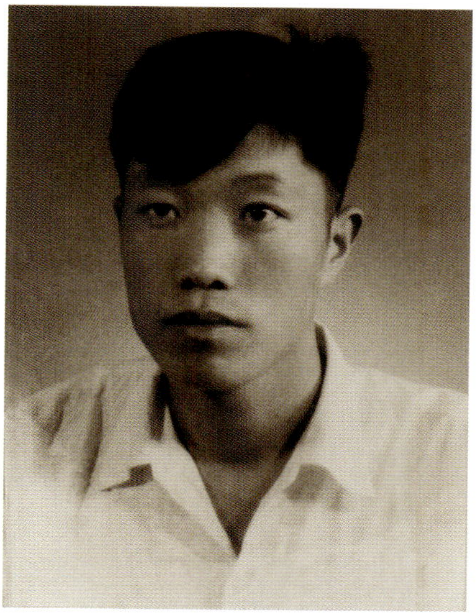

1959 年西北大学毕业照

1959 年春参加汉水流域考古调查实习时留影（前排右一为作者）

1962 年与夫人焦巧玲结婚照

1973 年冬和临潼姜寨遗址考古队部分队员合影（前排右二为作者）

1976年国家文物局和浙江省文化局在杭州召开的“河姆渡遗址第一期发掘工作座谈会”合影（第三排左八为作者）

1978年参加江西印纹陶学术研讨会后应邀和李仰松先生（左二）、邹衡先生（左三）、严文明先生（右二）、阎磊先生（右一）一起到福州考察时合影（后排左二为作者）

1982年西北大学教授刘士莪先生（左一）、林剑鸣先生（左二）来文物库房参观姜寨遗址出土文物标本（右二为魏京武）

1983年拜访著名历史学家武伯伦先生（右）

1984年春节陕西省文物局部分干部到基层（乾陵博物馆）慰问时合影（前排左二为作者）

1984年5月和父母、爱人及子女合影

1984 年 12 月参加云南元谋人学术讨论会时与朋友合影（前排左一为周国兴、左三为宋方义、右二为张兴永、右一为黄象洪、后排为魏京武）

1985 年在编写《姜寨——新石器时代遗址发掘报告》

1986 年和夫人焦巧玲在乾陵博物馆

1986年和国家文物局局长吕济民（左五）等赴日本考察文物考古工作时合影（左三为作者）

1986年10月赴意大利考察文物考古工作时考察庞贝古城的保护情况（右一为作者）

1988年11月陪老同学曾骐（右）考察周原遗址的发掘情况

1988 年参加秦始皇陵铜车马修复展典礼（左为王学理）

1988 年参加法门寺博物馆开馆典礼时和严文明先生（右二）、楼宇栋先生（左二）杜宝仁先生（左一）合影留念

1988 年参加法门寺博物馆开馆典礼时和宋兆麟先生（左）、杜耀西先生（右）合影留念

1989 年 6 月应国家文物局邀请为考古领队培训班考核委员，与第四期考古领队班合影（前排左三为作者）

1989 年 10 月访问美国密执安大学时在该校留影

1989 年 10 月在美国密执安大学讲学期间与布瑞斯教授（左）、童恩正教授（中）一起郊游

1989年11月访问哈佛大学时在哈佛像前留影（左为金樱女士，右为刘莉女士）

1989年12月访问香港中文大学时与张光宇先生（左）、邓聪先生（右）合影

1990年7月孙达人副省长（前排左四）视察咸阳沙河桥遗址发掘情况（左一为作者）

1990年中德合作文物修复室建成后与中德技术人员合影（左一为作者）

1990年10月中国第一届环境考古学术讨论会在西安召开（第二排左六为作者）

1990年中央政治局常委李瑞环同志（前排右三）来陕视察汉景帝陵陪葬坑发掘情况（前排左三为作者）

1991年陪同国家文物局副局长黄景略先生（左三）、故宫博物院院长张忠培先生（右二）、香港中文大学邓聪先生（左一）视察汉阳陵发掘情况（右一为王学理）

1991年4月在香港中文大学讲学（左为香港著名学者饶宗颐教授）

1991 年在香港扒头鼓遗址发掘现场（左为香港中文大学邓聪，右为中国社会科学院考古研究所白云翔）

1992 年在汉阳陵指导发掘工作（右为汉阳陵队领队王学理）

1994 年 8 月和陕西省文物局局长王文清同志（左）一起赴韩国考察文物保护、考古发掘情况

1994 年 9 月和张忠培先生（右）在唐大明宫麟德殿遗址合影

1994 年 9 月与马德志先生（左二）、杨鸿勋先生（右二）、刘庆柱先生（右一）在大明宫含元殿遗址合影

1994 年 10 月中德合作唐陵考古队调查唐穆宗光陵（左为作者）

1995年4月中德合作唐陵考古队调查唐玄宗泰陵（右二为作者）

1995年4月中德合作唐陵考古队调查唐玄宗泰陵时在陵区驻地（农家）休息时合影（右一为作者）

1995年11月在唐僖宗境陵和考古队同志合影（右二为张建林领队、右一为壁画临摹师段卫、左一为壁画揭取师、左二为李自智）

1995 年与尹申平（左一）一起访问德国美茵兹罗马—日耳曼中央博物馆（右三为作者）

1996 年 9 月参加彬县大佛寺保护会议与中外专家合影（后排右一为作者）

1997 年 10 月陪张森水先生（左）考察洛南花石浪龙牙洞旧石器时代遗址

1998年6月参加西北大学考古系硕士论文答辩会（左一为张宏彦、左二为魏京武、右一为尹申平、右二为王建新）

1998年8月带北京大学研究生沈睿文（右一）、范淑英（右二）到唐昭陵调查

2002年9月和刘东生先生（左三）、周昆叔先生（左二）在山东城子崖遗址博物馆合影（右二为作者、左一为杨亚长）

2003年11月在唐太宗昭陵北司马门遗址参观发掘情况时合影（自左至右为王小蒙女士、石兴邦先生、作者、禚振西女士）

2004年8月在统万城调查保护情况

2004年在书房工作

2006 年在临潼姜寨遗址接待韩国电视台记者采访（中为作者）

2006 年在唐睿宗桥陵与中国社会科学院历史研究所王宇信教授（右）、国家博物馆王永谦教授（左）合影

2009 年 6 月在澳大利亚墨尔本拉筹伯大学与中青年考古学者合影（从左至右为葛威、刘莉、作者、魏鸣、王社江）

2012年9月16日在中国第五届环境考古大会上获中国第四纪科学研究会环境考古专业委员会颁发的“环境考古杰出贡献奖”（右三为作者、中间为周昆叔先生、右二为莫多闻教授）

2012年10月15日在郑州与西北大学考古专业55级部分老同学聚会合影（前排自左至右为吴子荣、吴梓林、作者、曾骐、熊培根、马世之，后排自左至右为胡希能、杜耀西、肖安顺、邓振益、王丙祥）

2013年和周昆叔先生（前排中间）在陕西高陵杨官寨遗址进行环境考古调查（前排左一为作者）

自　序

七十古稀，八十耄耋，不知不觉间已经走到了人生的暮年，与考古结缘业已近 60 年，回首过往依稀在昨日。我 1955 年参加高考，被录取到西北大学历史系学习，1956 年西北大学在文化部国家文物局及中国科学院考古研究所的支持下于历史系成立考古专业（当时称考古专门化），系里将 55 级学生分成历史班和考古班，分班时我要求到考古班。西北大学成立考古专业之初，师资力量薄弱，专业课都是请北京大学考古专业老师和中国科学院考古研究所专家来授课，有唐兰、陈梦家、阎文儒、宿白、石兴邦、王仲殊、张长寿、林寿晋、胡谦盈、郭仪孚等先生，他们认真施教，为我们后来从事考古工作打下了坚实的专业基础。考古学是一门重田野考古实践的学科，大三时专业课已学完，其时正值 1958 年全国掀起大跃进的热潮，学校根据各系或专业性质的不同，安排学生到工厂、农村参加大炼钢铁或社会实践，考古专业是到考古工地实习。我们班由陈直先生带领到中国科学院考古研究所唐城队正在发掘的唐兴庆宫、大明宫遗址进行田野考古实习，指导教师是唐城队队长马得志先生。兴庆宫和大明宫两遗址面积很大，内容很多，我们实际发掘的是兴庆宫的勤政务本楼遗址和大明宫的麟德殿遗址。到大四的第二学期，系里又组织我们到宝鸡北首岭仰韶文化遗址考古发掘实习，指导我们的是赵学谦先生，一批探方发掘完之后，又将我们分成几个组分赴陕西省考古研究所的渭水队、汉水队进行考古调查。我和同班的杜耀西、孙修身、李克修、李培民参加的是汉水队调查，发现了一大批古遗址和古墓葬。通过一年多（三个学期）的田野考古实习，基本上掌握了田野考古的实际操作技术，也为后来的工作奠定了基础。

1959 年毕业我被分配到甘肃。当时的分配原则是优先照顾 1958 年以来的新办院校师资，先是在甘肃师专、继而到甘肃教育学院及甘肃师范大学任教。在从教的十多年中，我教过“中国古代史”、“中国历史要籍介绍及选读”、“中国考古学通论”等。但始终对考古工作特别留恋和思念，总想回到考古工作中为考古事业奉献终身。1971 年周恩来总理指示：在文化大革命中要重视文物保护工作，于是全国文物考古工作得以迅速恢复。《文物》、《考古》及《考古学报》率先复刊，被下放劳动的专业干部相继归队，全国的文物考古工作很快开展起来。陕西的工作步伐较快，在学友的推荐下，1972年我被陕西省文化局调到西安半坡博物馆搞考古工作，实现了我回归考古工作的愿望。在半坡博物馆做了十多年田野考古的调查、发掘和研究工作后，1983年组织上调我到陕西省文物局从事领导工作，可是我对机关行政领导工作缺乏热情，总想回归学术单位。1986年我如愿以偿调到陕西省考古研究所，再次回到考古一线继续从事田野考古和研究工作，至今再无变动。

回首往事，从西北大学考古专业毕业的几十年来，我对考古工作的热爱始终不减甚至是矢志不移，无论是在教学中或是在考古实践中，始终坚持田野考古调查发掘和研究，从不懈怠。1973至1979年，我主持发掘临潼姜寨新石器时代遗址，发现了五期文化遗存的地层叠压关系，这对于研究陕西新石器时代的文化发展序列具有重要意义；同时在姜寨遗址发现了仰韶早期的一处保存基本完整的原始聚落遗存，从而为研究当时居民的社会组织结构、社会性质等提供了极为重要的科学资料。作为一个田野考古工作者能够遇到这样一个保存完好的遗址，我倍感欣慰。在姜寨遗址的发掘和研究过程中，当时北京大学的严文明先生和西北大学的曾骐先生给予的指导帮助最多，无论是考古学理论问题、国内外有关资料或者是发掘中遇到的具体问题等，都得到了他们无私的热情帮助，我衷心感谢他们。1979年在姜寨遗址发掘过程中，中国考古学会在西安成立，4月11日与会代表参观指导考古工地。刚刚就任首任理事长的夏鼐先生对发掘工作给予了充分肯定，并鼓励“再鼓一把劲，把这个原始聚落挖完挖好”。苏秉琦先生指出：“姜寨的村落布局很好，目前半坡和北首岭遗址都挖不全了，就姜寨有希望，全国都在看着你们这一张平面图，以后的考古历史教科书要用，中国历史要用，世界历史也要用，意义很大。”张忠培先生说：“把整个姜寨遗址挖完，一个人一辈子能做好一件大事，就是最大的贡献。”50多年来，我参加过的考古调查有几十次，每次调查工作少则一天两天，多则数月数年，涉及内容有史前及历史时期的古遗址、古墓葬、古建筑、石窟寺及石刻、近现代重要史迹等；参加过的考古发掘项目20余项，其中任领队主持发掘的有16项，这些项目主要是新石器时代遗址，如临潼姜寨、渭南史家、岐山双庵、神木石峁等，并都有重要发现。但20世纪80年代中期以后的几个项目因行政领导工作的繁重，不能常驻工地，只是抽空到现场指导帮助解决一些问题，日常的发掘管理只好委托他人负责，颇多无奈。

在这几十年间，上至史前，下至夏、商、汉、唐各个时期的考古工作，我都做过一些。在工作中我不断地向师友学习，充实完善自己的知识结构，所涉足的研究领域有史前考古学、体质人类学、环境考古学和历史时期考古学，但更多的还是用力于史前考古。对一个考古工作者来讲，遇到什么就得干什么。比如在发掘石器时代遗址中遇到汉唐墓葬或其他时期遗存也必须发掘清理，而不能推卸不管或者不会干；所在单位的工作任务什么紧就做什么，而不能挑肥拣瘦强调个人爱好或专长。当年按照省里的工作安排，全省的古生物化石、古人类、石器时代的考古工作等都由西安半坡博物馆负责。那时经常有各地发现动物或人类化石出土的消息，或是发生史前遗址被破坏的情况，这时候省文化局就会通知半坡博物馆前往处理。我们在实际工作中，对新石器时代遗址的调查发掘还觉得很熟悉，但对古动物、古人类、旧石器的调查发掘就有些吃力，不少同志在这方面感到欠缺，包括本人在内虽然学过一点基础知识，但到实际应用时也常感茫然。特别是1978年“大荔人”的发现，暗示了陕西可能还有更多化石人类的埋藏，这就要求我们半坡博物馆的考古工作者必须尽快详尽掌握古动物、古人类、旧石器的知识并具备实地操作的能力。由此我们于1980年专门请中国科学院古脊椎动物与古人类研究所曾发现“蓝田猿人”的贾兰坡先生来陕西讲学。贾兰坡先生的讲课对我们的实际工作很有指导意义，我自己也受益匪浅。

至1981年西安半坡博物馆已发掘了临潼白家、姜寨，渭南史家，蓝田怀珍坊及岐山双庵等多个各时期的重要遗址，馆内收藏的墓葬出土人骨标本有上千具，但是我们并不具备体质人类学的专业知识，难以开展进一步的研究工作。我们曾邀请西安医学院解剖教研室的张俊岭教授及任惠民、韩玉茂、曾京中等先生到考古现场对出土人骨进行观察、测量及性别、年龄等的鉴定研究，但因为他们的教学科研很忙难以抽出大量时间从事这一工作，这些出土人骨便只好暂时寄存在库房，这样日积月累越来越多。后来我们特聘复旦大学生物系夏元敏先生来陕讲授《人体骨骼测量法》，并指导实际操作，遂使我们也有了这方面的专门人才，高强、王志俊、周春茂等后来都能熟练开展这项工作，本人也和同志们一起做了一些工作。

我作为一个考古工作者，多年来调查过很多各时期的遗迹，主持发掘过多处遗址。在实际工作中，我对每一处遗址所在地的地理位置、地形、地貌、山川、河流、地质、地层、气候、环境等自然状况都比较注意。后来我从报刊上得知周昆叔先生在北京地区结合考古（上宅）文化开展的环境考古研究已经取得了令人瞩目的成果，非常敬慕。同时也感觉到自己平时在考古工作中对自然环境的关注只是感性的、自发的、简单的与考古工作结合，并未提高到理性的科学高度，更未认识到环境考古的性质。1989年，周昆叔先生告知我他将来陕西开展环境考古工作时，我们非常高兴并提供各种便利。对我来讲这是向他学习环境考古的好机会，我主动参与，与周先生一道考察了关中东部的“蓝田人”、“大荔人”，以及西安半坡，临潼姜寨、白家村、康家，渭南史家、北刘，华阴横阵等多处遗址的地质、地层、地形、地貌状况，了解遗址的文化性质，以及多处典型的地层剖面。后又安排魏京武、杨亚长两同志陪同周先生考察关中西部，特别是通过对周原地区黄土层的观察，确认了新石器时代形成的周原黄土的层位。后来周先生多次来陕西，我们都和他一道对一些新发现的古遗址进行环境考古的考察研究。周先生所倡导的环境考古及在陕西地区的实践对于我们考古学的综合研究具有重要意义。

上述贾兰坡、夏元敏二位先生的授课以及随周昆叔先生一起进行环境考古的考察研究，使我深获教益，在后来的工作中起到了积极的作用。

几十年来我得到很多师友的帮助。70 年代初我回到文博考古单位工作就得益于学友推荐，在随后的考古工作中又得到石兴邦先生多方面的关怀与帮助，在日常的工作、学习、研究中更是得到无数师友的帮助与支持。1980 年 5 月 25 日至 30 日我陪安志敏先生考察了大荔人遗址和沙苑地区的中石器遗址，27 日和安先生一起投宿大荔县招待所，晚上闲聊时，安先生拿出他的笔记本给我看，并说“这是‘文革’期间红卫兵造反焚烧《考古》编辑部的稿子时，我从火堆里拣出来的，一看是 1965 年陕西省考古所投的《陕西北洛河流域考古调查报告》中的遗址登记表，报告文字已烧掉，仅剩些登记表了，我将它抄到笔记上，你可以把这些遗址誊下来以备参考”。当晚我花了两个小时从安先生的笔记本上转誊到我的工作日记本上。1975 年同窗曾骐先生从西北大学调往中山大学时给我一份《陕北长城沿线考古调查汇报》底稿，这本是给西北大学历史系的工作汇报，但附有相关几个县的遗址登记表，他便交我存查备用。安先生和曾骐同窗交给我的这两份资料是陕西省考古所 1963 年对陕北进行大规模考古调查的资料，他们无私的高尚品质和对考古事业的热爱令我非常感动。众多师友的鞭策鼓励和帮助是我一生的重要财富。

虽然工作不能挑肥拣瘦，但在学术研究中可以体现个人的学术兴趣和爱好，我的研究主要是结合个人的实际工作而进行的。鄙人智商不高，脑子有点笨，但耐性还是有一些，对看准的事情能够持之以恒一干到底。多年来在学术研究上也用了一些功，我主编了《姜寨——新石器遗址考古发掘报告》（文物出版社，1988 年），撰写了《仰韶文化》（文物出版社，2002 年）以及《试论仰韶文化》（《史前研究》1983 年 1 期）、《从姜寨早期村落布局探讨其居民的社会组织结构》（合著，《考古与文物》1981 年 1 期）、《论中国新石器时代住宅建筑与聚落的产生、发展及演变》（合著，《考古学研究》，三秦出版社，1993 年）等论文。编写了《唐睿宗桥陵——调查勘探测绘报告》（德国美茵兹出版，2002 年）、《唐玄宗泰陵、宪宗景陵、穆宗光陵——调查勘探测绘报告》（德国待版）。

几十年来，我陆续发表考古论文、报告、简报、科普及其他文章 100 多篇，但其中质量高的不多。收入本集的均为史前研究文章，先后排列次序大体以时代早晚为准。为了反映原来的认识水平，基本保持发表时的原样未作改动，仅对个别插图或照片有所调整，每篇的后面都注明了发表的刊物名称及年月期别，以便检索。需要特别说明的是选入本集的文章有部分系与同仁合作撰写，在此特向合作者表示诚挚的敬意和谢意。

由于作者学术水平有限，谬误之处在所难免，敬希学界贤达指教。

目　录

华北新石器时代早期文化遗存的发现及相关问题的探讨

在中国史前考古中，旧石器时代晚期和新石器时代中晚期的文化遗存在全国各地都有发现，尤其是黄河、长江两大河的中下游地区相当丰富，唯独新石器时代早期的文化遗存长期以来尚属缺环。考古界对弥补这一古文化空缺的研究十分重视，其在考古学科的“十一五”和“十二五”规划中都被列为重点研究课题[①]，它更引起了广大考古学者的特别关注，人们随时随地都在思考着这一重大课题的解决方法。近三十年来随着我国考古事业的发展，新石器时代早期的文化遗存在一些地区陆续有所发现，为我们弥补中国新石器时代早期的文化缺环提供了重要资料。本文拟将近些年在华北地区发现的有关文化遗存及相关问题略加陈述。

一　华北新石器时代早期文化遗存的发现

华北地区的新石器时代文化遗存在20世纪70年代以前只有仰韶文化和龙山文化。这两种文化的特点都是遗址面积庞大，文化层深厚，遗迹、遗物特别丰富。石器多为通体磨光，器类复杂；骨角蚌器精制，陶器的陶质、陶色、造型、纹饰已达到精美的程度，尤其是仰韶文化的彩陶及龙山文化的蛋壳陶都是高精艺术的珍品；从各种迹象所反映的情况来看当时已是比较发达的原始农业社会。那么，比龙山文化早的仰韶文化是从哪里来的？其前身是什么呢？这样的问题早于50年代末和60年代初在考古界已经开始酝酿，并在田野考古中陆续有零星发现，如在华县元君庙、老官台，渭南白庙、北刘，西乡李家村，邠县下孟村，宝鸡北首岭等仰韶文化遗址的下层都发现了有异于半坡类型的陶片[②]。这些发现开始引起考古界的重视，1964年夏鼐先生在《我国近五年来的考古新收获》一文中指出：“……它和典型的仰韶文化有密切的关系，而它所代表的文化可能要较早，……是探索仰韶文化前身的一个较可靠的新线索。”[③]1965 年苏秉琦先生也认为：“以北首岭、元君庙下层等为代表的文化遗存，应和半坡类型划分开来，……这类文化遗存无疑同半坡类型的仰韶文化具有一定的渊源关系。”[④]“文化大革命”的十年间，考古界探索仰韶文化前身的工作中断。直到 70 年代后期，在河北发现了磁山文化[⑤]，在河南发现了裴李岗文化[⑥]，同时也确认了陕西老官台文化[⑦]，认为它们都是早于仰韶文化的新石器时代早期文化或称前仰韶文化[⑧]。但根据它们所反映的文化特征及^{14}C测年的数据来看，这些文化虽比仰韶文化原始一些，但还是比较进步的史前农业社会，并不是新石器时代的初始阶段，因此研究者将磁山、裴李岗及老官台等原始文化划归新石器时代中期文化遗存[⑨]。那么，真正的新石器时代早期文化遗存是什么？文化特征怎样？这些问题遂成为考古界关注的重大课题。80 年代及其以后，随着国家改革开放大规模经济建设的开展，考古事业也迎来了新机遇，步入了大发展时期，考古调查、勘探、发掘时有新的发现，真正的新石器时代早期文化遗存始露端倪，并接二连三地发现了徐水南庄头、怀柔转年、阳原于家沟和以前发现的北京东胡林以及最近发现的新密李家沟、淅川坑南等多处重要遗址。现将这些遗址的情况简要介绍于后。

（一）徐水南庄头遗址

南庄头遗址位于河北省保定市徐水县高林村乡南庄头村东北 2 千米处，地处华北平原西北部边缘太行山东麓前沿，西距太行山余脉 15 千米，东距白洋淀 35 千米，其附近东有萍河西有鸡爪河，遗址被夹于两河之间，海拔 21.4 米。遗址南部被当地砖厂取土破坏已形成一个大坑，现存遗址即位于大坑北边缘以北地段。1986 年文物普查中，乡文化站得知砖厂取土中发现被人工切割的鹿角，遂上报县文化局，经县文物管理所鉴定并到现场调查发现该遗址。遗址现存面积约 2 万平方米。发现后地、县两级文管所及北京大学考古学系、河北大学历史系于 1986、1987 和 1997 年进行了三次发掘，共揭露面积 320 余平方米。从发掘的地层剖面看，从上到下第一至四层为表土和灰黑色淤泥层，厚约 2 米左右；第五至六层为文化层，厚约 0.1～0.8 米；文化层下为生土层即马兰黄土，内有少量钙质结核，表明其地质时代应属于全新世早期。在发掘面积内发现的遗迹有灰沟 5 条、灰坑 3 个及用火遗迹 4 处。五条灰沟均为自然沟，其中三条沟中不见人类活动的遗迹和遗物，二条沟内的下部和底部遗物较多，有石器、骨器、陶片、动物骨骼、树枝、树皮及木炭等。在第二次发掘的灰沟中发现锅底状灰坑（H1）1 个，坑内有鹿角和陶片。四处用火遗迹中除一处为椭圆形外，三处为不规则圆形，直径约 1 米左右，有的为一薄层草木灰构成，有的为红烧土、炭化树枝、树皮和猪的髋骨、臼齿与齿槽等。第三次发掘的用火遗迹系红烧土堆成，最厚处达 15 厘米，其中一处红烧土堆内有 10 余块陶片，发掘者认为这一现象除了可能是灶外也不排除是原始平地堆烧陶器之地的可能。出土遗物有陶器残片，石器，骨、角器，凿孔木棒，木板及动物骨骼等。三次发掘共获陶片55件，其中多为腹片，仅有少数口沿和底片，难以复原成型。其陶系可分为夹砂灰陶和夹砂黄褐陶两类。烧制火候较低，质地疏松，陶胎较厚，一般在0.8~1厘米。胎内多夹砂粒、石英或云母、蚌末等。断面常为灰褐色或黄色、黑色等。夹砂灰陶多饰绳纹，颈部多饰附加堆纹，一些陶片还有钻孔现象。夹砂黄褐陶不见纹饰。器形简单，仅有罐钵。罐壁较直，平底，底部常见烟熏火燎痕迹。钵仅见口沿，圆尖唇，浅腹。石器有磨盘5件、磨棒4件、石锤1件、石片5块。磨盘均为残块，其中一件为石英岩状砂岩，呈扇形，为磨盘的一角，残长10.5、宽19.5、边厚4.7、中部厚1.4厘米，盘面内凹，底面平坦。磨棒多残，其中一件为细粒闪长岩，残长24厘米，由四个切削面组成，横截面为圆形，直径5~5.3厘米。另一件完整，造型别致，长20.5厘米，一面平直光滑，应为使用面，另一面呈弓形凸起。骨、角器有10多件，类型有骨镞、骨锥、角锥，多用动物肢骨或鹿角制成，其中一件骨锥系用鹿炮骨削磨而成，长11.5厘米，较精制。一件角锥较完整，长28.5厘米，系砍削鹿角枝前端而成，柄部有明显的削磨痕迹。在第一次发掘中发现1段有人工凿孔的木棒，残长8、直径3.5、孔径1.3厘米；另有一条状木板，残长1、宽0.2米，板上有人工凿割的凹槽。这表明当时人们已有一定的木作技术。出土的动物骨骼，经专家鉴定有11种动物，计有鸡、鹤、狼、狗、猪、麝、马鹿、麋鹿、麅、斑鹿、鳖等，一些骨骼上有烧烤痕迹。植物花粉以草木花粉为主。在南庄头遗址采集的木炭标本经北京大学^{14}C实验室测定为距今10500~9700年[⑩]。

（二）怀柔转年遗址

转年遗址位于北京市怀柔县宝山寺乡转年村西，地处燕山南麓、长城北侧白河北岸的第二级阶地上。1992年，北京市文物研究所和中国科学院古脊椎动物与古人类研究所发现并进行了试掘，认定其为新石器时代早期遗址。遗址面积约5000平方米。1995年秋至1996年春正式发掘，揭露面积400平方米，出土打制石器、细石器、磨制石器、陶器残片及动物骨骼等文化遗物15000余件。其中打制石器有砍砸器、刮削器、尖状器、石核、石片等。细石器数量较多，制作精细，器形有细石核、细石叶、刮削器、雕刻器。磨制石器数量较少，有石磨盘、石磨棒、磨制小石斧及石容器残件等。小型石斧及石容器系选用硬度较低的石料制成。陶片以夹砂褐陶为主，质地疏松，烧成火候低，陶色不匀，器表较光滑，内面粗糙，多为素陶，仅个别口沿外施附加堆纹或乳凸装饰，有的陶片内外成片脱落，断面可见片状贴筑痕迹，表现出原始陶器的特征。器形有直腹桶形罐和直腹平底盂，呈现出燕山南北地区早期陶器的风格。遗址年代经北京大学考古文博学院科技考古保护试验室对出土木炭标本进行^{14}C测定，为距今9800~9200年[⑪]。

（三）阳原于家沟遗址

于家沟遗址位于河北省阳原县泥河湾盆地从旧石器时代早期到新石器时代的遗址群中，地处桑干河北岸的虎头梁村西一条冲沟（于家沟）的源头。1998 年 8 至 9 月，河北省文物研究所与北京大学考古学系合作进行了发掘。遗址地层清楚，文化层厚达 7 米，是华北地区考古学文化遗存中极为难得的更新统末期至全新统中期的地层剖面。其下部文化层出土有较丰富的石器，常见的石器类型有刮削器、尖状器、雕刻器、锛状器及大量的细石器，同时还发现了数块陶片、骨器、装饰品及大量动物骨骼等。陶片出自第 3 层中部，其中最大的一片为一平底器的底部（似为罐），系夹砂黄褐陶，陶质粗糙疏松。经热释光测定，年代数据已超过万年，约早于徐水南庄头出土陶片的年代。出土的动物骨骼经鉴定其种类有蛙、鸵鸟、田鼠、黄鼠、鼢鼠、仓鼠、狼、野马、野驴、鹿、野牛和羚羊等，其中羚羊的角、上下颌骨和骨片所占比例最大，可能是当时人们狩猎的主要对象或食物的重要来源⑫。

（四）门头沟东胡林遗址

东胡林遗址位于北京市门头沟区斋堂镇东胡林村西的清水河北岸第三级阶地上，海拔高度 390～400 米，高出现河床 25 米，距北京城区 78 千米。遗址地处黄土高原和华北平原的过渡地带，属于北京西山褶皱断块山地的一部分。清水河是永定河的最大支流，发源于灵山、百花山，全长 46 千米，于青白口注入永定河，河谷较窄，两侧分布有河漫滩和阶地。第三级阶地分布于清水河主谷中，底部为砾石层，上部覆盖着全新世黄土，现为山区的主要农耕区。遗址所在阶地现已辟为梯田，被分割为三个台地，由下往上分别为大大堰、条子堰和二大堰。现遗址因长期被洪水冲刷、修筑梯田、挖窖及取土等活动所破坏，现存面积约 3000 平方米，主要分布于大冲沟两侧。1966 年北京大学地质地理系学生郝守刚在东胡林村参加社教劳动时发现古代人骨，这一消息被立即报告给中国科学院古脊椎动物与古人类研究所，该所即派周国兴和尤玉柱前往调查清理，发现分属三个个体的残存人骨及螺壳项链、骨镯、石片等人类文化遗物。因人骨发现于马兰黄土之上、全新世黄土的底部，故被推断为新石器时代早期墓葬遗存。1995 年北京大学地球与空间科学学院师生在东胡林遗址又发现一具被村民随意挖掘的人类破碎体骨，遂引起了学术界的广泛关注。后经文物部门的多次调查，经国家文物局批准，1999 年由北京大学考古文博学院和北京市文物研究所组成考古队，于 2001 年、2003 年和 2005 年进行了三次正式发掘，共揭露面积 270 平方米。这三次发掘共发现保存完整未经破坏的墓葬 2 座，灰坑 、火塘 10 余座，出土遗物有石器、陶器、骨器、蚌器及动植物遗骸等。墓葬均为土坑竖穴墓，葬式分仰身直肢和仰身屈肢两种。如 2005 年发掘的

M2，墓坑为圆角长方形，长 1.2、宽 0.45、深 0.25 米。头向东北，仰身屈肢，随葬有磨光小石斧 1 件、穿孔螺壳多枚，应为死者生前佩戴的项链饰物。火塘 10 余座，平面多为不规则圆形，直径一般为 0.5 ~ 1、深 0.2 ~ 0.3 米。火塘内有大量灰烬堆积及大小不等的石块、动物骨骼等。如 2001 年发现的火塘 HD3 平面呈不规则圆形，最大直径 0.8、深 0.3 米。其上部和塘内都有兽骨和石块堆积，有的明显有火烧痕迹，中心部位为大量的黑色灰烬。上部的砾石块堆积较乱，下部的石块则堆如环状，排列较为整齐，应系有意为之，塘底为较平坦的马兰黄土。出土石器数量较多，种类可分为打制石器、细石器、磨制石器等，以打制石器最多，细石器次之，磨制石器最少。石料有凝灰岩、砂岩、花岗岩、脉石英、燧石等，多取自近旁的清水河滩。打制石器的类别有砍砸器、刮削器、尖状器等，多数加工粗糙，少数制作较精细，系采用两面加工法，刃部较锋利。细石器的类别有石核、石叶、石片等，多用燧石制成，加工较精细。磨制石器有磨盘、磨棒、小型斧、锛等。磨盘一般平面为椭圆形，磨棒可分为两种，一种剖面近圆角方形，另一种剖面呈圆形，制作较精细。小型斧、锛，一般只是局部磨光，器身仍保留有打击疤痕，仅个别小型器物通体磨光。另外，还出土有石臼和用于研磨赤铁矿颜料的研磨器及使用过的赤铁矿石。陶制品均为残片，共计 60 余片，多为腹片，偶有口沿和器底。陶系均为夹砂陶，有夹粗砂和夹细砂之别，其中夹粗砂者占多数，器表较粗糙，陶胎中夹石英颗粒，质地疏松。陶色不匀，烧制火候较低，一般为红褐色或灰褐色。陶片多为素面，仅少数饰附加堆纹和压印纹。在制法上，有的陶片采用泥条盘筑法，有的则呈片状脱落，可能系用泥片贴筑法制成。陶器的器形有直腹平底盆（或盂）、罐、碗等，未见圜底器。骨器的种类有锥、笄、鱼镖、骨柄石刃刀等，多用动物肢骨制成，加工精细，磨制光滑。蚌器主要是用蚌壳或螺壳制作的装饰品，一端或两端穿孔，以便系挂，用作项链或坠饰。遗址出土动物骨骼较多，经鉴定以鹿骨骼居多，猪、獾等较少，软体动物有螺、蚌、蜗牛等。北京大学科技考古与文物保护实验室对采集的木炭、人骨、兽骨、陶片等多种标本进行了^{14}C 测定，取得测年数据 20 余个，从这些数据可知遗址年代，即东胡林人生活的年代大致在距今 11000 ~ 9000 年前[13]。

（五）新密李家沟遗址

李家沟遗址位于河南省新密市岳村镇李家沟村西溱水河上游椿板河东岸的二级阶地上，此阶地基座为马兰黄土。遗址地处嵩山东麓的低山丘岭区，海拔高度约 205 米。地理坐标北纬 34°33′55″、东经 113°31′25″。附近地势由北向南倾斜，即北高南低，椿板河从遗址西侧南流。2004 年郑州市文物考古研究院进行旧石器考古专项调查时发现。2009 年秋和 2010 年春郑州市文物考古研究院与北京大学考古文博学院联合组成考古队，对该遗址进行了两度发掘，揭露面积约 100 平方米，发现了文化堆积的上部新石器时代中期裴李岗文化、中部新石器时代早期李家沟文化（暂定）与下部细石器文化（发掘者称旧石器时代晚期）的三层叠压关系。此三叠层的发现为我国华北地区探索新石器时代早期的文化遗存提供了地层学参照标准。这里发现的新石器时代早期文化遗存，在发掘探方划分的文化层中，位居裴李岗文化层之下、细石器文化层之上。在该层发现人类活动遗迹一处，即石块聚集区，东西长约 3、南北宽约 2 米。遗址中心由石磨盘、石砧与多块扁平石块构成，其中有较多的烧石碎块、陶片及动物骨骼碎片等。大量的火烧石块说明这里具有烧火的功能，带有人工切割痕迹的动物长骨表明这里曾是人们加工骨器的地方，石块聚集区可能与人类相对稳定的定居栖身有关。同时发现的文化遗物有石制品、陶制品、带有人工痕迹的动物骨骼及人工搬运的石块等。石制品包括打制石器与磨制石器。前者包括石器和简单剥片技术生产的石制品。细石器包括细石核、细石叶。普通石器数量较多，原料主要是石英岩和石英等，以石锤直接打击成器。磨制石器仅有磨盘一种，如 10XLN：0083，长 34、宽 16.1、厚 6.5 厘米，石料为灰白色石英砂岩，矩形板状，无支脚，圆角直边，上表面磨平，局部已磨光。陶制品均为残片，两次发掘共发现 200 余件。陶系均为夹砂粗陶，陶胎较厚，掺和料有石英、云母、砂岩和料礓石等。陶色不匀，有浅灰色、黄色、黄褐色及红褐色等。质地较坚硬，表明烧制火候较高，已非最原始制陶技术的产物。器形简单，均为直口筒形罐类，保留有早期陶器的特点。陶片的大多数都有纹饰，最常见的是绳纹及刻划纹等。动物骨骼以中小型鹿类为主，牛、马、羊、猪及啮齿类、鸟类的骨骼较少。在细石器文化层中，发现一处人工搬运石块形成的椭圆形石圈，东西长约 3.5、南北宽约 2.5 米。石圈内除人工搬运的石块外，还有较多的石核、石叶、石片及工具等。这些石制品多属使用后不能继续剥片或修理加工者。如石圈内出土的石锛系经过长期使用严重磨损已不宜继续使用，这些现象表明这是人类长期居住后废弃的遗存。石圈的东侧主要是动物骨骼堆积，多为大型动物的肢骨、角类等，多为碎块，表明这里可能是人类肢解猎物的活动区。出土遗物有石器和陶器等。石器分打制石器和磨制石器，前者共发现 1000 余件，多为典型的细石器，种类有船形石核、柱状石核、端刮器、雕刻器、琢背刀、细石叶等，加工精细的为典型的细石器工艺产品，原料多为黑、灰、红、褐等不同颜色的燧石。磨制石器仅有局部磨制的石锛 1 件，长 10.74、宽 4.84、厚 4.84 厘米，重 174.9 克，原料为灰色石英砂岩。器身为长条形，扁平，仅在一端磨制成锛形刃口，前后两面只作轻微磨制，两侧有打制的缺口，其背面留有打琢痕迹，使用痕迹明显。除石制品外，还发现有人工搬运的石块近 200 件，大多形状扁平，原料为砂岩或石英石岩，其用途可能和人们居住栖身的石圈有关。陶制品仅残片 2 件，均为夹砂粗陶，质地疏松，烧成火候低，陶色不匀，外壁部分为灰黑色，部分为灰褐色，陶胎为砖红色，掺和料为未经分选的方解石和石灰岩碎块，粒径最大者可达 0.7～0.8 厘米，无纹饰，器形似直腹罐类。动物骨骼多为大型食草类动物，有大中型鹿、马、牛等，破碎严重，可能与当时人们敲骨吸髓或加工骨器有关。

从上述两大层文化内涵及特征来看，其文化性质发掘者认为是旧石器时代晚期和新石器时代早期的文化遗存，笔者认为它们或许均为新石器时代早期，或者是新石器时代早期的两个不同发展阶段。理由：（1）两大文化层均有人们居住栖身的“石圈”，都有打制石器、细石器、磨制石器及陶器，只是制作技术和数量的多少有所差别；（2）两大文化层均有大量动物的骨骸，只是大型动物较多或较少的差别，它们的生产方式均为狩猎采集的经济形态，未发生根本的变化；（3）根据^{14}C加速器等年代测定技术分析的结果，细石器文化层的三个木炭样品为距今10500～10300年，新石器时代早期文化层（即北区的第六和第五层）的木炭样品分别为距今10000年和9000年。它们都在学界渐趋认同的中国新石器时代早期年代（距今12000～9000年）范围之内[⑭]。

（六）淅川坑南遗址

坑南遗址位于河南省淅川县马蹬镇吴营村坑南、坑北两个自然村以西，2004年发现。遗址地处南阳盆地西南缘丹江左岸的第二级阶地。中国科学院地质与地球物理研究所周昆叔先生现场考察后认为该遗址属基座阶地，直径约150米，海拔164米，相对高度20多米，其上有2.5米多的土状堆积，基座为灰色石灰岩、粉砂岩和页岩，遗址面积约25000平方米。中国科学院古脊椎动物与古人类研究所与中国科学院研究生院科技考古系合作，于2010年秋和2011年春对该遗址进行了大规模考古发掘，揭露面积近3000平方米，发现从旧石器时代中、晚期到新石器时代早、中期的文化堆积。该遗址地理位置优越，地层关系清晰，年代序列明确，文化遗物典型丰富，为探索华北地区从旧石器时代向新石器时代的过渡提供了重要依据。新石器时代早期遗存主要出自五层堆积的第二、三层深褐色和灰褐色的黏土层中，出土有一定数量的石制品、烧土块、研磨器及陶制品等。石制品有石叶、石片、小石器、石磨盘及研磨器等。原料有脉石英、石英岩、石灰岩、砂岩及燧石等。石叶的形制不规则，个别石叶有厚背脊且曲度较大，很少有加工精细的柳叶状和有平行背脊的石叶。数量较多的是加工石器的副产品，即残片、碎屑和断块等。较高的石片含量和较小的个体显示了我国北方石片石器工业的特点。石磨盘有椭圆形、长方形及不规则形几种，一面有磨痕，局部下凹。其中一件系用砍砸器改制的石磨盘，形制呈不规则三角形，一面微下凹，并留有浅槽，应与使用有关。研磨器为不规则球形，有两个研磨面，磨损程度较重，应为长期使用所致。陶制品均为残片，共20多件，多为夹砂陶，陶色不匀，以褐色为主，可分为红褐、灰褐和深褐色等，烧成温度较低，质地疏松，掺和料多为石英砂粒，个别陶片中含少量云母或蚌壳末等，器形难辨，器表多为素面，个别器表可能有纹饰但因水磨或其他原因不易辨认。坑南遗址第二、三层即早期新石器层的年代，经专家研究大约距今10000～9000年[⑮]。

二　华北新石器时代早期遗存的文化特征

从上述六处遗址的情况来看，它们虽然各有各的具体情况，但大体都处于同一个发展阶段（水平），有很多共同的特征。（1）遗址位置均位于华北平原西部、西北部、北部及西南部边缘的太行山东麓、伏牛山南麓、燕山南麓和嵩山东麓等大山附近的低山丘陵河边阶地之上。（2）遗址规模（面积）都比新石器时代中、晚期遗址小，最大的淅川坑南遗址 25000 平方米，徐水南庄头遗址 20000 平方米，最小的 3000～5000 平方米。（3）文化堆积一般都较薄，多为几十厘米厚，达到 1 米的很少。（4）人们的活动遗迹，除转年、于家沟和坑南遗址未见报道外，其余三处都发现有灰坑、火塘，李家沟遗址还发现有人们藉以栖身相对定居的石圈。这些遗迹多为不规则形，火塘有长期烧的红烧土块及火烬堆积。墓葬仅东胡林有所发现，前后共发现 6 具个体，保存完整未被扰乱破坏者 2 座，均为土坑竖穴墓，其中一为仰身直肢，一为仰身屈肢，随葬装饰品。（5）除南庄头外都有打制石器和细石器出土。前者有砍砸器、刮削器、尖状器等，后者有典型细石核、细石叶、石片等。转年遗址还有雕刻器。（6）除于家沟外其余五处遗址都有磨制石器出土，其数量在整个石器中所占比重最小。磨制石器中磨盘、磨棒常见；转年、东胡林及李家沟诸遗址发现有局部磨光的小型石斧；石锛多为刃部磨光，通体磨光者未见；转年遗址还发现有石容器。（7）都出土有陶制品，均为残片，但数量都很少，有数量报道者如南庄头 55 件（片）、东胡林 60 余件、坑南 20 多件、李家沟 200 余件。陶系主要为夹粗砂陶（东胡林有夹细砂陶），陶胎较厚，烧制火候较低，质地疏松。陶色不匀，有灰、黑、红、褐等颜色，往往一件陶片上即有一二种不同的颜色。陶片上常见烟熏火燎迹象。制法多见泥片贴塑法，偶有泥条盘筑法。器形极为简单，多为一种直壁平底器，似罐或盂等，南庄头和东胡林的陶器器形除罐外还有钵或碗类。纹饰，多见附加堆纹，东胡林遗址除附加堆纹外还有指甲压印纹，南庄头遗址有绳纹和剔划纹，一些陶器上有钻孔现象，李家沟遗址有绳纹和刻划纹。（8）骨角蚌器，除转年、李家沟、坑南遗址未见报道外，其余三处遗址都有发现。南庄头遗址出土 10 多件，有骨镞、骨锥、角镞及凿孔木棒、木块等。东胡林遗址有骨锥、骨笄、骨鱼镖、骨柄石刃刀等，均为磨制，钻孔螺、蚌多为装饰品。（9）动物骨骼，除坑南遗址未见报道外，其余五处遗址都有大量动物骨骼出土，多为中小型的鹿类和羚羊、猪、狗等，大型动物野牛、野驴、野马等较少。（10）六处遗址的堆积情况都在马兰黄土之上，属全新世时期，其年代都在距今 12000～9000 年。（11）经济形态以狩猎采集经济为主，食物生产（农业）经济不明显，但从磨制石器、陶器的出现及相对定居等情况看，农业可能已开始萌芽，如人们开始观察、试种、驯化野生谷物粟的祖先狗尾草等[16]。

三 华北早期陶器的特征及相关问题

上述华北地区六处新石器早期遗址中都发现有陶制品，但数量很少，而有数量报道的南庄头、东胡林、李家沟及坑南等四处遗址共出土335件（片），大致代表了华北地区距今12000~9000年间制陶业的发展水平。从已报道的资料来看，其特征有如下几点：（1）陶系，大都为夹砂粗陶，陶胎较厚。如南庄头的陶片，胎厚一般在0.8~1厘米，胎内所加掺和料为砂岩、石英、蚌壳末、云母、料礓石颗粒等，多为陶土中自然形成的砂粒，非人工有意掺入者。（2）制法，全部为手制，大都采用泥片贴塑成型。泥片贴塑法是模制陶器的一种，是将泥片贴在某种容器上，故在陶胎上常显示出泥片叠压的痕迹，有的可见二层，有的可见多层叠压情况，这种制陶方法是各地发现的早期陶器中最常见的，也是最原始的。（3）烧制方法，可能是平地露天堆烧，六处遗址均未发现陶窑遗迹，平地堆烧的陶器因火候低而质地疏松易碎，陶色不匀，往往呈红、灰、黄、褐、黑相杂的各种颜色，较大的陶片上单色者罕见。（4）陶器器形极为简单，多为一种直壁平底器，似罐或盂等，南庄头和东胡林遗址除罐外还有钵或碗类。（5）纹饰，除素面外多见附加堆纹。东胡林遗址除附加堆纹外还有指甲纹、压印纹，南庄头遗址还有绳纹和剔划纹。有的陶片上有钻孔，常见烟熏火燎的迹象。这五个特点显示出当时烧制陶器的技术水平是比较原始的，若与新石器时代中期的磁山、裴李岗、老官台文化等相比较，其原始性是特别明显的。但在某些方面也反映了当时制陶技术已有了一定程度的提高：（1）陶系方面，在东胡林遗址发现有细砂陶的钵或碗类陶器，表明先民已懂得根据需要的不同而选择不同的陶土制作陶器。李家沟遗址的陶片大部分质地较坚硬，掺和料有一定的分选，并非全部自然砂粒。（2）制法，个别遗址（东胡林）已出现少量泥条叠筑的迹象。（3）器形，虽以罐类为主，但在几处遗址中已出现了钵或碗、盂等，表明陶器的功能已经有所扩展，既有炊器、盛储器，又有饮食器和水器等。（4）罐类陶器的颈下多施附加堆纹起加固作用，但在一些陶器的腹壁上施绳纹、刻划纹、指甲纹、压印纹等，除便于实用外，还有装饰功能，这是当时先民审美观念的反映[17]。从这些情况看，这些陶制品已不是最原始制陶技术的产物，在它的前面可能还有一个更早的发生、发展的制陶阶段。其实我国学者对华南的桂林庙岩（第5层）、临桂大岩（第二期）及万年仙人洞（下层）等遗址出土早期陶制品的年代学研究已有了新的进展，这些陶制品的^{14}C年代已达到距今15000年以上，它们所处的时代已是旧石器时代晚期或旧石器时代晚期之末（或称中石器时代）。从考古资料所知在世界上还有年代更早的陶制品，如日本学者对青森县蟹田町大平山元Ⅰ遗址出土的早期陶器的^{14}C年代测定，并经树轮校正后的数据已达16500年；长野县下茂内遗址出土的与素面陶伴出的炭化物的^{14}C 年代已达 16250 ± 180BP。可见在东亚地区陶器的起源时间大致可早到 17000 年前后。另据考古发现，最早的陶制品发现于旧石器时代晚期遗址，如捷克摩拉维亚平原中部的 Dolni Vestonice Ⅰ号址和Ⅱ号址及其附近的两处遗址都曾出土过 20000 年以前的陶片，还有烧制陶器的窑址，经^{14}C 测定，其年代距今 28000 ~ 24000 年；俄罗斯南部的 Kostienki Ⅰ遗址出土的陶制品，其年代为距今 23000 年。在西亚和非洲也发现了距今 10000 年左右的陶器。这些早期陶器出土地点分布很广，东亚、西亚、非洲、东南欧等地都有发现，表明陶器的起源地点不止一个中心，而是多中心的。每个地区的人们，随着他们生存、生活的需要，到条件成熟时都会发明出陶器。这些情况从根本上纠正了我们长期以来认为陶器是伴随着农业的兴起而产生的错误观点。事实上在全世界很多地方陶器的出现都是早于农业的，在中国的华北、华南及日本等出土早期陶器的遗址并未发现已有农业的明显迹象，他们都是以狩猎采集为主的经济形态[18]。

四　华北旱作农业起源的探讨

在华北地区新石器时代中、晚期文化遗存的研究中，据不完全统计已发现出土粟和黍的遗址四五十处，出土状况有的是钵或碗盛的，有的是罐存的，有的是窖储的，有的存量较少，有的存量较多，有的多得惊人，如磁山遗址的 80 个粮窖所储存的粮食（已为朽灰），经灰象法鉴定，知道是粟（Setaria italica），将这些粟的朽灰换算成新鲜粟，重量可达 5 万公斤[19]。这些情况说明了三个问题：一是表明华北地区的农作物自新石器时代中期以来都是以粟和黍为主要作物的；二是表明粟和黍自远古以来就是华北人赖以生存的物质基础；三是从磁山遗址的储存量来看，当时的农业发展水平已不是农业初始期的发展形态，在它的前面还应该有一个漫长的农业起源（萌芽或初始）和发展的过程。那么，粟和黍的起源地在什么地方呢？严文明先生曾指出："这个源头首先应该从当地即中原地区去寻找，而不大可能在别的地方。"[20]后来石兴邦先生也曾指出："粟作的源头要在黄土地带的黄河中游粟作农业发达的地区来寻找答案。"[21]二位先生的看法基本上是一致的，都是主张粟作农业的源头应到中原或华北平原去寻找。我们知道按我国自然地理区划，中原地区不论是狭义的或者是广义的都属于华北地区的一部分，同时又是黄土高原和华北平原的一部分，是寻找旱作农业源头最有希望的地区。那么，偌大的华北，茫茫荒原，何处寻觅，犹如老虎吞天，谈何容易？华北地区的地形地貌十分复杂，既有巍峨的秦岭、伏牛山、吕梁山、中条山、太行山、黄土高原、燕山、泰山等大的山脉，又有它们的余脉低山、丘陵、梁、塬、峁、岗埠、洞穴、岩棚等；还有波涛汹涌的黄河、淮河、海河与湖泊、沼泽以及无数的大小支流。这些大大小小的山河又形成了众多的大小平原、盆地、川地、阶地、坡地、台地等。在这些不同的地带，哪里是最适合新石器时代早期人们定居，既能狩猎、采集，又能观察、试种野生谷物的地方呢？有人说山地，有人说是大山之前沿或山麓与台塬之间等，这些都有一定的道理或可能。我们认为山间盆地、山麓前沿、低山、丘陵、岗埠、塬坡、洞穴、岩棚、阶地、台地及现在看来比较贫瘠的地带，却可能是农业初始萌芽之地。前述已发现的六处新石器时代早期遗址都是这个范围以内土壤、气候、雨量、原生草木等自然条件大体一致的地带，都是旱作粟、黍被观察、试种、驯化，促使其萌芽初始的最适宜的地带。当人们经长期试种野生谷物（狗尾草）而将其成功地变成栽培谷物粟和黍后，又将这些种子进行选种，培育提高，逐步扩大种植面积，传播各地。但在这六处遗址中虽发现了一些磨制石器、陶器，但尚未发现试种、驯化、培育作物籽实的迹象遗存，这可能是因为：（1）当时试种、驯化的面积很小，收获量很少，人们将这些种子视若珍宝，仅够继续试种之需，不会随便存放或传播；（2）我们的田野考古工作尚欠细致入微，尤其发掘面积过小，多为几十或一百至几百平方米，一个聚落遗址内的全部文化信息（文化面貌）不易获得。假若日后我们的田野考古工作更加认真细致一些，揭露面积再大一些，当时的文化面貌便会更多地反映出来，农业萌芽及初步发展阶段的遗存，尤其是粟类作物的遗存将会获得突破性发现。届时，我们就可以确认我国旱作农业的作物粟和黍是起源于华北地区的早期新石器时代文化时期，即距今约12000～9000年。

五　华北定居台地聚落的出现

在华北地区从旧石器时代晚期至旧石器时代之末（中石器时代）的约2万～3万年间，人类多居住在山洞或旷野露天里，如北京山顶洞[22]、韩城禹门口[23]、陵川塔水河岩厦[24]、和顺背窑湾洞[25]、昔阳河上虎窑洞[26]、安阳小南海[27]、荥阳织机洞[28]、沂源千人洞[29]和上崖洞[30]及沁水下川[31]、吉县柿子滩[32]、蒲县薛关[33]、襄汾丁家沟口[34]、阳原籍箕滩[35]、阳原马鞍山[36]、大荔沙苑[37]、宜川龙王辿[38]、许昌灵井[39]、临沂凤凰岭等[40]。这些洞穴及露天遗址内多数都有人类用火的遗迹，其表现形式多为火塘、灰烬堆、灰烬层、烧土、烧石、烧骨及碎骨等。这表明当时尚无房舍或居所营建，至多是采用树枝、树叶、兽皮搭建避风窝棚以火防寒取暖就宿，藉以生存生活，繁衍生息。而到了距今约1万年左右的新石器时代，人类已逐步走出洞穴或山间盆地或丘陵地带，选择既能狩猎采集又能试种谷物，依山傍水的台地定居或半定居，时间久了，人口多了就形成聚落。我们已发现的前述六处新石器时代早期遗址正是这一情景，它们多处于山麓前沿河边的二、三级台地上，背风向阳[41]。多数遗址内的用火遗迹反映出这一时期人们仍是沿用以前所用的火塘、灰烬堆、烧土、烧石、烧骨等办法藉以取暖、炊煮、熟食、就宿，营建居所的情况仍不明显，只有个别遗址如李家沟有用石块垒筑石圈，用树枝、树叶搭建窝棚的迹象。

这可能与宜川龙王辿旧石器晚期遗址用石块垒成半圆形石圈有一定联系，即后人承继前人的经验而有所改进发展。现在看来这是很简单的，但在当时乃是最先进的创造发明。这样的早期聚落可谓宜猎、宜采、宜农，虽是农业萌芽，仅有少量食物生产收入，但它是极有发展前景的希望之举。野生谷物在这里经长期试种成功改进为栽培谷物，而后扩大种植面积，产量逐渐提高，遂使谷物在人们食物中所占的比重越来越高，以致慢慢达到以粮食为主、狩猎采集为辅的程度，此时才可能达到新石器时代中期文化的发展水平。但这仅仅是假设，而从实际的情况看，现已发现的六处新石器时代早期遗址所反映的文化面貌及社会发展水平要比已知的新石器时代中期诸史前文化原始得多。如磁山聚落遗址的粮食产量（储存量）所反映的农业生产情况及社会经济发展水平已达到较高的程度，人们已经过着以农业为主，狩猎采集为辅的生活[42]。又如兴隆洼聚落遗址，位于大凌河支流牤牛河旁岗坡之上，背风向阳，面积约 3 万平方米。居住区内有同时存在的六七十座房址，成排布列，共八排，每排约十座左右，均为半地穴式方形单间建筑，每座面积约 50～80 平方米，其中有两座大房子，面积各 140 平方米，位于聚落中心。居住区周围挖有一道宽约 2 米、深约 1 米的圆形环壕，长约 570 米，仅北侧留有一个出入口，可以起到防护作用。从聚落的整体来看，其选址之科学、设计之精心、内部设施之完善、布局之清晰等十分罕见，呈现出一派崭新的原始聚落形态[43]。从这些情况看，早期和中期两者相比，其间好像存在相当大的距离，即原始文化发展中的缺环。出现这种情况的原因，笔者认为很可能是我们目前对新石器时代早期文化的研究才刚刚开始，遗址发现尚少、揭露面积很小、所反映的文化面貌尚不全面所致，待日后遗址发现多了，揭露面积大了，各遗址所反映的情况全面了，我们才能比较全面地衡量或评估这一问题。但六处早期遗址所反映的进步现象还是应予充分肯定的，尤其是定居台地聚落的出现，对当时社会经济的发展起到了巨大的促进作用。

以上对华北地区近些年来发现的新石器时代早期文化遗存做了介绍并对其文化特征进行了概括，对相关陶器起源、旱作农业起源和定居台地聚落的出现等问题也进行了初步探讨。我们认为距今 12000～9000 年，华北地区的新石器时代早期已经开始，其文化特征正在逐步显现，打制石器仍占较大比重，磨制石器、骨、角、蚌器、陶器已有初步发展，打、磨、钻、凿、烧的技术都有一定提高，经济形态仍以狩猎、采集为主，农业可能正处于萌芽阶段，猪、狗等家畜可能已开始饲养，定居台地聚落已经出现。同时我们认为华北地区目前虽说已发现的新石器时代早期文化遗存很少，但已发现的几处遗址却给我们提供了进一步发现更多同期遗址的重要线索，如山麓前沿河旁较高台地，马兰黄土顶部全新世堆积之下层正是我们寻找新石器时代早期遗址之所在，因为这里才是古人类便于狩猎、采集、试种驯化培育野生谷物为栽培谷物的地方。我们相信，随着我国考古事业的发展和考古学人的努力，新石器时代早期遗址将会更多地被发现、将会有更多的发掘材料面世。届时将会为我们的综合研究提供更多、更全面的资料，我们的研究也将会得出更为精准的结论。

注　释

① 考古学科“十二五”规划调研报告课题组：《考古学科“十二五”规划调研报告》，《中国文物报》2011年7月8日。

② a. 北京大学考古教研室华县报告编写组：《华县渭南古代遗址调查与试掘》，《考古学报》1980年3期。b. 陕西分院考古研究所：《陕西西乡李家村新石器时代遗址》，《考古》1961年7期。c. 陕西社会科学院考古研究所汉水队：《陕西西乡李家村新石器时代遗址1961年发掘简报》，《考古》1962年6期。d. 中国社会科学院考古研究所宝鸡工作队：《1977年宝鸡北首岭遗址发掘简报》，《考古》1979年2期。

③ 夏鼐：《我国近五年来的考古新收获》，《考古》1964年10期。

④ 苏秉琦：《关于仰韶文化的若干问题》，《考古学报》1965年1期。

⑤ a. 邯郸市文物保管所等：《河北磁山遗址试掘》，《考古》1977年6期。b. 河北省文物管理处：《武安磁山遗址》，《考古学报》1981年3期。

⑥ a. 开封地区文管会等：《河南新郑裴李岗新石器时代遗址》，《考古》1978年2期。b. 开封地区文管会等：《裴李岗遗址一九七八年发掘简报》，《考古》1979年3期。

⑦ a. 张忠培：《试论东庄村和西王村遗存的文化性质》，《考古》1979年1期。b. 严文明：《黄河流域新石器时代早期文化的新发现》，《考古》1979年1期。c. 张忠培：《关于老官台文化的几个问题》，《社会科学战线》1981年2期。d. 巩启明：《试论老官台文化》，《中国考古学会第四次年会论文集》，文物出版社，1983年。

⑧ 石兴邦：《前仰韶文化的发现及其意义》，《中国考古学研究——夏鼐先生考古五十年纪念文集（二）》，科学出版社，1986年。

⑨ a. 严文明：《中国新石器时代聚落形态的考察》，《庆祝苏秉琦考古五十五年论文集》，文物出版社，1989年。b. 严文明：《中国史前研究的现状与课题》，《走向21世纪的考古学》，三秦出版社，1997年。c. 任式楠：《公元前五千年前中国新石器文化的几项主要成就》，《任式楠文集》，上海辞书出版社，2005年。d. 朱乃诚：《中国新石器时代早期文化遗存的新发现和新思考》，《东南文化》1999年3期。

⑩ a. 保定地区文物管理所等：《河北徐水县南庄头遗址试掘简报》，《考古》1992年11期。b. 李珺：《徐水南庄头遗址又有重要发现》，《中国文物报》1998年2月11日。

⑪ a. 郁金城、李建华、李超荣、杨学林：《北京转年新石器时代早期遗址的发现》，《北京文博》1998年3期。b. 郁金城：《北京市新石器时代考古发现与研究》，《跋涉集》，北京图书馆出版社，1998年。c. 赵朝洪等：《东胡林、转年、南庄头与于家沟——华北早期陶器的初步探讨》，《华南及东南亚地区史前考古——纪念甑皮岩遗址发掘30周年国际学术研讨会论文集》，文物出版社，2006年。

⑫ a. 泥河湾联合考古队：《泥河湾盆地考古发掘获重大成果》，《中国文物报》1998年11月15日。b. 周昆叔：《华北全新世下界不整合与新石器早期文化》，《中石器文化及有关问题研讨会论文集》，广东人民出版社，1999年。c. 梅惠杰、谢飞：《华北新旧石器时代的过渡——泥河湾盆地阳原于家沟遗址》，《中国十年百大考古新发现（1990～1999）》，文物出版社，2002年。

⑬ a. 周国兴、尤玉柱：《北京东胡林村的新石器时代墓葬》，《考古》1972年6期。b. 赵朝洪、郁金城、王涛：《北京东胡林新石器时代早期遗址获重要发现》，《中国文物报》2003年5月9日。c. 东胡林考古队：

《北京新石器早期考古的重要突破》，《中国文物报》2003 年 11 月 7 日。d. 北京大学考古文博学院、北京大学考古学研究中心、北京市文物研究所：《北京市门头沟区东胡林史前遗址》，《考古》2006 年 7 期。

⑭ a. 北京大学考古文博学院、郑州市文物考古研究院：《中原地区旧新石器时代过渡的重要收获》，《中国文物报》2011 年 1 月 22 日。b. 北京大学考古文博学院、郑州市文物考古研究院：《河南新密市李家沟遗址发掘简报》，《考古》2011 年 4 期。

⑮ 宋国定、王涛、蒋洪恩：《河南淅川坑南遗址考古发掘》，《中国文物报》2011 年 11 月 18 日。

⑯ 吴梓林：《古粟考》，《史前研究》1983 年 1 期。

⑰ 赵朝洪等：《东胡林、转年、南庄头与于家沟——华北早期陶器的初步探讨》，《华南及东南亚地区史前考古——纪念甑皮岩遗址发掘 30 周年国际学术研讨会论文集》，文物出版社，2006 年。

⑱ a. 湛世龙：《桂林庙岩洞穴遗址的发现与研究》，《中石器文化及有关问题研讨会论文集》，广东人民出版社，1999 年。b. 傅宪国等：《桂林地区史前文化面貌轮廓初现》，《中国文物报》2001 年 4 月 4 日。c. 严文明、彭适凡：《仙人洞与吊桶环——华南史前考古的重大突破》，《中国文物报》2000 年 7 月 5 日。d. 严文明：《中国稻作农业和陶器的起源》，《远望集——陕西省考古研究所华诞四十周年纪念文集》，陕西人民美术出版社，1998 年。e. 赵朝洪、吴小红：《中国早期陶器的发现及相关问题的讨论》，北京大学考古文博学院编：《考古学研究（五）》上册，科学出版社，2003 年。f. 陈星灿：《中国新石器时代早期文化的探索——关于最早陶器的一些问题》，徐钦琦等编：《史前考古学新进展——庆贺贾兰坡院士九十华诞国际学术讨论会文集》，科学出版社，1999 年。

⑲ 佟伟华：《磁山遗址的农业遗存及相关问题》，《农业考古》1984 年 1 期。

⑳ 严文明：《中国农业和养畜业的起源》，《江海学刊》1989 年 2 期。

㉑ 石兴邦：《下川文化的生态特点与粟作农业的起源》，《考古与文物》2000 年 4 期。

㉒ 裴文中：《中国史前时期之研究》，商务印书馆，1950 年。

㉓ 刘士莪、张洲：《陕西韩城禹门口旧石器时代洞穴遗址》，《史前研究》1984 年 1 期。

㉔ 陈哲英：《陵川塔水河的旧石器》，《文物季刊》1989 年 2 期。

㉕ 吴杰清、陈哲英：《山西和顺背窑湾洞穴中的旧石器时代文化遗存》，《史前研究》1989 年辑刊。

㉖ 陈哲英：《昔阳县河上发现旧石器时代洞穴遗存》，《史前研究》1989 年辑刊。

㉗ 安志敏：《河南安阳小南海旧石器时代洞穴遗存》，《考古学报》1965 年 1 期。

㉘ 张松林、刘彦锋：《织机洞旧石器时代遗址发掘报告》，《人类学学报》2003 年 1 期。

㉙ 戴尔俭、白云哲：《山东——旧石器时代洞穴遗址》，《古脊椎动物与古人类》1966 年 1 期。

㉚ 黄蕴平：《沂源上崖洞石制品的研究》，《人类学学报》1994 年 1 期。

㉛ 王建、王向前、陈哲英：《下川文化》，《考古学报》1978 年 3 期。

㉜ 山西临汾行署文化局：《山西吉县柿子滩中石器文化遗存》，《考古学报》1989 年 3 期。

㉝ 王向前、丁建平、陶富海：《山西蒲县薛关细石器》，《人类学学报》1983 年 2 期。

㉞ 王建、陶富海、王益人：《丁村旧石器时代晚期细石器遗址》，《文物春秋》1993 年 2 期。

㉟ 河北省文物研究所：《籍箕滩旧石器时代晚期细石器遗址》，《文物春秋》1993 年 2 期。

㊱ 泥河湾联合考古队：《泥河湾盆地考古发掘获重大成果》，《中国文物报》1998 年 11 月 15 日。

㊲ 安志敏、吴汝祚：《陕西朝邑大荔沙苑地区的石器时代遗存》，《考古学报》1957 年 3 期。

㊳ 尹申平、王小庆：《陕西宜川龙王辿遗址》，《2006 年中国重要考古发现》，文物出版社，2007 年。

㊴ 周国兴：《河南许昌灵井的石器时代遗存》，《考古》1974 年 2 期。

㊵ 临沂地区文物管理委员会：《山东临沂凤凰岭发现细石器》，《考古》1983 年 5 期。
㊶ 吴耀利：《中国史前聚落形态的演变》，《21 世纪中国考古学与世界考古学》，中国社会科学出版社，2002 年。
㊷ 同⑲。
㊸ 中国社会科学院考古研究所内蒙古考古队：《敖汉旗兴隆洼遗址》，《考古》1997 年 1 期。

原载于《考古学研究（十）——庆祝李仰松先生八十寿辰论文集》，科学出版社，2012 年。

华南新石器时代早期文化遗存的发现及相关问题的探讨

在中国史前考古研究中，20 世纪 70 年代以前我们只知道全国各地的新石器时代晚期文化遗存的分布情况，尤其是黄河长江两大河的中下游地区相当丰富，而对新石器时代早期和中期的探索却经历了一个漫长的过程。早在 20 世纪 60 年代考古界已对仰韶文化的前身开始寻找和探索[①]，但直到 20 世纪 70 年代后期在华北地区才开始大量发现，如河北的磁山文化、河南的裴李岗文化、陕甘的老官台文化（也称大地湾文化或白家文化）、山东的后李文化及燕山北麓的兴隆洼文化等。到 20 世纪 80 年代后期，长江中下游地区也开始陆续发现，如湖北的城背溪文化、湖南的彭头山文化和皂市下层文化、浙江的跨湖桥文化等。这些原始文化的发现之初均因其比已知的仰韶文化、大溪文化、河姆渡文化的年代早，而被视为新石器时代早期文化[②]。但从 20 世纪 80 年代中期开始陆续在河北徐水南庄头、阳原于家沟，北京怀柔转年、门头沟东湖林，河南新密李家沟、淅川坑南，江西万年仙人洞与吊桶环，湖南道县玉蟾岩，广西邕宁顶蛳山、临桂庙岩及大岩、桂林甑皮岩等遗址发现了年代更早的距今万年左右的文化遗存，学术界才将原定为新石器时代早期的诸考古学文化调整为中期，而新发现的才是真正的新石器时代早期文化遗存[③]。但这样的认识并非学术界的一致看法，而是处于求同存异逐步趋同的认识阶段。其原因是比较复杂的，比如中国旧石器时代的结束年代说法不一，中国有没有中石器时代？或叫不叫中石器时代？中国地质年代的更新世和全新世的分界年代尚无一个统一的划定。中国的旧石器时代是怎样过渡到新石器时代的？中国新石器时代的分期尚不统一，需不需要统一划分？具体年代怎样划分？中国新石器时代早期南北方各地区的文化特征、人们的生存方式因气候差别自然环境不同而各异，将各地区都纳入到全国统一划分的各发展阶段中有没有必要？中国新石器时代早期文化遗存形成的标志是什么？磨制石器、陶器、营建居所的出现，栽培农作物和家畜饲养的发生等是不是必须全部具备才算达到新石器时代形成的标志？如果这些项目中的重要几项具备了算不算达标？石灰岩发育地区^{14}C测年数据的误差也是令学界感到困惑的问题。凡此等等的认识问题，因未达成共识而导致在实际工作或具体研究中（如对某个遗址的年代分期等）各执己见得出不同的结论，甚至出现一些混乱复杂的情况。但随着我国考古事业的发展，近20年来田野考古技术的提高，重视多学科协作的研究，新发现的一批距今万年左右的遗址（或对过去发现而再次发掘的遗址）内涵丰富，地层清楚，分期明确，年代序列清晰，为我们的综合研究奠定了比较理想的基础；加之考古界对一些问题的认识日渐趋同的倾向，对早期新石器时代的研究是很有益的。如严文明先生提出公元前10000年至前7000年为我国新石器时代早期的年代之后[④]，得到了不少学者的响应[⑤]，所以笔者也以此为准，对我国新石器时代早期诸问题进行探讨。有关华北地区新石器时代早期文化遗存的情况笔者已有另文讨论，本文只对长江以南华南地区新石器时代早期文化遗存的发现及相关问题进行初步探讨，如有不妥请批评指正。

一　发现与分布

华南地区的史前考古始于20世纪的30年代，我国著名的史前考古学家裴文中先生于1935年即率队赴广西地区开展史前考古工作，同时有个别外国的传教士及一些国内学者到香港、广东和浙江做过一些调查和试掘，为我国华南地区史前考古学的研究揭开了序幕。建国后，随着国家大规模经济建设的发展，各地的文物考古事业普遍发展起来，通过国家统一部署的三次文物普查及多次局地的考古调查，据不完全统计，已发现不同时期的各类史前遗址及地点达4000多处（湖南约1100处左右，广东约600处左右，广西约300多处，海南300余处，港、澳100余处，浙江1000多处，台湾1000余处，江西、福建等省数字不详）[⑥]。其中属旧石器时代的遗址或地点除港、澳外各省区都有分布，属新石器时代中期的遗址在部分地区已有发现，众多遗址属新石器时代晚期，唯有新石器时代早期遗址的数量较少，但在全国来说还是比较多的。据统计截止到20世纪90年代中期以前已发现的有广东翁源清塘朱屋岩、仙佛岩、吊珠岩、黄门岩的1~4号洞，阳春独石仔，封开黄岩洞，英德牛栏洞；江西万年仙人洞；广西东兴亚菩山、马栏咀，武鸣瓦洞，隆林老磨槽，扶绥江西岸，南宁豹子头，桂林甑皮岩，柳州兰家村、响水、鹿谷岭、鲤鱼咀等20多处。这些遗址都被调查者、发掘者或研究者称为新石器时代早期，均见诸国内专业刊物报道。但万年仙人洞和桂林甑皮岩两处石灰岩洞穴遗址的^{14}C测年数据出现问题。即仙人洞上层的贝壳数据为距今10870BP（ZK39），下层出土的兽骨数据为距今8825 BP（ZK92－0），上下层年代早晚颠倒；甑皮岩第三文化层的两个较早的炭测标本（并未发掘到底）所测数据：一个是编号ZK－279的蚌壳标本，距今11310±180年；另一个是编号ZK－280的兽骨标本，距今7580±140年。两个出自同一探方（DT5）同一地层（第三层）的标本年代相差竟达3000多年，引起学术界的广泛关注，提出了“石灰岩地区碳－14样品年代的可靠性问题”⑦。于是，为了解决这一问题，中国社会科学院考古研究所和北京大学历史系考古专业两个^{14}C实验室的专家于1978年和1979年两次赴广西地区采集样品重新进行测定、分析和研究，验证结果认为，石灰岩地区的陆生动植物样品（蜗牛除外）的^{14}C年代不受石灰岩特殊环境的影响，至少没有显著的影响，而水下生长的动植物样品的^{14}C年代显然偏老1000至2000年。如果扣除偏老的年代以后当接近实际年代⑧。这一结论已被学术界广泛接受，在研究中谨慎从事。但经过碳测年代的遗址尚少，还有较多的过去发现的遗址没有经过^{14}C测年的验证，而且调查或发掘的遗址资料往往发表时简而不详，不仅给综合研究带来困难，甚至长期使某些地区的史前文化发展序列难以理清。可喜的是从20世纪90年代中期开始，北京大学考古学系、中国社会科学院考古研究所等我国考古学权威机构派出专家与相关省区及国内外多学科的专家学者联合组成考古队，经国家文物局批准，先后对江西万年仙人洞与吊桶环，广西南宁顶蛳山、临桂大岩及庙岩、桂林甑皮岩等遗址进行了有序的科学发掘；同时湖南省文物考古研究所对道县玉蟾岩遗址也进行了两次发掘；浙江省文物考古研究所对浦江上山遗址进行了三次发掘；福建省博物院对漳平奇河洞遗址进行了三次发掘；都获得了重要发现。这几处遗址的发掘多是在总结过去经验教训的基础上进行的，也是采用我国最先进的田野考古技术而操作的，所以才取得了信息含量高、地层清楚、分期明确、相对及绝对年代可信无误的理想收获。这些成果得到学术界一致的高度评价，被誉为华南各地新石器时代文化发展和演变序列的标尺，在我国考古界已经产生了深远的影响。现将这些典型遗址的发现、发掘、重要收获、文化面貌及年代分期等情况进行梳理，简要介绍于后。

（一）万年仙人洞与吊桶环遗址

仙人洞遗址位于江西省万年县东北15千米的大源盆地小荷山之山脚下，1962年2月发现。小荷山为石灰岩山，洞口朝向东南，洞前平坦开阔，并有文溪水由东南流向西北，注入东安江，自然环境十分优越，气候温和，是古人类繁衍生息的最佳选择。洞前堆积约有100平方米，洞穴内深达40米。分成大、小四个支洞，洞底距洞顶，低处约2米，高处约9米，洞顶较平齐，洞底为红色岩泥层。同年3至5月由江西省文物管理委员会组织发掘组试掘，于洞口开探方3个（T1～T3），揭露面积28平方米。发现烧火堆12处，各种文化遗物300多件，人头骨3个，股骨1根及大量动物骨骼等。发掘者根据地层及文化遗迹、遗物分析，将整个文化遗存分为两期，即下文化层为第一期，上文化层为第二期，认为其相对年代第二期为新石器时代晚期，第一期当比第二期文化为早。1964 年 4 月，江西省博物馆组织考古队作第二次发掘，仍在洞口处前次所开探方的邻近新开探方 3 个（T4 ~ T6），揭露面积 41 平方米。发现烧火堆 10 处，灰坑 3 个，人头骨 1 个，动物骨骼碎片 6000 余块。发掘者根据地层及其文化遗迹、遗物的情况，将整个文化堆积分为下文化层和上文化层，并将表层定为商代扰乱层，认为上文化层和下文化层均属新石器时代早期的原始文化遗存⑨。同时，发掘者提供的上文化层出土的蚌壳标本及下文化层出土的兽骨标本，经^{14}C测定的年代数据，呈现出上下早晚颠倒的现象，遂引起学术界的极大关切（详情已见前述），后经北京大学历史系考古专业和中国社会科学院考古研究所两个^{14}C实验室的专家重新采样测定、分析、研究，结果证实，仙人洞第一期文化的年代应和甑皮岩遗址的早期相当⑩。这就为仙人洞遗址属于新石器时代早期文化遗存的判断给予了肯定。

后经国家文物局批准由北京大学考古学系、江西省文物考古研究所及美国安德沃考古研究基金会联合组成中美农业考古队，由北京大学资深教授严文明任领队，先后于 1993 年、1995 年及 1999 年对仙人洞和吊桶环两遗址进行了三次考古采样与发掘。对仙人洞的考古取样主要是对 1962 年发掘的 T3 北壁和 1964 年发掘的 T6 西壁剖面进行整理并揭露，分别向内掘进逐层取样，并一直掘至基岩。根据各层的土质土色、含沙多少及出土遗物特点的分析排比，将仙人洞遗址分为上、下两个不同时期的文化堆积，即上层为新石器时代早期堆积，下层为旧石器时代晚期之末（或中石器时代）堆积。

吊桶环遗址是一高出盆地约 60 米的溶蚀性岩棚，位于仙人洞西约 800 米处。这次发掘开 1 米 ×1 米探方 39 个，发掘面积 39 平方米。遗址中、西部堆积较厚，普遍掘至 K 层，距地表 2. 35 米，其中最深的探方掘至 O 层，距地表约 5 米。从各层出土文化遗物、自然物和孢粉、植硅石的科学分析及^{14}C测年数据来看，吊桶环遗址的文化堆积大体可分为上、中、下三个时期，即上层堆积为新石器时代早期，中层堆积为旧石器时代晚期之末（或称中石器时代），下层堆积为旧石器时代晚期。

对仙人洞与吊桶环两遗址的三次采样和发掘，出土文化遗物相当丰富，经初步统计共有石器 650 件（片）、骨器 132 件、穿孔蚌器 36 件、陶片 500 余块、人骨标本 20 多件、动物骨骼残片及螺蚌壳数以万计。从两遗址各层的文化内涵看两者之间有着密不可分的内在联系，吊桶环的上、中层和仙人洞的上、下层相对的文化面貌时代相同，吊桶环的下层在仙人洞未曾发现。从两遗址的位置、地形、地貌及出土的一些迹象考察，大源盆地在旧石器时代晚期，原始先民主要在地势较高的吊桶环栖息，到了旧石器晚期之末，特别是随着新石器革命的到来，由于盆地环境的变化，先民们开始走下山岗，移至仙人洞为主要居所，而吊桶环则逐渐变成先民在这一带进行狩猎的临时性营地或屠宰场。仙人洞和吊桶环两处洞穴遗址具有如此完整而清晰的地层堆积，这在国内已发现的从旧石器时代向新石器时代过渡的诸多遗址中是罕见的，在学术上具有特别重要的意义。

仙人洞和吊桶环两遗址的上层均为新石器时代早期的堆积，仙人洞上层东区出土有人类活动遗迹烧火圈16处；两遗址上层都出土有大量较大型打制砾石石器（石锤）、砾石穿孔石器、局部磨制石器及小型石片石器，一些扁平砾石被用作石砧和砺石。磨制石器的数量较少，但仙人洞上层出土的2件棱形器磨制精细，形制一致，显示其磨制技术已很具水平。骨、角、蚌器有锥、笄、铲、凿、镖和投掷器等，均为磨制，制作精细，尤其仙人洞上层出土的鱼骨镖，上端顶部呈等腰三角形，两面起脊，左侧有倒钩三个，右侧有倒钩四个，是杀伤力较强的捕鱼工具。在两遗址的上层距今约12000年的地层中都发现有野生稻植硅石，并开始出现人工栽培稻的植硅石，这表明此时稻作农业已经产生。在两遗址稍晚的距今约1万年的地层发现的稻属植硅石中，以人工栽培稻为主，其数量竟达到55%以上，而野生稻则日趋减少，表明此时仙人洞人已经完成了从以采集野生稻为主的攫取性经济向以人工栽培稻为主的生产经济的转化过程，而且其稻作农业已有了初步发展。陶器的陶质多为粗砂陶，掺和料为粉碎的石英岩，也有少量的长石，颗粒较大，粒径多为1～3毫米，有些可达5毫米以上，分选不好，似为经过特别的筛选。烧成的陶色有褐色、暗褐色、红褐色及灰褐色等，可能不是陶窑中烧制的。制法，出自上层较早地层的陶片为泥片贴塑法，饰条纹及素面，器壁较厚，一般在0.7厘米以上，个别的达1.2厘米；出自稍晚地层的陶片多为泥条盘筑法，饰线纹和编织纹。器形，因出土陶片多为腹片及少许口沿，尚无可复原者，但可推测为圆唇直口圜底罐（或釜）形器。出土的兽骨有鹿、猪、狗、鸭及螺蚌壳等，其中多为鹿类的肢骨，几乎都被砸碎过，有的有进一步加工的痕迹，个别的经过火烧。从仙人洞和吊桶环两遗址上层新石器时代早期文化遗存的情况来看，其经济形态为人们已能将野生稻培育成人工栽培稻，原始稻作农业已经产生，并有初步发展，但采集野生稻和狩猎、捕捞活动仍占有相当比重。

这次中美合作考古特别重视多学科综合研究，在发掘工地现场特设实验室，配备有古动物学、古植物学、地质学及研究石器、陶器等方面的专家，在发掘中对文化土全部筛选和浮选，并分层采集了可进行孢粉分析和植硅石分析的土样以便研究，将田野考古发掘与自然科学有机地结合起来，拓展了研究领域，取得了丰硕成果[11]。

（二）玉蟾岩遗址

玉蟾岩遗址位于湖南省道县寿雁镇白石寨村，地处北纬25°30′、东经111°30′左右，20世纪80年代初发现。洞穴发育在一石英岩残丘的下部，距现代地面高约5米，洞口部分为一宽敞的洞厅，宽约12～15米，进深6～8米，洞口朝向东南，洞厅阳光充足，洞前平坦开阔，为先民繁衍生息的良好居所。遗址堆积物主要分布在洞厅内。经过多次调查，湖南省文物考古研究所于1993年和1995年先后进行两次发掘，揭露面积46平方米。遗址堆积厚1.2～1.8米，除上部地层经近代扰乱外，地层保存基本完好，文化性质比较单纯，自然堆积层次近40层。在文化层内发现的人们活动遗迹主要有地面烧火的灰堆，灰堆直径40～50厘米，内含炭屑和动物烧骨及砾石碎块。出土遗物有石器、骨器、角器、蚌器、陶片及大量动物残骸和包括稻在内的植物遗存。其中石器有石核、石片、砍斫器、刮削器、切割器、刀、锄形器，以中小型石器为主，缺乏细小石器，均为打制，制作粗糙，加工技术简单，多为单面加工，石器工业风格与岭南全新世早期石器类似。以锄形器最具特征，可能是绑在木柄上用于掘土的工具。骨器有铲和锥，角器仅有角铲，蚌器上有穿孔。另有用动物犬齿制作的牙饰。陶片很少，不如仙人洞遗址发现的多，但在近底部文化层中发现三块较大的陶片及一堆可复原成圜底器的陶片。陶片火候很低，陶色呈黑褐色，质地疏松，陶胎近2厘米，夹炭，夹粗砂，系用泥片贴塑法成型，有交错层理。陶片内、外表均饰似编织印痕的纹样，似绳纹，可见清晰的经编和纬编。从其形态看比彭头山文化的陶片原始。遗址中出土有大量动物残骸，经观察哺乳动物达28种，数量最多的是鹿科动物，如水鹿、梅花鹿、赤鹿、小麂、麝，其次为野猪、牛、竹鼠、豪猪。肉食类多小型动物，种类较多，如青鼬、水獭、熊、猪獾、狗獾、貉、大灵猫、小灵猫、果子狸、椰子狸、野猫等，以猪、牛、竹鼠、豪猪等常见。此外还有猴、兔、羊、鼠、食虫类等动物。鸟禽类的骨骼数量之多令人注目，其个体数量可占动物骨骼的30%以上，经鉴定达27种属，其中水栖种类18种，如鹭、雁、天鹅、鸭、鹤、鸳鸯等。鱼类化石有鲤鱼、草鱼、青鱼、鳡鱼等，以及丰富的龟、鳖、螺、蚌等水生动物。通过对文化层每层土样的浮选和筛选，收集植物种、核、茎、叶40余种，其中最主要的是发现了水稻的遗存。经鉴定1993年出土于较早地层的两枚稻谷壳为普通野生稻，但有人类初期干预的痕迹；1995年出土于层位稍上的文化胶结堆积层面中的两枚稻谷壳为具有“野、籼、粳特点，由野生稻向栽培稻演化的古栽培稻”。同时，于1993年发掘的三个层位中均发现有稻属植硅石，进一步证明了玉蟾岩洞存在水稻的事实。上述情况表明玉蟾岩人的经济形态仍然是以采集和渔猎为主，原始稻作农业尚处于最初的萌芽阶段，在人们日常生活中所占比重尚小[12]。

从玉蟾岩遗址的整个文化面貌来看，其相对年代应早于距今8000年左右的彭头山文化。其真实年代参照遗址附近文化性质相同的三角岩遗址出土螺蚌标本^{14}C所测年代数据为距今12060±120年，发掘者推测玉蟾岩的年代距今约10000年前。另外《考古》1997年7期公布了玉蟾岩的三个^{14}C测年数据，所测标本采自1995年玉蟾岩遗址发掘的T9探方2B5层、3B2层和3E层兽骨，三个数据均经高精度树轮校正，分别为距今8992～8009年（ZK－2901）、距今10277～9399年（ZK－2902）、距今9861～8364年（ZK－2903），据此可将玉蟾岩的年代推定为距今10000～8000年[13]。北京大学^{14}C实验室对 1993 年发掘玉蟾岩接近底层出土的陶片进行了质谱加速器^{14}C年代测定，其中用陶土的腐殖酸测定的年代为距今 12320 ± 120 年，用陶片基质测定的年代为距今 14810 ± 230 年，用同层的木炭测定的年代为距今 14490 ± 230 年。研究者由此推断玉蟾岩遗址接近底层的年代当为距今 12000 ~ 10000 年[14]。假若 1995 年发掘的 T9 探方 2B5 层、3B2 层及 3E 层属遗址的上层，其或比 1993 年发掘接近底层的陶片稍晚的话，恰与测定年代相吻合。总的来看玉蟾岩遗址的年代应为距今 12000 ~ 8000 年。关于玉蟾岩遗址的文化性质应属某一时代的判定，发掘者认为“玉蟾岩遗存的文化面貌表现一种由旧石器文化向新石器文化过渡的特征”，或称“为旧石器文化向新石器文化过渡的全新世早期遗址”[15]。但学术界认为玉蟾岩的文化性质“表现出新石器时代最早时期的文化面貌”[16]。中国社会科学院考古研究所编著的《中国考古学·新石器时代卷》已将玉蟾岩遗址列入华南新石器时代早期的章节中[17]。

（三）甑皮岩遗址第一、二、三期遗存

甑皮岩遗址位于广西桂林南郊独山西南麓，北距桂林市中心约 9 千米。1965 年 6 月 3 日文物普查时发现。独山相对高度约 89 米，为石灰岩孤峰，地理坐标为北纬 25°12′、东经 110°16′，其北为相人山，其南为大风山，东西均为平原，海拔 149 米。甑皮岩洞口朝向西南，洞口高 8 米、宽 13 米、进深 21 米，洞穴东侧连接水洞，西侧贯穿矮洞，总面积约 240 平方米。同年 6 月 4 日发现者进行小面积试掘，6 月 9 日结束，出土人骨 5 具、陶片 40 件、打制石器 38 件、穿孔石器 1 件、磨制石器 2 件、骨器 1 件、蚌器 7 件及螺壳、兽骨等，但这些收获在“文化大革命”中下落不明。1973 年因挖防空洞遗址遭到破坏，从而引起文物部门的重视，广西壮族自治区文物工作队和桂林市文管会于同年 6 月至 1975 年 8 月进行了较大面积的抢救性发掘，后又因配合建馆、修封闭门及采样等进行过零星清理，工作一直延续到 1979 年 10 月，揭露面积共约 80 平方米。上述发掘出土遗迹遗物十分丰富，遗迹有火塘、灰坑及 35 座墓葬；遗物有打制石器、磨制石器、骨器、蚌器及陶器等数千件，以及大量的水陆生动物遗骸。发掘者在发表的简报中认为“甑皮岩遗址的年代为新石器时代晚期中较早的类型”，也有研究者认为应属新石器时代早期。同时发表的采自同层^{14}C测年标本蚌壳和兽骨的测量数据误差明显，遂引起学术界的关切。北京大学、中国社会科学院考古研究所的^{14}C专家专程赴广西重新采样、分析、研究，得出了石灰岩地区水下生长的动、植物样品^{14}C年代显然偏老 1000 至 2000 年，使用时扣除偏老的年代当接近实际年代的结论。后来相关学者经过总结发现由于当时特殊的社会环境及简陋的工作和科研条件，发掘时未能详细地判明遗址的地层关系，发掘资料也未完整的公布，影响了研究工作的深入，有关的一些重要学术问题难以解决，同时也严重影响了对该遗址全面正确的认识和评价。希望再次发掘时能

审慎地理清该遗址的地层叠压关系，认真地判明各地层出土遗迹、遗物的特征及其演变规律，并将历年的发掘资料进一步科学整理、分析与研究，以期全面、客观地反映甑皮岩遗址的文化面貌，认识甑皮岩遗址在我国史前考古学上的价值。带着学术界的期望，2001 年4 至8 月，中国社会科学院考古研究所广西工作队联合当地同仁一起对甑皮岩遗址进行了第二次发掘。这次发掘为了达到预期的学术目标，尽可能多地保留遗址的堆积，维持遗址原貌，把发掘面积控制到了尽可能小的范围内，只将原发掘的 DT4 未挖到底的部分清理至基岩，在 DT6 东壁、DT3、BT2 及 BT3 北壁清理了一小部分堆积，共约 10 平方米。在发掘中对全部挖出的原生堆积土用 5 毫米孔径的网筛进行筛选，用浮选机进行浮选。通过这次认真细致地发掘清理、筛选、浮选，发现遗迹堆积最厚处达 3.2 米，自然堆积层次达 32 层，理清了遗迹的堆积状况及层位关系，获得了大量地层关系明确的文化和自然遗物标本，包括石器、骨器、蚌器、陶器及水陆生动物遗骸和植物遗存。这些标本特请古动物学、古植物学、体质人类学、地质学、古环境、古陶瓷、石器微痕分析及^{14}C 测年等相关专家进行科学的分析研究，都获得了重要成果，对甑皮岩遗址的综合研究大有裨益。特别是发掘者以超乎寻常的速度很快地将正式报告编写出版，为学术界对华南史前考古的研究提供了极为宝贵的资料。

发掘者在报告中将甑皮岩遗址的史前文化堆积分为五期，基本上代表了桂北地区从距今约 12000 到 7000 年间新石器时代文化的发展及演变过程，并认为第一至四期（距今 12000 ~ 8000 年）属于新石器时代早期。从第四期的文化面貌看，我们觉得其不宜归入早期，而将其归入新石器中期较妥。如此，将甑皮岩遗址第一期至第三期（距今 12000 ~ 9000 年）定位为新石器时代早期可能更切合实际一些。

甑皮岩遗址第一期，为新石器时代早期前段，距今约 12000 ~ 11000 年。发现石器制造场 1 处，其位于 DT4 第 31 层，距地表 2.4 米，面积 5.25 平方米。在该层发现大量石制品、半成品、废料及石块、石片、碎屑、天然砾石等，重要遗物有石器、骨器、蚌器、陶器及较多的水陆生动物遗骸。石器均为打制，加工技术比较单一，多为单面单向直接打击成形，仅有个别采用双面打击加工，二次修理可能用间接的硬锤打击技术。以中小型石器为主，石器原料多采自漓江河滩的河砾石，石质以砂岩占绝大部分，有少量的花岗岩、板岩和灰岩。器类有锤、砍砸器、盘状器、切割器、尖状器、棒形凿及穿孔器等，以锤和砍砸器为主。石器工业属典型的中国南方砾石工业传统。骨器和蚌器数量较多。磨制工艺已经存在，如骨锥、骨铲和穿孔蚌器等，但尚未应用于石器制作。陶制品仅复原一件，为敞口圆唇斜弧壁圜底釜。陶质陶色为夹粗砂石英灰白陶，内外壁及胎心同色，近口沿处为灰褐色，石英颗粒较大，最大粒直径 1.1 ~ 1.5 厘米，烧成温度极低（不超过 250°），胎质疏松，制作粗糙，为捏制成型，器表大部分为素面，近口处隐约可见纹饰，似为粗绳纹，滚压而成，后又经抹平。标本 DT6㉘：072，口径 27 厘米，高16.4厘米，口沿厚1.4厘米，胎厚2.6厘米。表现出一系列原始陶器工艺的特征。多学科综合研究表明，甑皮岩第一期所处的地质时代为最后一次冰期过后、全球气候开始回升、动植物资源逐渐增加的全新世初始的时期。此期地层出土了大量的水陆生物遗骸和植物遗存，表明甑皮岩史前先民的经济形态主要是以采集渔猎为主的生业模式。

甑皮岩第二至三期为新石器时代早期后段，距今约11000~9000年。这两期均未发现遗迹，但遗物都较丰富。第二期遗物有石器、骨器、蚌器、陶器及水陆生动物遗骸及植物遗存等。石器均为砾石打制石器，器类和制作方法与第一期基本相同，以砍砸器为主，有少量石锤。骨器主要为磨制的锥、铲，以骨锥居多。蚌器多为穿单孔的蚌刀。陶器的数量明显增多，陶质陶色，以夹粗砂灰褐陶或褐陶为主，部分为红褐陶，质地疏松，火候较低，制陶技术出现了泥片贴塑成型，器形以敞口、束颈、鼓腹的圜底釜、罐为主，器表多饰中绳纹或粗绳纹，其中以印痕较深的中绳纹最具特征。第三期遗物有石器、骨器、蚌器、陶器及各种水陆生动物遗骸及植物遗存。石器仍以砾石打制石器为主，器类有锤、砍砸器、切割器、棒形凿、穿孔器等，未见磨制石器，但出现的锛形器应为磨制石锛的坯，并在文化性质相同的临桂大岩第四期遗存中出现了少量磨制石斧、石锛等。骨器，磨制技术进一步发展，除原有的骨锥、骨铲外，出现了骨针。陶器数量较前增多，陶质陶色以夹方解石的红褐陶为主。方解石颗粒较多较粗大，且大小不匀，形状不规则。陶器的火候低，胎质疏松，制法仍以泥片贴塑法成型，粗、细绳纹较少。器形，前期束颈较甚的敞口罐仍然存在，但出现口近直或略外敞的敞口罐，纹饰以中绳纹为主，粗、细绳纹较少，另有部分刻划纹、捺压纹。遗址出土大量的水陆生动物遗骸，表明此地的经济形态仍然是渔猎和采集，包括采集草本植物如十字花科的野菜等。这一期的考古学文化与前期相比，虽有发展但无质的变化[18]。

（四）庙岩遗址早期遗存

庙岩遗址又称太平岩，位于广西桂林市南郊雁山区李家塘村东0.5千米的孤峰南麓。庙岩洞穴实为一个西南—东北向的穿洞，发育在上泥盆统融县组原层灰岩中，有南、东两个洞口，海拔高程为150米，高出当地平原地面13米。主洞口（南口）宽12米，高4.5米；东口近椭圆形，宽8米，高2米。洞道长16.8米，洞底面积130平方米。洞内干燥，通风较好。主洞前开阔，有大片池塘、沼泽，其西为大片平原，其东则是连片峰丛、孤峰。地理环境优越，为先民栖息生活的理想场所。庙岩遗址于1965年文物普查时发现，1981年复查确认，1983年桂林市文物队试掘，开2米×10米探沟一条，出土文化遗物丰富。后因村民在洞内挖肥使遗址保护颇受威胁，1988年7至8月桂林市文管会考古队进行了抢救性发掘，揭露面积50平方米。发现遗址文化堆积厚约2.4~2.9米，分为6层，除第一层为扰土层外，其余2~6层均为文化层。在文化层内发现的文化遗物相当丰富，有石制品、骨制品、蚌制品、陶制品和泥制品等。石制品计356件，其中多为石核和石片，石器约占30%。石制品均为砾石打制而成，岩性有紫红色砂岩、砂岩、碳化板岩、硅质岩、石英岩、流纹岩等，而以紫红色砂岩、砂岩居多，其余较少。石器类别有砍砸器、刮削器、推刮器、穿孔器、盘状器、铲形器、球形器、锤、砧及砺石等。砍砸器、刮削器等多为单面打制而成，少部分为双面打制。砍砸器以大中型为主，刮削器、推刮器多利用石片加工而成。骨制品，有骨锥、骨铲等，多用动物肢骨打制或磨制而成。蚌制品，有穿孔器和蚌刀两种，基本保留蚌壳原状，仅在腹缘简单打制加工。陶制品，仅在第五层下部发现5块制作原始的灰褐色陶片，器形难辨，均为素面，部分表面有烟炱，陶质粗疏，吸水性强，胎内夹有细石英砂粒，火候低，部分呈饼状。另有泥制品1件，形状酷似马蹄，陶土捏制，未经焙烧。上部中央隆起如马蹄形，下部呈圆形。出土动物遗骸分两大类：一类为哺乳动物，有竹鼠、豪猪、扫尾豪猪、野兔、黑熊、虎、野猫、貉、猪獾、秀丽漓江鹿、水鹿、斑鹿、赤鹿、水牛、猪、羚羊；另一类为瓣鳃和腹足类软体动物，计有杜氏珠蚌、近矛形楔蚌、卵形丽蚌、甑皮岩楔蚌、短褶矛蚌、弯形假齿蚌、付氏矛蚌、中华丽蚌、斜截篮蚬、中华圆田蚌、方形环棱螺、桶田螺等，未见鱼类和鸟类。此动物群基本上全为热带、亚热带的现生种。发掘者认为庙岩遗址的文化性质和时代应属于旧石器时代晚期向新石器时代早期过渡时期。1999年11至12月，中国社会科学院考古研究所广西队、广西壮族自治区文物工作队及桂林市文物工作队联合进行了第三次发掘，揭露面积44平方米。发掘者依据地层堆积及出土遗物的特征，以地表下第一层钙化板为界，将整个堆积分为早、晚两期。早期以灰黄、灰白色螺壳堆积为主，出土椭圆形灶坑3个及石器、骨器、角器和陶片等。石器以打制石器为主，均为砍砸器，形体较小，另有穿孔石器及穿孔滑石器。骨器，有锥、铲。角器，仅有角锥。陶器，仅有少量陶片，均为夹粗石英颗粒的灰褐陶，胎厚重，火候极低，纹饰模糊，器形难辨。其时代为新石器时代早期。晚期约当新石器时代中、晚期，此处从略。

庙岩遗址的^{14}C测年数据有10个，北京大学考古学系^{14}C实验室测定的五个螺壳标本中BA92037－1为距今20920±430年、BA92036－1为距今18140±320年，中国社会科学院考古研究所实验室测定的三个螺壳标本中ZK－2841为距今17238±237年，对照同层的文化面貌明显偏早。同时测定的二件陶片标本的年代分别为距今15560±500和15660±260年，也偏早。而北京大学考古学系^{14}C实验室测定的BA92030－1、BA92033－1、BA92034－1及中国社会科学院考古研究所实验室测定的ZK2839、Z2840等五个螺壳标本数据为距今13000～12000年，若扣除石灰岩地区^{14}C测年误差2000年后，距今约在11000～10000年，当为新石器时代早期，与文化面貌基本吻合[19]。

（五）大岩遗址第三期遗存

大岩遗址位于广西临桂县临桂镇二塘村小太平自然村东南约0.5千米的下岩门山北麓，东北距县城约3千米，由A、B两洞组成。A洞位于东侧，B洞位于西侧，两洞口相邻，均朝向正北。下岩门山为石灰岩孤峰，其东侧有一条小河自东南向西北流，在A洞前形成一个大水塘后南折，流入B洞东侧成为地下暗河。B洞堆积主要在洞口西侧，破坏严重，残存面积仅约15平方米；A洞洞口为一宽敞的洞厅，宽约15~20米，进深8~10米，洞内有两小洞与B洞相连，A洞内外原生堆积保留完整，现存面积约300平方米。1999年调查发现，2000年10月至2001年1月，中国社会科学院考古研究所广西队、广西壮族自治区文物队和桂林市文物队联合对大岩遗址进行了为期三个月的正式发掘，揭露面积72平方米。经发掘获知，遗址堆积最厚处达2.3米，自然堆积达32层。发掘者依据地层叠压关系及出土遗物的变化情况，将整个文化遗存自下而上区分为六个时期。第一期属旧石器时代晚期，第二期为旧石器时代晚期向新石器时代早期的过渡期，第三期属新石器时代早期，第四期为新石器时代早期后段或中期，第五期为新石器时代中期，第六期为新石器时代晚期或末期。此仅介绍第三期，其他从略。

大岩遗址第三期遗存主要是螺壳堆积，出土有石器、骨器、蚌器、陶器及较多的水陆生动物遗骸。石器，全为打制，未见磨制者。原料以砾石为主，岩性主要是砂岩及少量石英岩。器类有石核、石片、砍砸器、刮削器等，以砍砸器为主。石器制作粗糙，多不规整，以小型石器为主，有一定数量的中型石器，大型石器较少，未见细小石器。石器加工技术简单，多采用锤击法单面加工，第二步加工者很少。石器工业风格继承了华南旧石器时代砾石石器工业传统，与岭南全新世初期桂林甑皮岩一期、庙岩早期、道县玉蟾岩等遗址出土的石器相类似。骨器，有锥和铲，数量较第二期增多，磨制工艺也较精细。陶制品，仅发现3件陶制容器，陶质疏松，火候较低，陶胎较厚达2~3厘米，掺和料为粗大的石英颗粒。其中两件为夹砂灰褐陶，因挤压变形，器形难辨；另一件可复原，为圆唇斜弧壁圜底釜形器，器表红色，内壁为橙黄色，器表有植物茎秆压痕3道，并有火烧黑色烟炱。

发掘者认为大岩三期出现了制作原始粗糙、烧成温度极低、不施纹饰的圜底容器及制作较精的磨制骨器，从整个文化面貌看，其年代当在距今12000年左右，与甑皮岩一期遗存的年代相当[20]。

（六）顶蛳山遗址第一期遗存

顶蛳山遗址位于广西邕宁县南约3千米的蒲庙镇新新村九碗坡自然村东北约1000米的顶蛳山上，在邕江支流八尺江右岸第一阶地上，属典型的河旁贝丘遗址。遗址现存面积约5000平方米。1994年县文化馆考古调查时发现；1996年中国社会科学院考古研究所等单位进行复查，确认是一处保存较好的新石器时代遗址；1997和1998年，中国社会科学院考古研究所广西队会同广西壮族自治区文物工作队和南宁市博物馆组成联合考古队进行了两次发掘，揭露面积500平方米；1999年为了进一步了解该遗址的地层堆积情况又进行了第三次发掘，揭露面积225平方米。经发掘得知，该遗址的地层堆积以中部和西部最厚，以螺壳堆积为主，最厚处达3米，南部和东部的螺壳堆积逐渐变薄，直至不见。发掘者依地层堆积和出土遗物的情况，将整个遗址的文化遗存分为四期，其中第一期为新石器时代早期。

顶蛳山遗址第一期文化遗存仅发现于遗址中部两个探方的第四层，其他地段的探方中未曾发现。这两个探方的第四层堆积为棕红色黏土，不含或半含螺壳，一般厚10～30厘米。未见遗迹。出土遗物只有石器和陶器两种。石器种类较少，仅有穿孔石器和玻璃陨石质细小石片石器两种，以及数量较多的剥落细小石片石器后留下的石核和天然玻璃陨石。穿孔石器为细砂岩，取天然扁平近圆形砾石，周边不加工，中间对穿一圆孔。有的上面有凹槽，可能是磨制骨锥、骨针的痕迹。细小石片石器较多，采用直接打击法打制，少见二次加工现象，不见典型的细石叶。石核上加工台面较少，也不见典型细石器遗址中常见的细石核。陶器，陶质、陶色仅见夹粗石英碎粒的灰黄陶，器类简单，仅见圜底釜或罐形器，不见平底或圈足器。陶器的器壁较厚，陶胎为黑褐色，器表多施粗绳纹，口沿上捺压花边，沿下施一周附加堆纹，易脱落。制法为手制成型，多数陶片内壁可见手指捺窝痕迹。烧成火候较低，质地疏松易碎。整体来看呈现出原始陶器的特点，与江西万年仙人洞遗址出土的新石器时代早期陶器特征相同，其年代也应大体一致，距今约10000～9000年[21]。

（七）牛栏洞遗址第三期前段遗存

牛栏洞遗址位于广东省英德市云岭镇东南约2千米的狮子山南麓，北纬24°20′，东经113°27′。狮子山为一座石灰岩孤峰，相对高约100米，附近为石灰岩地区丘陵山地。狮子山南侧有一条古河道向东南流注北江。洞内为廊道型发育，全洞平面略呈曲尺形，洞口在东端，方向138°，宽2.5米，距山下地表约11米。从洞口向西延伸长约25米为东洞，然后向北拐延伸至尽头约20米为北洞，由拐弯处向南长约4米为南支洞。洞内高5～15米，宽2.5～5米，总面积约400平方米。1983年全国第二次文物普查时发现，1996年中山大学人类学系和英德市文化局等单位复查试掘，揭露面积20平方米，确认为距今10000年左右的史前洞穴遗址。1998年7至8月中山大学人类学系和广东省文物考古研究所等单位组成联合考古队，对牛栏洞遗址进行第二次发掘，揭露面积31平方米。通过发掘得知洞内堆积物很厚，最厚处达3.14米，可分为8层。堆积层中含有炭屑、烧土及大量的螺壳、蚌壳、人类和动物骨骼等，文化遗物有大量的石制品及少量的骨器、蚌器、陶片等。发掘者根据地层叠压及各层的文化特征将整个遗址的文化遗存分为三期：第一期属旧石器时代晚期；第二期属中石器时代；第三期属新石器时代之初，并分为前段和后段。此仅介绍属新石器时代早期的第三期前段，余从略。

牛栏洞遗址第三期前段文化遗存有大量的螺壳堆积，动物骨骼略少于前期，动物群种类全为现生种。出土文化遗物有石器、骨器、蚌器和陶器。石器分打制和磨制两种，打制石器占多数，器形较规整，有的刃面石片疤呈鳞栉状排列，石器组合为砍砸器、刮削器、铲形器、凿形器、钻。已出现磨制石器，或称半磨制石器或称局部磨制石器。有的是用砾石石片制作，有的是用较规整的砾石略加修理后制作，但主要是加磨刃部，器身大都留有打击修理的石片痕。穿孔石器仅 1 件，孔内有钻磨痕迹，也可归入局部磨制石器。砺石 2 件，是磨制骨器的工具，器体上留有磨槽，骨、角、牙、蚌器发现很少，仅有锥、针、铲等。陶器，均为碎片，数量很少，均为夹粗砂黑陶，也有褐陶，掺和料为石英颗粒，粒径长达 0.9 厘米，手捏成型，火候较低，质软，疏松易碎，多数陶片器形难辨，有的可能是釜或罐。多为素面，但有的陶片上饰粗绳纹。从陶片的整体来看很原始。牛栏洞的第二期和第三期中都发现有水稻硅质体，属于非籼非粳的类型，为探讨岭南地区的农业起源提供了珍贵的资料。牛栏洞遗址的螺壳和兽骨标本^{14}C 测年数据共 22 个，对照各期的文化面貌，扣除石灰岩地区的误差，得出各期的绝对年代不是偏早就是偏晚，甚至同层的螺壳和兽骨所测数据相差 3000 多年或 8000 多年，可信度很差，但第三期前段的^{14}C 数据，经发掘者甄别、取舍、判断定为距今约 10000～9000 年，与文化面貌相吻合，是较可信的[22]。

（八）上山遗址

上山遗址位于浙江省浦江县黄宅镇渠南村。浦江县位于钱塘江支流浦阳江上游，是典型的河谷盆地，上山遗址即位于该盆地的中心。遗址附近地势平坦，海拔约 50 米。遗址的具体位置在两个小山丘上，相对高度 3～5 米，南丘为上山，面积约 15000 平方米，北丘为石山头，面积约 10000 平方米，两丘间距约几十米。因两处文化内涵联系密切，故分别确定为上山遗址的南区和北区。从现在地貌看两土丘都属于河流二级台地。2000 年秋浙江省文物考古研究所及浦江县博物馆在县内考古调查时发现。后经 2001 年、2004 至 2005 年、2006 年三次发掘，共揭露面积 1600 平方米。从堆积情况看，南丘西部堆积最厚处约 1 米，东部较厚。南区共分八层，第一、二层为近现代层，第三层为春秋战国层，第四层相当于河姆渡文化阶段，第五至八层为新石器时代早期，也是上山遗址的主体。北区共分五层，第一、二层为近现代层，第三、四层具有明显的跨湖桥文化因素，第五层相当于南区的第六层即新石器时代早期层。

发现的上山遗址的重要遗迹有干栏式房基和沟槽式房基。如F1长14米、宽6米，呈西北—东南向。柱洞分三排：南排10个，间距1.6米；中排11个，与南排间距3米；北排也11个，与中排间距也3米。三排柱洞平行分布，相互对应，相当规整。其建筑形式与河姆渡遗址的干栏式建筑类同。F2为基槽式建筑，坐北朝南偏东，西侧基槽长8.5米、宽约1米、深10~26厘米。西侧基槽的北端和中段分别有两基槽与西侧基槽垂直相交，长分别为3.8米、4.7米；东端残，东侧基槽被灰坑打破，可复原为平面结构大致呈后室封闭、前堂敞开的形式。灰坑20多个，南区灰坑多较浅，可分为圆形、方形、长条形和不规则形几种；北区灰坑较规整，较深，一般为圆形或方形的平底坑。遗物以石器、陶器为主，有少量骨器。石器，绝大部分为打制石器，包括石锤、石片、石核、石片石器、石核石器、砾石石器、碎屑和废品等数千件之多。上山石器的原料多为凝灰岩、砂岩、砾岩、石英岩等。同时有数量较多的穿孔石器、石球、石磨盘、石磨棒等，还有极少数的磨制石锛（斧）、石凿等。陶器，陶质多为夹炭陶，有少量夹砂陶，可复原的约80多件。器形以大口平底盆为主，约占整个陶器的70% ~80%，还有双耳罐、卷沿罐、钵形器及圜底器等。纹饰多为素面红衣，陶胎较厚，火候较低，不匀，陶胎破裂面常见片状层理，应为泥片贴塑法成型。掺和料为有机质的稻壳、稻叶、稻茎。很多陶片的表面有大量谷壳痕迹，胎土中夹杂有大量谷壳。对陶片取样进行植物硅酸体分析显示，许多陶片中含有来自稻叶片运动细胞的扇形硅酸体。对陶片中谷壳形状的观察结果是，粒的长度比野生稻短，粒的宽度比野生稻大，整体与野生稻不同，可能是经人工选择的早期栽培稻[23]，对研究我国稻作的起源具有重要意义。上山遗址的年代，经研究者将^{14}C测定数据结合文化特点进行分析，得出结论：上山遗址下层的年代为距今10000~8500年。上山遗址是长江下游迄今发现的年代最早的新石器时代遗址。从华南地区新石器时代早期诸遗址的分期来看，上山遗址的文化遗存应处于新石器时代早期的后一阶段，其进步性主要表现为原始农业已经形成，人们已开始摆脱穴居山洞而学会营建房舍建立农业聚落。

二　华南新石器时代早期遗存的文化特征

从上述八处典型遗址的情况来看，各有各的具体情况，但大体都处于同一个发展阶段，有很多共同的文化特征。（1）除邕宁顶蛳山遗址属于典型的河旁台地贝丘遗址、浦江上山遗址为台地遗址外，其余六处均为分布于石灰岩地区的洞穴遗址。山洞为早期人类天然的良好居所，有山、有水、有丰富的水陆生动物资源，为人类提供了优越的生存条件。(2) 除道县玉蟾岩遗址为单一的新石器时代早期文化堆积外，其余七处遗址都是多层（或多个时期）文化堆积。万年仙人洞与吊桶环、临桂大岩及英德牛栏洞遗址为旧石器时代晚期到旧石器时代晚期之末（或称中石器时代）再到新石器时代早期连续发展的地层叠压关系，桂林甑皮岩、庙岩及邕宁顶蛳山遗址为新石器时代早、中或早、中、晚连续发展的地层叠压关系，各层都有不同时代的标志性文化遗物出土。各遗址文化层堆积均较厚，一般都在1～3米不等，吊桶环文化堆积最厚处达5米。各遗址的自然堆积层也各不相同，玉蟾岩多达40层，甑皮岩和大岩多达32层，吊桶环13层，这为我们进行准确的文化分期分段提供了条件，也为我们对各层^{14}C标本采样及文化土样筛选、浮选进行科学分析打下了良好的基础。（3）人类活动遗迹，在仙人洞遗址上层发现烧火圈16处（即火塘），在庙岩遗址发现椭圆形灶坑3处，在玉蟾岩遗址发现烧火的灰堆（即火塘）直径40～50厘米、灰烬厚10～15厘米，这些烧火遗迹的灰烬中多有炭屑、碎石或烧骨等。在上山遗址发现的干栏式和基槽式房屋残迹是目前全国新石器时代文化中所见的最早的房屋建筑遗存。在甑皮岩新石器时代早期层中于DT4第31层发现石器制造场1处，面积约5.25平方米，在该层发现大量石制品、半成品、石块、石片、碎屑及天然砾石等。（4）各遗址都有大量的打制石器出土，器类主要是砍砸器、锤、刮削器、尖状器、切割器、穿孔器、铲形器等，以中、小型石器为多。原料多来自附近河滩的河砾石。石质以各种不同颜色的砂岩、石英岩常见。制法技术比较单一，多数为单面单向直接打击成型，经二次加工的石器很少。石器工业属典型的中国南方砾石石器传统。（5）不见或少见磨制石器，玉蟾岩、庙岩、顶蛳山遗址均未见磨制石器出土，而在仙人洞、吊桶环、牛栏洞及上山遗址都有少量磨制石器出土，即局部磨制石器，多系加磨刃部，唯仙人洞遗址上层出土的二件梭形器磨制精细，甑皮岩遗址第二期的锛形器应为磨制石锛的毛坯。（6）各遗址都有骨锥、骨铲出土，有的遗址有角铲，均为磨制。仙人洞遗址除锥、铲外，还有骨笄、骨凿、骨镞、骨鱼鳔及投掷器等，其中骨鱼鳔上端顶部呈等腰三角形，两面起脊，左右两侧有倒钩，磨制精细。有的遗址有穿孔蚌器，牛栏洞遗址还出土有骨针。（7）各遗址都出土有陶制品，数量都较少。其陶质均为夹粗砂陶，陶色各遗址不同，有灰黑色、灰黄色、红褐色、暗褐色、褐色等，即使是一个遗址内出土的陶器颜色或一件陶器的器表、器里、陶胎也有陶色不匀的现象。掺和料多为碎石英颗粒，粒径较大。玉蟾岩遗址出土陶片的胎厚达2厘米，陶质疏松，火候低。制法，多数遗址为泥片贴塑法，个别遗址为手捏制。器形，多为圜底釜或罐，多饰绳纹或条纹，顶蛳山的陶釜口沿捺压花纹，沿下饰附加堆纹。（8）在仙人洞、吊桶环、玉蟾岩、牛栏洞及上山等遗址发现了粮食作物水稻的遗存。在仙人洞与吊桶环两遗址上层都发现了野生稻和人工栽培稻的植硅石，后者在数量之比上超过了前者，表明此时人们已从以采集野生稻为主向以人工栽培稻为主转变，且其稻作农业已有了初步发展。（9）由于全新世初期气候转暖，为当时的人们提供了适宜生存之有利条件，故而新石器时代早期遗址中都出土有大量的现生种动物遗骨及螺蚌贝类。（10）八处遗址的^{14}C测年数据都在距今约12000～9000年之范围内。（11）经济形态，均以采集狩猎经济为主，稻作农业在局地已经萌芽并已有了初步发展，但在整个经济生活中所占比重尚小。

三 华南新石器时代早期陶器的特征及相关问题

前述华南地区八处典型的新石器时代早期遗址中都发现有陶制品，除仙人洞、吊桶环及上山遗址出土陶片数量较多外，其余各遗址陶片的数量都很少，它们大致代表了华南地区距今12000～9000年间制陶业的发展水平。从已报道的资料看，其特征有如下几点：（1）陶系陶质，多为夹粗砂陶，陶胎较厚，一般都为1～2厘米。玉蟾岩遗址陶片胎厚达2厘米。陶胎内所加掺和料有石英颗粒、长石、云母、蚌末、炭等，石英颗粒是经人工砸碎的，粒径大小不一。仙人洞遗址出土陶胎内所加石英颗粒达0.5厘米。牛栏洞遗址陶胎内的石英颗粒较大的粒径达0.9厘米，这反映出早期陶器简单粗糙。早期陶器有人工掺和的陶土和自然陶土两种情况，目前所见以前者为多，可见先民对陶土的认识是经过一个漫长的过程才取得了一定经验的。笔者早年曾和半坡博物馆的同仁作烧制陶器的实验考古，所用陶土不论是粗砂陶、夹细砂陶、泥制陶及细泥陶，都是经过淘洗的，掺和料也是用小石块经人工砸碎的，这样才能使陶坯不开裂，如用自然土不经淘洗，不加掺和料，制成的较大件陶坯在晾干或焙烧时就会破裂失败。但小件陶器也可能是用自然陶土捏成型后烧制的。由此得到启发，遥想先民当年烧制粗砂陶时，对陶土的特性已有相当程度的认识，所采用的陶土和掺和料应是经过淘洗后掺和的，否则是烧制不成陶器的。（2）制法，全为手制，除甑皮岩遗址第一期和牛栏洞出土陶器为手捏成型外，其余各遗址的陶制品均采用泥片贴塑法成型。泥片贴塑法是模制陶器的一种，是将泥片贴在以竹、木容器为模的器皿上，用陶拍拍打泥片使其连接成型，故在陶胎上常见泥片叠压结合的痕迹，有的可见二层，有的可见多层叠压情况。这种制陶方法在我国新石器时代早、中期诸文化遗存中是常见的一种方法，如华北属新石器时代早期的怀柔转年、门头沟东胡林等遗址的陶制品制法均为泥片贴塑法。属于新石器时代中期的裴李岗文化、磁山文化、老官台文化及兴隆洼文化的陶制品，也多常见采用泥片贴塑法所制的成品。在南方的彭头山文化、皂市下层文化、跨湖桥文化等的陶制品中也都常见泥片贴塑的现象。可见这是一种古老的制陶方法。截至目前，在华南新石器时代早期诸文化遗存中，除仙人洞遗址上层出自稍晚地层的陶片为泥条盘筑外，其余各遗址尚未看到采用泥条盘筑法制陶的报道。（3）烧制方法，可能是平地堆烧，前述八处遗址均未发现陶窑的遗迹。平地堆烧的陶器，因火力不集中，导致火候很低，陶器质地疏松易碎，陶色不匀，陶胎氧化不充分，往往呈红、灰、黄、褐、黑相杂的各种颜色，一块陶片上单色者罕见。如仙人洞与吊桶环出土的陶器颜色有褐色、暗褐色、红褐色及灰褐色等。甑皮岩遗址第一期的陶制品烧成温度极低，仅 250℃，质地疏松，器壁特厚。如标本 DT6㉘：072，口沿厚 1.4 厘米，胎厚 2.6 厘米，表现出一系列原始制陶工艺的特征。（4）器形，除上山遗址出土陶器器形较多外，其他遗址极为简单，各遗址所见只有釜（或罐），其他器类未见。如仙人洞遗址的陶器可能是圆唇直口圜底罐形器；甑皮岩遗址第一期的陶器仅复原 1 件，为敞口圆唇斜弧壁圜底釜；顶蛳山和牛栏洞遗址出土的陶片可辨器形也均为釜（或罐）。这与华北新石器时代早期常见的直壁平底罐形器迥然不同，显示出我国南、北方两种不同的制陶风格。（5）纹饰，以绳纹最常见，偶见刻划纹、条纹、附加堆纹、捺压纹等。如仙人洞遗址有素面纹、条纹、双面或单面绳纹陶及少量编织纹陶。顶蛳山遗址陶器器表饰粗绳纹，器物口沿多捺压花边，沿下有饰附加堆纹的。甑皮岩遗址第一期陶器的上部有滚压粗绳纹痕迹；第二期陶器器表均饰多次重复滚压而成的绳纹，并以印痕较深较细密的绳纹最具特点，少量在绳纹上加饰刻划纹，沿下饰附加堆纹；第三期以中绳纹为主，粗绳纹较少，另有部分刻划纹、捺压纹。玉蟾岩遗址陶器内外饰绳纹。庙岩遗址陶器器表素面无纹饰，或模糊不清，部分器表有烟熏火燎的迹象。这五个特点显示出华南地区烧制陶器的技术水平是比较原始的，若与已知新石器时代中期的彭头山文化、皂市下层文化、跨湖桥文化的陶器相比较，其原始性是显而易见的。但在某些方面也反映了当时的制陶技术已有了一定程度的提高，并非最早的初始者：（1）当时制陶所用的陶土、掺和料均经人工淘洗，而并非采用自然土。遥想先民历经千万年用火的历史，对火的特点有了较深刻的认识，又对黄土和黏土的可塑性及遇火变硬的特性有所了解时，他们经过长期的摸索、实验，终于烧制出了陶器。最初始的陶器可能是用未经淘洗的黏土或自然土不加任何掺和料只加水和泥贴在竹、木质的容器上偶经火烧变硬而得到启发的，而后又反复实验将黏土进行淘洗，再加上掺和料，并不断地总结经验使制陶技艺得以提高。（2）制法，尽管很多遗址出土陶器的制法多为泥片贴塑法，但在个别遗址已出现了比较进步的泥条盘筑法制陶技术。（3）纹饰，一般常见绳纹，只有粗、中、细之分，但也有较复杂者。如甑皮岩遗址虽以饰中绳纹为主，但也有少量在陶器的绳纹上加饰刻划纹、口沿下饰附加堆纹的。顶蛳山陶器口沿多捺压花边，沿下饰附加堆纹。这些纹饰不仅表现出其实用功能，同时也有装饰美观的作用，是当时先民审美观念的反映。由此可见，这些陶制品已不是最原始制陶技术的产物，在它的前面可能还有一个更早的摸索、实验、发生、发展的制陶阶段。其实我国学者对桂林庙岩（第 5 层）、临桂大岩（第二期）及万年仙人洞（下层）等遗址出土的早期陶制品的年代研究已有了新的进展，这些陶制品的^{14}C测年数据已达到距今 15000 年以上，它们所处的时代已是旧石器时代晚期或旧石器时代晚期之末（或称中石器时代）。随着^{14}C测年技术的进步，对测得较早的^{14}C年代也可以通过树轮校正曲线进行校正，求得比较“真实”的样品年代。如玉蟾岩及庙岩遗址出土早期陶制品的年龄，经树轮校正大致可早到17000年前后。后来北京大学考古学系科技考古与文物保护试验室对仙人洞和吊桶环出土陶制品又进行了系统的^{14}C测定，其中陶制品的最早出现年代可到16440±190BP，经树轮校正为18050BC～17250 BC（68.2%置信度）。2003至2005年中美联合考古队对道县玉蟾岩遗址再次进行发掘，系统采集了^{14}C测年样品，准确把握和记录了出土陶片与测年样品的地层关系，结合地层沉积微结构分析方法，确定了玉蟾岩遗址陶器出现的时间约为距今18000年。基于这样的研究积累，北京大学和哈佛大学合作团队决定对万年仙人洞遗址陶器的年代问题进一步研究。遂在江西省考古同仁的支持和帮助下，于2009年在重新清理出来的考古地层剖面上采集了系列^{14}C测年样品和地层微结构样品，确定^{14}C测年样品与陶片的地层等时代关系，证实以前发掘的考古地层是人类活动形成的原生堆积，不存在自然过程或者后期活动的扰乱，所测定的^{14}C年代代表了同层为陶器的年代可早到距今20000年，这是我国目前已发表陶器的最早年代。从考古资料所知世界上的其他国家也发现有年代较早的陶制品，如日本的青森县蟹田町大平山元Ⅰ遗址及长野县下茂内遗址出土的陶器（或与素面陶伴出的炭化物）的^{14}C年代测定，并经树轮校正后的数据已分别达到距今16500年和16300年。又如在东南欧的捷克摩拉维亚平原中部的DoLni Vestonice Ⅰ号址和Ⅱ号址及其附近的两处遗址都曾出土过2万年以前的陶片，还有烧制陶器的窑址，经^{14}C测定，其年代距今28000～24000年。在俄罗斯南部KosTianki Ⅰ遗址出土的陶制品的年代为距今23000年。在西亚和非洲也发现了距今10000年左右的陶器。由此可见，在东亚、西亚、东非洲、东南欧等地都发现有早期陶器，表明世界上陶器的起源地点不止一个中心，而是多中心的。每个地区的人们，随着生存、生活的发展，即条件成熟时都会发明出陶器。这些情况从根本上纠正了我们长期认为陶器是伴随着农业的兴起而产生的错误观点。事实上在全世界很多地方都是陶器早于农业的，中国的华北、华南及日本等出土早期陶器的很多遗址并未发现已有农业的明显迹象，他们都是以狩猎、采集、渔捞为主的经济形态。同时，早期陶器的发现也同样纠正了学术界长期以来认为陶器是随着冰后期的到来、欧亚大陆气候转暖而出现的传统观点。目前，东亚和东南欧最早的陶器年龄已可早到距今20000年前后，其时正值欧亚大陆处在更新世末次冰期的盛冰期阶段，旧石器时代晚期，可见东亚和东南欧陶器的出现与欧亚大陆气候转暖并无必然的联系。表明人类为了适应较为恶劣的气候条件，发挥自身的智慧，经过长期摸索、实践、试验、总结、改进而发明了陶器，这也是人类历史发展的必然。陶器的发明为人类适应环境提供了新的生存手段，从而也极大地改善了人们的生活条件[24]。

四　华南稻作农业起源的探讨

我国地域辽阔，南北气候自然环境差别很大，生态各异，生存在南北不同地带的人们为了适应当地的自然环境，为了生存和发展，在不同的时期不仅创造了人类自身，同时也创造了自己的文化和文明。我们的祖先艰苦卓绝地经历了约二百多万年漫长的旧石器时代和中石器时代，才达到了距今10000年左右开始的新石器时代。陶器的发明、磨制石器的产生、家畜饲养、营建居所聚落的萌芽、栽培农作物农业的开始等都是新石器时代的重要标志。就我国而言，栽培农作物主要是稻和粟，南方种稻，北方种粟，乃是我国自古以来的传统。所以，探索我国农业的起源是考古学、农学及相关学科研究的重要课题。这里仅对华南稻作农业的起源问题略加陈述。

从20世纪20年代我国近代考古学兴起开始，我国史前栽培稻的遗存便开始有所发现，1921年瑞典学者安特生（J·G·Andersson）在河南渑池县仰韶村考古发掘时，发现在一块粗陶片上印有稻壳的痕迹[25]，后经严文明先生研究其当不晚于龙山文化时期[26]。待至新中国成立以后，随着我国考古事业的发展，史前栽培稻遗存陆续有所发现，据不完全统计，截止20世纪70年代末我国各地已发现史前稻谷遗存地点（遗址）50处左右。这些稻谷遗存的出土情况，有些是成层的较大面积的稻谷、稻壳和稻草的堆积（如河姆渡等）；有些是窖藏内已被炭化的稻谷或稻米（如草鞋山等）；有些是稻壳堆积（如仙蠡墩）；有些是用稻壳和稻草作建筑涂抹墙泥的掺和料，因火烧以印痕的形式保存下来（如屈家岭、石家河等）；有的是用稻壳作制陶陶土的掺和料（如红花套、钱山漾等）；有的是用稻谷和稻米作随葬品（如石峡遗址）。其中以用稻壳和稻草作建筑材料的情况最为常见，往往是经火烧后或建筑物废弃后成为红烧土块上的印痕而留存至今的。这些被发现有稻谷遗存的遗址年代，除河姆渡遗址第四层的年代（距今7000年）最早，属于新石器时代中、晚期之交外，其余分别属于马家浜文化、良渚文化、大溪文化、屈家岭文化、石家河文化、仰韶文化、龙山文化、石峡文化等，均属新石器时代晚期至末期（距今7000~4000年）。其分布情况多集中在长江下游的杭嘉湖一带和长江中游的两湖平原地区，以前者较突出，它们绝大多数被发现于古湖泊的沿岸和沼泽湿地地区。至于黄、淮流域，岭南及闽、台地区只是零星发现。这些栽培稻的品种问题，据学者研究，一般认为长江下游多为籼稻（如河姆渡等），也有少量粳稻；长江中游多为粳稻（如屈家岭、石家河等）[28]。这些稻谷遗存的情况，给我们两点启示：一是这些已发现含有稻谷遗存的遗址多集中在长江中下游地区，那么，我国栽培稻起源的地方自然应该在这里寻找；二是已发现的河姆渡遗址的稻谷遗存不仅距今年代最早，而且数量特别多，有学者将第一次发掘时发现的第四文化层约400平方米厚度不一的稻谷、稻壳和稻草换算成新鲜的稻谷估计当在120吨以上，表明当时这里的稻作农业生产已有较大规模。但从河姆渡遗址出土稻谷的特点看，它已经过长期培育驯化远离野生种而与现今栽培稻接近，已非初始的情况了。那么，比河姆渡遗址更原始的栽培稻情况如何？这正是我们要着力探索的问题。

20世纪80年代，随着国家改革开放政策的实施，我国考古学迎来了快速发展的新机遇，各地配合大规模建设的考古项目剧增，在这些考古发掘中又有一批栽培稻的重要遗存发现。据陈文华先生统计，我国史前的稻谷遗存已达84处（含以前的），除去年代较晚的几处外，距今4000年前的有77处㉙，其中多数仍是属新石器时代晚期的遗址，但也有几处年代较早的遗址。如：连云港二涧村遗址下层曾发现有稻谷壳的遗存㉚；1979至1980年在浙江桐乡县罗家角遗址的第三、四文化层发现较多的稻谷遗存㉛；1982年发掘陕西西乡何家湾遗址时，于老官台文化层中发现红烧土块中有稻壳印痕；同年在补充发掘李家村遗址时，于老官台文化层中也发现红烧土块中有稻壳印痕㉜。当时笔者曾在现场观察过出土的标本，发现其与河姆渡遗址第四层出土的稻壳特征相同，因而对它的认定应该是没有问题的㉝。二涧村遗址下层的文化性质与山东北辛文化相似，年代相当，北辛文化的年代为公元前5400至前4200年，所以二涧村下层稻壳遗存的年代当在距今7000年左右，与河姆渡遗址第四层稻谷遗存的年代相当。桐乡罗家角遗址第三、四层属河姆渡文化，^{14}C测定的年代数据为5190±45BC，距今7100年，略早于河姆渡遗址。西乡李家村和何家湾两遗址的稻壳属老官台文化，而老官台文化的^{14}C测年数据为公元前5900至前5000年，考虑到两遗址的文化性质属老官台文化较晚的类型，故其绝对年代应当在距今7200年以前，也略早于河姆渡遗址第四层。另外，据裴安平著文称，1983年他在湖北枝江考古调查时曾发现枝城北遗址，在遗址上采集的陶片中观察到炭化稻壳㉞。枝城北遗址属于城背溪文化晚期，而城背溪文化的^{14}C测年数据约在公元前6500至前5500年，下限或可延至公元前5000年左右，所以枝城北遗址的稻壳遗存的年代当为距今7200年以上，略早于河姆渡第四层。裴安平在其文章中称1988年他主持发掘彭头山遗址时在出土陶器和红烧土块中也观察到稻壳痕迹㉟。经中国农业大学张文绪先生对彭头山出土的稻壳及后来发掘发现的八十垱遗址出土稻谷的研究，可知当时栽培稻的品种是一种正在分化的倾籼小粒形原始古栽培稻，是一种兼有籼稻、粳稻、普通野生稻多种特征，并正在向多方向分化的群体㊱。彭头山遗址和八十垱遗址属彭头山文化的典型遗址，彭头山文化的^{14}C测年数据经校正后为公元前7000至前6000年，所以彭头山遗址稻壳及八十垱稻谷遗存的年代当为距今9000~8000年，比河姆渡遗址第四层出土的稻谷要早2000至1000年，将中国栽培稻的最早年代一下向前提早了约2000年，这是一项极为重要的发现和突破。但从我国新石器时代遗存的整体来看，20世纪80年代发现最早的栽培稻遗存所属的彭头山文化，被学界划归新石器时代中期，与黄河中游的磁山、裴李岗、老官台文化同时，可以说80年代我国学者在对稻作农业起源的研究中，又向前迈出了一大步，距我国栽培稻真正的初始阶段已不远了。

到20世纪90年代，随着我国田野考古发掘技术的改进，在不少遗址的发掘中重视多学科合作研究，采用对文化土进行筛选和浮选的方法，收获甚丰。据安志敏先生的统计，到1999年我国史前稻作遗存已发现137处（据笔者统计已达150多处），年代属于新石器时代早期的遗存已有多项新的发现[37]。如：前已述及的万年仙人洞与吊桶环、道县玉蟾岩、英德牛栏洞及浦江上山等遗址都发现有距今万年左右的稻作遗存，为我们探索我国稻作农业的起源提供了特别重要的资料。如在玉蟾岩遗址早期地层里发现的两枚野生稻谷壳，已有人类初期干预的痕迹；而在较晚地层里发现的两枚稻谷壳为兼备野、籼、粳特征，由野生稻向栽培稻演化的古栽培稻。同时，在三个地层中都发现有稻属植硅石，其互相参证，进一步证明玉蟾岩遗址存在水稻的事实[38]。英德牛栏洞遗址也发现有稻的重要线索，研究者在第二、三期文化层中都发现有水稻硅质体，其形态数据经计算机聚类分析表明属非籼、非粳类型，为尚未分化的原始稻[39]。尤其万年仙人洞与吊桶环两遗址明显地反映了人类文化从旧石器时代过渡到新石器时代的演进过程。两遗址按文化层划分，可归纳为三个时期：（1）旧石器时代晚期，只有吊桶环下层（J至O层）。（2）旧石器时代晚期之末（或称中石器时代），包括吊桶环中层（F至I层）和仙人洞下层。这两个时期只出打制石器，未见磨制石器，无陶器。（3）新石器时代早期，包括吊桶环上层（B至E层）和仙人洞上层。除发现打制石器外，还出现少量磨制石器或局部磨制石器、陶器及栽培稻。通过对两遗址植硅石的分析，发现先民从采集野生稻到人工栽培稻的演变过程十分明显。旧石器时代晚期的吊桶环下层（J至M层）和旧石器时代晚期之末（或称中石器时代）的吊桶环中层（H至I层）内，发现有少量的野生稻植硅石。而吊桶环中层的G层内，骤然出现大量野生稻植硅石，仙人洞下层也出现野生稻植硅石，这表明先民在旧石器时代晚期之末的后期已大量采集野生稻为食。到新石器时代早期，仙人洞上层出现近似栽培稻的植硅石，吊桶环上层的E层开始出现栽培稻，E层和D层的稻属植硅石都较丰富，野生稻和栽培稻几乎各半，至吊桶环上层的C层以栽培稻植硅石为主，比野生稻多得多，B层出土大量的稻属植硅石，可能均为栽培稻。可见两遗址不同时期从早到晚的各层从采集野生稻发展到野生稻和栽培稻各半，再发展到以栽培稻为主的渐进演变过程，大概经历了三四千年之久[40]。

到新世纪伊始，浙江文物考古研究所在浦江县发现了新石器时代早期后一阶段的上山遗址，该遗址富含稻谷遗存，很多陶胎内都有大量的谷壳印痕，经对这些谷壳形状进行观察，发现粒的长度比野生稻短，粒的宽度比野生稻大，整体与野生稻不同，应为经人工选择的早期栽培稻，可见此时原始的稻作农业已经形成，并已有初步发展[41]。

从上述几处新石器时代早期典型遗址出土的栽培稻及稻属植硅石的情况看，长江中下游及岭南北部地区当为我国栽培稻的起源地，这一事实是不容置疑的，其生产水平应属我国稻作农业初始的萌芽阶段。至此，我国稻作农业的起源地已经确立，并逐步为学界所公认。

以上是对我国华南地区近些年来发现的新石器时代早期文化遗存的介绍及其文化特

征的概述，以及对相关的陶器起源、稻作农业起源等问题的初步探讨。我们认为华南地区在距今12000~9000年间新石器时代早期已经开始，其文化特征正在逐步显现。其时，打制石器仍占较大比重，其石器工业风格基本上继承了本地区旧石器时代晚期或旧石器时代晚期之末（或称中石器时代）的砾石石器工业传统。磨制石器（或称局部磨制石器）、骨器、角器、蚌器、陶器已有初步发展，尤其到了新石器时代早期后一阶段的上山遗址时，其陶器制作已比较进步，器形也较为复杂。在仙人洞与吊桶环、玉蟾岩、牛栏洞、上山等遗址都发现了栽培稻或稻属植硅石的证据，其虽可表明栽培稻在长江中下游及岭南北部地区已经出现，但都还处于我国稻作农业初始的萌芽阶段，在人们的日常生活中所占比重尚小。总的来看，当时的经济形态仍是以狩猎采集为主，原始农业为辅。在甑皮岩、庙岩及大岩等遗址虽未发现稻作农业的证据，但却发现了一些炭化块茎的植物遗存，表明在岭南亚热带地区，富含淀粉的块茎植物也是当时人们的食物来源之一。当时，人们的居所虽然多以自然洞穴为主，但已经开始走出山洞移居河旁台地（如顶蛳山、上山等）营建房屋，适应了人口增殖、扩大生产活动视野的需求。

目前华南地区已发现的新石器时代早期遗址不少，已多达20余处，较华北地区丰富，但多数为早年发现，发掘工作多不理想，或地层不清，分期尚不明确，或年代甄别审视欠妥等，这都有待我们继续努力，提高田野考古技术，采用多学科协作研究，获得更多的研究信息。我们相信随着我国考古事业的发展，考古工作者的努力，华南地区新石器时代早期遗址将会有更多的发现、发掘材料面世，届时将为我们的综合研究提供更全面、更科学的认识，从而得出更为理想的结论。

注　释

① a. 北京大学考古教研室华县报告编写组：《华县渭南古代遗址调查与试掘》，《考古学报》1980年3期。b. 陕西分院考古研究所：《陕西西乡李家村新石器时代遗址》，《考古》1961年7期。c. 夏鼐：《我国近五年来的考古新收获》，《考古》1964年10期。d. 苏秉琦：《关于仰韶文化的若干问题》，《考古学报》1965年1期。

② a. 安志敏：《裴李岗、磁山与仰韶——试论中原新石器文化的渊源与发展》，《考古》1979年4期。b. 严文明：《黄河流域新石器时代早期文化的发现》，《考古》1979年1期。

③ a. 任式楠：《公元前五千年中国新石器文化的几项重要成就》，《考古》1995年1期。b. 严文明：《我国稻作起源研究的新进展》，《考古》1997年9期。c. 朱乃诚：《中国新石器时代早期文化遗存的新发现和新思考》，《东南文化》1999年3期。d. 吴耀利：《中国史前聚落形态的演变》，中国社会科学院考古研究所编著：《21世纪中国考古学与世界考古学》，中国社会科学出版社，2002年。

④ 同③b。

⑤ a. 同③c。b. 赵朝洪等：《东胡林、转年、南庄头与于家沟》，《华南及东南亚地区史前考古——纪念甑皮岩遗址发掘30周年国际研讨会论文集》，文物出版社，2006年。

⑥ 据文物出版社陆续出版的《文物考古30年（1949—1979）》、《文物考古工作十年（1979—1989）》及《新

中国考古五十年》发表各省市撰文统计。

⑦ a. 江西省文物管理委员会:《江西万年大源仙人洞洞穴遗址试掘》,《考古学报》1963 年 1 期。b. 江西省博物馆:《江西万年大源仙人洞洞穴遗址第二次发掘报告》,《文物》1976 年 12 期。c. 彭适凡:《试论华南地区新石器时代早期文化——兼论有关的几个问题》,《文物》1976 年 12 期。d. 广西壮族自治区文物工作队、桂林市革命委员会文物管理委员会:《广西桂林甑皮岩洞穴遗址的试掘》,《考古》1976 年 3 期。e. 夏鼐:《碳－14 测定年代和中国史前考古学》,《考古》1977 年 4 期。f. 安志敏:《关于华南早期新石器的几个问题》,《文物集刊》3,文物出版社,1981。g. 安志敏:《华南早期新石器的^{14}C 断代和问题》,《第四纪研究》1989 年 2 期。

⑧ a. 北京大学历史系考古专业^{14}C 实验室、中国社会科学院考古研究所^{14}C 实验室:《石灰岩地区碳－14 样品年代的可靠性与甑皮岩等遗址的年代问题》,《考古学报》1982 年 2 期。b. 仇世华:《甑皮岩遗址与石灰岩地区^{14}C 测年》,《华南及东南亚地区史前考古——纪念甑皮岩遗址发掘 30 周年国际学术讨论会论文集》,文物出版社,2006 年。

⑨ a. 同⑦ a。b. 同⑦ b。c. 同⑦ c。

⑩ 同⑧ a。

⑪ a. 刘诗中:《江西仙人洞和吊桶环发掘获重要进展》,《中国文物报》1996 年 1 月 28 日。b. 严文明、彭适凡:《仙人洞与吊桶环——华南史前考古的重大突破》,《中国文物报》2000 年 7 月 5 日。c. 张志军:《吊桶环遗址稻属植硅石研究》,《中国文物报》2000 年 7 月 5 日。d. 王幼平:《复原仙人洞历史的石制品》,《中国文物报》2000 年 7 月 5 日。e. 周广明、刘诗中:《骨角蚌器及仙人洞的生产生活》,《中国文物报》2000 年 7 月 5 日。f. 张驰:《江西万年早期陶器和稻属植硅石遗存》,严文明、安田喜宪主编:《稻作陶器和都市的起源》,文物出版社,2000 年。g. 彭适凡、周广明:《江西万年仙人洞与吊桶环遗址——旧石器时代向新石器时代过渡模式的个案研究》,《华南及东南亚地区史前考古——纪念甑皮岩遗址发掘 30 周年国际研讨会论文集》,文物出版社,2006 年。

⑫ a. 蒋迎春:《九五、"八五"期间十大考古新发现分别揭晓》,《中国文物报》1996 年 2 月 18 日。b. 袁家荣:《道县蛤蟆洞、三角岩洞穴遗址》,《中国考古学年鉴·1994》,文物出版社,1997 年。c. 袁家荣:《玉蟾岩获水稻起源重要新物证》,《中国文物报》1996 年 3 月 3 日。d. 袁家荣:《道县玉蟾岩石器时代遗址》,《中国考古学年鉴·1996》,文物出版社,1998 年。

⑬ 中国社会科学院考古研究所考古科技实验研究中心:《放射性碳素测定年代报告(二四)》,《考古》1997 年 7 期。

⑭ a. 袁家荣:《湖南道县玉蟾岩 1 万年以前的稻谷和陶器》,严文明、安田喜宪主编:《稻作陶器和都市的起源》,文物出版社,2000 年。b. 中国社会科学院考古研究所编著:《中国考古学·新石器时代卷》,中国社会科学出版社,2010 年。

⑮ 同⑭ a、⑫ c。

⑯ 同③ b。

⑰ 同⑭ b。

⑱ a. 广西壮族自治区文物工作队、桂林市革命委员会:《广西桂林甑皮岩洞穴遗址的试掘》,《考古》1976 年 3 期。b. 傅宪国、李珍、周海、刘琦、贺战武:《桂林甑皮岩遗址发现目前中国最原始的陶器》,《中国文物报》2002 年 9 月 6 日。c. 中国社会科学院考古研究所、广西壮族自治区文物工作队、桂林甑皮岩遗址博物馆、桂林市文物工作队:《桂林甑皮岩》,文物出版社,2003 年。

⑲ a. 谌世龙：《桂林庙岩洞穴遗址的发掘与研究》，《中石器文化及有关问题研讨会论文集》，广东人民出版社，1999 年。b. 张龙：《临桂县太平岩新石器时代遗址》，《中国考古学年鉴·2000》，文物出版社，2002 年。c. 陈先、汪训一：《桂林庙岩文化遗址及其形成环境》，《科技考古论丛——全国第二届科技考古学术讨论会论文集》，中国科学技术大学出版社，1991 年。d. 张镇洪、谌世龙、刘琦、周军：《桂林庙岩遗址动物群的研究》，《中石器文化及有关问题研讨会论文集》，广东人民出版社，1999 年。e. 同⑭b。

⑳ a. 傅宪国、贺战武、熊照明、王浩天：《桂林地区史前文化面貌轮廓初现》，《中国文物报》2001 年 4 月 4 日。b. 傅宪国：《临桂县大岩石器时代洞穴遗址》，《中国考古学年鉴·2001》，文物出版社，2002 年。c. 同⑭b。

㉑ a. 傅宪国、李珍、张龙：《顶蛳山贝丘遗址发掘获丰硕成果》，《中国文物报》1997 年 12 月 14 日。b. 中国社会科学院考古研究所广西工作队、广西壮族自治区文物工作队、南宁博物馆：《广西邕宁县顶蛳山遗址的发掘》，《考古》1998 年 11 期。c. 李珍、张龙：《邕宁县顶蛳山新石器时代遗址》，《中国考古学年鉴·2000》，文物出版社，2002 年。d. 同⑳c。

㉒ a. 张镇洪、邱立诚、王宏：《英德牛栏洞史老墩遗址发掘有重要收获》，《中国文物报》1998 年 9 月 20 日。b. 邱立诚、张镇洪：《英德市牛栏洞旧石器时代至新石器时代遗址》，《中国考古学年鉴·1999》，文物出版社，2001 年。c. 英德市博物馆等：《英德史前考古报告》，广东人民出版社，1999 年。

㉓ a. 蒋乐平：《浙江浦江县发现距今万年左右的早期新石器时代遗址》，《中国文物报》2003 年 11 月 7 日。b. 蒋乐平：《浙江浦江县上山新石器时代遗址——钱塘江流域早期稻作文化遗存的新发现》，《中国社会科学院古代文明研究中心通讯》第七期（2004 年 1 月）。c. 蒋乐平、盛丹平：《上山遗址与上山文化——兼谈浙江新石器时代考古研究》，《环境考古研究（第四辑）》，北京大学出版社，2007 年。

㉔ a. 谌世龙：《桂林庙岩洞穴遗址的发掘与研究》，《中石器文化及有关问题研讨会论文集》，广东人民出版社，1999 年。b. 傅宪国等：《桂林地区史前文化面貌轮廓出现》，《中国文物报》2001 年 4 月 4 日。c. 严文明、彭适凡：《仙人洞与吊桶环——华南史前考古的重大突破》，《中国文物报》2000 年 7 月 5 日。d. 严文明：《中国稻作农业和陶器的起源》，《远望集——陕西省考古研究所华诞四十周年纪念文集》，陕西人民美术出版社，1998 年。e. 赵朝洪、吴小红：《中国早期陶器的发现及相关问题的讨论》，北京大学考古文博学院编：《考古学研究（五）》上册，科学出版社，2003 年。f. 陈星灿：《中国新石器时代早期文化的探索——关于早期陶器的一些问题》，《史前考古学新进展——庆贺贾兰坡院士九十华诞国际学术讨论会文集》，科学出版社，1999 年。g. 北大文博：《美国“科学”杂志刊文中国陶器出现时间为两万年前》，《中国文物报》2012 年 8 月 10 日。

㉕ 安特生：《黄土的儿女》（英文版，第 336 页），伦敦，1934 年。

㉖ 严文明：《中国稻作农业的起源》，《农业考古》1982 年 1、2 期。

㉗ a. 同㉖。b. 何介均：《长江中游原始文化再论》，《长江中游史前文化暨第二届亚洲文明学术讨论会论文集》，岳麓书社，1996 年。

㉘ a. 游修龄：《对河姆渡遗址第四文化层出土稻谷和骨耜的几点看法》，《文物》1976 年 8 期。b. 上海文物保管委员会：《崧泽——新石器时代遗址发掘报告》附录五；叶常丰、游修龄：《崧泽遗址古代种子鉴定报告》，文物出版社，1987 年。c. 丁颖：《汉江平原新石器时代红烧土中的稻谷壳考察》，《考古学报》1959 年 4 期。

㉙ 陈文华：《中国稻作起源的几个问题》，《农业考古》1989 年 2 期。

㉚ 李洪甫：《连云港地区农业考古概述》，《农业考古》1985 年 2 期。

㉛ 罗家角考古队：《桐乡罗家角遗址发掘报告》，《浙江省文物考古所学刊》，文物出版社，1981年。

㉜ 魏京武、杨亚长：《从考古资料看陕西古代农业的发展》，《农业考古》1986年1期。

㉝ 1976年4月5日笔者曾有幸参加浙江省文化局召开的“河姆渡遗址第一期发掘工作座谈会”，会议期间不仅参加了座谈，还观看了主要出土标本，包括出土的稻谷、稻壳及石器、陶器等，而且会后又到河姆渡遗址考察了发掘现场，尤其认真地看了稻谷、稻壳及稻草等的发掘出土情况，很受启发，获益颇多。1982年陕西省考古研究所魏京武和杨亚长等在陕南西乡发掘何家湾遗址及补充发掘李家村遗址时有很多重要发现，前往参观时，看到了红烧土块上的稻壳印痕，我立即联想到在河姆渡看到的稻壳，两相比较，简直是一模一样，我们都很高兴，共同认为在陕南也发现了稻作遗存。

㉞ 裴安平：《彭头山文化的稻作遗存与中国史前稻作农业》，《农业考古》1989年2期。

㉟ 同㉞。

㊱ a. 裴安平：《长江中游7000年以前的稻作农业和陶器》，《稻作陶器和都市的起源》，文物出版社，2000年。b. 张文绪、裴安平：《澧阳平原几处遗址出土陶片中稻壳稃面印痕和稃壳残片的研究》，《中国栽培稻起源与演化研究专集》，中国农业大学出版社，1996年。c. 张文绪、裴安平：《澧县梦溪八十垱出土稻壳的研究》，《文物》1997年1期。

㊲ 安志敏：《中国稻作文化的起源和流传》，《文物》1999年2期。

㊳ 同⑫c。

㊴ 同㉑c。

㊵ 同⑪c。

㊶ 同㉓。

巩启明、巩文合著，原载于《史前研究——2013年纪念半坡遗址发掘60周年暨石兴邦先生90华诞研讨会论文集》，西北大学出版社，2015年。

从考古资料看我国原始社会氏族聚落的平面布局

一

石器时代考古研究的成果是研究原始社会的重要资料。我国的石器时代考古研究自1920年在黄土高原上的庆阳发现第一批打制石器开始以后，随着近代考古学的逐步兴起，蓬勃发展，至建国初期已普及全国。同时开展了大量的调查、发掘工作，尤其在建国后的30年间，有计划、有目的、大面积、大规模地发掘了一批重要遗址。通过这半个多世纪的工作，不仅初步掌握了全国范围内各个时期各种文化遗存的分布情况，而且发现了一大批重要的遗迹和遗物。这些都为我国原始社会的研究积累了珍贵资料。这些资料不仅对研究我国人类自身的发展情况有重要意义，而且对我们研究各个时期人类的生产活动、生活情景等都有重要的价值。本文拟对我国史前氏族公社人们的居住情况——聚落布局进行初步研究，并借此恢复当时先民们的生活情景。

二

我国的氏族社会，一般认为萌芽于旧石器时代中期，形成和发展于旧石器时代晚期及中石器时代，发达于新石器时代。氏族社会又分为母系氏族社会及父系氏族社会两个阶段，后者是从高度发达的母系氏族社会中孕育产生，又逐渐发展以致最后衰亡，被新的社会形态所取代的。父系氏族社会的延续时间在整个氏族社会中比较短暂，它的发生、发展及衰亡全在新石器时代晚期阶段。

我国远古先民的居住情况，结合古文献中的传说资料及考古发掘资料来看是有其一定的发展规律的，一般来说可概括为巢居、穴居、半穴居房屋及在地面建筑房屋，以及由若干个房屋组成聚落。由于当时地广人稀，受禽兽危害等自然条件的制约，先民们是聚族而居的，一个氏族或几个氏族聚居在一个村落内。树上搭窝式的巢居，我们在考古遗迹中已无法了解，但其演变情况还是略知点滴。其余各种住所，我们都已获得了考古资料，发现了重要遗址。现以时期先后为序，介绍于后。

（一）母系氏族社会形成和发展时期的居住情况

这一时期人类的生产手段，主要是通过狩猎、渔捞及采集取得食物，普遍使用的生产工具为弓箭、鱼钩、渔网及其他各种类型的打制石器。人类的体质形态已属新人阶段，和现代人的特征已基本相同，母系氏族组织已经形成并向前继续发展着。他们过着聚族而居的生活，从考古发现的资料来看，全国南北都一样，人们都是穴居，利用天然的山洞为主要住所。如北京周口店龙骨山上的山顶洞①、河南安阳的小南海洞穴②、广西柳江县的通天岩洞穴③及柳州市的白莲洞④等，都是当时人们的居住遗址。另外，在陕西⑤、贵州⑥及山东⑦等地也发现了这一时期的洞穴遗址。这些洞穴遗址一般选择在自然环境较好的地方，洞口背风向阳，洞前不远有较大河流、山峦和山间平地。这些有利的自然条件，是供人们狩猎、捕鱼、采集的生活基地。在这类洞穴遗址中，有的不仅发现了人类遗骸，而且还发现了他们制造和使用的生产工具及食余的动物骨骼等，有的仅发现一些石器或动物骨骼。从山顶洞人的洞穴住所的发掘情况看，人们对洞内面积的使用似有一定的制度。山顶洞内长约 12 米，宽约 9 米，面积为 90 多平方米，可容几十人居住。洞室分前室和后室两个部分，前室在洞口处，是人们的公共住室；后室在洞的深处，是公共墓地，埋葬着氏族成员遗骸。这种住地和墓地明显分开的布局，不仅说明当时人们在某种信仰的支配下对死者的重视，而且对后世的影响具有深远的意义。

（二）母系氏族社会繁荣时期的聚落布局

当远古文化发展到新石器时代初期早一阶段的时候，人们的生产活动、氏族组织都得到了进一步的发展。这一时期人们的居住情况也应该有所改进，在西亚地区已经发现了没有陶器的定居聚落遗址⑧，但在我国至今尚未发现类似情况。我们已发现的考古资料，如江西万年仙人洞⑨、广西桂林甑皮岩⑩等都还是洞穴遗址。仙人洞及甑皮岩的先民对洞内平面的使用，大体与山顶洞人相近，他们都是将住地与墓地就近分开，这种布局看来已是我国原始村落的雏形。而到了新石器时代初期的晚一阶段，随着生产的发展、农业的发明、家禽家畜饲养的出现，人们为了谋得更多的生活资料，开始向山外的平原发展，在山前平原上仿照山洞的样子从平地向下挖洞（坑），在坑口搭以茅草以避风雨，这种形式的住所在考古学上称为“居穴”。在“居穴”的基础上，人们为了改变居穴潮湿、阴暗、上下不便的缺点，把居穴改造成半居穴，在半居穴的口部竖立若干矮柱，用木料、茅草搭以顶盖，外形或圆或方，即成房屋，我们通常把这种房屋称为半地穴式房屋。这种形式的若干座房屋集中于一处，组成一个聚落。这种情况在河南密县莪沟北岗已经发现。在北岗遗址发现半地穴式房屋6座、墓葬60多座，整个遗址的面积约七八千平方米，房屋面积很小，均在10平方米以内，房屋和墓葬并不杂处，而是有一定距离的两片，这是我国最早的布局比较清晰的一处氏族聚落遗址[11]。

我国远古文化发展到新石器时代中期，由于农业、狩猎业、饲养业、制造工具、陶器烧制等各项生产活动的发展以及人口的增加，母系氏族社会已达到繁荣阶段，一个氏族或几个氏族居住的规模较大的聚落已经出现，西安半坡、宝鸡北首岭、临潼姜寨等就都是此类村落的典型。这一时期的氏族聚落一般都建造在土地肥沃，距水源近，地势较高，靠近河流的阶地上。半坡氏族聚落就营建在西安近郊的浐河东岸二级阶地上。这里面临浐河，后倚白鹿原，附近森林参天，田畴纵横，自然环境相当优越。而北首岭氏族聚落所在的金陵河岸、姜寨氏族聚落所在的临河阶地、河姆渡氏族聚落所在的姚江之畔等，也都具有相当优良的自然条件。

半坡氏族聚落总面积约5万平方米，从发掘的部分看，整个村落呈不规则圆形。聚落由一条宽而深的大围沟环绕，沟内是居住区，沟北是公共墓地，沟东是烧制陶器的窑场。从居住区仅发掘的3000平方米看，可分为两个部分，中间以小的沟道为界，每个部分有一个供公共活动的大房子，它的周围密布着供氏族成员居住的小房子。这样的布局，可能是两个母系大家族，或者是两个女儿氏族组成的一个胞族住地。围沟以北的氏族墓地，墓列整齐，井然有序。围沟以东是烧制陶器的窑场，相当集中。把窑场设在沟外，可能是为了防火[12]（图一）。

北首岭氏族聚落的布局分为两个部分。北部为较大面积的居住区，南部为较小的一片公共墓地。居住区的房屋排列呈一个较大的半圆形，半圆的中部是一个广场。广场以北、以西及以南分布着一些房屋建筑，房屋的门都朝向广场。西侧有一个公共活动的大房子，面积约90平方米。广场的南侧和北侧房屋分布比较集中，数量较多，这两部分可能是两个较大的母系家族。就整个北首岭氏族聚落来看，它可能是由两个母系大家族所组成的一个氏族的住地[13]。

姜寨氏族聚落布局更清楚，更完整。聚落保存很好，可谓早期村落的典型。聚落的总面积约2万多平方米。由大批房屋、墓葬、窖穴、围沟、陶窑及圈栏等重要设施组成。两条各有100多米长的壕沟将整个村落分作居住区和墓地两部分。沟外为三片墓地，沟内为居住区。壕沟对村落起防护作用。居住区内有一个面积较大的中心广场。在广场的东、西、南、北四个方向分布着以大房屋为主体的五个建筑群。每个建筑群各有一座大型房屋，其附近分布着十几座或二十几座中小型房屋。全部房屋的门均朝着中心

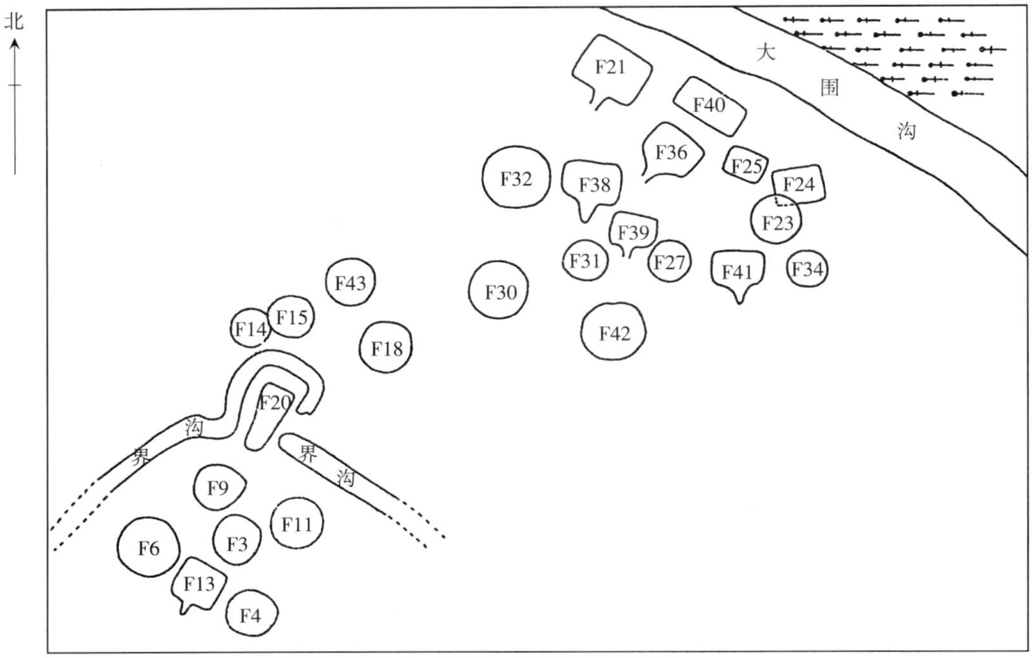

图一　半坡氏族聚落（局部）平面示意图

广场。在建筑物附近分布着一些储存东西的地窖群或埋葬小孩的瓮棺葬群。在整个居住区以西的临河岸边，有一片烧制陶器的窑场，几座窑址集中在一起，这可能是氏族公有的产业。整个原始聚落包括五个建筑群及三片墓地，联系当时的社会发展阶段及附近同期遗址的分布情况，这个聚落可能是由五个家族组成的一个较大氏族的居址，也可能是由五个氏族组成的一个胞族或部落的住地[14]（图二）。

河姆渡氏族聚落地处我国东南沿海的姚江之畔，附近山水宜人，但水位较高，地势低洼而又潮湿，人们为了防潮便采用了有别于北方的建筑形式。他们以地下打桩广立木柱，在柱上架屋的方法营建聚落。河姆渡聚落遗址共出土木建筑构件1000多件，根据它们的排列情况，可能是三栋干栏式木构建筑。这三栋建筑物中可能住着三个母系家族，它们共同组织成为一个母系氏族。干栏式木构建筑由来已久，它可能是古史传说中人们巢居的发展。这种建筑形式至今在我国一些河湖密布地区仍沿用不衰，并有新的发展[15]。

（三）父系氏族社会时期的聚落布局

当我国原始文化发展到了新石器时代晚期的各个考古学文化时，生产已得到了长足发展，锄耕大大普及，原始犁耕已经出现，农业已成为人类生活资料的主要来源，狩

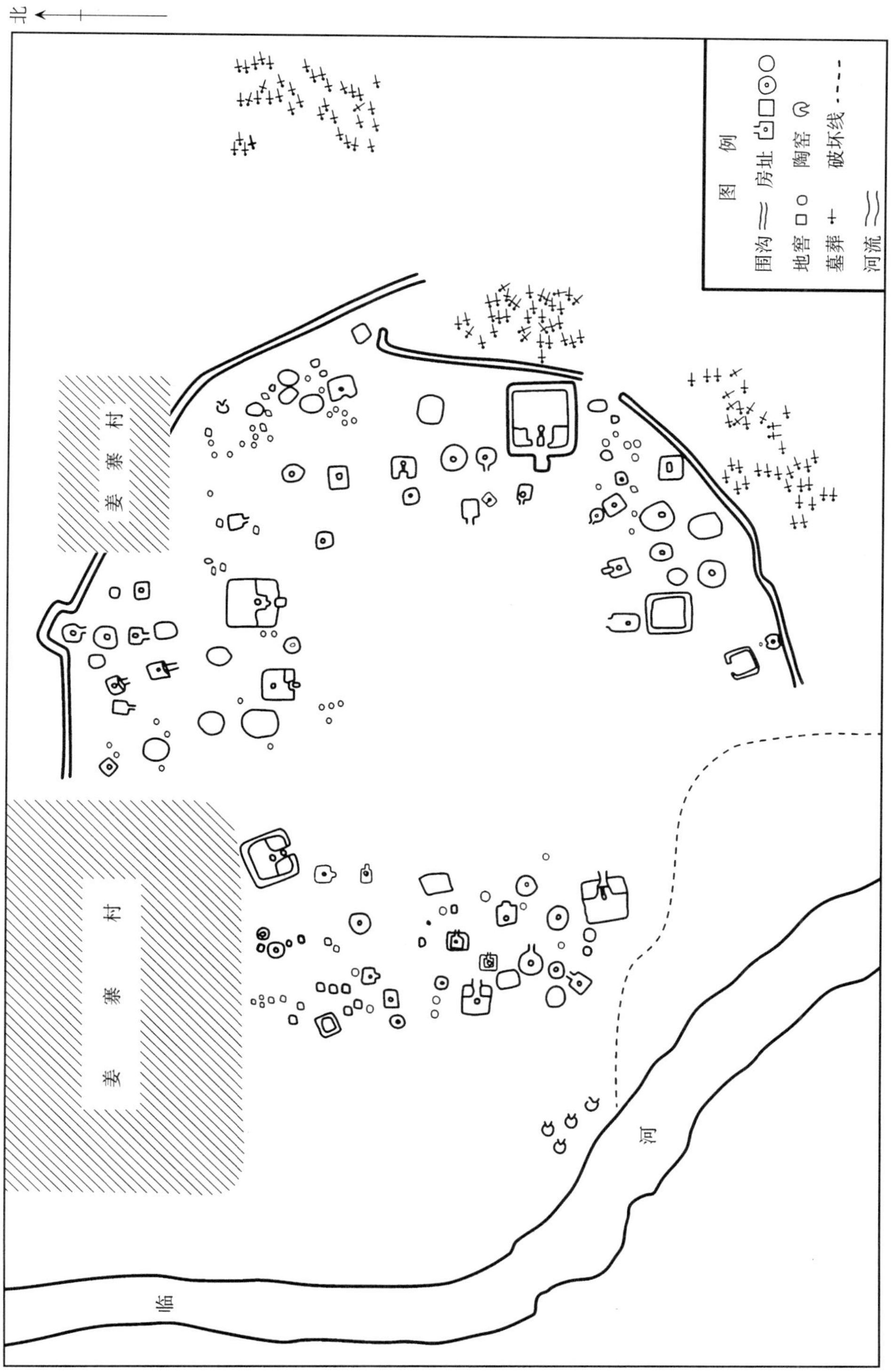

图二 姜寨一期原始氏族村落布局图

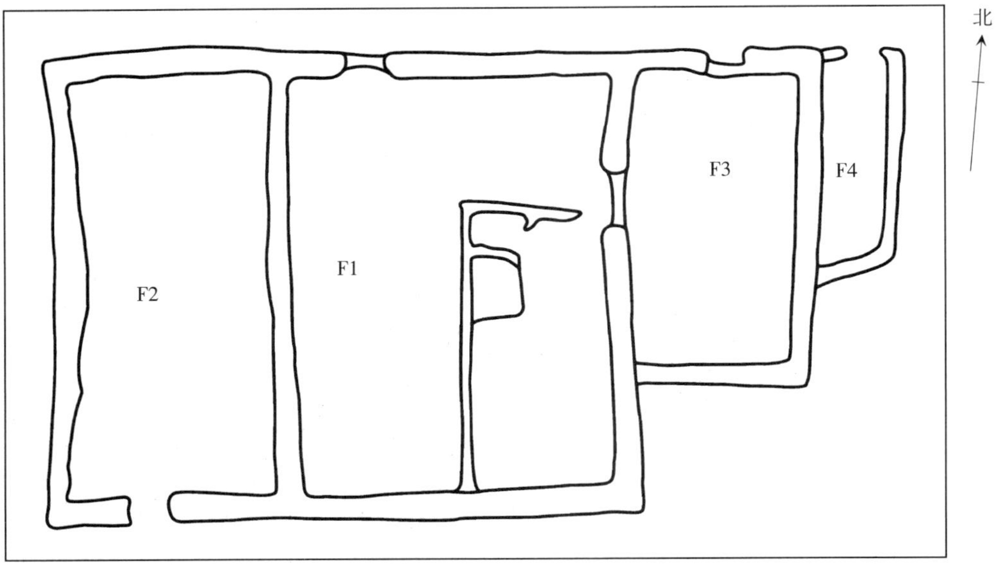

图三　大河村氏族聚落（局部）平面示意图

猎、渔捞、家畜饲养和采集已降到辅助地位。随着生产活动主次的变化，人们的劳动分工也相应地与以前有所不同，这时身体强壮的男性已是农业生产的主要劳力，以前妇女承担主要农业生产的局面已经改变。随着劳动分工的变化，男人的经济地位、社会地位已经大大提高，妇女在这些方面的地位渐趋下降，逐步成为生儿育女操持家务的从属。这时在我国北方或南方，经济生活、社会形态等都在急剧变化，原先的母系氏族社会虽然广泛存在，但在文化发达的中原地区已经出现了一夫一妻制的父系氏族社会。在中原地区，由于社会形态的变化——父系家庭、家族相当普遍，成为整个社会最基本的细胞，人们的居住需求也有了新的变化，这在考古学上已发现实证。在郑州大河村、淅川下王岗、汤阴白营等遗址已经发现了适于父系氏族居住的聚落遗址。这些聚落遗址最突出的特点是：房屋多成排分间，或两间或三间组成一个单元，有的为连通套间，这就更适合一夫一妻制家庭的需要。如郑州大河村遗址的第 1 至 4 号及第 17 至 20 号房屋，为两个成排分间或隔成套间的单元式建筑，每个单元各有四间房屋。在此居住的先民可能是两个父系家族，他们和其他家族组成一个较大的父系氏族[16]（图三）。淅川下王岗遗址的村落布局更为典型，三十二间房屋一字排列，相当整齐，有的两间为一个单元，有的三间为一个单元，有的单间和其他不相连属。三十多间房屋中，两间以上组成一个单元的共 12 组，其余六间为单间。单间可能属于相邻的单元。这里可能居住着十多个父系家庭或家族，他们共同组成一个父系氏族[17]。这种聚落的平面布局与以前的母系氏族聚落布局相比，已有了根本的变化。在母系氏族聚落内，以单间分布而又集中为一个群体的建筑平面布局，适应着母系氏族社会时期流行的对偶婚姻的需要。在父系氏族聚落内，以成排分间而又分为几个单元的建筑平面布局，这是适应父系氏族社会一夫一妻制婚姻家庭或家族要求的。

三

据考古调查所知，我国计有史前遗址六七千处之多，小面积试掘过的也为数不少，但经较大规模发掘的不多，有的发掘面积虽然不小但地下保存状况不佳，建筑情况、村落布局不详。硕果仅存者如半坡、北首岭、姜寨、大河村及下王岗等，保存较好，且经过科学发掘，为我们研究远古先民的居住情况、聚落布局，乃至当时的社会组织等都提供了一定的科学资料。但我们依据这些资料要比较完善合理地研究我国远古社会每一阶段人们的居住情况及其他问题还远远不够。还有待于更多的史前考古的新发现，只有这样，才能使上述问题的研究向前推进一步。

注　释

① 贾兰坡：《山顶洞人》，龙门联合书局，1951 年。

② 安志敏：《河南安阳小南海旧石器时代洞穴堆积的试掘》，《考古学报》1965 年 1 期。

③ 吴汝康：《广西柳江发现的人类化石》，《古脊椎动物与古人类》1959 年 1 卷 1 期。

④ 柳州市博物馆：《柳州白莲洞旧石器时代晚期文化遗址中的脊椎动物遗骸》，《古脊椎动物与古人类》1974 年 13 卷 2 期。

⑤ 西北大学考古教研室资料。

⑥ 曹泽田：《贵州发现重要古人类化石和用火遗址》，《化石》1976 年 2 期。

⑦ 戴尔俭、白云哲：《山东——旧石器时代洞穴遗址》，《古脊椎动物与古人类》1966 年 10 卷 1 期。

⑧ 夏鼐：《解放后中国原始社会史的研究》，《历史教学》1963 年 4 期。

⑨ 江西文管会：《江西万年大源仙人洞洞穴遗址试掘》，《考古学报》1963 年 1 期。江西省博物馆：《江西万年大源仙人洞洞穴遗址第二次发掘报告》，《文物》1976 年 12 期。

⑩ 广西壮族自治区文物工作队等：《广西桂林甑皮岩洞穴遗址的试掘》，《考古》1976 年 3 期。

⑪ 据河南省博物馆杨肇清同志介绍。

⑫ 中国科学院考古研究所、陕西省西安半坡博物馆：《西安半坡》，文物出版社，1963 年。

⑬ 考古研究所宝鸡发掘队：《陕西宝鸡新石器时代遗址发掘纪要》，《考古》1959 年 5 期。考古研究所渭水调查发掘队：《宝鸡新石器时代遗址第二、三次发掘的主要收获》，《考古》1960 年 2 期。中国社会科学院考古研究所宝鸡工作队：《一九七七年宝鸡北首岭遗址发掘简报》，《考古》1979 年 2 期。苏秉琦：《姜寨遗址发掘的意义》，《考古与文物》1981 年 2 期。

⑭ 西安半坡博物馆、临潼县文化馆：《临潼姜寨遗址第四～十一次发掘纪要》，《考古与文物》1980 年 3 期。巩启明、严文明：《从姜寨早期村落布局探讨其居民的社会组织结构》，《考古与文物》1981 年 1 期。

⑮ 浙江省文管会、浙江省博物馆：《河姆渡遗址第一期发掘报告》，《考古学报》1978 年 1 期。河姆渡遗址考

古队：《浙江省河姆渡遗址第二期发掘的主要收获》，《文物》1980年5期。

⑯ 郑州市博物馆：《郑州大河村遗址发掘报告》，《考古学报》1979年3期。

⑰ 据河南省博物馆原始社会陈列资料。

原载于中国人类学学会编：《人类学研究》第一辑，中国社会科学出版社，1984年。

论中国新石器时代住宅建筑与聚落的产生、发展及演变

在人类历史发展的长河中，住宅是人类赖以生存的必备的重要物质条件之一。人类利用自然赋予的住宅，并创建了人工营建的住宅，各种不同形式的住宅对人类历史的发展都起了重要作用。同时各种不同形式住宅的演化也为我们提供了人类在从野蛮时代到文明时代的发展过程中相当完整的例解。19 世纪美国学者路易斯·亨利·摩尔根依据民族志中的住宅材料研究了美洲印第安人的婚姻、家庭、氏族、部落等社会组织的结构状况，为我们树立了一个典范。那么，世代繁衍生息在东亚地区的中国远古居民的住宅情况是怎样的呢？要探讨这个问题，大体有三个方面的资料可供研究，即古史传说、民族志与考古学资料。依据古史传说及民族志资料进行研究的成果已分散在许多不同的著作中，但根据考古学资料对中国史前时期住宅建筑和聚落的发生、发展进行探讨者很少。本文拟据中国史前考古学的研究成果对此问题进行探索，现按年代顺序阐述于后。

一　住宅建筑的产生与聚落的萌芽

中国远古先民的居住情况从古史传说资料及考古发掘材料来看是有一定规律的，一般说来可概括为巢居、穴居、半穴居房屋及地面建筑房屋，以及由若干房屋和其他设施组成的聚落。

旧石器时代的早期和中期，人类活动稀少，人们以群居形式向大自然索取赖以生存的一切，利用原始的打制石器、棍棒猎取野兽，捕捉小型动物以及采集野果为食。这时人们多是以洞穴或树巢为居，以避寒暑。北京猿人、郧县猿人、和县猿人、金牛山人等都是居住在天然洞穴之中。树上搭窝式的巢居，我们在考古遗迹中已无法了解，但在古文献中还保存有人类巢居的记载。《韩非子·五蠹篇》说：“上古之时，人民少而禽兽

众，人民不胜禽、兽、虫、蛇。有圣人作，构木为巢以避群害而民悦之……”《庄子·盗跖篇》中也有类似的记载：“古者禽兽多而民少，于是民皆巢居以避之，昼拾橡、栗，暮栖树上……”后来在巢居基础上发展起来的干栏式建筑，如在余姚河姆渡[①]、广东茅岗[②]等遗址的发现也证明巢居在远古时期确是存在过的。

旧石器时代晚期，人类的生产技术较以前有所提高，氏族社会已经形成，婚姻制度也已发展到群婚阶段。这时人们仍以天然洞穴为居，如北京山顶洞、安阳小南海、韩城禹门口、柳江通天岩、柳州白莲洞等都是当时人们的居住遗址。但此时人们对洞穴的利用已有一些变化，如在北京山顶洞[③]，人们有意识地将洞穴分为上室与下室两部分，上室在洞穴东半部，为当时人们的居处，下室在洞穴西半部稍低洼处，为葬地所在。这种住所和墓地明显分开的布局，不仅说明当时人们在某种信仰下对死者的重视，而且对后世的影响也具有深远意义。

这一时期，在欧洲及亚洲的东北部已出现人工营建的最早的简单房屋。在苏联第聂斯特尔河流域的莫洛多娃第一地点发现一 10 米 ×7 米的房基遗迹全部用猛犸象的骨骼围成，它与莫斯特传统的石器工业并存，年代约距今 40300 年以上。在苏联贝加尔湖以西安加拉盆地的马尔他遗址发现 6 个房基遗址，面积最大的为 14 米 ×6 米，墙基用猛犸象、披毛犀的骨骼和驯鹿角及石块围成，屋顶可能用猛犸象皮覆盖。类似这样的遗址在我国东北地区的哈尔滨市阎家岗遗址也有所发现[④]。阎家岗遗址位于松花江和运粮河之间的二级阶地上，在这里共发现两处用动物骨骼垒砌成的居址。一处平面呈半圆形，由大量野牛、野马、河套大角鹿和羚羊等动物的骨骼垒砌而成，半圆形的开口面向运粮河河流，弧残长 5 米、宽 0.4 ~0.6 米，骨骼之间的填充物为砂质黏土，像黏合料一样将骨骼砌筑在一起，酷似一堵矮墙，边壁整齐，内壁较外壁更为平直。另一处为内径 3 米、外径 5 米的大半圆形圈，较平直，也是由动物骨骼化石堆砌而成。发掘者认为这些呈半圆圈状叠筑的化石为古代人类构筑的建筑遗迹。可能为距今 1 万多年前古猎人的临时营地。这是目前我国发现最早的人工营建的建筑遗迹，这一类居所在我国腹地黄河、长江流域尚未发现。

新石器时代初期（距今约 8000 ~ 7000 年），人类活动明显增多，生产工具已有进步，出现了磨制石器，陶器和农业也已出现，母系氏族社会进入了初步繁荣阶段。婚姻制度仍以群婚为主，但对偶婚开始出现。此时人们为了定居仿照山洞创造了横穴式居穴，并出现了居穴和半居穴式土木结构的住宅，聚族而居的村落也已开始出现。

横穴式居穴是人们仿照自然山洞，利用黄土地带的断崖挖成的洞穴。黄土具有无层理的特点，因此在我国北方黄土高原地区，横穴式居穴是与其特殊的地理环境相适应的。它被修建成保持黄土自然结构的土拱，比较牢固安全，可供避雨、挡风、保暖，成为人们的栖身之所，是后世北方窑洞的前身（图一）。但因其洞浅，加之自然滑坡、水土流失等原因而不易保存，因此早期的横穴式居穴目前还未曾发现。

居穴和半居穴式土木结构房屋在属于这一发展阶段的磁山文化、裴李岗文化、老官台文化、兴隆洼文化等遗址均有发现，它们多为不规则的圆形。

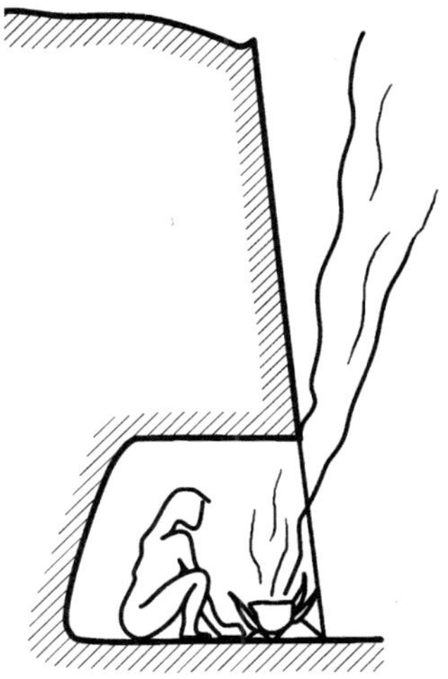

图一 横穴式居穴推想图

居穴是人们仿照自然山洞从平地向下挖掘的洞穴，穴壁较深，一般有 1～2 米，口径约 1～2 米，底径约 2～3 米，口部晴天敞开，夜间或雨天以树枝或茅草略加覆盖。此类居穴在武安磁山遗址发现有数十座之多[⑤]。如 H28，平面呈椭圆形，长径 2.7、短径 1.8、深 0.8 米，坑内一侧有三级台阶，坑内底部有较多的烧土块，其上留有芦苇印痕（图二，1）。再如 H27，平面呈不规则圆形，直径约 2.8、深 0.55 米，偏北处有一缺口，有二级台阶，坑外缘有四个圆形柱洞，坑底部发现有陶、骨、石质生活用具和生产工具（图二，2）。

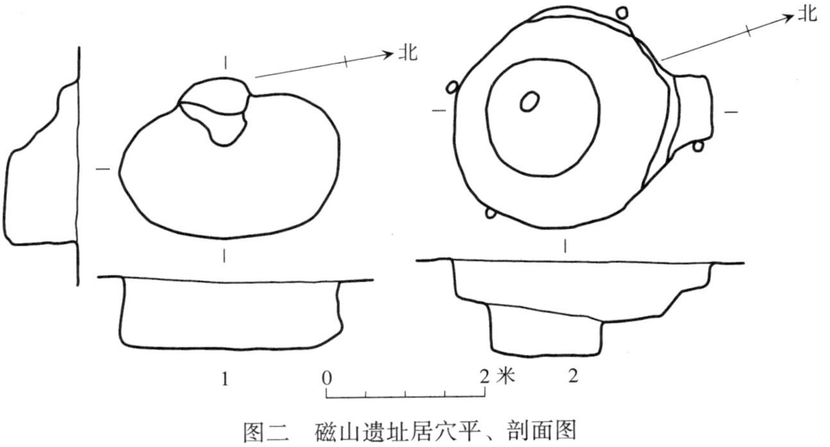

图二 磁山遗址居穴平、剖面图

1. H28 2. H27

半地穴式土木结构的房屋发现较多。它们多为不规则的圆形或椭圆形，穴壁较浅，一般在 1 米左右，直径在 3 米左右，屋内面积较小，约八九平方米，有的有斜坡式门道或阶梯式门道，门向多无规律，房内多无灶坑，但有灰烬堆积，有的有灶，但多不规则，房屋周围有木柱遗迹——柱洞若干，依木柱的分布情况复原的房屋似蘑菇状的窝棚式建筑。如密县莪沟遗址 F3[⑥]，平面呈不规则椭圆形，直径 2.4～2.64 米，壁残高 0.1～0.37 米，门设在南壁，门道呈斜坡状，居住面较平整，铺垫有一层白胶泥，厚 2～6 厘米，中部稍高。房内周壁陡直平滑，周围分布有柱洞 7 个，房内中央有一大而深的柱

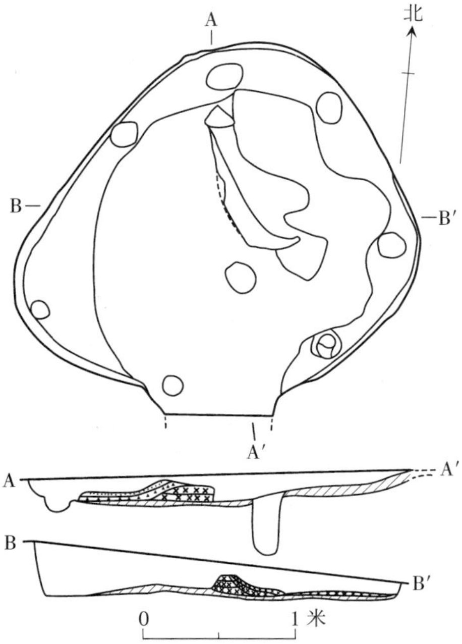

图三　莪沟遗址 F3 平、剖面图

洞，房内东北部有一箕形灶址，系用草拌泥筑成（图三）。

这一时期的聚落遗址在密县莪沟遗址[⑦]、敖汉旗兴隆洼遗址[⑧]都有所发现。莪沟遗址位于洧水、溪水交汇处的三角形地带的岗顶上，遗址面积约 8000 平方米，在已发掘的 2748 平方米中发现 6 座房址及一批墓葬，六座房址全部集中于遗址的中部，墓葬主要分布在遗址的西部和西北部（图四）。这些井然有序的遗迹分布无疑是当时人类有意识的规划布局，它已具备了原始聚落的初步形态，应将其视为早期的原始聚落。兴隆洼遗址位于大凌河支流牤牛河上游一岗地上，在这里发现一处较完整的早期聚落遗址，发掘面积很小，但从地表的遗迹分布可看出这个聚落遗址平面呈不规则圆形，由一条东北—西南长 183 米、东南—西北宽 166 米的围沟环绕，围沟内有许多半地穴式房屋，排列不甚整齐，大体呈东北—西南方向排列，约计有十一二排，每排有房屋十间左右。这些早期聚落遗址由于发掘面积较少，资料不很完整，因此我们对其聚落形态的功能、它所反映的社会组织结构等问题的探讨尚难深入，但它无疑是当时社会生产力水平逐渐提高、农业发明及发展以后的反映，是当时人们定居生活开始的体现。

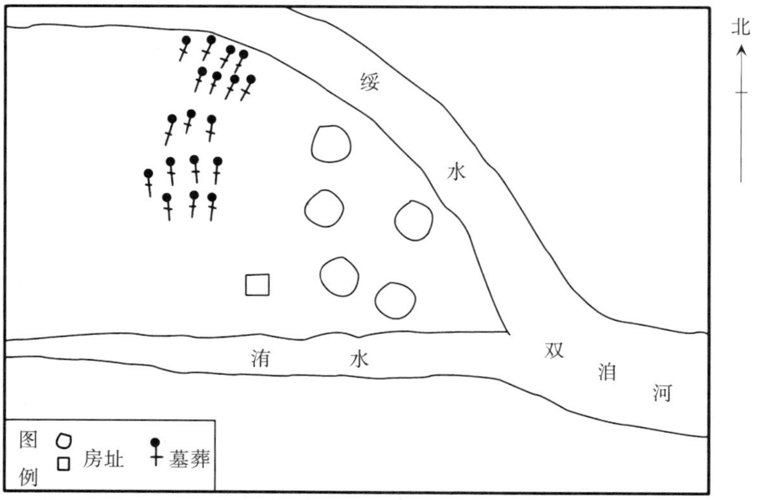

图四　莪沟北岗村落遗址平面示意图

二 住宅建筑技术提高与典型聚落形成

新石器时代中期的早一阶段（距今约6700~5500年），人类分布很广。以农业为主，狩猎、家畜饲养及采集为辅的综合经济较为发达，石、骨、陶质的生产工具、生活用具精致。母系氏族制度高度繁荣，对偶婚盛行。此时的住宅建筑技术较以前有所提高，典型的原始聚落已形成。黄河流域的仰韶文化（早期）、大汶口文化（早期），长江中游地区的大溪文化，钱塘江流域的河姆渡文化等都有重要发现。

仰韶文化（早期）遗址已发现的土木结构的房屋约200多所，它基本上代表了这一时期我国北方地区住宅建筑技术的提高与发展。仰韶文化（早期）的房址平面有圆形和方形两种，绝大多数呈规则的正圆形或正方形，以半地穴式居多。房内面积，圆屋有中、小型之分，方屋有大、中、小型之分。小型圆屋的面积仅10平方米左右。如临潼姜寨遗址[⑨]F127为圆形半地穴式，直径约3.06米。以坑壁为墙，壁高0.48米。门向北偏西，门道为斜坡状。门槛南有一凹坑，与灶紧连。灶为浅圆穴式，有灶圈。灶面、墙壁面和居住面均为草拌泥筑成，经火烧烤，呈青灰色硬面，居住面中部偏西处有一圆形柱洞。此房经复原为一带门棚的尖锥顶圆形房屋（图五）。中型圆屋的面积约10~20平方米。以姜寨遗址F44为例，直径约4.4米，门向南，门内外地面基本处于同一水平面上，未见门道，门槛是利用墙壁柱截去上段，外敷草泥作成，附壁柱洞平面布局呈圆形。居住面铺以纯净的细泥和红烧土，踩踏坚硬。灶位于房内东部。房内有泥圈柱洞6个，基本分东、西两排。该房复原为蒙古包形（图六）。小型方屋面积约10~15平方米。如姜寨遗址F46，南北长3.10米，东西宽3.16米，房基凹入地下0.25米。门向南，门道呈斜坡状，门道中段有草泥筑成的小隔墙。灶坑在门道之北，为圆形平底浅穴。房内中部有东西对称的两个柱洞，半地穴的坑壁即为墙壁。居住面和墙壁面均用黏土、料礓石粉加草筋抖合涂抹。此房可复原为一带门棚的方形四角攒尖式房屋（图七）。中型方屋面积有18~36平方米。如姜寨遗址F36，为半地穴式，东西、南北各长6.3米。门道为斜坡状，无门槛，门内有由三个坑构成的连通灶，三坑之间有火道相通，门内南北两侧有高约10厘米的平台。平台与居住面均系草泥涂抹后经火烧烤而成。屋内有三个柱洞和一个柱础，分布均匀，房子坑壁为墙，顶部向外原地面各伸延出30~50厘米的平面，上有11个柱洞，门道南、北两侧各有一柱洞，为门棚立柱。该房复原后为一方形四角攒尖带长方形门棚的房屋（图八）。大型方屋的面积约40~80平方米，有的可达100平方米以上。如姜寨遗址F47，为半地穴式，南北长

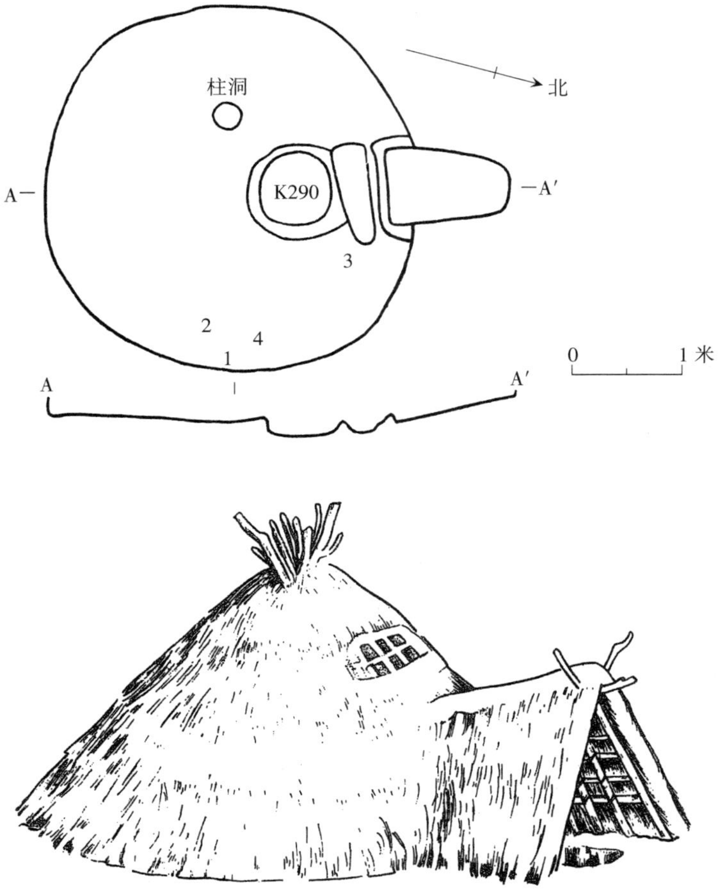

图五　姜寨遗址 F127 平、剖面图及复原示意图
1. 陶盂　2. 陶钵　3. 陶罐　4. 石磨棒

9.05 米，东西宽 9.56 米，以坑壁为墙。居住面和墙壁均用草泥涂抹并经火烧烤。门向南，位于南壁正中。门道呈外高内低的斜坡状，有用草泥筑成的一门槛。门槛内有一个略低于居住面的土坑，应为架火站人之处。其东部有一大型连通灶，由呈圆桶形和瓢形的两灶组成，两灶之间有火道相通。房内四周有附壁柱洞 22 个、门棚柱洞 2 个，房内正中还有 2 个大型柱洞。此房经复原是一座规模相当可观的方形半地穴式大型建筑（图九）。

由此我们可以看出，这一时期我国北方地区的房屋建筑仍以半地穴式为主，但已出现平地起建的房屋。墙壁多以木骨为柱，墙壁面和居住面多涂抹草泥并经烧烤，借以防潮。屋内均设置有灶坑，灶坑多位于房内中部，小型房屋的灶小而浅，有的仅有灶面，

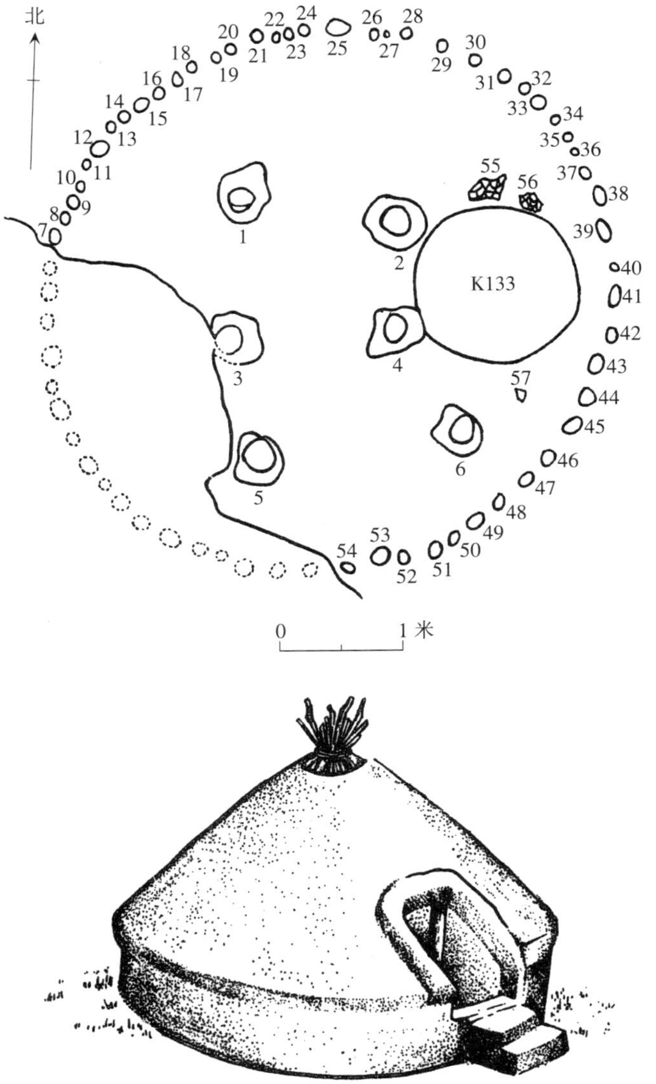

图六　姜寨遗址 F44 平面图及复原示意图

1～6. 房内柱洞　7～54. 附壁柱洞　55. 陶钵　56. 陶罐　57. 陶刮削器

大型房屋内均设有大型连通灶。各类房屋的中部及周围均有木柱遗迹——柱洞若干，依其分布情况，复原起来的房屋外形有四角攒尖式、蒙古包式及两面坡式等，有的房屋还有门棚设施。

此时我国北方地区典型的原始聚落遗址在西安半坡（下层）[⑩]、临潼姜寨（下层）[⑪]、宝鸡北首岭（中层）[⑫]等遗址都有发现。半坡氏族聚落总面积约5万平方米，大体呈东西窄、南北较长的不规则圆形，聚落由一条大围沟环绕，沟内为居住区，沟

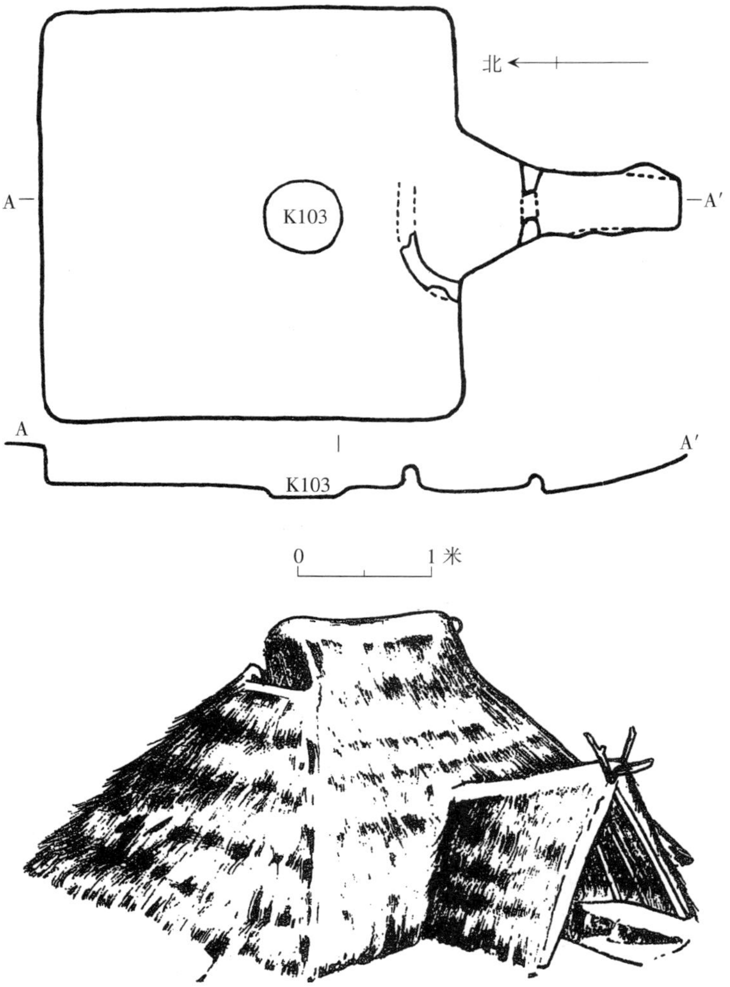

图七　姜寨遗址 F46 平、剖面图及复原示意图

北为公共墓地，沟东为烧制陶器的窑场，整体布局相当清晰。已发掘的居住区部分可分两片，每片各有一大型房屋，其周围分布着若干小型房屋，两片中间由一条较小的沟隔开，这样的布局可能为两个氏族或家族的住地（图一〇）。姜寨氏族聚落总面积约 2 万多平方米，平面呈椭圆形，聚落周围有壕沟和小河环绕，沟内为居住区，沟外为公共墓地，河边有烧制陶器的窑场。居住区中部有一近 4000 平方米的广场，在广场的东、西、南、北四个方向分布着以大型房屋为主体的五个建筑群。每个建筑群各有一座大型房屋，每座大屋附近分布着十几座或二十几座中、小型房屋。全部房屋的门均朝向中心广场。小型房屋可能是对偶家庭住宅，中型房屋可能是若干对偶家庭所

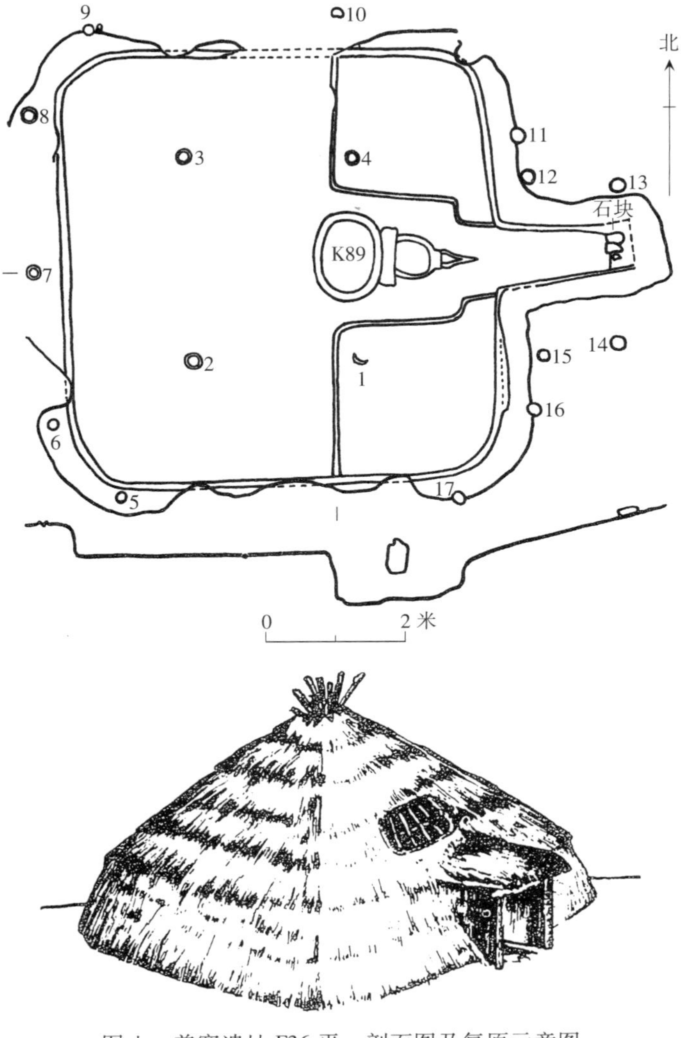

图八　姜寨遗址 F36 平、剖面图及复原示意图

1. 硬泥圈柱础　2～17. 柱洞　K89. 三连灶

组成家族的老年人及未成年人的住所，大型房屋是由几个家族所组成氏族的标志，是氏族举行公共活动的场所，同时又是氏族长、老年人及小孩的住所。建筑物附近分布有牲畜夜宿场、家畜圈栏，还有储藏东西的地窖群及埋葬小孩的瓮棺葬群。围沟外有五片公共墓地，两片已遭破坏，仅存的三片已发掘清理，这五个建筑群及五片墓地的分布情况表明这个聚落可能是由五个氏族组成的一个部落的聚居地（图一一）。

这时在我国南方河湖水泽分布密集的地区还存在着另外一种住宅形式与氏族聚落，以余姚河姆渡遗址（下层）、广东高要茅岗遗址[13]发现的干栏式建筑为代表。河

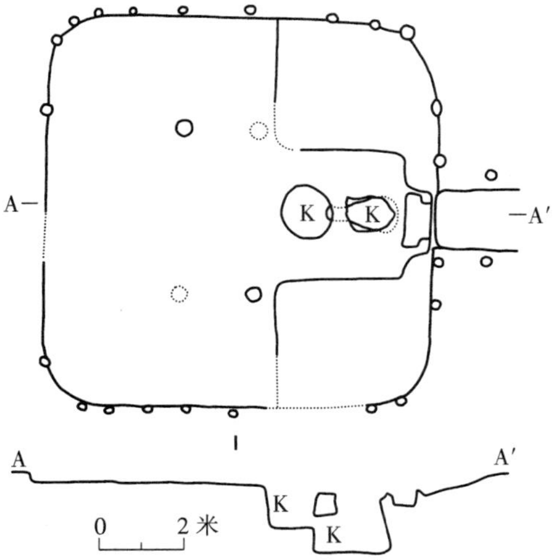

图九　姜寨遗址 F47 平、剖面图

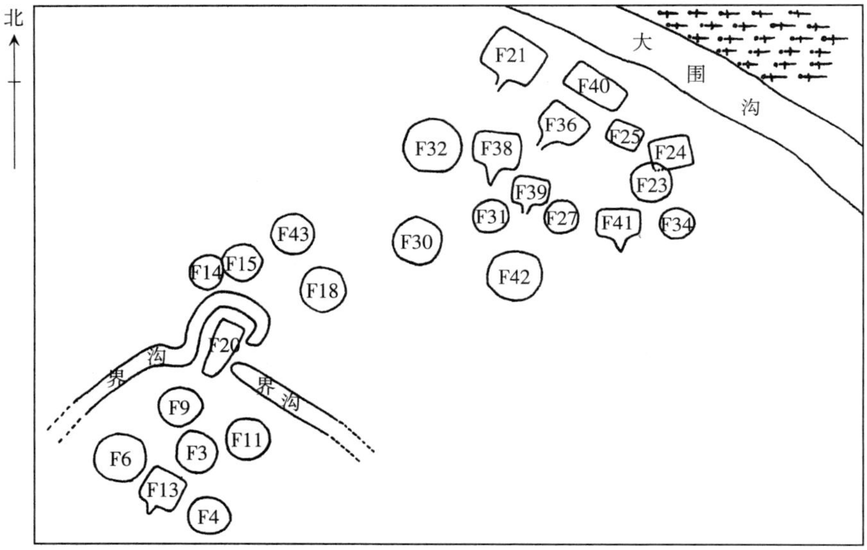

图一〇　半坡氏族聚落平面布局示意图

姆渡氏族聚落地处我国南方杭州湾南岸的宁绍平原，这里雨水较多，气候潮湿，人们为防潮便采用了有别于北方的建筑形式。他们以地下打桩立柱，在柱上架屋的方法营建住宅聚落。河姆渡遗址（下层）出土的木构件总数达千件以上，有桩木、长圆木和板木，其中不少带有榫卯结构。桩木均为下部削尖打入生土，一般入土 0.3 ~ 0.5 米。这些木构件出土时排列有序，其主体为 13 排桩木，依其间距、走向分析，应为

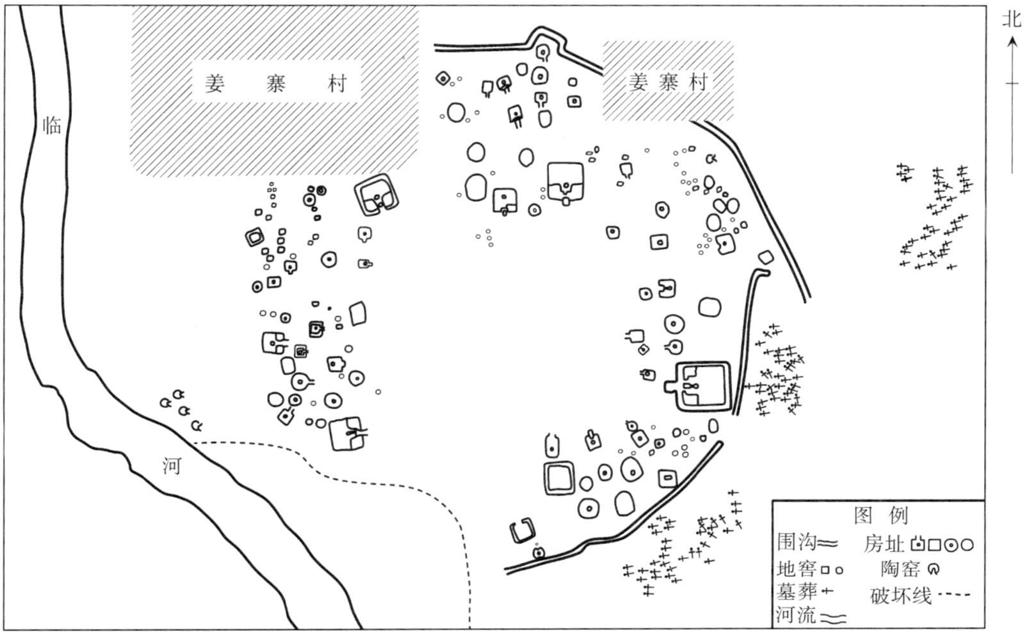

图一一　姜寨原始氏族聚落平面布局图

三栋建筑物，均为东北—西南走向，面水背山。其中一座为带长廊的长屋（图一二）。我们推测，这三栋建筑物中可能住着三个母系家族，它们共同组成一个母系氏族，这里可能即为氏族居址。茅岗遗址位于珠江三角洲，在此发现的木构建筑遗存分布广泛且十分密集。在所发掘的三组建筑遗存中，以1号房址保存得较好，发现有柱、桩、横梁、板材等，多带有榫卯结构。主柱分两列作长方形东南—西北走向，依其桩柱的排列情况，该房可复原为悬山顶的干栏式木构建筑（图一三）。这种以桩木为基础，其上架设大、小梁（龙骨）承托地板，构成架室的建筑基座，再于其上立柱架梁的干栏式建筑由来已久，是古史传说中原始巢居的继承和发展，至新石器时代中期，它已成为我国南方一些水网密集区的主要建筑形式，至今仍沿用不衰，并有了新的发展。

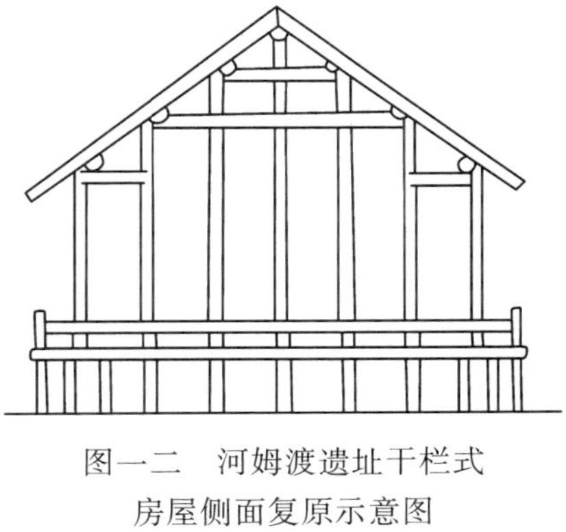

图一二　河姆渡遗址干栏式房屋侧面复原示意图

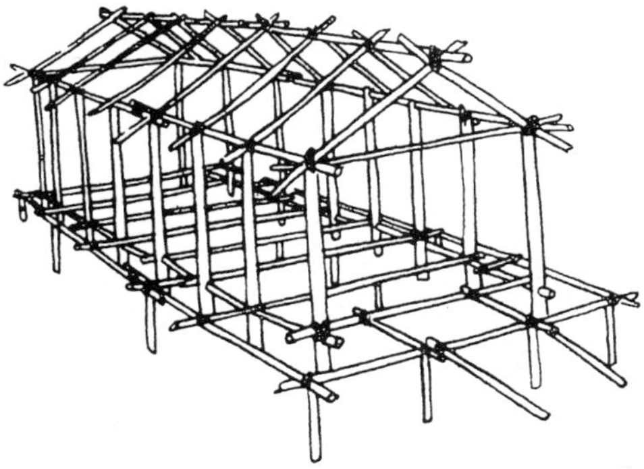
1

2

图一三　茅岗遗址干栏式建筑遗址示意图
1. F1 木架结构图　2. F1 复原图

三　住宅建筑技术及聚落形态的发展

新石器时代中期的晚一阶段（距今约5500～4400年），人类已分布在全国各地，农业生产得到长足的发展，锄耕农业大大普及，原始犁耕已开始出现，农业已成为人们生活资料的主要来源，狩猎、采集等生产活动已降为辅助地位。随着生产的发展，男子和妇女的经济地位及社会地位都发生了根本变化。在经济发达的中原地区，已出现一夫一妻制的父系氏族社会，这时父系家庭、父系氏族相当普遍，已成为社会的基本细胞，此时人们的房屋建筑与聚落形态也发生了很大变化。

变化之一就是出现了建筑技术进步、面积大、结构复杂的大型房屋。如半坡遗址F1[14]，为一座大型长方形房屋，南北长10.8米、东西宽10.5米，房基凹入地下较浅，墙高0.5米左右，顶端为一平台，其上发现有24个柱洞，在北端墙壁上发现许多附壁柱，分布相当密集，居住面为草泥涂抹烧烤而成，十分坚硬，在房内发现两处柱洞和一处柱基残痕（图一四）。这样的一座大型房屋应为当时氏族成员公共活动的场所。再如大地湾遗址F901[15]，也为多间式建筑，规模宏大，以长方形主室为中心，两侧扩展与主室相通的东、西侧室，主室后以主室后墙和延伸的侧墙又构成单独的后室，主室前有附属建筑物和宽阔的广场，广场前有两排立柱，柱前有一排青石板（图一五）。这座房屋本身约有290平方米，连同广场约有420平方米。它的布局井然有序，主次分明，建筑技术进步，形成一结构严谨复杂的建筑群体。这座建筑物应是仰韶晚期原始氏族部落的活动中心。

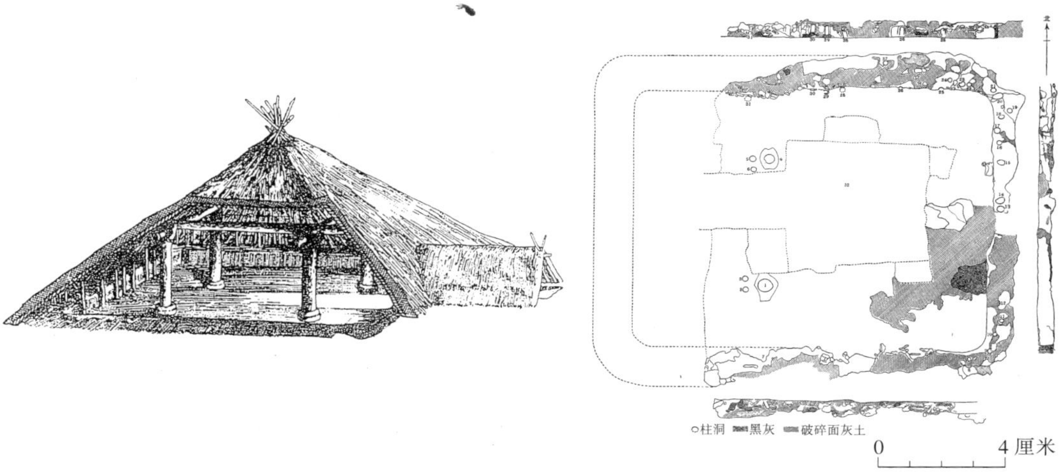

图一四　半坡遗址 F1 复原示意图及平、侧面图

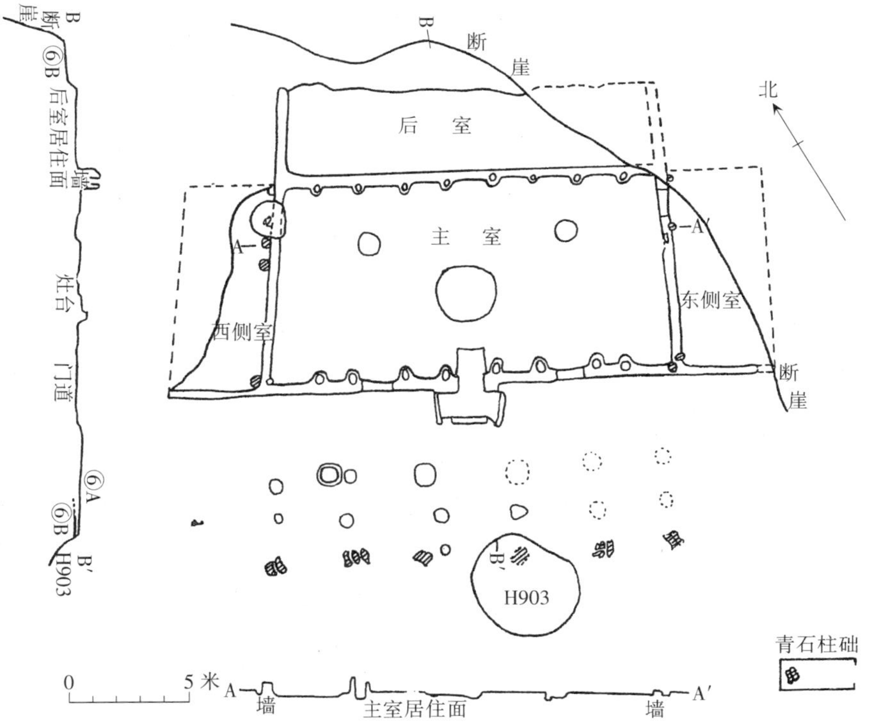

图一五　大地湾遗址 F901 平、剖面图

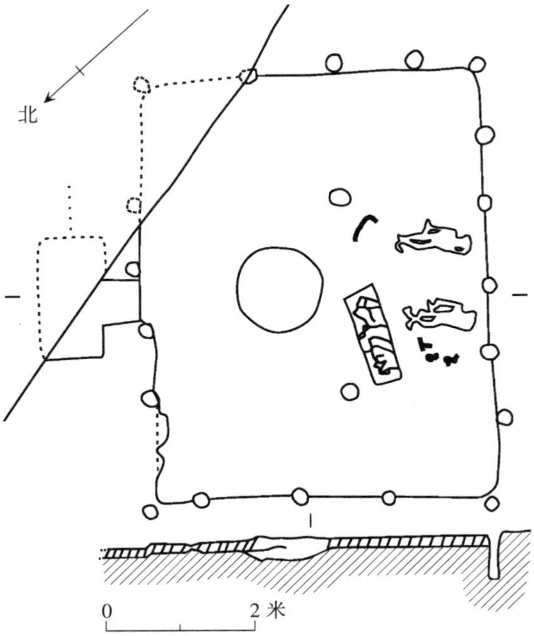

图一六　大地湾遗址 F411 平面地画示意图和剖面图

变化之二是明显具有宗教功能的房屋建筑与宗教中心建筑遗址的出现，大地湾遗址 F411[16]就是一座明显具有宗教功能的房屋。它背山面河，平地起建，平面作长方形，东北壁正中有一外伸的门道，门口处有一小长方形门斗与房屋主室构成凸字形，主室长 5.82～5.94 米、宽 4.65～4.74 米，房屋正中对门口处有一突起的灶台，房内居住面近后壁处有由人和动物图案组成的地画（图一六），它们可能为一氏族小家庭的崇拜偶像。大型宗教中心建筑遗址最重要的发现有喀左东山嘴遗址[17]和凌源牛河梁遗址[18]两处。东山嘴遗址位于大凌河西岸一长弧形黄土山梁正中平突起的台地上，建筑基址占据了整个遗址。依布局可分为中心部分、两翼和前后端等部分。中心部分为一大的方型基址，四周均砌有石墙基，基址内置有大型石块，可明显分为三堆。两翼部分由石砌墙组成，外侧有护坡一类的堆石，前端部分由石圈形台址与多圆形石砌基址组成，在基址内还发现有双龙首璜形玉饰及缘松石饰品，在附近发现有陶塑人像。牛河梁遗址位于牛河梁主梁丘顶一地势较高的平台上，遗址主体为一庙堂建筑，其周围散布许多积石冢群。庙堂建筑由一个多室和一个单室两组建筑组成，多室建筑在北，为主体，单室建筑在南，为附属建筑，二者间隔约 2.05 米，在同一条中轴线上。多室建筑南北长 18.4 米、东西宽 6.9 米，结构复杂，由一个主室和几个相连的侧室、前后室组成；单室建筑呈长方形，横长 6 米、最宽处 2.65 米（图一七）。这些建筑物的墙壁均为木骨草筋，并抹细泥，绘黄底红色的几何形壁画，屋顶也为木骨草筋，里外两面抹泥，在此还发现大量的泥塑人像。庙堂建筑附近的积石冢群与这组建筑关系密切，从其规模及随葬品来看死者应为氏族中的上层人物。东山嘴与牛梁河两处遗址的发现是近年来我国考古工作的重大收获，这种特殊的建筑群落、大规模的建筑面积及特殊埋藏物的伴随出现决非一般的氏族聚落所能比，这类建筑群落已从单纯满足人类居住需求的氏族聚落中分离出来，成为满足人们精神文化需求的宗教中心，它们应是当时人们精神文化生活，诸如举行祭祀等活动的场所。这类宗教中心

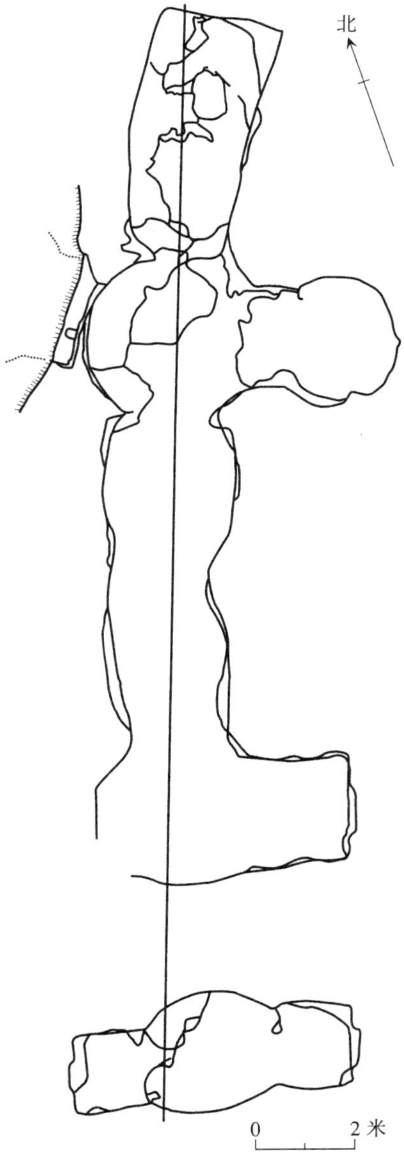

图一七 牛河梁遗址女神庙基址平面图

的出现是人类社会物质文化、精神文化发展到一定阶段的产物，是当时人们世界观的物质反映。

变化之三是出现与新时期相适应的聚落。在郑州大河村[19]、淅川下王岗等[20]遗址都发现具有新特点的氏族聚落。在郑州大河村第三期文化遗存中发现九座房基，其中

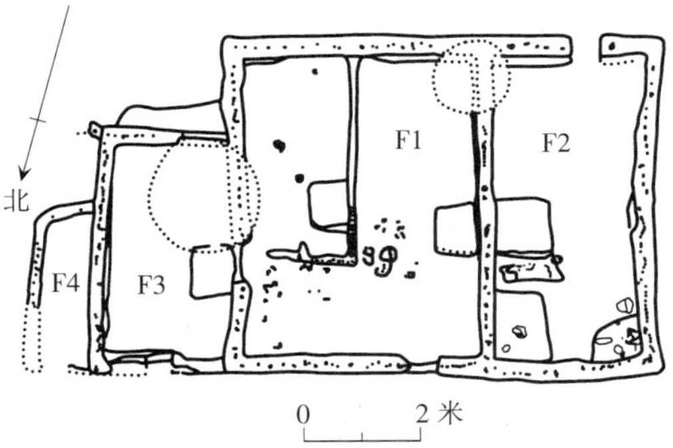

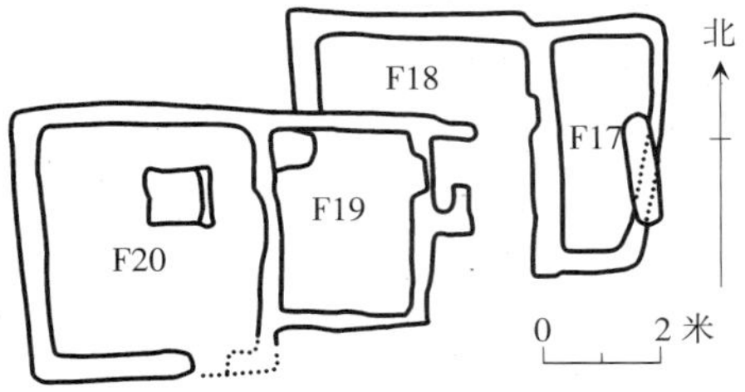

图一八　大河村遗址 F1～F4、F17～F20 平面图

F1～F4、F17～F20 为两个成排分间或隔成套间的单元式建筑，全部房屋均为地面起建，灶台均设在壁下，墙壁面和居住面处理讲究，光滑平整（图一八），在此居住的先民应为两个父系家族，它们和其他父系家族一起组成一个较大的父系氏族聚落。整个聚落由于面积特大（约 30 万平方米），发掘面积较小而整体面貌不详。淅川下王岗遗址的房屋布局更为典型，32 间房屋一字排列，相当整齐，它们均为地面建筑，墙壁面光滑平整，居住面平坦坚实，均经火的烘烤。32 间房屋共组成 20 座单元房，有双内间单元房 12 套、单内间房 5 套、单室房 3 套。单元房内大多为一房一灶。各单元房面积不等，双内间房面积为 15.35～38.85 平方米，单内间房屋面积为13.58～22.02 平方米（图一九）。这座由 20 座单元房组成的长屋应为居住所用，每个单元房即为一独立的生活单元，或许是一独立家庭的生活场所，这里可能居住着 10 多个父系家庭或家族，它们共同组成一个父系氏族聚落。下王岗遗址的聚落面积较小，除长屋外未发现防御性设施。在大河村、下王岗等遗址发现的氏族聚落较以前完全不同，这种成排分间而又分为若干单元的建筑布局是与父系氏族社会一夫一妻制婚姻家庭或家族的居住需要相适应的。

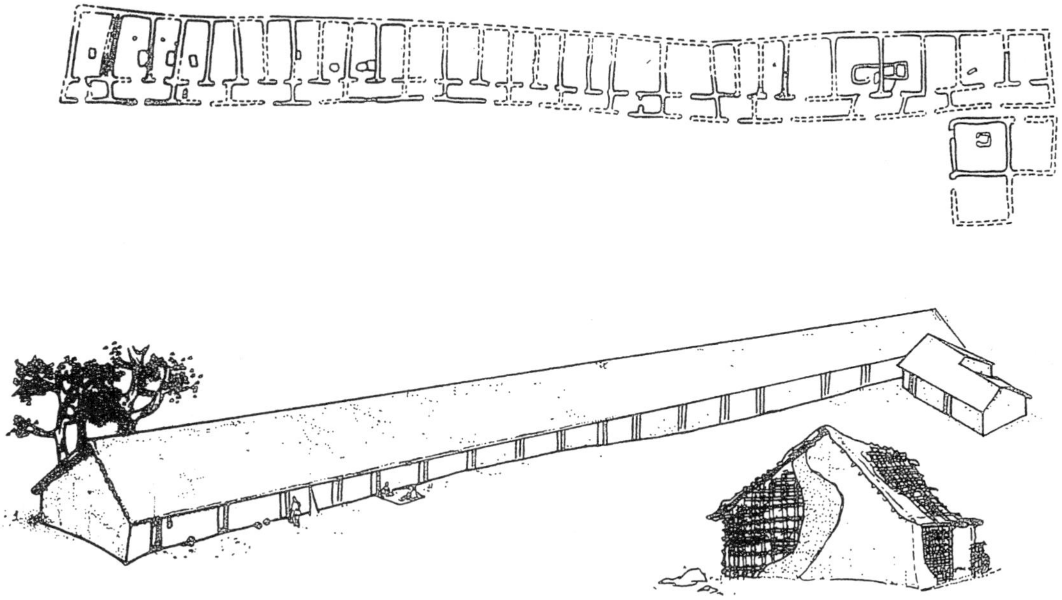

图一九　下王岗遗址仰韶文化晚期长屋平面图及复原示意图

四　住宅建筑技术的进一步提高及聚落形态的变化——城堡的出现

新石器时代晚期（距今约4400～4000年），犁耕农业较前普及，灌溉已经出现，一夫一妻制婚姻已经巩固。这时的住宅建筑技术进一步提高，开始采用土坯垒墙，白石灰普遍用于建筑，单门独户的住宅已经产生，部落联盟之间战争频繁，有的聚落开始变化为城堡。

在龙山时代众多遗址中发现的房屋建筑多为地面起建，有的采用土坯砌墙，墙体较厚，墙壁面和居住面多用白石灰涂抹。灶坑或坑台平整，门多向阳。如临潼康家遗址F10[21]，平面呈长方形，长3.11米、宽2.75米，门道两侧檐墙用土坯和草拌泥筑成，其他三墙夯筑而成，墙残高0.29～1米，墙壁面和居住面均为白灰面，门向南，在房内中心偏北处有一规整的圆形灶面，灶内埋有鬲的袋足，灶南的东西两端各有一柱洞（图二〇）。在康家遗址和长安客省庄遗址还发现有吕字形套间房屋。康家遗址F13[22]，平面呈南北向，分内、外二室，均为圆形袋状坑，坑壁较直，两室之间有过道，过道中部有二级台阶，内室正中有一圆形灶面，灶西有柱洞，外室略小于内室（图二一）。客省庄遗址F14[23]为浅地穴式，由内、

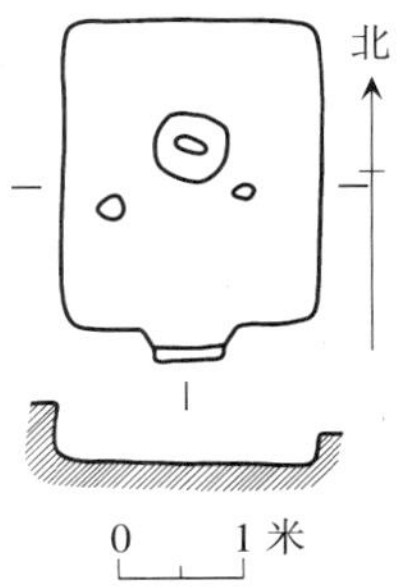

图二〇　康家遗址F10平、剖面图

外二室构成。均作方形，内室略大于外室，内室居住面上有一圆形小灶，外室西北角有二级台阶以供出入，两室之间有过道相连（图二二）。

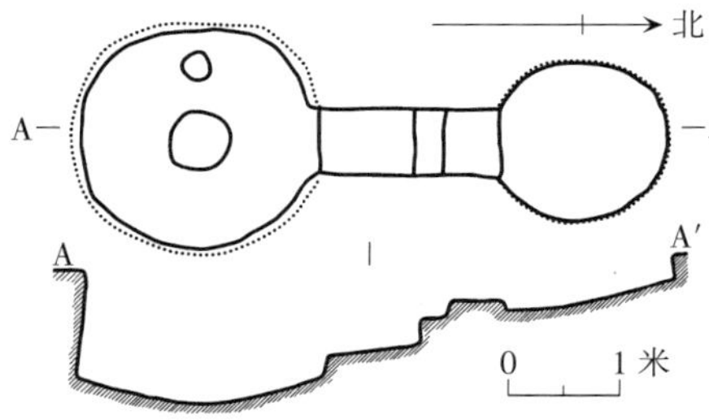

图二一　康家遗址 F13 平、剖面图

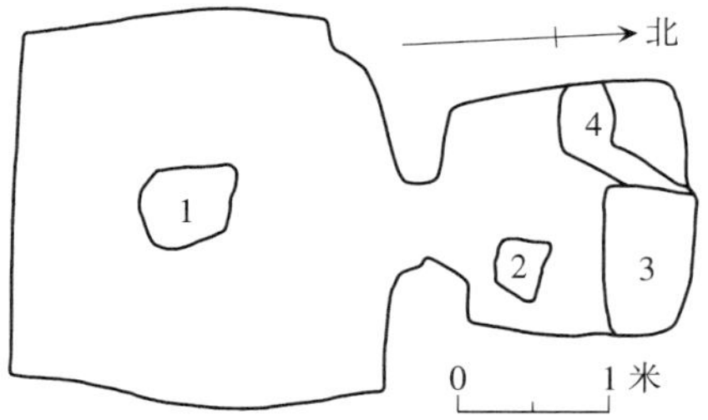

图二二　客省庄遗址 F14 平面图

1、2. 小灶及烧土范围　3. 长方形窑穴

4. 通向室外路土

在武功赵家来遗址[24]发现有单门独户式院落。在此发现客省庄文化的房址 12 座及一些夯土墙，墙最长者在 11 米以上，厚 0.45、高 0.62 ~ 0.8 米，呈西北—东南走向，每堵墙由几堵短墙连接而成，每堵短墙长约 1.75 米，它们与这些房址构成若干个单门独户的院落，在墙壁上留有清晰的木板痕迹。

此时的住宅建筑在由穴居升至地面之后，开始出现台基式建筑，并向高台居的方向发展。在日照东海峪遗址[25]发现龙山时代房址 12 座，全为方形土台式建筑，是由台基、土墙、护坡、室内地基构成的地面高台住房（图二三）。台基、护坡和室内地基均系分

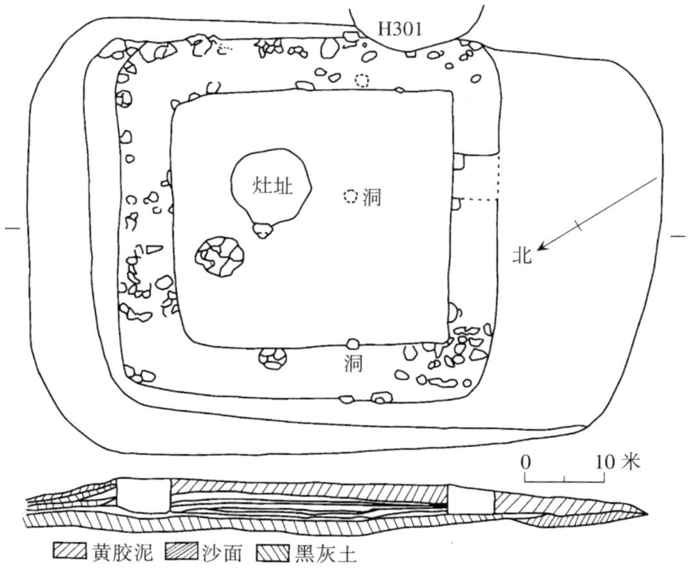

图二三　东海峪遗址 F301 平、剖面图

层夯筑而成，土质坚硬，层次分明，在夯土层中有圆形、梯形和不规则形夯窝。准格尔旗大口遗址[26]的F1，属大口二期文化遗存，为圆角方形房屋，它的建筑方法颇具特色，是先在地面挖一50厘米的深坑，再用土填实，筑成一略高于地面的房基（图二四）。在洛阳吉利东杨村遗址的第二期文化遗存中[27]有一平面呈椭圆形的房基，房基略高于地面，下部有二层经过夯砸的黄胶土，上部为一料礓石面。以上这些经夯筑高于地面的房屋台基的出现是与成熟的夯筑技术密切相连的，它标志着我国住宅建筑技术史上一个新阶段的开始，是后世文明时代高台式建筑的先声。

龙山文化时期的窑洞式住宅在镇原常山遗址[28]、海源菜园村遗址[29]、凉城园子沟遗址[30]均有发现。它们多依山坡台地的自然起伏修建在斜坡或断崖上，利用黄土的特性横向掏挖，修成拱形顶或穹隆形顶，有的在窑室内立木柱以起防险支护作用。以常山遗址H14为例，它为一建筑在生土中的土窑式房址，由住室、门洞、坑道和屋顶四部分组成。住室为口小底大的袋状土坑，坑底和周壁为生黄土，光滑平整，坑底中部有四个圆形柱洞。门洞位于住室与坑道之间，为拱形顶，坑道为长方形斜竖井土坑（图二五）。这些窑洞式住宅应为早期横穴式居穴的发展，是后世北方窑洞的前身。

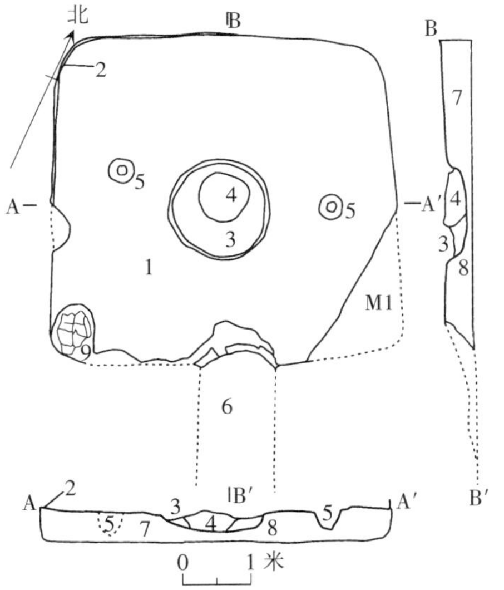

图二四　大口遗址F1平、剖面图
1. 白灰面　2. 残墙　3. 火煻　4. 烧土　5. 柱洞
6. 路土　7. 房基土　8. 火煻底部白灰面　9. 白灰面

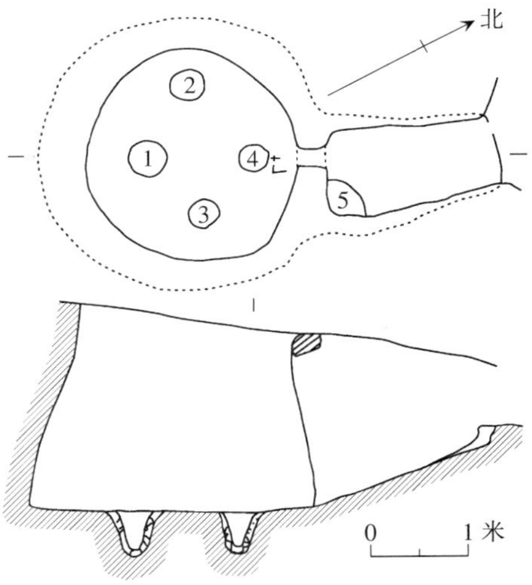

图二五　常山遗址H14平、剖面图
1～4. 柱洞　5. 凹坑

在这一时期，父系氏族制度已发展到晚期，私有制已产生，以公有制为基础的社会开始向以私有制为基础的社会过渡。此时各氏族部落之间为自卫和掠夺，纷纷组成部落联盟，部落之间的冲突、战争日益频繁，为适应新的需要，城堡从以往的聚落中分离出

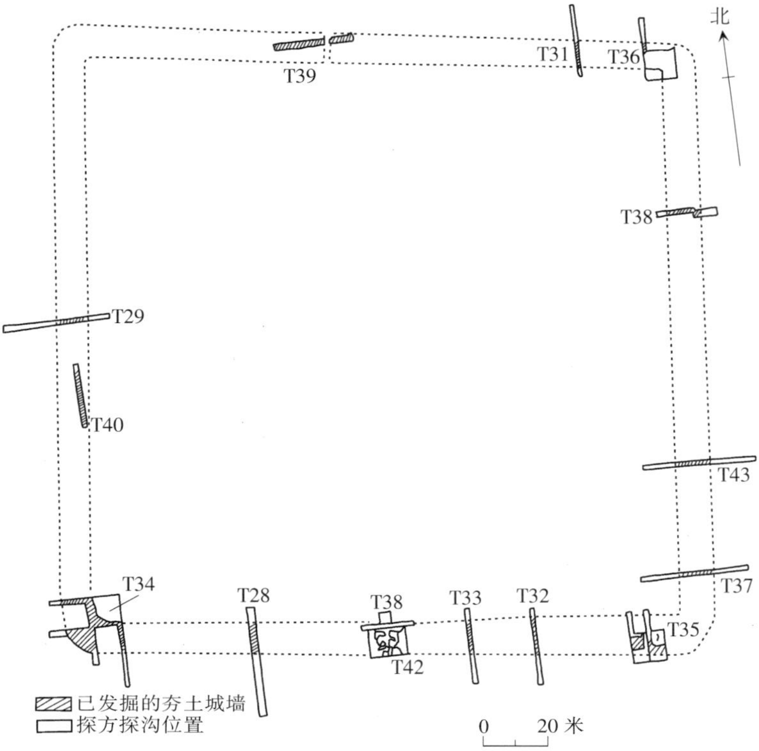

图二六 平粮台古城平面图

来，成为一种特殊的聚落形态。目前我们已发现的这一时期的城堡遗址有山东寿光边线王、章丘城子崖、河南登封王城岗、湖北天门石家河土城及内蒙古凉城老虎山等近十处，其中以淮阳平粮台遗址保存较完好[31]。平粮台城址平面呈方形，长、宽各 185 米，现存城墙顶部宽 8～10 米、下部宽约 13 米、残高约 3 米，系用小版夯筑法夯筑而成。在南、北城墙均发现有缺口和路土，应为平粮台古城的南门和北门。在南门的东、西两侧各发现一座房基，应为门卫房。在城址内还发现有房基十余座，多为长方形排房，有的平地起建，亦有高台式建筑（图二六）。平粮台古城是一座明显具有防御性的城堡建筑，它的年代距今 4355±75 年。以平粮台古城为代表的这些城堡的出现表明此时的中国社会已开始有了城市与乡村的区别，这不仅是经济、文化方面的差别，而且具有鲜明的剥削与被剥削的区别，这时的中国可能已跨入了文明时代。

五 结语

住宅建筑及由若干住宅建筑和其他设施组成的聚落是人类定居生活的产物，是农业发明的直接后果之一。在新石器时代，随着农业的产生及日益成熟，住宅建筑和聚落形态也在不断地发展演化，由早期的穴居逐步向地面建筑发展，并最终产生高于地面的高台式建筑。同时房屋修建技术逐渐提高，墙壁、居住面及灶坑的处理越来越讲究，住宅建筑和聚落的规划愈来愈规整。它们在反映人类物质文明进步的同时，在另一方面还体现着人类社会组织结构的演进。住宅建筑对空间利用、分割的日益复杂，聚落形态由内向式、封闭式向多样化的转变，为我们显示出一幅人类由母系氏族制度向父系氏族制度，以及最后氏族制度向其对立面转化的生动画面。在新石器时代晚期，随着城堡等新的住宅建筑和聚落形态的问世，文明的曙光开始出现，中国历史由此进入一个新的阶段。

注　释

① 浙江省文物管理委员会、浙江省博物馆：《河姆渡遗址第一期发掘报告》，《考古学报》1978 年 1 期。

② 杨耀林：《广东高要茅岗新石器时代干栏式建筑遗存》，《史前研究》1985 年 1 期。

③ 贾兰坡：《山顶洞人》，龙门书社，1951 年。

④ 黑龙江省文物管理委员会等：《阎家岗——旧石器时代晚期古营地遗址》，文物出版社，1987 年。

⑤ 邯郸市文物保管所等：《河北武安磁山新石器遗址的试掘》，《考古》1977 年 6 期。河北省文物管理处，邯郸市文物保管所：《河北武安磁山遗址》，《考古学报》1981 年 3 期。

⑥ 河南省博物馆、密县文化馆：《河南密县莪沟北岗新石器时代遗址》，《考古学集刊》1。

⑦ 同⑥。

⑧ 中国社会科学院考古研究所内蒙古工作队：《内蒙古敖汉旗兴隆洼遗址发掘简报》，《考古》1985 年 10 期。

⑨ 半坡博物馆、陕西省考古研究所、临潼县博物馆：《姜寨——新石器时代遗址发掘报告》，文物出版社，1988 年。

⑩ 中国科学院考古研究所、陕西省西安半坡博物馆：《西安半坡——原始氏族公社聚落遗址》，文物出版社，1963 年。

⑪ 同⑨。

⑫ 中国社会科学院考古研究所：《宝鸡北首岭》，文物出版社，1983 年。

⑬ 同①②。

⑭ 同⑩。

⑮ 甘肃省文物工作队：《甘肃秦安大地湾 901 号房址发掘简报》，《文物》1986 年 2 期。

⑯ 甘肃省文物工作队：《大地湾遗址仰韶晚期地画的发现》，《文物》1986 年 2 期。

⑰ 郭大顺、张克举：《辽宁省喀左县东山嘴红山文化建筑群址发掘简报》，《文物》1984 年 11 期。

⑱ 辽宁省文物考古研究所：《辽宁牛河梁红山文化“女神庙”与积石冢群发掘简报》，《文物》1986 年 8 期。

⑲ 郑州市博物馆：《郑州大河村仰韶文化的房基遗址》，《考古》1973 年 6 期。郑州市博物馆：《郑州大河村遗址发掘报告》，《考古学报》1979 年 3 期。

⑳ 河南省文物研究所、长江流域规划办公室考古队河南分队：《淅川下王岗》，文物出版社，1989 年。

㉑ 陕西省考古研究所康家考古队：《陕西临潼县康家遗址发掘简报》，《考古与文物》1988 年 5、6 合刊。

㉒ 同㉑。

㉓ 中国科学院考古研究所：《沣西发掘报告》，文物出版社，1962年。

㉔ 中国社会科学院考古研究所武功发掘队：《1981—1982年陕西武功县赵家来遗址发掘的主要收获》，《考古》1983年7期。

㉕ 山东省博物馆、日照县文化馆、东海峪发掘小组：《一九七五年东海峪遗址的发掘》，《考古》1976年6期。

㉖ 吉发习、马耀圻：《内蒙古准格尔旗大口遗址的调查与试掘》，《考古》1979年4期。

㉗ 洛阳市文物工作队：《河南洛阳吉利东杨村遗址》，《考古》1983年2期。

㉘ 中国社会科学院考古研究所泾渭工作队：《陇东原常山遗址发掘简报》，《考古》1981年3期。

㉙ 宁夏文物考古研究所、中国历史博物馆考古部：《宁夏海源县菜园村遗址、墓葬发掘简报》，《文物》1988年9期。

㉚ 《内蒙古凉城发现园子沟人类聚落遗址》，《中国文物报》1988年11月11日。

㉛ 河南省文物研究所、周口地区文化局文物科：《河南淮阳平粮台龙山文化城址试掘简报》，《文物》1983年3期。

巩启明、王小庆合著，原载于《考古学研究》，三秦出版社，1993年。

试论老官台文化

以老官台遗址为代表的古文化遗存已经发现数十年了，对它的认识也同样经历了一个漫长的过程，至今学术界尚有两种截然不同的看法。不少同志认为这类文化遗存特征明显，有别于其他已知的原始文化，应为一种独立的新石器时代文化——老官台文化；而有的同志却认为它应是属于仰韶文化的一个早期类型——北首岭下层类型。本文拟从老官台文化的发现、命名过程、分布情况、文化特征，以及年代分析、与仰韶文化的关系等方面进行考察、讨论，以期得到比较合理的结论。

一　老官台文化的发现和命名

老官台文化的遗物早有零星发现。20 世纪 30 年代，苏秉琦先生在宝鸡斗鸡台沟东区发掘时，就发现过一件完整的“瓦鼎”即三足罐①。这一件三足罐和后来科学发掘北首岭下层出土的 I 式三足器的器形基本相同②。1953 至 1957 年，石兴邦先生主持大规模发掘半坡遗址时，也发现过一些比较特殊的陶器残片，这些残片被收入报告的有两片，从它们的陶质、陶色和纹饰来看，与老官台出土的罐和鼎基本一致③。这些零星发现只是因为未发现这类文化遗存的地层和单一的遗迹单位而未引起重视。

1958 年，北京大学考古专业师生参加黄河水库考古工作队，在华县柳子镇考古发掘中，对华县、渭南的其他遗址也做了一些调查工作，在华县的老官台、渭南的白庙和北刘等遗址都发现了有别于已知文化的陶片。为了搞清这类文化遗存的性质，该队于 1959 年对老官台遗址进行了试掘，发现了一些特征明显的遗迹和遗物。同时，在元君庙仰韶文化墓地的发掘中也发现了和老官台文化面貌相同的文化遗存④。这些工作使该队认识到这类文化遗存，是不同于仰韶文化的一种新的考古学文化。1960 年和 1961 年，陕西省考古研究所对西乡县李家村遗址进行了较大规模的发掘，发现了李家村遗存的文化面貌与老官台遗址的文化遗存比较接近⑤。同时，陕西省考古研究所以及中国科学院考古研究所分别对郊县下孟村、宝鸡北首岭两个仰韶文化遗址进行发掘，都发现了和李家村遗址所出陶片相同的陶片[6]。

这些新的发现，引起了学术界的关注。1964 年，夏鼐先生指出："李家村发现的典型陶器——圈足钵和三足器，在宝鸡北首岭和华县柳子镇元君庙的仰韶遗址中都曾发现过，但都只发现在最早期的墓葬或底下的文化层中。……它和典型的仰韶文化有密切的关系，而它所代表的文化可能要较早。……是探索仰韶文化前身的较可靠的线索"[7]。1965 年，苏秉琦先生也说："以北首岭、元君庙下层等为代表的文化遗存，应和半坡类型划分开来"，"两遗址的下层遗存基本一致，而与其余部分之间风格截然不同，也同整个仰韶文化面貌相异"，"这类文化遗存无疑同半坡类型的仰韶文化具有一定的渊源关系"[8]。

夏鼐和苏秉琦两位先生这种探索性的预见，对我们的工作启发很大，引导我们在 20 世纪 70 年代做了大量的工作。1973 年，西安半坡博物馆在临潼县进行考古调查中发现了白家遗址。1974 年进行试掘，发现了墓葬和灰坑，出土了一组典型器物，其特征与老官台、元君庙完全相同[9]。1976 年，我们在发掘史家遗址的同时，对附近的白庙遗址进行了试掘，也发现了和老官台、元君庙同样的器物。这些成组典型器物的发现，引起了我们的重视。同时，北京大学、甘肃省博物馆的同志根据考古学文化命名的一般惯例，在《文物》杂志上提出了"老官台文化"一名[10]。同年，河北省文物工作者试掘了武安磁山遗址，发现了有别于已知文化的重要遗存[11]。1977 年春，河南省文物工作者在新郑县发现并试掘了重要的裴李岗遗址，发现这是一处年代较早的古代文化遗存[12]。白家、白庙、磁山、裴李岗的新发现，引起了考古界的高度重视。1977 年下半年，我们发掘了商县紫荆村遗址，也发现了和老官台相同的文化遗存[13]。中国社会科学院考古研究所对宝鸡北首岭遗址又做了一次发掘，收获比较丰富，以地层最为明显[14]。在这些工作的基础上，我们对这类文化遗存的认识也由肤浅而加深了。于是，张忠培及严文明两位同志在 1979 年《考古》杂志第一期上重申了"老官台"遗存的重要性[15]，并认为老官台文化和磁山文化一样，都是属于新石器时代早期偏晚阶段的原始文化。

老官台文化的命名提出后，得到了学术界的承认和支持[16]。但有的同志提出了不同的认识，认为这类文化遗存应是仰韶文化的一个早期类型，应称为"北首岭下层类型"[17]。对于老官台文化不同认识的讨论，反映了学术界对这个问题的关注，这样的讨论有利于学术问题的澄清，有益于我国考古学的发展。为了进一步充实有关老官台文化的资料，1979 年，甘肃省博物馆对秦安大地湾遗址进行试掘，发现了比较丰富的老官台文化遗存[18]。1980 年和 1981 年，陕西省考古研究所和西安半坡博物馆分别对西乡何家湾遗址、渭南北刘遗址及大荔梁家坡遗址进行了发掘[19]，都取得了可喜的收获。

二 老官台文化的分布

上述大量工作的开展，使我们对老官台文化的分布有了初步了解。老官台文化主要分布在陕西关中，甘肃陇东的渭、泾河流域，以及陕南的汉水、丹江上游地区。已发现的遗址有华县老官台、元君庙，渭南北刘、白庙，大荔梁家坡，临潼白家，长安鲁坡头，西安半坡，宝鸡北首岭、斗鸡台沟东区，秦安大地湾，邠县下孟村，西乡李家村、何家湾，洋县土地庙，汉阴阮家坝，商县紫荆村等19处之多。这些遗址多位于山麓附近依山傍水的较高台地上，或者是两河交汇的地势较高处。在一定地域内遗址数量较少，在一个县内多的两处，一般是一处。已经调查过的遗址一般面积较小，多在一两万平方米之内。在一个遗址内灰层分布不集中，往往是一片一片的，而且堆积较薄，厚度超过1米的罕见。遗址内的遗迹分布稀疏，规律难寻；地面地下遗物贫乏，调查时不易采到标本；尤其是多种文化共存的遗址居于下层，不易暴露，颇难发现。

三 老官台文化的特征

在上述遗址中，有的是近年来调查才发现的；有的是内含多种文化遗存的遗址中发现有零星老官台文化器物或残片的；有的是经过试掘虽有老官台文化遗存发现，但整个遗存保存欠佳的；有的是经过试掘或发掘发现内涵丰富的。这类遗址有西乡李家村、宝鸡北首岭下层、秦安大地湾一期、渭南北刘、临潼白家等。这几处遗址通过试掘或发掘，出土了一批重要遗迹和遗物。这些遗迹或遗物的发现，使我们对老官台文化的特征有所了解。

1. 房址发现很少，仅在李家村发现1座、大地湾发现3座，后者均为圆形半地穴式，结构简单原始。

2. 发现十多个灰坑，其形状有圆形圜底、袋状、长方形圆角及不规则形。一般不够规整，且深度较浅。灰坑中的包含物往往要比地层丰富，多为陶器残片及可复原的一些生产工具和生活用具等。

3. 发现十多座墓葬，均为成人墓。看来每个遗址都有比较集中的墓地。墓葬均为长方形竖穴土坑墓，四壁规整，大地湾无葬具发现，北首岭有板灰痕迹。葬式，能辨清者均为仰身直肢单人葬，北首岭的M10为五人合葬，其中三人为一次葬，二人为二次葬。多数墓头向西北。随葬品一般为三四件，最多的可达十几件，最少的仅有一两件。生产工具和生活用具均有，大地湾亦有随葬猪下颌骨的现象，如M15和M208等。随葬品的放置情况，大地湾多置于胸前、两腿之间和足下，北首岭多在足下。

4. 生产工具有石器、骨器和陶器。石器以打制的占多数，有石核、石片、刮削器、敲砸器，有的仍保留着细石器特征，这在大地湾、梁家坡都有发现。磨制石器也不少，一般仅磨刃部，而器身仍保留着打制痕迹，如石斧等。通体磨光的较少，如石铲、石凿等，穿孔石器不曾发现（图一）。骨器有锥、箭镞等。陶纺轮的制作也极简单，大地湾的陶纺轮多是陶片改制的。

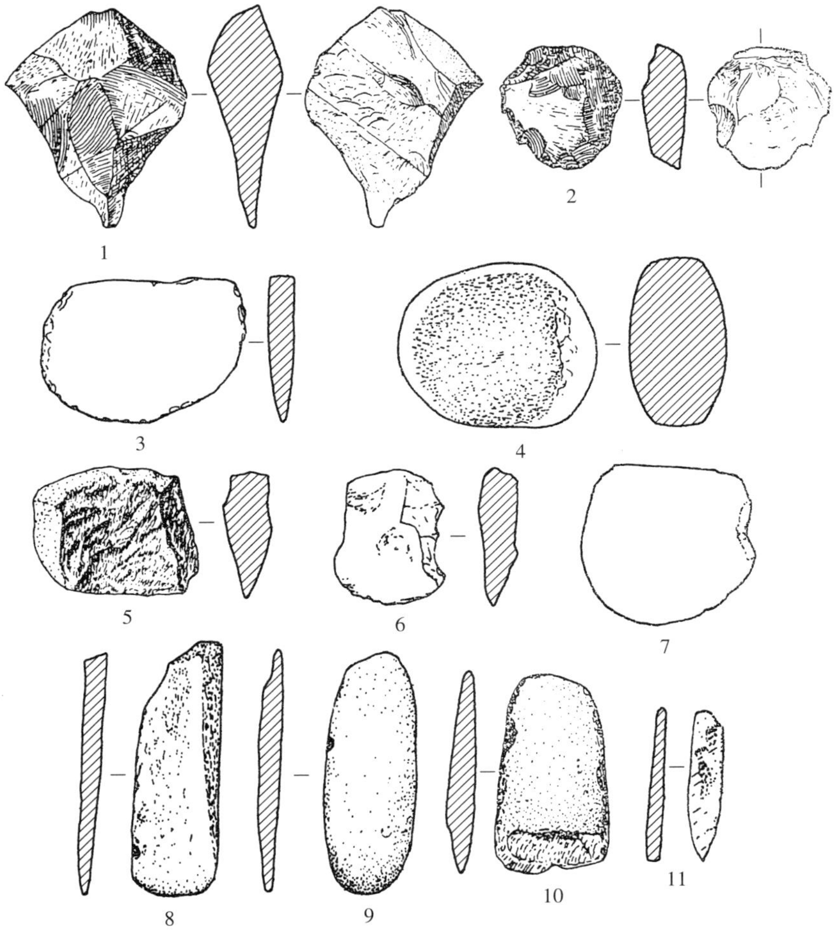

图一　老官台文化石器

1. 尖状器　2. 刮削器　3. 石刀　4. 敲砸器　5. 砍伐器　6. 石斧　7～9. 石铲　10. 石斧　11. 石凿（1、2、8～11. 李家村出土，3、4. 大地湾出土，5、6. 北刘出土，7. 北首岭出土）

5. 生活用具主要是陶器。陶器的质料以细砂红陶最多，夹砂灰黑陶，泥质红陶及泥质灰黑陶等都有相当的数量。一般陶质较松，火候较低，各种陶色多不纯正，里黑外红或灰褐色的常见。制法有手制、模制、捏塑等，明显的泥条盘筑法罕见，绝不见慢轮修整。一般陶胎较薄，但不均匀，这表明制陶技术比较原始。陶器造型以三足器、圈足器最为突出，平底器、圜底器也有相当的数量。一般陶器无耳，无流，无嘴，口沿也较简单。带把的陶器较少，仅北首岭出土两件带把三足壶。

6. 陶器的种类很少，器形简单。主要器形有钵形三足鼎、敞口直腹三足罐、假圈足碗、小口圆腹壶等。此外，还有圜底或平底钵、平底罐和杯等。陶器纹饰较简单，三足器上多饰网状交叉斜方格绳纹，钵形鼎及圜底钵的口沿上多饰深红色宽带，碗的口沿下往往饰有一周锥刺纹，另外还有线纹、划纹、附加堆纹、刻齿纹等（图二）。

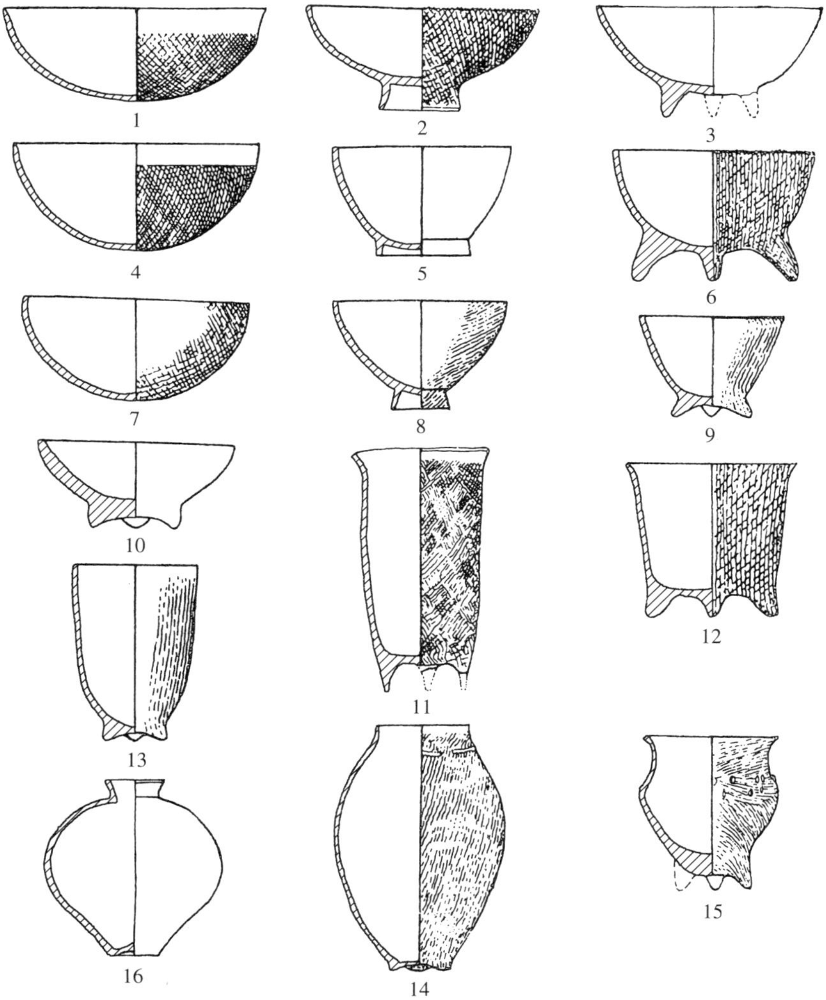

图二　老官台文化陶器

1、4、7. 圜底钵　2、5、8. 圈足碗　3、6、9、10. 三足钵　11～15. 三足罐　16. 壶　（1～3、11、16. 北刘出土，4～6、12. 大地湾出土，7～10、13. 李家村出土，14、15. 北首岭出土）

从上述老官台文化的种种特征来看，石铲、石刀、石凿等农业生产工具的发现，表明当时的居民已经过着定居生活，从事着原始的农业生产。骨镞和鹿、猪等动物骨骼的发现，说明当时的狩猎业比较发达，家畜饲养业也已开始。陶纺轮的出土，表明当时的纺织已经有所发展。总之，这些情况都表明老官台文化时期的人们已经过着从事农业、狩猎、饲养家畜和采集的综合性经济生活。但是，石器制作还比较原始，陶器生产技术也比较低下，反映出老官台文化时期的生产水平还是比较低的。

四　老官台文化的年代

考古发掘工作的收获，为老官台文化的相对年代问题提供了可靠的依据，已有几处遗址发现了地层叠压或遗迹的打破关系。元君庙遗址，半坡类型遗存在上，老官台文化遗存在下，在半坡类型的墓葬填土中多次发现老官台文化的陶片[20]；北首岭遗址，上层是仰韶文化晚期遗存，中层是半坡类型遗存，下层是老官台文化遗存[21]；大地湾遗址，半坡类型遗存在上，老官台文化遗存在下[22]；何家湾遗址，半坡类型遗存在上，老官台文化遗存在下[23]；梁家坡遗址，也发现了半坡类型遗存在上，老官台文化遗存在下的地层叠压关系[24]。这五处遗址的地层关系都是近几年来发现的最新资料，都表明老官台文化的相对年代早于仰韶文化半坡类型，而半坡类型是仰韶文化的早期类型，所以老官台文化也就早于整个仰韶文化。

老官台文化经过^{14}C测定绝对年代的标本已有五个。这些年代数据表明老官台文化的距今年代为7800～7100年，比仰韶文化半坡类型^{14}C测定的最早年代要早得多[25]。

五　老官台文化与仰韶文化的关系

仰韶文化有许多不同的文化类型。属于早期的半坡类型与老官台文化的关系最为密切。

从上述老官台文化的各项特征来看，老官台文化的分布主要是陕西关中、陇东的渭泾流域及陕南的汉水和丹江上游地区，略同于半坡类型，两者基本重合，只是半坡类型分布面积向北、向东略大了一些。但老官台文化的遗址少，灰层薄，内涵贫乏的特点与半坡类型的遗址稠密，灰层厚，内涵丰富等特征形成了鲜明的对比。

创造老官台文化的先民已经开始定居，建立聚落，营造简单的房屋，从事农业、狩猎业、家畜饲养及采集等生产活动，过着综合性经济生活。而半坡类型先民的村落比老官台文化的大，聚落布局、房屋营造已经形成了一定的制度，各项生产活动也都有了相当的规模。

在埋葬制度方面，老官台文化和半坡类型基本相同，如都有集中的公共墓地，都是竖穴土坑、仰身直肢、头向西（或偏北）、单人一次葬或多人合葬，一般无葬具，都有一定数量的随葬品等。但也有一定的差异，如老官台文化的墓地小，合葬墓中的二次葬个体骨架仍按一次葬骨架同样陈放（北首岭 M10）。随葬品除生活用具外，一般还有生产工具，装饰品罕见。而半坡类型恰恰相反，一般遗址都有较大面积的墓地，二次葬的葬法多是在一个墓坑内分成数层、数排陈放若干个成堆的个体，随葬品中主要是生活用具和装饰品，生产工具很少。

在生产工具方面，老官台文化和半坡类型都有打制和磨制石器，但老官台文化打制的数量在整个石器中所占的比重要比半坡类型多，而且老官台文化在部分遗址还出土有细石器，半坡类型中罕见细石器。另外对石器钻孔技术的使用，老官台文化不曾发现，而半坡类型已经开始出现，往往有少量钻孔石斧出土。骨器种类和制作的精致程度，像半坡类型的鱼钩、骨针及成串骨珠等，在老官台文化中都是极为罕见的。陶质工具如纺轮，在老官台文化中只有用残破陶片稍事加工而成的，而半坡类型的纺轮已经定型。

在陶器方面，老官台文化的质料是夹砂陶多，泥质陶少，而且陶质疏松，火候较低。而半坡类型的陶质是细泥陶，泥质陶多，夹砂陶较少，一般火候较高。陶色，老官台文化红陶较多，但灰、黑陶数量也不少，色泽多不纯正、不均匀；而半坡类型红陶占绝对多数，只有极少的灰、黑陶，陶色相当纯正。陶器造型，老官台文化以三足器、圈足器多，圜底器、平底器少；而半坡类型恰恰相反，三足器、圈足器基本绝迹，圜底器、平底器、尖底器则较突出。陶器器形，除圜底或平底钵、平底罐两种文化基本相同外，其他差异很大。老官台文化只有鼎、钵、罐、壶、杯等少数几种，而半坡类型则有钵、盆、罐、瓮、瓶、壶、盂、杯等。陶器纹饰，除两种文化均有绳纹、锥刺纹、附加堆纹和红色宽带纹外，其他无论是彩陶的花纹题材、式样，还是图案结构，半坡类型都达到了相当高的程度，不但有较多的鱼、蛙、鹿等动物形象，而且有鱼人结合、反映一定含义的图案。

从以上老官台文化和半坡类型各种特征的对比来看，二者相同的少，不同的多。相同或近似的特征，如都是从事农业、狩猎、饲养家畜和采集的综合性经济，都有定居的村落、房屋、窖穴、氏族公共墓地，都有打制和磨制石器的技术以及个别相同或相似或富有演变关系的陶器。这些都表明老官台文化和半坡类型之间存在着相当密切的关系。不同的方面，如农业生产在综合经济中的比重，遗址的大小，葬俗的差异程度，随葬品的组合，制造石器，陶器技术的高低，陶质、陶色、器形、纹饰等都存在着很大差异。依据这些特点及在实际工作中的体会，我们认为老官台文化与半坡类型是一种渊源和继承关系，即仰韶文化的半坡类型直接脱胎于老官台文化。两者的差异点反映出它们之间存在着质的差别，老官台文化具有独特的文化面貌，不同于仰韶文化或其他文化的基本特征，绝不能把它划归仰韶文化，而应当称作独立的考古学文化——老官台文化。

注 释

① 苏秉琦：《斗鸡台沟东区墓葬图说》图版五之3，中国科学院出版社，1954年。

② 中国社会科学院考古研究所宝鸡工作队：《一九七七年宝鸡北首岭遗址发掘简报》图五之1，《考古》1979年2期。

③ 中国科学院考古研究所、西安半坡博物馆：《西安半坡》图版一四八之4和7，文物出版社，1963年。

④ a. 张忠培：《关于老官台文化的几个问题》，《社会科学战线》1981年2期。b. 北京大学考古教研室华县报告编写组：《华县渭南古代遗址调查与试掘》，《考古学报》1980年3期。

⑤ a. 陕西分院考古研究所：《陕西西乡李家村新石器时代遗址》，《考古》1961年7期。b. 陕西社会科学院考古研究所汉水队：《陕西西乡李家村新石器时代遗址1961年发掘简报》，《考古》1962年6期。

⑥ a. 中国社会科学院考古研究所宝鸡工作队：《1977年宝鸡北首岭遗址发掘简报》，《考古》1979年2期。b. 陕西省社会科学院考古研究所泾水队：《陕西邠县下孟村仰韶文比遗址续掘简报》，《考古》1962年6期。

⑦ 夏鼐：《我国近五年来的考古新收获》，《考古》1964年4期。

⑧ 苏秉琦：《关于仰韶文化的若干问题》，《考古学报》1965年1期。

⑨ 西安半坡博物馆：《临潼白家遗址发掘简报》，《史前研究》1983年2期。

⑩ 甘肃省博物馆、北京大学历史系考古专业连城考古发掘队：《从马家窑类型驳瓦西里耶夫的"中国文化西来说"》，《文物》1976年3期。

⑪ 邯郸文物保管所、邯郸地区磁山考古队短训班：《河北磁山新石器遗址试掘》，《考古》1977年6期。

⑫ 开封地区文管会、新郑县文管会：《河南新郑裴李岗新石器时代遗址》，《考古》1978年2期。

⑬ 西安半坡博物馆、商县图书馆：《陕西商县紫荆遗址发掘简报》，《考古与文物》1981年3期。

⑭ 中国社会科学院考古研究所宝鸡工作队：《一九七七年宝鸡北首岭遗址发掘简报》，《考古》1979年2期。

⑮ a. 张忠培：《试论东庄村和西王村遗存的文化性质》，《考古》1979年1期。b. 严文明：《黄河流域新石器时代早期文化的新发现》，《考古》1979年1期。

⑯ a. 巩启明：《三十年来陕西石器时代考古的主要收获》，《考古与文物》1980年1期。b. 张朋川等：《试谈大地湾一期和其他类型文化的关系》，《文物》1981年4期。

⑰ a. 梁星彭：《关中仰韶文化的几个问题》，《考古》1979年3期。b. 安志敏：《裴李岗、磁山和仰韶——试论中原新石器文化的渊源及发展》，《考古》1979年4期。

⑱ 甘肃省博物馆、秦安县文化馆大地湾发掘小组：《甘肃秦安大地湾新石器时代早期遗存》，《文物》1981年4期。

⑲ a. 陕西省考古研究所：《陕西西乡何家湾新石器时代遗址首次发掘》，《考古与文物》1981年4期。b. 西安半坡博物馆：《渭南北刘新石器时代早期遗址调查与试掘简报》，《考古与文物》1982年4期。

⑳ 北京大学考古教研室华县报告编写组：《华县、渭南古代遗址调查与试掘》，《考古学报》1980年3期。

㉑ 同⑭。

㉒ 同⑱。

㉓ 同⑲a。

㉔ 半坡博物馆资料。

㉕ a. 同⑭。b. 甘肃省博物馆、秦安县文化馆大地湾发掘小组：《甘肃秦安大地湾新石器时代早期遗存》，《文物》1981年4期。c. 同⑲b。

原载于《中国考古学会第四次年会论文集》，文物出版社，1983年。

试论仰韶文化

一 前言

仰韶文化是我国新石器时代的一个重要考古学文化，在我国原始社会史中占有相当重要的地位。因此，研究仰韶文化，对解决我国新石器时代考古及原始社会史中的一些问题有着极为重要的意义。

仰韶文化是1921年在河南渑池县仰韶村首先发现的。此后，随着工作的开展，发现不断增加，获得的有关资料逐渐丰富，研究工作也逐步深入。但在全国解放以前的近三十年里，由于帝国主义的侵略及国民党反动派对考古工作的摧残，对仰韶文化的科学工作做得很少，尤其是人为的造成了许多混乱，一些错误观点影响一直很深。解放以后，由于党和政府对科学事业的关心、重视，随着国家社会主义建设事业的发展，考古工作也得到了飞跃发展，对仰韶文化的调查、发掘和研究也像其他各项工作一样进展很快，考古收获越来越多，积累的资料更加丰富，这些都为我们进一步深入细致地进行比较研究提供了很大方便，为解决有关仰韶文化的一些疑难问题奠定了坚实的基础。

本文拟对仰韶文化的一些问题，诸如：各类型的划分及其文化特征、年代、分期、分布概况、社会性质、与其他原始文化的关系等，提出一些初步认识，和同志们交换意见，渴望有助于这些问题的深入讨论。

二 诸类型的划分及其文化特征

仰韶文化发祥于我国黄河中游的中原地区，经历了两千年左右，为我们中华民族的古代文明创造了光辉的篇章。仰韶文化由于延续时间很长，地域分布很广，其文化面貌自然会发生很多变异，从而产生出许多文化类型。

目前，对仰韶文化诸类型的划分，以及划分的标准多不一致。如有的同志将文化面貌基本相同的遗存视为两种文化类型；有的同志将多种文化类型共存于一个遗址的视为一个类型；有的同志将就过去的认识，把本来属于仰韶文化某种类型的命名为独立的文化名称。由此区分出来的文化类型就比较混乱，或不够确切。前几年不少同志把仰韶文化分为半坡、庙底沟两个类型[①]，有的同志把它分为西阴村、三里桥、秦王寨、半坡村、后岗等类型[②]，有的同志把河北地区的仰韶文化遗存分为钓鱼台、百家村、南杨庄、大司空村及后岗等类型[③]。本文将这些认识多加斟酌，把文化面貌基本相同的遗存归并为一个文化类型，把多种文化类型共存于一个遗址的分为多种文化类型，把不该命名为独立文化的遗存归入仰韶文化而作为一个地方类型对待。

我们认为仰韶文化可分为半坡类型、史家类型、后岗类型、庙底沟类型、西王村类型、秦王寨类型、大司空村类型及马家窑类型。另外，还有些遗址，如分布在内蒙古南部、晋北及河北西北部的一些仰韶文化遗存，由于发现零星，内涵不详，文化面貌不清，无法概括，暂时从略。现将比较明确的上述几个类型的主要特征分析于后。

（一）半坡类型

过去有的同志将半坡遗址的整个文化遗存不加分期，不视地层的早晚，笼统地称作“半坡类型”[④]；有的同志提出将半坡遗址的早、晚期遗存应区分为两个不同类型[⑤]。实际上，半坡遗址的整个文化内涵是复杂的，把它作为一个或两个类型看待都是不恰当的。对半坡遗址分期分类型的问题，笔者拟另文讨论。至于半坡类型，我们认为只能包括半坡遗址早期，以及同它基本相同的诸遗址文化遗存。

半坡类型的文化遗存主要分布在渭河流域，即甘肃天水以东、陕西关中及豫西、晋南的三门峡地区。属此类型并经过较大规模发掘的遗址有西安半坡（早期）[⑥]，宝鸡北首岭（中期）[⑦]，华县元君庙（墓地）[⑧]，华阴横阵[⑨]，临潼姜寨（一期）[⑩]。这些遗址可作为半坡类型的典型代表。

这个类型的遗址由于科学发掘的面积大，获得的资料丰富，因而我们对一些问题的了解也比较清楚。就氏族村落的布局来说，半坡、北首岭、姜寨等遗址保存得都比较完整。姜寨遗址发现五个建筑群及三片公共墓地。五个建筑群都在围沟以内，三片公共墓地在围沟外整个村落的东部。五个建筑群构成了整个村落的居住区。每个建筑群都有一座大房子，大房子附近都有数十座、或二十几座中小型房子。各群房屋的门向均朝着整个村落的中心。村落中心是一个空旷的广场。这些建筑群及公共墓地，可能代表着若干个氏族，这些氏族组成了一个胞族或部落。所以，姜寨遗址可能是一个胞族或部落的村落遗址。营造房屋是当时人们定居的首要条件，也是建设氏族村落的重要环节。半坡类型的房屋特点多是方形或圆形半地穴式房屋，这是刚刚脱离穴居的建筑形式。房内均有供取暖或烧煮食物用的灶坑设置。灶坑除大型房屋内为深穴较大外，一般中小型房屋内均为浅穴而且较小。支撑房顶及附壁用的木柱遗迹——柱洞均系未经夯打不加柱础的普通土洞。房屋附近多分布有储藏东西的窖穴，窖穴的形状不一，容积较小。烧制陶器的陶窑结构简单，容量很少。墓葬发现很多，据不完全统计约一千多座，这些墓葬可分为土坑墓及瓮棺葬两种。土坑墓多数分布在氏族公共墓地内，墓地多在遗址一端居住区的附近。瓮棺葬绝大多数分布在居住区的房屋附近。墓地内的墓葬多数排列整齐，葬式绝大多数为一人一次葬（仰身直肢，头西脚东，面向上）、多人一次葬、一人二次葬、多人二次葬，也有俯身葬，但为数很少。唯元君庙以多人二次葬为主，其他较少，横阵遗址的多人二次葬、大葬坑套小葬坑的葬俗，可能是一种新葬俗正在代替旧葬俗的表现。土坑墓中大多数都有随葬品，随葬品的数量除个别者外，一般都悬殊不大。瓮棺葬除个别的为成人二次葬外，绝大多数为幼儿。瓮棺葬的葬具一般都是一个夹砂红陶瓮上扣一个泥质红陶钵或盆，钵或盆上往往钻有小孔，但有的并不讲究。

半坡类型的生产工具发现很多，石、骨、角、陶质的均有。石器就制造技术来看，打制的少，磨制的多，但磨制技术原始，如斧、锛一般都缺乏整齐的棱角，并保留一部分石料皮层，通体磨光者少见，说明这些石器一般是选用自然石块经过部分加工（主要是刃部）制成的。器形也比较简单，斧、锛常见，磨盘、磨棒、铲次之，其他较少。陶质生产工具数量较多，如刮削器系用破碎陶器的残片打制而成，数量很大；陶锉也是常见之物。生活用具主要是陶器，陶质可分为泥质红陶、细泥红陶、粗砂红陶及细砂红陶等陶系。制法全部采用手制，一般器具采用泥条盘筑法，小件器物用捏塑法。器形以直口圜底钵、卷唇圜底或平底盆、侈口鼓腹平底罐、直口短颈鼓腹双耳尖底瓶、短唇斜腹或鼓腹小平底瓮最常见（图一），其他如碗、甑、盂、笄、环较少。陶器纹饰以绳纹、弦纹、锥刺纹、指甲纹常见。彩陶很少，纹饰有黑红宽带纹、人面纹、鱼纹、蛙纹、网纹、直线纹及三角纹等，宽带纹仅施于器表，其余多施于器里。

（二）史家类型

史家类型的文化遗物，过去在某些遗址中曾有所发现，但不曾发现典型遗址或完整地层。1976 年，西安半坡博物馆在渭南史家村发现了具有单一的典型的此类文化遗存的遗址，使我们对类似的文化遗存才有了初步认识。史家村遗址的文化遗存特征显著，有代表性，它有别于其他类型，所以暂命名为史家类型。近年来，在对这类文化遗存的讨论中，学者的意见颇不一致。有的把它归入半坡晚期[11]，有的把它归入半坡类型[12]，有的把它归入庙底沟类型[13]，有的把它放在半坡、庙底沟两类型之间[14]，我们认为后者是比较切合实际的。

这一类型文化遗存的分布情况略同于前述半坡类型，只是在关中以北、以南有所扩大。经过科学发掘的主要遗址有渭南史家[15]，临潼姜寨（二期）[16]，陕县三里桥[17]，芮城

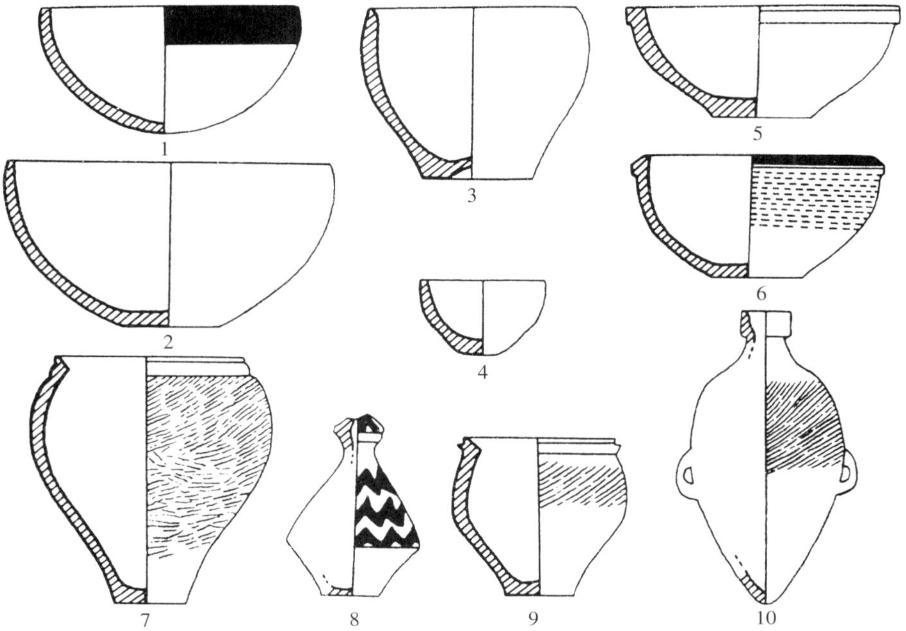

图一　半坡类型陶器

出自：1、3～6、9、10. 姜寨一期　2、7、8. 半坡早期

东庄村[18]等遗址。半坡、北首岭、下孟村及华县泉护村等遗址也有零星遗物出土。

由于这个类型的遗址发掘面积小，我们对氏族村落的完整布局无法了解。从发现的一些重要遗迹来看，虽比较零星但也可以看出某些特征来。姜寨曾发现房址多座，均为方形或圆形半地穴式房屋，坑穴较浅，面积较大，居住面处理较好，显得平坦光滑。东庄村的两座房屋，一为穴居，一为将就凹地的圆形建筑，均不能代表当时的先进技术。储藏东西的窖穴发现不少，特点是台阶式的窖穴已基本绝迹，口小底大的袋状窖穴相当普遍，一般容积较大。陶窑的结构与半坡类型的陶窑相同，仍较简单，容量很少。发现墓葬二百多座，有土坑墓和瓮棺葬两种。一人一次葬已占绝对少数，当是半坡类型葬俗的遗风；二人以上的多人二次合葬，是这一类型墓葬的主要埋葬制度，也是突出的特征。多人二次合葬墓的葬式，大多数为头向西或西北，有个别头向南或向北的。在一个墓坑内埋葬个体 20 具左右的较多，有的多达 40～50 具，分为几层几排按次序排列，都很整齐。一个墓圹内的所有个体性别、年龄比较混乱。墓内一般都有随葬品，为集体随葬而不是为一个体随葬。随葬品多置于墓圹的一端或一角，多为三四件实用陶器，个别墓随葬一两件生产工具。瓮棺葬除少数为成人外，多数为幼儿。葬具有瓮钵相扣、瓮盆相扣、两瓮相扣及大型尖底缸与盆相扣等几种。个别的比较简单，只在瓮上盖一块石板了之。

史家类型的生产工具出土不多，但也可以看出它的某些特点。石器以磨制为主，打制的仍有一定数量，钻孔技术虽已较前普遍但数量仍很少。石器通体磨光者增多，保持光石皮层仅磨刃部的数量减少。器形以斧、锛、铲常见，砍砸器、敲砸器、刀、镞、纺轮为数较少。刀是新出现的器形。骨质生产、生活用具皆为磨制，以针、锥、笄、镞较常见。陶质生产工具有刮削器、纺轮等，刮削器数量很多。生活用具主要是陶器，有泥质红陶、细泥红陶、夹砂红陶及泥质灰黑陶等陶系。陶器一般为手制，但慢轮修整口沿已经开始出现。器形以敛口鼓腹圜底或平底钵、卷沿浅腹或深腹圜底或平底盆、带盖直沿敛口鼓腹平底罐、敞口鼓腹平底罐、瓮、溜肩尖底瓶、葫芦瓶及莲蓬状口细颈壶等，最具类型特征。纹饰有绳纹、弦纹、附加堆纹、锥刺纹、指甲纹及齿状纹等（图二）。彩陶很少，彩绘纹饰有由窄条、宽带、弧线、圆点等组成的各种图案，鱼纹、鸟纹、人面纹等，彩绘全部施于器表。

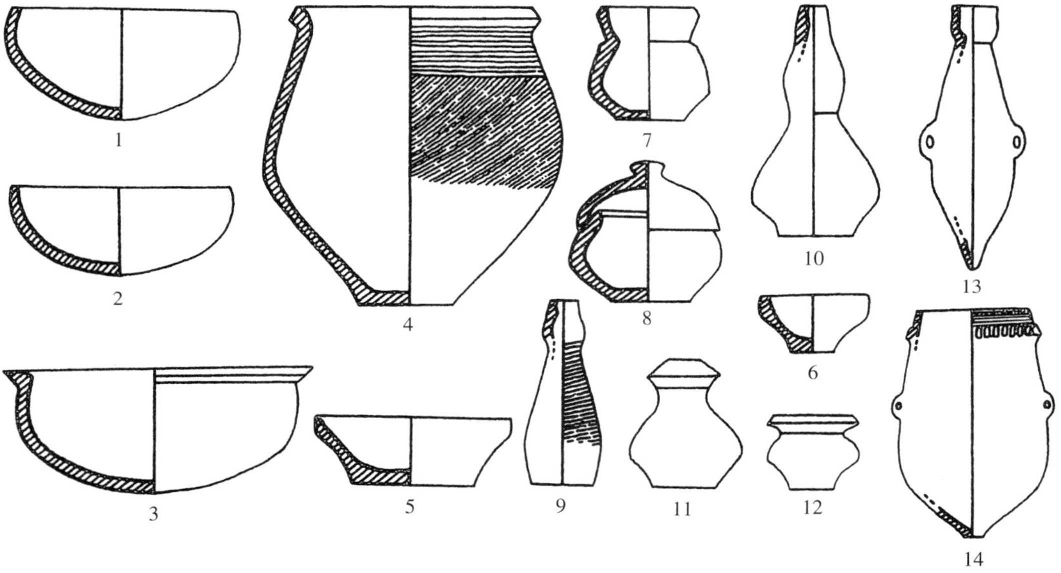

图二　史家类型陶器

出自：1、2、6～12. 史家　3～5、13、14. 姜寨二期

（三）后岗类型

过去考古界对后岗类型的文化遗存看法不一，有的把它称为“后岗期”[19]，有的称作后岗类型[20]，有的认为它接近半坡类型[21]，有的同志把河北省的这类文化遗存称作南杨庄类型[22]。从目前积累的资料来看，这类文化遗存的文化面貌独具风格，特征显著，

我们认为称作后岗类型较妥。

后岗类型的文化遗存，主要分布在豫北、冀南和冀西北地区。经过科学发掘的有安阳后岗[23]、磁县下潘汪及界段营[24]等遗址，发掘面积都比较小，重要遗迹发现很少。从一些零星发现来看，这一类型的房屋建筑技术比较原始，窖穴形状不一且不规整。墓葬只有土坑墓一种，葬式有仰身直肢葬、俯身葬及二次葬等，均无随葬品。二次葬中后岗遗址编号为M46者，为一座多人二次合葬墓，墓内有24个人头骨和一些肢骨。生产工具中的石器，绝大多数为磨制，打制的是个别现象。器形比较简单，铲的数量最多，斧次之，锛、凿、刀、杵为数较少。刀为一面刃，两端有缺口。骨器均为磨制。在后岗遗址还发现一件陶锉。生活用具中的陶器，陶质以泥质红陶为主，占比例最大，夹砂红陶次之，泥质灰陶绝大多数为“红顶碗”的下部。泥质红陶的陶色多不纯正，有红、红褐、黄、橙黄等色。制法绝大部分为手制，在下潘汪遗址发现过极个别的器物口沿上有轮修的痕迹。器形中大口或直口深腹碗、敛口鼓腹圜底或平底钵最常见。“红顶碗”式的钵、碗是这一类型最具特征的器物。“红顶碗”是在烧制过程中口沿部分氧化成一条红带，而腹部则还原成灰色，它虽然在不少地区的仰韶文化遗存里都有发现，但不像后岗类型这样普遍。另外，敞口折沿圆腹圆柱形足的罐形鼎多大型器，也是最具类型特征的器物之一。其他如盆、罐、小口瓶、盂、灶等也富有特色（图三）。陶器纹饰绝大部分为素面，偶见线纹、弦纹、划纹及附加堆纹的凸饰，界段营、下潘汪等遗址还发现有篮纹、剔刺纹及乳丁纹等。彩陶很少，约占全部陶片的三分之一，有的遗址不见彩陶。彩绘绝大部分为红彩，黑彩少见。纹饰有红黑宽带纹、竖线纹、平行斜线组成的正、倒相间的三角形纹、菱形网纹、曲折纹及横竖平行线组成的花纹等，其中以四道或六道竖线为一组的纹饰最常见。彩绘多施于器表，如钵的口沿下或罐的肩部。

（四）庙底沟类型

自从1956年黄河水库考古队在陕县庙底沟遗址发现这类文化遗存以后，凡发现与之相同的文化遗存都称作庙底沟类型，但也有同志称作钓鱼台类型[25]或西阴村类型[26]。我们认为虽然西阴村遗址发现较早，但庙底沟类型这个名称已为人们所熟知，还是称作庙底沟类型较妥。分布在河北省被称作钓鱼台类型的文化性质与庙底沟类型近似，应归入庙底沟类型。

庙底沟类型的文化遗存主要分布在豫西、晋南及陕西关中地区，但其传布面甚广：北到内蒙古南部、晋北及冀中，西到甘肃洮河及青海东部，南到汉水及西汉水流域，东到豫中的郑州附近。经过科学发掘的典型遗址有陕县庙底沟[27]、华县泉护村下层[28]、郏县下孟村上层[29]及洛阳王湾（一期）[30]等，经过试掘的遗址也为数很多。发现了大批重要遗迹和遗物，特点显著，有别于其他类型。房屋营造技术比较进步，地面建筑已经出

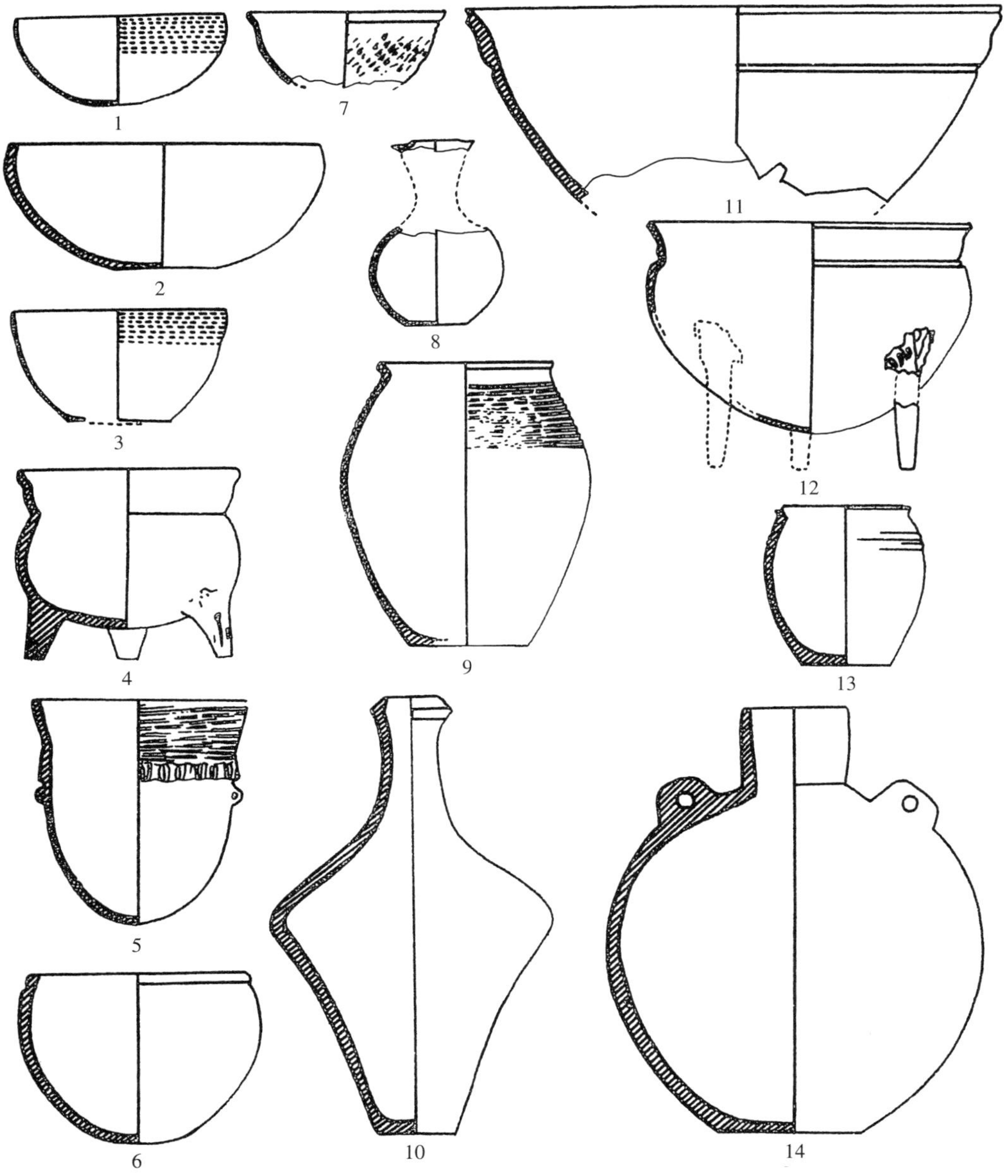

图三　后岗类型陶器

出自：1～13. 后岗　14. 界段营

现，柱础已经开始使用，房屋面积一般也比较大，居住面的处理相当讲究。储藏东西的窖穴形状趋向一致，多为袋状，容积较大，窖内周壁与穴底多抹草泥并经火烧，坚硬光滑，藉以防潮。烧制陶器的窑址发现不少，大多数为比较进步的横穴窑。墓葬发现不多，可分为土坑墓及瓮棺葬两种。土坑墓多为长方形竖穴，有的有二层台，葬式多为一人一次葬，仰身直肢，头向西北。绝大多数墓无随葬品。王湾（一期）墓葬中头骨涂朱的现象相当普遍。瓮棺葬均葬幼儿，唯葬具较其他类型复杂，除在瓮上覆盖钵、盆外，尚有尖底瓶相扣者，在王湾（一期）这种尖底瓶葬相当突出。

庙底沟类型的石器，除个别遗址打制的多磨制的少外，一般遗址都是磨制的多打制的罕见，通体磨光的数量增加，钻孔技术普遍使用。石器的器形比较复杂，铲、刀、斧、锛、纺轮等是数量较大用处较广的几种主要生产工具。骨器制造相当精致。陶刀、陶纺轮在工具中占有很大比重。生活用具的陶器，陶质以细泥红陶最多，夹砂红陶次之，泥质灰陶仅占少数，而细泥灰陶尤少。一般的陶质都比较坚硬，尤其以细泥红陶最为显著。陶器的制法主要采用泥条盘筑法，口沿部分多经过慢轮修整。器形有碗、盆、罐、瓶、甑、釜、灶、盘、杯、盂、鼎等，相当复杂，其中曲壁深腹盆、曲腹碗、双唇口尖底瓶、釜、灶及镂孔器座等最具类型特征（图四）。陶器纹饰以线纹最多，彩陶次之，其他少见。庙底沟类型的饰彩陶片约占全部陶片的14.02%，这在仰韶文化各类型

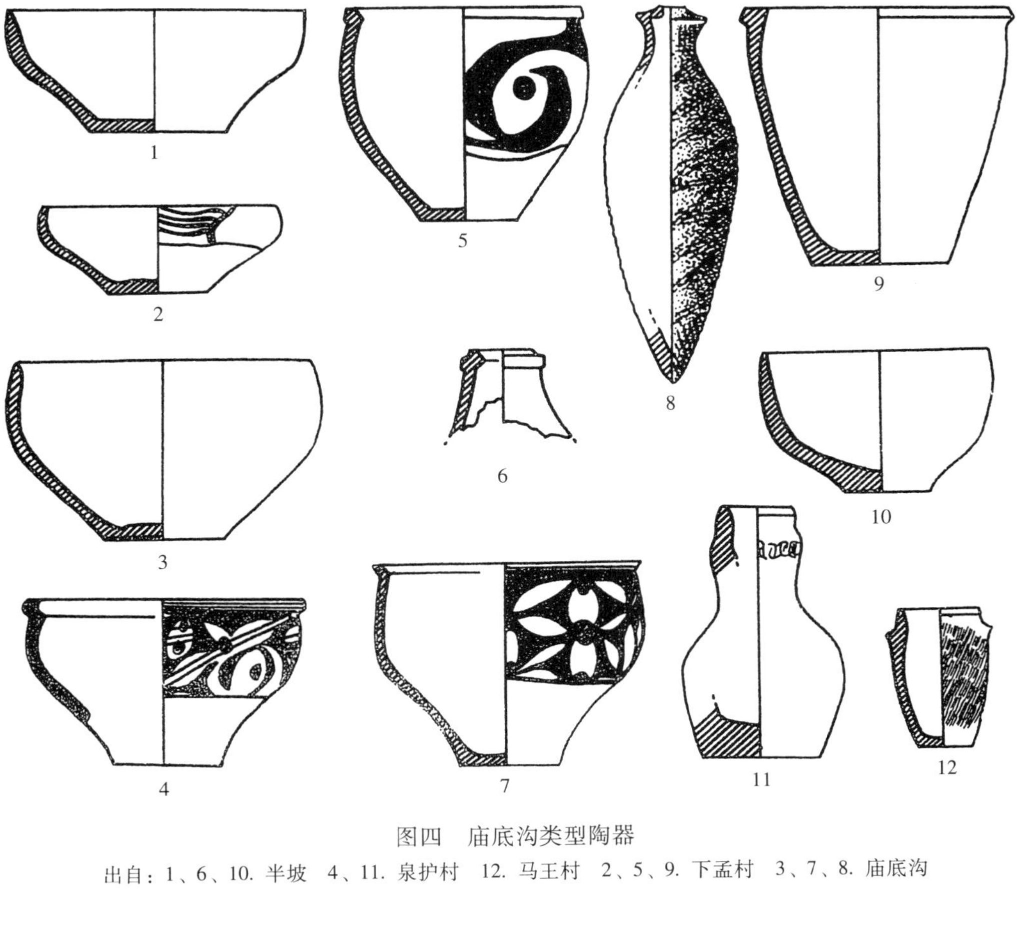

图四　庙底沟类型陶器

出自：1、6、10. 半坡　4、11. 泉护村　12. 马王村　2、5、9. 下孟村　3、7、8. 庙底沟

中是比较突出的特点。彩陶仅限于细泥红陶（包括少量的细白陶），表面打磨光滑，并有部分施有深红色及白色陶衣，彩绘颜料主要用黑色，很少用红色。彩绘主要绘在器腹及口沿上，绝不见器内绘彩的。纹饰的图案比较复杂而富于变化，基本是由条纹、涡纹、三角涡纹、圆点纹及方格纹等所组成，但在结构上缺乏固定的规律。另外，还有鸟纹、蛙纹等象生的动物纹等。这一类型的装饰品形式多样，制作精致，如石笄、蚌笄、陶笄、石环、蚌指环、石坠、蚌坠及矛饰等。

（五）西王村类型

过去由于这类文化遗存的资料较少，被笼统地归入半坡类型[31]。在有关仰韶文化讨论中，一些同志曾提出这类遗存不宜归入半坡类型的意见[32]。经过几年的工作，大家一致认为这种意见是正确的，应该另立类型，以示区别。但在类型名称方面又多不一致，有的把这类文化遗存称作半坡晚期类型[33]，有的称作半坡上层类型[34]，有的称作西王村类型[35]。我们同意后者。因西王村遗址以仰韶晚期遗存为主，资料比较丰富，作为一个类型的代表较妥。

这一类型的文化遗存主要分布在陕西关中、陕北、秦晋黄河两岸、陇东及豫西三门峡地区。经过科学发掘的遗址有西安半坡（晚期）[36]、临潼姜寨（四期）[37]、芮城西王村（仰韶晚期）[38]等，泉护村仰韶晚期也应属于这一类型。根据近几年的调查资料，陇县边家庄、王马咀，岐山王家咀，临潼义和村、赵家、西段，蓝田许沙河[39]等，都是这一类型内涵单一的典型遗址。

已发掘过的这类文化遗存的几处遗址都是几种类型迭次存在，西王村类型均系叠压在上部地层，但因后世扰乱破坏严重，重要遗迹发现不多，也较零星。然从仅有的一些遗迹观察，也可以看出某些特点。这一类型的房屋营造技术已经大有改进，地面的木构建筑较多，房内面积较大，分间房子已经出现，半坡遗址的1号大房子当是这一类型分间建筑的典型。进门是一大空间，后部划分为三个小空间，已呈“前堂后室”的布局[40]。房内居住面处理讲究，灶坑较大，多为瓢形，柱洞多为经过锤打专门处理的硬泥圈柱洞，有的底部垫有鹅卵石块或红烧土块作为柱础。窖穴数量增加，形状比较固定，一般多为圆形袋状，容积较大，内壁与底部光滑平整。墓葬发现极少，规律不详。

西王村类型的生产工具，无论是制作技术或是质量都有较大进步。石器绝大多数为磨制，而且相当精致，钻孔技术普遍推广，一面钻孔的器物已经出现，打制的极为罕见。器形相当复杂，种类很多，除常见的外，还有新的种类出现，如石镰等。骨、角、蚌、陶质的生产工具种类也很复杂，制作极为精细，如鱼叉、鱼钩、蚌镰等。生活用具的陶器，陶质以泥质红陶和夹砂红陶最多，泥质灰陶和夹砂灰陶次之，泥质黑陶最少。红陶的陶色多不纯正，有红色、黄色、橙黄色、红色灰斑、灰色褐斑及褐皮红心等。制法虽多为手制，但口沿轮修相当盛行。器形复杂，杯、盘、豆的数量已经有所增加。器形中以单唇口颈肩之间和肩腹之间呈圆折角的尖底瓶、喇叭口束腰底呈钝角的尖底瓶、宽平沿浅腹盆、直壁大口假圈足碗、敛口曲腹钵、带流罐、折沿有附加堆泥纹粗绳纹鸡冠耳砂陶罐、条带形附加堆纹直壁平底瓮（或缸）等最具特征（图五）。纹饰以绳纹最多，附加堆纹、篮纹次之，其他少见。彩陶在西王村、姜寨等遗址均极罕见。

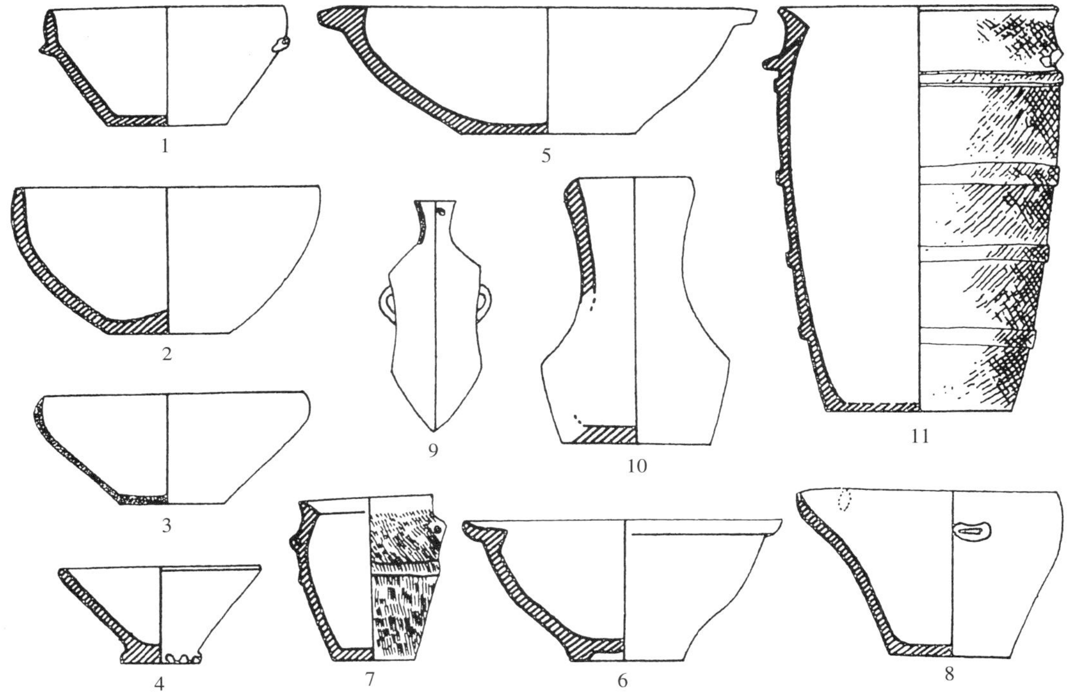

图五　西王村类型陶器

出自：1、4～9. 半坡晚期　2、10. 姜寨四期　3、11. 西王村仰韶晚期

（六）秦王寨类型

秦王寨类型以首先在荥阳秦王寨遗址发现而得名[41]。最近有同志易名为大河村类型[42]。我们认为在未发现典型遗址以前暂用原名较妥。这一类型主要分布在豫西、豫南、豫西南地区，晋南的一些遗址也有这一类型的因素。经过科学发掘和试掘的遗址有洛阳王湾（二期）[43]、郑州大河村（三期）[44]、林山岩[45]、临汝大张[46]、鲁山邱公城[47]、南召二郎岗[48]等，发现不少重要的遗迹、遗物，这些遗迹、遗物均具有显著特点。

房屋的营造技术较高，均为地面建筑。从平面看有长方形、方形及圆形三种，分间或套间房屋已经出现。大河村遗址的分间成排及套间房址最具典型。窖穴基本定型，一般为口小底大的袋状窖穴，容积较大，穴壁光滑，底部平坦。陶窑结构比较进步，偃师汤泉沟遗址的一座窑址保存完整，最为典型[49]。墓葬分为土坑墓及瓮棺葬两种。土坑墓的葬式绝大多数为一人一次葬，仰身直肢，头西脚东，一般无随葬品。瓮棺葬多葬幼儿，极少数为成人二次葬。瓮棺葬的葬具多样，有瓮钵相扣、瓮盆相扣、瓮缸相扣、鼎器盖相扣、鼎缸相扣、两缸相扣、缸盆相扣、缸器盖相扣、碗盆相扣及缸钵相扣等[50]。

这一类型的生产工具除石铲、石刀、陶刀已经普遍推广外，尚有石犁、石镰、蚌镰等新型工具出现，有的已经广泛使用。生活用具的陶器，陶质以泥质红陶、夹砂灰陶最多，泥质灰陶、夹砂红陶次之，王湾（二期）遗址已经以灰陶为主。制法一般仍以手制为主，但轮旋部分逐渐从器口扩大到器腹。器形以鼎、豆、碗、罐最多，其他较少。最具类型特征的器形是罐形鼎、盆形鼎，多圜底或平底，罐形多敛口鼓腹，盆形多敞口侈沿，多鸭嘴式足和方锥形足；罐类常见的有断面作铁轨式口沿的砂陶罐、敛口侈唇深腹小平底罐及敛口短颈平沿折肩小平底罐；钵类常见敛口圆肩微鼓腹小平底钵及敛口曲腹钵；壶类常见侈沿长颈喇叭口壶，以及大口斜直腹小平底碗等（图六）。纹饰以附加

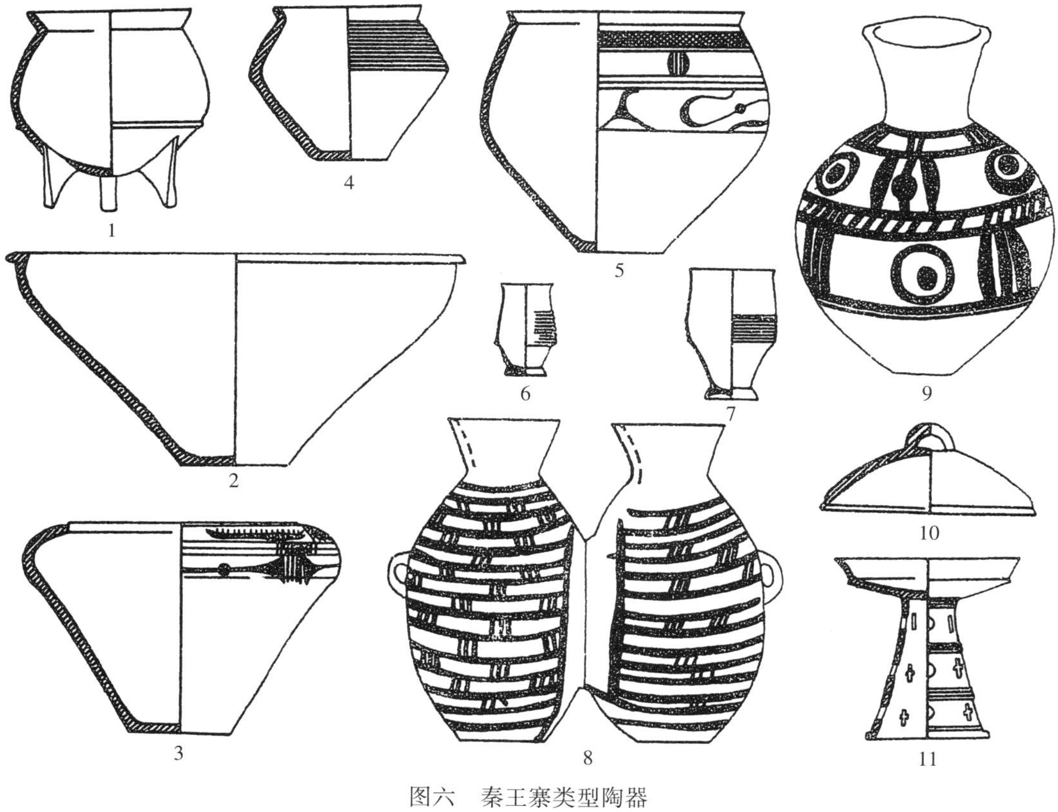

图六　秦王寨类型陶器

出自：1～11. 大河村三期

堆纹、方格纹常见，篮纹、镂孔为新的装饰。彩陶较多，施白衣者常见。彩绘色泽多样，有红、紫、灰、黑等配合使用。彩绘花纹渐趋简单潦草，以网状宽带纹、平行线纹、波浪纹、锯齿纹常见，兰草纹、六角星纹、梳形纹、弧线三角纹、“X”纹、“S”纹较少。

（七）大司空村类型

自1958至1959年发现了大司空村仰韶文化遗存之后，又陆续发现不少同类遗址，考古界称之为大司空村类型。因为它的文化性质与秦王寨类型有些接近，有的同志把它归入秦王寨类型[51]。分布在冀南的同类遗址，有的同志称为百家村类型[52]。我们认为统称为大司空村类型较好。

这一类型的文化遗存主要分布在豫北和冀南。与其他类型相比，分布面积是比较小的。经过发掘或试掘的遗址有安阳大司空村[53]、大正集老磨岗、鲍家堂、大寒南岗[54]、磁县下潘汪[55]、界段营[56]及邯郸百家村[57]等，但揭露面积都较小，重要遗迹发现极少，而遗物却发现很多，特点显著。生产工具的质料、制法及器形等都与西王村类型、秦王寨类型有着基本相同的发展水平。生活用具的陶器最具类型特征。陶色以灰陶最多，红陶次之，黑陶极少，各种色泽均有不纯正现象。制法，豫北多模制，口沿轮修较普遍；冀南手制、模制兼用，经过轮修的较少。器形以钵、碗、盆、缸、罐、杯等最常见。钵类有敛口鼓肩斜腹平底钵和敛口内卷唇斜腹平底钵；碗类有直口圆腹平底碗、敞口弧腹碗；瓮类有直口圆唇折腹盆、敛口直腹盆、喇叭口平底盆、敞口浅腹平底盆，以各种折腹盆最多；罐类有高领罐、侈口深腹罐、敛口广肩罐、折肩罐，以高领罐最多（图七）。纹饰以篮纹为主，绳纹、方格纹、划纹、线纹、附加堆纹及戳印纹等较少。彩陶约占总陶器的9%。彩绘多施于器表。彩色主要是红彩及赭彩，黑彩少见。彩绘纹饰有弧线三角纹、曲线纹、蝶须纹、水波纹、梳齿纹、叠人字纹、锯齿纹、同心圆纹、平行线纹、睫毛纹、连钩纹、“S”纹、山字纹、带形网纹、三角形网纹等，结构简单，形式固定。纹饰组合最多见的是用弧线三角和曲线两种基本母题组成的宽带状花纹图案，有的是弧线三角两两相错，中间有叶形空隙绘斜行梳齿纹或水波纹等，其他有的简单组合，有的单独使用，都比较少见。

（八）马家窑类型

马家窑类型[58]主要分布在甘肃东部的渭、泾河上游与西汉水、白龙江流域，兰州附近的黄河沿岸、大夏河、洮河，青海的湟水，宁夏的清水河流域以及河西走廊的武威以东地区。经过发掘或试掘的遗址有临洮马家窑[59]，武山石岭下（上层），渭源寺坪（上层），天水罗家沟（上层）[60]，兰州王保保城[61]，秦安邵店（上层），永登蒋家坪、连

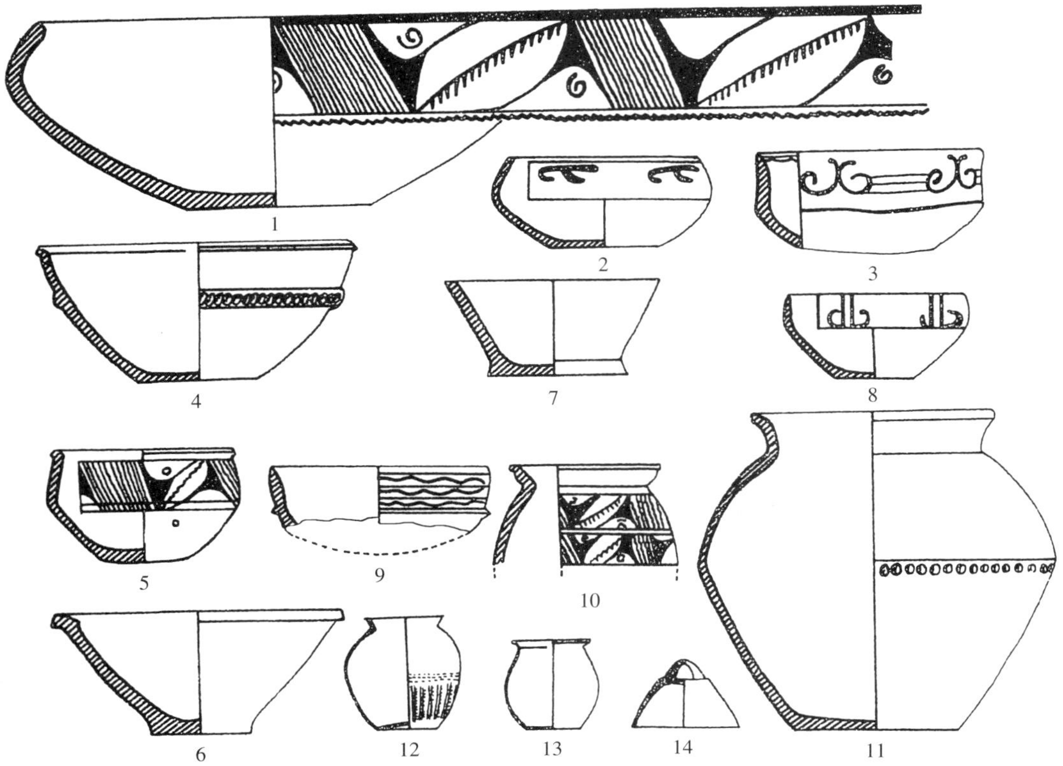

图七　大司空村类型陶器

出自：1、4、6、7、10、11. 界段营　2、5、8、9. 下潘汪　3、12～14. 大正集老磨岗

城[62]、东乡林家[63]，民和核桃庄[64]，大通上孙家寨[65]等。发现的遗迹、遗物很多，仅在林家和蒋家坪两遗址就发现房屋基址数十座。这些房屋的营造方式，从平面看有方形、长方形和圆形，有半地穴式和地面建筑。在林家遗址，分间或隔间的房屋已开始出现，并出现了打墙技术。武山灰地儿出土的方形陶屋模型，应是当时真实房屋的仿造。储藏东西的窖穴，有袋状、长方形弧壁状及直筒状等。烧制陶器的窑址，在兰州西坡岻、永登蒋家坪都有发现，其结构一般都有窑门、火道、窑室等，容量较小。墓葬发现不多，青海20余座，多为二次葬；甘肃仅有几座，为仰身直肢葬。均为土坑竖穴，多数无葬具，有的有棺板痕迹，随葬品一般都较丰富。核桃庄发现的第1号墓葬，随葬器物达261件，其中陶器36件、骨珠215件、绿松石10粒，另外还有羊头、猪头及30多具鼠骨等。

马家窑类型的生产工具，仍以石质为主，骨、角、陶质次之。制法多为磨制，加工精细，打制罕见。器形复杂，有的遗址并有细石器出土。石器有铲、斧、刀、凿、锛、杵、研磨器、砺石、纺轮及网坠等。骨器有锥、针、镞、铲及骨梗刀柄等。陶质生产工具有刀、纺轮及制陶工具等。生活用具主要是陶器，陶质以夹砂陶最多，泥质陶次之。

制法一般为泥条盘筑法，少数为捏塑法，较大的器形往往是分段制造再行拼合成器。陶色除以红色、橙黄色为主外，红褐色及灰色也不少。器形以敛口小平底钵、卷唇曲壁盆、直颈阔肩深腹罐、短唇阔肩带耳罐、小口长颈瓶、长颈圆腹壶、带耳盂、带嘴锅及豆等最具类型特征（图八）。纹饰以交错绳纹常见，刻划纹、附加堆纹、凸饰及篮纹较少。彩陶很多，据统计马家窑遗址的彩陶占陶器总数的30%左右，蒋家坪遗址的彩陶占陶器总数的18%以上，可见彩陶在这个类型中使用得相当普遍，比仰韶文化各类型彩陶所占比例都大。彩绘颜色以黑色为主，红色少见。彩绘于器内外兼施，纹饰复杂，富于变化，最常见的纹饰基本上是由条纹、横行纹、平行纹、同心圆纹、涡纹、方格网纹、三角圆点纹、水波纹、连弧纹、锯齿纹及豆荚纹等组成的各种图案。

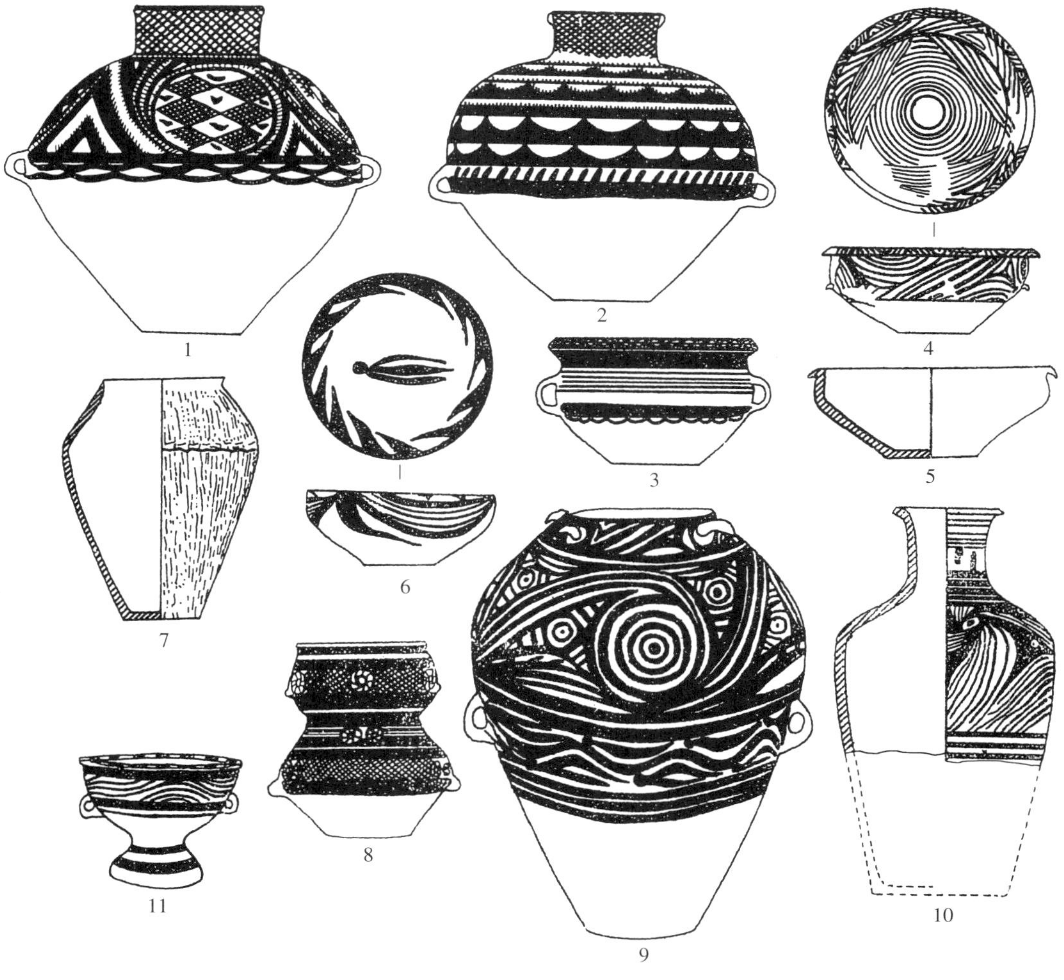

图八　马家窑类型陶器

出自：1. 临洮　2. 东乡尕场　3、8、11. 兰州市　4、10. 雁儿湾　5、7. 核桃庄　6. 王保保城　9. 三坪

三　年代和分期

仰韶文化被发现以后，已经历了半个多世纪，开展了大量工作，积累了很多珍贵资料，为我们研究它的年代和分期奠定了坚实的基础。对这一问题的研究，过去曾有不少同志进行过探讨，20世纪60年代，学术界就半坡和庙底沟两类型谁早谁晚问题进行了广泛讨论。近年来，由于考古资料的不断增多，不少遗址的发掘报告陆续发表，有些遗址报告对遗址本身进行了分期，加之放射性碳素测定年代方法的应用，使我们对仰韶文化年代和分期问题的研究有了更多的资料依据。

西安半坡、临潼姜寨、芮城西王村及洛阳王湾等遗址的分期对我们有很大启示。这些典型遗址都有两种或两种以上不同类型文化遗存的地层叠压关系，这就为我们揭示了几种类型相对年代的先后次序。

仰韶文化诸类型中，已发现的地层叠压关系计有：西安半坡遗址发现半坡类型、庙底沟类型及西王村类型的叠压关系[66]，邠县下孟村遗址发现半坡类型早于庙底沟类型的叠压与打破关系[67]，芮城西王村遗址发现庙底沟类型早于西王村类型的叠压关系[68]，临潼姜寨遗址发现半坡类型、史家类型、庙底沟类型及西王村类型四者的叠压关系[69]，铜川李家沟遗址发现半坡类型早于庙底沟类型的叠压关系[70]，洛阳王湾遗址发现庙底沟类型早于秦王寨类型的叠压关系[71]，郑州大河村遗址发现庙底沟类型早于秦王寨类型的叠压关系[72]，临洮马家窑—瓦家坪遗址发现庙底沟类型早于马家窑类型的叠压关系[73]，秦安邵店遗址发现半坡类型、史家类型、庙底沟类型及马家窑类型的叠压关系[74]。

这些地层叠压或打破关系的发现，使我们对仰韶文化诸类型的先后关系有了一个大致的轮廓。归纳起来，它们的先后关系大致是：半坡类型→史家类型→庙底沟类型→西王村类型、秦王寨类型与马家窑类型。在仰韶文化诸类型中尚有后岗类型及大司空村类型，不曾发现谁早谁晚的地层关系，也不曾发现它们和其他类型的地层关系。但从它们的文化特征考察，并与其他诸类型相比，我们也可以得出一些认识，如后岗类型的多人二次合葬，陶器中的红顶钵、碗、敛口浅腹钵及附加凸饰尖底缸等特征都和史家类型相同；大司空村类型的陶质陶色及彩陶纹饰等特点与秦王寨类型也近似。由此我们认为后岗类型大致相当于史家类型，而大司空村类型大致相当于秦王寨类型的年代，它们所表现的独特的文化特征只是一种地域性的差别。

下面我们分析一下应用放射性碳素对一些仰韶遗址进行年代测定的情况。本文所引用的^{14}C测定年代数据，半衰期均按5730年计算，未经树轮校正。仰韶文化诸类型中，已有六个类型测定过绝对年代，其结果是：半坡类型已测定过12个标本，其中半坡遗址4个，分别为距今6065±100年（ZK38）、5905±105年（ZK121）、5840±105年

（ZK122）及 5585 ± 105 年（ZK127）；北首岭遗址 5 个，分别为距今 6140 ± 120 年（ZK516）、5930 ± 120 年（ZK501）、5785 ± 100 年（ZK515）、5760 ± 120 年（ZK536）及 5665 ± 100 年（ZK500）；姜寨遗址 3 个，分别为距今 5970 ± 110 年（BK77041）、5835 ± 170 年（ZK265）及 5745 ± 140 年（ZK264）。史家类型已测定过 5 个标本，其中半坡遗址 1 个，距今 5490 ± 160 年（ZK148）；北首岭遗址 2 个，距今 5470 ± 100 年（ZK499）及 5390 ± 100 年（ZK498）[75]；史家遗址 1 个，距今 5000 ± 100 年（ZK453）；姜寨遗址 1 个，距今 5030 ± 85 年（ZK454）[76]。庙底沟类型已测定过 6 个标本，其中庙底沟遗址 2 个，距今 5230 ± 100 年（ZK110）及 4905 ± 170 年（ZK112）；灰地儿遗址 1 个，距今 5140 ± 160 年（ZK186）；西关堡遗址 2 个，距今 4410 ± 120 年（ZK115）及 4665 ± 120 年（ZK116）[77]；北首岭遗址 1 个，距今 5125 ± 85 年（ZK533 – 0）[78]。秦王寨类型已测定过 5 个标本，其中大河村遗址 4 个，分别为距今 5025 ± 100 年（ZK185）、4800 ± 90 年（BK76003）、4550 ± 100 年（BK76001）及 4500 ± 140 年（BK76004）；王湾遗址 1 个，距今 4770 ± 120 年（ZK144）。马家窑类型已测定过 3 个标本，其中曹家咀 1 个，距今 4525 ± 100 年（ZK108）；蒋家坪遗址 1 个，距今 4500 ± 100 年（BK75020）；孙家寨遗址 1 个，距今 4450 ± 90 年（BK77013）。后岗类型已测定过 2 个标本，距今 5680 ± 105 年（ZK134）及 5485 ± 105 年（ZK76）。西王村类型及大司空村类型尚无碳素标本测定。另外登封双庙沟遗址测定过 3 个标本，分别为距今 6380 ± 150 年（BK76019）、6350 ± 200 年（BK75054）及 5780 ± 130 年（ZK381）。原阳蒋家梁遗址 1 个标本，为距今 5965 年 ± 115 年（ZK295 – 0）。安康柏树岭遗址 1 个标本，为距今 4700 ± 170 年（ZK166）[79]。这几个遗址均因发掘资料尚未发表，文化面貌不详，暂无法归入某种类型。

上述六个类型的^{14}C年代数据，反映出以下两个问题：（1）从这些数据可以看出，有的类型在发展过程中延续时间较长，如半坡类型大体经历了五百来年，秦王寨类型大约四五百年；有的类型延续时间较短，如后岗类型及庙底沟类型均约二三百年。史家类型和马家窑类型已测定的数据都很接近，看不出延续时间的长短，这将有待于继续测定一些标本，取得较多的数据来解决。从这些类型的年代数据和延续时间，可以看出整个仰韶文化的绝对年代当为距今 6100 ~ 4400 年，它的延续时间约有一千七八百年，或者二千年左右（上述年代如经树轮校正，实际年代可能要提早六七百年，仰韶文化的年代应当是距今 7000 ~ 5000 年）。（2）从上述六个类型的年代数据来看，可以看出的先后序列是：半坡类型→后岗类型、史家类型→庙底沟类型→秦王寨类型、马家窑类型。暂没有用碳素测定年代的两个类型，我们从文化特征考察，可以知道它们相当于某个类型的年代。西王村、大司空村两类型的文化特征与秦王寨类型接近，不少同志认为它们是同时存在的不同地域的仰韶文化晚期遗存。由此我们可以得出它们的先后序列是：

由此可以看出，用放射性碳素测定的绝对年代结果与田野考古发现的地层关系所反映的相对年代结果基本一致。至于有些类型的绝对年代之间存在不相衔接的现象，将会随着测定数据的增多而得到解决。

依据仰韶文化诸类型的地层关系（相对年代）及应用放射性碳素测定绝对年代的情况，我们有必要进行分期研究，只有有了比较确切的分期，才能够进一步考察整个仰韶文化的社会性质问题，也就是它的社会发展阶段问题。在未进行分期以前，让我们先分析一下诸类型文化特征所反映的一些情况。上述各类型之间存在着先后或地域的差异，现暂把地域性差异抛开，只从它们的先后继承性上分析，将有助于我们进行分期。

仰韶文化诸类型间，尤其是分布在中原地区及黄河沿岸几个类型的发展、承袭脉络是相当明显的。诸如：在房屋建筑技术方面，半坡类型的房屋建筑多为半地穴式，均为普通土洞；庙底沟类型的房屋建筑虽说仍然是半地穴式，但采用了柱础技术，这显然是一大进步；到西王村类型、秦王寨类型及马家窑类型的房屋建筑，大都建于地面，有了筑墙技术，克服了过去半地穴式房屋阴暗潮湿的缺点，而且有了分间或套间建筑，有的已具“前堂后室”的雏形。在生产工具方面，半坡类型、史家类型的打制生产工具占有相当比重，磨制的也多是刃部加工，通体磨光者很少，器形简单；庙底沟类型的生产工具在个别遗址中虽有较大数量的打制工具，但多数遗址出土的打制石器少，磨制石器多，通体磨光者普遍，并较为普遍地采用钻孔技术，器形也较复杂，并出现了新型工具，如大型扁平石铲、石刀和陶刀等；到西王村类型、秦王寨类型及马家窑类型等，生产工具几乎全为磨制，打制的罕见，器形更为复杂、新颖，出现了石犁、石镰、蚌镰及钻孔石刀、陶刀等。从陶器制作及演变情况也可看出其发展脉络。半坡类型的陶器全为手制；史家类型、后岗类型的陶器绝大多数为手制，只有极个别的器物口沿上有慢轮修整的痕迹；庙底沟类型的陶器多为手制，但在器物口沿上已经较多地采用慢轮修整技术；到了西王村、秦王寨、马家窑、大司空村等类型的陶器，虽说手制技术仍在使用，但慢轮修整的技术已开始从口沿扩展到器物的腹部。从钵形器的演变来看，由半坡类型的直口圜底，到史家类型的口微敛圜底，再到庙底沟类型的敛口曲腹平底，最后到西王村、秦王寨、马家窑等类型发展演变成敛口曲腹平底或圆肩或假圈足的钵。这些特征使我们不难看出它们的发展脉络，它们的承袭关系是相当清楚的。由此，我们根据地层叠压关系、放射性碳素测定年代的数据及对其文化特征的考察，得出了仰韶文化分期的结果。我们大致可以将它分成三期四段：半坡类型、史家类型及后岗类型为早期，庙底沟类型为中期，其余四个类型为晚期。四段的分法是：半坡类型为一段，史家类型、后岗类型为一段，庙底沟类型为一段，其余四个类型为一段。

四　分布概况

仰韶文化从它的发生、发展，直到演变成其他文化，在中原地区延续了两千年左右，在它的传布地区延续的时间可能更长。我们叙述它的分布情况，笼统地加以概括是不切合实际的，我们必须从发展的眼光看问题，才能求得比较切合实际的结果。根据几十年来对仰韶文化的调查、发掘资料来看，我们把仰韶文化分作三个时期、四个发展阶段及若干个类型，已见前述。整个仰韶文化的分布情况从早到晚呈现出由小到大的趋向，这是一般事物发展的规律。下面就各期的分布情况分别介绍一下。

早期包括第一段的半坡类型和第二段的史家类型、后岗类型。主要分布在陕西关中、甘肃东部、豫西、晋南的黄河三门峡地区及豫北、冀南一带。中期包括第三段的庙底沟类型，其分布情况是在早期分布的基础上发展扩大的，分布面积最大，东到豫西、冀南和冀中，西到甘、青的洮河和湟水流域，南到陕南、豫西南及鄂西北的汉水中上游地区，北达陕北长城沿线。陕西关中、晋南及豫西的黄河三门峡地区是它的中心。晚期包括第四段的西王村类型、秦王寨类型、大司空村类型、马家窑类型及一些暂时无法概括的文化遗存，其分布情况是在前几期分布的基础上又进一步发展扩大的，东到豫中、豫南及鲁西黄河沿岸，西到河西走廊东部、青海东部及宁夏的中卫地区，南到陕南、豫西南及鄂西北地区，北达内蒙古南部及晋北、冀西北的长城沿线。由此，我们可以看出仰韶文化发祥的中心是黄河中游的中原地区（豫西、晋南及陕西关中），此后随着社会生产力的逐步发展而分布面积也逐渐传布扩大起来。但仰韶文化的中心始终是我国的中原地区。

五　社会性质

我们对仰韶文化诸类型的文化特征、年代及分期等问题进行了讨论，现在对它各个时期的社会发展阶段提一些初步认识。

20世纪60年代学术界对仰韶文化的社会性质问题曾进行过比较广泛的讨论，在讨论中一般同志都认为仰韶时期应是母系氏族社会，但也有同志认为仰韶时期已进入父系氏族社会。我们认为仰韶文化早、中、晚三期的文化面貌是不一致的，差异是明显的，同期的各类型发展情况也是不平衡的，而它们的社会性质也应有所不同。

早期生产工具的制造技术比较原始，打制工具占相当比重，磨制也比较简单，多是仅在刃部加工，通体磨光者罕见。器形比较简单，常见的有斧、锛、砍伐器、刮削器等，这些工具只能适用于砍倒烧光、刀耕火种的最原始的农业生产。原始农业是妇女发明的，她们在长期从事采集劳动中掌握了野生植物栽培的生长规律，经过长期的无数次的摸索试验，才把可供食用的野生植物栽培成农作物，为人类开创了新的生活来源，这是妇女对人类做出的一项重大贡献。原始农业的整个生产过程，妇女起着组织领导作用，大部分活路主要由妇女承担。男子的生产活动主要是狩猎，以猎获物来补充农业收入的不足。由于妇女从事的农业生产对当时的经济生活起着主导作用，男子的劳动只具有辅助作用，所以当时妇女的社会地位最高，她们在氏族成员中享有较高的威望，但整个氏族成员在氏族生活中无论男女都是一律平等的。仰韶早期半坡类型文化遗存的墓葬反映了平等的原则，他（她）们死后和生前一样享有平等的地位，随葬品的数量都相差不多，只是个别女性墓中有较多随葬品，这是妇女在氏族成员中享有较高威信的反映。至于史家类型的男、女、老、少同葬一穴，随葬品为集体随葬而不为某个人随葬的、以家族为单位的埋葬制度，也是氏族成员不分男女一律平等的反映。

早期的房屋多数是半地穴式，阴暗潮湿，也不耐用，建筑技术比较原始，室内面积除极少数供氏族公共活动所用的大房子外，一般小型房屋占绝大多数，大都是20平方米左右，这样的小房屋只能适用于对偶婚所组成的小家庭。一个小家庭仅占有生活必需的少量用品，而不占有生产资料，小家庭内三四口人居住是可以的。何况在仰韶文化初期尚有一部分群婚残余存在，无法组成比较稳定的对偶家庭，因而对房屋的要求并不讲究。

当时的手工业如制陶、生产工具的制造也多半是妇女承担，因为男子时常出外狩猎，时间是不允许的。

在当时的婚姻形态方面，群婚已是残存的旧习，对偶婚是当时的主要婚姻制度。群婚是一氏族的一群男子同另一氏族的一群女子之间的交互群婚，也就是族外婚。所生子女只知其母，不知其父。所以，氏族的血统只能从母亲方面来确定，只能承认母系。同一始祖母生下的后代便形成一个氏族，这样的氏族叫作母系氏族。对偶婚是由群婚制中形成的暂时对偶同居发展而来的，逐渐形成比较固定的一男一女结为配偶的关系。对偶婚关系下的夫妻不是独占的同居，两性的结合仍然比较松散，子女“知母不知父”的情况依旧存在。氏族内部的系统仍旧按女方计算，子女属于母亲氏族，丈夫属于另外的氏族，对自己的子女没有任何权利，死后葬入本氏族的公共墓地。这种情况在早期的墓葬中有所反映，在很多遗址的公共墓地中都发现男女分别埋葬及男子合葬与妇女合葬的制度，而不见男女合葬的情况。至于史家类型及后岗类型的多人二次合葬的埋葬制度，可能是同一个母系家族的死者不论男、女、老、少合葬一穴，同生前一样，死后也生活在一起。

从这些情况来看，妇女在长期的采集劳动的实践中发明了农业，对农作物的经营管理富有经验，农业劳动尤其是组织管理都由妇女承担，生产工具、生活用具制造也由妇女担任，当时房屋的特点及婚姻制度等都反映出妇女在氏族中具有重要的经济意义，妇女的活动都是直接为全氏族服务，具有社会性质，对于维系氏族的生存和繁衍起着极为重要的作用。因此，妇女在氏族公社里具有重要地位，普遍受到尊敬，这样的社会叫作母系氏族社会。仰韶文化早期正是处于母系氏族社会的繁荣阶段。

到了中晚期，生产工具的制造技术明显进步，磨制的占绝大多数，通体磨光及钻孔技术普遍推广，打制工具除个别遗址外，一般都为数极少。新的器形大量出现，如铲的数量增加并有改进，犁、刀、锄、镰等新型工具出现或者较前普遍。这反映了农业生产较以前有很大发展，这时已是原始的犁耕或锄耕农业阶段。穿孔石斧、石铲、石犁是开辟耕地，松土下种的工具；石锄是中耕管理的工具；石镰、骨镰、蚌镰、石刀和陶刀是收割工具，不但可以收割禾穗，同时也可收割杆茎，不仅对农业有利，而且为发展饲养业创造了条件。农业的发展使狩猎业相应降为次要地位，大量男子投身于农业生产，使男子的经济地位有所提高。

中晚期的房屋建筑出现了新特点。早期盛行的半地穴式房屋，到了中晚期逐渐减少，地面建筑越来越多，有的房屋开始分间或隔出套间，这都是进步现象，反映出中晚期的婚姻、家庭形式以及社会性质已开始变化。早期的房屋布局（指大房子附近有中、小型房子分布的情况）适应着母系氏族或家族为特点的不太稳定的对偶婚的需要，晚期成排分间或套间房屋的布局反映出以父系氏族或家族为特点的一夫一妻制家庭的居住要求。

这一时期的婚姻制度一般来说仍是以对偶婚为主，这从秦王寨类型的埋葬制度（如王湾二期仍以个体葬为主）可以得到反映。但由于农业生产的发展，男子逐渐在农业这样决定性的劳动部门起主要作用，其经济地位决定了其社会地位，因而男子在家庭中的地位也开始改变，这就要求婚姻和家庭形态也要发生相应的变化，由原来不太巩固的对偶婚开始向一夫一妻制转变。这种变化在仰韶文化中晚期遗址中未曾得到墓葬资料的反映（这主要是工作做得不够），但在同时期的大汶口文化及青莲岗文化的墓葬中都发现了夫妻合葬的现象。

在仰韶文化中晚期，尽管每个氏族内的老祖母以及富有生产和社会经验的妇女仍享有崇高的威望，但那些勤劳勇敢、办事公正、对氏族有较大贡献、在人们中间颇有威信的男子已经涌现出来，他们可以被选为氏族首领，率领整个氏族进行生产活动，办理氏族内外的一切事务，这就使男子在氏族中及社会上的地位逐渐提高。在早期遗址中往往发现妇女的面部塑像或画像，如半坡曾出土过一个女性老人的塑像，在一些彩陶盆上也绘有面目清秀的女性画像，这说明当时妇女在社会上有较高的地位，受人尊敬，受人崇拜。但到了中晚期就一反常例，在黄陵遗址曾发现过男人的陶塑头像，在甘谷灰地儿、铜川李家沟等遗址的晚期遗存中都发现过陶祖[80]，这说明男子的社会地位已经开始变化，他们在人们中间已享有崇高的威信。这些情况都表明了仰韶文化中晚期的经济形态已经改变，男子的社会地位已经提高，一夫一妻制已经出现，这时的社会性质应是由母系氏族公社正在向父系氏族公社转化。这种转化可能已经达到相当高的程度，有的地区可能已经跨入了父系氏族公社的门槛。

六　与其他原始文化的关系

在仰韶文化分布地域内，近些年来陆续发现了老官台文化、磁山文化和裴李岗文化。这三种文化遗存都属于新石器时代早期偏晚的发展阶段，从其文化特征来看均与仰韶文化有着相当密切的关系。如裴李岗文化、老官台文化遗址中发现的房址、窑址和墓葬的特点都与半坡类型相同，陶器的制法、器形和色泽均有相同或相似的特征，尤其是像直口圜底钵、红色宽带装饰及敞口斜直壁平底罐等，在半坡类型中不但有，而且更加普遍。同时在元君庙[81]、北首岭[82]等遗址中发现了老官台文化在下、半坡类型在上的地层叠压关系。磁山文化中的圜底钵、平底钵、侈口夹砂罐、圜底鼎等在后岗类型中都能找到相同或相近的器形。从这些情况来看，可以说仰韶文化是直接脱胎于老官台等三种新石器早期文化的，是在这三种文化的基础上发生、发展起来的。老官台等三种新石器早期文化的发现，无论是从事实上还是从理论上都解决了仰韶文化的渊源问题。

在仰韶文化分布地域的边沿及其周围，散布着大汶口文化、屈家岭文化、半山、马厂文化及红山文化等，前者与后四者之间都有着比较密切的联系。大汶口文化早期的彩陶纹饰同庙底沟类型的彩陶十分相似，大汶口墓葬出土的鼎、豆、罐的发展序列，同洛阳王湾（二期）的同类陶器形制变化序列相似[83]，这说明仰韶文化中、晚期对大汶口文化早、中期影响较大；同时在仰韶文化晚期及龙山文化早期遗址中常发现大汶口文化的典型器物，如郑州大河村、鄢陵故城、偃师滑城等，在滑城遗址的一座墓葬中出土一组陶器，包括背壶、高柄杯、筒形杯，与大汶口晚期墓葬遗物相似[84]，表明大汶口文化中、晚期对仰韶文化晚期及龙山文化早期影响较大。在仰韶文化与屈家岭文化的陨县大寺、青龙泉[85]等遗址中发现过后者晚于前者的地层关系。就出土物来看，它们也是互有影响的，如屈家岭遗址出土的鼎形器中有一些是与秦王寨类型相同或相近的，而谷水河遗址出土的高圈足杯又是屈家岭文化的典型器物之一。半山、马厂文化与马家窑类型从文化特征来看，它们之间有着比较密切的关系，甚至可以说它们之间有一定的渊源关系，但又有较大的差异，可能存在文化缺环，^{14}C 测定的年代数据也说明了这一点。在红山文化遗址中发现有仰韶文化的红顶碗、彩陶等，表明它们之间的关系也是比较密切的。

仰韶文化与中原地区的龙山文化，于1931年在后岗遗址就发现了它们的地层叠压关系。解放后又在豫、晋、陕等地普遍发现了“仰韶”早于“龙山”的地层证据。后来在庙底沟遗址发现了“庙底沟二期”文化遗存[86]，它直接叠压在仰韶文化庙底沟类型之上，说明它是晚于庙底沟类型向龙山文化过渡的一种早期龙山文化。此后在芮城西王村又发现了“庙底沟二期”叠压在西王村类型的上面[87]，表明它晚于西王村类型。上述情况表明，在中原地区仰韶文化与龙山文化先后相承关系的脉络是非常清楚的。

从上述仰韶文化与其他原始文化的关系来看，它渊源于新石器时代早期的老官台文化、磁山文化和裴李岗文化，下接新石器时代晚期的龙山文化，起着承前启后的作用，与它中、晚期同时或略晚的诸文化遗存也都联系得比较密切，有的是它的地方性变体，有的则互相影响，互相渗透，共同提高。

七　结束语

经过半个多世纪的考古工作，尤其是解放以来我国考古工作者及广大工、农、兵群众在党和政府的领导下对仰韶文化遗存的保护、调查、发掘和研究都取得很大成绩，不仅为我们积累了丰富的科学资料，而且使我们对仰韶文化的认识逐步提高，澄清了长期以来存在的一些问题。尽管还有些问题没有完全解决或解决得不够理想，但我们相信在今后的工作中是会得到彻底解决的。

我们根据现有材料及实际工作的体会，对仰韶文化进行了初步综合考察。根据仰韶文化发生、发展的具体情况，搞清了其发展序列为半坡类型→史家类型、后岗类型→庙底沟类型→西王村类型、秦王寨类型、大司空村类型、马家窑类型。这些类型又分为早、中、晚三期及四个发展阶段。

我们研究仰韶文化的主要目的是为了进一步阐明我国原始社会的发展规律，对仰韶文化生产力发展的水平、社会经济发展状况等问题的研究也都是为了这个目的。仰韶文化在我国原始社会中占有极为重要的地位，对仰韶文化社会发展阶段的研究，对于阐述我国原始社会史的发展规律有着现实的和深远的意义。仰韶文化的社会性质前面已经谈得很清楚，从其发展阶段来看，早期是母系氏族公社的繁荣阶段，中、晚期是母系氏族公社的高度发展阶段，或者说已经发展到了它的顶峰，并已开始向父系氏族公社转化，有的地区可能已经跨入了父系氏族公社的门槛。

仰韶文化发祥于黄河中游的中原地区，此后随着它自身的发展，向它的周围地区扩大，以至于达到黄河流域大部，甚至汉水、淮河的中、上游以及长城沿线。由此，我们可以看出仰韶文化的发生、发展脉络及由小到大、由近到远的发展规律。仰韶文化各类型的来源可能不同，但经过长期的发展、影响、融合，其文化面貌、特征到仰韶文化时期已经形成了一个统一的文化整体。

仰韶文化是我国新石器时代文化中分布面积广，延续时间长，发生、发展自有规律，特征明显的一种原始文化。在它的发展过程中，其与我国境内的其他原始文化尤其是与它周围的几种原始文化都有着极为密切的关系，它们之间互相影响，互相融合，共同向前发展，共同创造了我们中华民族的远古文化。

黄河流域是我国古代文明的主要发祥地之一，我们的祖先在这块肥沃的土地上经过长期的艰苦劳动创造了光辉灿烂的文化。这里不仅是从旧石器时代以迄于新石器时代人类活动的中心，甚至传说中的夏代，奴隶社会及封建社会很多王朝的政治中心也都在此建立。这种连续不断地发展与悠久的历史传统，是值得我们伟大的中华民族引以自豪的。

注　释

① a. 安志敏：《试论黄河流域新石器时代文化》，《考古》1959 年 10 期。b. 石兴邦：《黄河流域原始社会考古研究上的若干问题》，《考古》1959 年 10 期。

② 杨建芳：《略论仰韶文化与马家窑文化的分期》，《考古学报》1962 年 1 期。

③ a. 郑绍宗：《有关河北长城区原始文化类型的讨论》，《考古》1962 年 12 期。b. 唐云明：《试谈有关河北仰韶文化中的一些问题》，《考古》1964 年 9 期。

④ 同②。

⑤ a. 苏秉琦：《关于仰韶文化的若干问题》，《考古学报》1965 年 1 期。b. 张忠培、严文明：《三里桥仰韶遗存的性质与年代》，《考古》1964 年 6 期。

⑥ 中国科学院考古研究所、陕西省半坡博物馆：《西安半坡——原始氏族公社聚落遗址》，文物出版社，1963 年。

⑦ a. 中国科学院考古研究所宝鸡发掘队：《陕西宝鸡新石器时代遗址发掘纪要》，《考古》1959 年 5 期。b. 中国科学院考古研究所渭水调查发掘队：《宝鸡新石器时代遗址第二、三次发掘的主要收获》，《考古》1960 年 2 期。c. 中国社会科学院考古研究所宝鸡工作队：《一九七七年宝鸡北首岭遗址发掘简报》，《考古》1979 年 2 期。

⑧ 黄河水库考古队华县队：《陕西华县柳子镇考古发掘简报》，《考古》1959 年 2 期；《陕西华县柳子镇第二次发掘的主要收获》，《考古》1959 年 11 期。

⑨ 黄河水库考古队陕西分队：《陕西华阴县横阵发掘简报》，《考古》1960 年 9 期。

⑩ 西安半坡博物馆等：《1972 年春临潼姜寨遗址发掘简报》，《考古》1973 年 3 期；《陕西临潼姜寨遗址第二、三次发掘的主要收获》，《考古》1975 年 5 期；《临潼姜寨遗址第四～十一次发掘纪要》，《考古与文物》1980 年 3 期。

⑪ 同⑥。

⑫ a. 严文明：《半坡仰韶文化的分期与类型问题》，《考古》1977 年 3 期。b. 梁星彭：《关中仰韶文化的几个问题》，《考古》1979 年 3 期。

⑬ 安志敏：《裴李岗、磁山和仰韶——试论中原新石器文化的渊源和发展》，《考古》1979 年 4 期。
⑭ 张忠培：《试论东庄村和西王村遗存的文化性质》，《考古》1979 年 1 期。
⑮ 西安半坡博物馆、渭南文化馆：《陕西渭南史家新石器时代遗址》，《考古》1978 年 1 期。
⑯ 同⑩。
⑰ 中国科学院考古研究所：《庙底沟与三里桥》，科学出版社，1959 年。
⑱ 黄河水库考古队山西分队：《山西芮城东庄村和西王村遗址的发掘》，《考古学报》1973 年 1 期。
⑲ 梁思永：《梁思永考古论文集》，科学出版社，1959 年。
⑳ 同②。
㉑ a. 中国科学院考古研究所安阳发掘队：《1958—1959 年殷墟发掘简报》，《考古》1961 年 2 期；《1971 年安阳后岗发掘简报》，《考古》1972 年 3 期；《1972 年春安阳后岗发掘简报》，《考古》1972 年 5 期。
㉒ 同③b。
㉓ 同㉑。
㉔ 河北省文物管理处：《磁县下潘汪遗址发掘报告》，《考古学报》1975 年 1 期；《磁县界段营发掘简报》，《考古》1974 年 6 期。
㉕ 同③b。
㉖ 同②。
㉗ 同⑰。
㉘ 同⑧。
㉙ 陕西考古所泾水队：《陕西邠县下孟村遗址发掘简报》，《考古》1960 年 1 期；《陕西邠县下孟村仰韶文化遗址续掘简报》，《考古》1962 年 6 期。
㉚ 北京大学考古实习队：《洛阳王湾遗址发掘简报》，《考古》1961 年 4 期。
㉛ a. 同①、②。b. 中国科学院考古研究所：《新中国的考古收获》，文物出版社，1961 年。
㉜ 同⑤。
㉝ 同⑫a。
㉞ 同⑫b。
㉟ 同⑬。
㊱ 同⑥。
㊲ 同⑩。
㊳ 同⑱。
㊴ 西安半坡博物馆调查资料。
㊵ 杨鸿勋：《仰韶文化居住建筑发展的探讨》，《考古学报》1975 年 1 期。
㊶ a. 阿尔纳：《河南石器时代之着色陶器》，《古生物志》丁种一号二册，1925 年。b. 同②。
㊷ 同⑬。
㊸ 同㉚。
㊹ 郑州市博物馆：《郑州大河村遗址发掘报告》，《考古学报》1979 年 3 期。
㊺ 河南省文化局文物工作队第一队：《郑州西郊仰韶文化遗址发掘简报》，《考古通讯》1958 年 2 期。
㊻ 河南省文化局文物工作队：《河南临汝大张新石器时代遗址发掘简报》，《考古》1960 年 6 期。
㊼ 河南省文化局文物工作队：《河南鲁山邱公城遗址的发掘》，《考古》1962 年 11 期。

㊽ 河南省文化局文物工作队：《河南南召二郎岗新石器时代遗址》，《文物》1959 年 7 期。

㊾ 河南省文化局文物工作队：《河南偃师汤泉沟新石器时代遗址的试掘》，《考古》1962 年 11 期。

㊿ 李仰松：《谈谈仰韶文化的瓮棺葬》，《考古》1976 年 6 期。

51 同②。

52 同③b。

53 中国科学院考古研究所安阳发掘队：《1958—1959 年殷墟发掘简报》，《考古》1961 年 2 期。

54 中国科学院考古研究所安阳发掘队：《安阳洹河流域几个遗址的试掘》，《考古》1965 年 7 期。

55 同㉔。

56 同㉔。

57 罗平：《河北邯郸百家村新石器时代遗址》，《考古》1965 年 4 期。

58 解放前及建国初期由于考古资料的积累尚不充分，人们把分布在甘、青一带的马家窑、半山及马厂等类型的新石器文化遗存称作“仰韶期—马厂期”“甘肃仰韶文化”及“马家窑文化”等。随着考古工作的发展，新发现的资料日渐丰富起来，自 20 世纪 60 年代开始考古界就对这几个文化类型应属什么文化提出了不同的意见。有的同志认为它们应属于仰韶文化（甘肃省博物馆：《甘肃古文化遗存》，《考古学报》1960 年 2 期。甘肃省博物馆、北京大学历史系考古专业连城考古发掘队：《从马家窑类型驳瓦西里耶夫的“中国文化西来说”》，《文物》1976 年 3 期。张朋川：《甘肃出土的几件仰韶文化人像陶塑》，《文物》1979 年 11 期。张学正等：《谈谈马家窑、半山、马厂类型的分期和相互关系》），有的同志认为它们应区分为马家窑文化和半山—马厂文化（马承源：《略论仰韶文化和马家窑文化的问题》，《考古》1961 年 7 期。夏鼐：《碳-14 测定年代和中国史前考古学》，《考古》1977 年 4 期）。我们将现有的资料反复对比，斟酌研究，认为马家窑类型应归入仰韶文化系统，应是仰韶文化晚期的一个地方类型。而半山、马厂两类型应另作别论，可考虑另立文化名称。理由有四：（一）马家窑类型的文化面貌与庙底沟类型相当接近（石岭下类型就文化面貌及 ^{14}C 所测年代数据都同庙底沟类型关系密切，应归入庙底沟类型），且有明确的地层叠压关系，可以说马家窑类型是直接由庙底沟类型发展来的，而半山、马厂两类型的文化特征与马家窑类型相比虽有某些近似，但差异是相当大的。（二）从生产力发展的程度考察，马家窑类型所反映的生产力发展情况与其他仰韶文化晚期类型基本一致，而半山、马厂两类型所反映的生产力发展水平已有显著提高。（三）它们所反映的意识形态，社会发展阶段各异。（四）从应用放射性碳素测定绝对年代的情况来看，马家窑类型的绝对年代与仰韶文化一些晚期类型的年代相当，而半山、马厂两类型的年代已相当晚近。鉴于这些认识，我们在此只就马家窑类型的有关情况提出探讨，至于半山、马厂两类型待后另文讨论。

59 甘肃省文物管理委员会：《甘肃临洮、临夏两县考古调查简报》，《考古通讯》1958 年 9 期。

60 甘肃省博物馆、北京大学历史系考古专业连城考古发掘队：《从马家窑类型驳瓦西里耶夫的“中国文化西来说”》，《文物》1976 年 3 期。

61 甘肃省博物馆文物工作队：《兰州马家窑和马厂类型墓葬清理简报》，《文物》1975 年 6 期。

62 张学正等：《谈谈马家窑、半山、马厂类型的分期和相互关系》，《中国考古学会第一次年会论文集》，文物出版社，1980 年。

63 同62。

64 青海省考古队：《青海民和核桃庄马家窑类型第一号墓葬》，《文物》1979 年 9 期。

65 青海省文物管理处考古队：《青海大通县上孙家寨出土的舞蹈纹彩陶盆》，《文物》1978 年 3 期。

66 同⑥及⑫a。

⑰ 同㉙。
⑱ 同⑱。
⑲ 同⑩。
⑳ 西安半坡博物馆：《铜川李家沟遗址发掘简报》，《铜川李家沟新石器时代遗址发掘报告》，《考古与文物》1984 年第 1 期。
㉑ 同㉚。
㉒ 同㊹。
㉓ 同㊾。
㉔ 同62。
㉕ 半坡和北首岭这三个数据标本，分别采用T14 圆屋（即 F2）、T2F 及 T2 第四层。经查对发现，这三个单位所出陶器的器形均与渭南史家所出同类陶器器形相似，故将这三个数据归入史家类型。
㉖ 史家遗址和姜寨遗址的这两个数据标本均为人骨，误差较大，年代偏晚，可考虑摒弃不用。
㉗ 西关堡遗址的两个数据，年代偏晚，可能误差较大。
㉘ 北首岭遗址的这个数据，经查标本采自 T1 第三层，此层出土器物有双唇口尖底瓶及带有鸡冠形鋬手盆，与庙底沟同类器近似，故将此数据归入庙底沟类型。
㉙ 文中所用^{14}C 测定的年代数据，均见中国社会科学院考古研究所实验室：《放射性碳素测定年代报告（一）》 ~《放射性碳素测定年代报告（六）》，分别见于《考古》1972 年 1 期、5 期，1974 年 5 期，1977 年 3 期，1978 年 4 期及 1979 年 1 期。北京大学历史系考古专业碳 - 14 实验室：《液体闪烁法碳 14 年代测定工作初步报告》，《文物》1976 年 12 期；《碳十四年代测定报告（续一）》，《文物》1978 年 5 期。
㉚ 西安半坡博物馆 1977 年发掘资料。
㉛ 同⑭。
㉜ 同⑦c。
㉝ 山东省文物管理处、济南市博物馆：《大汶口——新石器时代墓葬发掘报告》，文物出版社，1974 年。
㉞ 考古研究所洛阳发掘队：《河南偃师滑城考古调查简报》，《考古》1964 年 1 期。
㉟ 长江流域规划办公室文物考古队直属工作队：《1958 ~ 1961 年湖北郧县和均县发掘简报》，《考古》1961 年 10 期。
㊱ 同⑰。
㊲ 同⑱。

附记：本文在撰写过程中，曾得到安志敏、石兴邦两位先生的指导及王志俊、王秀娥、高强、籍和平等同志的帮助，特此致谢。

原载于《史前研究》1983 年 1 期

论仰韶文化居民的埋葬制度

仰韶文化的墓葬资料，在建国前的三十年里已有零星发现，但因时代的局限考古技术的科学性程度较差（如安特生在仰韶村发现的墓葬被认为是仰韶文化墓葬实为龙山文化墓葬），这些资料在仰韶文化研究中基本上没有什么价值。新中国建立以后的五十多年来积累的大批珍贵资料，为我们的研究打下了坚实的基础。对于仰韶文化埋葬制度的研究，多年来一直是学术界关注的热点，研究成果相当丰富，但以往的研究往往是对单个墓地的分析，如对华阴横阵、华县元君庙、渭南史家、南郑龙岗寺、秦安王家阴洼等墓地的研究，或者是通过墓葬资料对某一地区或某一时期的社会组织及社会性质进行研究，而对于整个仰韶文化埋葬制度进行的综合性专题研究则较少。金则恭先生发表在1984年出版的《考古学集刊》第4集中的《仰韶文化的埋葬制度》一文，应是这方面的重要著作。文中将1981年以前公开发表的有关仰韶文化的墓葬资料，进行了科学的统计和综合性的专题研究，对学术界后来的研究都有颇为重要的启发。此文发表后至今，随着我国考古学的发展，对仰韶文化遗址的调查和发掘，对以前发掘资料的整理、报告的编写和出版，近20年来都取得了辉煌的成绩。如宝鸡北首岭，华县元君庙，华阴横阵，临潼姜寨，淅川下王岗、下集、横楝树，南郑龙岗寺，西乡何家湾，宝鸡福临堡，汝州洪山庙，天水师赵，郑州大河村，垣曲古城东关，扶风案板等重要遗址的正式发掘报告均已出版。近年来新发掘的郑州西山、邓州八里岗、枣阳雕龙碑、察右前旗庙子沟等很多重要遗址的简报也已发表，其中大都含有或多或少的墓葬资料。据统计从1950至2001年已发表的仰韶文化各类墓葬数已达5000多座①，这些珍贵的科学资料为我们进行综合性的专题研究提供了极其重要的科学依据。本文拟在前人研究的基础上对仰韶文化墓葬的全部资料作一全面考察和科学统计，并对其所反映的问题进行初步探讨。如有不妥，敬请学界师友指教。鉴于仰韶文化延续时间长、分布地域广，在不同的时间和空间有一定的差异，所反映的情况也有明显不同，现采取分期叙述的方法，予以介绍。

一 仰韶文化早期前段的埋葬制度

仰韶文化早期前段的文化遗存包括零口二期遗存、石固五期遗存、北福地一期甲类遗存、下王岗一期遗存及半坡类型等[②]。这一阶段共发现各类墓葬1500多座，其中不同葬式的土坑葬1100多座、瓮棺葬400座左右、灰坑葬3座。现分别介绍。

（一）土坑葬

1. 土坑葬的墓坑形状

单人一次葬的土坑葬是这一阶段最流行的墓类，绝大多数葬成人，极少数葬儿童。墓坑形状多为长方形或圆角长方形的浅竖穴，墓口略大于墓底，个别的则相反，长约2米左右，宽约0.5~0.7米，有的较宽或较窄一些，儿童墓的长宽尺寸则较小一些，长约1米，宽约0.5米左右。这在姜寨一期、龙岗寺半坡类型早中期的墓葬登记表中都列举得很清楚[③]。二人或多人合葬墓的土坑葬在这一阶段尚少，墓坑形状有长方形和方形两种，大小尺寸则视死者人数多少而定。二人合葬的墓坑要比单人葬的墓坑大一些，一般是长约2米，宽约1.2米。多人合葬的墓坑则更大一些。二次葬的墓坑，人数少的墓坑较小，长在2米以内，宽在1米以内。人数多的较大，有的长、宽2米见方，有的3米见方。横阵墓地的墓坑形状比较特殊，其结构是大坑套小坑的集体埋葬坑，即在一个长方形大坑中套有一排大小不等的小坑，死者分别埋葬在各小坑中。各小坑的大小视埋人数多少，少者1米左右见方，多者较大[④]。土坑葬的墓坑四壁和坑底一次挖成，一般不作加工修整，唯北首岭有几座墓的墓圹用料礓石粉和水调成的灰浆涂刷，有的用草泥涂抹，这可能是对死者异常重视的反映[⑤]。

2. 土坑葬的葬具

这一阶段的土坑葬一般均无葬具，但有个别墓比较特殊，西安半坡的M152为一座三四岁女孩的墓，在墓坑中发现清晰的木棺痕迹，棺板由长短宽窄不同的木板组成，棺外有熟土二层台[⑥]。在北首岭墓地发现有的死者身上有板灰或席子的印痕，或盖或卷，表明席子是作为葬具使用的[⑦]。龙岗寺墓地也发现有用木板作葬具的痕迹[⑧]。元君庙墓地的M458，在二层台上堆砌砾石数层，似为石椁，死者埋葬其中，表明对死者的重视和尊崇[⑨]。

3. 土坑葬的葬式

土坑葬的葬式以一次葬最多，这一阶段共发现一次葬1000余座，约占全部土坑葬的90%以上，而且以单人葬为主，如半坡早期、姜寨一期、北首岭二期前段、龙岗寺半坡类型早中期、何家湾半坡类型早中期[⑩]、福临堡[⑪]、古城东关仰韶一期[⑫]、下王岗一期[13]等墓地都是单人一次葬占绝大多数。但也有个别的多人一次合葬的，如半坡的M38，为四个女性合葬，M39为两个成年男性合葬，姜寨的M158、M181为一成年女性和一小孩合葬，M96为一成年男性和一小孩合葬，龙岗寺的M236、M67为二个成年女性合葬，M330为二个成年男性合葬，元君庙M413为二个成年男性合葬等，在北首岭和商县紫荆等也有类似现象[14]。一次土坑葬的死者绝大多数为成人，但也有小孩采用成人的葬法埋葬的，如半坡、姜寨、龙岗寺、何家湾及下王岗等墓地都发现有儿童土坑葬。死者的埋葬姿势，成年人绝大多数为仰身直肢，各地都一样，但在少数墓地内也发现过极少数的俯身葬、屈肢葬及侧身葬等，如半坡、北首岭、姜寨、何家湾、福临堡及下王岗等。俯身葬，在半坡、北首岭分别发现过15座和14座，其他都是零星发现。土坑葬葬式中的二次葬，这一阶段较少，共发现100座左右，约占全部土坑葬的10%左右。二次葬中单人二次葬较少，多人二次合葬较多，其分布情况主要集中在元君庙和横阵两处墓地，其他墓地较少。多人二次合葬墓中的死者人数不等，元君庙的合葬墓少者两三人，多者达25具，一般多在四人以上；横阵的合葬墓少者三五具，多者达12人，一般在六人以上。多人二次合葬墓中的死者性别年龄比较复杂，往往是男女老中青少混杂埋葬，但也有个别的墓性别和年龄相一致者，如元君庙的M443为二个成年女性合葬，M429为二个少女合葬，M449为三个成年男性合葬。有的墓同时埋有一次葬和二次葬的死者，如M457为一女性一次与二女性二次合葬，何家湾M35为一成年男性一次葬和一小孩二次合葬等。二次葬的姿势，一种是单人二次葬和单人一次葬一样将骨架摆成仰身直肢的姿势，如元君庙M458、M422等；有的多人二次合葬，也是将骨架摆成仰身直肢的姿势，如元君庙M441为六人合葬，骨架摆放排列相当整齐，和一次仰身直肢葬一样，但细察之实为二次葬。第二种是多人二次合葬将头骨整齐地摆放成一排或两三排，将肢骨及其他骨骼放在头骨下方，这种情况在元君庙、横阵较多见，这也是依照一次葬仰身直肢的姿势摆放的，只是每个人的骨骼缺得较多而已。第三种是埋葬姿势为杂乱堆积，很少见，只是个别现象，如元君庙M410等。值得注意的是，二次葬无论是单人或多人，骨架、骨骼多不全，这显然是由于二次迁葬所造成的。

4. 土坑葬的头向

土坑葬的头向也是这一阶段墓葬的一个突出特点，绝大多数头向西或西北，其他方向的较少。如半坡墓地172座土坑葬中头向西的155座、向西北的9座、向西南的7座、向东的1座；元君庙墓地53座土坑葬全部头向西；姜寨一期墓地174座土坑葬中，头向西及略偏北偏南的161座、向东和东北的各4座、向东南的1座、头向不清的8座；北首岭中期前段土坑葬死者头向西北的约占总数的80%以上；龙岗寺半坡类型早中期土坑葬死者头向西北的约占总数的90%以上，头向其他方向的为数很少；何家湾半坡类型早中期土坑葬中，能识别头向的65座，其中头向西北的59座、向南或西南的

4 座，向东北和东南的各 1 座；下王岗一期土坑葬 123 座，其中头向西北的 102 座、向西南的 10 座，其余不详。

5. 土坑葬的随葬情况

仰韶早期前段的土坑葬往往有为死者随葬物品的习俗。从总的情况来看，随葬品不太丰富，有的墓有，有的墓没有；有随葬品的墓，随葬品的数量，除个别者外，一般都差不多，悬殊并不明显。如半坡墓地 172 座土坑葬中，有随葬品的 71 座，仅占 41%；有随葬品的墓，随葬器物少者 1 件，多者 10 来件，5 或 6 件的较常见。北首岭墓地的土坑墓中有随葬品的占 50% 多。元君庙墓地的土坑葬，均有随葬品，占 100%；各墓最少的 1 件，最多的达 20 件，一般的在 3 或 4 件以上。姜寨一期墓地 174 座土坑葬中，有随葬品的 138 座，占总数的 79%；出土随葬品 602 件（骨珠除外），每墓平均约 4 件。龙岗寺半坡类型早中期土坑葬 168 座，其中有随葬品的 155 座，占总数的 90%；出土随葬品 1694 件，每墓平均 11 件。何家湾半坡类型早中期 77 座土坑墓中，有随葬品的 61 座，占 79%。下王岗一期墓地的 123 座土坑葬中，有随葬品的 74 座，占总数的 60%；其中随葬 1 件的 42 座，占有随葬品墓葬的 56%；随葬 2 或 3 件的 21 座，占 28%；随葬 4 件以上的很少。从各墓地的随葬情况来看，龙岗寺墓地有随葬品的墓占总数的 90%，每墓平均随葬品的件数也最多。元君庙可能是多人合葬墓的原因，看起来各墓都有随葬品，但每墓的死者人数较多，若按人平均随葬品恐怕就很少了。龙岗寺墓地随葬品较多的现象，可能是这里比较富庶的反映，也可能是其他原因。半坡墓地有随葬品的墓多是头向西或西北仰身直肢葬的死者，其他葬式如俯身葬的死者有随葬品的很少，甚至 1 件也没有。全部随葬品的质料和品类，有陶、石（玉）、骨、蚌、牙等质料的生活用具、装饰品及生产工具。其中生活用具最多，装饰品的品类少而数量多，生产工具最少。生活用具中主要是日常实用的陶器，一般各墓都有一定的组合，多数墓地的墓葬多是瓶或壶、罐或鼎、钵或碗的组合，即水器、盛储器和饮食器三类，件数或多或少不等。在有随葬品的墓中，一般来说无论数量或质量，都差不多，但也有个别的老人或女性或小孩的墓葬结构特殊，随葬品较多。如元君庙墓地 M458 的墓主为一男性老人，墓圹特大，有二层台，台上有砌筑石块，高 20 厘米，形若石椁，随葬陶器 6 件；半坡 M152 墓主为一个三四岁的女孩，按成人的葬法埋葬，用木棺作葬具，随葬品十分丰富，计有陶器 6 件（钵内有粟遗存）、玉耳坠 1 件、石球 3 件、石珠 69 颗，共 79 件，比一般人要多很多；姜寨 M7 墓主为一个十六七岁的女性青年，随葬品异常丰富，计有陶钵、陶锉、石刮削器各 1 件，石球 3 件，玉耳坠 2 件，骨珠 8577 件；龙岗寺 M345 墓主为一成年男性，墓圹宽大，有木棺，随葬品质量高数量多，计有大型石铲、石磨盘各 1 件，玉铲 1 件，磨石 3 件，碗、罐、瓶、壶、器盖等陶器 17 件，牙饰 12 件，合计 35 件；龙岗寺墓地还有随葬狗和龟的现象，M454 随葬黄铁矿、锰铁矿及水晶石等，这些都是比较特殊的情况。在有的墓地的一些墓中，因性别年龄的不同，随葬品也有差别。如北首岭男性墓多随葬骨镞等狩猎工具，77M20墓主为一成年男性，随葬骨镞80件；77M4墓主为一成年男性，除随葬陶器8件、石器2件外，还有骨镞86件。在元君庙墓地，蚌刀、纺轮、骨针等多为女性墓的随葬品，装饰品也多出在女性墓或小孩墓中。这些现象在一定程度上反映了人们社会分工的不同。元君庙M458及龙岗寺M345，墓主人的墓圹、葬具和随葬品如此特殊，也可能有其他含义。

（二）瓮棺葬

1. 瓮棺葬的分布、墓坑形状及放置情况

瓮棺葬是这一阶段的主要墓类之一，是埋葬婴幼儿最流行的葬俗。共发现400座左右。大多数分布在聚落内居住区的边沿及住房附近，少部分埋在成人的墓地内。瓮棺葬墓坑的形状可分为两种，一种是圆形浅竖穴，直径约0.5、深约0.4米左右；另一种是长方形竖穴，长0.7～0.9、宽0.45～0.6、深0.38～0.66米。大多数竖放，少数斜置，个别的横陈。

2. 瓮棺葬具

仰韶文化早期前段的瓮棺葬具，均为日常生活的实用品，未见特制者。瓮棺葬具的组合情况，以瓮钵相扣的最多，以罐钵相扣的次之，以瓮盆相扣的又次之，其余用瓮和两钵相扣、瓮盆小钵相扣、罐盆相扣的均占比例很少。作瓮棺葬盖的钵或盆的底部往往钻或凿有一个小孔，小孔呈圆形，较规则，孔径约1.5～2厘米。有的孔是敲成的，不规则，有的瓮棺葬盖上没有小孔。有孔的现象可能与当时人们的某种信仰如灵魂观念有关，研究者认为这是供灵魂出入的地方。用作瓮棺葬盖的钵、盆，不乏精品，半坡和姜寨的人面鱼纹盆、鱼蛙纹盆、鹿纹盆、有刻划符号的黑彩带钵等大都出自瓮棺葬具，这可能是对婴幼儿埋葬特别重视的反映。

3. 瓮棺葬死者的年龄和葬式

瓮棺葬死者的年龄大多数为三四岁以下的婴幼儿，较大的小孩也有。瓮棺葬均为一次葬，一人一棺，尸骨一般头上足下放置，即头朝瓮口，足登瓮底。有的尸体腐烂后骨架全部坠落瓮底，斜置或平放的瓮棺，骨架往往保持着原来的形状。

4. 瓮棺葬的随葬情况

绝大多数瓮棺葬没有随葬品。唯姜寨遗址有12座瓮棺葬有随葬品，除个别的较多外，一般都较少，仅有一两件小器物。如W24有陶锉1件；W40有陶笄1件；W205有陶罐1件；W222有陶碗1件；W252有细颈壶1件；W101有小碗、小盆各1件；W176有陶罐1件，骨珠175枚；W268有骨珠87颗；W275随葬器物最多，计有罐、石球各2件，碗、盆、钵、尖底瓶各1件，共8件。

（三）灰坑葬

灰坑葬或称乱葬坑。是利用废弃的窖穴埋葬死者的。仰韶文化早期前段共发现3处，即横阵1处、姜寨2处。横阵的1处即H103，圆形袋状，口径1米、底径3.1米、深2.15米。底部平坦。灰坑内共分二层，下层有2具人骨，屈肢；上层有6具人骨，头向东西南北的都有，骨架较乱，有的做挣扎状，有的人身上压有大石块，均为一次葬，成年，无随葬品。姜寨的M63、M64及M65，被埋在H217和H218两个灰坑中。M63为一成年女性，仰身屈肢，身子在H217中，头在H218中，与M64、M65埋在一起，M64、M65墓主均为儿童，仰身直肢，均无随葬品。从这些情况来看，埋葬于灰坑中的死者待遇明显和一般埋葬在公共墓地中的死者不同，研究者认为横阵遗址埋葬在灰坑中的八个死者可能是部落间发生冲突战争的俘虏，被处死后随便埋入灰坑中的。至于姜寨的一名成年妇女和两个儿童被埋在灰坑中，不能和一般氏族成员一样享受同等待遇埋入公共墓地，则可能是他们因为违背社会规范、行为规则或禁忌被处死后随便埋入灰坑的。

（四）墓地在聚落中的位置及墓葬分区、分群情况

墓地是墓葬集中分布的地方，是人们对聚落统一规划有意识埋葬死者的固定场所。仰韶文化早期前段每一个较大的聚落遗址都有公共墓地，有的规模还相当可观，有的保存得相当完整。如半坡、北首岭、元君庙、横阵、姜寨、何家湾、龙岗寺及下王岗等墓地，都发现有几十座或几百座墓葬，这对我们研究它的自身特点、规律以及当时的社会状况具有特别重要的意义。各墓地在各聚落遗址中的位置是根据地形、地势的实际情况决定的，并没有统一的模式，但多数都在居住区以外，与居住区保持一定距离，有的用壕沟作为分界。如半坡遗址的墓地位于大围沟以外的北部、东部和东南部；北首岭的墓地位于整个遗址的东部和东南部，虽无壕沟相隔，但与居住区有一定的距离；横阵的墓地位于整个遗址的北部；元君庙的墓地位于整个遗址居住区的南部，墓地与居住区之间有一定的间隔距离；姜寨一期的墓地位于环壕以外的东北、东和东南部；龙岗寺半坡类型早中期墓地位于整个遗址的东部；何家湾半坡类型早期墓地位于整个遗址的东南部和西北部，中期集中在东南部；下王岗一期的墓地位于整个遗址的东部、中部和西部。上述八处墓地，除下王岗因受丹江的制约比较特殊外，其余七处墓地在各聚落的位置，南、北、东、东北及东南都有，唯独各聚落的西部没有，原因不详，也可能是这一阶段的仰韶人有什么讲究所致。

各墓地的墓葬，我们从它们的平面分布和头向等情况来看，有的南北成行，有的东西成排，有的比较集中，这反映出它们存在着一定的亲疏关系，他们生时是一个具有血

缘关系的集体，死后也要安葬在一起。严文明先生对这一情况的研究[15]，对我们颇有启发，我们在他研究的基础上对一些墓地进一步作了分区和分群的研究。经过分析发现：半坡墓地可分为北部、东部和东南部三个墓区，后二区因发掘面积小，发现墓葬少，难以深入研究。唯北区发掘面积大，发现墓葬多，故只能以北区为例进行墓群的划分。北区西北角的 M152 ~ M159，八座墓自成一群；其南的 M2 ~ M7 及 M42、M47、M48、M68，10 座墓构成第二群；此群以东的 M8、M11、M12 及 M13 ~ M19 等 19 座墓为第三群；再往东、往南还可分为三群，总共六群。半坡的瓮棺葬也和土坑葬一样自成群体，一般是三至五座为一群，有的十多座为一群。北部大围沟内侧自东向西有四群，在居住区内的 F46、F41、F30 及 F18 附近共有六群。总共有十个瓮棺葬群体，它们与各组房屋有密切的关系。北首岭墓地可分为东区和东南区两个墓区。以东区为例，因濒临断崖，许多墓葬已随断崖崩塌而毁掉了，仅有的面积也未全部发掘，已发现的同期墓葬 36 座，明显地可分为几群，如 77M12、77M18、77M19、77M1 及 77M17 等为一群；78M2、78M3、78M6 ~ 78M8、78M17 ~ 78M19 等为一群；78M10、78M14、78M15 等为一群，共三群。南区 T60 和 T31 头向西北的墓、T42 和 T62 头向西北的墓、T52 头向西的墓、T39 和 T40 头向西的墓，都是自成一排或一列的群体，共四群。不同墓区或墓群的墓葬，在葬制和随葬品方面也有差别，东区的墓葬比较讲究，墓圹清楚，有的有二层台，有的有板灰或席痕，随葬物品比较丰富，只有个别墓没有随葬品；南区的墓葬绝大多数墓圹不清，没有葬具痕迹，随葬品较少，有半数以上的墓连一件也没有。这表明各个大小不同的集体，其经济情况不尽相同。姜寨一期墓地共分五区，其中北部两区被现代姜寨村所压，一部分已遭破坏，其余东北、正东和东南的三区均保存较好，已作发掘。东北区 55 座，东区 51 座（瓮棺葬 26 座除外），东南区 48 座（瓮棺葬 26 座除外）。东北区和东区之间相距约 40 米，东区与东南区之间相距约 20 米，都有明显的分界。这三区内的墓葬都有较清楚的分群现象。如东北区可分为六群，西北的 M262 等五座为一群，M185 以北的为一大群，M101 以北的六座为一群，M148 西南的为一大群，M264 西南的为一群，M269 以南的为一群，这群以南可能还有一些没有发掘完；东区可分为四群，最北的 M44 等四座为一群，M40 以北以东的为一群，M12 以南的为一大群，M53 以南的为一群；东南区的北部、东北部和西南部明显地分为三群。姜寨一期的瓮棺葬和半坡一样，也是成群分布的，大部分在居住区的房屋附近，一部分在东区和东南区的公共墓地内。以居住区东部的一组房屋为例，F1 以北的 W26 等为一群，F24 东北的为一群，F29 以南的为一群，东区墓地北端的一大群可能与这组房屋有关。居住区的北部、西北部、西部、南部四组房屋的间隙中，都分布有成群的瓮棺葬。龙岗寺墓地，属于早期前段的第六层共 74 座墓，可分为四群，即 M361 东北的为一群，M123 东北的为一群，M102 东北的为一群，M359 附近的为一群，南部和北部的比较零散；第五层共 94 座墓，可分为东、西、北三群；两层均无瓮棺葬分布。何家湾半坡类型早期墓地分二区，可分为三群，即T58和T60中的M161～M166为一群，T30～T32的6座墓为一群，T3、T7、T8的11座墓为一群，其余比较零散；半坡类型中期墓地，可分为三群，即T27的10座墓为一群，T29的6座墓为一群，T32、T33的12座墓为一群，其余比较零散。这里无瓮棺葬发现。下王岗一期墓地，中部、西部均为成排分布，各有三排，每排自为一群，各有三群；东部是南北成排，其余不成排的也比较集中，总共可分为三群。瓮棺葬只有1座。

以上叙述的半坡等6处墓地，均是以单人一次葬为主的墓葬分群，从这些分群情况来看，半坡、北首岭、姜寨、下王岗及何家湾下层等五处墓地的墓葬均是以若干墓群组成两个或三个墓区。群代表当时居民的一级组织，区又是比群高的一级组织，区以上整个聚落是由几个区组成的更高一级的居民组织，共三级组织。龙岗寺和何家湾中层只有群和群以上的二级居民组织。

横阵和元君庙二处墓地，均以多人二次合葬为主。每个合葬坑所代表的居民社会组织，学术界讨论文章很多，大都认为是一个家族（或大家庭）每隔若干年将本家族的若干个死者集中起来二次埋葬的墓葬。研究者认为横阵墓地的MⅠ、M52、MⅢ、M53及MⅡ是早、中、晚先后三次埋葬的合葬墓，MⅠ、MⅢ及MⅡ大坑中的小坑合葬墓和M52、M53合葬墓为家族一级的墓葬，整个墓地是一个氏族的墓地。就整个横阵聚落来说，可能还有若干片墓地，已发掘的一片墓地不能代表横阵整个聚落的社会组织情况。元君庙墓地以多人二次合葬墓为主，有少数的单人二次葬，没有横阵大坑套小坑的现象，均为单坑独立存在。研究者认为这里的合葬墓是家族的反映，全部合葬墓从排列情况来看可分为两区，两个墓区是两个氏族的反映，就整个聚落来说，两个氏族组成一个更高一级的社会组织——胞族。

二　仰韶文化早期后段的埋葬制度

仰韶文化早期后段的文化遗存包括史家类型、后岗类型、下王岗类型及石虎山遗存等[16]。这一阶段共发现各类墓葬1800多座，其中不同葬式的土坑葬1400多座，瓮棺葬300多座（西水坡、八里岗及雕龙碑三处墓地的墓葬数量都较大，合起来约500多座，但简报分期、分类不详，不便统计，暂从略）。

（一）土坑葬

这一阶段土坑葬仍是最流行的墓类，其中一次葬较前段大大减少，二次葬数量明显增加，据统计二次葬只略少于一次葬，二者几乎相等。这一阶段的全部土坑葬中，一次葬有780多座，二次葬有680多座。从分布地区来看，前段一次葬分布最广，覆盖整个仰韶文化分布地区；二次葬仅在关中东部的华阴、华县有个别墓地，如横阵和元君庙。后段一次葬在多数地区仍占多数，仍是主流。但这些地区在流行一次葬的同时，同一墓地内也分布有少数或个别的二次葬，如北首岭、大地湾、王家阴洼、东庄村、后岗、西水坡、龙岗寺及何家湾等[17]。这一阶段二次葬集中的地区发展了，从华阴、华县向西扩展到渭南、临潼、铜川、合阳，如史家、姜寨二期、吕家崖、吴家营等[18]；向南传播到豫西南、鄂西北一带，如下王岗二期、八里岗一、二段等[19]。

1. 土坑葬的墓坑形状和葬具

这一阶段的墓坑形状，无论是一次葬的墓坑或是二次葬的墓坑都和仰韶早期前段基本相同。葬具，绝大多数墓地未曾发现，仅在北首岭78M7发现有板灰，在龙岗寺M127等五座墓葬中发现有树皮样朽灰。

2. 土坑葬的葬式

土坑葬的葬式，一次葬和二次葬的数量前者略多于后者。从单个墓地来看两者数量多不一致。有的墓地一次葬较多，有的墓地二次葬较多。一次葬以仰身直肢最为常见，俯身直肢葬仅在北首岭、龙岗寺、何家湾及后岗等墓地有个别发现。二次葬的姿势，除有前段的一二种较常见外，另有一种，即一座多人二次合葬墓中分层分排迭次垒放，有的墓多达几层数排，如史家、姜寨二期、下王岗二期等都有此种现象，埋葬人数多的可达七八十具，以10具到20具左右的最常见。单人二次葬的姿势是将头骨置于中间，四肢骨摆放在头骨两侧，其他骨骼置于头骨东或四肢长骨之间，比较整齐规律。多人二次合葬墓墓主的性别年龄混杂，男女老中青少都有，这和前段类同，只是一个墓内埋葬个体更多而已。但也有个别现象，如姜寨二期的M1，为九名男性老人合葬，史家的M22为五位男性合葬，下王岗二期的M294、M598为六位男性合葬，M375、M74、M677及M297均为三位男性合葬，M53为三位女性合葬，M279为五位女性合葬，M539为二名中年男女合葬，M325为二名中年男女和一名儿童合葬，M170为一名中年男子和一名儿童合葬。在以多人二次合葬墓为主的墓地内，还有一个比较特殊的现象，即死者中，男女性别颇有悬殊，如史家墓地的600多名成人中，男女比例为2比1，姜寨二期墓地的男女性别比，也接近2比1，如此悬殊的性别差异令人费解，这一现象值得注意。

3. 土坑葬的头向

这一阶段土坑葬的头向和前一阶段基本一致，大多数头向西或西北、西南，豫北冀中南的头向南。如史家、姜寨二期、吕家崖、北首岭及大地湾等的土坑葬头向西的最多，有少量土坑葬的头向西北或西南；东庄村和北橄等墓地土坑葬的头向西北的较多，头向西的较少；龙岗寺、何家湾半坡类型晚期墓地的土坑葬，头向西北的占绝大多数，也有向西、西南或其他方向的；下王岗二期土坑葬的头向西南；八里岗一、二段的死者头向西或西北；雕龙碑一期的死者头向西北[20]；大河村前一期的死者头向西[21]，后岗、石北口及西水坡土坑葬的头向均朝南[22]；王家阴洼的土坑葬死者头向东南、东北的各占半数。以上各墓地的死者头向基本一致，唯后岗等比较特殊，这可能是不同地域的缘故。王家阴洼更为特殊，它和大地湾相距很近，文化性质相同，唯独死者的头向相异，可能有其他原因。

4. 土坑葬的随葬情况

这一阶段为死者随葬物品的风俗仍很流行，有不少墓地呈上升趋势，但有的墓地随葬情况罕见，有的墓地流行为死者随葬冥器而不用实用器物。如史家墓地，43 座土坑墓中，有随葬品的 39 座，占土坑墓总数的 90% 以上。随葬品中多为生活实用的陶器，其组合为钵、罐、葫芦瓶常见，一般的随葬 1 ~ 5 件，个别的 9 件，如 M42 等。姜寨二期墓地的 191 座土坑墓中，有随葬品的 149 座，占总数的 78. 5% ，没有随葬品的 42 座，占总数的 21. 5% 。有随葬品的墓少者仅 1 件，多者达 32 件（如 M84 等），一般的是 2 ~ 5 件。一次葬的随葬品多置于人骨的脚部，二次葬的随葬品多陈放在人骨架的东部，合葬墓多为集体随葬，但也有专为个人随葬的，如 M84 第二层⑦号人骨足部随葬有绘画工具一套，计有带盖石砚、砚棒、水杯各 1 件和颜料数块等，这位死者生前可能是一位画家。有个别墓的随葬品比较特殊，如 M254 的一件陶罐内装有黍类粮食。吴家营、大地湾墓地的全部土坑墓均有随葬品，随葬陶器均以钵、罐、葫芦瓶为组合模式。王家阴洼墓地的土坑墓，除个别墓无随葬品外，大多数墓都有随葬品，随葬品多放置在墓侧小坑内，随葬陶器的组合也是钵、罐、葫芦瓶等。龙岗寺半坡类型晚期墓地的 255 座土坑墓中，有随葬品的 173 座，占总数的 68% ，无随葬品的 82 座，占总数的 32% 。有随葬品的墓共出各类器物 598 件，每墓平均 3. 4 件，比同遗址的早中期墓明显减少，而且有非实用的冥器出现。随葬陶器组合以溜肩尖底瓶、钵、罐或葫芦瓶、钵、罐常见。何家湾墓地的 79 座土坑墓中，有随葬品的 32 座，占总数的 39. 2% ，无随葬品的 48 座，占总数的 60. 8% 。不仅有随葬品的墓明显减少，而且随葬品数量也较少，陶器多为冥器，组合以钵、壶、罐、簋常见。下王岗二期墓地的 451 座土坑葬中，有随葬品的 323 座，占总数的 71. 6% ，无随葬品的 128 座，占总数的 28. 4% 。随葬品的位置和姜寨二期墓地相同。随葬品中的陶器由早到晚有逐渐冥器化的倾向。各墓的随葬品数量多少不一，少的仅 1 件陶罐，一般的以罐、碗或罐、钵组合。下王岗二期墓地的发掘者根据叠压打破关系及文化特征将全部墓葬分为早、中、晚三期，早、中期约相当于整个仰韶文化的早期后段，晚期可能有一部分延续到仰韶文化的中期前段。八里岗一、二段的墓葬多数有随葬品，以陶器为主，骨器次之，石器很少。随葬品的数量不一，少者一两件，多者四五十件。如 M41 随葬陶器 25 件、骨器 13 件，共 38 件；M100 随葬陶器 37 件、骨器

11件，共48件；还有少数墓空无一物。随葬陶器组合是鼎、罐、器座、钵、碗及仓形器等。已发现的雕龙碑一期、后岗、西水坡、石北口、石虎山Ⅱ及红台坡下等遗址的墓地或零星墓葬均无随葬品[23]。唯西水坡M45异常特殊，也特别重要，人骨架的东侧有用蚌壳摆塑的龙形图案一幅，其西侧有一幅虎形图案，死者头向南，蚌塑龙虎均头向北。研究者认为，联系M45以南的两组蚌塑龙虎图案来看，这里应是祭祀遗迹，墓主人可能是觋[24]。

（二）瓮棺葬

1. 瓮棺葬的分布、墓坑形状及放置情况

瓮棺葬在这一阶段仍很流行，是当时的主要墓类之一，据统计已发现300多座。其分布情况，从整个仰韶文化来看，这一时期采用瓮棺葬埋葬婴儿或幼童的分布地区较前段有所扩大，已从关中向西扩展到陇东，如王家阴洼有3座瓮棺葬；向东北已传播到西水坡，有55座瓮棺葬；陕南也有不少发现；只是豫西南、鄂西北相应的时段除个别遗址外，多数遗址尚未发现，如八里岗一、二段和雕龙碑一期均未发现瓮棺葬，可能是此种风俗尚未至此的缘故；至于下王岗二期有瓮棺葬的情况，可能是下王岗距离关中路程较近沿丹江而下交通方便关系较密切的原因。这一时期瓮棺葬的墓坑形状，没有前段规范，有长方形坑、圆形坑和倾斜坑，如北首岭中期和后期、姜寨二期、何家湾、下王岗二期等均为这几种坑形。放置情况与前段近同，有直立，有斜置，也有横陈。但也有较特殊的，如北首岭有一部分被陈放在地形倾斜浅洼的地方，龙岗寺的14座瓮棺葬均无墓坑迹象。还有个别墓坑比较讲究，如北首岭的M426和M427坑穴较大，坑壁涂抹一层草泥料礓石面，坚硬整齐。

2. 瓮棺葬的葬具

仍以瓮与钵或罐与钵相扣的较多，如北首岭、姜寨、龙岗寺、何家湾等。但也有些遗址还有自己的特点，如下王岗、王家阴洼、大河村前一期等遗址的瓮棺葬具多是瓮或罐上盖一件陶片，比较草率。不少遗址中还有以尖底缸和钵、瓮与瓮、瓮与器盖、瓮与盆或罐与罐相扣合的现象，但这均为少数或个别情况。西水坡墓地的瓮棺葬葬具以鼎钵相扣合的最为常见，鼎与盆或两鼎相扣合的也有一定数量。泄湖的瓮棺葬具是两瓮相扣，在接口处加上一件彩陶盆，这比较罕见[25]。用作瓮棺葬盖的钵或盆上钻小孔的现象仍较普遍，这和前段一样是人们灵魂观念信仰的反映。

3. 瓮棺葬死者的年龄和葬式

这一阶段瓮棺葬死者的年龄和葬式，绝大多数为婴儿或幼童。唯姜寨二期103座瓮棺葬中，有25座为成人二次葬（24座单人葬，一座为二人合葬），还有一座为一个成人和三个小孩的合葬。葬式因婴儿骨骼朽甚，有的仅留有几片残骨，有的更少，多数葬式不清。但也有少数特别是成人骨骼保存较好的，如姜寨的成人二次瓮棺葬，其葬式与土坑葬相类同，即将头骨放置中间，四肢骨放在头骨两侧，其他骨骼置于头下的肢骨之间，头向西，面向上，摆成异常整齐的一堆，平放于瓮棺内。北首岭 M131 墓主为一成年女性，头朝瓮口，身躯作蹲坐状，双腿屈曲于胸前。M27 和 M248 墓主为小孩，骨架在瓮棺内均为仰身直肢。

4. 瓮棺葬的随葬情况

绝大多数瓮棺葬没有随葬品，仅北首岭的瓮棺葬不但有随葬品而且所占比例较大，有随葬品的瓮棺葬共 18 座，占总数 66 座的 27.2%，其他遗址都较少甚至没有。下孟村有 6 座，姜寨、何家湾各 4 座，龙岗寺、下王岗各 2 座有随葬品，王家阴洼、东庄村、大河村、西水坡、阮家坝等遗址的瓮棺葬均无随葬品[26]。有随葬品的瓮棺葬，多随葬 1 件或 2 件小型陶器。北首岭的 M47 较多，除随葬 1 件陶器外，还有骨珠 8 枚；M101 的随葬品最为丰富也只有陶器 4 件、骨珠 22 枚、石料 1 件；龙岗寺 W13 随葬有小钵、小罐各 1 件，还有纺轮 1 件；下王岗 W289 随葬骨饰 8 件。随葬品多置于瓮棺内。

（三）灰坑葬

仅见于西水坡一处，但具体情况不详，其他遗址未曾发现。

（四）墓地在聚落中的位置及墓葬分区、分群情况

仰韶文化早期后段的墓地情况较前段有所发展，墓地规模、埋葬人数及其所反映的居民社会组织状况等，都较前段突出。各墓地在整个聚落内的位置，或因发掘面积较小，或因遗址破坏严重，没有前段清楚，像前段的姜寨一期、半坡早期的聚落布局情况很少见到，但也可大体有所了解。如史家墓地位于居住区以东，与居住区有一定的距离；姜寨二期墓地位于居住区的西南，居住区已遭严重破坏；北首岭中期后段墓地最清楚，位于居住区的东南，二者之间虽无壕沟相隔，但与房屋有一定的距离；龙岗寺半坡类型晚期墓地位于整个聚落的东部，与前段墓地重合；何家湾半坡类型晚期有两片墓地，一片位于遗址东南部居住区的东北部，与居住区有一定的距离，另一片在遗址的西北部，这一片以西可能还有尚未发掘的部分。大地湾、西水坡、八里岗及雕龙碑等都有墓地发现，其位置及墓葬分布情况，简报所言不详。而吕家崖、吴家营、泄湖、东庄村、北橄、石虎山等，均因发掘面积太小未发现集中的墓地。

上述各墓地的墓葬，从其平面分布和头向来看，与仰韶文化早期前段一样存在着分区、分群的情况。有的墓地比较特殊，如史家墓地的墓葬，大多数是多人二次合葬，而且大都在 10 人以上，有的多达 51 人，其平面布局看不出有成排成群的情况，这种情况表明这里不是一个较小的居民集体（家族）的墓葬，一个十几或二十几口人的大家庭（家族）在一个不太长的时期内不会死亡这么多人，而可能是一个较大的居民集体（氏

族）的墓葬，也就是说这里可能是一个氏族经长期埋葬形成的墓地，只有一级社会组织，整个遗址是一个氏族的聚落遗址。姜寨二期墓地共191座土坑墓，除二座未清理外，其余189座墓葬，经鉴定的死者人骨达2000多具。这些死者绝大多数以多人二次合葬墓的形式埋葬在一个墓地内，每个合葬墓以十几人或二十几人的最多，有的甚至多达七八十人。这些墓葬特别集中，又有复杂的叠压打破关系，看不出分排分群的布局。这一现象，研究者认为一个家族甚至一个氏族在一个不太长的时期内不会死这么多人，这里可能是比家族或氏族更大的居民集体先后埋葬而形成的墓地，有可能是胞族的墓地，他们可能还包括原属本胞族分支出去的住在其他聚落的氏族成员死后归葬祖（族）茔的死者。103座瓮棺葬可以明显地分为五群，即集中在墓地内的一群26座，墓地以东的一群也是26座，这一群的东北又有三群，自南向北一群9座、一群7座、一群5座，还有零散分布各处的。北首岭东南区墓地（即第Ⅵ发掘区），有一部分墓葬已划归仰韶文化早期前段，属于后段的还有100多座。因大多数墓圹不清，且有复杂的叠压打破关系，难以划分群别，只有几处比较清楚。如T33的M212～M218等头向北的墓，T25的M54～M57等头向西北的墓，T49的M252～M256等头向西北的墓，共三群，其他难以辨别。66座瓮棺葬多分布在墓区，与土坑葬交错在一起，从平面图上看是三五成群的集中分布，如T52的M279等4座、T32和T34的M227等4座、T44和T45的M229等5座，都各自成群，还有更多的图上未标出或零散分布。王家阴洼墓地，分区分群最为明显，可分为西北、东南两个墓区，各有30座土坑葬，又各有一两座瓮棺葬。两个墓区都可以划分为若干个墓群，东南墓区的M37及其以东的7座墓构成一群，其余的墓可分为二群；西北墓区的墓葬大致可分为三群。这里的群代表一级组织，区代表一级较高的组织，两区以上还有更高的一级组织，即三级组织。龙岗寺半坡类型晚期墓葬共255座，分四层，由下往上即第四层至第一层。这里的墓葬分区分群情况比较清楚。第四层87座，可分为三区，即南部的M53以北为一区，北部偏东的M239以北为一区，北部偏西的M348以北为一区，各区间都有一定的间距。各区的墓葬均可分为若干群，如北部偏东的一区可分为二群，即M239、M210、M188～M190、M288为一群，M272、M218、M270、M301、M302、M425为一群，其他二区均可分为二群。第三层共95座墓，可分为三区，即M29以北的为一区，M154西北的为一区，M264东北的为一区。各区也可细分为若干群，如东北区可分为三群，即M154、M200～M202、M209、M240为一群，M151～M153、M156、M159及M165为一群，M149、M160、M162～M164、M166及M167为一群，其他二区均可分为三群。第二层共36座墓，其中土坑葬32座、瓮棺葬4座。这时的龙岗寺整个聚落（假如是胞族）已经衰败，人口明显减少，聚落内原有的几个居民集体（氏族）有的已不存在。现有的可分为南、北两区，南区可分为二群，即M120、M19、M20、M22、M24为一群，M15、M16、M23、M30、M37、

M51、M80及M81为一群；北区也可分为二群，即M170~M172为一群，M224、M225、M350、M353为一群。西北部还有5座空墓为迁出葬。瓮棺葬W11~W13为一群。第一层共37座墓，其中土坑葬27座、瓮棺葬10座。聚落人口较前更为减少，墓地分区不明显，可能是几个家族所组成的一个氏族的墓地。可分为五群，即M1、M6、M8、M9、M129及M131为一群，M10~M12为一群，M3、M4、M25、M128及M138为一群，M30、M78、M79及M142为一群，M155、M157及M158为一群。瓮棺葬W1、W2、W4~W10为一群。何家湾半坡类型晚期墓地位于整个遗址的东南部和西北部，共79座土坑葬，明显地分为三区，即东南部T28内的为一区，T32和T33内的为一区，西北部T55~T57及T59内的为一区。T28墓区可分为二群，即层位较早的M50~M53、M55~M57及M59为一群，较晚的M48、M49、M54、M58及M69为一群；T32、T33墓区也可分为二群，即M94、M102~M104、M108、M109、M112~M114、M118、M120及M122为一群，其余的M115等为一群。西北部T55、T57及T59墓区仅6座土坑葬，可视为一群。整个墓地共三区五群。下王岗二期，共451座土坑葬，明显分为四区：发掘区的东北部为一区共335座，西部为一区共13座，居住区内为一区共67座，北部为一区共28座。各区均可分为若干群，尤其西部和居住区内的墓葬排列有序，排与排之间还有一定的间距，但从全部墓葬的分布来看，因发表的图四九和图五十缩得太小，又各分早、中、晚三期，难以辨认群别，此不勉强。

大地湾二期、西水坡、八里岗一、二段及雕龙碑一期等都发现有较多的墓葬，惜仅有简报发表，这些墓葬的分期、分布情况均不详，难以深入研究。

三　仰韶中期的埋葬制度

仰韶中期的文化遗存包括分布在河南中西部、山西、陕西及陇东一带的庙底沟类型、豫西南鄂西北的八里岗类型、冀中冀西北的钓鱼台类型及内蒙古中南部的王墓山类型等[27]。这一阶段共发现各类墓葬664座，其中土坑葬119座、瓮棺葬537座、灰坑葬8座。现分别介绍。

（一）土坑葬

这一阶段土坑葬仍是最流行的墓类，绝大多数葬成人，个别的葬小孩。以一次葬为主，有115座；二次葬已成为个别现象，仅4座；多人二次合葬除八里岗三、四段较多外，其余各地几乎绝迹，所见者仅有椅圈马三期一例[28]。

1. 土坑葬的墓坑形状和葬具

这一阶段土坑葬墓坑的形状大多数为长方形竖穴，墓圹长1.7~2米，宽0.7~1米，深浅多不一致。如石固Ⅵ期、后庄王中层等[29]，椅圈马三期墓圹较浅，长、宽仅能容身，王湾一期二段有四座墓有二层台[30]。全部土坑葬均未发现使用葬具的情况，这可能是中期墓葬发现较少的缘故。

2. 土坑葬的葬式和头向

仰韶中期土坑葬的葬式，绝大多数为仰身直肢，未见俯身或屈肢者。头向比较混乱。除王湾一期二段、后庄王中层、点军台一期[31]、八里岗三与四段及雕龙碑二期的头向西和李家沟二期部分[32]、八里岗少数头向西北外，其余头向杂乱。椅圈马三期的头向南，石固Ⅵ期的头向东南，王家咀的头向东[33]，下集的头向东北[34]。另外王湾的死者头骨涂硃现象异常普遍。这可能是仰韶早期个别墓葬死者（元君庙 M429、M440，姜寨 M74 等）头部或腿骨上涂有红色颜料的遗风，只不过在这里表现得比较突出罢了。这种现象可能具有某种宗教上的意义，但同时期的绝大多数墓葬不存在此类现象。

3. 土坑葬的随葬情况

中期墓葬的随葬情况，除八里岗三、四段多数墓有随葬品外，其他各地的墓葬绝大多数无随葬品，所见有随葬品的只有 7 座。如点军台 M20 随葬陶罐、石环各 1 件。北橄四期 M1 随葬残石刀 1 件[35]。下集一座墓随葬猪下颌骨 1 副，二座墓有钵、罐各 1 件。王湾的 M45 较丰富，死者为一中年女性，二次葬，墓室有二层台，随葬有碗 1 件、骨匕 8 件、绿松石饰 3 件。泉护村太平庄的一座女性墓随葬更为丰厚，计有黑陶小口瓶、钵、鹗鼎各 1 件，釜灶 1 套，有孔石斧 1 件，石铲 1 件，骨匕 14 件和骨笄 1 件；共 21 件。尤其鹗鼎形象逼真，栩栩如生，为罕见的艺术珍品。八里岗三、四段的多人二次合葬墓多数有随葬品，有的墓随葬猪下颌骨，如 M14 为男女老少 31 人二次合葬，随葬陶器壶、瓶、钵等 10 件。

（二）瓮棺葬

1. 瓮棺葬的分布、墓坑形状及放置情况

瓮棺葬在仰韶文化中期仍很流行，是当时的主要墓类之一，据统计已发现 537 座，其中婴幼儿多为一次葬，约 392 座；成人多二次葬，约 145 座。其分布情况，从仰韶文化的整体情况来看，瓮棺葬主要分布在河南中西部、晋南、关中及豫西南鄂西北一带，河北、内蒙古、陕北及晋北一带未见有瓮棺葬资料的报道，这可能是对仰韶文化中期的考古工作开展较少的缘故。墓坑形状多为方形或圆形，口部略大于底部，大小基本与瓮棺相同或稍大，有的仅能容下葬具，有的为长方形，大小视葬具而定。洪山庙采用大型长方坑埋葬，墓坑口部东西长 6.3 米、南北宽 3.5 米，墓坑底部东西长 6.1 米、南北宽 3.3 米，坑深 0.30～0.65 米，将 136 座瓮棺集中埋葬是比较特殊的葬制[36]。放置情况大体可分为两种：一种是以瓮、罐、鼎或缸作葬具的，多为竖放；另一种是用尖底瓶为葬具的，多横陈。

2. 瓮棺葬的葬具

这一时期的瓮棺葬绝大多数发现在豫中和豫西南鄂西北一带，葬具颇具地域特征。如豫中地区多用尖底瓶葬，王湾、后庄王、点军台、青台及西山等多是采用两件截掉口部的尖底瓶盛装婴幼儿尸骨后扣合起来埋葬[37]，同时也用瓮钵、罐钵或尖底瓶器盖相扣合为葬具的。但汝州、鲁山及其附近地区多采用大口直壁缸和半球状器盖等专制品为成人二次瓮棺葬具，如洪山庙 136 座、邱公城 5 座及阎村 11 座[38]。洪山庙的 M1 大坑内，136 座瓮棺葬排列整齐，共分 13 排，各排又分为二三组。死者年龄，各排男女老中青少婴都有，其中以中年人最多，年龄不同的死者所用的葬具也有差别。婴幼儿多用罐（较小的缸）和器盖为葬具，成年多用带板的缸和器盖为葬具。部分缸的腹部有彩绘。彩绘为施白色作底，以黑彩为主，纹饰有人物、动物、几何图形及生产工具等。如阎村的“鹳鱼石斧彩陶缸”，其画面高 37 厘米、宽 44 厘米，所画的鹳衔鱼及带柄石斧形象逼真，为当时人们真实生活的写照，是极为难得的艺术珍品。豫西南鄂西北的瓮棺葬具，多采用瓮、盆、罐、鼎、尖底缸等，有的用一件，有的用二件，有的用三件，不甚规律，如下集、雕龙碑等。这一时期在瓮棺葬具上钻一小孔的做法较前有所减少，除洪山庙、阎村在陶缸底部、后庄王在尖底瓶腹部仍钻小孔外，其他各地罕见。

3. 瓮棺葬的死者年龄和葬式

仰韶中期瓮棺葬死者的年龄，大多数为婴幼儿，如后庄王和西山第二、三、四组及雕龙碑二期的瓮棺葬都是葬婴幼儿的，唯洪山庙的瓮棺葬中少数葬婴幼儿，多数葬成人。葬式，除洪山庙的瓮棺葬均为二次葬外，其余多数遗址的瓮棺葬多为婴幼儿一次葬。婴幼儿死者因骨骼朽甚，有的仅留数片残骨，葬式不清。唯洪山庙的成人二次葬中一部分骨架保存较好，其葬式可分三种：一是头骨居中，四肢长骨竖放在头骨两侧，盆骨放在头骨之下，小趾骨、髌骨、脊椎骨及其他碎小骨骼置于缸底；二是小趾骨、髌骨、脊椎骨及其他碎小骨骼放在缸底，头骨贴近缸壁一侧置于小块骨骼之上，四肢骨和盆骨放在头骨面前；第三种是仅有一部分骨骼，无头骨，将四肢骨竖或斜放在缸内，小块碎骨置于缸底，说明二次迁葬时只是象征性的收捡一些。这三种葬式中，以第一种数量最多，第二种次之，第三种多属婴幼儿。

4. 瓮棺葬的随葬情况

这一阶段的瓮棺葬绝大多数无随葬品，仅洪山庙墓地有四座成人瓮棺葬有随葬品，均为小型陶器，一般放置在缸的底部。如 W54 内随葬有泥质青灰陶单耳杯 1 件；W56 内有夹砂褐陶平底钵 1 件；W84 内有器盖纽 1 件；W34 有泥质黑陶单耳小杯 1 件。其他遗址的瓮棺葬均未见有随葬品的报道。

（三）灰坑葬

共8座，其中庙底沟4座[39]、中山寨2座[40]、西河庵和下孟村各1座[41]。这些多是利用废弃后的窖穴埋葬死者的，下孟村H14可能不是废弃窖穴而是一个垃圾坑。这些坑内所埋的死者，有的1人，有的2人，有的3人。有的仰身，有的屈肢，有的骨架凌乱。均无随葬品。下孟村H14内同出陶、石、骨、角、蚌质器物达100多件，还有大量的陶片，可能与埋葬的死者无关。这些死者的身份明显与埋葬在公共墓地的死者不同，一般认为是战俘的可能性较大。

（四）墓地在聚落中的位置及墓葬分区分群情况

仰韶文化中期遗址经过发掘或试掘的不少，但发现墓葬的遗址仅有20余处，除西山瓮棺葬较多外，其余多为零星发现。像早期的姜寨、龙岗寺等遗址，几百座墓葬集中埋葬的墓地极为罕见。已发现的出土各类墓葬较多的中期墓地，如后庄王墓地位于整个聚落的东部及东北部，洪山庙墓地位于整个聚落的西南部，王湾的墓地方位，简报所报不详。其余的墓葬多为零散分布或方位不详。其原因可能有二：一是发掘面积小，很多发掘项目是试掘性质，或者是配合建设工程的随工清理，至今对仰韶中期遗址尚无一处是有目的、有计划、大规模、大面积（1万平方米以上）进行过系统揭露的；二是已发掘或试掘过的遗址原已遭严重破坏而未发现墓地。有鉴于此，这一阶段的墓地墓葬分区分群情况难以进行深入研究。唯洪山庙的墓地情况尚可进行初步探讨。洪山庙墓地比较特殊，与同期其他聚落遗址的墓地墓葬不同：洪山庙全是以瓮棺的形式二次埋葬死者，其他遗址多是以土坑竖穴的形式一次埋葬死者；洪山庙采用一个大坑埋葬136座瓮棺葬的形式，应视为集体埋葬，而其他遗址的墓葬多为单人葬。洪山庙M1大坑内明显地分为13排，每排又分为二三组，每组由三四座瓮棺构成。这里的组可能是较小的人们集体（家族）的死者，排可能是较大的人们集体（氏族）在一定时期的死者，大墓坑可能是更大的人们集体（胞族）在一定时期内组织各小集体的死者集中统一实行二次葬安排在一起的。

四　仰韶文化晚期的埋葬制度

仰韶文化晚期的文化遗存包括分布在豫西、晋南和关中的西王村类型，豫中的秦王寨类型，陇东的石岭下类型，豫西南鄂西北的赵湾类型，豫北冀中南的大司空村类型及内蒙古中南部的海生不浪类型等[42]。这一阶段共发现各类墓葬559座（西山遗址土坑葬分期数目不详，现全部计入晚期，其中可能有中期的一部分），其中土坑葬448座、瓮棺葬106座、灰坑葬5座。现分别介绍。

（一）土坑葬

土坑葬仍是仰韶文化晚期的主要墓类，绝大多数葬成人，个别的葬小孩。一次葬常见，二次葬在很多遗址中是个别现象，如紫荆三期[43]、椅圈马四期各一座。另外还有几座多人一次合葬墓比较重要，如青台的M10为母子合葬墓、西山的M79为成年男子和婴儿的合葬墓、M86和M97是一次葬和二次葬的成年男女同穴分层合葬、M85为成年男女合葬、青台的M25为一对成年男女合葬、庙子沟M4为一对成年男女和幼儿合葬等[44]。

1. 土坑葬的墓坑形状和葬具

这一阶段土坑葬的墓坑形状和葬具情况，多为长方形竖穴。其规模大小除西山遗址的报道不详外，其余零星发现的墓坑规模多较小。唯伊川伊阙城和孟津妯娌两遗址的墓葬规模都较大，而且多数使用葬具。伊阙城的五座墓均为土坑竖穴，长方形，规模较大，墓坑长度都在3米以上，宽度都在2米左右，M7的长度已达4.56米，墓内均有熟土或生土二层台，有棺有椁，部分似有漆痕[45]。妯娌墓地的56座墓葬均为长方形土坑竖穴，各坑的规模大小不等，可区别为六种：第一种规模最大，墓坑长5.15米，宽4.05米，底部有生土二层台，内置单椁，椁用圆木做成；第二种规模稍小，墓坑一般长3米左右，宽2米左右，葬具为木棺，死者头部或棺底有朱砂；第三种墓坑一般长2米余，宽1.5米左右，底部或设生土二层台，或置单棺；第四种墓坑一般长2米左右，宽1米余，无葬具；第五种均位于第一、二种墓的一侧，墓坑仅能容身；第六种墓为空墓，其形制大小与第四种相同[46]。庙子沟遗址的墓葬，墓坑形状大致可分二种：一种是长方形土坑竖穴，多分布在房屋附近；另一种是圆形袋状穴，多为利用房址四角的窖穴，往往在居室内，这种葬法应是兴隆洼文化居室葬的遗风[47]。

2. 土坑葬的葬式和头向

大多数为仰身直肢，庙子沟流行侧身屈肢，尤其圆形袋状坑中的死者屈肢特甚，几乎折叠在一起。青台、伊阙城有个别屈肢，王湾二期有俯身者2座，其中一座墓的死者双手作被缚状。头向多不一致，王湾二期、青台、西山、雕龙碑三期及大张的死者头向多向西或西北[48]，椅圈马四期、伊阙城、朱家台的死者多头向南或东南[49]，宫家窑[50]、寨茨岗[51]、阳坬的死者多头向北或东北[52]。

3. 土坑葬的随葬情况

多数墓葬没有随葬品，仅有少数墓有少量的陶器或其他物品随葬，个别的较丰富。如椅圈马四期的几座墓均有随葬品，主要是陶器，以钵、豆、壶组合；朱家台的墓葬均有1至3件陶器随葬；石固Ⅶ期的M43随葬杯、球、饼各1件；寨茨岗M12随葬陶罐1

件；伊阙城五座墓中有三座随葬玉饰；庙子沟 M4 随葬陶器 6 件、骨器 4 件及小石杯 1 件，共 11 件；妯娌墓地中有一座大型墓葬的死者右臂上套有 1 件象牙箍，相当贵重；阳坬和雕龙碑墓地不用陶器随葬，而用猪下颌骨或头骨随葬，有的墓随葬 1 副或 1 具，有的墓随葬几副、十几副，甚至多达七八十副。

（二）瓮棺葬

因资料较少此不分节叙述，仅作概括介绍。仰韶文化晚期瓮棺葬仍很流行，均为婴幼儿墓葬。共发现 106 座，其中铜川李家沟、荥阳青台、唐河寨茨岗及茅草寺等遗址都在 10 座以上[53]，其余多为零星发现。这一阶段瓮棺葬的墓坑形状和仰韶中期的基本相同，多为口大底小的圆形坑，坑的大小视葬具大小而定。放置情况，竖放的较多，斜置的次之，横陈的较少。葬具，有明显的地域特色，关中、豫西和晋南的多用瓮钵相扣合，如李家沟三期、姜寨四期、西王村二期、王湾二期等；豫中的多用鼎钵相扣或罐鼎相扣或罐钵相扣合，如青台、大明、点军台、方靳寨等[54]；豫西南鄂西北的多用两罐或罐盆相扣或罐钵缸相扣合，如茅草寺、寨茨岗、朱家台、雕龙碑及青龙泉等[55]。这一时期在瓮棺葬具上钻小孔供灵魂出入的做法已经绝迹，这可能是随着社会的变革人们的信仰观念有所变化的反映。瓮棺葬中绝大多数无随葬品，只有雕龙碑三期的 W5 随葬犬骨架 1 具，W1 随葬壶形冥器 1 件。

（三）灰坑葬

共发现 6 座，其中西安半坡晚期 2 座，临汝大张、中山寨四期、荥阳点军台三期和长葛石固Ⅶ期各 1 座，察右前旗庙子沟也有灰坑葬的现象。半坡的二座，即 M250 和 M251，分别埋葬在 H100 和 H167 中，均为一次屈肢葬，前者做自然的睡卧状，后者做挣扎状，均无随葬品。大张的 M19，四人合葬，被埋葬在一个灰坑中，三人头向西，一人头向南，均为一次俯身葬，随葬陶器 5 件。点军台三期一座，被埋葬在 H57 内，有人骨架 10 具，横躺斜置，互相叠压，凌乱无规律，无随葬品。石固的 M95 被埋葬在 H165 中，死者为一成年女性，一次俯身葬，骨架做挣扎状，无随葬品。中山寨的一座被埋葬在 H56 中，骨架做挣扎状。这些被葬在灰坑中的死者，均像非正常死亡，不能享受一般氏族成员的待遇，不能埋入公共墓地，其身份和地位与一般氏族成员不同。

（四）墓地在聚落中的位置及墓葬分区分群情况

仰韶文化晚期遗址经过发掘或试掘的很多，但发现墓葬较少，尤其是埋葬集中的墓地除郑州西山、枣阳雕龙碑及孟津妯娌外，其他多为零散分布，有的遗址一二座，有的三五座。庙子沟遗址发现墓葬43座，多分散在房屋附近及居室内，也不是集中的墓地。已发现的几处在聚落遗址中都有一定的方位。如郑州西山城址有两处公共墓地，一处位于城外西部，一处位于城内北部，可视为两个墓区。雕龙碑三期墓地位于住地的西北部。妯娌墓地位于聚落遗址的南部。整个仰韶晚期墓地墓葬的分区、分群情况，有的是因简报不详，有的是零散分布于居住区内，难以深入研究。西山墓地虽然说明显地可分两区，但两区的墓葬平面分布图尚未发表，无法具体研究墓葬的分群情况。雕龙碑和妯娌遗址都有墓地发现，但资料报道不详，也无法研究墓葬的分群情况。唯荥阳青台、铜川李家沟和雕龙碑的瓮棺葬可以看出，和仰韶早期的一样也是成群埋葬在房屋附近的。青台的16座集中在一起自成一群，李家沟的W2～W4三座为一群，W6、W7、W12～W14五座为一群。雕龙碑的W3、W6、W5、W9、W8五座都集中在一个探方内，自成一群。

五　仰韶文化墓葬资料所反映的一些问题

上述对仰韶文化墓葬情况的考察，使我们对它所反映的埋葬制度及其他问题有了比较清楚的了解，概括起来有如下几点：

第一，仰韶文化墓葬的类别、墓形、葬具、头向和随葬品等，早、中、晚各期都有明显的特征。仰韶文化墓葬的类别，研究者将其分为土坑葬、瓮棺葬及灰坑葬三类。一般来说土坑葬多葬成人并集中在公共墓地内；瓮棺葬多葬婴幼儿，早期后段和中期有个别墓地（姜寨二期和洪山庙）用瓮棺二次葬成人；灰坑葬不论时间早晚都是个别现象，是埋葬非正常死亡者的葬法。墓形，土坑葬中绝大多数为长方形或方形竖穴。早期前段的横阵墓地是大坑套小坑的集体埋葬坑，形制比较特殊；北首岭墓地有个别墓坑于坑壁或墓底涂抹草泥料礓石灰浆的现象；早期的元君庙、中期的王湾及晚期的伊阙城、妯娌墓地有个别或部分墓葬有二层台。葬具，土坑葬绝大多数无葬具，唯早期的半坡、北首岭及龙岗寺墓地内有个别墓葬发现有木板灰（有的为树皮样）或席的痕迹；元君庙的M458有类似石椁的现象；晚期的伊阙城五座墓葬均有棺有椁，还有类似漆痕的情况；妯娌墓地有部分墓葬不但墓圹特大而且设二层台及椁或棺。瓮棺葬均用不同类别的实用或专制陶器为葬具，早期多用瓮、罐、钵、盆相互结合，中期多用截口的尖底瓶和专门烧制的大口直壁缸、半球形器盖相互扣合，晚期多用瓮、罐、鼎、钵、盆和器盖为葬具。头向，除早期的后岗类型墓葬死者头向南外，其余各地的早中期墓葬死者均头向西、西北或西南，其他方向的较少，晚期墓葬死者的头向比较混乱。随葬品，早期的土坑葬，除元君庙、横阵及龙岗寺有随葬品的墓占百分比较大外，其余较少。有随葬品的墓，一般是一两件陶器，或三五件陶器，10件以上的很少。也有个别墓较多，如早期元君庙的M420为一成年女性和两个小孩的合葬墓；半坡的M152为三四岁的女孩墓；姜寨的M7少女墓等有较多的陶器和装饰品随葬；北首岭的77M4、77M8及77M20等男性成年墓，除随葬几件陶器外，还有数十件狩猎工具骨镞随葬；元君庙女性墓有随葬骨针、纺轮的现象。中晚期的土坑葬绝大多数无随葬品。有个别墓的随葬品较多，质量也较高，如泉护村太平庄的一座女性墓随葬20多件，其中的鹗鼎为绝代珍品；阎村的一座成年瓮棺葬具为鹳鱼石斧彩陶缸，画面题材逼真，栩栩如生；雕龙碑的个别墓葬大量随葬猪下颌骨或头骨等。瓮棺葬从早期到晚期绝大多数无随葬品，仅有个别的墓有一两件小型陶器或少量装饰品等。

第二，仰韶文化早、中、晚各期墓葬的葬式有一定的发展演变规律。早期前段的土坑葬以单人一次仰身直肢为主，单人二次及多人二次合葬仅在关中东部的华阴横阵、华县元君庙开始流行。早期后段大部地区仍以单人一次仰身直肢为主，单人二次及多人二次合葬的葬俗已影响到关中西部、陕南、陇东、晋中南、豫北一带，关中中部、豫西南鄂西北受到强烈影响，已经以二次葬为主要葬式了。到了仰韶文化中期，除豫西南、鄂西北及豫中个别墓地还有二次葬延续外，其余各地二次葬基本绝迹，仍以单人一次仰身直肢为主。仰韶文化晚期，单人一次仰身直肢又占了主导地位，二次葬除个别墓地尚存少数外，在整个仰韶文化分布区内几乎消失，但在豫中一带出现了个别的成年男女一次合葬的现象。从这些情况来看，仰韶文化的葬式从早到晚一直是以单人一次仰身直肢为主的，二次葬仅在早期前段个别墓地开始出现，早期后段至中期前段有了较大（地区）的发展，并不同程度地影响到各地，到中期后段及晚期基本绝迹。仰韶文化墓葬葬式的发展演变规律，可能与当时的社会变革有关，这是一个相当复杂的问题，笔者尚难进行理想的推论，敬请学界关注。

第三，仰韶文化的各个墓地在各聚落中都有一定的规划位置，各墓地的墓葬都有一定的排列次序以及分区、分群的现象，这对研究当时居民的社会组织结构具有十分重要的意义。如西安半坡的墓地在聚落的围沟以北、以东和东南；宝鸡北首岭的墓地在聚落的东部和东南部，其间虽无壕沟相隔，但有一定的间隔距离；华县元君庙的墓地在居住区以南；华阴横阵的墓地在居住区的东北；临潼姜寨墓地在围沟以外的东南、正东和东北，北部也有但被现代村庄所压或破坏；西乡何家湾的墓地在居住区的西北和东南；南郑龙岗寺的墓地在整个聚落的东部；淅川下王岗的墓地在居住区以西和东北，居住区内也有；临汝洪山庙的墓地在居住区以南；郑州西山的两处墓地，一处在城外西部，一处在城内西北部；孟津妯娌的墓地在居住区仓储区以南，凡此等等。墓地在整个遗址中都有一定的规划位置，无论早期或晚期，它们和居住区都有一定的距离。各墓地的墓葬大都有一定的排列次序，有的南北成行，有的东西成排，有的比较集中的成群。如早期前段的半坡北区土坑墓可分为6群，围沟以内居住区的瓮棺葬可分为10群；北首岭二期前段的土坑墓可分为二区8群；姜寨一期土坑墓已发掘的三区可分为13群，东部房屋附近的瓮棺葬可分为4群；龙岗寺早中期的土坑墓分为两层，即第六层可分为4群，第五层可分为3群；何家湾早中期的土坑墓可分为6群；下王岗一期土坑墓可分为三区9群；横阵是一个墓区，每个多人二次合葬墓为一群死者，共有若干群；元君庙是两个墓区，各有若干群。早期后段的史家是一个墓区，每个多人二次合葬墓为一群死者，共有若干群；姜寨二期可能是一处既包含小中型居民集体（家族、氏族）的墓葬，同时又包括大型居民集体（胞族）的墓葬，是集中在一起的大型墓地；王家阴洼墓地明显地分为二区5群；龙岗寺晚期墓地分为四层：第四层可分为三区6群，第三层可分为三区9群，第二层可分为三区4群，瓮棺葬为一群，第一层可为一区5群，瓮棺葬为一群；何家湾晚期可分为三区5群；下王岗二期可分为四区若干群。仰韶中期的洪山庙一个大坑内分为13排，每排分为二三组，每组有三四座，坑、排、组可能是胞族、氏族、家族三级组织结构。仰韶文化晚期各墓地的分区分群情况，多因报道不详，暂缺。这些墓地的墓葬分区分群的情况，分别代表一定的社会组织结构。一般认为墓群可能是家族的墓地，墓区可能是氏族的墓地，一个遗址的整个墓地可能是胞族的墓地。由此可知，有的遗址可能是由两个或两个以上氏族所组成的胞族聚落遗址，有的遗址可能是只有一个氏族的聚落遗址。

第四，墓葬资料所反映的仰韶居民的体质特征及种系。创造仰韶文化的居民是一种什么样的现象呢？用人类学的术语说，是个什么样的体质特征呢？是属于人类学上的哪个种系呢？与现代中国人的关系怎样呢？要回答这些问题，只有体质人类学家通过对考古发现的古人类遗骸进行研究后才能解决。早在20世纪20年代在中国工作的加拿大学者步达生（Biock. D）曾对安特生在河南、甘肃发现的仰韶文化及马家窑文化的人骨标本进行研究，其结论是：这些史前居民在体质形态上具有典型东方人种的特征。其体质与现代华北人有许多共性，因而称他们为“原始中国人”[56]。后来随着中国考古学的发展，于20世纪50年代发现了大批仰韶文化人骨标本，体质人类学家颜訚先生对这些人骨标本进行了研究。他认为西安半坡、宝鸡北首岭及华县元君庙等三个典型遗址人骨的体质类型是基本一致的，其形态特征是：都具有简单的颅顶缝、眶形圆钝、颧骨突出、鼻棘低矮、低而凹形的鼻梁、犬窝浅、面部扁平、铲形门齿出现率高等现代蒙古人种头骨上常见的形态特点。从颅骨测量分析来看，它们往往是中颅型和高颅型，中等面宽，中等偏低的眶型，上面较高，齿槽突颌和阔鼻倾向。根据长骨推算，估计男性身高为167.5～169.5厘米。其种系特征，与现代蒙古人种的南亚支系比较接近，与新石器时代南亚类型也较接近[57]。这和步达生的研究结论是有区别的。

后来体质人类学家韩康信、潘其风等对庙底沟二期、横阵及姜寨的人骨标本进行综合研究[58]，提出了与颜訚先生不同的认识。认为颜訚所得结论的根据，即仰韶居民的偏低眶型和阔鼻倾向是保存了旧石器时代祖先类型的某种尚未十分分化的性质。因此可以说，仰韶居民的头骨形态的基本形式已很接近同地域远东支系类型的头骨，同时还保存着尚未完全分化的某些原始特点。所以，把仰韶居民的体质类型看作现代华北人的原形的观点是大致可以确立的[59]。也就是说，仰韶居民的体质特征与现代华北人的体质特征是接近的或者说是一致的，仰韶居民应该说是现代华北人的直系祖先。这和早年步达生的研究结论也是相同的。

第五，墓葬资料所反映的仰韶文化早、中、晚各期的社会性质。关于仰韶文化社会性质问题的讨论，于20世纪五六十年代已经开始，当时对这一问题的认识在学术界大体有三种不同的意见：第一种认为是母系氏族社会[60]；第二种认为是父系氏族社会[61]；第三种认为整个仰韶文化是母系氏族社会，但到了它的后期已开始孕育着新的变化[62]。其中第一种意见在学术界相当盛行，第二种意见仅有个别同志提出，第三种意见对后来的认识颇有启发。七八十年代，随着我国考古学的发展和考古工作的广泛开展，考古资料的积累日渐丰富，有关这一问题的讨论又热烈地开展起来。在讨论中大体是两种意见：第一种意见认为仰韶文化早期是母系氏族社会的繁荣阶段，中晚期是父系氏族社会[63]；第二种意见认为整个仰韶文化时期是父系氏族社会，还带有军事民主制的性质，产生了文明因素，出现了文明的曙光[64]。其中持第一种意见的人较多，成为倾向性的意见，持第二种意见的人较少。同时还有专门对早期或晚期进行研究的，唯独对中期因缺乏资料故而研究者较少。即是有些看法，也是借用同时期的其他考古学文化的资料进行论证的。自80年代末以来，随着我国考古学的持续发展，河南、河北、山西、陕西、甘肃、内蒙古和湖北等省区又发掘了六十多处仰韶文化遗址，同时各地原来积压的调查发掘资料大都得到整理，很多发掘报告或简报陆续出版和发表，这些都为我们对仰韶文化社会性质的进一步研究打下了坚实的基础。

埋葬制度是人类社会发展到一定阶段的产物，它必然会受到社会存在的影响。因此，学术界在对原始社会各阶段社会性质的研究中，对墓葬资料特别重视。近十几年来，有关仰韶文化的墓葬资料又有很多新的发现，其所反映的埋葬制度已见前述。这样的埋葬制度所反映出的社会性质，结合当时的生产力发展水平、居住情况、聚落形态等方面的资料，进行综合研究，我们认为仰韶文化早期的社会性质是母系氏族社会的繁荣阶段，并发展到它的顶峰期；父系氏族制已经萌芽，或者说由母系氏族制已开始向父系氏族制过渡。仰韶文化中期的社会性质应是父系氏族社会，父权制在多数地区已经形成，私有制正在向前发展，战争已经出现，少数地区可能滞后一些，仍处在由母系向父系的过渡阶段。仰韶文化晚期的社会性质已是典型的、发达的父系氏族社会，父权制在各地均已确立，私有制已有发展，贫富已开始分化，大部地区已开始发展到军事民主制的部落联盟时期，已开始进入了酋邦（或古国）时期，文明基因已经孕育。至于这些认识的具体论证，我们已有专论发表，此不赘述[65]。

仰韶文化墓葬一览表

序号	遗址名称	墓葬总数	墓类	一次葬数	二次葬数	头向	墓葬位置	葬具	随葬品	分期或类型	备注	资料出处
				单人葬或合葬	单人葬或合葬							
1	荥阳点军台	19	土坑葬	单人葬：仰身直肢 19		西		无	仅 M20 有罐 1、石环 1，余无	庙底沟类型		《科学通报》2 卷 2 期，1951 年
2	荥阳青台	20	土坑葬	单人葬：仰身直肢 4		西		无	仅 1 墓有鼎 1，余无	秦王寨类型		
			瓮棺葬	婴幼儿：16			居住区	罐鼎组合				
3	偃师灰咀	1	瓮棺葬	幼儿：1						秦王寨类型		《文物》1959 年 12 期
4	临汝大张	11	土坑葬	单人葬；仰身直肢 9		西北			无	秦王寨类型		《考古》1960 年 6 期
			瓮棺葬	幼：1				瓮钵组合				
			灰坑葬	合葬：M19（4 人）		西			有几件罐			
5	彬县下孟村	8	瓮棺葬	幼：8				瓮钵组合	6 座有小钵、罐	史家类型		《考古》1960 年 1 期，1962 年 6 期
		1	灰坑葬	合葬：1（H14 共 4 人）						庙底沟类型		
6	洛阳王湾	76	土坑葬 29	单人葬：28（有二层台墓 3）	单人葬：1（M45，有二层台）	西北		无	M45：女、成人，随葬有碗 1、骨匕 8、绿松石饰 3，共 12 件	一期二段庙底沟类型	一般墓无随葬品，仅 M45 有，头骨深涂普遍	《考古》1961 年 4 期
			瓮棺葬 47	幼：47				43 座为二尖底瓶相扣、4 座为瓮钵组合	无			
		39	土坑葬 33	单人葬：仰身直肢 31，俯身 2		西北		无	无	二期秦王寨类型	M79 为俯身葬，双手被缚	
			瓮棺葬 6	幼 6				瓮钵组合	无			

续表

序号	遗址名称	墓葬总数	墓类	一次葬数	二次葬数	头向	墓葬位置	葬具	随葬品	分期或类型	备注	资料出处
				单人葬或合葬	单人葬或合葬							
7	郧县大寺	7	土坑葬	单人葬：仰身直肢6	合葬：1（8人）	西、西北		无	合葬墓有斧、罐、钵等，单人葬无	下王岗类型	年代与史家类型相当	《考古》1961年10期 《考古学报》1989年1期
8	郧县清龙泉	4	瓮棺葬	幼：4		竖放或斜置	房屋附近	罐和器盖组合	无	赵湾类型	年代与秦王寨类型相当	
9	均县朱家台	4	土坑葬	单人葬：仰身直肢3		东南			均有1～3件陶器	赵湾类型		《考古》1961年10期 《考古学报》1989年1期
			瓮棺葬	幼：1				罐钵组合	无			
10	鲁山邱公城	22	瓮棺葬	幼：17	单人葬：成5			幼为鼎豆罐组合成缸器盖组合	无	庙底沟类型		《考古》1962年11期
11	偃师汤泉沟	1	土坑葬	单人葬：屈1			窑门外		无	秦王寨类型		《考古》1962年11期
12	西安半坡	250	土坑葬172	单人葬：仰身直肢145、俯身15、屈肢2、童3。合葬2	单人葬：5	西155 西北9 南7、东1	墓地，个别在居住区	M152有木棺	71座有随葬品，尖底瓶、钵、罐、壶、盆、珠、球及装饰	半坡类型		《西安半坡》，文物出版社，1963年
			瓮棺葬76	幼：74	童：2	竖放，斜置	居住区	瓮、钵、罐、盆组合	W32有小罐1			
			灰坑葬2	单人葬：2						西王村类型		
13	唐河寨茨岗	18	土坑葬	单人葬：仰身直肢5		北		无	M12有罐1，余无	赵湾类型		《考古》1963年12期
			瓮棺葬	幼：13		横陈		二罐相扣，罐和器盖组合	无			

续表

序号	遗址名称	墓葬总数	墓类	一次葬数	二次葬数	头向	墓葬位置	葬具	随葬品	分期或类型	备注	资料出处
				单人葬或合葬	单人葬或合葬							
14	陕县庙底沟	4	灰坑葬	单人葬 3，合葬 1（2 人）		混乱			H49 的人骨架左手无名指上有蚌环 1 件	庙底沟类型		《庙底沟与三里桥》，科学出版社，1959 年
15	陕县三里桥	2	土坑葬	单人葬：仰身直肢 2		西北			无	史家类型		
16	偃师苗湾	1	瓮棺葬	幼：1		横陈		尖底瓶	无	秦王寨类型		《考古》1964 年 1 期
17	巩县赵城	6	瓮棺葬	幼：6		横陈、竖放	居住区	尖底瓶、缸	无	秦王寨类型		
18	偃师宫家窑	4	土坑葬	单人葬：仰身直肢 4		北			无	秦王寨类型		《考古》1964 年 3 期
19	唐河茅草寺	15	土坑葬	单人葬；仰身直肢 2				无	无	赵湾类型		《考古》1965 年 1 期
			瓮棺葬	幼：13		横陈	居住区	三罐相扣或尖底瓶钵相扣	无			
20	华县泉护村太平庄	1	土坑葬	单人葬：仰身直肢 1（女性）		西			瓶、钵、鹗鼎各 1 件，釜灶 1 套，有孔石斧 1 件，骨匕 14 件，笄 1 件	庙底沟类型		《考古学报》1965 年 1 期
21	渑池西河庵	1	灰坑葬	单人葬：1					无	庙底沟类型		《考古》1965 年 10 期
22	洛阳中州路	3	土坑葬	单人葬：仰身直肢 3		西	居住区	无	无	秦王寨类型		《洛阳中州路》，科学出版社，1959 年

续表

序号	遗址名称	墓葬总数	墓类	一次葬数	二次葬数	头向	墓葬位置	葬具	随葬品	分期或类型	备注	资料出处
				单人葬或合葬	单人葬或合葬							
23	南召二郎岗	35	土坑葬	单人葬：仰身直肢11、童2		北		无	无	赵湾类型		《文物》1959年7期
			瓮棺葬	幼：22		多数横陈少数竖放	居住区与墓地重合	二罐相扣或鼎、盆、尖底罐组合	无			
24	伊川土门	10	瓮棺葬	幼：8；成人：2				罐、尖底瓶、器盖组合	无	庙底沟类型		《考古》1961年1期
25	安阳后岗	2	土坑葬	单人葬：1（M15）	合葬：1（M46，24人）	M15东北		无	无	后岗类型		《考古》1972年3、5期
26	芮城东庄村	5	土坑葬	单人葬：仰身直肢2	合葬：2（M103九人，M105二人）	西、西北		无	无	史家类型		《考古学报》1973年1期
			瓮棺葬	幼：1		竖放		瓮和石块组合	无			
27	芮城西王村	1	瓮棺葬	幼：1		北		尖底瓶	无	一期，庙底沟类型		
		1	瓮棺葬	幼：1		东		瓮钵相扣	无	二期，西王村类型		
28	渭南史家	45	土坑葬	单人葬：仰身直肢2，童1	合葬：42（人数最多的M45达51人）	西	墓地		葫芦瓶、钵、罐、细颈壶	史家类型		《考古》1978年1期
29	华县泉护村	1	灰坑葬	单人葬：仰身直肢1（童）					陶器10件	庙底类型	在H224内	《考古》1959年2期
30	华县涨村	4	土坑葬	单人葬：仰身直肢2（童）		西		无	尖底瓶、罐、钵、碗	半坡类型		《考古学报》1980年3期
			瓮棺葬	幼：2				瓮钵相扣	无			

续表

序号	遗址名称	墓葬总数	墓类	一次葬数	二次葬数	头向	墓葬位置	葬具	随葬品	分期或类型	备注	资料出处
				单人葬或合葬	单人葬或合葬							
31	商县紫荆	23	土坑葬	单人葬：仰身直肢14	合葬：2（M19为母子合葬）	西北		无	三座有，余无	半坡类型		《考古与文物》1981年3期
			瓮棺葬	幼：7		竖放		罐、瓮、钵、碗	无			
		15	土坑葬	单人葬：仰身直肢12；合葬1	合葬：1（3人）	东南、西南		无	无	西王村类型		
			瓮棺葬	幼：1								
32	临汝阎村	12	瓮棺葬	幼：12		竖放	墓地	缸	无	庙底沟类型	不一定全为幼儿	《中原文物》1981年1期
33	安阳后岗	8	土坑葬	单人葬：仰身直肢5、俯身1	合葬：2（各2人）	南			无	后岗类型		《考古》1982年6期
34	临潼原头	10	瓮棺葬	幼：10		竖放	房屋附近	瓮钵相扣	无	半坡类型		《考古与文物》1982年1期
35	华县梓里	12	土坑葬		合葬：12	西		无	无	史家类型		《西北大学学报（哲学社会科学）》1982年3期
36	荥阳点军台	13	瓮棺葬	幼：13		横陈	房屋附近	二尖底瓶相扣	无	庙底沟类型	点军台一期	《中原文物》1982年4期
		2	瓮棺葬	幼：1		竖放		缸鼎相扣	无	秦王寨类型	点军台三期	
			灰坑葬	乱葬无规律（10人）				无	无			
37	华县元君庙	53	土坑葬		单人葬15；合葬：25；空墓7个	西	墓地	一般无，仅M458用石块为椁	大多数有随葬品	半坡类型	53座中尚有7座难以分期	《元君庙仰韶墓地》文物出版社，1983年
		4	土坑葬		单人葬：1；合葬：3	西	墓地		均有随葬品	史家类型	即M423、M438、M460、M461	

续表

序号	遗址名称	墓葬总数	墓类	一次葬数	二次葬数	头向	墓葬位置	葬具	随葬品	分期或类型	备注	资料出处
				单人葬或合葬	单人葬或合葬							
38	宝鸡北首岭	448	土坑葬382	单人葬：仰身直肢290、俯身14、侧身1、屈肢1；合葬：5	单人葬：35；合葬9；葬式不明确26	西、西北	墓地	有板灰、席痕的10座	有随葬品的225座	半坡类型（内含史家类型约半数以上）		《宝鸡北首岭》，文物出版社，1983年
			瓮棺葬66	幼：65	成：1	竖放、斜置	墓地	瓮、罐、钵				
39	秦安大地湾	76	土坑葬	单人葬；仰身直肢76		西	墓地		均有，以葫芦瓶、钵、罐组合	史家类型	大地湾仰韶早期	《文物》1983年11期
40	宁县阳坬	5	土坑葬	单人葬：仰身直肢4；合葬：1（3人屈肢）		东北			M2、M3各随葬猪下颌骨1副，M4 1、2号人骨各随葬猪头1具，3号无	仰韶晚期	与西王村类型相当	《考古》1983年10期
41	华阴横阵	29	土坑葬		单人葬1、合葬8，三个大坑内有15个小坑合葬墓	西	墓地		多数有	半坡类型		《考古学集刊》第4集，中国社会科学出版社，1984年
			瓮棺葬	幼：5		竖放	遗址西北	瓮、钵或盆相扣	无			
			灰坑葬	合葬：1（H103，8人）			居住区		无			
42	铜川李家沟	11	瓮棺葬	幼：11		竖放		瓮、钵或罐、盆组合	W24随葬陶器4件、绿松石坠饰1件、骨珠16枚，余无	半坡类型	李家沟一期	《考古与文物》1984年1期
		3	土坑葬	单人葬：仰身直肢3		东北、西北、北			二座有、一座无	庙底沟类型	李家沟二期	
		15	瓮棺葬	幼：15		竖放或斜置		瓮钵组合	无	西王村类型	李家沟三期	

续表

序号	遗址名称	墓葬总数	墓类	一次葬数	二次葬数	头向	墓葬位置	葬具	随葬品	分期或类型	备注	资料出处
				单人葬或合葬	单人葬或合葬							
43	岐山王家咀	3	土坑葬	单人葬：仰身直肢 2		东			无	庙底沟类型		《史前研究》1984 年 3 期
			瓮棺葬	幼：1		斜置		瓮 1 倒扣	无			
44	秦安王家阴洼	63	土坑葬 60	单人葬：仰身直肢 50；合葬：1（母子）	单人葬：7 合葬：2				墓侧各有一个随葬坑，以葫芦瓶、钵、罐为组合	史家类型	西区 32 东区 31	《考古与文物》1984 年 2 期
			瓮棺葬 3					瓮上盖 1 件陶片				
45	郑州陈庄	2	瓮棺葬	幼：2				一座罐盆相扣；一座罐钵相扣	无	秦王寨类型		《中原文物》1986 年 2 期
46	长葛石固	1	土坑葬	单人葬：仰身直肢 1		西北		无	罐 1 件	石固 V 期遗存		《华夏考古》1987 年 1 期
		20	土坑葬 10	单人葬：仰身直肢 10		东南		无	无	庙底沟类型	石固Ⅵ期	
			瓮棺葬 10	幼：10				罐钵相扣	无			
		18	土坑葬 16	单人葬：仰身直肢 16		14 座东南，2 座向西			仅 M43 有杯、球、饼各 1，余无	秦王寨类型	石固Ⅶ期	
			瓮棺葬 2	幼：2				罐盆相扣				
47	荥阳青台	2	瓮棺葬	幼：2		横陈		以尖底瓶、器盖或钵组合	无	底庙沟类型	青台一、二期	《中原文物》1987 年 1 期
		2	土坑葬	合葬：2（M10 为母子合葬，M25 为夫妻合葬）				无	无	秦王寨类型	青台三期	

续表

序号	遗址名称	墓葬总数	墓类	一次葬数	二次葬数	头向	墓葬位置	葬具	随葬品	分期或类型	备注	资料出处
				单人葬或合葬	单人葬或合葬							
48	临潼姜寨	380	土坑葬174	单人葬：仰身直肢151、俯身3、不明葬式6	单人葬：9；空墓1；合葬1（2人）	西北	Ⅰ区51、Ⅱ区55、Ⅲ区48	无	有随葬品的138座，以尖底瓶、罐、钵常见	姜寨一期半坡类型	M96为一成年男性和一小孩合葬，M158为一成年女性和一小孩合葬，瓮棺葬成群分布	《姜寨——新石器时代遗址发掘报告》，文物出版社，1988年
			瓮棺葬206	幼：206		多为竖放少数斜置	多数在居住区，少数在墓地	以瓮钵相扣最多，罐钵次之，瓮盆又次之	无			
		294	土坑葬191	单人葬：仰身直肢32；合葬：3（二人1座，三人1座）	单人葬：25，未清理2，合葬：129	西、西南、西北	墓地	无	有随葬品的149座，少的1件，多的32件	姜寨二期史家类型	二次合葬墓中最多的达84人，以20左右的常见	
			瓮棺葬103	幼：77	成：24；合葬：2（1座2人，1座成人1、小孩3）	竖放、斜置或横陈	成群分布	瓮钵相扣最多，罐钵相扣较少，尖底缸也有	四座有，均为一件陶器			
		4	土坑葬1	单人葬：仰身直肢1		东北		无	无	姜寨四期西王村类型		
			瓮棺葬3	幼：3		斜置		罐或瓮与钵相扣	无			
49	郑州后庄王	68	土坑葬18	单人葬：仰身直肢18		西	墓地	无	无	后庄王下层和中层庙底沟类型		《华夏考古》1988年1期
			瓮棺葬50	幼：50		横陈	墓地、住房附近都有	尖底瓶葬较多	无			
50	濮阳西水坡	175	土坑葬120	有单人葬、集体合葬、一次葬和二次葬，M50为8人二次合葬，M45为一人一次葬		M50头向东北，M45头向南		无	M45人骨东西两侧分别用蚌壳摆塑有龙虎图案	后岗类型		《文物》1988年3期 《华夏考古》1988年4期
			瓮棺葬55			竖放		鼎钵相扣常见	无			

续表

序号	遗址名称	墓葬总数	墓类	一次葬数	二次葬数	头向	墓葬位置	葬具	随葬品	分期或类型	备注	资料出处
				单人葬或合葬	单人葬或合葬							
51	洛阳西干沟	1	土坑葬							秦王寨类型		《洛阳发掘报告》，燕山出版社，1989年
52	洛阳同乐寨	13	瓮棺葬							庙底沟类型		
53	淅川下集	28	土坑葬17	单人葬：仰身直肢15	单人葬：2	东北、东	墓地	无	一座有猪头骨1副；二座有钵、罐各1件	八里岗类型	年代与庙底沟类型相当	《中原文物》1989年1期
			瓮棺葬11	幼：7；成：4		竖放		钵瓮或尖底钵相扣	无			
54	淅川下王岗	124	土坑葬123	单人葬：仰身直肢121、屈肢1；合葬：1（M705二男性成年）		西北102，西南10，其余零乱	西区34、中区44、东区46	无	74座有，49座无	下王岗一期遗存	23座小孩墓中，9座在中年女性旁边	《淅川下王岗》，文物出版社，1989年
			瓮棺葬1			下		罐1倒扣				
		472	土坑葬451	单人葬：仰身直肢151、侧身4、俯身1、迁出2；合葬：4（2人3座，3人1座）	单人葬：202；合葬：87（少者2人，多者29人）	西南	东北部335、居住区76、西部13、北部28、零散8	无	162座一次葬中有随葬品的117座，289座二次葬中有随葬品的206座	下王岗二期下王岗类型	二次葬随葬的陶器为冥器	
			瓮棺葬21			竖放	居住区	罐、瓮、鼎、尖底瓶、盆	无			
		1	土坑葬	单人葬：仰身直肢1		东北		无	无	赵湾类型	下王岗三期	
55	永年石北口	8	土坑葬	简报分类不详：既有一次葬，也有二次葬		南		无	无	后岗类型		《文物春秋》1989年3期
56	察右前旗庙子沟	43	多为土坑葬，有少量灰坑葬，还有灶坑、居住面葬小孩的。流行屈肢葬。头向不一。未发现集中墓地，多分散在房屋附近。有单人葬、双人葬及多人合葬，M4为一对成年男女和一小孩合葬。随葬品多少不一，多的达10余件，少的仅用几块陶片盖身。M4随葬丰富，小口双耳罐和夹砂罐各2件，大口双耳罐和钵各1件，骨锥、匕等共11件。							海生不浪类型	简报对墓葬分类、葬式数量等均不详	《文物》1989年12期

续表

序号	遗址名称	墓葬总数	墓类	一次葬数	二次葬数	头向	墓葬位置	葬具	随葬品	分期或类型	备注	资料出处
				单人葬或合葬	单人葬或合葬							
57	淅川黄楝树	9	土坑葬	单人葬：仰身直肢4		西南	居住区	无	无	下王岗类型		《华夏考古》1990年3期
			瓮棺葬	幼：5		竖放	居住区	罐、瓮、器盖、盆	无			
58	合阳吴家营	5	土坑葬	单人葬：仰身直肢2	单人葬：2；合葬：1（三人）				均有，为钵、罐、葫芦瓶组合	史家类型		《考古与文物》1990年6期
59	南郑龙岗寺	423	土坑葬409	单人葬：仰身直肢360；合葬：4（均为2人，3座为成年女性合葬，1座为母子合葬）	单人葬：23；合葬：8（2人4座，3人2座，M210为1男2女成年合葬，4人1座，6人1座）	西北	墓地（第六、第五层为半坡类型早期，第四至第一层为半坡类型晚期）	21座墓有树皮样木灰痕迹	有的226座占55%，没有的183座占45%，常见的有钵、碗、盆、罐、壶、瓶、盂等，3座墓用龟随葬	早中期168座为半坡类型，晚期225座为史家类型。瓮棺葬均为史家类型	迁葬墓14座，晚期的225座墓中有21座为二次葬	《龙岗寺》，文物出版社，1990年
			瓮棺葬14			竖放、斜置	墓地	瓮、盆或钵相扣	无			
60	凉城红台坡下	1	土坑葬		合葬：1（多人合葬）			无	无	石虎山遗存	年代与后岗类型相当	《内蒙古中南部原始文化研究文集》，1991年
61	蓝田泄湖	1	瓮棺葬	幼：1		横陈		二瓮相扣、在对口处有彩陶盆1件	无	史家类型		《考古学报》1991年4期
62	临汝中山寨	2	灰坑葬	单人葬：1；零乱：1				无	无	庙底沟类型	中山寨二、三期	《考古学报》1991年1期

续表

序号	遗址名称	墓葬总数	墓类	一次葬数	二次葬数	头向	墓葬位置	葬具	随葬品	分期或类型	备注	资料出处
				单人葬或合葬	单人葬或合葬							
63	枣阳雕龙碑	196	土坑葬 133 瓮棺葬 63	一期土坑葬均为单人一次仰身直肢，头向西北，整个墓地为东北—西南向排列出一字形，均无随葬品						下王岗类型	简报各期数量不详	《考古》1992 年 7 期 《中国文物报》1994 年 11 月 20 日
				二期土坑葬均为单人一次仰身直肢，头向西北或东北，均无随葬品。瓮棺葬均为幼儿，葬具有罐、鼎、尖底缸、瓮盆等，有的用一件，有的用二件，有的用三件，不规律						八里岗类型		
				三期有一次葬，也有二次葬，大多是几座墓集中在一起，也有分散的。普遍随葬猪下颌骨，有的墓几副、十几副，有的墓多达七八十副，无陶器随葬。瓮棺葬个别随葬冥器 1 件						赵湾类型		
64	翼城北橄	11	土坑葬		单人葬：成 5、童 6	西北				史家类型	北橄一、二期	《文物季刊》1993 年 4 期
		2	土坑葬	单人葬：仰身直肢 2					其中一座随葬石刀 1 件	庙底沟类型	北橄三、四期	
65	铜川吕家崖	12	土坑葬	单人葬：仰身直肢 1	单人葬：2；合葬：9（多人）	西		无	三座有，以罐、钵、葫芦瓶为组合，余无	史家类型		《考古与文物》1993 年 6 期
66	宝鸡福临堡	45	土坑葬	单人葬：仰身直肢 40、屈肢 1、侧身 1，仅有头者 1	单人葬：2	西 12、东 32	墓地分七排	个别墓有木板灰	12 座有，占总数 1/4	头向东的较早，介于老官台文化与半坡类型之间；头向西的较晚，属半坡类型		《宝鸡福临堡》，文物出版社，1993 年
67	紫阳马家营	5	瓮棺葬	幼：5		竖放		罐钵相扣	W2 有纺轮、石斧各 1 件，W5 有石镞、石球等 8 件	半坡类型		《陕南考古报告集》，三秦出版社，1994 年
68	汉阴阮家坝	2	瓮棺葬	幼：2				W1 以陶片铺墓底，W2 以罐钵相扣	无	史家类型		

续表

序号	遗址名称	墓葬总数	墓类	一次葬数	二次葬数	头向	墓葬位置	葬具	随葬品	分期或类型	备注	资料出处
				单人葬或合葬	单人葬或合葬							
69	西乡何家湾	38	土坑葬	单人葬：仰身直肢 33，俯身 1	合葬：1（M35 成人男性为一次葬，儿童为二次葬。）	西、西北	墓地	M33 有树皮样灰	均有，多少不一	早中期为半坡类型	3 座葬式不详	《陕南考古报告集》，三秦出版社，1994 年
		39	土坑葬	单人葬：仰身直肢 35，俯身 1，空墓 1		西北	墓地		27 座有，余无		2 座葬式不详	
		100	土坑葬 79	单人葬：仰身直肢 65、俯身 1、侧身 2	单人葬：5，空墓 4	西北、西			31 座有，余无，有部分冥器	晚期为史家类型		
			瓮棺葬 21	幼：21		竖放、横陈		二罐或瓮钵相扣	4 座有，余无			
70	宝鸡北首岭	3	土坑葬	单人葬：仰身直肢 3		北			均有钵、罐、壶	半坡类型		《考古》1994 年 3 期
71	铜川瓦窑沟	116	土坑葬 70							半坡类型	报道不详	《中国文物报》1995 年 5 月 21 日
			瓮棺葬 46									
72	汝州洪山庙	136	瓮棺葬		成人多为二次葬	竖放		缸和器盖组合	仅 4 座有小陶器 1 件	庙底沟类型	136 座集中在一个大坑内	《汝州洪山庙》，中州古籍出版社，1995 年
73	临潼零口	2	土坑葬	单人葬：仰身直肢 2				无	M21，女性青年，从头骨至盆骨被插入镞、叉、笄 18 件	零口二期遗存		《中国考古年鉴·1996》，文物出版社，1997 年
		11	土坑葬	单人葬：仰身直肢 11				无		半坡类型	零口三期	

续表

序号	遗址名称	墓葬总数	墓类	一次葬数	二次葬数	头向	墓葬位置	葬具	随葬品	分期或类型	备注	资料出处
				单人葬或合葬	单人葬或合葬							
74	郑州西山	428	土坑葬 229	城外西部一处均为土坑竖穴单人仰身直肢葬，头向西或西南，无葬具，无随葬品，年代不详。城内北部一处始于庙底沟类型时期，终于秦王寨类型时期，M85 为成年男女合葬，M79 为成年男子与婴儿合葬						从庙底沟类型到秦王寨类型，城内区为第三组使用，第五组时重用		《考古》1998 年 4 期；《中国考古学年鉴·1996》，文物出版社，1997 年；《文物》1999 年 7 期
			瓮棺葬 199	均为幼儿，一部分与城内墓地交错埋葬，一部分埋在房屋附近，葬具不详						庙底沟类型，第二至四组		
75	偃师高崖	1	土坑葬	单人葬：仰身直肢 1				无	无	秦王寨类型		《华夏考古》1996 年 4 期
76	荥阳方靳寨	8	瓮棺葬	幼：8		竖放、横陈		小口尖底瓶与钵，大口尖底缸与鼎等		秦王寨类型		《中原文物》1997 年 3 期
77	尉氏椅圈马	5	土坑葬	单人葬：仰身直肢 4；合葬：1（二成年男性，一小孩）					一座有鼎 1 件，余无	后岗类型	椅圈马二期	《华夏考古》1997 年 3 期
		24	土坑葬 13	单人葬：仰身直肢 12	合葬：1（二男性）	南		无	无	庙底沟类型	椅圈马三期	
			瓮棺葬 11	10 座为一坑 1 人，一座为一坑 2 人				鼎或壶				
		4	土坑葬	单人葬：仰身直肢 3	单人葬：1	南			均有，以钵、豆、壶组合	秦王寨类型	椅圈马四期	
78	伊川伊阙城	5	土坑葬	单人葬：仰身直肢 3、屈肢 1		南		均有棺或椁	均有，三座墓随葬玉饰	秦王寨类型	一座葬式不详	《考古》1997 年 12 期

续表

<table>
<tr><th rowspan="2">序号</th><th rowspan="2">遗址名称</th><th rowspan="2">墓葬总数</th><th rowspan="2">墓类</th><th>一次葬数</th><th>二次葬数</th><th rowspan="2">头向</th><th rowspan="2">墓葬位置</th><th rowspan="2">葬具</th><th rowspan="2">随葬品</th><th rowspan="2">分期或类型</th><th rowspan="2">备注</th><th rowspan="2">资料出处</th></tr>
<tr><th>单人葬或合葬</th><th>单人葬或合葬</th></tr>
<tr><td>79</td><td>孟津妯娌</td><td>56</td><td>土坑葬</td><td>单人葬：仰身直肢 55；合葬：1（M3）</td><td></td><td></td><td></td><td></td><td>个别有，多数无</td><td>秦王寨类型</td><td></td><td>《中国考古学年鉴·1997》，文物出版社，1998 年</td></tr>
<tr><td rowspan="2">80</td><td rowspan="2">郑州八里岗</td><td rowspan="2">211</td><td rowspan="2">土坑葬</td><td colspan="6">较早的墓流行单人一次葬，二人以上的合葬及二次葬少见。头向有的向西，有的向北，一般皆仰身直肢。多数有随葬品，以陶器为主，骨、石器较少，多者四五十件，少者一、二件</td><td>八里岗一、二段下王岗类型</td><td rowspan="2">简报对墓葬分期数量报道不详</td><td rowspan="2">《考古》1997 年 12 期
《考古》1998 年 9 期</td></tr>
<tr><td colspan="6">较晚的墓多男女老少集体合葬，以二次葬为主，少一次葬，单人一次葬越往后越少，合葬墓的人骨多分排按个体一堆一堆摆放，少数墓人骨散乱如 M14、M13</td><td>八里岗三、四段八里岗类型</td></tr>
<tr><td>81</td><td>凉城石虎山Ⅱ</td><td>1</td><td>土坑葬</td><td>单人葬：仰身直肢 1</td><td></td><td></td><td></td><td>无</td><td>无</td><td>石虎山遗存</td><td></td><td>《考古》1998 年 12 期</td></tr>
<tr><td>82</td><td>灵宝北阳平</td><td>2</td><td>土坑葬</td><td>单人葬：仰身直肢 2</td><td></td><td>西、西南</td><td></td><td>无</td><td>无</td><td>庙底沟类型</td><td></td><td>《中国文物报》2000 年 2 月 27 日</td></tr>
<tr><td>83</td><td>民和胡李家</td><td>1</td><td>土坑葬</td><td>单人葬：仰身直肢 1（小孩）</td><td></td><td></td><td></td><td></td><td></td><td>庙底沟类型</td><td></td><td>《中国文物报》2000 年 3 月 15 日；《考古》2001 年 7 期</td></tr>
<tr><td>84</td><td>垣曲古城东关</td><td>7</td><td>土坑葬</td><td>单人葬：仰身直肢 7</td><td></td><td>西南</td><td></td><td>无</td><td>仅一座墓有细颈壶 1 件，余无</td><td>零口二期遗存</td><td>东关一期</td><td>《垣曲古城东关》，科学出版社，2001 年</td></tr>
<tr><td rowspan="2">85</td><td rowspan="2">郑州大河村</td><td rowspan="2">3</td><td>土坑葬</td><td>单人葬：仰身直肢 1、屈肢 1</td><td></td><td>西</td><td></td><td>无</td><td>无</td><td rowspan="2">后岗类型</td><td rowspan="2">大河村前一期</td><td rowspan="2">《郑州大河村》，科学出版社，2001 年</td></tr>
<tr><td>瓮棺葬</td><td>幼：1</td><td></td><td>竖放</td><td></td><td>罐上盖一件陶片</td><td>无</td></tr>
</table>

续表

序号	遗址名称	墓葬总数	墓类	一次葬数	二次葬数	头向	墓葬位置	葬具	随葬品	分期或类型	备注	资料出处
				单人葬或合葬	单人葬或合葬							
85	郑州大河村	5	土坑葬	单人葬：仰身直肢 2		一南、一东		无	无	庙底沟类型	大河村第一期	《郑州大河村》，科学出版社，2001 年
			瓮棺葬	幼：3				缸盆扣合或一罐倒扣	无			
		7	瓮棺葬	幼 7		竖放、横陈		大口尖底罐和罐相扣、罐豆相扣等	无		大河村第二期	
		22	土坑葬	单人葬：仰身直肢 1、屈肢 1		一东、一西		无	无	秦王寨类型	大河村第三期	
			瓮棺葬	幼：20		竖放、横陈		多为一件罐或鼎				
86	垣曲小赵	4	土坑葬	单人葬；仰身直肢 1		西		无	无	庙底沟类型		《考古学报》2001 年 2 期
			瓮棺葬	幼：3		横陈		二座仅用一件尖底瓶，一座用 1 件尖底瓶和罐组合	无			
87	天水师赵	5	土坑葬		单人葬：4；合葬：2（二人）			无	M5、M6 有凿、锛、球等石器，余为陶片	石岭下类型	师赵四期，年代与西王村类型相当	《师赵村与西山坪》，中国大百科全书出版社，1999 年
附记	①此表系参照金则恭同志 1984 年发表在《考古学集刊》第 4 集《仰韶文化的埋葬制度》一文附《仰韶文化墓葬一览表》调整补充制成											
	②此表所收资料源于从 1950 至 2001 年出版的正式发掘报告及发表的简报。未收集到的待补											
	③郑州八里岗、枣阳雕龙碑因分期数量不详，全部计入仰韶文化早期；西山城址亦因分期数量不详，全部土坑墓计入仰韶文化晚期，瓮棺葬计入仰韶中期											
	④大河村四期、阿善三期及相当的遗存，文化归属有争议，此表均不计入											

注　　释

① 见《仰韶文化墓葬一览表》。

② 零口二期遗存，包括翼城枣园 H1、侯马褚村、垣曲古城东关仰韶一期、渑池任村、灵宝北贾村等；石固五期遗存，包括大河村前三期、慰氏椅圈马一期等；北福地一期甲类遗存，包括炭山等；下王岗一期遗存，包括方城大张庄等。这些都是近年来新发现或新认识的比半坡类型早的文化遗存，但因资料尚少，还没有统一的考古学文化或类型的命名。这里暂将它们作为仰韶文化早期文化遗存看待。

③ a. 西安半坡博物馆等：《姜寨——新石器时代遗址发掘报告》，文物出版社，1988 年。b. 陕西省考古研究所：《龙岗寺》，文物出版社，1990 年。

④ 中国社会科学院考古研究所陕西工作队：《陕西华阴横阵遗址发掘报告》，《考古学集刊》第 4 集，中国社会科学出版社，1984 年。

⑤ 中国社会科学院考古研究所：《宝鸡北首岭》，文物出版社，1983 年。

⑥ 中国科学院考古研究所等：《西安半坡》，文物出版社，1963 年。

⑦ 同⑤。

⑧ 同③b。

⑨ 北京大学历史系考古研究室：《元君庙仰韶墓地》，文物出版社，1984 年。

⑩ 陕西省考古研究所等：《陕南考古报告集》，三秦出版社，1994 年。

⑪ 宝鸡市考古工作队等：《宝鸡福临堡》，文物出版社，1993 年。

⑫ 中国历史博物馆考古部等：《垣曲古城东关》，科学出版社，2001 年。

⑬ 河南省文物研究所等：《淅川下王岗》，文物出版社，1989 年。

⑭ 西安半坡博物馆等：《陕西商县紫荆遗址发掘简报》，《考古与文物》1981 年 3 期。

⑮ 严文明：《仰韶文化研究》第 262 ~ 303 页，文物出版社，1989 年。

⑯ 史家类型，有学者称半坡类型晚期；后岗类型，有学者称后岗一期文化；下王岗类型，这里系指以下王岗二期为代表的一类遗存；石虎山遗存，系指内蒙古中南部以石虎山遗址为代表的一类仰韶文化早期遗存。

⑰ a. 甘肃省博物馆文物工作队：《甘肃秦安大地湾遗址 1978 至 1982 年发掘的主要收获》，《文物》1983 年 11 期。b. 甘肃省博物馆大地湾发掘小组：《甘肃秦安王家阴洼仰韶文化遗址的发掘》，《考古与文物》1984 年 2 期。c. 中国科学院考古研究所山西工作队：《山西芮城东庄村和西王村遗址的发掘》，《考古学报》1973 年 1 期。d. 中国社会科学院考古研究所安阳工作队：《安阳后岗新石器时代遗址的发掘》，《考古》1982 年 6 期。e. 濮阳市文物管理委员会等：《河南濮阳西水坡遗址发掘简报》，《文物》1988 年 3 期。

⑱ a. 西安半坡博物馆：《陕西渭南史家新石器时代遗址》，《考古》1978 年 1 期。b. 陕西省考古研究所等：《陕西铜川吕家崖新石器时代遗址试掘简报》，《考古与文物》1993 年 6 期。c. 陕西省考古研究所配合基建考古队：《陕西合阳吴家营仰韶文化遗址清理简报》，《考古与文物》1990 年 6 期。

⑲ 北京大学考古学习队等：《河南郑州八里岗遗址发掘简报》，《文物》1998 年 9 期。

⑳ 中国社会科学院考古研究所湖北队：《湖北枣阳市雕龙碑新石器时代遗址试掘简报》，《考古》1992 年 7 期。

㉑ 郑州市文物考古研究所：《郑州大河村》，科学出版社，2001 年。

㉒ 河北省文物研究所等：《河北永年石北口遗址发掘简报》，《文物春秋》1989 年 3 期。

㉓ a. 内蒙古文物考古研究所等：《内蒙古乌兰察布盟石虎山遗址发掘纪要》，《考古》1998 年 12 期。b. 田广

金：《内蒙古岱海地区仰韶时代文化遗址的调查》，《内蒙古中南部原始文化研究文集》，海洋出版社，1991 年。

㉔ 言明：《关于濮阳西水坡遗址发掘简报及其有关的两篇文章中若干问题的商榷》，《华夏考古》1988 年 4 期。

㉕ 中国社会科学院考古研究所陕西六队：《陕西蓝田泄湖遗址》，《考古学报》1991 年 4 期。

㉖ 陕西考古所泾水队：《陕西邠县下孟村遗址发掘简报》，《考古》1960 年 1 期和 1962 年 6 期。

㉗ 仰韶文化庙底沟类型，近年来有学者改称庙底沟文化；八里岗类型指分布在豫西南鄂西北一带的年代相当于庙底沟类型的以八里岗三、四段为代表的仰韶文化遗存。

㉘ 郑州大学考古系等：《河南尉氏县椅圈马遗址发掘简报》，《华夏考古》1997 年 3 期。

㉙ a. 河南省文物研究所：《长葛石固遗址发掘报告》，《华夏考古》1997 年 1 期。b. 河南省文物研究所：《郑州后庄王遗址的发掘》，《华夏考古》1988 年 1 期。

㉚ a. 北京大学考古实习队：《洛阳王湾遗址发掘简报》，《考古》1961 年 4 期。b. 严文明：《仰韶文化研究》第 1 ~ 21 页，文物出版社，1989 年。

㉛ 郑州市博物馆：《荥阳点军台遗址 1980 年发掘报告》，《中原文物》1982 年 4 期。

㉜ 西安半坡博物馆：《铜川李家沟新石器时代遗址发掘报告》，《考古与文物》1984 年 1 期。

㉝ 西安半坡博物馆：《陕西岐山王家咀遗址的调查与试掘》，《史前研究》1984 年 3 期。

㉞ 原长办考古队河南分队：《淅川下集新石器时代遗址发掘报告》，《中原文物》1989 年 1 期。

㉟ 山西省考古研究所：《山西翼城北橄遗址发掘报告》，《文物季刊》1993 年 4 期。

㊱ 河南文物研究所：《汝州洪山庙》，中州古籍出版社，1995 年。

㊲ a. 郑州市文物工作队：《青台仰韶文化遗址 1981 年上半年发掘简报》，《中原文物》1987 年 1 期。b. 国家文物局考古领队培训班：《郑州西山仰韶时代城址的发掘》，《文物》1999 年 7 期。

㊳ a. 河南省文化局文物工作队：《河南鲁山邱公城古遗址的发掘》，《考古》1962 年 11 期。b. 临汝县文化馆：《临汝县阎村新石器时代遗址调查》，《中原文物》1981 年 1 期。

㊴ 中国科学院考古研究所：《庙底沟与三里桥》，科学出版社，1959 年。

㊵ 中国社会科学院考古研究所河南一队：《河南临汝中山寨遗址》，《考古学报》1991 年 1 期。

㊶ 河南省文化局文物工作队：《河南渑池西河庵村新石器时代遗址发掘简报》，《考古》1965 年 10 期。

㊷ 仰韶文化晚期的诸类型有学者改称为不同的诸考古学文化，本文仍以传统提法对待。石岭下类型有学者将其归属马家窑文化，这里依郎树德《大地湾考古对仰韶文化研究的贡献》（《中原文物》1986 年特刊——《论仰韶文化》）一文的意见，将其归属仰韶文化晚期。赵湾类型系指分布在豫西南鄂西北晚于八里岗三段和四段、雕龙碑二期，早于屈家岭文化的一类仰韶文化晚期遗存。

㊸ 商县图书馆等：《陕西商县紫荆遗址发掘简报》，《考古与文物》1981 年 3 期。

㊹ 内蒙古文物考古研究所：《内蒙古察右前旗庙子沟遗址考古纪略》，《文物》1989 年 12 期。

㊺ 洛阳市第二文物工作队：《河南伊川县伊阙城遗址仰韶文化遗存发掘简报》，《考古》1997 年 12 期。

㊻ 河南省文物管理局等：《黄河小浪底水库文物考古报告集》，黄河水利出版社，1998 年。

㊼ 杨虎、刘国祥：《兴隆洼文化居室葬俗及相关问题探讨》，《考古》1997 年 1 期。

㊽ 河南省文化局文物工作队：《河南临汝大张新石器时代遗址发掘简报》，《考古》1960 年 6 期。

㊾ 中国社会科学院考古研究所长江工作队：《湖北均县朱家台遗址》，《考古学报》1989 年 1 期。

㊿ 杨育彬：《河南偃师仰韶及商代遗址》，《考古》1964 年 3 期。

㉛ 河南省文化局文物工作队：《河南唐河寨茨岗新石器时代遗址》，《考古》1963 年 12 期。

㉜ 庆阳地区博物馆：《甘肃宁县阳坬遗址试掘简报》，《考古》1983 年 10 期。

㉝ 河南省文化局文物工作队：《河南唐河茅草寺新石器时代遗址》，《考古》1965 年 1 期。

㉞ 郑州市文物考古研究所等：《荥阳方靳寨新石器时代遗址发掘简报》，《中原文物》1997 年 3 期。

㉟ 长办文物考古队直属工作队：《一九五八至一九六一年湖北郧县和均县发掘简报》，《考古》1961 年 10 期。

㊱ 步达生：《甘肃河南晚石器时代及甘肃史前后期之人类头骨与现代华北及其他人种之比较》，古生物志丁种第六号第一册，1928 年。

㊲ 颜訚等：《西安半坡人骨的研究》，《考古》1960 年 9 期；《宝鸡新石器时代人骨的研究报告》，《古脊椎动物与古人类》1960 年 1 期；《华县新石器时代人骨的研究》，《考古学报》1962 年 2 期。

㊳ 考古研究所体质人类学组：《陕西华阴横阵的仰韶文化人骨》，《考古》1977 年 4 期。韩康信等：《庙底沟二期文化人骨的研究》，《考古学报》1979 年 1 期。夏元敏等：《临潼姜寨一期文化墓葬人骨研究》，《史前研究》1983 年 2 期。

㊴ 韩康信：《仰韶新石器时代人类学材料种系特征中的几个问题》，《史前研究辑刊》，1988 年。

㊵ 同㊴。

㊶ 许顺湛：《关于中原新石器时代文化的几个问题》，《文物》1960 年 5 期。

㊷ 苏秉琦：《关于仰韶文化的若干问题》，《考古学报》1965 年 1 期。

㊸ 巩启明：《试论仰韶文化》，《史前研究》1983 年 1 期。李绍连：《仰韶文化社会形态初探》，《论仰韶文化》，《中原文物》1986 年特刊。严文明：《半坡类型的埋葬制度和社会制度》，《仰韶文化研究》，文物出版社，1989 年。

㊹ 许顺湛：《再论仰韶时期的社会性质》，《学术研究辑刊》1979 年第 1 期。丁清贤、曹静波：《仰韶文化社会性质的讨论及我见》，艾延丁：《元君庙墓地反映的社会性质》，均见《论仰韶文化》，《中原文物》1986 年特刊。丁清贤、孙德萱：《从濮阳蚌壳龙虎墓的发现谈仰韶文化的社会性质》，《中原文物》1988 年 1 期。

㊺ 巩启明：《从考古资料看仰韶文化的社会组织及社会发展阶段》，《中原文物》2001 年 5 期。

巩启明、巩文合著，原载于《中国史前考古学研究——祝贺石兴邦先生考古半世纪暨八秩华诞论文集》，三秦出版社，2003 年。

从考古资料看仰韶文化的社会组织及社会发展阶段

仰韶文化自 1921 年发现以来，已经 80 个春秋。80 年来经过几代学者的不懈努力，已发现仰韶文化遗址 5000 多处，发掘或试掘过的遗址 200 多处[①]，积累了大量资料，并已经取得了丰硕的研究成果，为我国史前考古和史前史的研究做出了极大的贡献。仰韶文化的发现和研究，从数量、规模及认识程度等方面来看，都经历了一个逐步发展的过程。80 年的前 60 年主要是对它自身的发展序列以及与其他史前文化（如龙山文化、庙底沟二期文化、马家窑文化等）关系的研究，后 20 年才进入专题研究阶段。在专题研究的众多选题中关于仰韶文化的社会组织、社会性质问题，一直是学术界关注的热点。笔者过去也发表过不成熟的意见，这些年来随着田野考古的发展、新资料的积累，以及受众多学者研究成果的启发，我们对以前的认识有所修正和补充，现在整理出来，继续参加对这一问题的讨论。

关于仰韶文化居民的社会组织及社会发展阶段问题的讨论，于 20 世纪的五六十年代已经开始，当时对这一问题的认识大体有三种不同的意见：第一种认为是母系氏族社会；第二种认为是父系氏族社会；第三种认为整个仰韶文化是母系氏族社会但到了它的后期已开始孕育着新的变化[②]。其中第一种意见在学术界相当盛行，第二种意见仅有个别同志提出，第三种意见对后来的认识颇有启发。七八十年代，随着考古工作的发展及考古资料的积累，关于这一问题的讨论又热烈地开展起来。在讨论中大体是两种意见：第一种意见认为仰韶文化早期是母系氏族社会的繁荣阶段，中晚期是父系氏族社会；第二种意见认为整个仰韶文化时期是父系氏族社会，还带有军事民主制的性质，产生了文明的因素，出现了文明的曙光[③]。其中持第一种意见的人较多，成为倾向性的意见，持第二种意见的人较少。同时还有专门对早期或晚期进行研究的，唯独对中期因缺乏资料而研究者较少，即使有些看法，也是借用同时期的其他考古学文化的资料进行论证的。

自80年代末以来，随着我国考古学的发展，又发掘了一大批仰韶文化遗址。如陕西的合阳吴家营、铜川吕家崖、瓦窑沟；河南的汝州洪山庙、邓州八里岗、郑州西山；湖北的枣阳雕龙碑；山西的翼城北橄、夏县西阴村；甘肃的西峰南佐疙瘩渠；青海的民和胡李家；内蒙古的察右前旗庙子沟、凉城石虎山、王墓山、托克托海生不浪等60多处，又积累了一大批新的资料。同时以前积压的发掘资料有不少已整理出专集报告陆续出版，如临潼姜寨、淅川下王岗、南郑龙岗寺、西乡何家湾、宝鸡福临堡、汝州洪山庙、天水师赵及扶风案板等重要遗址的发掘报告都已出版。还有很多遗址的小型报告也陆续在刊物上发表。这些都为我们对仰韶文化的社会组织和社会性质等问题的进一步研究打下了很好的基础。我们试从仰韶文化早、中、晚各期考古资料所反映的生产力发展水平、居住情况、聚落形态及埋葬制度等方面来探讨仰韶文化的社会组织及社会发展阶段问题。

一 仰韶文化早期（公元前5000～前4000年）

仰韶文化早期主要包括半坡类型、史家类型及其他年代相当的文化类型或遗存。仰韶文化早期的经济是在比它早的磁山、裴李岗、老官台文化的基础上发展起来的，从总的情况来看，无论是生产工具、生产技术、生产规模、生产关系等都较前有所发展。这时的经济状况仍是以旱作农业为主，饲养家畜、渔猎、采集为辅的综合性经济结构。农业是当时生产活动的主要部门，是生产力发展水平的集中反映，是人们赖以生存和繁衍的经济基础。从出土的农业生产工具来看，有开垦耕地用的石斧、砍砸器；有翻地松土用的石铲、石耜、骨铲（可能还有木耜）；有播种和中耕管理用的石锄、石锛（可能还有木耒、木锄、角锄）；有收割用的石、陶质的刮削器；以及粮食加工用的石磨盘、磨棒等。尽管这些生产工具中打制的多，磨制的少，制作比较粗糙，多数还保留着打制或原石料皮层，呈现出形状不甚规整、种类不多、中耕管理工具尚少等原始状态，但它已基本上可以适应当时初级锄耕农业的需要，在半坡早期、姜寨一期、北首岭中期、龙岗寺、何家湾及其他早期遗址中出土的这些工具，都呈现出一致的特点[④]。农作物主要是粟和黍，其优点是耐旱、生长期短、耕作技术简单、产量较高，最适宜黄土地带种植。粟和黍在半坡早期，姜寨一、二期，北首岭中期，龙岗寺，下孟村早期及元君庙等遗址都有发现[⑤]，在龙岗寺还发现有豆科作物。当时的农业劳动，可能是男女协作进行的，如开垦耕地、播种等，需要较多的男女强壮劳力共同协作才能完成。至于中耕管理，乃至收割、储藏、粮食加工等可能多是由妇女承担。在整个农业生产过程中，妇女投入的时间和劳动量是最多的。平时的饲养家畜都由妇女担任。采集野菜、野果则是由老人、妇女和小孩去做。同时妇女还肩负着生儿育女、制造部分工具、陶器制作、制备食物、纺线、织布、缝纫衣物及其他繁重的家务劳动。狩猎、捕鱼等生产活动才是由男子承担的。北首岭的77M4和77M20等中青年男性墓中各随葬骨镞80多件，他们在生前可能是富有经验的猎手，这项生产一年四季都可进行，但收获远比不上农业和饲养家畜牢靠。可见在整个经济生活中妇女起着重要作用，其经济地位、社会地位可能均比男子要高。

关于仰韶早期居民的居住情况，已积累了较多的资料，已发现各类房址四五百座，典型聚落遗址数处，这是当时居民生产生活情景、婚姻家庭、社会组织结构的直接反映，要比墓葬资料更富有现实意义。现以姜寨一期聚落为例进行剖析。这个聚落的平面布局有居住区、墓葬区及烧制陶器的窑场等三大部分。居住区是整个聚落的主体，其周围有环壕和河水防护，环壕以外是墓葬区，河边有一处窑场（也有零星分布在居住区的）。环壕以内的居住区，中心是一处约4000多平方米的广场，其周围分布着100多座大小规模不等的房屋，这些房屋的门一律朝向广场，按不同的方位分为五组，各组由十几或二十几座不同大小的房屋组成。一般是小型房屋十几座，中型房屋一二座，大型房屋仅一座，各组之间有一定的距离间隔。环壕以外的墓地可分为五区。研究者认为这里的五组建筑和五区墓葬可能是五个氏族的住地和墓地，它们所组成的整个聚落是一处胞族的聚居地，同时认为这里存在着由对偶家庭组成的家族、氏族、胞族三级社会组织结构，也就是说这里是由若干个家族组成的五个氏族，五个氏族组成一个胞族，整个聚落是一个较大的胞族共同体[⑥]。那么，这样的人们共同体在整个原始社会史中是处于哪个发展阶段呢？需要我们作具体的分析。这里的小型房屋有三种不同的情况和用途：一种是房内有火塘，有一套生活用具和少量的生产工具，还有少量的粮食储藏，有睡卧的地方，如F46、F14、F109、F127等，显然是一个相对独立的生活单位。把这种情况解释为一个对偶家庭的住处是比较合适的。一种是房内仅有火塘和少量日常用具，并没有整套的生活用具，如F45、F50、F83、F95及F100等，不像是一个对偶家庭的住所，也不像是一个在氏族或家族中相对独立的生活单位，而像是一个夜来晨去走访婚的客房，氏族或家族中正在过婚姻生活的适龄女子常住其中，夜间接待外氏族的男子。像纳西族的阿注关系一样，男子夜间来访，白天离去，各自参加本氏族或家族的生产劳动，只在夜间同居，不在一起生产、生活。另一种是房内空无一物，仅有火塘和睡卧的地方，如F12、F15、F85、F97、F98及F124等，这可能是一种公房，专供青年男女幽会谈情说爱甚至同居用的，就像云南阿细人的公房一样。这三种不同的小型房屋可能反映了三种不同的婚姻形式，即对偶婚、走访婚及群婚（残余）。所有小型房屋所反映的使用情况都不是一个生产单位（没有整套的生产工具），至多是一个半消费单位，它必须定期从更大的集体（家族）领取粮食等生活资料，所以它不是完全独立的，也是不巩固的。中型房屋在五组建筑中都有分布，有的一二座，有的二三座不等，在它们的周围或附近都有几座小型房屋和地窖群、瓮棺葬群分布，房内有较大的火塘，左右两侧有较大的土床，有很多生产工具和生活用具，如F17、F29、F36、F111等，它们可能是家族中一二位长者及其两三代子孙的住所，这是母系家族的标志。母系家族在氏族中是一个相对独立的生产、生活单位，有自己的土地、住所、家畜等动产和不动产，它和附近几座小型房屋的使用者是直系血亲关系，是一个老祖母传下来的几代人，是最基层的社会组织团体，是一个家族公社。大型房屋是由几个家族组成的氏族共同体的标志，即氏族公社。氏族公社不但有公共活动的大房屋，还有自己的家畜圈栏或夜宿场，有的还有陶窑，很明显它是一个生产单位，它把部分动产和不动产分配给各家族使用。这样的五组建筑和五区墓葬正好反映出姜寨聚落是由五个氏族组成的胞族公社。胞族有自己的窑场、森林和牧场，经济职能不如氏族突出，这时的所有制应是以氏族公社为基础的。也就是说当时的家族、氏族、胞族三级所有中应以氏族为基础。一般来说，对偶家庭、母系家族是母系氏族社会晚期的反映，由此可知姜寨一期聚落中的五个氏族可能是五个母系氏族，五个母系氏族组成一个胞族聚落。

姜寨一期聚落所反映的情况，在仰韶早期聚落中是比较典型的，因为在其他遗址中无论是房屋结构或聚落布局，同姜寨相比都是大同小异的，如半坡早期、北首岭中期的聚落情况，基本上都是一个统一的模式。若干个这样的胞族（或氏族）聚落，组成一个部落，每个部落都有自己的地区范围。就整个仰韶文化早期来看，可能分布着很多这样的部落。

仰韶文化早期的埋葬制度，也反映出和居住情况同样的社会组织和社会性质。这方面的资料也很丰富，已发现各类墓葬3000多座。有关仰韶文化早期的埋葬制度及社会制度，严文明先生的研究成果对我们颇有启发。他认为仰韶文化早期各墓地都存在着分区、分群的现象⑦。我们在严先生研究的基础上又做了进一步考察，其结果是：半坡早期的土坑葬墓地分为北区、东区及东南区三区，东区和东南区发掘面积过小，只有北区可供研究。北区可分为6群，居住区的瓮棺葬可分为10群。北首岭中期前段的土坑葬墓地分为二区8群。姜寨一期已发掘的土坑葬墓地分为三区13群，居住区东组房屋附近的瓮棺葬分为4群。龙岗寺属于早期前段的土坑葬墓地分为两层，即第六层仅一区，可分为4群；第五层也只一区，可分为3群。属于早期后段的分为四层，即第四层分为三区6群；第三层分为三区9群；第二层分为三区4群，瓮棺葬1群；第一层仅一区，可分为5群，瓮棺葬1群。何家湾属于早期前段的土坑葬墓地分为两层，下层分为二区3群，中层仅一区，可分为3群；属于早期后段的分为三区5群。下王岗一期土坑葬墓地分为三区9群。王家阴洼墓地的分区分群情况最为明显，可分为二区5群⑧。这几处墓地均以单人一次葬为主，从平面布局来看都存在着墓群、墓区、墓地的情况。在姜寨遗址，每个墓区都是与每组房屋相对应的，连瓮棺葬也一样相对应分布。我们既已认定每组房屋的居民是一个母系氏族，那么，很自然地可认定每一墓区是以母系氏族为单位规划的，是一个氏族在一定时间内死者的墓葬。各墓区内划分出的墓葬群自然是不同家族在一定时期内死者的墓葬群体。这样，墓群、墓区、墓地明显地反映出家族、氏族、胞族的三级社会组织。同时，我们从随葬品的多少来看，发现各墓群（家族）之间及各墓区（氏族）之间，有着明显的差别。如从墓群来看，姜寨墓地东北墓区的 M258 ~ M262，5 座墓为一群，随葬品共 24 件，每墓平均 4 件多；M96、M101 ~ M105，6 座墓为一群，随葬品只有 6 件，每墓平均 1 件。从墓区来看，东区 51 座墓，随葬品 251 件（四座墓随葬的串饰骨珠 10897 枚未计在内），每墓平均 4.1 件；东北墓区 55 座墓，随葬品 144 件，每墓平均 2.6 件。北首岭的两个墓区同样存在着明显的差别。这样的差别表明各家族之间及各氏族之间的经济状况是不平衡的，其原因可能是多方面的，或因自然灾害所致，或因各自的生产能力、管理能力不同所致。由此可见，这时的家族是比较脆弱的，是不巩固的，是脱离不开氏族的，说明氏族仍是社会的基本单位。至于氏族间的差别，则是当时社会的基本差别。

以多人二次合葬墓为主的墓地同样存在着分区、分群的现象，也就是说同样存在着家族、氏族、胞族的三级社会组织。只是各遗址因发掘工作多少的不同或保存好坏的不同而揭露的墓地有所差别，有的存在二级组织，有的存在三级组织。如属于早期前段的横阵墓地，三个大坑中的各小坑及普通合葬墓都是家族一级的墓葬，整个墓地是一个氏族的墓地。元君庙墓地没有大坑，均为普通的合葬墓，每一个合葬墓都是一个家族在一定时期的死者通过实行二次葬安葬在一起的，全部合葬墓的排列情况分为两区。两个墓区是两个氏族的反映，就整个墓地来看应是由两个氏族组成的一个胞族的墓地。属于早期后段的史家墓地大多数是多人二次合葬墓，每个墓大都在 10 人以上，有的多达 51 人，从平面分布来看，看不出分区的情况，表明这里应是一个氏族的墓地，因为一个家族在不太长的时期内不会死亡那么多人。姜寨二期墓地 189 座土坑葬，经鉴定的人骨个体达 2000 多个，每座合葬墓以十几人或二十几人的最多，有的多达七八十人，又看不出分区的布局，研究者认为一个家族或一个氏族在不太长的时期内不会死亡那么多人，这里应是以胞族为单位的墓地，可能还包括住在外村落的属于同一胞族的派生氏族的成员死后归葬祖茔的死者。下王岗二期墓地明显地分为四区，群别因报告印刷问题不太清楚⑨。这些情况表明仰韶早期各墓地普遍存在着墓群、墓区的现象，它们所对应的社会组织应是家族、氏族、胞族的存在。这和上述房屋的居住情况所反映的社会组织是一致的，其社会性质也应是相同的。

值得注意的是，在仰韶文化早期墓葬中，除了男女分别单人一次葬和男女老少多人二次合葬的外，还有一些同性或异性合葬的情况。如两个女性合葬的有元君庙的 M443、M429，龙岗寺的 M236、M67、M309、M396 等；三个女性合葬的有元君庙的 M457 等；三个成年女性和一个小孩合葬的有元君庙的 M455，龙岗寺的 M101 等；四个女性合葬的有半坡的 M39 等；两个男性合葬的有半坡的 M38，元君庙的 M413，姜寨二期的 M80、

M81、M133、M173、M237、M257，龙岗寺的M330；三个男性合葬的有元君庙的M449，姜寨二期的M138、M228、M235，龙岗寺的M145等；五个男性合葬的有姜寨二期的M109、M111、M250等；六个男性合葬的有龙岗寺的M300等；九个男性合葬的有姜寨二期的M1等；三男二女合葬的有元君庙的M418；一男二女合葬的有龙岗寺的M210；母子合葬的有元君庙的M420，姜寨的M158、M181，龙岗寺的M316、M355等；一对成年男女和小孩合葬的有元君庙的M425等；一对成年男女合葬的有姜寨二期的M215、M293、M327等；父子合葬的有姜寨的M96等。同性合葬和母子合葬一般解释是母系氏族社会的反映，成年异性合葬和父子合葬一般解释是为父系氏族社会的反映。现在看来两种情况共存于同一时期，前一种较多，后一种较少，虽说仅有数例，但我们不可轻视这一现象。我们知道在对偶婚所组成的对偶家庭中，子女确认生父的情况开始出现。这种情况逐渐由少到多，久而久之，到了一定时期人们的世系及社会性质就变了。所以仰韶文化早期虽说仍是处于母系氏族社会的繁荣阶段，但已出现夫妻合葬、父子合葬的个别现象，应视为一夫一妻制开始出现、父系氏族制开始萌芽。另外我们从墓葬结构、随葬品种类、质地和数量的不同，也可看出这样的情况。如半坡的M152，为一个三四岁的小女孩墓，按成人的葬法埋葬，用木棺为葬具，墓坑有二层台，随葬品有陶器6件、石球3件、玉耳坠1件、石珠69枚，共79件；元君庙的M420，为一座一个成年女性和两个女孩的母女合葬墓，随葬陶器21件、蚌饰1件、骨笄2件、石球5枚、骨珠1147枚；姜寨的M7，为一个十六七岁的少女墓，随葬陶钵、陶锉、石刮削器各1件，石球3枚，玉耳坠2件，串饰骨珠8577枚。这些都是女性厚葬的典型墓例，一般认为这是妇女社会地位高于男子的表现，是母系氏族制的反映。但也有个别男子实行厚葬的现象，如元君庙的M458是一座男性老人墓，其墓葬形制特别讲究，墓圹大，有二层台，台上垒以石块，形若“石椁”，并随葬有6件陶器；龙岗寺的M345是一座中年男子的墓葬，墓圹大，有木棺，随葬品的质量、数量都和一般墓葬不同，有玉铲1件、大型石铲2件、锛1件、磨石3件、磨盘1件、钵10件、罐和壶各2件、尖底瓶和直腹罐各1件、器盖1件、骨针2件、牙饰14件、石片1件，合计42件。这种现象可能是父权制萌芽的反映。

综上所述，我们认为仰韶文化早期的社会组织应是以氏族制为基础的，属于母系氏族公社的高级阶段，家族和胞族也有一定的发展，社会性质应是母系氏族社会的繁荣阶段，并已发展到它的顶峰期，父系氏族制已经萌芽，或者说由母系氏族制已开始向父系氏族制过渡。

二 仰韶文化中期（公元前4000~前3500年）

仰韶文化中期主要包括庙底沟类型及其他年代相当的文化类型或遗存。仰韶文化中期的经济状况是在早期的基础上发展起来的，从总体情况看，仍然是以农业为主，饲养家畜、渔猎和采集为辅的综合性经济结构。以种植粟、黍等作物为主的旱作农业在当时的经济生产中占主导地位。从出土的生产工具来看，其制造技术明显进步，磨制的占绝大多数，通体磨光、切锯、钻孔技术已较前普及，打制工具占数极少。原有器类多有改进，新的器形大量出现。如石斧通体磨光的增多，双面刃，形体精致；石铲、石耜数量增加，形体加大，体薄规整，刃部锋利。庙底沟遗址出土的一件石铲长达29厘米。两端带缺口的陶刀、石刀、石镰、木耒、木耜、石锄等新型工具开始出现，有的石刀还有穿孔，这些特点在陕县庙底沟一期，铜川李家沟中期，岐山王家咀一期，渑池仰韶村一期，汝州洪山庙，夏县西阴村一期，邓州八里岗三、四段等遗址出土的各种工具中都明显地表现出来[⑩]。尤其是洪山庙遗址出土彩陶缸上绘制的木耒、木耜的图形，不但表明了仰韶时期木器工具的存在，而且对我们复原木耒、木耜的形状有很大的启发。这些都反映了农业生产较前发展，这时已是典型的锄耕农业阶段。石斧、石铲、石耜、木耜、木耒是开垦耕地、松土、播种的工具，石锛、石锄、木锄是中耕管理的工具，石刀、陶刀、石镰、蚌镰是收割工具，磨盘、磨棒、石臼、石杵是粮食加工工具，石锤、砺石是制作工具的用具。由于开垦耕地所用工具的改进，耕地开始扩大，收入也随之增加。改进后的工具，不但可以收割禾穗，同时也可收割杆茎，这不仅对农业有利，而且也为发展饲养业创造了有利条件。随着农业的发展，仅靠妇女的力量越来越难以胜任，于是男子终于放弃渔猎而投身于农业生产，这不但使渔猎业相应地降为次要地位，同时也使男子的收入稳定，经济地位和社会地位逐渐提高。

仰韶文化中期人们的居住情况已较早期进步。圆形房屋骤减；方形房屋仍有大中小之分，但地穴较早期为浅；地面建筑数量增加；大多数房屋仍为单间，但双间或多间的套房已经在不少地区出现，有的地方已相当流行。这时期的重要聚落也发现不少。我们试从这时的各类房屋的使用情况及聚落分布情况来考察当时的社会组织、社会性质问题。截至目前，已发现仰韶文化中期各类房址一百七八十座，均属零星发现（八里岗发现较多但分期数目不详，大地湾简报称发现100多座但具体情况不详）。这些房屋以小型的较多，中、大型的较少，其用途各不相同。这时的小型房屋多为单间，但双间（或称套间）已在各地出现。如铜川李家沟中期的F1，淅川下集的F1、F2，尉氏椅圈马三期的F2，荥阳点军台一期的F1等，都是双间房屋[⑪]。双间房屋的出现反映出这时期的婚姻、家庭和社会组织已有变化，在对偶家庭可能仍然盛行的情况下，个体家庭开始流行，子女已知生父，世系按父系计算，父系制已经形成。这与男子大量时间投入农业生产，经济地位提高是相一致的。中型房屋可能是父系家族的住所，像庙底沟的F301，面积大，火塘也较大，为单间建筑，它可能是家族中的老年人以及残存的群婚、对偶婚所生未确知生父的小孩的住处。八里岗三四段的F35、F36等都是多间式套房，它们可能是父系家族的住所，是几代人的住处，是家族公社较前发展的典型[12]。八里岗遗址共三排建筑，每排又分若干座多间式套房。这里的套房若是以家族为单位的话，那么，每排就应该是高一级组织，即氏族组织的居所。这里的三排即三个氏族所组成的聚落，应是更高一级的社会组织，即胞族的居所。关于仰韶文化中期的聚落情况，我们从文物普查和考古调查资料中也可知道一些信息。从宏观上看，这一时期的聚落群及中心聚落可能已经出现。如豫中、豫西南鄂西北、嵩山附近、豫西、晋西南、关中东部、关中中部、关中西部、北洛河中游、陇东等地区，都有几十处或一百多处同时期的遗址存在，它们各自形成一个聚落群，每群中都分布有大、中、小不同规模的聚落。大型聚落约30万平方米以上，有的达八九十万平方米；中型聚落10万平方米左右；小型聚落仅几万或几千平方米[13]。那么，它们之间是怎样的关系呢？我们认为它们可能是三级社会组织的标志，即大型中心聚落、中型中心聚落和一般聚落。它们既是从属关系，同时也是互相依存的关系，它们所对应的社会组织可能是部落、胞族、氏族。关中东部华县泉护村的F201、关中中部西安南殿村的F1、晋西南洪洞耿壁的F1及豫西灵宝东常、西坡暴露的房址等大型房屋，都在100平方米以上，它们可能是当地某一级别的社会组织的公共活动场所[14]。

已发现中期墓葬600多座，其中瓮棺葬较多，土坑葬墓较少，而且多系零星发现。有些墓地也反映了当时的社会组织和社会性质。如洪山庙墓地，是大坑套小坑，集中一百多个死者的骨骸用瓮棺二次埋葬在一起的。大坑内的136座瓮棺葬，分为13排，每排十几座不等，每排又分为两三组或三四组，这里的组可能是一个家族在一定时期内死者的组合，排可能是一个氏族若干个家族在一定时期死者的组合，大坑可能是一个胞族在一定时期内集中各氏族的死者骨骸实行的二次葬。也就是说，这里存在着家族、氏族、胞族三级社会组织。而且，这里的社会组织可能是父系制的。中期的灰坑葬资料也比较重要，如陕县庙底沟4座、临汝中山寨2座、渑池西河庵和郊县下孟村各1座，共8座，所葬死者均为非正常死亡，非正常埋葬，有的俯身，有的屈肢，有的身首异处，有的缺臂，有的少腿，有的系被活埋做挣扎状[15]。他们生前的身份地位和一般氏族成员不同，可能是战俘，故而不能和一般氏族成员一样死后埋进公共墓地。原始社会对战俘的处理一般是氏族或家族收作养子或奴隶，有的被处死，地位极为低下，死后随便抛置于废弃的窖穴掩埋。这些灰坑葬表明当时可能已有战争存在。战争是私有制发展到一定程度的产物，原始的战争多由集团之间为争夺土地、草场、财产和血族复仇所引起，是父权制社会的反映。

这时尽管每个氏族中的老祖母以及富有生产和社会经验的妇女仍享有很高的威望，但由于男子因参加农业生产而使经济地位得以改变以及一夫一妻制的流行，父权制逐渐得以确立。一些勤劳勇敢、办事公正、对氏族有突出贡献、在人们心中颇有威信的男子已经涌现出来。他们可以被选为氏族首领、部落酋长，率领全氏族、部落进行生产斗争，处理氏族、部落内外的一切事务，这就使男子在氏族、部落中或社会上的地位逐渐提高。在早期遗址中往往发现妇女的塑像或画像，如半坡遗址曾出土过一个女性老人的塑像，一些彩陶盆上也绘有面目清秀的女性画像，说明当时妇女在社会上有较高的地位，受人尊敬，受人崇拜。但到了中期一反常例，如在黄陵遗址和北首岭晚期地层中都发现有男人的陶塑头像[16]，在洪山庙遗址三座妇女的瓮棺葬具陶缸上都有男性生殖器图案，在W39女性瓮棺葬具陶缸上用泥条塑出一个粗大的男性生殖器，在下集遗址出土过一件陶祖。这些都说明男子的社会地位普遍提高，受人尊敬，受人崇拜，人们的思想意识已经发生了变化。

通过分析，我们认为这一时期的社会组织家族公社较前发展，家族公社所有制也较前突出，氏族、胞族和部落在经济上开始退居次要地位，社会性质应是父系氏族社会，父权制在多数地区已经形成。私有制正在向前发展，战争已经出现，但少数地区可能滞后一些，仍处在由母系向父系的过渡阶段。

三　仰韶文化晚期（公元前3500～前3000年）

仰韶文化晚期主要包括西王村类型、秦王寨类型及其他区系年代相当的文化类型或遗存。仰韶文化晚期的生产力发展水平，在早中期的基础上已有明显的进步。这时的各类生产工具进步很快，打制石器几乎绝迹，磨制石器、骨器、玉器等无论是数量还是质量都达到了相当高的水平。漆器开始出现。由于锯切、钻孔、磨制技术的提高，绝大多数石器都有角有棱，相当规整。石制品增多，骨制品减少，如骨镞逐渐由石镞取代。制陶技术也较前有了提高。早期仅见个别陶器有慢轮修整口沿的情况；中期经慢轮修整过的陶器不但数量增加，而且已由口沿发展到腹部；到了晚期已发展到整个器身。同时，烧制的火候已较前控制得更好，器类更加复杂。建筑技术则达到了前所未有的高度，原始水泥、夯筑技术已经出现，能建造大型建筑，墙体、木构、居住面等都较前有了大踏步地发展。这时的农业生产发展更快，各类农业生产工具数量显著增加，制作质量明显改进。各类工具形状规整，磨制精细，刃部锋利，钻孔技术提高，既有两面钻也有单面钻，而且较前普及。同时，木器农具如双齿木耒、木耜、木锄、木杈的使用更加普遍，木犁也可能开始出现。工具的改进使增加耕地，扩大种植面积成为可能。产量提高了，收入也相应增加。这时的农业生产规模已经扩大，社会分工也发生了变化，男子主要从事农业劳动，妇女逐渐以纺线、织布、缝衣、生儿育女、做饭等家务劳动为主。这时的农业作物，不但有粟、黍，而且有稻和豆，同时已开始种植蔬菜[17]。这一时期由于男子成为农业生产的主力，其经济地位、社会地位普遍提高，父权制也随之得到空前发展。

晚期居民的居住情况近年来已积累了大批资料，已发现各类住宅建筑400多座、典型聚落多处，这是当时居民的婚姻、家庭、社会组织、社会性质的直接反映。这一时期的房屋建筑仍有小型、中型、大型之分，其用途和功能各不相同。小型房屋分单间和套间两种，单间面积较小，十几或20平方米左右；套间面积较大，30平方米左右，有的两间套用，有的三间套在一起。无论是单间还是套间，都有火塘、成套的生活用具和生产工具，不少房间内还有储藏粮食或其他食物的窖穴。这一现象在西安半坡晚期，郑州大河村三期，唐河寨茨岗、茅草寺，察右前旗庙子沟，托克托海生不浪等遗址都有发现。半坡F38内有一个窖穴H108，其中全为粟粒；庙子沟的房址内大多数都有窖穴设施，是一个完整的生活单位[18]。一般认为这是一夫一妻制家庭的住所。中型房屋，有的四五间组成一座，有的六七间组成一座，面积都较大。如大河村的F1～F4由四间组成，如加上F1的套间实际上是由五间组成，面积45平方米；八里岗的F34由五套11间组成，137平方米；雕龙碑的F15由七间组成，101.2平方米[19]。这些房屋一般都是住人的，有的还有储藏室，室内大都有灶台或火塘，都有大量的生活用具和生产工具，这应是一个较大的生活和生产单位，是一个独立性较强的亲族集团，是一个由若干个体家庭包括几辈人所组成的父系大家族的住所，是比较发达的家族公社。大型排房或成片房屋有的是由若干座房屋组成一排，有的是若干套组成一排，有的是成片集中分布。如八里岗的中排70米长，由15座房屋组成，南排已发掘45米长，由5座房屋组成；下王岗三期的长屋由20套房屋组成；大地湾、西山都是成片集中分布；庙子沟也是成排分布。这些排或片可能是由若干个家族所组成的父系氏族的聚居地[20]。由几排或几片房屋组成的聚落，可能是一个更高的社会组织胞族的住地。如八里岗由三大排房屋代表三个氏族聚居的大型聚落，大地湾遗址由几个小区、西山由几片房屋代表由若干个氏族聚居的大型聚落；雕龙碑是一个由两排房屋代表两个氏族聚居的中型聚落[21]；下王岗只有一排长屋，可能是只住一个氏族的小型聚落。大型聚落是当地的中心聚落，中型聚落是当地的次中心聚落，小型聚落是一般的自然村。大型中心聚落可能是部落酋长及其族众的聚居地，也可能是统领一方的部落联盟军事首领的驻地；中型中心聚落可能是部落酋长或胞族首领及其族众的驻地；小型聚落则是一个氏族所住的自然村。这是一级领属一级的有机的社会组织结构。

就整个仰韶文化晚期的社会组织来看，各地区都有大中小型聚落分布，都以大型聚落或地形、地势优越的中型聚落为中心聚落。大型中心聚落所在的地区都有很多中小型聚落。大、中、小型三种聚落所对应的社会组织可能是部落联盟或大型部落、中小型部落或胞族、一般氏族，从而形成三级聚落的有机结构。它们既是从属关系，又是互相依存、互相维护的关系，还是血缘较近的亲缘关系，地缘关系可能已经萌芽了。就整个仰韶文化来说，到了它的末期，部落联盟已经有所发展，大地湾中心聚落及其大会堂式的

F901、案板中心聚落及其大型房屋F3、八里岗中心聚落及其F34、西山城及其大型夯土遗址F84等，可能就是各地部落酋长或不同时期的整个仰韶居民部落联盟军事首领的驻地，在这里可以举行由各部落酋长、军事首领参加的部落联盟议事会，以研究协商整个部落联盟的重大事宜。

已发现晚期墓葬500多座，其中除郑州西山和枣阳雕龙碑发现了公共墓地外，其他都是各遗址的零星墓葬。这时的墓葬特点，成人墓绝大多数是单人一次仰身直肢土坑葬。二次葬除雕龙碑尚有部分存在外，各地几乎绝迹。婴幼儿仍然流行瓮棺葬。灰坑葬较前也有所增加。值得重视的是在成人墓中，男女成年（夫妻）合葬墓较前普遍。如荥阳青台的M25为一对成年男女合葬墓，他们均为屈肢，紧贴身侧卧在一起[22]；郑州西山的M79为父子合葬墓，M86、M97、M85等为夫妻合葬墓；察右前旗庙子沟的M4为夫妻和小孩的合葬墓。这些情况应是一夫一妻制婚姻制度的反映。大地湾出土的一件陶瓶口部塑有一男一女一儿童三人像，应是一个父权制个体家庭的真实写照[23]。这一时期的墓葬绝大多数无随葬品，即使有也很少，唯雕龙碑的个别墓较多。这一时期的灰坑葬分布地区较广，属活埋的较多，如西安半坡晚期的H167、长葛石固Ⅶ期的H165、临汝中山寨的H56等灰坑中的人骨架均作挣扎状，显然都是被活埋的[24]。临汝大张的M19[25]，荥阳点军台的H57，郑州西山的H282、H657中的死者，都骨骼不全或者放置凌乱，有的与兽骨埋在一起。察右前旗庙子沟房内的窖穴中多埋死者，有的未成年儿童被埋葬在居住面上或灶坑内。这些死者多非正常死亡，其身份与一般氏族成员不同，可能是战俘或奴隶。这些夫妻合葬、父子合葬、活埋战俘、草率埋葬奴隶的现象都是父权制发展到一定程度的反映。

另外，这时的私有制也很明显地暴露出来。如半坡晚期的F38，宝鸡福临堡二、三期的F3及F7，托克托海生不浪的F6、F9、F10，庙子沟的多数房内，都设置有窖穴，用以私自储存粮食或其他食物。枣阳雕龙碑的墓葬多不随葬陶器和其他用具，而是随葬猪下颌骨，有的几副，有的十几副，有的甚至七八十副。猪是农业社会的主要家畜，是财富的象征。这一现象不但反映了私有制发展的程度，而且也反映了贫富不均的情况。

还有临潼姜寨四期曾出土1件玉圭，淅川下王岗三期曾出土5件石璧，察右前旗庙子沟出土1件石璧。这些均为特殊用品，非一般氏族成员所有，可能是父系家族的族长或氏族酋长所有，是权力的象征。

仰韶文化晚期居民的思想意识随着社会制度的改变而有了大的变化。如下王岗三期曾出土一片卜骨，为羊肩胛骨，其上有清楚的烧灼痕迹。这一现象在此之前是不曾有的，到此后的龙山文化时期才普遍流行。下王岗仰韶晚期卜骨称得上是开启龙山、夏、商占卜信仰的先河之作。同时男性生殖崇拜的风气也广为流行，如秦安大地湾仰韶晚期、铜川李家沟晚期、华县泉护村二期、宝鸡福临堡三期、侯马乔山底、临汝北刘庄、偃师高崖[26]、托克托海生不浪等遗址都发现有陶祖或石祖。这些都是父权制社会在意识形态方面的反映。

通过对仰韶文化晚期生产力、生产关系、居住情况、埋葬制度及意识形态等发展变化的研究，我们认为这一时期家族公社所有制已经发展起来，父系氏族社会、父权制在各地区均已确立，私有制已有发展，贫富开始分化，并在大部地区已开始发展到军事民主制的部落联盟时期，已开始达到了酋邦（或古国）时期，文明基因已经孕育。

以上是我们依据近年来考古新发现的重要资料对仰韶文化早、中、晚各期的社会组织及社会发展阶段的一些初步认识。自觉难以达到理想的程度，尤其是中期因资料尚少，颇感论据不足，还有待于今后考古工作的开展、新资料的发现予以补充。早期和晚期的资料虽说比较丰富，但这些已有资料的科学性还不是太强，不少现代科技手段（如植物硅酸体分析法、数理统计法、定量分析法、遗传基因研究、石器微痕研究等）尚未采用，这对综合研究不无影响。而这一问题将随着我国考古技术的提高逐步得到解决，届时我们对仰韶文化时期的社会组织及社会发展阶段的研究也将会进一步深入，研究结论将会逐步达到或接近理想的程度。

注　释

① 关于仰韶文化遗址的数目，依据20世纪80年代国家文物局统一组织的全国文物普查统计，陕西有2040处，河南有800多处，山西和甘肃各有1000余处，河北、内蒙古、湖北各有数十处，宁夏、青海各有数处，合计5000余处。陕西和河南的文物普查成果已出版，其余各省区的数字有的是从友人处获知，有的是从零星发表的资料中得知。关于已发掘或试掘的遗址数均据已发表资料统计。

② 中国科学院考古研究所：《庙底沟与三里桥》，科学出版社，1959年。许顺湛：《关于中原新石器时代文化的几个问题》，《文物》1960年5期。苏秉琦：《关于仰韶文化的若干问题》，《考古学报》1965年1期。

③ 巩启明：《试论仰韶文化》，《史前研究》1983年1期。李绍连：《仰韶文化社会形态初探》，《论仰韶文化》，《中原文物》1986年特刊。严文明：《半坡类型的埋葬制度和社会制度》，《仰韶文化研究》，文物出版社，1989年。许顺湛：《再论仰韶时期的社会性质》，《学术研究辑刊》1979年1期。丁清贤、曹静波：《仰韶文化社会性质的讨论及我见》；艾延丁：《元君庙墓地反映的社会性质》，均见《论仰韶文化》，《中原文物》1986年特刊。丁清贤、孙德萱：《从濮阳蚌壳龙虎墓的发现谈仰韶文化的社会性质》，《中原文物》1988年1期。

④ 中国科学院考古研究所等：《西安半坡》，文物出版社，1963年。西安半坡博物馆等：《姜寨——新石器时代遗址发掘报告》，文物出版社，1988年。中国社会科学院考古研究所：《宝鸡北首岭》，文物出版社，1983年。陕西考古研究所：《龙岗寺》，文物出版社，1990年。陕西考古研究所：《陕南考古报告集》，三秦出版社，1994年。

⑤ 陕西考古所泾水队：《陕西邠县下孟村遗址发掘简报》，《考古》1960年1期和1962年6期。北京大学历史系考古教研室：《元君庙仰韶墓地》，文物出版社，1984年。

⑥ 巩启明、严文明：《从姜寨早期村落布局探讨其居民的社会组织结构》，《考古与文物》1981年1期。

⑦ 严文明：《半坡类型的埋葬制度和社会制度》，《仰韶文化研究》，文物出版社，1989年。

⑧ 河南省文物研究所等：《淅川下王岗》，文物出版社，1989 年。甘肃省博物馆大地湾发掘小组：《甘肃秦安王家阴洼仰韶文化遗址的发掘》，《考古与文物》1984 年 2 期。

⑨ 中国社会科学院陕西工作队：《陕西华阴横阵遗址发掘报告》，《考古学集刊》第 4 集，中国社会科学出版社，1984 年。西安半坡博物馆等：《陕西渭南史家新石器时代遗址》，《考古》1978 年 1 期。

⑩ 西安半坡博物馆：《铜川李家沟新石器时代遗址发掘报告》，《考古与文物》1984 年 1 期。西安半坡博物馆：《陕西岐山王家咀遗址的调查与试掘》，《史前研究》1983 年 3 期。河南省文物研究所、渑池县文化馆：《渑池仰韶遗址 1980 ~ 1981 年发掘报告》，《史前研究》1985 年 3 期。河南省文物研究所：《汝州洪山庙》，中州古籍出版社，1995 年。山西省考古研究所：《西阳村史前遗存第二次发掘》，《三晋考古》第 2 辑，山西人民出版社，1996 年。北京大学考古学系等：《河南郑州市八里岗遗址 1992 年的发掘与收获》，《考古》1997 年 12 期。

⑪ 长办考古队河南分队：《淅川下集新石器时代遗址发掘报告》，《中原文物》1989 年 1 期。郑州大学考古系等：《河南尉氏县椅圈马遗址发掘简报》，《华夏考古》1997 年 3 期。郑州市博物馆：《荥阳点军台遗址 1980 年发掘报告》，《中原文物》1982 年 4 期。

⑫ 北京大学考古实习队等：《河南邓州八里岗遗址发掘简报》，《文物》1998 年 9 期。

⑬ 国家文物局主编：《中国文物地图集·河南分册》，中国地图出版社，1991 年。国家文物局主编：《中国文物地图集·陕西分册》，西安地图出版社，1998 年。

⑭ 黄河水库考古队华县队：《陕西华县柳子镇考古发掘简报》，《考古》1959 年 2 期。《陕西华阴柳子镇第二次发掘主要收获》，《考古》1959 年 11 期。西安半坡博物馆：《西安南殿村新石器时代遗址的调查》，《史前研究》1984 年 1 期。山西省考古研究所等：《山西洪洞耿壁遗址调查试掘报告》，《三晋考古》2 辑，山西人民出版社，1996 年。河南省文物考古研究所等：《河南灵宝铸鼎塬及其周围考古调查报告》，《华夏考古》1999 年 3 期。

⑮ 中国社会科学院考古研究所河南一队：《河南临汝中山寨遗址试掘》，《考古》1986 年 7 期。河南省文化局文物工作队：《河南渑池西河庵新石器时代遗址发掘简报》，《考古》1965 年 10 期。

⑯ 西安半坡博物馆藏品。

⑰ 中国科学院考古研究所等：《西安半坡》，文物出版社，1963 年。谢伟：《案板遗址灰土中所见到的农作物》，《考古与文物》1988 年 5、6 期。

⑱ 郑州市博物馆：《郑州大河村遗址发掘报告》，《考古学报》1979 年 3 期。河南省文化局文物工作队：《河南唐河寨茨岗新石器时代遗址》，《考古》1963 年 12 期。河南省文化局文物工作队：《河南唐河茅草寺新石器时代遗址》，《考古》1965 年 1 期。内蒙古文物考古研究所：《内蒙古察右前旗庙子沟遗址考古纪略》，《文物》1989 年 12 期。北京大学考古学系等：《内蒙古托克托县海生不浪遗址发掘报告》，《考古学研究（三）》，科学出版社，1997 年。

⑲ 郑州市博物馆：《郑州大河村仰韶文化的房基遗址》，《考古》1973 年 6 期。北京大学考古实习队等：《河南邓州八里岗遗址发掘简报》，《文物》1998 年 9 期。中国社会科学院考古研究所湖北队：《湖北枣阳市雕龙碑遗址 15 号房址》，《考古》2000 年 3 期。

⑳ 严文明：《仰韶文化研究》239 页，文物出版社，1989 年。国家文物局考古领队培训班：《郑州西山仰韶时代城址的发掘》，《文物》1999 年 7 期。

㉑ 王杰：《枣阳雕龙碑遗址揭示一个新的文化类型》，《中国文物报》1994 年 11 月 20 日。

㉒ 郑州市文物工作队：《青台仰韶文化遗址 1981 年上半年发掘简报》，《中原文物》1987 年 1 期。

㉓ 郎树德：《大地湾考古对仰韶文化研究的贡献》，《论仰韶文化》，《中原文物》1986 年特刊。

㉔ 河南省文物研究所：《长葛石固遗址发掘报告》，《华夏考古》1987 年 1 期。中国社会科学院考古研究所河南一队：《河南汝州中山寨遗址》，《考古学报》1991 年 1 期。

㉕ 河南省文化局文物工作队：《河南临汝大张新石器时代遗址发掘简报》，《考古》1960 年 6 期。

㉖ 山西省考古研究所侯马工作站：《山西侯马乔山底遗址 1989 年Ⅱ区发掘报告》，《文物季刊》1996 年 2 期。河南省文物研究所：《河南临汝北刘庄遗址发掘报告》，《华夏考古》1990 年 2 期。洛阳市第二文物工作队：《洛阳市偃师县高崖遗址发掘报告》，《华夏考古》1996 年 4 期。

原载于《中原文物》2001 年 5 期

略论仰韶文化彩陶的源流及其对周边诸史前文化彩陶的影响

一　仰韶文化彩陶的起源

彩陶的制作必须具备如下的几个条件：一是陶器的制作必须达到一定的水平，如对陶土的选择加工处理所显示的陶质状况、制作技术、烧制温度、器形、纹饰等都必须达到一定的高度；二是必须具备颜料知识，自然界的颜料有植物的、矿物的，人们必须具备一定的科学知识在长期的摸索中才有所认识，才能利用；三是人们审美意识已有较高的程度。这几个条件看似简单，但对先民来说都是很难很复杂的，人们是经过若干万年才慢慢具备了这些条件的。陶器的起源一般认为是伴随着农业的发明、人们定居生活的出现而产生的，是人类社会进入新石器时代的重要标志，这一传统观点已被我国的考古新发现所推翻。2003 至 2005 年，中美联合考古队对湖南道县玉蟾岩遗址再次进行发掘，系统采集了^{14}C 测年样品，准确把握和记录了出土陶片与测年样品的地层关系，结合地层沉积微结构分析方法，确定了玉蟾岩陶制品出现的时间为距今 18000 年。北京大学和哈佛大学合作，于 2009 年对江西万年仙人洞遗址出土陶制品作进一步研究，在重新清理出来的考古地层剖面上采集了系列^{14}C 测年样品和地层微结构样品，确定^{14}C 测年样品与陶片的地层等时代关系，证实以前发掘的考古地层是人类活动形成的原生堆积，不存在自然过程或后期活动的扰乱，所测定的^{14}C 年代代表了同层陶器的年代可早到距今 2 万年[①]。这是我国目前发现陶器最早的年代。在此之前我国学者对广西桂林庙岩第 5 层、临桂大岩第二期等遗址出土的早期陶制品进行了年代研究，发现它们的^{14}C 测年数据已达到距今 15000 年以上[②]，它们所处的时代已是旧石器时代晚期或旧石器时代晚期之末（或称中石器时代）。随着时间的推移，到距今 12000 ~ 9000 年的我国新石器时代早期，在华北、华南的 20 多处遗址都发现了陶器，其特征均为掺和料粒径较大的夹砂粗陶，陶胎较厚，采用泥片贴塑法成型，器形简单，北方为直壁平底罐，南方为圜底釜。当时陶器的烧成温度极低（可能是露天堆烧），桂林甑皮岩第一期陶制品的烧成温度仅有250°，质底疏松，陶色不匀，陶胎氧化不充分，往往呈红、灰、黄、褐、黑相杂的各种颜色，单色者罕见。陶器纹饰以绳纹最常见，偶见刻划纹、条纹、附加堆纹、捺压纹等，显示其制作技术尚处于原始陶器的初始阶段[③]。但到了距今9000～7000年的我国新石器时代中期，如裴李岗文化、磁山文化、老官台文化、后李文化、兴隆洼文化、城背溪文化、彭头山文化、皂市下层文化及跨湖桥文化等，都发现了夹细砂陶和泥质陶，制坯方法除采用泥片贴塑法外，都采用了泥条盘筑法。在裴李岗文化中已发现烧制陶器的窑址10多座，陶器的烧成温度已达900℃～960℃[④]，陶胎较薄，质地坚硬的陶器大量出现，陶色虽有斑块但较以前已有好转，器形种类已达10多种之多，说明制陶技术已有了较大的进步，为彩陶的出现提供了重要条件。我们的祖先早在旧石器时代晚期就认识了红色颜料——赤铁矿的用途，山顶洞人将赤铁矿加工成粉末，撒在死者遗骸的周围，为后来彩绘陶器的出现奠定了颜料来源的基础。至于人们的审美意识，其来源也是很早的，据民族志资料所知，在原始社会人们从事宗教活动时，有普遍进行文身的情况，这在中国的古文献中也不乏记载，《礼记·王制》："东方曰夷，披发文身，有不火食者矣，南方曰蛮，雕题交趾，有不火食者矣"。人们用颜料将画绘在人体上以为美，我国中原地区的先民用颜料将画绘在陶器上以为美观，这都是人们审美意识的反映。上述我国新石器时代中期制陶技术的提高，矿物颜料的使用，以及人们审美意识的增长等，都为彩陶的出现创造了必要的条件。

在我国新石器时代中期的诸考古学文化中，唯裴李岗文化（前6200～前5500年）晚期及老官台文化率先出现了彩陶，前者较少，后者较多。属于裴李岗文化晚期的长葛石固第四期[⑤]、舞阳大岗[⑥]、临汝中山寨[⑦]、郏县水泉第三期[⑧]及巩义瓦窑嘴[⑨]等遗址都发现有少量的彩陶，均为红色宽带纹，饰于钵的口沿上。老官台文化（前5900～前5000年）的彩陶相当丰富，从早期到晚期的各个遗址都有发现。如早期的临潼白家村遗址的彩陶总数约占陶器总数的34%。彩绘主要见于红褐陶的圜底钵及三足钵上，个别红褐陶的圈足碗上也有彩绘。彩绘颜色均为棕红色。彩绘主要饰于圜底钵和三足钵的口沿上，形成一周红色宽带纹，宽约2.5～4厘米。同时器口的内沿也涂有一圈宽约0.3～0.5厘米的红线纹。在三足钵的三足上和一些圈足碗的圈足上也涂有红彩。棕红色彩绘和红褐色的陶色界限分明，颇显装饰的美感（图一）。另外，在部分圜底钵的内表面饰有内彩，纹样有圆点纹、直线纹、弧线纹、波折纹、平行线纹、圆圈纹、山字纹、S形纹、梳形纹、六角星纹等。这些内彩花纹往往有一定的布局，或对称性的分布在器内表面[⑩]（图二）。以上所述表明老官台文化是我国新石器时代中期独具特征的一种彩陶文化，也是我国最早的彩陶文化，我国新石器时代晚期的仰韶文化彩陶即起源于

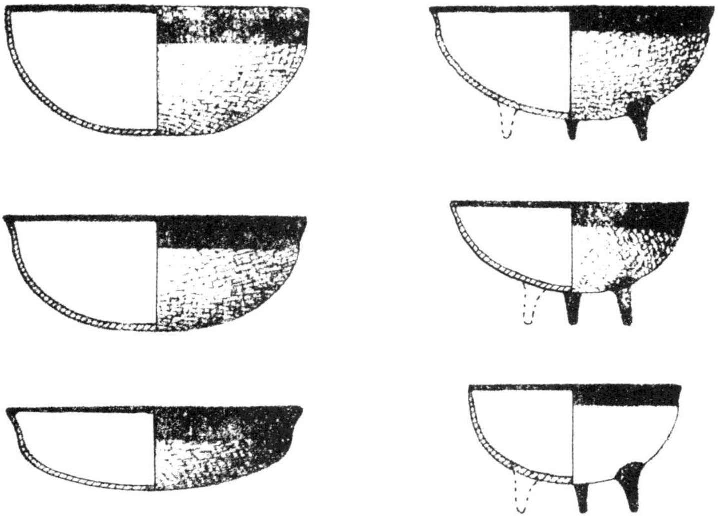

图一　白家遗址出土彩陶

此。仰韶文化早期的零口二期遗存及半坡类型的彩陶显然是继承老官台文化彩陶的特征而发展起来的，它们的渊源关系是很清楚的。

二　仰韶文化早期彩陶的发展

由于仰韶文化的分布地域辽阔，延续时间较长，各地的自然条件存在差异，文化来源也不同，所以在其发展过程中的不同阶段，自然形成了许多地域性较强的地方文化类型。本文将对早、中、晚三个阶段仰韶文化彩陶艺术的发展演变情况略加介绍。

属于仰韶文化早期遗存的有零口二期遗存、石固五期遗存、北福地一期甲类遗存、大张庄遗存、半坡类型遗存、史家类型遗存、后岗类型遗存、下王岗类型及石虎山遗存等。它们的年代都在公元前5100年至前3800年，延续时间约1300年，是仰韶文化各阶段中延续时间最长的阶段。

零口二期遗存，主要分布在关中、豫西及晋南地区，经调查和试掘过的遗址有翼城枣园、垣曲古城东关Ⅳ区、侯马褚村、渑池任村及临潼零口二期，以及掺杂在早年发掘的部分遗址中的遗迹和遗物等。这类遗存的陶器以泥质红陶为主，泥质和夹砂褐陶次之。器形以红顶钵、碗常见，钵多圜底，还有一定数量的弦纹或刮划纹罐、圆锥状足罐形鼎、假圈足碗、盆、双耳平底瓶，杯和器座较少。纹饰以磨光和素面为主，刮划纹、斜绳纹、弦纹、刻槽纹、戳刺纹及彩绘等。彩绘颜色有黑彩、红彩、橘红彩、红褐彩。纹样有宽带纹、三角纹、波折纹、斜向条带纹、直线纹等，多饰于钵、盆的口沿上（图三）。

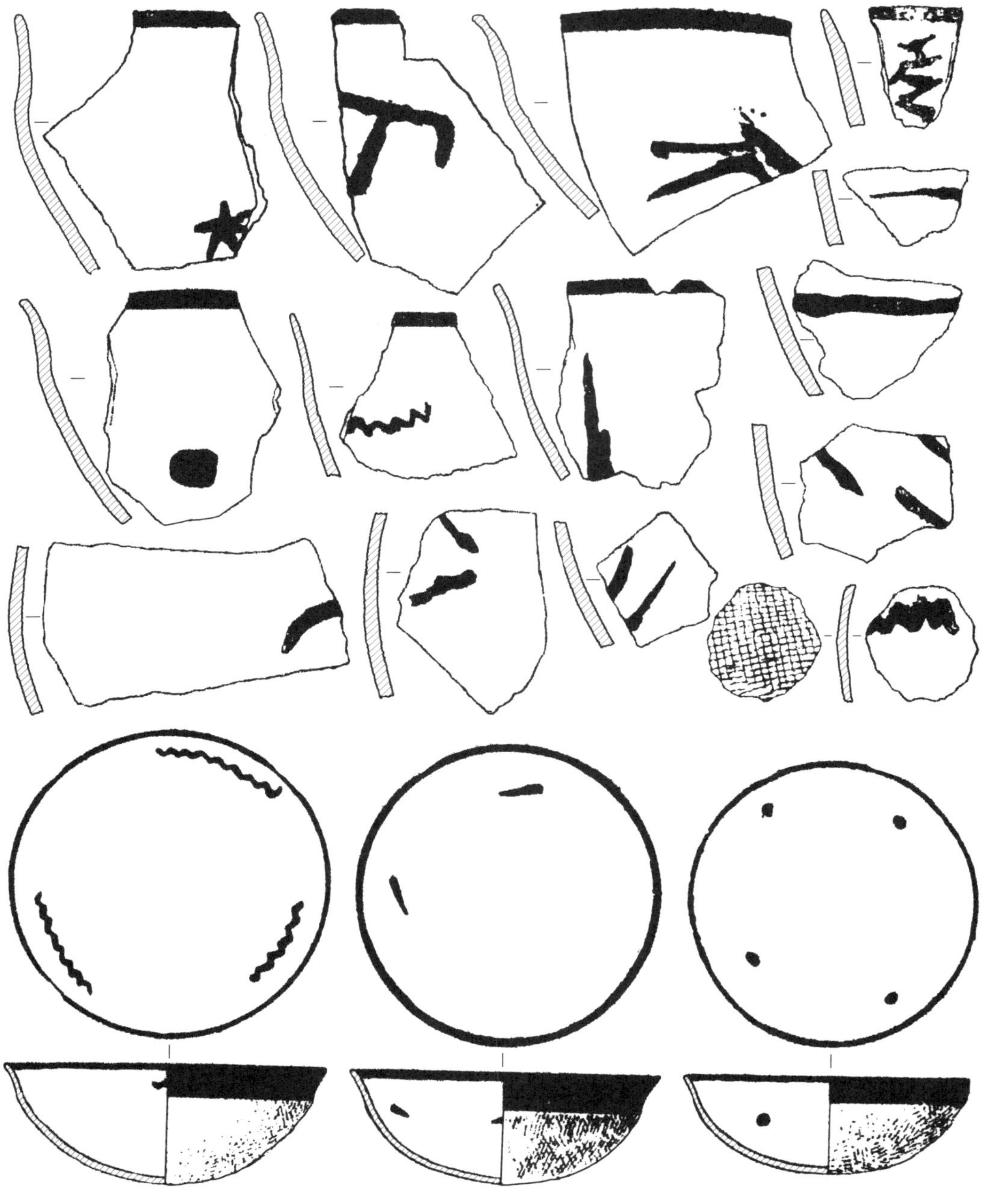

图二　白家遗址出土彩陶内彩纹样

图三　仰韶文化早期彩陶

1～4. 零口二期　5. 石固五期　6、7. 下王岗一期

石固五期遗存，主要分布在豫中地区，经发掘的仅有长葛石固五期、郑州大河村前三期及尉氏椅圈马一期等。这类遗存陶器的陶质陶色以泥质红陶最多，夹砂红陶次之，泥质和夹砂灰陶较少。主要器形有圆锥状足罐形鼎、直口圜底红顶钵、假圈足碗、敞口弦纹盆、双耳鼓腹罐、小口球腹缸、细颈壶、勺等。纹饰有刺点纹、刻划纹、弦纹、附加堆纹、乳丁纹及彩绘等。彩绘有红色或棕红色，纹样仅有宽带纹一种（图三）。

北福地一期甲类遗存，目前分布情况不详，仅在易县、涞水一带发现了北福地和炭山二处遗址。从北福地的地层叠压情况来看，它晚于磁山文化而早于后岗类型，其相对年代是清楚的。这类遗存的陶器，以夹砂红陶较多，泥质红陶次之，有少量褐色陶。主要器形有锥状足罐形鼎、红顶碗、釜、支脚、小口双耳壶、钵、盆等。彩陶很少，仅红色宽带纹一种。

大张遗存，目前仅发现淅川下王岗一期和方城大张庄两处遗址。陶器的陶质陶色有泥质红陶、夹砂棕色陶、泥质黑陶和灰陶。主要器形有锥状足罐形鼎、假圈足碗、直口或敛口钵、大口浅腹盆、鼓腹罐、细颈壶、杯、豆等。彩绘颜色为红色，纹样有平行线纹、波折纹，饰于壶的肩腹部[11]（图三）。

半坡类型，主要分布区域东起潼关，西至陇东，北到延安，南达汉水上游，是仰韶文化各类型中面积较大的一个。经过发掘的主要遗址有西安半坡早期[12]、临潼姜寨一期[13]、宝鸡北首岭中期[14]、华县元君庙墓地[15]、华阴横阵[16]、南郑龙岗寺半坡类型早期[17]及商县紫荆二期等[18]。半坡类型是继承老官台文化及零口二期文化遗存发展起来的，渊源关系是很清楚的。这个类型的陶器以泥质红陶、细泥红陶、夹砂红陶为主，色泽纯正，偏色者罕见。器形以直口圜底钵、杯形口鼓腹双耳尖底瓶、卷沿深腹彩陶盆、蒜头

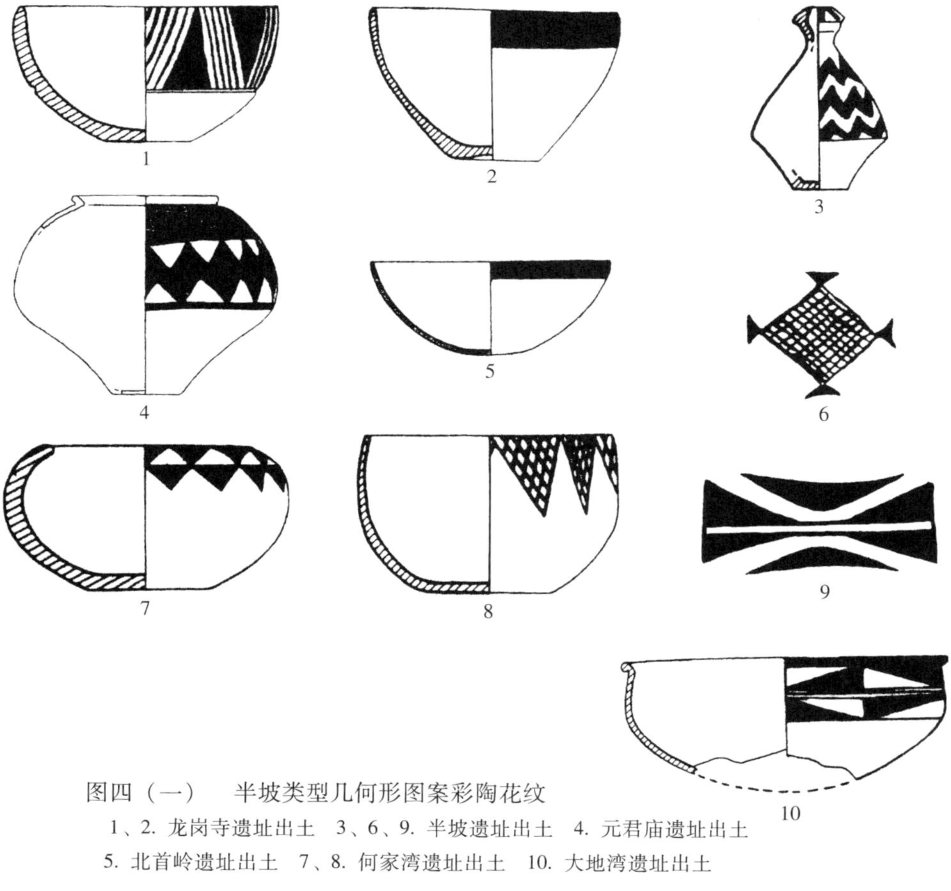

图四（一）　半坡类型几何形图案彩陶花纹

1、2. 龙岗寺遗址出土　3、6、9. 半坡遗址出土　4. 元君庙遗址出土
5. 北首岭遗址出土　7、8. 何家湾遗址出土　10. 大地湾遗址出土

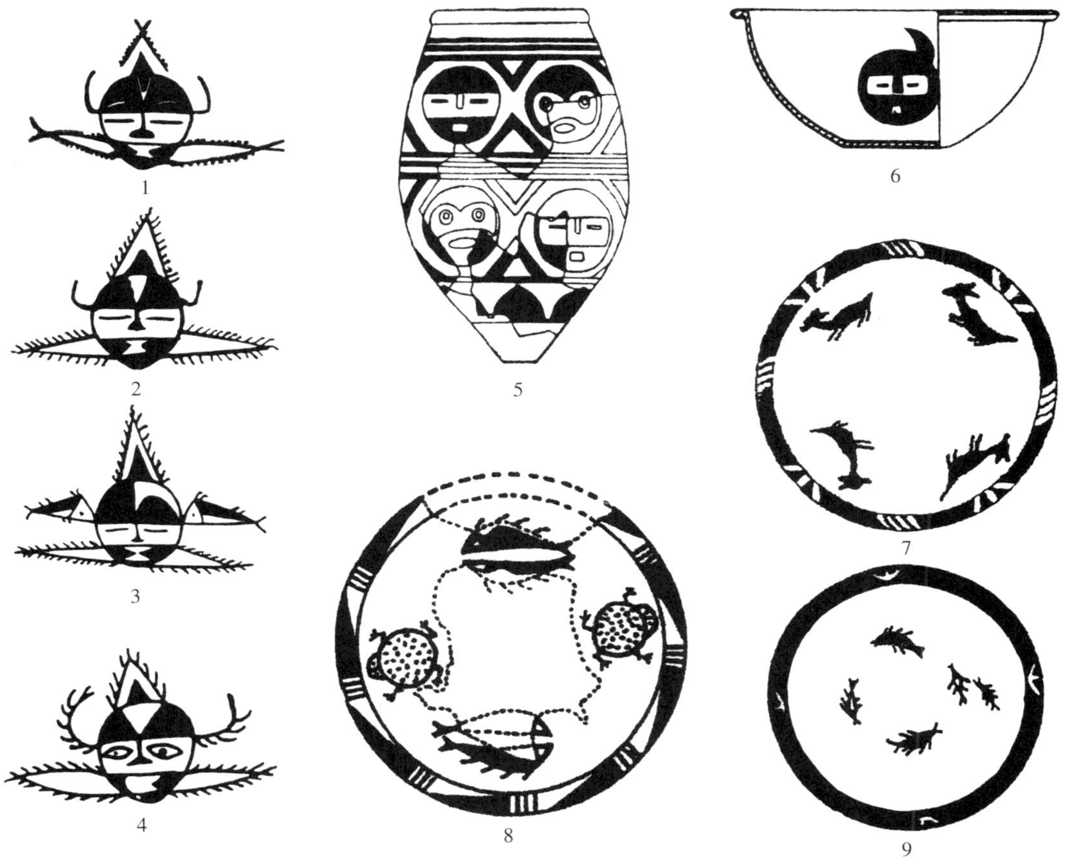

图四（二） 半坡类型象生性彩陶花纹

1～3、7. 半坡遗址出土 4、8、9. 姜寨遗址出土 5、6. 龙岗寺遗址出土

形的细颈壶、短唇鼓腹小平底瓮、侈口鼓腹平底罐等最具类型特征，其他如碗、甑、盂、器座等较少。纹饰有绳纹、弦纹、锥刺纹、指甲纹及彩绘等。彩绘颜色除个别的为红彩外绝大多数为黑色。纹样以象生性花纹比较发达，如人面纹、鱼纹、鹿纹、蛙纹等，多施于盆的器里，即内彩，写实风格浓厚，尤其是人物和动物形象逼真，栩栩如生，堪称原始艺术之珍品；几何形图案纹样主要是宽带纹、直线纹、折线纹、三角纹、波折纹、网格纹等，纹饰结构多均衡对称，多施于钵、碗的口沿及尖底罐的肩腹部，即外彩（图四）。

史家类型（或称半坡类型晚期），分布比半坡类型有所扩大，向东达豫西、晋南，向北达延安北部的安塞、子长等县，向南至汉水上游，向西到天水、秦安一带。主要遗址有渭南史家[19]、临潼姜寨二期[20]、陕县三里桥[21]、芮城东庄村[22]、秦安大地湾二期[23]、南郑龙岗寺半坡类型中晚期[24]和铜川吕家崖[25]。这个类型的陶器变化较大，陶质陶色制法与半坡类型近同。器形为敛口圜底或平底钵、卷沿浅腹圜底或平底盆、折腹盆、敛口鼓腹平底罐、坠腹罐、溜肩尖底瓶、葫芦瓶、大型尖底器、小型细颈壶、瓮、碗等。纹饰除半坡类型常见的绳纹、弦纹、指甲纹外，附加堆纹、齿状纹较前增多，彩陶也有增加。彩绘颜色以黑彩为主，红彩和紫彩为辅。纹样有宽带纹、波折纹、窄条纹、三角纹、弧线纹、花瓣纹、圆点纹及变形鱼纹、鸟纹等，以及由它们所组成的各种图案花纹，彩绘全部施于器表，内彩绝迹（图五）。史家类型具有从半坡类型向庙底沟类型过渡的性质，这一文化特点是很明确的。

后岗类型，主要分布在冀中南、豫北及豫中地区。经过发掘的主要遗址有安阳后岗遗址早期[26]、濮阳西水坡最下层[27]、正定南阳庄[28]、郑州大河村前二期和前一期[29]、浚县

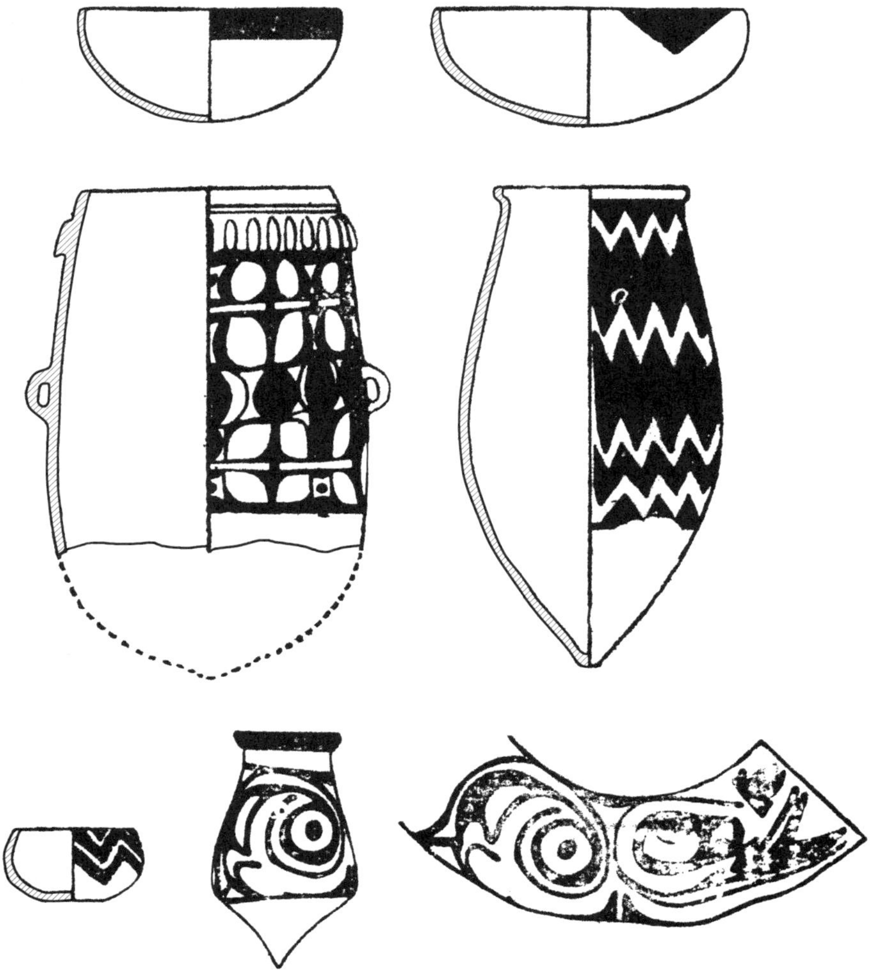

图五（一） 史家类型几何形图案花纹（姜寨遗址出土）

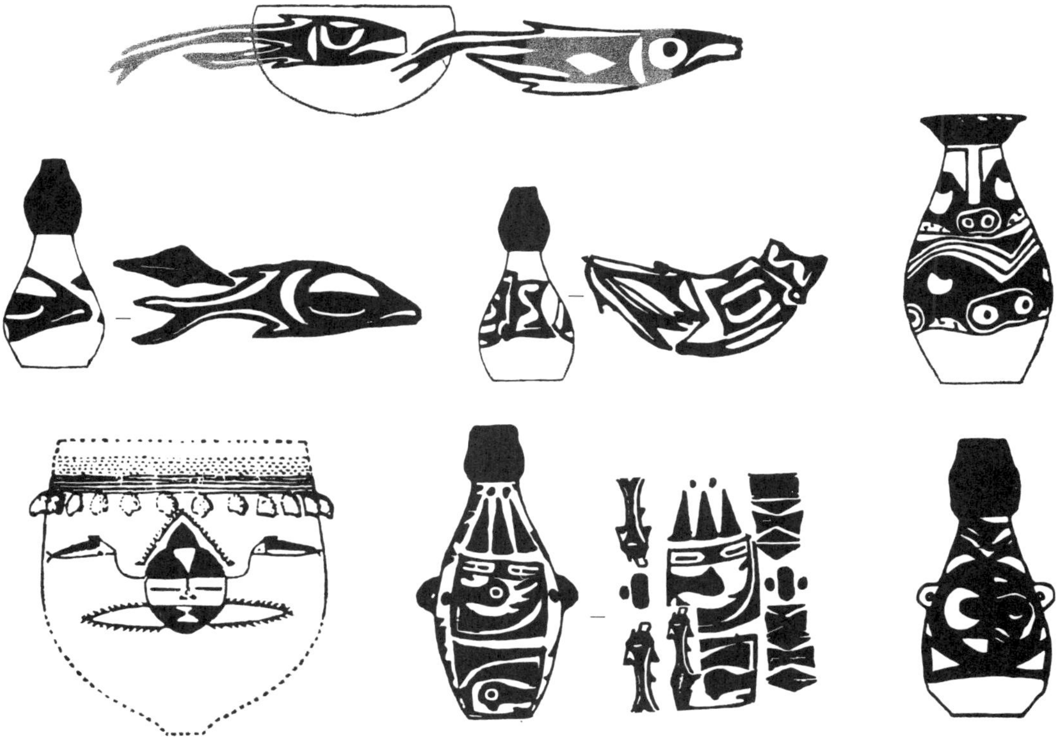

图五（二） 史家类型象生性花纹（姜寨遗址出土）

大赉店[30]，是继北福地一期甲类遗存、石固五期文化遗存发展起来的，其年代大体与史家类型相当。这一类型陶器的陶质陶色以细泥红陶最多，夹砂红陶较少。器形有圜底或平底钵、红顶碗、浅腹盆、深腹盆、圆柱形足鼎、小口长颈瓶、小口鼓腹双耳壶、领下加一周凸饰的圜底罐、大口浅腹盘、器座、器盖等。纹饰有弦纹、划纹、刺纹、附加堆纹及彩绘等。彩陶数量很少，约占全部陶片的百分之一。彩绘颜色有紫红、红褐和黑色三种。纹样有宽带纹、竖线纹、斜线纹及树杈纹等，未见象生性花纹。施彩部位，多饰于钵、碗的口沿上，大河村遗址偶见圆点纹和三角纹（图六）。

下王岗类型，主要分布于豫西南及鄂西北地区，与中心区史家类型的年代相当。以淅川下王岗二期[31]、黄楝树[32]、邓州八里岗一二段[33]、枣阳雕龙碑一期[34]为代表。从陶器特征来看，与史家类型的关系比较密切，同时又有后岗类型和大溪文化的因素。可以说下王岗类型是在这些文化类型的影响下形成的一个仰韶文化地方类型。这个类型出土陶器的陶质陶色，根据下王岗遗址的统计，泥质红陶最多，占陶器总数的31%，夹砂棕红陶占29.4%，夹砂灰陶占25.2%，泥质灰陶占8%，泥质黑陶占6%。器形有罐、碗、钵、鼎、杯、盆、盂、盘、瓮、甑、缸、尖底瓶、大口尖底器、器座等。纹饰以

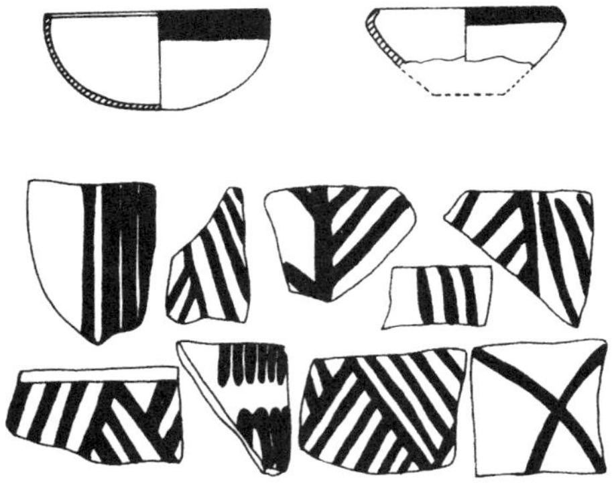

图六　后岗类型彩陶（后岗遗址出土）

素面最多，弦纹、划纹次之，绳纹、指甲纹、编织纹较少。彩陶约占全部纹饰的3%。彩绘颜色有褐彩和黑彩，多施白衣和红衣。施彩部位，多饰于钵、碗、盆、瓮的口沿及上腹。彩绘纹样较丰富，主要母题有三角纹、叶纹、圆点纹、花瓣纹、菱形纹、平行线纹、斜线纹、波折纹等，未见象生性花纹（图七）。

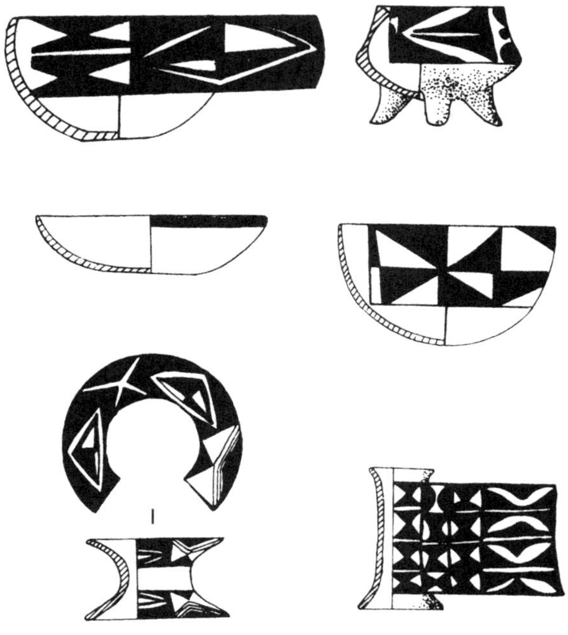

图七　下王岗类型彩陶（下王岗遗址出土）

石虎山遗存，凉城石虎山遗址分Ⅰ、Ⅱ两处，年代略有早晚，但文化面貌基本一致，且发掘面积较大，反映的文化面貌比较全面，故名。与石虎山文化遗存基本相同的遗址主要分布在内蒙古中南部、陕北、晋北、冀西北长城沿线一带。发掘过的主要遗址有包头阿善一期[35]、西园一期[36]、凉城石虎山Ⅰ、Ⅱ[37]、红台坡下[38]、清水河白泥窑子早期[39]、准格尔官地一期[40]、鲁家坡一期[41]、窑子梁等[42]。这类遗存的陶器特征明显，陶质分夹砂和泥质二种，陶色有褐色、红色和灰色三种，前二者较多，后者较少。主要器形有直口圜底钵、敛口平底钵、红顶碗、钵、杯形口尖底瓶、折唇小口壶、折腹盆、鼓腹罐、鼎、釜、勺等。纹饰有绳纹（线纹）、锥刺纹、划纹和指甲纹及彩绘。彩陶很少，彩绘颜色有黑、红二色，以黑色为主。纹样有宽带纹、窄带纹及弧线纹，多饰于钵和盆的口沿上。从这些陶器的特征看，凉城一带可能受后岗类型的影响较大，黄河沿岸一带受半坡类型、史家类型的影响较多。表明石虎山遗存是在这三个类型的影响融合下而形成的一种地方类型。

分析上述仰韶文化早期诸类型（或遗存）彩陶的多少、颜色、施彩器物及其部位、纹样等情况，发现仰韶文化中心区的半坡类型和史家类型的彩陶数量最多，色彩纯正，施彩部位规律，纹样较多，艺术性较强，尤其是动物、人物的形象逼真，写实性突出，很多标本不愧为我国原始艺术之珍品。同时也表明这一时期的彩陶相比其萌芽期有了较大的发展，其特点是很明显的。

三　仰韶文化中期彩陶的繁荣

仰韶文化经过一千多年的缓慢发展进入中期阶段，其分布范围、生产技术、社会经济、文化艺术，乃至社会发展阶段等都超过早期，进入了繁荣的高峰时期。属于中期的有庙底沟类型、钓鱼台类型、八里岗类型及王墓山坡下类型等，它们的年代都在公元前3900至前3600年，延续时间约300年。

庙底沟类型，分布范围最广，东到豫中，西达青海东部，南至汉水中上游，北达内蒙古中南部（南北已演变为当地的仰韶文化遗存，已命名了地方类型），是仰韶文化势力达到最高峰的时期，并对其周邻诸原始文化产生了一定的影响，但其中心仍在关中、豫西和晋南。在其中心区内出现了不少大型中心聚落，面积都有二三十万平方米，有的达一百多万平方米。如咸阳尹家村、耀县石柱塬、华阴西关堡、灵宝北阳平、汾阳峪道河等，都是特大型聚落遗址。已发掘的这一类型遗址很多，较典型的有陕县庙底沟一期[43]、渑池仰韶村一期[44]、灵宝西坡[45]、北阳平[46]、夏县西阴村第二类[47]、芮城西王村早期[48]、河津固镇下层[49]、华县泉护村一期[50]、华阴西关堡[51]、渭南北刘上层[52]、宝鸡北首岭晚期[53]、秦安大地湾仰韶中期[54]、天水师赵三期[55]、民和胡李家[56]、西乡何家湾上层[57]、洛阳王湾一期二段[58]、郑州大河村第一期和二期[59]、长葛石固六期[60]、荥阳点军台一期和二期等[61]。出土陶器的陶质陶色，以细泥红陶最多，夹砂红陶次之，泥质和夹砂灰陶较少。主要器形有双唇口形体修长的尖底瓶、双唇口或葫芦形平底瓶、曲腹平底碗、钵、深腹彩陶盆、釜、灶、鸡冠耳斜直壁罐、扁足釜形鼎、盂、甑、杯、盘、器座、器盖等。但中心区以外地区的陶器都有一些地域特点。纹饰以线纹最多，彩陶次之，其他较少。彩绘多为黑色，也有红色，部分施红、白陶衣，彩色更加美观亮丽。彩绘常饰于盆、钵及泥质陶罐的上腹部，内彩罕见。纹样复杂多变，基本是用条纹、涡纹、弧线三角纹、圆点纹、花瓣纹及网格纹等组成的各种图案花纹，还有鸟纹和蛙纹等（图八～一一）。在当时，仰韶文化庙底沟类型文化十分繁荣，是雄居东方最发达最强盛的势力，并对其周边诸原始文化产生了极大影响。

钓鱼台类型，主要分布在太行山东麓和北麓的冀中、冀西北一带，是仰韶文化中心区庙底沟类型从晋南沿汾河北上东折经“太行八径”及桑干河东进至此的，属庙底沟类型扩张或影响区的地方类型。经调查发掘过的遗址有曲阳钓鱼台[62]、蔚县三关二期[63]、琵琶嘴[64]、宣化二道沟等[65]，其中以经多次调查的曲阳钓鱼台遗址的文化遗存最丰富。这一类型出土陶器的陶质分为泥质、细泥和夹砂三类，陶色以红为主。器形有双唇口瘦

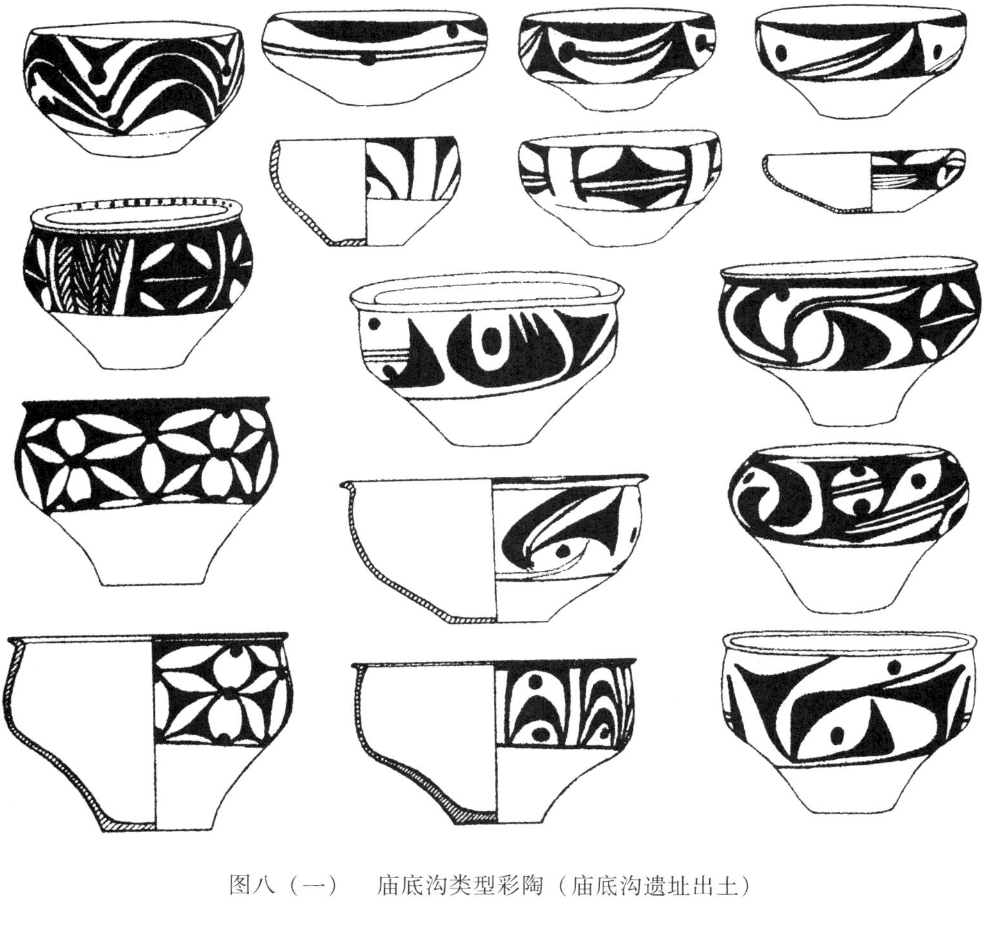

图八（一）　庙底沟类型彩陶（庙底沟遗址出土）

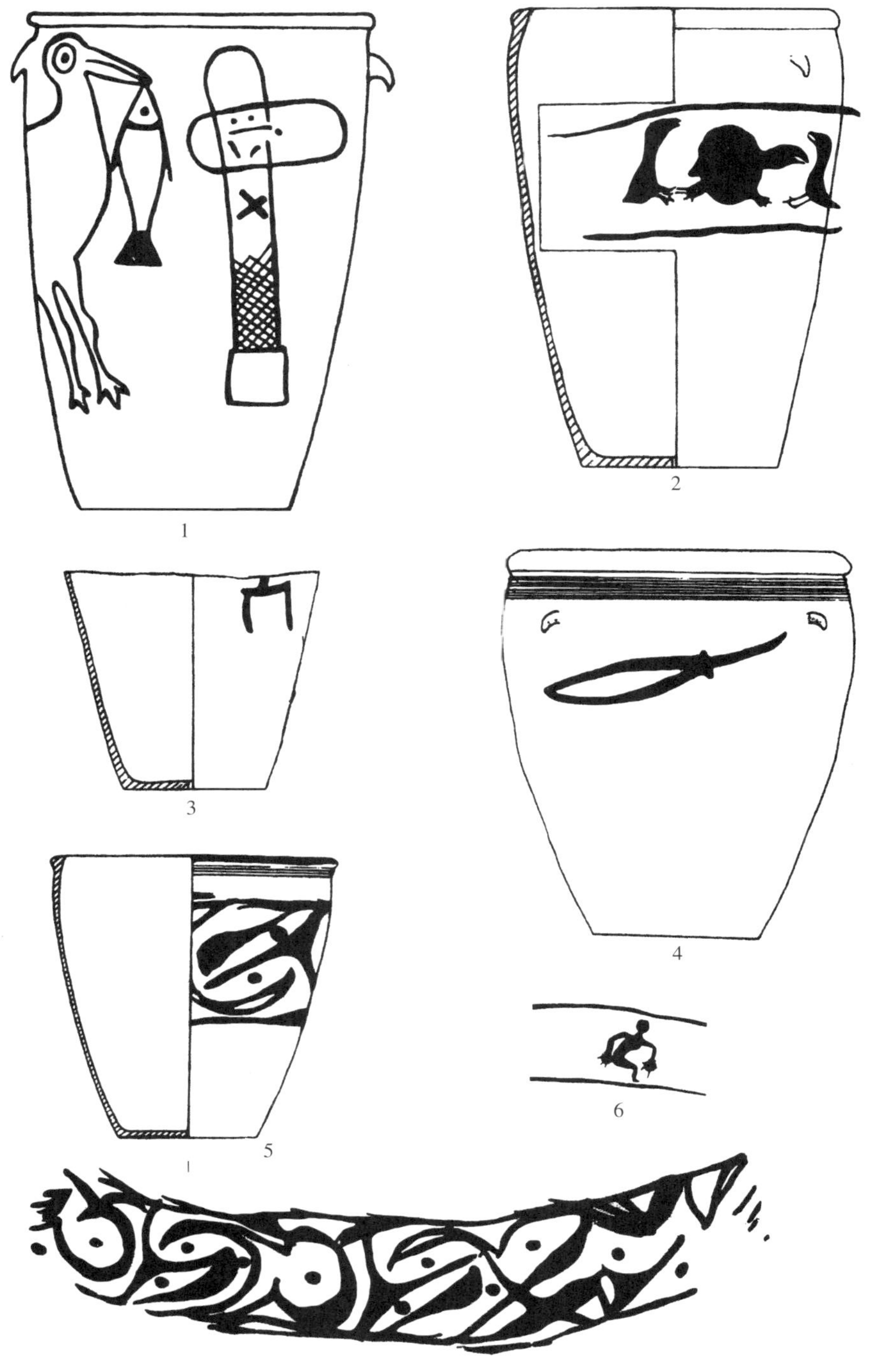

图八（二） 庙底沟类型彩陶

1. 阎村遗址出土 2～6. 洪山庙遗址出土

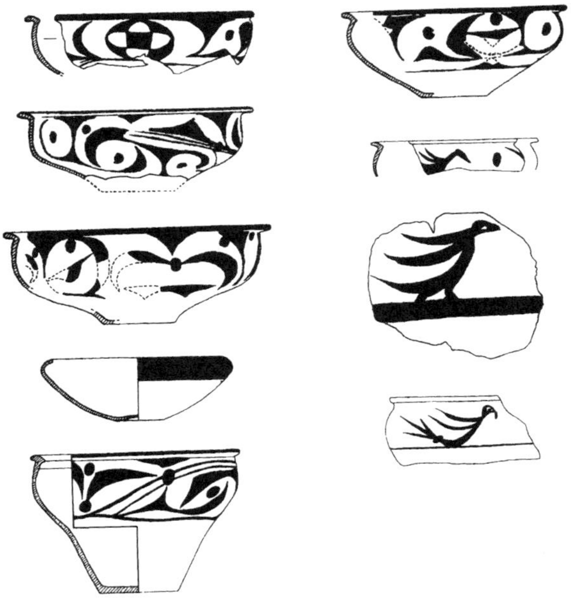

图九 庙底沟类型彩陶（泉护村一期）

长体尖底瓶，小口双耳平底瓶，敛口圜底钵，侈沿弦纹罐，小口直颈鼓腹双耳平底壶等。纹饰以线纹最多，绳纹、弦纹次之，彩陶较少。彩绘颜色以黑彩为主。纹样有弧线三角纹、圆点纹、垂三角纹、条带纹等（图一二）。文化面貌与中心区庙底沟类型有较多的相似因素，但地域特点也较突出。

八里岗类型，主要分布在豫西南及鄂西北汉水中游一带，已发掘过的主要遗址以邓州八里岗三段和四段[66]、淅川下集[67]及枣阳雕龙碑二期等[68]较为典型。这一类型的陶器特征明显，陶质陶色以泥质红陶和棕色陶居多，夹砂灰陶占一定比例，夹砂棕色陶和泥质黑灰陶较少。器形有釜形和罐形鼎（鼎足有凿形和圆锥形二种）、曲腹碗、平底钵、浅腹和深腹盆、尖底瓶、罐、盘、灶、豆、瓮等。纹饰多素面，部分陶器饰绳纹、篮纹、弦纹、附加堆纹、划纹、突饰及彩绘等。彩陶很少，彩色多为黑色，有红衣黑彩，也有白衣黑彩、白衣黑红彩等。多施于碗、盆、瓶、罐的肩腹之上。彩绘纹样有弧线三角纹、圆点纹、花瓣纹及平行线纹等（图一三）。从陶器的总体特征来看，它既有北来仰韶文化及南来大溪文化的影响，又有自身的特征，形成一个多因素的仰韶文化地方类型。

王墓山坡下类型，主要分布在内蒙古中南部的长城沿线，是当地仰韶文化中期的一个地方类型。经发掘的主要遗址有凉城王墓山坡下[69]、狐子山坡下[70]、准格尔官地二期[71]、鲁家坡二期[72]、清水河白泥窑子中期[73]、后城嘴第一阶段[74]、庄窝坪一期等[75]。出

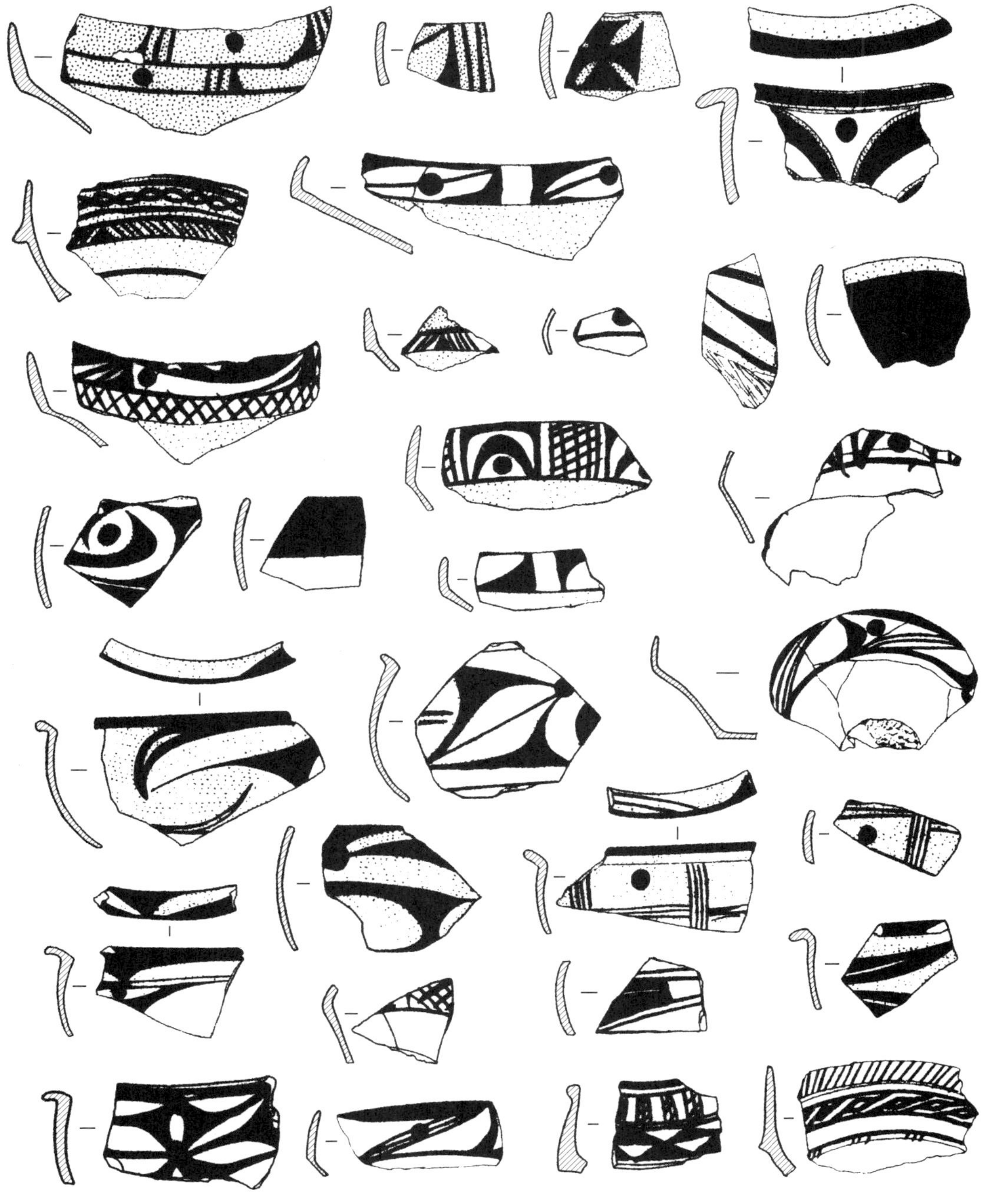

图一〇　庙底沟类型彩陶（1926 年西阴村遗址第一次发掘）

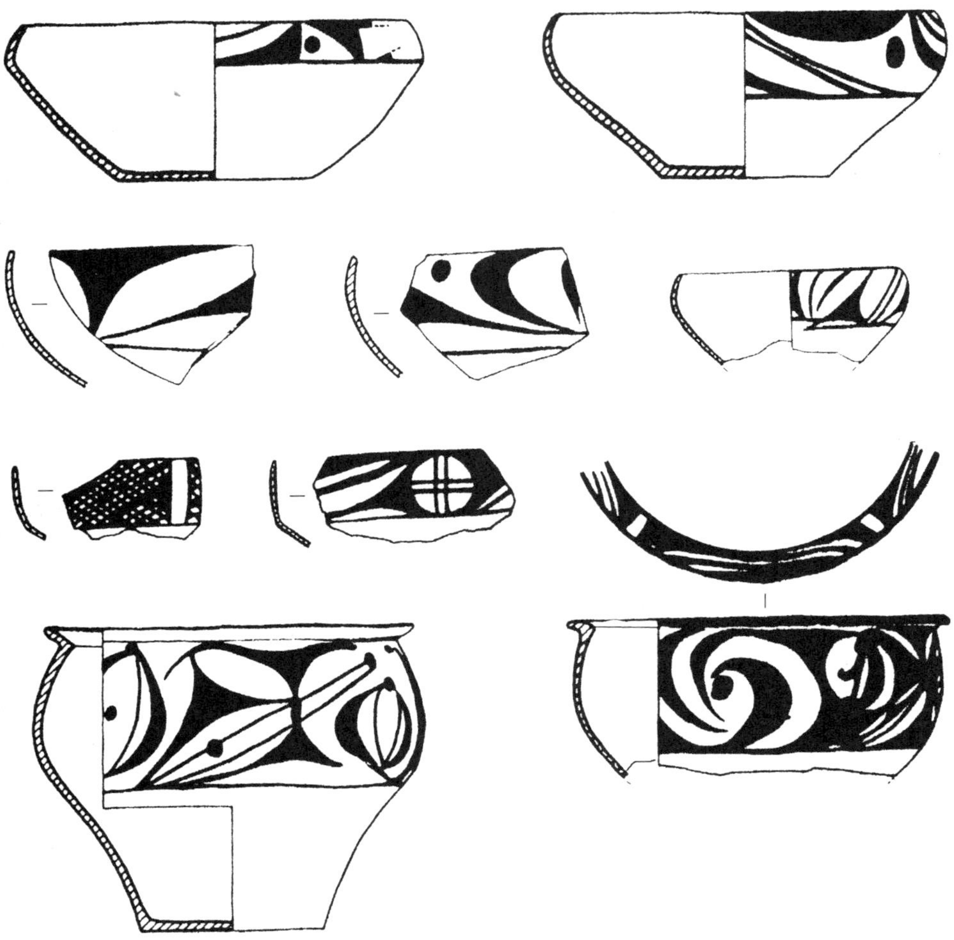

图一一　庙底沟类型彩陶（1994 年西阴村第二次发掘）

土陶器的陶质陶色以泥质和夹砂红陶为主，夹砂褐陶次之，有少量橙黄陶。主要器形有双唇口尖底瓶、宽沿浅腹盆、曲腹盆、敛口平底钵、侈沿弦纹罐、敛口瓮、碗、直口双腹镂孔火种炉等。纹饰有线纹、弦纹、附加堆纹、篮纹和彩绘等。彩绘颜色以黑彩为主，纹样有宽带纹、弧线三角纹、圆点纹、钓叶纹等（图一四）。这个类型陶器的特征与中心区庙底沟类型的陶器十分相似，有较多的共性，但也有明显的自身特点，如火种炉是地方特产，未见庙底沟类型的釜、灶等，彩陶纹样也较简单。

从上述仰韶文化中期彩陶艺术的发展情况看，中心区庙底沟类型的彩陶数量最多，艺术最精湛，已达到彩陶艺术的巅峰。扩张区的诸类型彩陶艺术虽达不到中心区高度繁荣的程度，但在当地也是彩陶艺术最发达的时期，有学者称其为“史前中国的艺术浪潮”，堪称史前中国艺术之最。

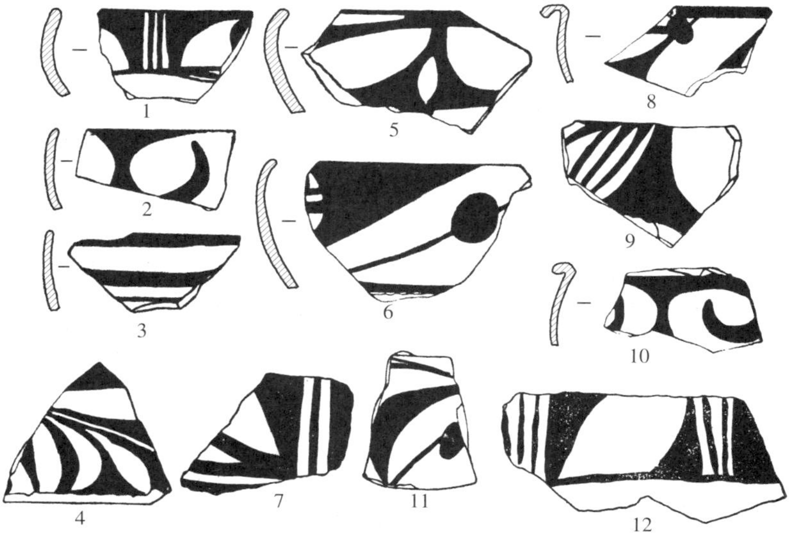

图一二　钓鱼台类型彩陶

1～6、8～11. 三关遗址出土　7、12. 钓鱼台遗址出土

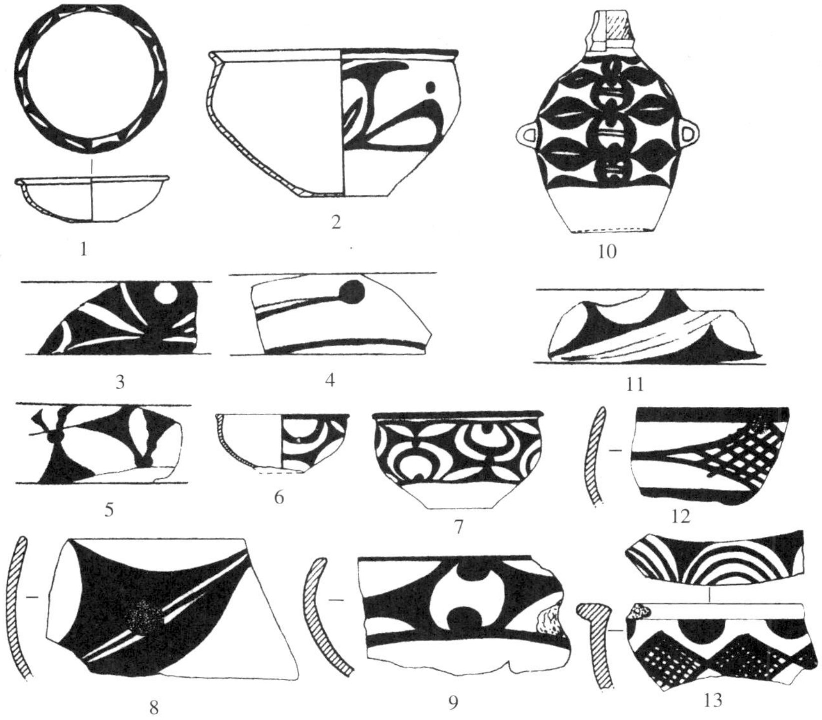

图一三　八里岗类型彩陶

1、2. 八里岗遗址出土　3～5. 下集遗址出土　6～13. 雕龙碑遗址出土

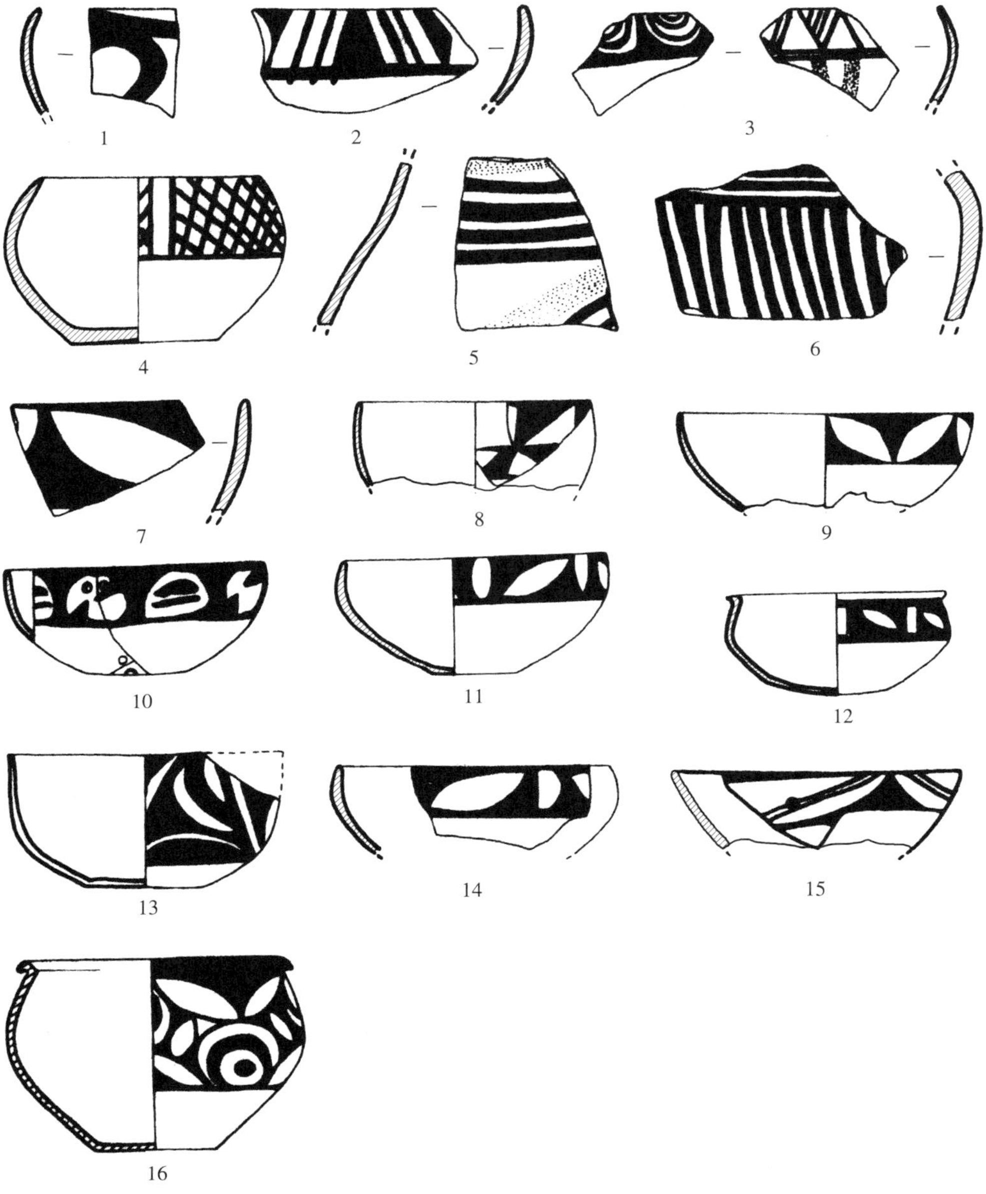

图一四　王墓山坡下类型

1～12、14. 王墓山遗址出土　13. 狐子山遗址出土　15. 官地遗址出土　16. 白泥窑子遗址出土

四 仰韶文化彩陶的衰落

仰韶文化中期彩陶经过数百年的高度发展走向了它的晚期阶段。晚期阶段的彩陶无论是中心区或者是扩张区都进入了它的衰落期。这一时期的彩陶数量、表现形式、色彩、纹样等都表现出其时代特征。属于晚期的有西王村类型、石岭下类型、秦王寨类型、大司空类型、赵湾类型及海生不浪类型等。它们所处的年代都在公元前3600至前2900年，延续时间约700年。

西王村类型（半坡晚期类型），分布范围较庙底沟类型小得多，因为仰韶文化发展到晚期阶段，分化的趋势增强，各地的地域特点更加突出，比较容易区分为不同的地方类型。西王村类型的主要分布范围东至渑池，西到陇东，南抵陕南，北达陕北及晋中地区。向北影响颇远，可达内蒙古中南部，但中心仍在关中、晋南和豫西一带。这一类型经过发掘的遗址也不少，但多居上层，破坏严重，位居下层或单一的遗址较少。已发掘过的典型遗址有西安半坡晚期[76]、临潼姜寨四期[77]、蓝田泄湖第六层[78]、扶风案板二期[79]、宝鸡福临堡三期[80]、铜川李家沟三期[81]、西王村仰韶晚期[82]、汾阳任家堡[83]、离石马茂庄三期[84]、垣曲古城东关四期[85]、华县泉护村二期[86]、渑池仰韶村二期等[87]。出土陶器的陶质陶色以泥质和夹砂红陶最多，泥质和夹砂灰陶次之，泥质黑陶最少。红陶的陶色多不纯正，有黄色、橙黄色、红色灰斑、灰色褐斑及褐皮红心等。器形以单唇鼓腹束腰底呈钝角的尖底瓶、喇叭口阔肩双耳尖底瓶、宽平沿浅腹盆、直壁大口假圈足碗、敛口曲腹钵、带流罐、折沿腹饰附加堆纹粗绳纹鸡冠耳夹砂罐、条带形附加堆纹直壁平底瓮（缸）等最具特征。纹饰以绳纹最多，附加堆纹、篮纹次之，其他少见。彩陶很少，呈衰败现象。仅有的少量彩陶，多为红彩，白彩、黑彩很少，姜寨四期彩陶均为黑彩，福临堡三期彩陶多为白彩，任家堡彩陶多为褐彩及棕红色彩，各遗址多不统一，地方特点突出。施彩部位多在尖底瓶颈肩部，盆的沿面及钵的口沿下。纹样有波状旋涡纹、圆点纹、同心圆纹、条带纹、方格纹、弧边三角纹、双钩纹、平行弧线纹等（图一五），比中期庙底沟类型的彩陶纹饰简单多了。

石岭下类型，命名颇有争议，有人称西王村类型，有人称半坡晚期类型，有人称仰韶文化晚期遗存，有人将其归入马家窑文化早期，我们仍称它为石岭下类型，它是仰韶文化晚期的一个地方类型。这一类型的分布情况与当地的庙底沟类型相同。发掘过的遗址有秦安大地湾仰韶晚期[88]、天水师赵四期[89]、武山傅家门[90]、民和阳洼坡等[91]。出土陶器的陶质陶色有泥质橙黄陶、泥质红陶、夹砂红陶及泥质夹砂灰陶。器形复杂，以平唇尖底瓶、喇叭口尖底瓶、侈口曲腹盆、喇叭口圆肩鼓腹壶、附加堆纹罐、浅腹盆、平底钵、假圈足碗、宽平沿大口罐等最富特征。纹饰以绳纹、附加堆纹最多，线纹、划纹、

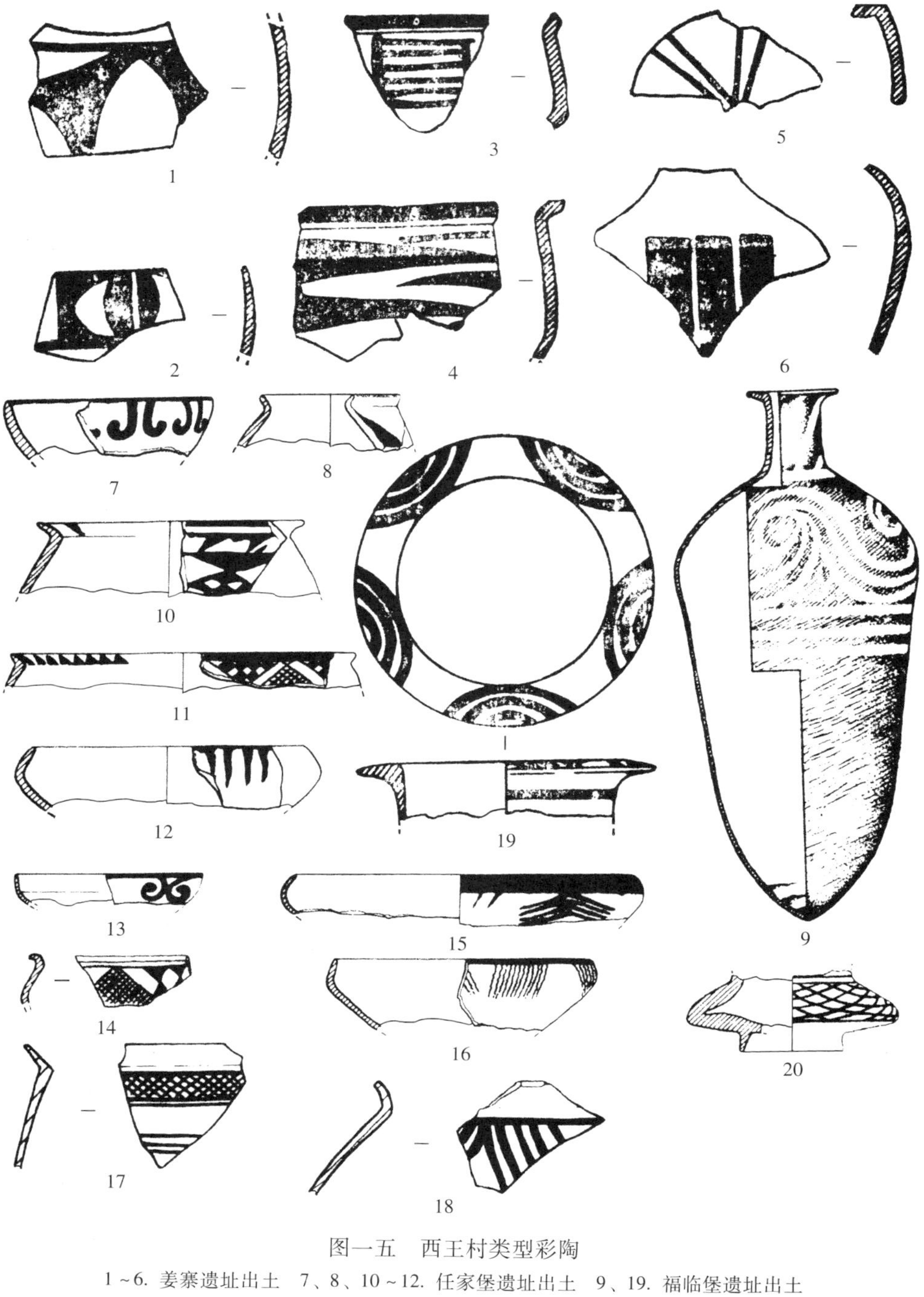

图一五　西王村类型彩陶

1～6. 姜寨遗址出土　7、8、10～12. 任家堡遗址出土　9、19. 福临堡遗址出土　13～16. 马茂庄遗址出土　17、18. 古城东关遗址出土　20. 泉护村遗址出土

弦纹、齿状纹、镂孔较少。彩陶数量减少，已呈衰落趋势。彩色有红、白、黑三种，以黑彩为主。纹饰以几何形图案为主，有弧线三角纹、花瓣纹、网格纹、旋涡纹、平行线纹、圆圈纹、圆点纹等，还有少量的变体蛙纹及动物纹等（图一六）。这些特征明显地反映出它与庙底沟类型的渊源关系，同时它又有马家窑文化的一些因素，它应该是由庙底沟类型向马家窑文化发展的一个过渡性文化遗存，这是在大地湾、师赵等遗址的地层关系中早已证明了的。

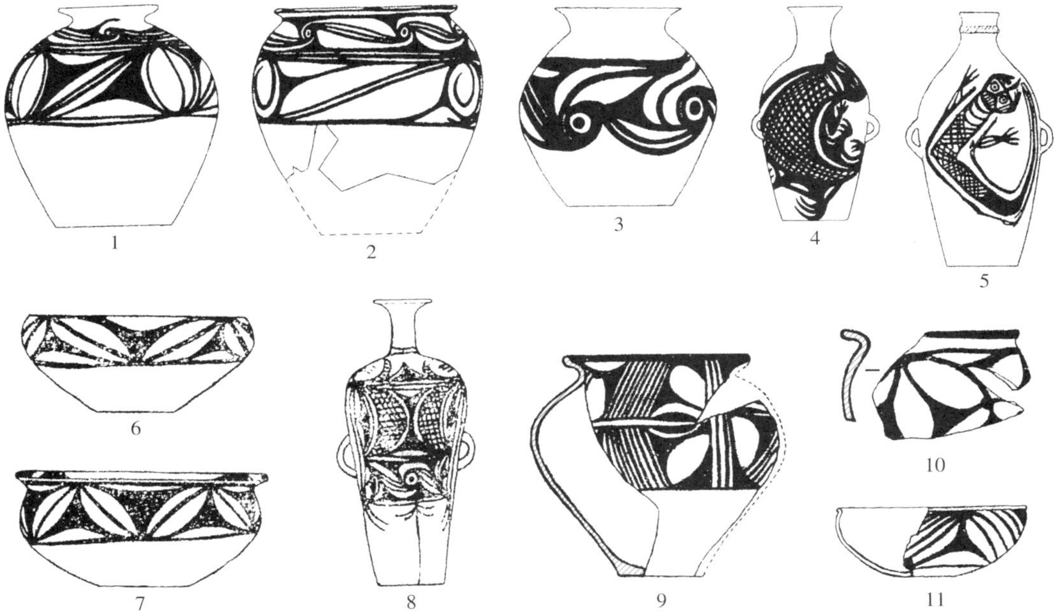

图一六　石岭下类型彩陶

1、2、4. 傅家门遗址出土　3. 师赵村遗址出土　5. 灰地儿遗址出土　6、7. 大地湾遗址出土　8. 石沟坪遗址出土　9～11. 阳洼坡遗址出土

秦王寨类型，是仰韶文化晚期的一个地方类型。对秦王寨类型的命名学术界的认识颇不一致，有的将豫北冀南的大司空类型归并为秦王寨类型，有的将大河村三、四期称为秦王寨类型，我们认为大河村四期文化遗存的陶器特征已不属仰韶文化，其陶质陶色以灰陶为主，红陶已降为次要地位，制法、器形、纹饰及彩陶等都与秦王寨类型陶器存在明显的差别，其年代也与庙底沟二期相当，所以大河村第四期不宜归入秦王寨类型。这里说的秦王寨类型，主要分布在豫中地区的郑州、洛阳、许昌及平顶山一带，其他地区较少。已发掘过的重要遗址有郑州大河村三期[92]、西山三期[93]、洛阳王湾二期一至三段[94]、荥阳点军台三期[95]、青台三期等[96]。出土陶器以泥质红陶、夹砂灰陶最多，泥质灰

陶、夹砂红陶次之，有的遗址已经以灰陶为主。器形有罐形鼎、盆形鼎、多鸭嘴形足和方锥形足、口沿断面作铁轨式的砂陶罐、敛口深腹小平底罐、敛口折肩罐、敛口小平底钵、曲腹钵、喇叭口细颈壶、大口斜直腹小平底碗等。纹饰有弦纹、附加堆纹、细绳纹、篮纹、镂孔及彩绘等。彩陶较多，多施白衣。彩色有红、棕、紫、灰、黑配合使用。多绘于钵、盆、壶、罐、碗的肩部、腹部或口沿上。网状宽带纹、平行线纹、波浪纹、锯齿纹常见，太阳纹、星座纹、月亮纹、花朵纹、菱形纹、六角星纹、梳形纹、弧线三角纹、X 纹、S 纹较少。这些都是这一类型的重要特征（图一七）。

赵湾类型，是分布在豫西南、鄂西北地区的一个仰韶文化晚期类型。发掘过的重要遗址有镇平赵湾[97]、唐河茅草寺[98]、邓州八里岗五段[99]、淅川下王岗三期[100]、枣阳雕龙碑三期等[101]。出土陶器的陶质有泥质陶和夹砂陶二种。陶色以红陶、棕色陶较多，灰陶也占一定比例，黑灰陶较少。主要器形有鸭嘴形足罐形鼎、柱形足外撇盘形鼎、敛口平底钵、碗、鼓腹罐、深腹盆、小口尖底瓶、小口鼓腹双耳壶、瓮、敞口杯、缸、盘、豆、器盖等。多数陶器为素面，少数陶器装饰有绳纹、附加堆纹、弦纹、指窝纹、布纹、篮纹、镂孔和彩绘等。彩绘颜色多为红色、赭色、黑红色、白衣黑彩，多施于钵、盆、罐、盘之肩腹部。纹样有宽带纹、凹边三角纹、圆点纹、菱形网纹、直线纹、勾叶纹、垂弧纹以及由它们所组成的各种图案花纹（图一八）。从这个类型的整个文化面貌来看，其虽受到秦王寨类型和西王村类型的强烈影响，但自身特点还是很突出的。

大司空类型，是分布在冀中南和豫北地区仰韶文化晚期的一个地方类型，是由当地的钓鱼台类型发展而来。发掘过的重要遗址有安阳大司空村[102]、大正集老磨岗[103]、鲍家堂[104]、武安城二庄[105]、磁县界段营[106]、邯郸百家村[107]、新乡洛丝潭等[108]。这一类型陶器的陶质陶色，以泥质灰陶较多，泥质红陶次之，黑陶较少。夹砂陶甚微，灰陶和红陶的颜色多有不纯正的情况。主要器形钵类有敛口鼓肩斜腹平底钵、敛口内卷沿斜腹或折腹平底钵，碗类有直口圆腹平底碗、敞口弧腹碗，盆类有折腹盆、直腹盆、浅腹盆，罐类有高领罐、侈口深腹罐、敛口广肩罐及杯、器盖等，鼎极少见。器表多素面磨光，少数器身饰绳纹、篮纹、刻划纹、方格纹、线纹、附加堆纹及彩绘等。彩绘较多，约占陶器总数的 9%，彩绘颜色多红、赭彩，黑彩罕见。彩绘多施于盆、罐、碗的口沿或上腹部。常见纹样有弧线三角纹、曲线纹、蝶须纹、梳形纹、水波纹、叠人字纹、同心圆纹、平行线纹、网格纹、睫毛纹、双钩纹、垂帐纹、S 纹、山字纹、窄带纹、锯齿纹，以及由它们所组成的不同图案，结构比较单纯，形式较固定（图一九）。从这一类型的彩陶特点来看，其与秦王寨类型比较接近，但自身特点也很浓郁。

海生不浪类型，是分布在陕北、晋北及内蒙古中南部长城地区仰韶文化晚期的一个地方类型。内蒙古开展工作较多，收获较丰，对这里的史前文化面貌认识得也比较清楚。已发掘过的重要遗址有托克托海生不浪[109]、包头阿善二期[110]、西园二期[111]、准格尔官

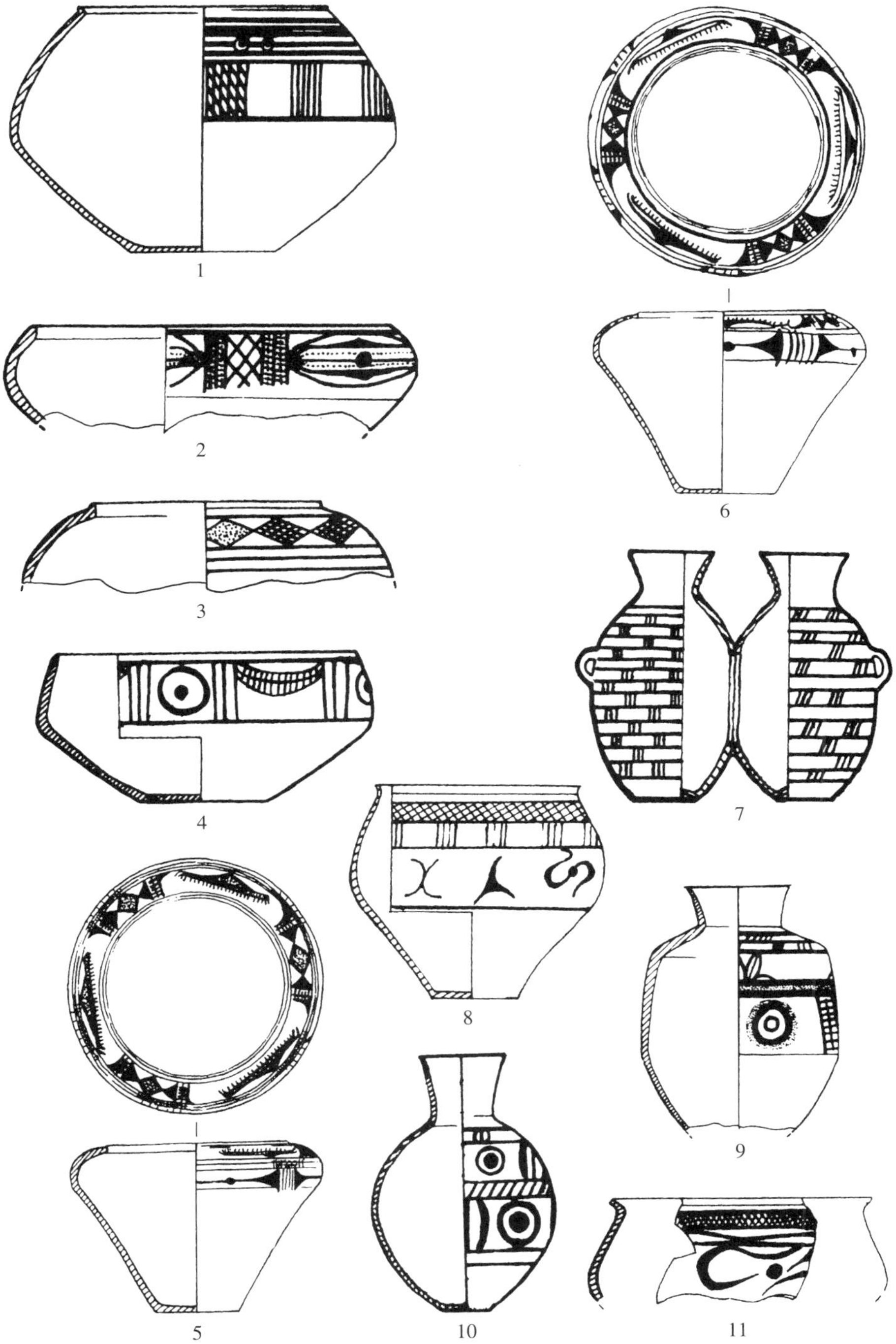

图一七　秦王寨类型彩陶

1～10. 大河村遗址出土　11. 王湾遗址出土

图一八　赵湾类型彩陶（雕龙碑遗址出土）

地三期[112]、鲁家坡三期[113]、白草塔二期[114]、凉城红台坡上[115]、察布前旗庙子沟[116]、靖边五庄果梁等[117]。出土陶器的陶质陶色有泥质陶，多为灰色，红色、橙黄、黄褐色次之；夹砂陶也多为灰色，还有少量灰皮红胎及红褐色陶。主要器形有喇叭口尖底瓶、敛口钵、

图一九　大司空类型彩陶

1～3. 界段营遗址出土　4～8. 鲍家堂遗址出土　9、10. 洛丝潭遗址出土　11. 老磨岗遗址出土

折腹钵、小口双耳罐、曲腹盆、折腹盆、带流罐、筒形罐、直口缸、碗等，岱海地区未见尖底瓶。常见纹饰有绳纹、线纹、篮纹、附加堆纹、方格纹及彩绘等。彩陶有的遗址较多，有的遗址较少，但从总体看是很少的，与中心区同样是呈现衰落迹象。彩绘颜色有黑、红、紫、褐等，复彩和内彩较普遍，彩绘多施于钵、盆、罐的口沿及肩腹部。纹样有平行线纹、三角纹、网格纹、弧线纹、波折纹、横竖斜线纹、点线纹、鱼鳞纹、绞索纹、鱼刺形纹等，以及由几种纹样所组成的不同图案（图二〇）。从这些陶器所反映的文化特征来看，它与周邻同时的仰韶晚期诸类型如大司空类型、西王村类型、石岭下类型都有一定的关系，可以说它是与这些兄弟类型相互交流融合后而形成的一个地方类型。不仅如此，其同时与东邻的红山文化也有一定的联系。

图二〇　海生不浪类型彩陶

1～4. 海生不浪遗址出土　5. 西园遗址出土　6. 白泥窑子遗址出土　7～9. 红台坡上遗址出土

仰韶文化彩陶，从它的发生、发展到繁荣昌盛，使彩陶艺术达到了灿烂亮丽辉煌的顶峰，但伴随着社会生产力的提高，轮制陶器的普及，尤其是快轮制陶技术的发明，原由妇女从事的家庭副业式制陶转变为男子手工业者成规模的制陶生产，加之烧制技术的改进，质地坚硬且更加实用的灰、黑陶的出现和发展，使彩陶逐渐从日常生活用具中消失，并伴随着仰韶文化的结束而走向它的终点。

五　仰韶文化彩陶艺术对周边诸史前文化的影响

仰韶文化早、中期经过一千多年的发展，无论是分布地域、人口增殖情况、经济发展程度，还是社会组织结构、社会发展阶段及文化艺术，尤其是彩陶艺术等都得到了长足发展，达到了一定高度。与周边同时存在的诸原始文化相比，它显得异常强劲，一直保持着向外扩张的势头。单从彩陶艺术来看，仰韶文化彩陶对周围的人们都具有强烈的影响。

（一）对黄河下游的影响

黄河下游即今山东、苏北及皖北地区，分布着自成体系的原始文化：后李文化、北辛文化、大汶口文化及龙山文化，其发展序列清晰完整，文化特征明显，有别于其他地区同时存在的原始文化遗存。但它不是孤立的，它同别的文化存在着一定的联系。如北辛文化的滕县北辛遗址出土的钵（H32：8）和汶上县东贾柏遗址出土的碗（H13：2）等的口沿均饰有黑色彩带纹，器形和纹样均与仰韶文化早期北福地一期甲类遗存和后岗类型的同类器相同，后者比前者的年代略早或同时，所以前者可能是受后者的影响而出现的[118]。大汶口文化宁阳县大汶口、邳县刘林、大墩子等遗址出土的彩陶颜色、施彩器物部位、绘画技艺及花纹纹样等多项特点均与仰韶文化后岗类型、庙底沟类型彩陶相同或相似。如大汶口遗址第二、三次发掘出土的A型Ⅰ式和Ⅱ式碗的口沿上分别饰有红色和黑色宽带纹，与仰韶文化早期半坡类型、后岗类型的宽带纹相似；D型和E型壶，A型带把钵腹部所饰的花瓣纹，以及刘林遗址第二次发掘出土的钵、大墩子第一次出土的钵、盆与第二次出土的Ⅰ式钵等的口、腹部所绘的花瓣纹（图二一），均与仰韶文化中期庙底沟类型彩陶的花瓣纹相同，当为接受庙底沟类型彩陶的影响所致[119]。

（二）对长江中下游的影响

长江中游即湖北、湖南地区，分布着自成序列的城背溪文化、彭头山文化、皂市下层文化、大溪文化、屈家岭文化及石家河文化等新石器时代中晚期的文化遗存，在其数千年的发生、发展过程中，各阶段的各个原始文化，具体的分布地区、文化特征、年代分期等都很清晰，且与不同地区同时存在的诸原始文化都有着一定的联系，尤其同处于新石器时代晚期前段的大溪文化与黄河中游的仰韶文化关系密切。如巫山大溪遗址出土

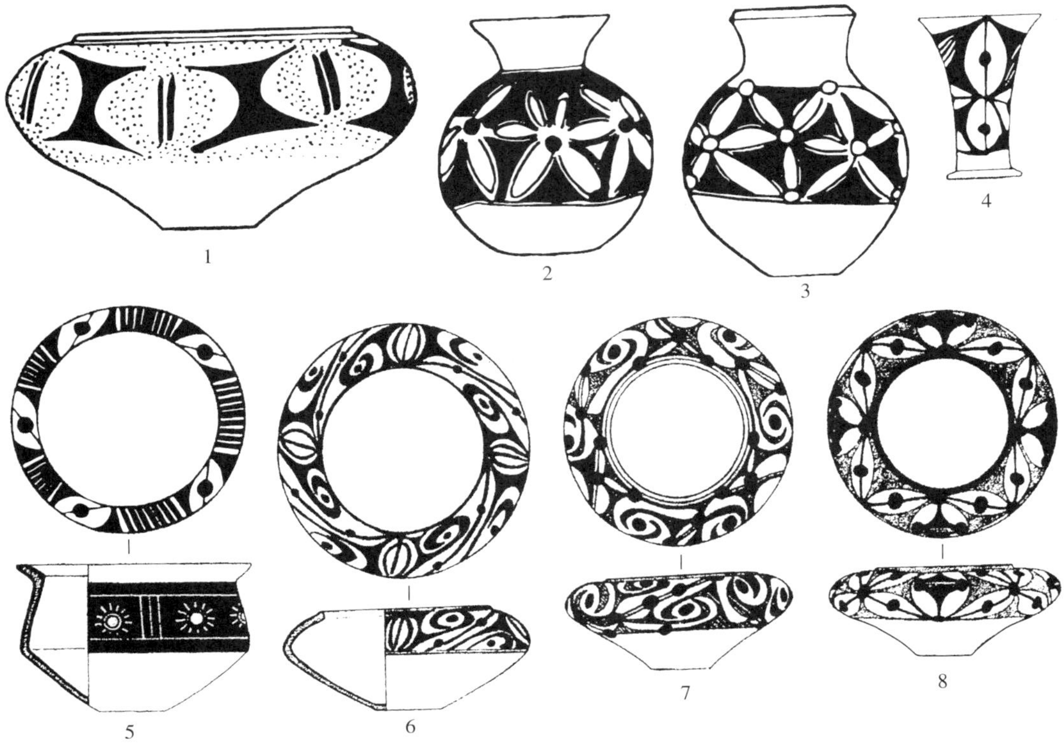

图二一　黄河下游大汶口文化与仰韶文化相同或相似的彩陶

1～3. 大汶口遗址出土　4、5. 王因遗址出土　6. 野店遗址出土　7. 刘林遗址出土　8. 大墩子遗址出土

饰有直线纹和弧线三角纹的筒形杯和罐[120]、枝江关庙山遗址出土饰有由弧线三角纹组成图案的圆腹罐、碗形豆和筒形杯等[121]，都与仰韶文化庙底沟类型的彩陶纹饰相似。在宜都红花套遗址早期发现一件双唇口尖底瓶，其与庙底沟类型的尖底瓶相同[122]。

长江下游属崧泽文化的吴县草鞋山遗址第六层发现的一块彩陶片上绘有平行线纹、弧线纹、圆点纹[123]，与仰韶文化庙底沟类型的同类纹样相似（图二二）。另外，在青浦崧泽、海安青墩等遗址都发现过饰花瓣纹的彩陶片，在常州圩墩遗址发现有黑彩网格纹彩陶片，这些均与仰韶文化的同类纹样相似。

（三）对燕山以北的影响

仰韶文化早中期的半坡类型、史家类型、后岗类型、石虎山遗存及庙底沟类型、钓鱼台类型、王墓山坡下类型对分布在燕山以北的内蒙古东南部和辽西及辽东地区的红山文化、小珠山中层文化等，在同时的发展过程中都有一些或多或少的联系，尤其在陶器器形及彩陶艺术方面表现得相当突出。如红山文化的很多遗址出土的钵、碗、折腹盆、带突饰的圜底（尖底）罐和器座等器类的器形，与仰韶文化早期的同类器相同或相似。

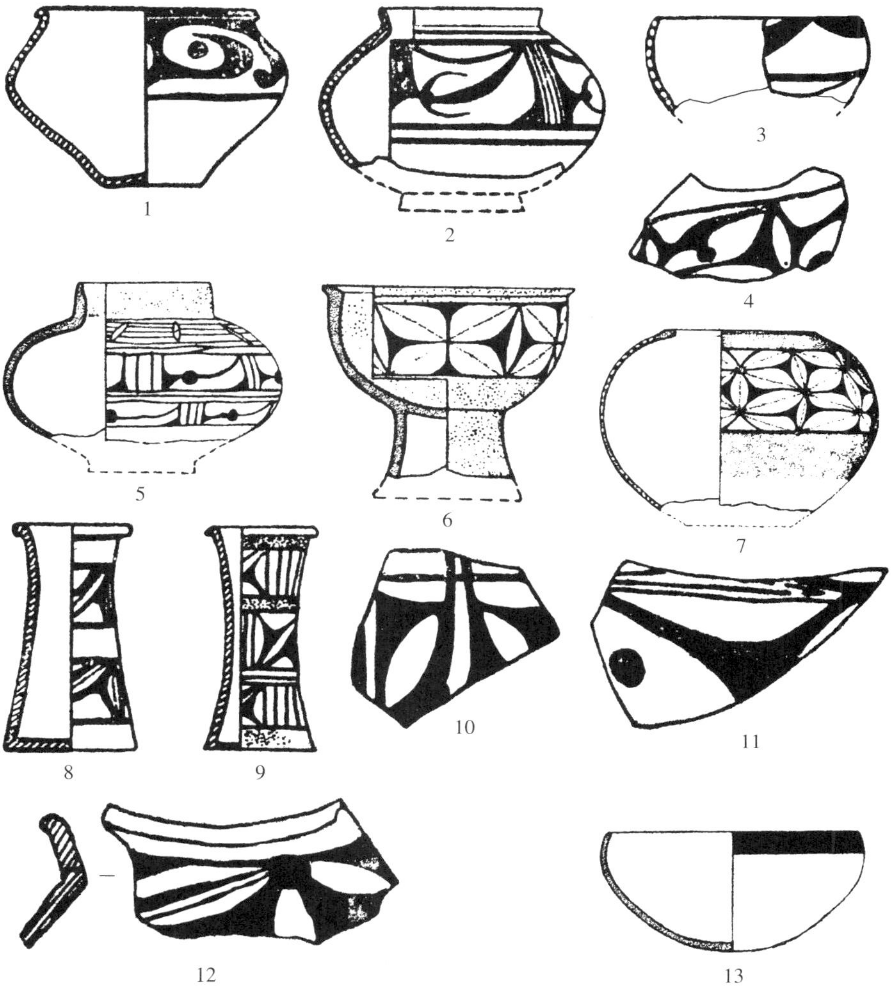

图二二　长江中下游史前文化与仰韶文化相似的彩陶

1. 螺蛳山遗址出土　2、3. 大溪遗址出土　4. 红花套遗址出土　5～9. 关庙山遗址出土
10. 石埂遗址出土　11. 草鞋山遗址出土　12. 青墩遗址出土　13. 北阴阳营遗址出土

赤峰西水泉遗址出土的“红顶碗”式的黑带钵，与仰韶文化早期的同类器相同。敖汉旗五道湾遗址出土的饰有平行斜线三角纹、涡纹的敛口鼓腹罐及喀左东山嘴遗址出土的弧线三角纹彩陶盆等，都与庙底沟类型彩绘纹样相似。分布在辽东地区的小珠山中层文化在发展过程中不但接受了邻近大汶口文化的影响，同时与仰韶文化中期诸类型也有一定的联系。如小珠山遗址出土的弧线三角纹、平行直线和斜线纹，以及大连市郭家村遗址出土的网格纹彩陶片等（图二三），在仰韶文化中期诸类型中都能找到相同或相似的标本[124]。

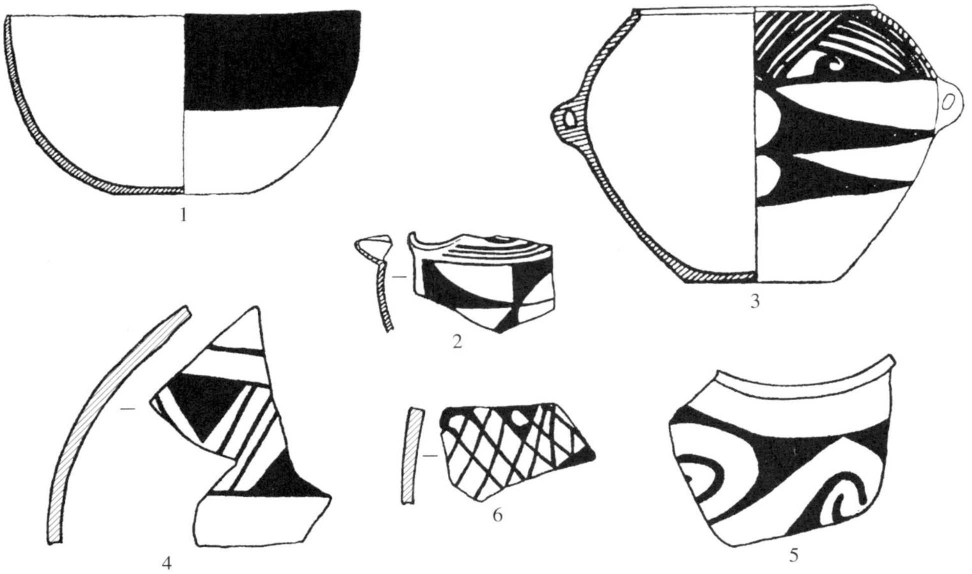

图二三　燕山以北史前文化与仰韶文化相似的彩陶

1. 赤峰西水泉遗址出土　2. 喀左东山嘴遗址出土　3. 敖汉旗五道湾遗址出土

4、5. 小珠山遗址出土　6. 郭家村遗址出土

（四）对黄河上游的影响

仰韶文化向西不断扩张，其早期的史家类型已达泾渭上游的陇东地区，如秦安大地湾、天水师赵等遗址，中晚期已远达黄河上游两岸及其支流洮河、大夏河、湟水流域，如临洮马家窑、民和阳洼坡等遗址。马家窑文化正是在仰韶文化的基础上发生、发展起来的地域性文化。马家窑文化主要分布在甘肃大部、宁夏南部及青海东部，其中心在甘肃中部的黄河两岸及其支流洮河、大夏河流域的兰州、临洮、东乡及永靖等县市。从马家窑文化的整体特征来看，可分为三个类型，即马家窑类型、半山类型及马厂类型。本文只对马家窑类型彩陶做简单介绍。因马家窑类型在马家窑文化中最有代表性而且与仰韶文化的关系最为密切，它是黄河上游仰韶文化的直接继承者，这是在大地湾、师赵等遗址的地层关系中早已证明了的。至于马家窑类型进一步发展而形成的半山类型和马厂类型，则与仰韶文化的关系已较疏远，本文省略。

马家窑类型彩陶不仅继承了仰韶文化彩陶的成就，而且将彩陶艺术发展到又一个高峰，并形成了自己独有的艺术风格，这也是马家窑类型最突出的文化特征。马家窑类型彩陶在陶器总数中占有较大的比例，如东乡林家遗址出土的彩陶占陶器总数的 30%，已超过了仰韶文化庙底沟遗址彩陶占陶器总数 14% 的比重。马家窑类型的陶工制陶技艺高超，陶窑已有改进，制法虽多为手制，且以泥条盘筑法为主，但已多经慢轮修整，陶器多显规整，器表多经抹、压、磨、刮工序，造型雅致美观。因陶器经氧化焰烧成，陶色多呈橙黄色，部分呈砖红色或橘红色。陶质有泥质陶和夹砂陶。器形有盆、钵、杯、盘、罐、瓶、壶、缸、瓮、甑、勺、带把锅等。陶器纹饰有绳纹、附加堆纹、指印纹及彩绘等。彩绘多施于泥质陶上，彩绘颜色有红、黑、白三种，以黑色常见，彩绘部位多在陶器的口、颈、肩、腹之上，内彩较流行，也有器物全身遍饰彩纹者。彩绘纹样均为入窑前所绘，经烧后漆黑发亮，色彩不易褪脱。纹样有漩涡纹、锯齿纹、水波纹、弧线三角纹、圆点纹、宽带纹、网格纹及栩栩如生的蛙、鱼、鸟、人像纹等，尤其是大通县上孙家寨遗址出土的内彩三组五人连臂舞蹈纹盆、同德县宗日遗址出土的内彩两组分别为11人和13人的连臂舞蹈纹盆及二人抬物彩陶盆，所绘人物神态生动，舞姿婀娜，富有浓郁的生活气息（图二四），实为我国史前极为珍贵的艺术瑰宝[125]。

六 结语

截至目前，在全国范围内，已命名的新石器时代中晚期考古学文化名称已有50多个，这是最保守的统计，假若将那些尚未达到学术界共识或认可的也算在内，其数量可达七八十种。每个考古学文化遗存都有它的分布地域、文化特征、年代分期、经济形态、社会组织结构及社会发展阶段等的具体情况。

在这些众多的史前考古学文化中，仰韶文化是我国考古学中命名最早、分布范围最广、位居中原且发现遗址最多、延续时间最长、经济发达、文化昌盛、综合实力最强、彩陶艺术最为繁荣的独具特色的原始文化，它与同时期的尤其是周边邻近的诸原始文化都有一定的联系且影响深远。仰韶文化起源于磁山、裴李岗及老官台文化，仰韶文化彩陶也源自老官台文化，老官台文化彩陶是我国最早的彩陶，距今8000～7000年。老官台文化的彩陶艺术比较原始，风格古朴，正处在我国彩陶艺术的萌芽阶段。据秦安大地湾遗址第三次发掘资料统计，其彩陶约占完整和复原陶器总数的三分之一；而临潼白家村的彩陶约占陶器总数的34%。同时还有一些彩陶片与完整彩陶器上的彩纹图案完全相同。彩绘主要施于圜底钵、三足钵和碗的口沿上，形成一周宽带纹，于器口内沿施一周窄带纹，部分三足钵的三足上及圈足碗的圈足上也施有彩绘。彩绘颜色有棕红色和紫红色。还有一些饰于圜底钵内表面的彩绘陶片，为内彩。彩绘纹样有直线纹、弧线纹、圆点纹、水波纹、平行直线纹、圆圈纹、梳形纹等，多为对称分布。老官台文化的彩陶是我国最古老的绘画艺术，为其后继者仰韶文化的彩陶绘画艺术奠定了良好的基础。

属于仰韶文化早期前段的临潼零口二期遗存、石固五期遗存、易县北福地一期甲类遗存及大张庄遗存，从年代上看它们是晚于磁山、裴李岗、老官台文化而早于半坡类

图二四　马家窑类型彩陶

1. 上孙家寨遗址出土　2、3. 宗日遗址出土　4. 舟曲北山坪遗址出土　5. 武都白鹤桥遗址出土　6. 舟曲掌坪遗址出土　7～14. 林家遗址出土　15. 师赵村遗址出土

型、史家类型、后岗类型的文化遗存，由于目前发掘面积尚小，文化面貌尚不十分清晰，学术界也存在不同看法。有的将它单独命名，有的将它划归仰韶文化。但有一点是一致的，这些遗址都有彩陶，彩绘颜色有红色、黑色、紫色三种，多绘于钵、碗的口沿上，纹样主要是宽带纹，直线纹、三角纹、波折纹等较少，当是继承老官台文化的彩陶纹样而来。

仰韶文化早期中段的半坡类型，彩陶艺术才开始发展起来。半坡类型的彩陶花纹主要是几何形图案花纹和象生性花纹。几何形图案花纹的基本母题有宽带纹、窄带纹、直线纹、三角纹、斜线纹、波折纹，以及由它们所组成的不同图案花纹。象生性花纹的基本母题有人物、动物，即人面纹、鱼纹、蛙纹、鹿纹等，写实性很强，是当时人们生产、生活乃至宗教（或图腾）信仰的反映。

到了仰韶文化早期后段的史家类型，直接继承和发展了半坡类型彩陶艺术的传统，彩绘颜色趋向单一的黑彩，以前的红色、紫色少见。彩绘施于器表，内彩基本绝迹。彩绘纹样中的几何形图案花纹除保留了以前的纹饰外，又新增加了弧线纹、圆点纹等；象生性花纹新增加了鸟纹、猪纹、变形鱼纹等。这些新出现的花纹都是后继者庙底沟类型彩陶纹样的先驱。与史家类型基本同时的后岗类型、下王岗类型及石虎山遗存的彩陶，在其所在地应是很突出的，但与仰韶文化中心区的史家类型相比，彩陶纹样就显得较为简单了，数量也较少。

到仰韶文化中期的庙底沟类型，随着生产力的发展，人口的增加，仰韶文化的综合实力达到了最强盛时期。于是，仰韶文化在早期由中心区向外扩张的基础上继续扩张，并向周围施加强劲的影响，拓展自己的势力范围，这在彩陶方面表现得特别明显。首先是立足自己的发展，庙底沟类型的彩陶是在半坡类型、史家类型彩陶艺术的基础上发展起来的，无论是几何形图案花纹或者是象生性花纹都不例外，尤其是庙底沟类型的鸟纹是直接从史家类型继承而来，并高度发展。石兴邦先生曾指出，庙底沟类型几何形图案花纹的基本母题有 12 种之多，即圆点纹、勾叶纹、弧边三角纹、弧边工字纹、月牙纹、弯刀纹、弧边三角纹、网格纹、植物纹等，由这些基本元素组成 17 种不同的图案，其中以花瓣纹图案最为流行。象生性花纹有鸟和蛙，以鸟纹最多，其表现手法是从写实到抽象的图案化。这些彩陶花纹纹样繁缛，线条流畅，变化多样，装饰效果突出，有黑、红、紫、白等多种颜色，与陶器地色搭配得多姿多彩，使仰韶文化中期的彩陶艺术达到了顶峰，很多纹样对周边诸原始文化彩陶艺术的影响相当深远。同时也折射出仰韶文化中期综合实力之雄厚，政治社会势力之强大，这在当时是所有原始文化集团都无法匹敌的。

到仰韶文化晚期，生产力的发展和制陶技术的进步，使各类型的彩陶都显现出衰落景象，而对外来文化则出现了兼容接纳融合的情景，尤其是东方的大汶口文化及南方的大溪文化、屈家岭文化等都被中原地区的仰韶文化所接纳融合。这是仰韶文化强势大度的表现，是大范围内文化交流思想趋向统一大势的反映，这种文化统一、思想统一的大势促进了多元一体的逐步形成，对后来夏商周三代统一王朝的建立乃至秦汉统一帝国的形成都有深远的意义。

注　释

① 北大文博：《美国“科学”杂志，刊文中国陶器出现时间为两万年前》，《中国文物报》2012年8月10日。

② a. 梁旭达：《广西新石器时代早期文化遗存初探》，《华南及东南亚地区史前考古——纪念甑皮岩遗址发掘30周年国际学术研讨会论文集》，文物出版社，2006年。b. 傅宪国等：《桂林地区史前文化面貌轮廓初现》，《中国文物报》2001年4月4日。

③ a. 巩启明：《华北新石器时代早期文化遗存的发现及相关问题的探讨》，北京大学考古学丛书《考古学研究（十）——庆祝李仰松先生八十寿辰论文集》，科学出版社，2012年。b. 巩启明：《华南新石器时代早期文化遗存的发现及相关问题的探讨》，《史前研究——2013年纪念半坡遗址发掘60周年暨石兴邦先生90华诞研讨会论文集》，西北大学出版社，2015年。

④ 河南省文物考古研究所：《河南史前彩陶》，河南美术出版社，1996年。

⑤ 河南省文物研究所：《长葛石固遗址发掘报告》，《华夏考古》1987年1期。

⑥ 河南省文物考古研究所：《河南史前彩陶》，河南美术出版社，1996年。

⑦ 中国社会科学院考古所河南一队：《河南临汝中山寨遗址》，《考古学报》1991年1期。

⑧ 中国社会科学院考古研究所河南一队：《河南郏县水泉裴李岗文化遗址》，《考古学报》1995年1期。

⑨ 巩义市文物管理所：《河南巩义市瓦窑嘴新石器时代遗址试掘简报》，《考古》1996年7期。

⑩ 中国社会科学院考古研究所：《临潼白家村》，巴蜀书社，1994年。

⑪ a. 陕西省考古研究所：《临潼零口村》，三秦出版社，2004年。b. 山西省考古研究所：《山西翼城枣园新石器时代早期遗址调查报告》，《文物季刊》1992年2期。c. 河南省文物研究所：《长葛石固遗址发掘报告》，《华夏考古》1987年1期。d. 郑州市文物考古研究所：《郑州大河村》，科学出版社，2001年。e. 郑州大学考古系：《河南尉氏椅圈马遗址发掘简报》，《华夏考古》1997年3期。f. 拒马河考古队：《河北易县涞水古遗址试掘报告》，《考古学报》1988年4期。g. 河南省文物研究所等：《淅川下王岗》，文物出版社，1989年。h. 南阳地区文物队：《河南方城大张庄新石器时代遗址》，《考古》1983年5期。

⑫ 中国科学院考古研究所、西安半坡博物馆：《西安半坡》，科学出版社，1963年。

⑬ 西安半坡博物馆等：《姜寨——新石器时代遗址发掘报告》，文物出版社，1988年。

⑭ 中国社会科学院考古研究所：《宝鸡北首岭》，文物出版社，1983年。

⑮ 北京大学历史系考古教研室：《元君庙仰韶墓地》，文物出版社，1983年。

⑯ 中国社会科学院考古研究所陕西工作队：《陕西华阴横阵遗址发掘报告》，《考古学集刊》第4集，中国社会科学出版社，1984年。

⑰ 陕西省考古研究所：《龙岗寺》，文物出版社，1990年。

⑱ 商县图书馆等：《陕西商县紫荆遗址发掘简报》，《考古与文物》1981年3期。

⑲ 西安半坡博物馆等：《陕西渭南史家新石器时代遗址》，《考古》1978年1期。

⑳ 同⑬。

㉑ 中国科学院考古研究所：《庙底沟与三里桥》，科学出版社，1959 年。
㉒ 黄河水库考古队山西分队：《山西芮城东庄村和西王村遗址的发掘》，《考古学报》1973 年 1 期。
㉓ 甘肃省博物馆文物工作队：《甘肃秦安大地湾遗址 1978 至 1982 年发掘的主要收获》，《文物》1983 年 11 期。
㉔ 同⑯。
㉕ 陕西省考古研究所等：《陕西铜川吕家崖新石器时代遗址试掘简报》，《考古与文物》1993 年 6 期。
㉖ a. 中国科学院考古研究所安阳发掘队：《1958—1959 年殷墟发掘简报》，《考古》1961 年 2 期。b.《1971 年安阳后岗发掘简报》，《考古》1972 年 3 期。c.《1972 年春安阳后岗发掘简报》，《考古》1972 年 5 期。
㉗ 濮阳市文物管理委员会等：《濮阳西水坡遗址试掘简报》，《中原文物》1988 年 1 期。
㉘ 河北省文物考古研究所：《正定南阳庄——新石器时代遗址发掘报告》，科学出版社，2000 年。
㉙ 郑州市文物考古研究所：《郑州大河村》，科学出版社，2001 年。
㉚ 刘耀：《河南浚县大赉店史前遗址》，《田野考古报告》第一期，1936 年。
㉛ 河南省文物研究所等：《淅川下王岗》，文物出版社，1989 年。
㉜ 长办考古队河南分队：《河南淅川黄楝树遗址发掘报告》，《华夏考古》1990 年 3 期。
㉝ a. 北京大学考古学系等：《河南邓州八里岗遗址的调查与试掘》，《华夏考古》1994 年 2 期。b.《河南邓州八里岗遗址发掘简报》，《文物》1998 年 9 期。
㉞ 中国社会科学院考古研究所：《枣阳雕龙碑》，科学出版社，2006 年。
㉟ 内蒙古社会科学院蒙古史研究所等：《内蒙古包头市阿善遗址发掘简报》，《考古》1984 年 2 期。
㊱ 西园遗址发掘组：《内蒙古包头市西园新石器时代遗址发掘简报》，《考古》1990 年 4 期。
㊲ 内蒙古文物考古研究所等：《内蒙古乌兰察布盟石虎山遗址发掘纪要》，《考古》1998 年 12 期。
㊳ 内蒙古文物考古研究所等：《岱海考古（三）——仰韶文化遗址发掘报告集》，科学出版社，2003 年。
㊴ 内蒙古社会科学院历史研究所考古研究室：《清水河县白泥窑子遗址 K 点发掘报告》，《内蒙古文物考古文集》第二辑，中国大百科全书出版社，1997 年。
㊵ 内蒙古文物考古研究所：《准格尔旗官地遗址》，《内蒙古文物考古文集》第二辑，中国大百科全书出版社，1997 年。
㊶ 内蒙古文物考古研究所：《准格尔旗鲁家坡遗址》，《内蒙古文物考古文集》第二辑，中国大百科全书出版社，1997 年。
㊷ 斯琴：《准格尔旗窑子梁仰韶文化遗址》，《内蒙古文物考古》创刊号，1981 年。
㊸ 同㉑。
㊹ 河南省文物考古研究所：《渑池仰韶遗址 1980～1981 年发掘报告》，《史前研究》1985 年 3 期。
㊺ a. 河南省文物考古研究所等：《河南灵宝铸鼎塬及其周围考古调查报告》，《华夏考古》1999 年 3 期。b. 中国社会科学院考古研究所河南一队等：《河南灵宝市西坡遗址试掘简报》，《考古》2001 年 11 期。c. 河南省文物考古研究所等：《河南灵宝西坡遗址 2001 年春发掘简报》，《华夏考古》2002 年 2 期。
㊻ 中国社会科学院考古研究所河南一队：《河南灵宝市北阳平遗址试掘简报》，《考古》2001 年 7 期。
㊼ 山西省考古研究所：《西阴村史前遗址第二次发掘》，《三晋考古》第二辑，山西人民出版社，1996 年。
㊽ 中国科学院考古研究所山西工作队：《山西芮城东庄村和西王村遗址的发掘》，《考古学报》1973 年 1 期。
㊾ 山西省考古研究所：《山西河津固镇遗址发掘报告》，《三晋考古》第二辑，山西人民出版社，1996 年。
㊿ 北京大学：《华县泉护村》，科学出版社，2003 年。

51 中国社会科学院考古研究所陕西工作队：《陕西华阴西关堡新石器时代遗址发掘》，《考古学集刊》第6集，中国社会科学出版社，1989年。

52 西安半坡博物馆等：《渭南北刘遗址第二、三次发掘简报》，《史前研究》1986年1、2期。

53 同⑭。

54 甘肃省文物考古研究所：《秦安大地湾》，文物出版社，2005年。

55 中国社会科学院考古研究所：《师赵村与西山坪》，中国大百科全书出版社，1999年。

56 中国社会科学院考古研究所甘肃工作队等：《青海民和县胡李家遗址的发掘》，《考古》2001年1期。

57 陕西省考古研究所：《陕南考古报告集》，三秦出版社，1994年。

58 北京大学考古文博学院：《洛阳王湾》，北京大学出版社，2002年。

59 同㉙。

60 同⑤。

61 郑州市博物馆：《荥阳点军台遗址1980年发掘报告》，《中原文物》1982年4期。

62 赵印堂、杨剑豪：《曲阳县附近新发现的古文化遗址》，《考古通讯》1955年1期。

63 a. 张家口考古队：《一九七八年蔚县新石器时代考古的主要收获》，《考古》1981年2期。b. 张家口考古队：《蔚县考古纪略》，《考古与文物》1982年4期。

64 同63。

65 a. 陶宗治：《河北张家口市考古调查简报》，《考古与文物》1985年6期。b. 孔哲生、张文军、陈雍：《河北境内仰韶时期遗存初探》，《史前研究》1986年3、4期。

66 同㉝。

67 原长办考古队河南分队：《淅川下集新石器时代遗址发掘报告》，《中原文物》1989年1期。

68 同㉞。

69 同㊳。

70 同㊳。

71 同㊵。

72 同㊶。

73 内蒙古社会科学院历史研究所考古研究室：《清水河县白泥窑子遗址A点发掘报告》，《内蒙古文物考古文集》第二辑，中国大百科全书出版社，1997年。

74 内蒙古文物考古研究所等：《清水河县后城嘴遗址》，《内蒙古文物考古文集》第二辑，中国大百科全书出版社，1997年。

75 乌兰察布博物馆等：《清水河县庄窝坪遗址发掘简报》，《内蒙古文物考古文集》第二辑，中国大百科全书出版社，1997年。

76 同⑫。

77 同⑬。

78 中国社会科学院考古研究所陕西六队：《陕西蓝田泄湖遗址》，《考古学报》1991年4期。

79 西北大学文博学院考古专业：《扶风案板遗址发掘报告》，科学出版社，2000年。

80 宝鸡市考古工作队等：《宝鸡福临堡》，文物出版社，1993年。

81 西安半坡博物馆：《铜川李家沟新石器时代遗址发掘报告》，《考古与文物》1984年1期。

82 同㉒。

⑧③ 国家文物局等：《晋中考古》，文物出版社，1998 年。
⑧④ 同⑧③。
⑧⑤ 中国历史博物馆考古部等：《垣曲古城东关》，科学出版社，2001 年。
⑧⑥ 同⑤⓪。
⑧⑦ 同④④。
⑧⑧ 同⑤④。
⑧⑨ 同⑤⑤。
⑨⓪ 中国社会科学院考古研究所甘肃工作队：《甘肃武山傅家门史前文化遗址发掘简报》，《考古》1995 年 4 期。
⑨① 青海省文物工作队：《青海民和阳洼坡遗址试掘简报》，《考古》1984 年 1 期。
⑨② 同⑤⑨。
⑨③ 张玉石、杨兆清：《新石器时代考古获重大发现——郑州西山仰韶时代晚期遗址面世》，《中国文物报》1995 年 9 月 10 日。
⑨④ 同⑤⑧。
⑨⑤ 郑州市博物馆：《荥阳点军台遗址 1980 年发掘报告》，《中原文物》1982 年 4 期。
⑨⑥ 郑州市文物工作队：《青台仰韶文化遗址 1981 年上半年发掘简报》，《中原文物》1987 年 1 期。
⑨⑦ 河南省文化局文物工作队：《河南镇平赵湾新石器时代遗址的发掘》，《考古》1962 年 1 期。
⑨⑧ 河南省文化局文物工作队：《河南唐河茅草寺新石器时代遗址》，《考古》1965 年 1 期。
⑨⑨ 同⑥⑥。
⑩⓪ 同③①。
⑩① 同⑥⑧。
⑩② 同②⑥。
⑩③ 中国科学院考古研究所安阳发掘队：《安阳洹河流域几个遗址的试掘》，《考古》1965 年 7 期。
⑩④ 中国科学院考古研究所安阳队：《安阳鲍家堂仰韶文化遗址》，《考古学报》1988 年 2 期。
⑩⑤ 河北省文物管理处等：《河北武安洺河流域几处遗址的试掘》，《考古》1984 年 1 期。
⑩⑥ 河北省文物管理处：《磁县界段营发掘简报》，《考古》1974 年 6 期。
⑩⑦ 罗丰：《河北邯郸百家村新石器时代遗址》，《考古》1965 年 4 期。
⑩⑧ 新乡地区文管会：《河南新乡县洛丝潭遗址发掘简报》，《考古》1985 年 2 期。
⑩⑨ 北京大学考古学系等：《内蒙古托克托县海生不浪遗址发掘报告》，《考古学研究（三）》，科学出版社，1997 年。
⑪⓪ 同③⑤。
⑪① 同③⑥。
⑪② 同④⓪。
⑪③ 同④①。
⑪④ 内蒙古文物考古研究所：《准格尔旗白草塔遗址》，《内蒙古文物考古文集》第一辑，中国大百科全书出版社，1994 年。
⑪⑤ 内蒙古文物考古研究所：《红台坡上遗址》，《岱海考古（三）——仰韶文化遗址发掘报告》，科学出版社，2003 年。

⑯ 内蒙古文物考古研究所：《庙子沟与大坝沟》，中国大百科全书出版社，2003 年。

⑰ 陕西省考古研究院：《陕西靖边五庄果梁遗址发掘简报》，《考古与文物》2011 年 6 期。

⑱ a. 中国社会科学院考古研究所山东队等：《山东滕县北辛遗址发掘报告》，《考古学报》1984 年 2 期。b. 中国社会科学院考古研究所山东队：《山东汶上县东贾柏新石器时代遗址发掘简报》，《考古》1993 年 6 期。c. 同⑪。d. 同㉖、㉗。

⑲ a. 山东省文物考古研究所：《大汶口续集》，科学出版社，1997 年。b. 南京博物院：《江苏邳县刘林新石器时代遗址第二次发掘》，《考古学报》1965 年 2 期。c. 南京博物院：《江苏邳县四户镇大墩子遗址探掘报告》，《考古学报》1964 年 2 期。d. 南京博物院：《江苏邳县大墩子遗址第二次发掘》，《考古学集刊》第 1 集，中国社会科学出版社，1981 年。

⑳ a. 四川省长江流域文物保护委员会文物考古队：《四川巫山大溪新石器时代遗址发掘纪略》，《文物》1961 年 11 期。b. 四川省博物馆：《巫山大溪遗址第三次发掘》，《考古学报》1981 年 4 期。

㉑ 中国社会科学院考古研究所湖北工作队：《湖北枝江关庙山新石器时代遗址发掘简报》，《考古》1981 年 4 期。b. 中国社会科学院考古研究所湖北工作队：《湖北枝江关庙山遗址第二次发掘》，《考古》1983 年 1 期。

㉒ 红花套考古发掘队：《红花套遗址发掘简报》，《史前研究》1990、1991 年合刊。

㉓ 南京博物院：《江苏吴县草鞋山》，《文物资料丛刊》第 3 集，文物出版社，1980 年。

㉔ a. 中国社会科学院考古研究所内蒙古工作队：《赤峰西水泉红山文化遗址》，《考古学报》1982 年 2 期。b. 杨虎：《关于红山文化的几个问题》，《庆祝苏秉琦考古五十五年论文集》，文物出版社，1989 年。c. 郭大顺：《以辽河流域为中心的新石器文化》，《考古学报》1985 年 4 期。d. 辽宁省博物馆等：《辽宁敖汉旗小河沿三种原始文化的发现》，《文物》1977 年 12 期。e. 辽宁省博物馆：《大连市郭家村新石器时代遗址》，《考古学报》1984 年 3 期。f. 辽宁省博物馆等：《长海县广岛大长山岛贝丘遗址》，《考古学报》1981 年 1 期。

㉕ a. 同㊹。b. 同㊺。c. 甘肃省文物工作队：《甘肃东乡林家遗址发掘报告》，《考古学集刊》第四集，中国社会科学出版社，1984 年。d. 青海省文物工作队：《青海大通县上孙家寨出土的舞蹈纹彩陶盆》，《文物》1978 年 3 期。e. 青海省文物管理处：《青海同德县宗日遗址发掘简报》，《考古》1998 年 5 期。f. 格桑本、陈洪海：《宗日遗址文物精华及论述选集》，四川科学技术出版社，1999 年。g. 张学正、张鹏川、郭德勇：《谈马家窑、半山、马厂类型的分期和相互关系》，《中国考古学会第一次年会论文集》，文物出版社，1980 年。h. 郎树德、许永杰、水涛：《试论大地湾仰韶晚期遗存》，《文物》1983 年 11 期。i. 严文明：《甘肃彩陶的源流》，《文物》1978 年 10 期。j. 中国社会科学院考古研究所：《中国考古学·新石器时代卷》，中国社会科学出版社，2010 年。

原载于《史前研究——2013 年纪念半坡遗址发掘 60 周年暨石兴邦先生 90 华诞研讨会论文集》，西北大学出版社，2015 年。

试论龙山文化的社会性质

近年来，黄河中下游地区的龙山时代诸文化，在中国文明起源研究的时空坐标上，愈益显示出其蕴含的关键性意义。

首先，在龙山时代该地区形成了中原地区龙山文化和海岱地区所谓典型龙山文化两大相互依存和同步竞争的文化网络，其分布正是在尔后中国最早文明出现和活动的地理舞台上。

其次，两大文明网络各自内部的经济、文化和社会组织在各个层次上都趋于复杂，出现了一系列崭新的因素；同时，文化网络之间和层次之间的相互交往和作用，促进了社会进程中的一些重要条件和因素的发生、裂变和聚合，奠定了这一区域中个别复杂社会首先向文明社会或国家转化的基础。

需要指出的是，我们无意忽略黄河中下游以外的地区在中国文明起源进程中实际具有的作用。事实上，中国文明的起源无疑是多元的，但这一判断需要解释。我们认为：它包含有两个方面的意思：其一，文明因素的起源是多元的（正是在这一点上，海岱地区史前文化做出了突出贡献并业已为很多学者反复论证过）①；其二，文明起源和形成可以有"原生文明"与"次生文明"两种形态的划分②。就次生文明而言，美国文化人类学家马文·哈里斯从发生学角度曾归纳出三种类型：一种类型是为了抵御先在的发达邻国的掠夺性入侵而出现的；第二种类型是为了控制贸易要道或重要物质而发展起来的；第三种类型是游牧民族为掠夺邻近国家财富而发展起来的③。很明显，各类次生文明或国家不可能在封闭的"孤岛"环境下产生，原生文明的产生亦复同理，这与汤因比关于文明产生的"挑战—应战"模式理论是同构的④。我们认为"原生文明"与"次生文明"的划分具有十分积极的理论意义。可以说，在一定层次上，它对于世界几大古老文明各自范围内的文明起源研究提供了一个适用的认识模式。

基于上述认识，我们认为，探索中国文明起源的重心，应放在"原生文明"因素的起源及其聚合机制上。尽管以二里头遗址文化性质是夏抑或商为焦点的争论尚未取得一致意见，但无论如何，将以二里头遗址为代表的二里头文化，作为形成期的中国古代“原生文明”应无疑问。那么，该文明是怎样产生的呢？作为其前身文化阶段的社会性质如何？对这两个相互关联问题的探讨，将有助于人们对中国早期文明发生机制的认识。

作为原生文明，二里头文化的发现，绝不能仅仅归结为当地中原龙山文化自身发展的结果，它与周边文化的交互作用是必不可少的条件，其本身事实上也是消化吸收了周围（特别是其东方）的许多重要因素。因而，这联结密切的两大文化网络所反映出的社会性质问题，不能不引起人们格外的关注。我们认为，重视这一时期该地域全部物质文化内容，是我们正确全面理解当时整个社会生活的有效途径。

一　农业、手工业和金属冶炼业所积淀的社会生产、生活和文化信息

黄河中下游地区在龙山时代，农业是主要的生产活动。从农具上看，石制工具中打制品已极少见，而磨制普遍且更加精细，逐步向着改进质量、增加数量和专用化方向发展。大量形制规整的精制厚蚌器投入了使用，同时还有当锄使用的扁平长方形石铲以及掘土用的木耒等，提高了生产效率。三角犁形器的出现伴以石斧、石锄等，当与人口增多带来的更多土地的开拓垦殖需求紧密相关。收割工具的大量使用，表明粮食收获量的增加。而各遗址尽管或有数量多寡但却普遍存在的储藏粮食用的袋状窖穴和饮酒器具，至少也在某种程度上反映出当时社会平均农业产量确实是较高的。作为新兴农业保障措施，水井的开凿和沟渠的利用，使农业生产进入到初级集约化水平。井作为地下水开发利用的媒介和条件，其发明和开凿一方面与农民聚落向离河岸较远的平原纵深扩展定居相适应，另一方面，也是对水资源季节性变化的一种调节。它不仅可以提供生活、制陶用水，还可部分提供农田灌溉，而同时期沟渠的出现，又使小面积的农田排灌和田地提方作埂有了可能。由于生产、生活的现实需要，井一经发明和使用，必将以不可抑止的趋势被广泛地应用。龙山时期诸遗址中水井的普遍发现[⑤]业已证明了这一点。另一方面，沟渠发现似嫌过少[⑥]，这固然可能与其保存情况和发掘位置的选择有关，但更可能与当时小米为主的旱作农业技术的普遍和成熟有关，有限的降雨量辅以小规模井灌在旱作物收成上的满足，相当程度上限制了沟渠的进一步发展和利用。陶寺居民食物结构中70%是小米的测定结论可对此提供某种程度的证明[⑦]。

农业的发展及其提供的潜力，使以饲养为手段的家畜得以迅速繁殖生长。主要种类有猪、牛、羊、鸡、狗等，尤以猪的饲养为大宗，这在整个黄河中下游地区是普遍现象。如邯郸涧沟的一个大坑中便发现了21个猪的骨骼[⑧]；陶寺墓地中，大中型墓普遍用整猪或猪下颌骨随葬，有的多至百余付，其中部分未成年猪仔很可能是专为随葬而宰

杀，可见养猪业的发达。这种发达是建立在富足农业基础上人工饲料饲养的真实体现。据测定，陶寺家猪饲料中较多的是小米和谷糠[9]。另一方面，这种发达也是当时社会中某种流行风习或宗教意识作用于家畜饲养上，有目的的选择和强化的结果。其作用不但可供给充足的动物蛋白和脂肪，还可以提供超出自身消费的若干剩余，成为财富积累的一种手段。而这种财富的积累，又壮大了普遍存在于各家族和小家庭中既存的私有。"家"字从"豕"，即是这种情况的真实写照。在这里，对猪占有的多寡，渐次成为各家族乃至家庭具有不同等级的权力和地位的一种象征。

以农业和饲养业的富足为基本条件，手工业有了长足的发展，专业化生产在新的旨趣作用下，大展风采。

首先，在制陶业上，与密封饮窑技术相联系的灰陶生产已经成为一种时代的特征[10]，发源于东方大汶口文化并在龙山文化中大为普及的快轮技术，不仅使器形更加规整，而且也提高了效率，同时使一些精美器物的制造成为可能，以纽、盖、把手、流口、高柄、袋足为特征，使器物群更加丰富多彩并呈现出实用性与艺术性的某种分化。如典型龙山文化的代表器物，胎薄如蛋壳的黑陶高柄杯，无疑是当时专业化制陶技术最高水平的代表。值得注意的是这种器物在遗址内罕见，而仅见于当时富有者的墓葬中，并且与丰富的随葬品和猪下颌骨相组合[11]，成为财富地位和等级名分的一种标志。显然，这种极为特殊而精致的非实用品，应是当时社会上层人物的一种丧礼器。同时，还有个别用特殊陶土烧制的白陶鬶、盉等，也是一种高超的非实用艺术品。陶寺大墓所出的一些造型或花纹特殊的陶器，如陶"异型器"（土鼓）和图案化的彩绘蟠龙纹动物纹等，当是某种特殊需求的结果。这些器物没有技术熟练的专业陶工和画工是难以成就的。

这时期专业工匠在玉器、非生产性石制器具、漆木器和装饰品上也很有一番卓越表现。在典型龙山文化遗址和中原龙山文化陶寺等遗址中都发现了玉器，前者出有刻划兽面纹的玉琮、玉钺、鸟形玉饰等，后者出有玉琮、玉瑗等。这些制作精细、晶莹光润的玉器，无论在玉料选用上，还是在研磨、切削、勾线、钻孔、抛光、花纹刻划以及造型上，都有了相当高的水准。制作工匠当由石器制作工匠中的佼佼者转变而来。一些非生产性石制器具如陶寺的石钺、石磬[12]，是王室歌舞宴乐、祭祀通天的重器。无疑，这种两相组配的礼器形式，在龙山时代已经形成，而且成为社会上层首领攫取或维护权力的特殊工具和重要手段之一。龙山时期的漆木器制作也有相当水平。陶寺已发现木器达十几种之多，如案、俎、几、匣、盘、豆、觚、杯、鼓、仓形器等，加工处理得整齐平直，合缝严实，说明工匠已熟练掌握了整套工艺程序，对棱角、弧度、匀称性等方面处理得尤为恰到好处。同时，这里还发现大量系列配套的木作加工石质工具，如斧、楔、锛等。长宽大小特别是刃宽成系列依次递减[13]，反映了石匠有力地配合了木作加工。不仅如此，漆木和化工也参与了这一分工合作的程序，先在器物素底上髹漆，继之彩绘，有些甚至是漆绘，色调或单一红色，或五彩纷呈。图案则严谨对称，庄重神秘，颇耐人寻味⑭。从总体看，这些工艺复杂考究，凝聚各类工匠心智的漆木器具反映出一种特殊的社会要求。不难看出，这些漆木器并非当时社会成员一般生活水平所必需，而应是社会上层人物宴饮、舞乐、祭祀等活动的必备用具。再看装饰品，引人注目的是镶嵌技术的成熟和精当。陶寺墓地大、中型墓中出土的分别用绿松石、蚌片和其他玉、石、骨饰镶嵌或贴附而成的精美臂环及头饰所用蚌片，直径和厚度仅有1毫米左右，星星点点般镶嵌于臂饰之上，精美绝伦，无疑是精巧锋利的切割工具加上高超技术的结晶⑮。这些只能供极少数人享用的价值昂贵的装饰品渲染着主人的华贵雍仪，在某种程度上起着强化权力的辅助作用。

手工业门类中的兵器制造也不容忽视。尽管当时兵器与生产工具在严格意义上没有截然分开，但从已有的发现看，用于远距离射杀的箭镞和近距离劈砍的斧钺成为袭击或战争武器的大宗，石矛、石戈在这时也出现了⑯。从陶寺墓地看，有些相当考究的中型墓葬的随葬品以兵器为主要特色，墓中出土成束成组的石镞达110多件，还有刻出血槽的蚌镞、玉石钺亦与之共出⑰，这不仅表明战争的频繁强化着兵器的生产，而且也似乎显示着一部分人通过战争中的勇武功绩而获得了较高的社会地位，并渐次形成了一种武士特权阶层。与此同时，那些只随葬实用石钺的小墓墓主可能是战士。由此可见，部落中的最高首领已经掌握了一种社会的强制性力量，在他那里，那引人注目且具明确肃杀之威力的钺，成了象征军事统领地位的权杖之物，从而获得了全新的意义。

综观龙山时期的手工业情况，有几点值得提出：（1）这一时期，大凡具有专业化水平的手工业产品，均出自少数随葬品丰富的大中型墓葬之中，表明少数上层人物是其占有者和使用者，而这些当时社会上的精品往往又都脱离了原来的世俗意义，具有了特定氛围下的崇高含义。它们大多与文明时代的“礼器”或“礼乐之器”有着直接的内在联系。无疑，这些专业化生产的精美之器应属早期礼器范畴。那么，从另一角度看，这时尚未形成专业化生产者本身对产品的占有，同时也没有迹象表明出现了依赖交换和贸易为主的商人阶层。事实上，专业化手工产品用于生产、生活或民间交换似乎不是主流，这种部分精巧手工业与农业分离的动因和后果皆在于满足上层贵族首领攫取和维护权力地位的操作需求。（2）从具有高度专业化水平的精美手工制品在各文化网络中的分布状况看，往往集中于个别层次较高的中心聚落遗址之中，很少以批量的形式见于一般遗址。这种专业化手工业精品向少数中心聚落的集中与分散手工业大路货色遍存于一般聚落遗址所形成的强烈反差，很难说是偶然的，一定有着更加深刻的社会含义。（3）这一时期，中原和海岱两大文化网络之间的交流在手工业产品的范围内，文化因素的传递、渗透，往往体现在具有礼器性质的物品（如某些酒器、玉器）和某些复杂形态的器物上（如袋足鬶等），这种集中于某一层次或范围中的文化因素交流运作，不能不成为一种耐人寻味的现象，或许，这就是文明时代所谓“因礼”[18]现象的雏形吧。

再看铜器冶炼业的情况。鉴于在中国文明时代，铜器，尤其是青铜器大放光彩，几乎叫绝世界的盛景和在黄河中下游地区的特殊地位，人们有理由首先在这一地区的龙山时代甚至更早的时期去追溯其起源和发展。但就目前有关迹象的发现而言，与人们的逻辑预期结果尚有相当一段距离。除黄河上游已发现50多件小件工具和装饰品外，黄河中下游大片地区仅发现10起，而且大多为小件残片、残锥、炼铜渣以及炼铜坩埚片等，仅陶寺所出一小件铜器为复合范铸造成型的铜铃[19]，从制造技术看较为先进。但上述小件中业已鉴定者除三里河的铜锥系黄铜外，其余均为红铜[20]，从某些方面看，又表现出一种原始性。仅就这一点与早先仰韶时代几起发现相比，无论是量的积累抑或是质的飞跃方式，在目前情况下都似乎难以明确例论。固然人们可以根据黄河上游齐家文化已经有了青铜器以及其他一些情况，满怀信心地推定龙山文化已经进入青铜时代，青铜制品的发现“只不过是个时间问题”[21]，但就其目光显然是集中于黄河中下游地区这点来讲，思路似嫌过于束缚。不过，既然属于推测，就不妨增加另一种可能：简单地说，青铜器制造在原料、技术、组织分工等条件或因素上，由于某种复杂的社会局势或条件的限制和妨碍，迟迟不能在较大范围内，通过某种强大的力量将其有机“整合”在一起，以至于铜器制造水平在一个漫长的时期内，分散、狭隘地停滞在初级探索和有限发展的境遇过程之中。从整个黄河流域来看，从仰韶时代至龙山时代，青铜器制造的各种基本技术因素分别在各地以分散的不平衡状态大体具备。如黄河上游马家窑文化和齐家文化早期已能造出小件青铜[22]，北方红山文化开始用陶范铸铜[23]，黄河中下游虽然还是在锻铸小件黄铜、红铜，但陶寺发现的复合范铸造品，表明中原地区在容器铸造技术上走在了前头。显然，在这一时空范围内，技术因素本身不成问题，缺少的是一种社会因素上的调适与整合[24]机制，而一旦社会开始形成一种强大的力量、条件和需求时，便能够通过各种方式把这些因素（当然还有资源开发）在有组织的专业化分工基础上有机结合在一起。那么，青铜器的制造及其技术水平在变化了的社会条件之上，将会以崭新的面貌告别铜石并用时代，勃然兴盛于青铜时代。这样，现有的龙山时代及其后的文明时代的有关材料就有了一个较为合理的解释。这里，已经暗含着这样的启示：龙山时代即使某些发展较快的聚落，其社会组织在规模、能力等方面也尚未完全超出自身家族部落的范围。更加具有规模的社会组织系统有待于在广泛存在的各个相互抗衡的组织力量的盈虚消长过程中于某一地点逐渐形成。

二　房屋建筑与聚落、城堡反映的社会状况

龙山时代，建筑遗存景观的方方面面都表现出一些重大变化。

1. 建筑形式开始形成对立或等级性质的级差：在半地穴式穴居继续存在的同时，在地面建筑的基础上又出现了台基建筑[25]，开创了文明社会中高台基宫室或宗庙建筑的先河[26]。它的出现，既与夯土技术的成熟相联系，又在某种程度上反映着社会分层的加剧。

2. 建筑工艺技术有了新的提高。仰韶时代发明于黄河中上游并在龙山时代空前普及的新型建材——人造石灰[27]，大量应用于建筑物的地面与墙壁，在采光、卫生、防潮诸方面，有效地改善了居住条件；白营遗址的木构井架暗示着榫卯技术在各类地上和地下建筑的运用潜力[28]，前述陶寺木作器具的榫卯和木板拼接技术也是一种间接的证明。在若干遗址中发现的用土坯错缝相压法砌垒的住宅墙[29]，不仅是最早的预制构件，也是后代砖的前身；夯土技术和挖槽起墙技术的出现及其流行，为以夯土台基和夯土墙体为特色的大型建筑修筑创造了条件。

3. 一些遗址内常发现某些住宅或城堡在其修建过程中，用小孩、妇女或动物（狗、成堆大河蚌等）作为祭品奠基的遗传[30]，表明构筑性生产活动往往伴随着宗教祭仪的进行。值得注意的是，这些所谓“奠基牲”现象，并没有在所属遗址的所有房屋或城墙下发现，而仅仅与某几座较讲究的房屋或城墙的某些特定部位相联系。这种情况，颇耐人寻味。一方面，它表现了这种宗教祭仪活动分一定层次和范围进行；另一方面，该祭仪活动在内容和目的上似乎也存在一定差别，但目前资料尚少，还难以做出进一步的判断。不过，有一点是明确的，这种祭祀活动与聚落中的富有者且掌握一定公共事物权力以及宗教权力的人有着密切联系。

4. 从族群聚居的聚落这一角度来看，其分布范围和疏密程度发生了显著变化。中原地区的变化有着十分明显的反映：仰韶文化时期，农业聚落多分布在浅山区或丘陵区的河岸台地上，而龙山文化时期的农业聚落除在浅山区和丘陵区的河岸台地上还有分布外，已经大规模地向平原地区扩展和推进，占据了那里的岗阜丘地。从遗址数量来看，比仰韶文化遗址多出一倍以上[31]，或许，人口增加和河谷地带易遭水患等因素促使人们向开阔平坦的地带迁移和拓展。随着这种进程的继续，在各文化类型分布范围内都出现了个别条件优越的聚居点，这里人口分布相对集中，人口密度空前增长；而其他地带，人口密度或稍低，以相对分散的状态存在。

5. 聚落内部结构出现诸多新的情况。房屋常见的特征是：无论单室或排房，都很有规则地排列成行成组。尽管组与组、排与排之间的门向往往不尽一致，但其中单个一排或一组的门向都是一致的，总还是以凝聚的状态密布于聚落居住区的[32]，显然这是经过了统一规划与设计的。它不仅反映了同一部落或父系大家族血缘纽带的强固性，而且也反映了其中各分支父系家族已经出现某种相对独立性的趋势。这时的窖穴分布往往与排房的门向相对应，有的更将窖穴设在室内，甚至有的屋内出现了陶窖[33]，反映了与家庭私有制相联系的内在要求。尹家城 F205 出土的 50 多件陶器[34]在某种程度上体现着一些个体家庭的财富积累；而赵家来遗址的一组夯土院住宅的出现[35]，更是家庭私有基础上相对独立意识增强的体现；同时，也表明聚落内部存在着一定程度的摩擦与冲突。另外，还有一个并非没有意义的现象：这一时期类似仰韶时代聚落中的“大房子”一类建筑的消失，也反映出聚落内部世俗平等公益效应的极大降低。

6. 聚落群之间出现了两极分化。一方面，少数部落以更大的规模在不断扩展，如陶寺遗址，面积达 300 多万平方米，仅在已揭露的 5000 平方米范围内，就发现 1000 余座墓葬[36]。另外，有人还曾计算出后岗遗址人口密度达每平方千米 3 万余人[37]。相比之下，相当数量的聚落面积不大，堆积较薄，显得不甚兴旺。有迹象表明，在属于同一文化或文化类型的聚落群中，逐渐产生了具有重要地位的核心聚邑。如陶寺类型中的陶寺遗址，王湾类型中的王城岗遗址，王油坊类型中的平粮台遗址，后岗类型中的后岗遗址，城子崖类型中的城子崖遗址，两城镇类型中的边线王遗址以及新近发掘的河南堰城郝家台遗址等。这些遗址大都有一个共同的重要文化景观，即夯土围筑的城墙。从规模上看，城内包围面积从一万到十几万平方米，尽管都不算太大，但王城岗有东、西两城相连，边线王大致也先后修筑有内、外两道城墙[38]，郝家台城外还有防御沟[39]，考虑到当时木石工具的原始性，工程量和劳动强度还是相对巨大的，没有一定的强制力量管理劳动力，似乎难以成就。从内涵上看，王城岗遗址、平粮台遗址的城堡内有作为后代宫室宗庙祖型的夯土基址；后者和郝家台城内还有与血缘家族制度相联系的排房建筑。王城岗与边线王城基下有奠基牺牲、人牲，平粮台古城南门还有两座守城武士居住的卫房。陶水管道设施和郝家台城内的水井则又显示了城中具备取水或排水条件。从各城址内所出生产工具以及若干手工业遗址来看，相当一部分人口仍从事于农业生产和粮食加工。同时，从事制陶、纺织、冶炼、木作加工等手工业的人口亦占有一定数量，但没有显示出形成商品贸易需求的发达分工和“市”的迹象，表现了某种自给自足的封闭性。可见，城堡在经济上没有多少独特之处，其浓重的色彩偏向于政治和军事方面的内容。

值得注意的是，这些核心聚邑大都是在同一时代集中且普遍地分布于黄河中下游地区的，而其他地区则甚为少见。从各核心聚邑的关系上看，显然，具有掠夺和征服性质的战争已相当频繁且具有一定规模。聚落共同体在防御问题日益迫切的压力下，可以称之为城堡的夯土防御体便首先在核心聚落中发展起来，使龙山时代聚落的物质构成增加了新的重要景观，具有鲜明的时代特色，而围墙辅以壕沟则开后代“城池”的先河[40]。

另一方面，各核心聚邑周围，多为一些发展程度不等的中小型聚落。它们与核心聚邑之间不仅在地位上业已出现某种对立或从属迹象，在职能上或许也有某种方式的分工。核心聚邑在聚落群中的影响日益突出。对外，他们是各核心聚邑间竞争、结盟、战争或附属的主要目标，有的还可能成为盟主的大本营；对内，又具有一定范围内的政教中心性质。

三　墓葬所反映的社会情况

如果说房屋、聚落和城堡等方面的形式与内涵反映的是世俗生活的面貌，那么，这种世俗生活的所有原则同样制约和规定着视死如生的先民的墓葬制度。与居住方式的变化相适应，黄河中下游地区龙山文化的埋葬方式也呈现出许多新的特点：

1. 少数大型聚落或核心聚落的公共墓地虽仍存在，但已远离居住区，尽管墓地保留了氏族制度的外壳与形式，但其内部结构却发生了巨大的变化，其中引人注目的是分区与分级埋葬。山东诸城呈子墓地 87 座墓依大小贫富分为四级：一类墓 5 座，有二层台、大墓坑和木质葬具，随葬品既多且精，都有薄胎黑陶高柄杯和猪下颌骨。二类墓 11 座，亦有二层台和大墓坑，有的有木质葬具，随葬品较多，薄胎黑陶高柄杯和猪下颌骨在一个墓中未见同时随葬。三类墓 17 座，墓坑小且无二层台，随葬品仅有一两件陶器。四类墓最多，共 54 座，墓坑狭小，仅可容尸，无葬具，无随葬品。从 87 座墓的分布看，是分北区、东区和西区三片地方埋葬的。上述四个等级的墓葬各区大体都有，但所占比例不同：一类大墓在北区较多，而第四类小墓东区较为集中。三个墓区一般被认为是三个家族墓地[41]。这非常典型地表现出部落或父权大家族中，不仅各个家族内部存在着程度不等的贫富等级分化，而且在不同家族之间，贫富贵贱的等级分化也已经十分明朗化了。个别显赫的家族可能主要是产生首领或酋长的家族，日益不可遏止地在聚落内部崛起。另外，近年来临朐西朱封大墓和泗水尹家城大墓的发现，则提示人们呈子墓群的分区分级，尚未达到当时社会金字塔分层结构中的极致水平。但有一点可以肯定，达到这种极致水平的显要人物，必定也是在类似呈子个别显赫家族的基础上脱颖而出的。西朱封大墓面积达 11 平方米，三重棺椁，间有足箱、边箱内置包括数件薄胎黑陶高柄杯在内的四十余件陶器，棺内随身佩有玉坠和玉串饰，这种情况象征着墓主（女性）生前非同一般的社会地位[42]。尹家城木椁墓更是有过之无不及，其占地面积竟达 23. 6 平方米，随葬有白陶鬶、磨光黑陶甗、鼎、盒、壶等成组精美的陶制礼器，还有 20 余件狗下颌骨以及随葬鼍鼓的迹象等[43]。对比呈子三、四类小墓，显然，礼器与财富与他们无缘，或许，以上情况正代表了黄河下游地区的社会用“藏礼于器”和显示财富的方式标志和维护的社会等级分层的一般情形。

在中原龙山文化中，大型聚落墓地所体现的社会分化甚至更加强烈，这在陶寺遗址中反映尤为典型。根据目前已公布的资料，虽然尚不清楚墓地分区和墓葬排列情况，但已发掘的千余墓中，大、中、小三类墓的区别则是相当明显的。这里的大型墓占1.3%，已鉴定性别的骨架均为男性，有朱绘木质葬具并辅以朱砂，随葬品丰富多彩，拥有蟠龙纹陶盘、鼍鼓、特磬、土鼓、漆木器具以及整猪骨架等，达一二百件。中型墓占11.4%，除若干位于大型甲种墓左右两侧的墓葬人骨经鉴定为女性外，其余人骨均似男性，有木棺，有的还用朱砂。随葬品包括成套陶器、彩绘木器、玉石礼器、饰物以及猪下颌骨等。应该指出的是，位于大型甲种墓两侧的女性墓主，身份显系妻妾，突出表现了大型墓主的多妻特权。小型墓占87%，多无随葬品，十分简陋。从上述简单的叙述中可以看出：个别一类甲种大墓墓主的丰富随葬品指向经济特权，而其随葬作为军事指挥权杖的钺和多孔石刀，则显示其经济特权有了暴力强制力量的保障；“礼器”的集中则表明墓主对社会意识形态具有了操纵和解释的权力；不仅如此，营建巨大墓地和组织各类手工工匠时礼器的专业化生产，都表明墓主权力的有效施行。可见，墓主咄咄逼人的权势已经到了其有限社会范围的极限。总体来说，用以标志财富、等级、地位和权力的埋葬方式和随葬品是那样显著集中于社会中的少数人身上，而绝大多数社会直接生产者则一贫如洗，处于被剥夺的地位，形成了以个别极其显赫的首领、部分中小贵族阶层以及占人口80%以上的直接生产者所构成的社会金字塔形多级分层状态。这种情况与上述黄河下游地区一样，都是用礼制和财富维护及标志的社会等级制度存在的证明。另外，还有迹象表明，陶寺部落首领已开始实行世袭制[44]。

2. 这一时期还有相当一批中小型聚落已经看不到较完整的公共墓地的形式，整齐的排列被以个别家族或家庭为单位的零落分散的埋葬方式所替代。墓葬头向的杂乱成分大大增加，绝大部分墓葬没有或甚少随葬品，表现了一种普遍的贫困，即使间或有个别墓葬随葬品较为丰富，也还远远无法与大型聚落墓地中的上层贵族墓相比。或许这反映出在当时的社会环境下，众多中小型部落的处境十分窘迫，经常处于被掠夺、被征服的境地，甚至有个别聚落成为外族殖民渗透的对象。这种不断的外在压力，不仅弱化了它们内部的生产生活系统，还加速了其氏族组织体系的式微。

3. 非正常死亡和死后得不到正常埋葬的“灰坑”葬增多。这类灰坑葬除了个别情况外，人骨架大多十分凌乱，没有随葬品，死者或被砍头，身首异处，或被腰斩，或被剁去双脚。很多“灰坑”内，都有数具尸体错落叠压，间或伴有兽骨，尸体中还有被砸伤、砍伤、甚至捆绑活埋的挣扎迹象。没有理由怀疑这是与用人牲作祭祀的活动密切相关。至于死者身份，虽然不宜一概而论，如某些人或为聚落内部因犯禁忌而被处以极刑，但大多数则应该理解为战争中被俘而遭杀祭的外族成员。在涧沟发现的被砍头、剥去头皮作饮器之用的人头骨遗存[45]，其性质亦应作如是理解。鉴于上述现象较仰韶时期明显严重和增多，而且较为普遍出现，联系到这一时期石箭头增加、石矛和石戈的出现、城堡的崛起，可知战争的的确确已成为这一时期的突出现象。

四　占卜、祭祀等宗教活动及其他

在与战争相联系的城堡纷纷崛起的同时，各地都发现有用猪、牛、羊或鹿的肩胛骨做的卜骨。说明各地已经普遍存在着专司巫卜神判之事，并因此而占特殊地位的大小巫师了。各地的巫卜技艺似乎有着频繁的交流，显示出占卜活动逐渐制度化和程序化了。与此同时，表达各种祈福祛祸情感和愿望的献祭或祭祀礼仪，在内容、形式和数量上都有空前的增长趋势。如前述用人或动物作奠基牲或作其他活动的牺牲品的祭祀仪式；用外族战俘来作为杀祭慰灵牺牲的仪式（如涧沟所见的有关现象），以及大墓中出土的各类成套礼器，都是为通天、祭地、崇拜祖宗、举行庆典等而举行祭祀的明证。另外，如白营遗址所出上刻两个人像的圈足浅盘豆[46]、两城镇所出刻有神秘纹样的磨光黑陶片和玉斧[47]、陶寺的铜铃以及王城岗所出刻有字符的泥质黑陶薄胎平底器[48]、陶寺所出用毛笔硃书字符的陶扁壶[49]等，都应该理解为各具特定意向的祭祀活动的工具或产物。对于后两件器物还应略加一些补充，无论从器物本身的质地、造型抑或是其出土位置等情况看，它们显然都不是作为日常居家生活之器，而在其上或刻划或硃书字符更证明它们与某种宗教祭祀活动密切有关。由此进而或可提出中国文字产生的动力问题，即这种动力不是来自于经济的或贸易的需求，而是来自于当时普遍、频繁、日趋强烈和制度化的宗教召唤。因此，对于潜藏着众多古代文化底蕴的宗教祭祀活动在当时社会生活各个方面的运作情况及其程度，应该引起人们更多的重视。

通过以上对考古材料的简单叙述和分析，证诸文献资料，不难发现，龙山文化的社会状况与文献记载中原地区的颛顼—尧舜禹时代和海岱地区少皞挚与虞舜时代的情形有很多契合之处。如文献中屡言“鲧作城郭”、“伯益作井”、陶唐氏“树灵鼍之鼓”、舜制木器“流漆墨其上”、“禹作祭器，墨染其外，朱画其内”，以及颛顼主持的一系列宗教活动等[50]，都可以在考古材料中得到某种程度的印证。另外，如黄帝族有熊氏支系中的陶唐氏在晋南的发展[51]，由东夷少皞族分离出的皋陶族向中原豫西的发展以及豫东地区由黄帝族一支系与东夷人融合产生的颛顼部落等，也可以在考古材料中找到一些痕迹[52]。从庞杂的文献中大致可以看出，这一时期，黄河中下游地区存在着许多部落群体，各部落群体之间有时为共同治水、防御外敌进犯或掠夺他族需要而结成松散的地区性部落集团联盟，有时候也为争夺部落集团联盟的统帅权或盟主地位以及扩大其所辖范围而在相互间进行着摩擦斗争。必须指出的是，正是随着各大型部落内部强烈的社会分层以及个别部落世袭制的出现，膨胀的私欲再也无法继续局限在本部落范围内，此时，一旦出现共同的外在压力，就将使相互间结盟成为有利可图的选择，而这样，史前社会组织就发展到了其自身社会所能够包容的极限。其更深远的意义还在于，通过结盟及其公共事务管理，更大规模的社会组织系统就有了一个萌发和锻炼成长的契机。随着结盟各方彼此势力消长，这个饰以某种原始民主色彩的部落联盟组织必将走向它的反面，并为其内部脱胎而出的新型社会组织或政治实体所取代。从史料中可以看到，这一时期中原地区的华夏集团主要与其南部地区的苗蛮集团进行着激烈的战争与对峙[53]，相对而言，与其东部的东夷集团的矛盾则较为缓和。这样，中原华夏集团在这三角关系中占据了一个有力的中间位置，既以"因礼"轮盟等方式结盟于东夷，又以战争和殖民的方式对南部苗蛮进行征服和渗透。总之，文化在兼并中逐渐渗透，分散的社会在文化融合中渐次兼并，这两种正在进行中的趋势或指向都表明：这个时代正在经历一个新社会婴儿分娩之前的阵痛阶段。

从另一个方面看，所有构成文明时代重要标志的文明因素都以零星、分散或初期的形式在龙山时代出现。相对于文明时代而言，萌发状态的文字、青铜器生产有待于出现强大的社会组织力量的推动；狭小的防御城堡有待于新的社会权力实体的出现而扩大和更新内涵；与阶级分化、世袭继承相联系的礼系制度亦有待于突破部落家族的樊篱而升华。显然，这样一个充满过渡性质的社会，正在走向原始社会的尽头，处于国家形成的前夜了。

那么，如何指称这一正在走向文明或国家的过渡阶段呢？学术界通常笼统地认为是处于原始社会晚期的父系氏族社会阶段，或称为军事民主制阶段[54]。但也有学者提出，此一阶段应指称为国际上通用的新进化论的"酋邦"阶段[55]。这两种提法，哪一种比较切合中国古代社会的实际？我们暂不作肯定的结论，在此我们仅仅是将问题提出供学术界讨论。至于有的学者认为：龙山文化时期已经是阶级社会的奴隶制初期阶段、国家已经形成、已是我国历史上的夏代时期的说法，更是值得我们认真讨论的问题。

注　释

① a. 见《山东史前文化论文集》，齐鲁书社 1986 年版及《华夏文明》第一集，北京大学出版社 1987 年版有关文章。b. 高广仁、邵望平：《中华文明发祥地之一——海岱历史文化区》，《史前研究》1984 年 1 期。c. 杜在忠：《试论二里头文化的渊源——兼述泰山周围大汶口——龙山文化系统的族属问题》，《史前研究》1985 年 3 期。d. 宫衍兴等：《东夷族文化初探——东夷族在中国走向文明过程中的历史作用》，《史前研究》1986 年 1～2 期。

② 〔美〕马文·哈里斯：《文化的起源》63 页，华夏出版社，1988 年。另外，还有人将其称为"早期文明"和"王星文明"，见《美国大百科全书》1980 年版，转引自《文明和文化》103～106 页，求实出版社，1982 年，华夏出版社，1988 年。

③ 〔美〕马文·哈里斯：《文化的起源》77 页，华夏出版社，1988 年。

④ 〔英〕汤因比：《历史研究（上册）》74～155 页，上海人民出版社，1966 年。

⑤ a. 北京大学、河北省文物局邯郸考古发掘队：《1957 年邯郸发掘简报》，《考古》1959 年 10 期。b. 洛阳博物馆：《洛阳矬李遗址试掘简报》，《考古》1978 年 1 期。c. 安阳地区文物管理委员会：《河南汤阴白营龙

山文化遗址》，《考古》1980 年 3 期。d. 中国社会科学院考古研究所山西工作队、临汾地区文化局：《1978—1980 年山西襄汾陶寺遗址墓地发掘简报》，《考古》1983 年 1 期。e. 匡港、姜涛：《禹县阎砦龙山文化遗址》，《中国考古年鉴・1984》126 页，文物出版社，1985 年。f. 栾丰实：《邹平县丁公新石器时代遗址》，《中国考古年鉴・1988》177 页，文物出版社，1989 年。

⑥ 同⑤ b。

⑦ 蔡莲珍、仇士华：《碳十三测定和古代食谱研究》，《考古》1984 年 10 期。

⑧ 同⑤ a。

⑨ 同⑦。

⑩ 中国硅酸盐学会编：《中国陶瓷史》12～22 页，文物出版社，1982 年。

⑪ 吴汝祚：《从黑陶杯看大汶口——龙山文化发展的阶段性及其中的范围》，《考古学文化论集（二）》40～41 页，文物出版社，1989 年。

⑫ 梁思永、高去寻：《侯家庄》第六册《1217 号大墓》23～27 页，（台北）历史语言研究所，1968 年。

⑬ 张岱海：《陶寺文化与龙山时代》，《庆祝苏秉琦考古五十五年论文集》246 页，文物出版社，1989 年。

⑭ 同⑤ f。

⑮ 同⑤ f。

⑯ a. 山东省博物馆：《山东潍坊姚官庄遗址发掘简报》，《考古》1963 年 7 期。b. 中国历史博物馆考古部、河南省新乡地区文管会、河南济源县文物保管所：《河南济源苗店遗址发掘简报》，《考古与文物》1990 年 6 期。

⑰ 同⑤ d。

⑱ 杨伯峻：《论语译注》：《论语・为政》："殷因于夏……周因于殷礼"。中华书局，1980 年。

⑲ 同⑤ d。

⑳ a. 昌潍地区艺术馆、考古研究所山东队：《山东胶县三里河遗址发掘简报》，《考古》1977 年 4 期。b. 严文明《论中国的铜石并用时代》中提到呈子墓地出有铜片，《史前研究》1984 年 1 期。c. 山东省文物考古研究所、北京大学考古实习队：《山东栖霞杨家圈遗址发掘简报》，《史前研究》1984 年 3 期。d. 河南省文物研究所、中国历史博物馆考古部：《登封王岗遗址的发掘》，《文物》1983 年 3 期。e. 同⑳b，文中提到长岛县长山岛店子遗址曾出有一残铜片。f. 同⑳ b，文中提到郑州董砦遗址曾出有铜片。g. 中国社会科学院考古研究所河南二队：《河南临汝煤山遗址发掘简报》，《考古学报》1982 年 4 期。h. 河南省文物研究所、周口地区文化局文物科：《河南淮阳平粮台龙山文化城址试掘简报》，《文物》1983 年 3 期。i. 中国社会科学院考古研究所山西工作队、临汾地区文化局：《山西襄汾陶寺遗址首次发现铜器》，《考古》1984 年 12 期。j. 内蒙古文物工作队、内蒙古博物馆：《内蒙古文物考古工作三十年》，《文物考古工作三十年》71 页，文物出版社，1979 年。k. 同⑳ b，文中提到山东日照王城安尧出有铜渣。

㉑ 中国科学院考古研究所二里头工作队：《偃师二里头遗址新发现的铜器和玉器》，《考古》1976 年 4 期。

㉒ 同⑳ b。

㉓ a. 《内蒙古出土新石器时代冶铜模具》，《人民日报》1988 年 1 月 12 日。b. 白云翔、顾智界（整理）：《中国文明起源座谈纪要》，《考古》1989 年 12 期。

㉔ 王云五：《云五社会科学大辞典》第十册 288 页，（台北）商务印书馆，1975 年。

㉕ 周星：《黄河流域史前住宅形式及其发展》，《中国原始文化论集》286 页，文物出版社，1989 年。

㉖ 杨鸿勋：《从盘龙城商代宫殿遗址谈中国宫殿建筑的几个问题》，《文物》1976 年 2 期。

㉗ 仇士华：《人造石灰始于何时？——^{14}C方法可以判定》，《考古与文物》1980年3期。
㉘ 安阳地区文管会：《汤阴白营河南龙山文化村落遗址发掘报告》，《考古学集刊》3，中国社会科学出版社，1983年。
㉙ a. 安阳地区文管会：《安阳八里庄龙山遗址发掘简报》，《河南文博通讯》1980年2期。b. 临沂地区文管会、日照县图书馆：《日照尧王城龙山文化遗址试掘简报》，《史前研究》1985年4期。c. 陕西省考古研究所康家考古队：《陕西临潼康家遗址发掘简报》，《考古与文物》1988年5~6期。
㉚ a. 河南省文化局文物工作队：《河南南召二郎岗新石器时代遗址》，《文物》1959年7期。b.《山东发现四千年前的古城堡遗址》，《人民日报》1985年1月3日。c. 河南省文物考古研究所、中国历史博物馆考古部：《登封王城岗遗址的发掘》，《文物》1983年3期。d. 中国社会科学院考古研究所安阳工作队：《1979年安阳后岗遗址发掘报告》，《考古学报》1985年1期。e. 河南省文物研究所、周口地区文化局文物科：《河南淮阳平粮台龙山文化城址试掘简报》，《文物》1983年3期。f. 张学海：《寿光边线王龙山文化城堡遗址》，《中国考古学年鉴·1985》，文物出版社，1986年。
㉛ 安金槐：《试论河南龙山文化的社会性质》，《中原文物》1984年1期。
㉜ a. 同㉘。b. 同㉙c。
㉝ 安志敏：《中国新石器时代论集》74页，文物出版社，1982年。
㉞ 于海广《泗水县尹家城新石器时代遗址》，《中国考古学年鉴·1987》，文物出版社，1988年。
㉟ 中国社会科学院考古研究所：《武功发掘报告》112~114页，文物出版社，1988年。
㊱ 高炜：《陶寺考古发现对探讨中国古代文明起源的意义》，《中国原始文化论集》61页，文物出版社，1987年。
㊲ 曲英杰：《论龙山文化时期古城址》，《中国原始文化论集》270页，文物出版社，1987年。
㊳ 佟佩华：《寿光县边线王龙山文化城堡遗址》，《中国考古学年鉴·1987》，文物出版社，1988年。
㊴ 曹桂岑、翟继才：《郾城县郝家台龙山文化和二里头文化遗址》，《中国考古学年鉴·1987》，文物出版社，1988年。
㊵ 周星：《黄河中上游新石器时代的住宅形式与聚落形态》，《中国考古学研究论集》150页，三秦出版社，1987年。
㊶ 昌潍地区文物管理组、诸城县博物馆：《山东诸城呈子遗址发掘报告》，《考古学报》1980年3期。
㊷ 享日训：《临朐县西朱封龙山文化墓葬》，《中国考古学年鉴·1988》，文物出版社，1989年。
㊸ a. 山东大学历史系考古专业、济宁地区文物科、泗水县文化馆：《泗水尹家城遗址第二、三次发掘简报》，《考古》1985年7月。b. 于海广：《山东泗水尹家城遗址第三次发掘简介》，《文史哲》1992年2期。
㊹ a. 同㊱，63页。b. 高炜、高天麟、张岱海：《关于陶寺墓地的几个问题》，《考古》1983年6期。
㊺ 北京大学、河北省文化局、邯郸考古发掘队：《1957年邯郸发掘简报》，《考古》1959年10期。又见《考古与文物》1982年1、2期。
㊻ 同㉘。
㊼ a. 中国科学院考古研究所编辑：《梁思永考古论文集》148页，科学出版社，1959年。b. 中国大百科全书总编辑委员会《考古学》编辑委员会：《中国大百科全书·考古学卷》273页，中国大百科全书出版社，1986年。
㊽ 同⑳d。
㊾ 同㉓b，1110页。

⑳ 见《尚书·吕刑》，《山海经·大荒西经》，《国语·楚语》。

㉛ 田昌五主编：《华夏文明》第一集，106～123 页，北京大学出版社，1987 年。

㉜ 王震中：《略论“中原龙山文化”的统一性与多样性》，《中国原始文化论集》169～171 页，文物出版社，1989 年。

㉝ 石兴邦、周星：《试论尧、舜、禹对苗蛮的战争》，《史前研究》1988 年辑刊。

㉞ 李仰松：《试论中国古代的军事民主制》，《考古》1984 年 5 期。

㉟ a. 张光直：《中国青铜时代》46～56 页，三联书店，1983 年。b. 谢维扬：《中国国家形成过程中的酋邦》，人民大学复印资料《先秦·秦汉史》1988 年 1 期。

巩启明、姜捷合著，原载于《纪念城子崖遗址发掘六十周年国际学术讨论会文集》，齐鲁书社，1993 年。

香港地区的史前文化遗存

香港地处我国南海之滨，辖地包括香港岛、九龙半岛和新界以及附近诸岛屿，面积1078平方千米。气候属亚热带，温暖湿润，适宜人类繁衍生息，对渔业、农业、航海业发展极为有利。据考古资料所知，香港地区的古代文化与华南乃至中原地区一直有着相当密切的关系，尤其是与珠江三角洲地区同属于一个文化区域，同时它又起着将东亚大陆古文化向东南亚广大地区传播交流的作用。所以对香港地区古文化的研究有着非常重要的意义。

香港的考古工作开端于20世纪的20年代，至今已有70多年的历史。最初的考古工作主要是一批业余考古爱好者，以地面调查采集及小规模挖掘为主。如英国人施戈裴侣（W. Schofield）警官、韩雷（C. M. Heanley）医生及澳大利亚人肖思雅（J. A. Shellshear）教授等，都曾利用假日对香港和新界地区进行考古调查，采集到一些石器标本，将发现的古遗址进行编号，将调查记录写成笔记。1933年英国人芬戴礼（D. J. Finn）神父主持了南丫岛大湾遗址的发掘，这是香港地区的第一次考古发掘。这一工作一直延续到1936年，在大湾遗址首次发现了彩陶。1937年施戈裴侣在瑞典人安特生（J. Anderson）的帮助下对大屿山石壁东湾遗址进行发掘，首次发现古墓葬6座，以及大批石器、陶器和青铜器等。1938至1939年文物收藏家陈公哲自备经费、船只，对香港地区的史前遗址进行全面考察，在12个地点进行发掘，发现大批文物标本。这些业余考古爱好者的工作，取得了不少的业绩，他们调查所取得的资料陆续在报刊上发表，对学术界及香港社会影响颇广。1941年日本占领香港，使整个40年代香港的考古工作陷入停顿状态。第二次世界大战结束以后，香港的考古工作渐次复苏。1955年在九龙深水埗李郑屋村发现东汉墓葬1座。1956年香港大学组建考古队，1958年该队组织白尔德（S. M. Bard）医生、戴维斯（S. G. Davis）教授及卫伦斯（B. V. Willams）修士等，对大屿山石角咀遗址进行发掘，发现了新石器时代晚期和青铜器时代两个阶段的文化遗存。1967年香港大学改考古队为香港考古学会，在香港政府的支持下组织了一系列的考古调查、发掘工作。较重要的有1974年白尔德对舂坎湾遗址的发掘，发现了墓葬和5000多件石器及一批彩陶。1975年白尔德等对深湾遗址的发掘，发现了距今5000年左右的下层文化遗存，并对该遗址的地理环境、地质构造、动植物标本、人骨及文化遗物等进行了综合研究，还发表了^{14}C及热释光测年的28个数据。1976年香港市政局设立古物古迹办事处，同年颁布《古物及古迹条例》，对考古发掘和古迹保护实行统一管理。1978年香港中文大学中国文化研究所创立中国考古艺术研究中心。进入80年代以来，香港考古工作在古物古迹办事处的统一领导下，以专业人员为主进行了有计划有目的的科学考古调查和发掘。1985年和1989年古物古迹办事处与香港中文大学联合组队对龙鼓滩遗址进行发掘。1990年中文大学对大湾遗址发掘，发现商周墓葬10座，出土牙璋、玉戈等稀世珍宝。1991年为配合新机场兴建，考古学会对赤鱲角的多处遗址进行清理发掘。1992年香港中文大学为配合新机场配套工程建设对大屿山白芒、扒头鼓两遗址进行发掘，同年古物古迹办事处对沙罗湾、涌浪两遗址进行发掘，这些遗址的发掘都有重要发现。以上概述了香港地区70多年来的考古调查和发掘工作，这些工作为我们积累了一大批科学资料，为我们的研究奠定了良好的基础。笔者不揣浅陋，在前人研究的基础上，进行综合梳理，现按时代顺序予以介绍。

一 东湾沙堤底部的文化遗存

东湾遗址位于大屿山的西南部，在石壁东面海湾的沙堤上。沙堤高出现海面约7.37米，沙堤以外是海湾，沙堤以内是沼泽地，其间有山溪流出，是古代人类从事渔猎、采集的良好处所。该遗址是香港最早发现的史前遗址之一，1937年英国人施戈斐侣、1938年收藏家陈公哲曾先后在此调查发掘，出土文物相当丰富，只是地层、分期不甚明了。1987至1989年香港中文大学和香港考古学会，为了进一步了解该遗址的文化内涵，进行了再次发掘。在所发掘的H和I探方的沙堤底部紧贴于底砾层的上面，发现打制石器50多件。其中有单边砍砸器、双边砍砸器、刮削器、石锤、砺石、小碎片、石片及分割砾石等，前二者为典型器物。这些石器的原料一般为凝灰岩和流纹英安岩。经过二次加工的石片石器仅1件。在两个探方内均未发现石核，这可能是发掘面积较小的缘故。砺石的发现暗示着可能含有磨制骨角器的存在①。这批石器标本笔者曾蒙邓聪先生惠示观察，共同讨论，基本上认为这是香港地区迄今考古发现最早的史前文化遗存。从这批石器的特征来看与我国岭南旧石器传统有着相当密切的关系，如单边或双边砍砸器等。这批石器文化的来源可能与西江、北江流域的早期石器文化有关。根据地理学对珠江三角洲古地理的研究成果及所揭示的情况，我们获知，在“距今8000年前，海平面比现今低约24米，距今6000年前后，海平面升至比现今略高的高度，其后虽有数米幅度的上下波动，但与现今已无大的差异”[②]。而维多利亚港湾海水的深度仅有2~14.5米，可见在距今8000年时香港岛、大屿山岛等都与九龙半岛是连在一起的大陆，所以西江、北江流域的早期先民沿江而下抵达南海之滨的大屿山石壁东湾是很有可能的。这批先民的到来带来了他们当时的文化，并在此劳动生息，经过一段时间以后，可能又迁徙他乡，但却留下了他们的活动足迹，也留下了他们的文化遗存。根据上述石器特征及地理学的研究成果推测，这批打制石器的年代，可能是属于新石器时代初期的文化遗存，最早也不会早于旧石器时代晚期末段。同时沙堤的形成也始自距今6000年前后的海平面上升之时，这批先民在东湾的活动时间应在东湾沙堤形成以前，而不是在东湾沙堤形成以后。这或许就是东湾沙堤底部石器文化遗存的大致年代。

二 东湾第三、四层的文化遗存

1987至1989年，在东湾遗址的发掘中，于所发掘的探方内发现的第三、四层文化遗存比较重要。在第三层中部发现居住遗迹一处，呈方形，有柱洞6个，排列有序。柱洞口为椭圆形，直径约为45~55厘米，洞深50~60厘米，有两个柱洞底部有石础。这处房址因破坏严重，居住面及其他情况不详。这两个文化层中出土的遗物有石器和陶器。石器中的打制石器占有较大比重，器形有双边刮削器、端刮削器、折断石器、尖嘴手斧、砍砸器、楔形器、石锤、石锥、琢背长石刀及石片等；磨制石器有石斧、石锛、石环、玉石管、砺石、石砧、石磨棒、石磨盘及石器等，其石斧、石锛均只见刃部磨光，通体磨光的未见，有肩有段的石器也未曾发现。陶器的陶质仅有夹砂夹炭粗陶一种，掺砂量很大，火候很低，容易破碎，未见泥质陶。陶色多不纯正，器表器里有黑色、红黄色及灰色，陶胎均为黑色，这当与掺和有机物有关，器表器里多加一层陶衣，系用黏土拌水抹光而成。陶器造型以圜底器较多，圈足器、平底器次之，器形简单，仅有束颈圆肩圜底釜、大口高领尊形器、大口直筒圜底罐、瓮、缸、圈足碗、圈足钵及敞口束腰中空器座等。制法均为手制，系用泥条盘筑法或捏塑而成。纹饰有绳纹、刻划纹、附加堆纹和锥刺纹；刻划纹中有弦纹、波浪纹、篦点纹、贝齿纹等。夹砂粗红陶器座均素面无纹饰[③]。从这些文化遗存的总体来看，东湾三、四层时期的居民已过着定居的生活，他们从事渔猎及采集为主的生产活动，同时拣拾各种贝类等水生食物以求生存。类似东湾三、四层的文化遗存，过去在香港地区不曾发现，而在粤东的潮安石尾山、陈桥材贝丘遗址以及粤北的英德青塘洞穴遗址有所发现，此三处遗址出土的陶器均为夹砂夹炭粗陶，未见泥质陶，陶色多不纯正，制法均为手制，器形简单，仅有圜底釜、罐，纹饰单一，仅见绳纹[④]。另外，研究者认为，这些陶器的特点与浙江余姚河姆渡遗址第三、四层的陶器特征也有相似之处，同时与台湾大坌坑文化的部分陶器也有相近的特点，尤其在纹饰方面[5]。东湾三、四层文化遗存的绝对年代尚无科学测定的数据，其相对年代亦无确切的地层资料可据，但从其文化面貌来看，可能比以彩陶为主要特征的大湾文化要早。因此，暂可定为新石器时代中期的早一阶段。

三　大湾文化遗存

大湾文化因首先发现于大湾遗址而得名。关于大湾文化的考古工作由来已久，1933年英国人芬戴礼在南丫岛大湾遗址发掘时，首次发现了含彩陶的文化遗存。1934年意大利人麦兆良（R. Maglioni）在海丰沙坑遗址发现彩陶资料。此后，一直到20世纪60年代广东省博物馆在东莞万福庵和增城金兰寺遗址的下层发现含彩陶的遗存，才引起了学术界的关注。到了70年代，港澳学者先后对香港岛的春坎湾、南丫岛的深湾、大屿山岛的蟹地湾和澳门的黑沙湾等遗址进行发掘，都发现了与大湾遗址相同的文化遗存[6]。80年代以来，广东和香港两地的考古工作者在深圳的大黄沙、咸头岭、大梅沙，珠海的后沙湾，中山的龙穴，香港的龙鼓滩、涌浪、深湾村、虎地湾、大湾等遗址开展了大规模的考古发掘工作，收获相当丰富，在这些遗址中都发现了以彩陶为主要特征的原始文化遗存[7]。截至目前，这类遗址已发现20多处，除个别遗址外，它们都分布在环珠江口的香港、深圳、东莞、增城、佛山、中山、珠海、澳门及珠江口外诸岛屿一带，并构成了一个文化面貌基本相同的古文化区域，由此，考古学界将这类新石器时代文化遗存命名为“大湾文化”。大湾文化的命名，比较以前将其称为金兰寺第一文化层、后沙湾一期文化、珠江三角洲一期文化及大湾式彩陶等，要规范得多了。

大湾文化的遗址已发掘出多处，其中以咸头岭、大梅沙Ⅰ区、大黄沙、大湾下层、春坎湾下层、后沙湾一期、深湾F层、龙穴、蚬壳洲、万福庵及虎地湾等遗址，收获较丰。这些遗址的发掘资料，使我们对大湾文化总的面貌有了较多的了解。大湾文化遗址多位于河流沿岸沼地、沿海及岛屿海湾的沙堤之上，面积较小，文化层较薄，遗迹、遗物数量较少。在这些遗址中发现的主要遗迹有先民居住过的房屋建筑遗迹、火塘、灰坑及墓葬等。如1996年香港中文大学和中国社会科学院考古研究所联合对大湾遗址的再次发掘中，发现居住遗迹两处。一处为椭圆形，周围以石块围筑，面积约35平方米，石圈中有13个柱洞，沿石圈排列有序，房内中心有一个直径30厘米的柱洞，可能是中心柱的遗迹，房内有火塘及红烧土居住面等。另一处房址为长方形，亦系用石块围筑，石墙内有排列规则的24个柱洞，面积48平方米，房内有红烧土堆积[8]。1985年深圳博物馆在咸头岭遗址发现的房屋建筑遗迹比较残破，其形状为长方形，面积约37平方米，有柱洞及红烧土居住面等，房基面系用灰褐色土铺垫[9]。在大黄沙遗址内还发现若干处红烧土硬面，一般面积约有60平方厘米，这可能是用以烧烤、炊煮的火烧灶面[10]。大湾文化的墓葬，以高要蚬壳洲遗址发现较多，共发掘清理24座，其形制可分为长方形、圆形及椭圆形三种，均为土坑竖穴，葬式可分为侧身屈肢、俯身屈肢和屈肢蹲葬三种，有双人合葬及成人与儿童合葬等。随葬品极少，已发现的有多孔石刀及骨鱼叉等。发掘者认为这里可能是一处氏族的公共墓地。

大湾文化诸遗址出土的遗物可分为生产工具、生活用具及装饰品等。装饰品很少，仅见石环一种，这里主要叙述生产工具和生活用具。生产工具主要是石器，在多数遗址中都较丰富。20世纪70年代在春坎湾遗址下层发现5000多件，在深湾遗址F层发现数千件之多，在其他遗址也有不少发现。这些石器可分为打制石器和磨制石器两种，前者较多，后者较少。器形有砍砸器、刮削器、锤、臼、钻孔器、网坠、磨棒、斧、锛、凿、拍、砺石、刀及纺轮等。其中石斧和石锛磨制精致，有带肩和不带肩之分，带肩的又有单肩和双肩之别；石刀部分有穿孔；石网坠为亚腰形。这些石器中的砍砸器、斧，应是砍伐树木之用，锛、凿是木作工具，网坠是捕鱼工具，刀是收割、切、剁工具，拍是树皮布的制作工具。砺石是磨制骨器的工具。骨器很少，只发现骨鱼叉一种。从这些生产工具的用途可知当时的经济生活情况是，海湾沙堤遗址以渔业为主，同时拣拾贝类，采集野生种子、果类，狩猎可能也占一定成分。河流沿岸台地或低山岗遗址除以渔业为主及采集、狩猎外，可能也兼营农业生产，个别遗址可能达到渔农并重的程度。

生活用具主要是陶器。陶器的陶质一般是夹砂陶占比例较大，泥质陶较少。大黄沙遗址出土的陶器，据分类统计夹砂陶占82.06%，泥质红陶占16.7%，泥质白陶占1.23%。咸头岭遗址夹砂陶占96.25%，泥质红陶占1.33%，泥质白陶占2.42%。陶色，夹砂陶有灰黑和暗红及灰白色等，颜色多不纯正，泥质陶有灰白和粉红色等，以粉红色较多。陶器制法，均为手制，泥条盘筑、贴塑及捏制均施。烧制火候不高，容易破碎。陶器造型以圜底器、圈足器、平底器盛行，三足器不见。主要器形有侈口圆唇宽沿或窄沿鼓肩斜腹圜底罐形釜、侈口斜肩鼓腹圜底罐、敞口斜直壁平底或圈足盘、敛口斜直壁圜底钵、敞口腹微鼓平底盆、喇叭口斜直壁圈足豆、敞口圆唇斜直壁平底碗、束腰或圆柱形中空器座、敞口或直口杯以及器盖、支座等，其中前四者较多，其余较少。陶器的纹饰，夹砂粗陶多饰绳纹、刻划纹，多数陶器为素面；泥质陶多饰细绳纹，各种刻划纹、圈点纹、指甲纹，部分陶器上有镂孔，彩陶很少，但彩陶却是大湾文化最具特征的代表性器物。彩陶在大湾文化遗址中，都有或多或少的发现，其施彩器类、部位、颜色、技法、纹饰风格等基本上都具同样的水平。从器类看，夹砂平底盘、直口直壁杯、泥质罐、碗及圈足盘等器皿上多施彩绘。咸头岭遗址出土的夹砂平底盘的口沿多饰赭红色彩带纹①，在夹砂直壁杯的口沿饰一周赭红色彩带纹，另在其上腹配以一周横“人”字形刻划纹。春坎湾、后沙湾遗址出土的泥质陶罐的颈部之内外绘有一道或两道赭红色彩带。龙穴遗址出土的斜直壁圈足碗的器壁或圈足上也都饰有赭红色波浪纹。很多遗址都出土了泥质敞口斜直壁圈足彩陶盘，已修复的完整器不少，彩陶片更多。彩陶盘上的彩绘纹饰多以彩绘与刻划、镂孔配合使用，组成各式各样的图案。彩绘主题多为表现水的流动和浪花的形态，充分反映了沿海渔民画家对水有深刻的观察。彩陶盘的器壁上、下均饰有赭红色彩带一周，其间饰水波与浪花纹，有的再配以点状纹或横向 S 形纹，圈足上多饰彩带，并配以刻划和镂孔组成多姿多彩的图案。大湾文化的彩陶艺术不是孤立存在的，它与我国黄河、长江两大河流域的彩陶传统有着千丝万缕的联系。彩陶起源自距今七八千年前黄河中游中原地区的裴李岗、磁山、老官台文化，盛行于仰韶文化，同时向它的四周传布，西达甘青、东达海岱、北达辽宁、南达湖广，以至于南海之滨，只是因其时间、空间和环境的不同，各有发展和演化，并形成各自的独特面貌，然而都与母体或源头有着直接或间接的联系。如咸头岭遗址出土平底盘上饰的赭红色彩带，与仰韶文化的钵上所饰的紫色或黑色彩带相似。但从彩陶的整体来看，大湾文化彩陶与大溪文化彩陶的关系更为密切。如大湾文化黑沙湾、小梅沙等遗址出土圈足盘上的镂孔和彩绘组成的图案，与大溪文化关庙山遗址出土的圈足盘器形和图案相似，大湾文化深湾村、蚬壳洲等遗址出土的条带形彩绘，与大溪文化中堡岛遗址出土的条带形彩绘纹饰相同，大湾、大黄沙、深湾村等遗址的彩绘点状纹与大溪文化丁家岗、车轱山等遗址出土的彩绘点状纹相同，大湾文化龙穴遗址出土圈足碗上的彩绘条带纹、波浪纹与大溪文化关庙山遗址出土的圈足碗的器形、彩绘纹饰相似[11]。凡此，都说明大湾文化的彩陶与大溪文化的彩陶艺术有着极为密切的关系。

大湾文化的年代，就其相对年代来看，可能晚于东湾遗址的三、四层，这只是从东湾三、四层出土的石器和陶器比较原始来判断的。东湾三、四层与大湾文化的关系至今未发现明显的地层叠压关系，这要有待于今后的工作来证实。大湾文化一般来说要早于当地的含几何印纹陶特点的文化遗存，因大湾文化的多数遗址都处于下层，往往被含几何印纹陶特点的文化层所叠压，如深湾、春坎湾等遗址都是这样。由此可见，大湾文化的年代应晚于东湾三、四层的年代，而早于含几何印纹陶文化遗存的年代。至于大湾文化的绝对年代，现已科学测定过 24 个年代标本，其中^{14}C 数据 19 个、热释光数据 5 个。19 个^{14}C 数据中，最早的是大黄沙遗址 T101 第四层出土的炭化粮食标本 2K2513 的^{14}C 数据，为距今 5600 ± 200 年，经树轮校正为 6255 ± 260 年。最晚的是深湾 F 层出土的木炭标本的^{14}C 数据，为距今 4000 ± 300 年（未经校正）。看来大湾文化的绝对年代应为距今 6000 ~ 4500 年，可见其从早到晚延续了约 1500 年的时间。大湾文化在这长达 1500 年的时间里，自然存在着发生、发展及演变的过程，也就是说在这个过程中存在着文化分期的问题。对某一古文化分期的研究，是考古学研究的重要方面，只有通过科学的分期研究，方能洞察某一古文化每个发展阶段的具体情况，从而了解当时历史的真实面貌。大湾文化的分期研究，邓聪先生排比出五组，即咸头岭组、大黄沙组、后沙湾组、蚬壳洲组及深湾组，认为它们可能存在着先后关系，这一推测有一定的道理[12]。但这五组中诸遗址的发掘情况是不够理想的，截至目前这些遗址的发掘面积都不够大，反映出的文化面貌多不全面，地层证据尚不充分，科学测定过的年代数据有的有，有的没有，所以对大湾文化的编年及分期的研究，如要得出理想的结论，还为时尚早，还需要今后再做更多的田野工作，提供更丰富的资料。

大湾文化的分布面积较大，延续时间很长，在其发生、发展的约1500年中，不是孤立存在的，而是同其周围的诸原始文化有着一定的关系。在考古学文化中，往往是这样的：每一种文化都与其周围同时存在的文化有着互相影响、互相融合、共同发展的关系。从大湾文化的整体面貌来看，其与我国长江中下游地区及东南亚列岛地区的原始文化有着较为密切的关系。在距今约6000～5000年，分布在长江中游的大溪文化相当发达，它与分布在环珠江口一带的大湾文化自然会产生这样或那样的联系。从出土的遗物来看，除上述的彩陶特点相近外，大湾文化诸遗址常见的双肩石斧，在大溪文化的三元宫遗址、划城岗遗址及王家岗遗址都有发现，其造型风格极为相似。从出土陶器看，也有更多的相似因素，如大湾文化后沙湾、小梅沙等遗址出土的镂孔圈足盘与大溪文化关庙山遗址出土的同类器几乎相同。大湾文化大黄沙、龙穴等遗址出土的陶支座与大溪文化关庙山、中堡岛等遗址出土的同类器相似。大湾文化咸头岭等遗址出土的釜，形制特征与大溪文化王家岗遗址出土的同类器相近。大湾文化常见的刻划波折纹器座在大溪文化中堡岛遗址也曾发现过。另外，浅浮雕式蓖印纹白陶在两种文化中都有发现。这些相同或相似的因素，表明它们之间的关系是相当密切的。同时，从出土遗物看，大湾文化与长江下游的原始文化也有一定的关系，如大湾文化蚬壳洲遗址墓葬出土的多孔石刀，与南京北阴阳、潜山薛家岗等遗址出土的同类器风格相近。另外，大湾文化与东南亚列岛地区同时期的原始文化也有一定的关系，如大湾文化分布地区与东南亚列岛地区都出土有大量的树皮布石拍的标本，其质地、形制、风格都相近。研究者认为它们都是用途相同的工具。

四　新石器文化晚期遗存

香港地区的新石器时代晚期文化遗存，随着近年来考古工作的开展，已有很多新的发现，积累了丰富的科学资料，为我们进一步研究和认识打下了良好的基础。目前已发现属于这一时期的古遗址有数十处之多，同时在环珠江口一带的其他地区也广泛分布有这一时期的同类文化遗存，据不完全统计，已发现七八十处，这样在整个环珠江口及口外诸岛一带，此时期的遗址已达100多处[13]。经过调查、试掘或正式发掘过的遗址也为数不少，属于香港的有鯆鱼湾下层、深湾Cb层、榕树湾、沙螺湾、扒头鼓、涌浪上层、龙鼓滩上层、白芒下层等，属于深圳的有赤湾、上洞、下洞、鹤地山下层、水沥村、内令丁岛南湾、沙头村、灶下村等，还有东莞的村头，南海的鱿鱼岗、灶岗，佛山的河宕丙、丁类墓葬，高要茅岗，珠海的后沙湾二期、草堂湾二期、东澳湾、南沙湾、棱角嘴及澳门的黑沙湾上层等遗址，都做过一些工作，都有一些较为重要的发现。这些遗址多分布在河流沿岸的台地或滨海、岛屿海湾的沙堤之上，也有少数山岗型遗址。这些遗址的面积由于地形地貌的限制都不太大，一般来说小的只有几百平方米，大的也只有几千平方米，上万平方米的遗址是个别现象。遗址内的文化层较厚，由几十厘米到一百多厘米的不等，很厚的很少。在这些遗址中发现的主要遗迹有人们居住过的房屋建筑基址、灰坑、火塘及墓葬等。如1992至1993年在涌浪遗址、沙螺湾遗址发现属于房屋建筑结构的柱洞若干，只是因破坏比较严重，这些柱洞的分布规律难寻，无法复原房屋建筑的模样。1989和1993年在村头遗址发现房屋建筑基址10多座，均为平地起建，平面为圆形或方形，有分布规律的柱洞若干，墙壁均为木骨泥墙。整个聚落有居住区，垃圾区、广场和墓葬区。1992和1994年在扒头鼓遗址的发掘中，发现房屋建筑基址多座，这些房屋的建筑风格与村头遗址不同，房屋的墙基都是用石块围筑成方形或圆形的石圈，石圈中分布有若干柱洞，房内中部有大型柱洞1或2个，中心柱附近有用石块围筑的火塘，有的火塘中尚放置有保存火种用的陶罐，房内居住面多为践踏硬面，室内及房屋附近发现有较多的生产工具和生活用具。在灶岗遗址发现房址3座，有火塘和柱洞，居住面为硬土面。在河宕遗址发现有红烧土硬面及红烧土堆积，可能是房屋建筑的遗存。在涌浪、扒头鼓及东澳湾等遗址都发现有用石块围筑的火塘遗迹，火塘周围往往散布着大量的陶釜残片。在涌浪遗址还发现墓葬10座，多为长方形土坑墓，人骨已朽，葬式难辨，随葬器物简单，有的随葬陶器1至2件，有的随葬石块、石环或石锛1至3件不等。在灶岗遗址发现墓葬6座，均为单人仰身直肢葬，头向东南，骨架保存完好，有拔牙习俗，三座墓有随葬品，各有小石锛1件，其余无随葬品。在深湾遗址发现有火葬的情况。在河宕遗址发现墓葬50多座，其中多数墓坑不明显，多为仰身直肢单人一次葬，男性头向西，女性头向东，随葬品很少，每墓多者3件，少者1件。女性墓多随葬陶纺轮1件，男性多为1件石锛或镞、矛，有拔牙习俗。另外，在村头、灶岗、涌浪等遗址发现多座灰坑，仅村头一处遗址就发现灰坑160多个[14]。这些都是和人们定居有关的设施。尤其是村头和扒头鼓遗址发现的房屋基址较多，它们已是人们定居时间或长或短的小型聚落，而不是短暂停留的零散的临时居住点。村头和扒头鼓聚落遗址的发现，为岭南史前住宅建筑和聚落考古研究提供了宝贵资料，同时也为我国乃至国际聚落考古研究提供了新的内容。

新石器时代晚期诸遗址中出土的大批遗物，可分为生产工具、生活用具及装饰品等。它们的质量、数量以及制作技术都比前一时期有所提高，这是当时生产力、经济、技术较前发展的反映。当时的生产工具主要是石器，这在很多遗址都有发现。石器主要是磨制的，打制石器已很少见到，这时的磨制技术也有所改进，以前是仅磨刃部，此时是通体磨光，相当精制，钻孔技术也较以前普遍。石器的器形和种类也较此前增多，计有石斧、石锛、石铲、石刀、石网坠、石锤、石球、石拍、石凿、石镞、石矛、石钺、石戈、砺石等。其中石斧多双肩，石锛多有肩有段，涌浪遗址出土的大型石钺及沙洲、村头及茅岗遗址出土的石戈，研究者认为可能是非实用的礼器。骨、蚌质的生产工具此时也大量涌现，计有骨镞、骨锥、骨梭、骨针及蚌刀等。同时在不少遗址中还经常发现陶纺轮等。这些石质和骨、陶质的生产工具反映出当时生产门类的扩大，不但有成套的农耕、渔猎工具，而且还有齐全的木工、石骨器加工、日常用具以及纺织工具等，应有尽有。

生活用具主要是陶器。陶器的陶质一般可分为夹砂陶和泥质陶两大陶系，但在每个遗址二者的数量都有差别，研究者认为滨海及海岛的海湾沙丘（沙堤）遗址夹砂陶多于泥质陶，这是因为夹砂陶多炊器和盛储器，易于渔民携带和使用的缘故。如深湾C层夹砂陶占80%，泥质陶占20%；赤湾遗址夹砂陶占88%，泥质陶占11.6%；后沙湾二期夹砂陶占86%，泥质陶占14%；棱角咀夹砂陶占91.6%，泥质陶占8.4%。河边台地的贝丘遗址泥质陶多于夹砂陶，是为了适应长期定居生活的需要。如河宕第二层泥质陶占71%，夹砂陶占21%；灶岗遗址泥质陶占71%，夹砂陶占29%[15]。陶色多不纯正，夹砂陶以灰陶占比例最大，也有一定数量的灰黑、灰白、灰黄、红褐色陶。泥质陶以橙黄色的较多，橙红色的次之。陶器的制法主要是手制，但轮修者常见。陶器附饰耳、流、鋬，盖不发达。烧制火候不高。陶器造型多圜底器和圈足器，三足器罕见。常见器形有尖唇宽沿或窄沿盘形口鼓腹圜底釜、直领广肩鼓腹矮圈足罐、溜肩弧腹凹底罐、敛口浅腹圈足盘、直口深腹或斜腹圜底钵、敞口斜腹圜底喇叭形圈足豆、束腰筒形器座、侈口斜腹矮圈足碗、篦形器、支脚等。其中釜、罐及器座的数量较多，其他较少。陶器的纹饰，夹砂陶多饰绳纹、刻划条纹、弦纹、麻点纹、附加堆纹，泥质陶多拍印各种几何纹，如曲尺纹、梯子形格纹、云雷纹、对角线长方形纹、圆点纹、曲折纹、叶脉纹等。几何印纹陶是此时陶器的重要特征。

装饰品有玉石环、玦、牙饰及骨串饰等，这是当时人们爱美的反映。1992年在白芒遗址发现一处制作玉石环、玦的作坊，出土水晶饰品千件以上。1995年在黑沙湾遗址也发现制作玉石环、玦的一处作坊，出土一大批水晶的环、玦、石芯、毛坯、素材、石片和石核等，并有制作环玦的环砥石、石锤等加工工具。这是研究当地史前玉器工艺技术，尤其是水晶环玦全面生产过程的一批重要资料。这类制作玉石环玦的作坊遗址，过去在环珠江口一带以及越南红河三角洲沿海地区都有发现。为什么在沿海遗址容易发现这类作坊呢？研究者认为可能与这些遗址多分布在海边沙堤，在沙堤上容易得到解玉砂有关[16]。玉石器文化在我国东部和东南部沿海地区的新石器时代中、晚期都很发达，如环渤海地区的红山文化，黄海地区的大汶口文化、山东龙山文化，东海沿岸的河姆渡文化、马家浜文化、崧泽文化及良渚文化，台湾海峡的卑南文化等遗址或墓葬中都出土过大量的精美玉器，不但有装饰品，而且有大量的礼器。环珠江口一带位于南海之滨，这里出土的玉器无论是形制或者是制作技术与上述地区出土的同类标本都有相同或相似的特点，它们之间都存在着源流或交流的关系。

香港地区及环珠江口一带的其他地区新石器时代晚期文化遗存的相对年代，已在很多遗址中取得了地层叠压的证据，如深湾、涌浪、龙鼓滩、河宕、后沙湾、草堂湾等遗址都发现了含彩陶的文化层在下，含几何印纹软陶的文化层在上的地层叠压关系，表明属新石器时代晚期的以几何印纹软陶为主要特征的文化遗存，要晚于属新石器时代中期的以彩陶为主要特征的大湾文化遗存。同时在鲰鱼湾、万角嘴、东湾、深湾、白芒等遗址发现了含几何印纹软陶的文化层在下、含小件青铜器和几何印纹硬陶的文化层在上的地层叠压关系，这说明属新石器时代晚期以几何印纹软陶为主要特征的文化遗存要早于青铜器时代以小件青铜器和几何印纹硬陶为主要特征的文化遗存。至于这个时期的绝对年代，已科学测定过二十几个^{14}C年代标本，具体年代大致在距今4500～3500年，下限可能要到夏商之际。

综上所述，本文根据香港地区（兼及环珠江口一带）历年来的考古资料进行宏观的考察，将这一地区的史前文化遗存分为东湾沙堤底部的文化遗存、东湾第三及第四层的文化遗存、大湾文化遗存及新石器时代晚期文化遗存几个发展阶段。前两者仅是文化面貌、文化特征还不甚明了的资料，与后继文化的关系也不清楚，这里只是将其提出以示与其他文化相区别，并希望在今后的田野考古工作中给予特别重视。后两者开展工作较多，资料较丰富，但也存在不少问题。如大湾文化的命名还正在讨论，新石器时代晚期文化遗存尚没有合适的文化名称命名，香港、深圳、珠海开展的工作较多，而环珠江口上游开展的工作较少，资料积累也很有限，即使是开展工作较多的地区也似乎仅对文化分期比较重视，而对文化命名的研究重视不够。同时，对已发掘过的遗址多系试掘性的，只限于对某遗址文化性质的了解，而大规模、大面积的发掘某个遗址的情况殊为罕见，这对我们更全面地了解当时的文化面貌、特征、聚落形态、建筑技术、风格、遗址内各期文化各种设施的平面布局、经济发展水平、人们的社会组织、社会发展阶段等都有一定的局限。凡此等等，都存在一定的问题。这些问题都有待今后的工作和资料的积累，才能使我们的研究工作得到进一步深入。最后，希望考古界同仁和师友再接再厉，取得更加辉煌的成绩。

参考文献

① 香港中文大学中国文化研究所中国考古艺术研究中心：《香港澳门近十年来的考古收获》，《文物考古工作

十年》，文物出版社，1990 年。

② 李平日：《六千年来珠海地理环境演变与古文化遗存》，《珠海考古发现与研究》，广东人民出版社，1991 年。

③ 区家发、邓聪：《香港大屿山东湾新石器时代沙丘遗址发掘简报》，《纪念马坝人化石发现卅周年文集》，文物出版社，1988 年。

④ 朱非素：《广东新石器时代若干问题的探讨》，《广东出土先秦文物》，香港中文大学文物馆，1981 年。

⑤ 同①。

⑥ a. 邓聪、黄韵璋：《大湾文化试论》，《南中国及邻近地区古文化研究》，香港中文大学出版社，1994 年。b. 商志醰、吴伟鸿：《香港考古学发展史简论》，《考古与文物》1997 年 2 期。c. 秦维廉：《南丫岛深湾考古遗址调查报告》，香港考古学会专刊第三本，1978 年。

⑦ a. 深圳博物馆等：《广东深圳市大黄沙沙丘遗址发掘简报》，《文物》1990 年 11 期。b. 深圳博物馆等：《深圳市大鹏咸头岭沙丘遗址发掘简报》，《文物》1990 年 11 期。c. 广东省博物馆等：《广东东莞市三处贝丘遗址调查》，《考古》1991 年 3 期。d. 香港古物古迹办事处、香港考古学会及香港中文大学发掘资料。e. 广东省博物馆等：《广东高要县蚬壳洲发现新石器时代贝丘遗址》，《考古》1990 年 6 期。f. 朱非素：《珠海考古新成果》，《珠海考古发现与研究》，广东人民出版社，1991 年。g. 龙家有：《广东中山市龙穴遗址发掘的重要意义》，《中国文物报》1992 年 2 月 23 日。

⑧ 《香港发掘出 5000 年前民居遗迹》，《人民日报》（海外版）1996 年 4 月 24 日。

⑨ 深圳博物馆等：《深圳市大鹏咸头岭沙丘遗址发掘简报》，《文物》1990 年 11 期。

⑩ 深圳博物馆等：《广东深圳市大黄沙沙丘遗址发掘简报》，《文物》1990 年 11 期。

⑪ 邓聪、黄韵璋：《大湾文化试论》图 47－23，《南中国及邻近地区古文化研究》，香港中文大学出版社，1994 年。

⑫ 同⑥a。

⑬ a. 香港古物古迹办事处编《香港文物》，1992 年。b. 杨式挺：《试论西樵山文化》，《考古学报》1985 年 1 期。

⑭ a. 香港古物古迹办事处编：《1992～1993 年古物咨询委员会报告书》。b. 邱立诚、刘成基：《东莞村头遗址发掘的初步收获》，《广东省博物馆馆刊》第 2 卷，1991 年。c. 香港中文大学中国文化研究所考古艺术研究中心资料。d. 广东省博物馆：《广东南海县灶岗贝丘遗址发掘简报》，《考古》1984 年 3 期。e. 杨式挺：《谈谈佛山河宕遗址的重要发现》，《文物集刊》第 3 集，文物出版社，1981 年。

⑮ 邹兴华：《珠江三角洲史前文化分期》，《岭南古越族文化论文集》，香港，1993 年。

⑯ 邓聪：《从东亚考古学角度谈香港史前史重建》，《中国文物报》1996 年 1 月 28 日。

原载于《西安半坡博物馆成立四十周年纪念文集》，三秦出版社，1998 年。

考古研究与现代科学技术

中国近代考古学肇端于20世纪20年代，至今已有70年的历史。它是20世纪20年代提倡科学、民主的新文化运动的产物之一。虽然考古学不断地从北宋以来的金石学吸取营养，但是，发展到今天特别是中华人民共和国建国以来的考古发现和研究，中国考古学已经远远超出了“证经补史”的研究范畴，而能够独立地探讨、解决中国历史与文化的重大课题，并在实践中建立和发展了考古学所特有的地层学、类型学以及通过文物资料观察和分析社会面貌的方法。借助于这些方法，我们在最近30至40年时间内，初步建立、完善了国内各考古学文化的谱系这一基础性的工作。在这个漫长的发展过程中，考古学真正实现了从传统的考据学向利用古代遗留下来的实物资料研究人类古代世界的科学的转变。国际上从19世纪以来考古学一直是构成人类观念与价值革命最重要的源泉之一，并且考古学家自己的学科意识和考古学的理论与方法也一直在发展变化。第二次世界大战结束特别是20世纪60年代以来是这种发展变化的一个新阶段，其特点是在目标上实现了由单纯重建人类早期历史向认识人类文化的历史过程和规律性的转变，在方法上实现了由单纯的归纳法到归纳—演绎相结合的转变，并更加主动地与其他的自然科学和社会科学相结合，力求为理解早期人类的物质遗存提供更加完整的背景和框架。

尽管国内、国际考古学研究的发展阶段不尽相同，但是在一点上是共同的，即考古学研究的本质特征是依赖人类文化的制造物——即一切物质的遗存，并从中取得信息。这种新材料的使用为历史学开辟了一个完整的领域，如同翻开了一本关闭着的书本一样。中国的古籍经典和希腊、罗马的一样，侧重于强调政治事件和伟人的作用，与此相反，考古学证据却揭示了人们是如何生活、生产什么、交换的方式如何、生活水准多高以及使用了哪些技术，从而使研究工作得以平衡。考古学的特殊贡献还在于它极大地扩大了我们的时间和空间视野。这不仅意味着考古学家的研究工作具有极其的广阔性，而且还意味着考古学家必须应用多种方法、通过不同途径，去捕捉那些对于全面解释人类历史必不可少的具体和有形的证据。改革开放以来，我们在与国外同行的交流中，对上述方面的认识愈加明确，我们已经尝试用多种科学技术来获取物质遗存中带给我们的古代世界的信息，并为最终完整、全面地解释人类历史而努力。我们认为，这是考古学家为迎接21世纪的到来所能做出的最好贡献。

陕西地处中国腹地，人类文化蕴含极为丰富，地上、地下文物的分布、埋藏，使陕西犹如一座天然的人类历史博物馆。从20世纪80年代以来，中国以开放的姿态走向世界，考古学亦不例外，我们在继续实践考古学所特有的基本方法的基础上，尝试采用多学科的研究方法，以获取更多的更准确的信息，揭示自身研究对象的奥秘。我们现在的研究范围不仅仅是以前的方法所能涵盖的，而是要在多维的思考角度下探讨许多更加深刻、更加接近事物本质的课题，诸如：秦始皇陵、汉唐帝陵的地宫内埋藏有哪些文物？能否在发掘前就可以知道它们在地下的保存状况？沣、镐二京，秦都咸阳有无城址？周陵又究竟在何处？从蓝田猿人开始一百多万年内的各个时期、各个重要遗址的生态环境发生了哪些重要变化？这些变化与人类活动有何种联系？人类活动对这些变化又发生过何种程度的影响？还有，大型的土质文物、石质文物长期暴露旷野；金属文物、木质文物、古代丝绸织品、古代壁画、古代字画等各类文物，尤其是有机质文物长期沉睡库房，能否采用现代科学技术进行修复、保护和利用？凡此等等，引起了我们的重视，在高等院校、科研单位也产生了强烈的反响，都希望为解决上述问题作出努力。针对不同的研究对象和不同质地的文物，我们与有关单位合作，采用现代科学技术，在对古遗址、古墓葬的探测，对古代环境的研究，以及对各类文物的保护等方面开展了一些尝试性的工作。

（1）改进测绘及摄影技术，使用红外遥感测量技术等方法进行考古调查研究，为大区域综合研究提供科学资料。1985年以来，我们先后对周原遗址、秦都雍城遗址、秦始皇陵园遗址、昭陵陵园遗址及陪葬墓等进行了遥感测量、解译和定位研究，通过分析对比，研究地上、地下文物遗存的变迁，并且结合常规地表调查方法，在现场验证与补充，完成定性。

同时，我们在工作中还采用了先进的航空摄影测量、地面摄影测量和近景摄影测量等技术。如对彬县大佛寺等，在不同层次对文物遗存解析定位、定量、立体测图，建立了文物数据库。

这种方法的重要优点是研究周期短、制图定点准确、精密度高。尤其应用多时相遥感资料解译定性、定位，结合常规调查方法进行信息复合和综合分析，还能大大地节约资金。该方法的学术及使用价值颇大，如对昭陵、建陵陵园内的各类文物，尤其是188座陪葬墓第一次完整、准确地进行了测定，并与旧资料比较后新发现陪葬墓37座。还有对秦始皇陵的摄影测量与遥感工程也取得了很大的成果，其中对土壤中汞含量的测定分析，验证了文献的记载，在国内外引起很大的震动。对周原遗址和秦都雍城遗址遥感资料的解译分析，也增加了我们对这一广大地区的了解。以上研究表明，遥感技术与常规考古调查相结合，可应用于大面积考古普查工作，既可利用已有的多时相的遥感资料，也可根据条件，重新安排航空遥感飞行，采用诸如彩红外遥感摄影、热红外扫描、地球物理等勘探手段，获取现势性强的数据资料进行解译与验证，探查埋藏于地下的古代遗存。

（2）关于环境考古方面的研究，20 世纪中叶以来，全面地恢复人类历史的面貌，成为世界各国考古学家的一项重要任务。而充分地利用自然科学的成果和方法，从多方面探讨和解决人类历史的发展状况，特别是与人类文化发展相关的自然条件因素，成为进行这项课题的必不可缺的方法。环境考古学就是在这种背景下发展起来，并成为现代考古学的一个重要组成部分。

从最广泛的意义上说，人类历史的中心问题是同自然环境作斗争，而考古学最重大的成果就在于它证实了这一观点：即考古学家只有扩大自己的视野，才有可能动手研究这个问题。在陕西最早对半坡遗址进行了孢粉和动物群的研究，由周昆叔先生对半坡遗址的孢粉研究开了先声。后来如姜寨遗址、北首岭遗址、龙岗寺遗址、福临堡遗址等一批重要遗址的发现，使我们对与之相关的生态研究倾注了更多的热情。1988 年，周昆叔先生对河北太行山东南麓、晋南、晋豫之间的地区进行了考古调查，重点对陕西关中渭水流域的全新世黄土地层、文化遗址同地貌的关系，以及文化层同地层的关系进行了考察。关中地区是华夏民族文化的重要发祥地之一，该地区的考古学研究及黄土地质研究程度较高，陕西省考古研究所配合进行了相关工作。这项研究对陕西关中全新世以来自然环境的动态变化做了大量工作，该研究成果对于考古学家探讨当时生态环境对于文化的影响作用很大——我们认为：距今 8000 年到 3000 年的古气候、古环境，为关中孕育华夏文明提供了理想的自然条件。

在考古研究中，我们注意到以下方法是值得重视的：动物群落的研究、植物群落的研究、微体动物的研究、孢粉分析、年轮学、灰相法、土壤性质分析、石质的分析、矿产的分析、水道的研究、地形的变化、地盘的构造等，这些方法都可以从不同方面反映生态环境的运动变化。

（3）积极利用现代科学技术对各类文物进行保护。陕西是历代十一个王朝建都所在地，地上、地下文物十分丰富。如何保护好这批人类文化的共同财富，使之子子孙孙永宝用，我们考古工作者负有义不容辞的责任。对文物的保护既反映了一个民族的文化素质，同时又是一项高科技的研究工作。20 世纪 80 年代以来，我们在文物保护方面所做的工作主要有以下几个方面：

运用现代科学技术和材料对土质遗址进行保护，如对半坡土质遗址保护的实验、对秦俑坑壁和土隔梁的防裂保护实验、对秦俑 3 号坑的防霉处理保护等。

对石质文物的保护主要体现在陕西文物保护技术中心和德国巴伐利亚州文物局合作，对彬县大佛寺唐代石刻大佛的保护，包括文物环境的监测、防震措施、防水措施及测绘等。

陕西省考古研究所和德国美因兹罗马—日耳曼中央博物馆合作，建立了完全由引进设备装配、用于文物修复和保护的实验室。该室侧重于金属文物的修复和保护，目前引进设备约40万马克。工作开展以来，主要对唐代法门寺地宫出土的青铜器、金银器等进行了卓有成效的修复和保护，尤其是在修复后的铜锡杖柄上发现了39字的刻划铭文，这一出色的成果得到了中德双方政府的赞扬。

我们还对壁画的褪色防霉保护和秦俑、陶器及彩绘画像砖上的色彩保护进行了研究，对秦陵铜车马的彩绘研究和颜料分析也在进行。此项课题目前主要处于实验阶段。

对有机质文物的保护工作主要有：中日合作对咸阳汉、唐沙河古桥桥桩采用PEG进行封闭保护，从观察看，目前已基本控制了木质桥桩的劈裂和向更坏的方向发展。对于唐代法门寺地宫出土的大量丝绸织品，我们和北京的有关专家合作，在全面揭取保护之前，采用行之有效的方法封闭处理，使之未发生任何变化，保持了出土时的原状，并为今后大规模地揭展保护打下了良好的基础。目前，该项课题正在国家科委审定，以待通过后进入实施阶段。

把考古学和现代科学技术相结合，我们还做了以下工作，碳十四、热释光、古地磁等技术直接应用于测定遗存的绝对年代信息，光谱、金相、穆斯堡尔谱、X射线衍射及电子显微镜等应用于考古对象，揭示它们的成分结构，使考古工作者更加准确地了解文物携带的制作工艺信息，还应用铅同位素、稀土微量元素、长石定量分析等方法，探索青铜、陶瓷文物的矿物来源踪迹，如此等等，不一而足。

20世纪80年代以来，陕西的考古工作与考古发现取得了前所未有的成就。在此期间，自然科学对考古学的贡献也使得这一时期成为考古学历史上最值得记忆、也是最激动人心的时刻。同时还证明，只有当自然科学和考古学相结合，才能超越这些学科而站在更高一级层面上探讨历史的奥秘。

上述三个方面的工作，既有我们独立完成的，也有我们与自然科学研究单位或大学合作完成的，还有我们开展国际科技合作与国外的文物考古单位合作完成的。

现代世界的许多迹象表明，在知识进一步分化的基础上，知识的综合过程将成为主导趋势。这种趋势的发展，必将为考古研究的方法带来大的突破。我们认为，对于田野考古发掘得到的资料进行综合研究，应该包括以下两个方面的内容：（1）传统考古学的方法，即以传统考古学的基本方法，对考古遗存进行整理、统计，用可行的方法从田野发掘中提取与人类生活密切相关的或间接反映人类生活的实物资料。（2）应用多学科的研究方法和手段，在实验室中建立严格的定量分析、测试分析、计算分析，最后编写出系统而翔实的考古发掘报告。

在学校教育上我们应该力图克服考古学专业知识结构单一造成的缺陷。对于考古专业的建设，应力图加强文理渗透。从某种意义上讲，考古学专业应该加强“通才”的培养，地质学、地理学、矿物学、动物学、植物学、计算机语言、数学、物理、化学等应成为考古专业的必修课。尤其是电子计算机，应该使学生在校期间就已掌握，这样方能与整个社会发展和学科发展相适应。此外，经济学、社会学、民族学、人类学、政治学、宗教学等更应该是考古专业的学习内容。应该鼓励考古专业跨系选课，或者实行多学位制，构成多学科的知识层次。同时也要鼓励其他学科的研究生转向考古研究。如此这样，就一定能造就具备合理知识结构的人才。

一个考古研究机构是以物质遗存作为实现考古学研究对象所凭藉的资料。物质遗存内涵极为丰富，正如不同学科能从同一文献资料中摄取自己所需要的研究信息一样，物质遗存也蕴藏着可供许多学科摄取的十分广泛的信息。正因为如此，考古学不可能对古代人类社会历史作出全部的观察，更多广泛而丰富的信息需要我们采用多样化的现代化科学技术方法进行摄取。我们在工作实践中深深感到，一个现代化的考古研究机构，除了应该具有的史前考古研究室和历史时期考古研究室以外，还应具有必需的和多样化的测试、测定、测绘、保护、实验、计算等实验室，必须实现电脑资料库的现代化管理，从根本上改变考古学研究单一落后的状况，建立起多角度、全方位的考古研究工作，这样就能充分发掘我们从田野考古工作中所得到的物质遗存的信息量，逐步形成多学科综合研究的格局，使我们快速赶上世界上比较先进的考古研究机构，实现同等对话的能力。

参考文献

宋德闻、姚思汗：《昭陵古墓葬遗址遥感解译和定位的研究》，《文物》1992 年 7 期。

煤田航测遥感中心：《秦始皇陵园的摄影测量与遥感工程》，《文物》1990 年 7 期。

单玮、张康生：《秦俑一号坑炭化遗迹的加固》，《考古与文物》1982 年 6 期。

尤玉柱：《动物考古的若干方法》，《考古与文物》1986 年 4 期。

朱耒东：《遥感技术与农业考古》，《农业考古》1986 年 2 期。

吴天才：《西渭桥桥桩的现场保护》，《考古与文物》1992 年 3 期。

陕西省考古研究所、日本奈良国立文化财研究所：《西渭桥桥桩的临时保护措施》，《考古与文物》1992 年 3 期。

彭子成、邓衍尧、刘长福：《铅同位素比值法在考古研究中的应用》，《考古》1985 年 11 期。

中国历史博物馆考古部：《当代国外考古学理论与方法》，三秦出版社，1991 年。

〔英〕格林·丹尼尔（Glyn Danielss）：《考古学一百五十年》，文物出版社，2009 年。

〔英〕巴勒克拉夫（Barraclough，G）：《当代史学主要趋势》，上海译文出版社，1987 年。

周昆叔、巩启明主编：《环境考古研究（第一辑）》，科学出版社，1991 年。

《科技考古论丛——全国第二届科技考古学术讨论会论文集》，中国科学技术大学出版社，《科技考古论丛》编辑组，1991 年。

江天骥：《当代西方科学哲学》，中国社会科学出版社，1984 年。

〔英〕W. C. 丹皮尔：《科学史及其与哲学和宗教的关系》，商务印书馆，1975 年。

巩启明、尹申平合著，原载于《“迎接二十一世纪的中国考古学”国际学术讨论会论文集》，科学出版社，1998 年。

三十年来陕西石器时代考古的主要收获

陕西位于东经105°29′~111°15′、北纬31°42′~39°35′，在我国中部偏东靠北，大部分属于黄河中游及汉水上游。南有秦巴山地，北有黄土高原，中部为关中盆地。黄河纵贯晋陕之间，泾、渭、洛、延及无定河注入黄河，南部汉水横贯东西流入长江。全省气候比较温和，土地肥沃，为我国文化主要发祥地之一。

陕西古文化遗存相当丰富，但在历代反动统治时期都不曾得到应有的重视，尤其近代破坏严重。建国30年来，陕西石器时代考古工作在毛主席革命路线指引下，在各级党组织的领导和广大人民群众的支持下，考古工作者开展了大量工作，发现了几百处古文化遗址（图一），发掘出土几万件珍贵文物，为研究我国石器时代考古及原始社会史提供了极为宝贵的资料。现在依据这些资料，按时代先后及文化性质捡其要者简略综述。

一　旧石器时代

陕西旧石器时代考古工作还比较薄弱。但从已发现或发掘过的遗址来看，成绩是很显著的。不仅发现了旧石器时代各个时期的人类遗骸，而且还发现很多当时人类的文化遗存。

（一）旧石器时代初期的蓝田猿人及其文化

我国科学工作者1963年在蓝田县泄湖镇陈家窝村附近发现了一个完好的猿人下颌骨化石；1964年在蓝田县公王岭村后的公王岭发现一个残破的猿人头骨、一个上颌骨及一些牙齿化石。这两次发现的猿人化石材料经研究定为“蓝田中国猿人”，简称“蓝田猿人”。蓝田猿人化石均发现于第四纪更新世中期（Q_2）红色土层中，属于旧石器时代初期。经研究，在公王岭发现的猿人化石属一个个体，可能

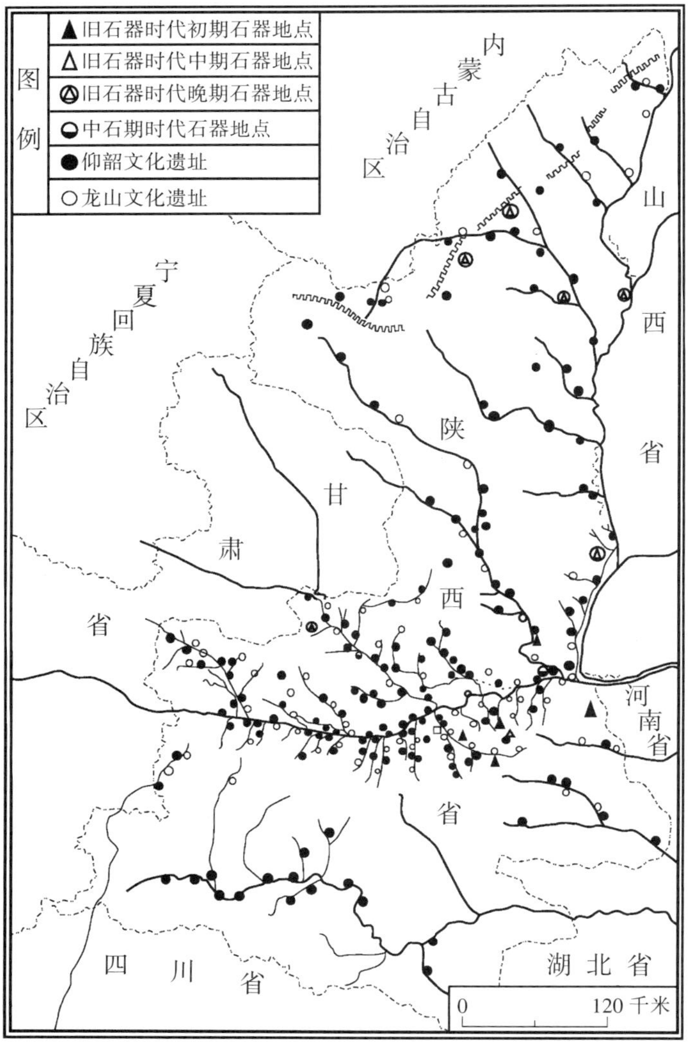

图一　陕西省石器时代遗址分布图

是一个30多岁的女性，距今约80万年；陈家窝猿人化石为一老年个体，根据出土地层及动物化石比较研究，比公王岭的猿人化石稍晚一点，距今约65万年，但两者形态大体相当，故均归入蓝田猿人一类。蓝田猿人的体质形态，表现出眉骨粗壮，前额低平，骨壁很厚，头骨高度较小，牙齿较大，脑量较小（约为780毫升）。这些特点都显示出比北京猿人原始。与蓝田猿人同一地层出土的第四纪动物化石很多，与陈家窝猿人同层出土的有14种之多，与公王岭猿人同层出土的动物化石也十分丰富，加之对古土壤分析的结果，表明蓝田猿人的生活环境是一个气候比较温暖、湿润的森林草原地带。在陈家窝、公王岭及其附近发现与蓝田猿人同时的旧石器地点有13处，计：陈家窝猿人化石地点以及公王岭猿人化石地点、涝池河陈家村、平梁、马司沟、赵村、公王岭村附近、沙河沟、支家沟、于家西沟、毛家坪、安沟及水子沟等地点。在这些地点内发现了一大批旧石器，种类有：刮削器、尖状器、盘状器、石片、石核等，所用石料多为脉石英和石英岩砾石，它们的主人应是蓝田猿人。蓝田猿人的石器较为粗糙，有第二部加工的较少，修制技术较差，总体观察，这批旧石器比较原始[①]（图二）。

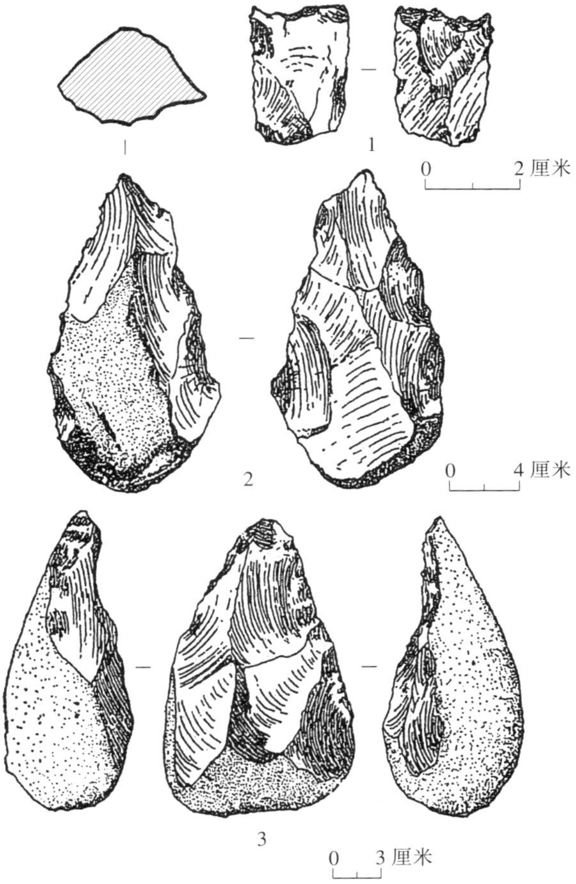

图二　在蓝田发现的旧石器时代早期石器

1. 刮削器　2、3. 尖状器

蓝田猿人及其文化的发现，不仅增加了世界猿人化石的产地，而且也扩大了我国猿人的地理分布范围。由于蓝田猿人的发现，使我们可以推想在蓝田地区以外，秦岭北麓的关中盆地、晋南、豫西及我国广大地区，可能是发现人类化石最有希望的地区。蓝田猿人及其文化的发现，填补了人类进化过程中的重要环节，为人类学、考古学的研究又增添了极为重要的内容。

（二）大荔人及其文化

1978年3月，就在地理位置介于蓝田和襄汾两处人类化石地点之间的陕西省大荔县段家公社解放村北头甜水沟的崖壁上，发现了地质时代也介于二者之间的人类头骨化石。根据对大荔人头骨和已发现的伴生动物群及所在地层的初步研究，科学工作者认为大荔人是北京猿人和我国已发现的早期智人之间的重要中间环节，时代为中更新世晚期，也有可能稍晚，但不会晚于晚更新世早期[②]。

（三）旧石器时代中期的人类遗骸及其文化遗物

1963和1964年，在对蓝田县厚镇公社涝池河两岸、十里河的后沟、马家河的魏家沟及姚家沟等地点的调查、发掘中，于红色土层之上的砂质黏土及砂砾Ⅱ层中（已属更新世晚期 Q_3）发现一段人类肱骨化石及石器2000多件。这批石器的主要原料是脉石英和石英岩两种，以脉石英为多，也有少量的燧石和砂岩等。石器制法多为锤击法或砸击法。这批石器大部分都有人工打制痕迹，但加工精致的较少。器形有圆头刮削器、凹刃刮削器、砍砸器和尖状器等[③]（图三）。在出土人类化石和石器的地层中，同时出有大量的动物化石，都是比较晚近的种属，它们都是华北各地上更新统地层中常见的。从地层、伴生动物化石以及石器本身特征来看，这批石器的相对年代应属于旧石器时代中期的早一阶段。

（四）旧石器时代晚期的河套人及其文化

陕西旧石器时代晚期的人类及其文化遗存，在陕北及关中都有发现，其中以河套人及其文化比较重要。所谓河套文化是指在我国宁夏、内蒙古、陕北一带，即黄河河套地区发现的旧石器文化而言。河套文化包括宁夏水洞沟及内蒙古陕西交界的萨拉乌苏河小桥畔的两个遗址及附近的一些零星石器地点。萨拉乌苏河小桥畔位于陕西靖边县萨拉乌苏河东岸。1922年桑志华、德日进在此发掘时，曾发现人类牙齿化石一枚，命名为“河套人”。1956年在萨拉乌苏河内蒙古境内的滴哨沟湾，发现了人类的顶骨和股骨化石。1963年在陕西横山县雷惠农场石马坬又发现一块连眶部的额骨化石。经研究这些人类化石都属河套人的遗骸[④]。在上述两处发现人类化石的同一地层中，同时发现的动物化石及旧石器也很重要，经研究为同一时期。河套文化的石器类型有尖状器和刮削器等。尖状器制作很精致，尖端锋利，是河套文化的标准石器。

河套文化除水洞沟及萨拉乌苏河小桥畔两个主要遗址外，陕西境内还有榆林鱼河堡、吴堡黄河岸边、绥德油坊头及韩城、长武等地，在这些地方都发现过一些石

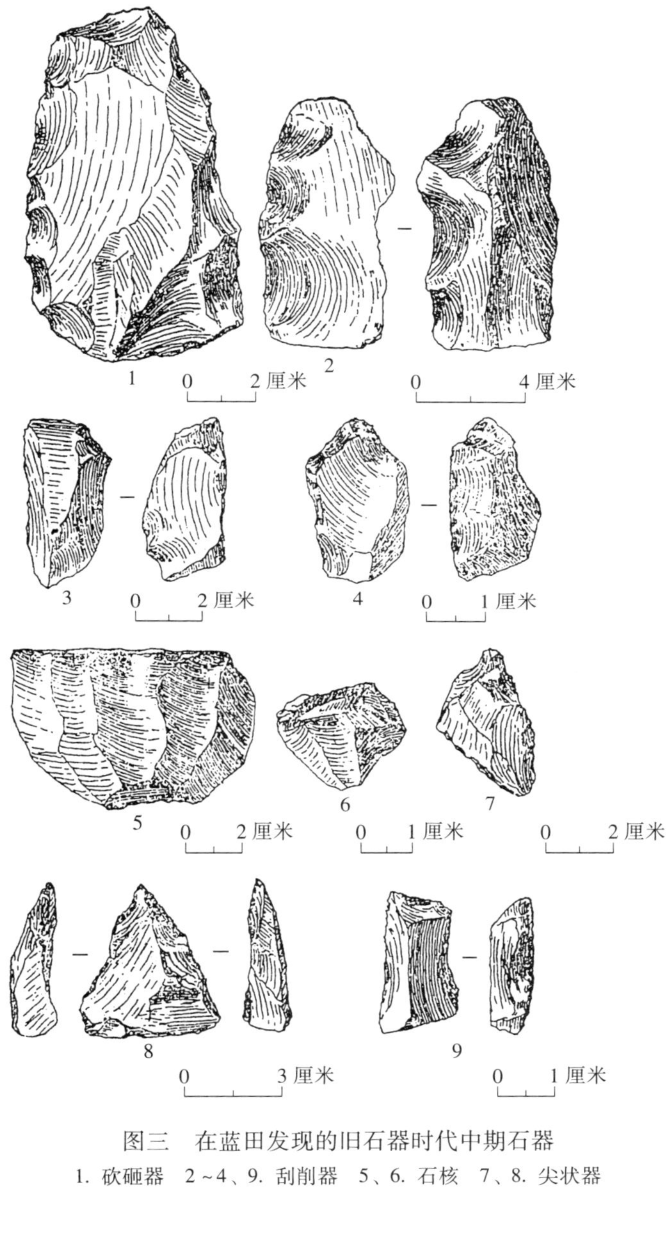

图三　在蓝田发现的旧石器时代中期石器

1. 砍砸器　2～4、9. 刮削器　5、6. 石核　7、8. 尖状器

器标本（图四）。

河套文化的时代以前被定为旧石器时代中期。解放以后，资料增多，学者认为，河套文化的石器渐趋细化，且有细石器存在，其时代应定为旧石器时代晚期的早一阶段比较合适。

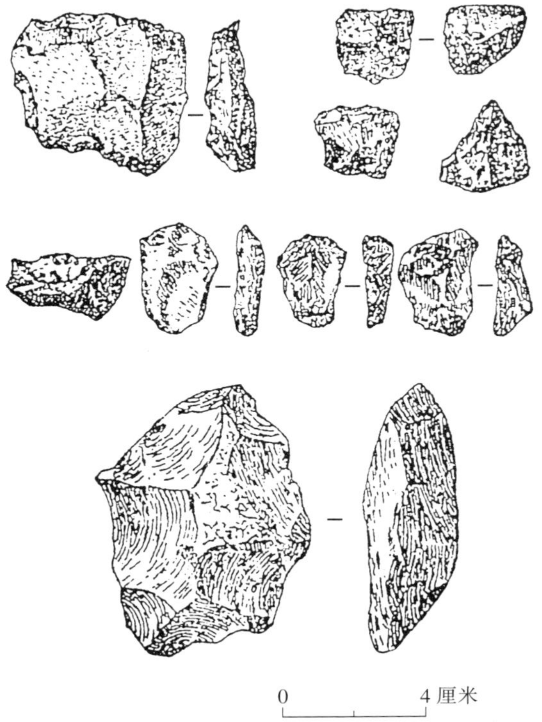

图四　在靖边、吴堡、榆林等地发现的旧石器时代晚期石器

二　中石器时代

1955 至 1956 年，考古工作者在陕西东部的沙苑地区发现一种别具风格的石器时代文化遗存，考古界暂定名为沙苑文化。

沙苑地处黄河中游的渭河、洛河与黄河交汇之地，即今大荔县南部。沙苑为广大的沙丘起伏地区，其东部有沼泽水草，为野兽出没繁殖之地，有利于远古人类的狩猎活动。据有关文献记载，自古以来这里就是狩猎的良好场所。1955 至 1956 年在此发现包含有石片石器及细石器的地点 15 处，采集遗物 3000 多件。近年来，又有零星发现。1977 年大荔县文化馆张青山同志发现小孩顶骨化石一块，其石化程度很轻，可能是与这批石器同时的人类遗骸。在石器的采集地点，石器一般和石化程度较轻的兽类骨骼残块共存，但不见灰层痕迹，绝不见早期陶片。在采集遗物中，经挑选出来的标本有 500 多件，主要是一些打制石器及石片，其中确有精致加工或使用痕迹的仅占少数。这里的打制石器，一般较粗糙，状小，长度约在 1.1 ~9 厘米。根据制法，可分为细石器和石片石器两种，是沙苑文化的典型产物。细石器和我国北部的细石器文化中的产物基本相似，原料多采用燧石、石英矽化粉砂岩、玛瑙、蛋白石、碧玉和淡色矽质砾石等。制法主要是间接打法，第二步加工则采用压制法。器形有石核、石叶、小石片、尖状器、镞、刮削器等，而每类之间又富于变化。石片石器的原料多采用石英砂化粉砂岩、淡色砂质砾石等，器形一般大于细石器，但最大的也不超过 9 厘米，和细石器的主要区别在于制法不同，不仅打片采用直接打击法，加工也采用直接打击法。器形比较简单，仅有石片、尖状器、刮削器等⑤（图五）。沙苑文化的年代，从石器特点和未发现陶片来看，应属中石器时代，至少不会晚于新石器时代初期。

沙苑文化是我国黄河中游的中原地区晚于旧石器时代、早于新石器时代的一种文化遗存，可能可以填补我国远古文化发展序列上的一个重要缺环。

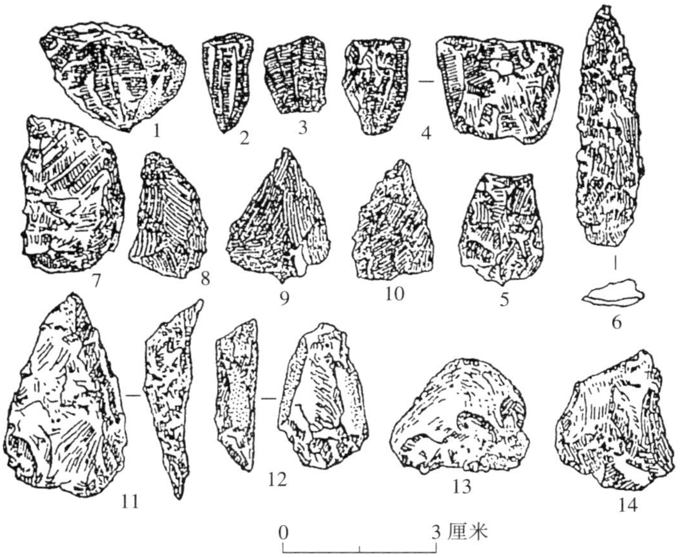

图五　中石器时代的沙苑文化石器

1～4. 石核　5～6. 石叶　7～8. 尖状器　9～10. 镞　11～14. 刮削器

三　新石器时代

陕西新石器时代文化遗存相当丰富，据解放后普查、复查资料的不完全统计，全省已发现各类文化遗址 600 多处。这些遗址的分布范围广泛而稠密，西安附近浐、沣两河中下游的古文化遗址的分布密度几乎与现在村镇的分布密度相当。陕西关中系我国中原地区的一部分，这些古文化遗址在我国古史的研究中占有重要的地位。陕西新石器时代文化遗存，大体上可分为老官台文化、仰韶文化及龙山文化，兹分别介绍于后。

（一）渭南北庄人头骨的发现

1973 年春，西安半坡博物馆在渭南阳郭公社北庄附近的稠水河东岸全新世下部地层中发现一具人头骨。经有关单位研究，认为稍有石化。从头骨形态观察，属新人阶段的智人，其时代为新石器时代初期，还可能略早一点。另外，在沙苑文化中，也发现有新石器时代早期的文化内涵。我国北方新石器时代初期早一阶段的文化遗存发现很少，几乎是一个缺环，因此沙苑文化及北庄人头骨的发现，是研究我国新石器时代早期文化或更早一阶段文化的可贵线索。

（二）老官台文化

1958 年北京大学历史系考古专业参加黄河水库考古工作队，在华县柳子镇遗址发掘中，对华县、渭南的其他遗址也做了一些调查和试掘工作。在老官台遗址的试掘中，发现其文化内涵比较特殊。同时，在元君庙及宝鸡北首岭的发掘中，也发现了与之相似的文化遗存，并发现被叠压在仰韶文化半坡类型之下的地层关系，随后在陕南西乡县李家村、邠县下孟村都出土有同类器物。近年来，西安半坡博物馆对临潼康家、渭南百庙村、商县紫荆遗址进行了试掘[7]。中国社会科学院考古研究所对北首岭遗址做了两次发掘[8]。通过对这些发掘、试掘资料进行研究，我们对这类文化遗存的认识又进了一步。1965 年，苏秉琦先生提出这类文化遗存应与仰韶文化半坡类型区别开来[9]。在一些同志的论述中，把这类文化遗存命名为老官台文化[10]。

从目前掌握的资料来看，老官台文化主要分布在陕西关中的渭、泾流域及陕西汉水、丹江上游。这一文化遗存的分布面积较大，文化层较薄，内涵不很丰富。生产工具中的石器类别常见的有斧、铲等。制法原始，打制的占有一定比例。生活用具中的陶器，有夹砂红陶、泥质红陶，有的外红里黑，颜色多不纯正，火候不高。陶器均为手制，胎厚薄不匀，器形较简单。陶器的主要类型有红色宽带圜底钵、假圈足碗、豆、刻画纹斜壁平底罐、罐形鼎、钵形鼎等。碗的口沿多有锥刺纹。钵在红带下多素面。罐常饰细绳纹、刻划纹。鼎的口沿下多饰斜方格划纹（图六）。这些特点与仰韶文化半坡类型关系相当密切，后者有可能是继承前者而产生、发展起来的。

老官台文化的年代从元君庙、北首岭两遗址发现的地层情况看，应早于仰韶文化早期的半坡类型，也就是说它的相对年代应早于仰韶文化，其绝对年代应该在距今8000 ~ 7000 年，即相当于新石器时代早期的晚一阶段。

截至目前，我们对老官台文化的认识还是有限的。因此，老官台文化的分布、内涵、特征、渊源及与其他文化的关系等问题，都有待进一步开展工作去研究解决。

（三）仰韶文化

建国以来，对陕西境内的仰韶文化工作做得较多，调查面广，发掘面积也大，积累的资料较丰富。已发掘的主要遗迹有基本完整的原始村落遗址及村落内的房址、灶址、窑址、窖

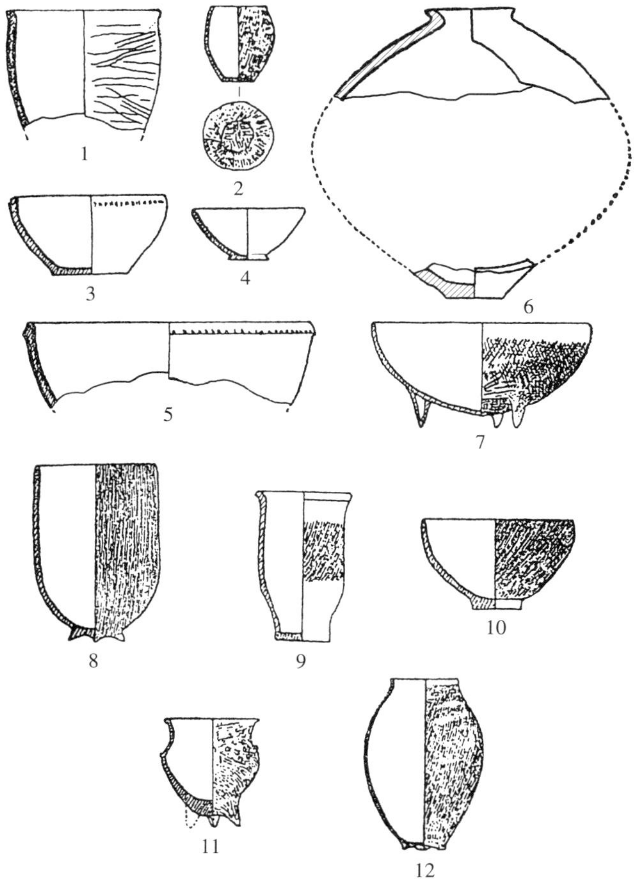

图六　老官台文化主要陶器

1、3、5、6. 老官台　2、4、7. 元君庙　8～10. 李家村　11、12. 北首岭

穴、壕沟、墓葬和圈栏等。其中有房址200多座、窖穴1000个左右、成人墓葬800多座、小孩墓葬400多座，出土陶、石、骨、角、蚌质的生产工具和生活用具等3万多件。

仰韶文化发祥于我国黄河中游的中原地区，经历了一千多年的发展、传播，发扬光大，为我们中华民族的古代文明创造了光辉的篇章。由于仰韶文化延续时间长，分布地区广，其文化面貌自然会发生很多变异，从而产生了各种文化类型。现综述分布在陕西境内的几个类型如下：

1. 半坡类型

过去有的同志将半坡遗址的整个文化遗存，不视地层早晚，不加分期，笼统地称作"半坡类型"。有的同志提出半坡遗址的早晚期遗存应分为两个不同类型。也有同志将它分为早、中、晚三期。我们认为后者是比较切合实际的，半坡类型只能包括半坡遗址早期，以及与它时代相当的诸遗址文化遗存。

半坡类型的文化遗存在陕西主要分布在泾、渭流域的关中地区。经过较大规模发掘的遗址有西安半坡（早期）、宝鸡北首岭（中期）、临潼姜寨（一期）、华县元君庙墓地及华阴横阵村等[11]。这些遗址可作为半坡类型的代表。

从已发掘的半坡类型遗址来看，文化内涵是十分丰富的。现分别叙述：

氏族村落的布局，姜寨、北首岭等遗址都保存得比较完整。姜寨遗址发现五个建筑群及三片公共墓地。五个建筑群都在围沟以内，三片公共墓地都在围沟以东或整个村落的东部。五个建筑群构成了整个村落的居住区。每个建筑群都有一座大房子，附近有十几座、二十几座中小型房子。各群房子的门均朝着整个村落的中心广场。这些建筑群及公共墓地可能是若干个氏族的，并由这些氏族组成了一个胞族或部落村庄。所以，姜寨遗址可能是一个胞族或部落的村落遗址[12]。营造房屋是当时人们定居的首要条件。半坡类型房屋的特点是，多方形或圆形的半地穴式房屋。这是刚刚脱离穴居的建筑形式。房屋内均设置有供取暖或烤煮食物用的灶坑，灶坑除大型房屋内的较大较深外，一般中、小型房屋内的均为浅穴，而且较小。支撑房顶及附壁用的木柱无柱础，周围也不夯打。窖穴分布在房屋附近，形状不一，容积小。陶窖的结构简单，容量也小。墓葬发现很多，可分为土坑墓和瓮棺葬两种。土坑墓多分布在居住区一端的氏族公共墓地内。瓮棺葬绝大多数分布在居住区的房屋附近。墓地内的墓葬多数排列整齐，葬式绝大多数为一人一次葬，仰身直肢，头西脚东。多人一次葬、一人二次葬、多人二次葬及俯身葬也有，但为数很少。唯元君庙、横阵村是以多人二次葬为主，这可能是半坡类型中时间偏晚的表现，也可能是一种新葬俗正在代替旧葬俗的反映。土坑墓中大多数都有随葬品，一般悬殊不大。瓮棺葬除个别为成人二次葬外，绝大多数为幼儿。瓮棺葬的葬具一般都是一个夹砂陶瓮上扣一个钻有小孔的泥质红陶钵或盆。

生产工具出土很多，石、骨、角、陶质的均有。石器，打制少，磨制多，但磨制技术尚原始，如斧、锛一般都缺乏整齐的棱角，而保留着部分石料皮层，通体磨光者罕见，说明这些石器一般都是选用自然石块经过部分加工（主要是刃部）制成工具的。器形比较简单，斧、锛常见，磨盘、磨棒、铲次之，其他器形较少。骨、角、蚌质的生产工具均磨制，有的有穿孔，锥、箭头、针常见，其他较少。陶质生产工具数量较大，如刮削器系用碎陶片打制而成，数量很大，陶锉也是常见之物。生活用具主要是陶器。陶质可分为泥质红陶、细泥红陶、粗砂红陶及细砂红陶等，手制，一般器皿采用泥条盘筑法，小件器物用捏制法。器形以直口圜底钵、卷唇圜底或平底盆、敞口鼓腹平底罐、小口短颈鼓腹双耳尖底瓶、短唇直腹或鼓腹小平底瓮最常见，其他如碗、甑、盂等较少（图七）。陶器纹饰以绳纹、弦纹、锥刺纹、指甲纹及素面常见。彩陶很少，其彩绘纹饰有黑红宽带纹、人面纹、蛙纹、鱼纹、网纹、鹿纹、直线纹及三角纹等。宽带施于器表，其余多施于器里。

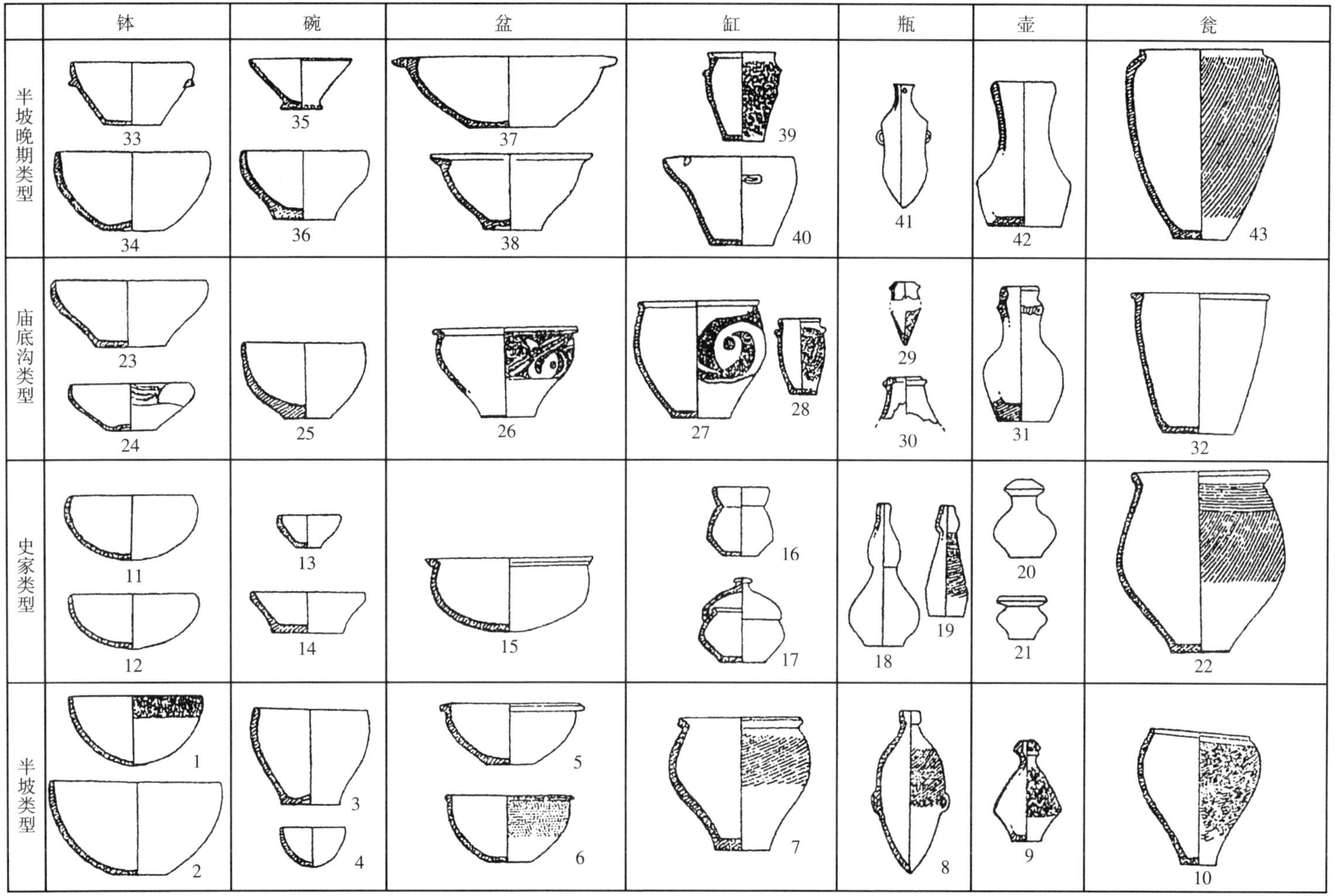

图七　陕西境内仰韶文化各类型主要陶器对照表

1、3、4、8.采自《1972年春临潼姜寨遗址发掘简报》，《考古》1973年3期　2、9、10、23、25、30、33、35、37～41.采自《西安半坡》　5～7、14～15、22、24、27、32、34、36、42～43.分别采自西安半坡博物馆藏姜寨一期、姜寨二期、姜寨四期及下孟村陶器　11～13、16～21.采自《陕西渭南史家新石器时代遗址》，《考古》1978年1期　26、31.采自《关于仰韶文化的若干问题》，《考古学报》1965年1期　28、29.采自《西安附近古文化遗存的类型和分布》，《考古通讯》1956年2期

2. 史家类型

史家类型的文化遗物，过去在一些遗址中曾有发现，但不曾发现典型遗址，只是把一些零星的文化遗物笼统归入出土遗址的早期或晚期遗存，如半坡、北首岭等遗址中都发现过口部微敛的钵及葫芦瓶、带盖罐等。1976 年，西安半坡博物馆在陕西渭南史家村发现了单一的典型的这类文化遗存的遗址。史家村遗址文化遗存特征显著，有代表性，有别于其他类型，所以可暂称史家类型。

这一类型文化遗存的分布范围，略同于半坡类型，只是在关中北部及南部有所扩大。经过科学发掘的遗址有渭南史家[13]和临潼姜寨（二期）[14]。半坡、北首岭、下孟村及华县泉护村等遗址也有零星的此类型的遗物出土。

由于这个类型的遗址发掘面积尚小，因此我们对氏族村落的完整布局还无法了解。从已发现的一些重要遗迹来看，虽比较零星，但仍可以看出某些特征来。如姜寨曾发现房址多座，均为方形或圆形半地穴式房屋，但坑穴较浅，面积较大，居住面处理较好，显得平坦、光滑。发现不少窖穴，其中口小底大的袋状窖穴相当普遍，一般容积较大。发现墓葬一百多座，有土坑墓和瓮棺葬两种。一人一次葬已降为绝对少数，是半坡类型葬俗的遗风。二人以上的多人二次合葬，乃是这一类型的主要埋葬制度，也是突出的特征。多人二次合葬的葬式，大多数为头向西或西北，个别的面向南或面向北。在一个墓坑内埋葬 20 具个体左右的较多，有的多达 40～50 具，分为几层几排按次序排列，十分整齐。一个墓圹内所埋葬个体的性别、年龄较混乱。一般都有随葬品，系为集体随葬而不是为某一个体随葬。随葬品多置于墓圹的一端或一角，多为三四件实用陶器，个别墓随葬一二件生产工具。瓮棺葬除少数为成人二次葬外，多数为幼儿，葬具有瓮钵相扣、瓮盆相扣、两瓮相扣及大型尖底器与盆相扣等几种。

生产工具出土不多。石器以磨制为主，打制仍有一定数量，钻孔技术虽已较前普遍，但数量仍很少。石器通体磨光者增多，保持光面皮层仅磨刃部的数量减少。刀是新出现的器形。骨质生产工具皆磨制，以锥、针、笄、镞常见。陶质生产工具有刮削器、锉、拍等，刮削器数量很多。生活用具主要是陶器，陶质、陶系与半坡类型基本相同。一般陶器均为手制，但慢轮修整口沿已经开始出现，典型器有敛口鼓腹圜底或平底钵、卷沿浅腹或深腹圜底或平底盆、带盖直沿敛口鼓腹平底罐、敞口鼓腹平底罐、小口双腹平底葫芦瓶和细颈壶等（图七）。瓮、罐的腹部最大径多在中腹部以下。除素面外纹饰有绳纹、弦纹、附加堆纹、锥刺纹及齿状纹等。彩陶极少。彩绘纹饰有由窄带、宽带、弧线、圆点等组成的直角三角形图案和鱼纹、鸟纹、人面纹等，彩绘全部施于器表。

3. 庙底沟类型

自 1956 年黄河水库考古队在河南陕县庙底沟遗址发现这类文化遗存以后，凡发现与之相同的文化遗存都称作庙底沟类型。

庙底沟类型的文化遗存，在陕西境内分布甚广。在陕北到长城沿线、陕南到汉水上游及关中相当稠密。在陕西经过发掘的有华县泉护村[15]和邠县下孟村[16]，发现了大批遗迹、遗物。房屋营造已比较进步，地面建筑已经出现，随之发明的是筑墙技术。开始使用柱础。房屋面积一般较大，居住面处理相当讲究，窖穴形状趋于一致，多为袋形，容积增大。有的窖内周壁与穴底多涂草泥并经火烧，藉以防潮。烧制陶器的窑址发现不少，大多数是比较进步的横穴窑。墓葬仅有零星发现。

陕西境内庙底沟类型的石器，磨制多，打制罕见。通体磨光的数量增加，钻孔技术普遍使用。石器的器形比较复杂，斧、锛、铲、刀、纺轮等数量最大。骨器制造相当精致。陶刀、陶纺轮在工具中占有相当比重。陶器以细泥红陶最多，夹砂红陶次之，其他仅占少数。一般陶质都比较坚硬，尤其是细泥红陶最明显。陶器制法仍以手制为主，口沿多经慢轮修整。器形有曲壁深腹盆、曲腹碗、双重口尖底或平底瓶、釜、灶等（图七）。纹饰以线纹最多，彩绘次之，其他少见。彩绘仅限于细泥红陶，部分施有深红色及白色陶衣。彩绘主要施于器腹及口沿上，绝不见有器内施彩的。纹饰图案富于变化，基本上由条纹、涡纹、三角涡纹、圆点纹及方格纹等组成，但在结构上还缺乏固定的规律。

4. 半坡晚期类型

过去由于这个类型的资料较少，被笼统地归入半坡类型。在有关仰韶文化的讨论中，一些同志曾提出这类遗存不宜归入半坡类型的意见，经过近年来的实际工作，我们认为这种意见是正确的，应该另立类型，以示区别。目前在未发掘出典型的、单一的文化遗址以前，可暂称半坡晚期类型。

这一文化类型的遗存，遍布陕西境内，陕北、陕南及关中都有，仍以关中最为集中。经过发掘的遗址，有西安半坡（晚期）、临潼姜寨（四期）。根据近几年的调查，在陇县边家庄、王马咀，岐山王家咀、仓颉庙，扶风案板，户县甘河村、鲁家寨、黄堆，蓝田许沙河，临潼义和村、崖底赵，渭南单家堡等都有这一类型的内涵单一的典型遗址[17]。从已发掘过的几处扰乱严重的遗址迹象观察，房屋建筑技术已大有改进，地面上的木构建筑较多，房内面积较大，分间房子已经出现。半坡遗址的1号大房子当是这一类分间建筑的典型，进门是一大间，后部划分为三小间，呈“前堂后室”的布局。房内的居住面也很讲究，瓢形灶坑也较大。柱洞多为经过夯打专门处理的硬泥圈柱洞，已知用鹅卵石块或红烧土块作为柱础。窖穴数量增加，形状比较固定，一般多为圆形袋状，容积较大，内壁与底部光滑平整。墓葬很零星，情况不详。

半坡晚期类型的生产工具，无论是制作技术还是质量都有较大进步。石器绝大多数为磨制，打制罕见，钻孔技术普遍推广，一面钻孔的器物已经出现。器形种类很多，除常见的外，还有新的类型出现，如石镰等。骨、角、蚌、陶质的生产工具种类也很复杂，制作精细，如鱼叉、鱼钩、蚌镰等。陶器的陶质以泥质红陶和夹砂红陶最多，泥质灰陶和夹砂灰陶次之，泥质黑陶也有。红陶陶色不纯，有红色、黄色、橙黄色、红色灰斑、灰色褐斑及褐皮红心等。制法虽多为手制，但口沿轮修已相当盛行。器形复杂，杯、盘、豆的数量已有所增加。器形有单唇颈肩之间及肩腹之间呈圆折角的尖底瓶、喇叭口束腰底呈钝角的尖底瓶、宽平沿浅腹盆、大口直壁假圈足碗、敛口曲腹钵、带流罐、折沿有附加堆泥纹和粗绳纹的鸡冠耳罐、条带形附加堆纹直壁平底罐（或缸）等（图七）。纹饰以绳纹最多，附加堆纹、篮纹次之。

关于陕西境内仰韶文化诸类型的分期或发展序列问题，经过30年来的田野考古工作和对比研究，认识已逐步明确。几处重要遗址已提供了地层根据。其中主要的半坡遗址，据严文明同志的研究，T22地层和遗迹情况是，由下往上，第四层F13属半坡类型，第三层H25属庙底沟类型，第二层H21属半坡晚期类型；T1第四层属半坡类型，第三层属史家类型，第二层属庙底沟类型[18]。姜寨遗址中部T11和中部T12的地层情况是：由下往上第六层为半坡类型，第五层为史家类型，第四层为半坡晚期类型；中T6庙底沟类型灰坑H370叠压在史家类型墓葬M83之上；T81的地层由下往上第四层为庙底沟类型，第三层为半坡晚期类型[19]。概括上述两个遗址的地层情况，则陕西境内仰韶文化各类型的发展序列应该是：半坡类型→史家类型→庙底沟类型→半坡晚期类型。

（四）龙山文化

陕西境内的龙山文化考古，工作做得较少。建国初期对龙山文化的工作多是在发掘仰韶文化或西周遗址时顺便做了一些，近年来为了探索原始社会解体等问题才开始专门发掘这方面的遗址。就目前已掌握的龙山文化资料来看，早期以“庙底沟第二期文化”为代表，晚期以“客省庄第二期文化”为代表。

庙底沟第二期文化是因1956年首先发现于河南陕县庙底沟遗址仰韶层之上而得名。在陕西，它主要分布在东部地区，已发掘的遗址有华县泉护村、南台地，华阴横阵村等。这一文化遗存是晚于仰韶文化的一种早期龙山文化，从其文化特征来看，是在仰韶文化基础上发展起来的。生产工具除沿用仰韶时期的工具外，新出现了半月形石刀、大型石铲、石镰等，且数量大增。陶器制作也较前进步，手制轮修已较前普遍。陶质以夹砂灰黑陶、夹砂粗红陶占多数，泥质灰黑陶次之。陶器器形有罐、斝、鼎、盆、尖底瓶、甑、豆、碗、杯等，其中罐、鼎较多，而鬲、斝少。纹饰有篮纹、绳纹、附加堆纹和方格纹，其中篮纹较少，绳纹最多，方格纹最少。在横阵村遗址里，还发现彩陶二片。这个遗存的重要遗迹发现很少，规律不详。从发现零星、残破的房址来看，用白灰涂抹居住面和墙壁，藉以防潮。

客省庄第二期文化，也叫陕西龙山文化，因首先发现于长安县客省庄而得名，主要分布在关中及陕北地区。经过发掘或试掘的遗址有长安客省庄[20]、西安米家崖[21]、华县横阵村[22]、岐山双庵[23]、商县紫荆[24]等处。从已发现的几十座房址来看，随着生产力的发展和社会形态的变化，房屋建筑亦有很大变化。其显著特点是套间房屋的数量较前增加，房内一般设有灶坑、壁炉，有的还有地窖。居住面涂抹白灰已相当普遍。这时的窖穴很有规律，一般都是圆形袋状，容积很大，有的外加带孔陶盖。出土遗物中以农业生产工具为主，如石器有斧、锛、铲、锄、镰、刀等，制作相当精致。陶器制作也大有改进，有手制、轮制和模制兼施，陶色以灰陶为主，黄红色次之，黑陶很少。纹饰以绳纹、篮纹为主，方格纹少见。器形以鬲、罐、斝常见，鬶、盉少见，鼎更少（图八）。这一文化遗存的墓葬发现尚少，在横阵村遗址中发现一男一女合葬墓一座，均为成人，仰卧直肢，足下随葬陶器6件。这一成人男女合葬墓的发现表明，当时可能已出现了一夫一妻制家庭。在客省庄发现6个人骨架和兽骨架

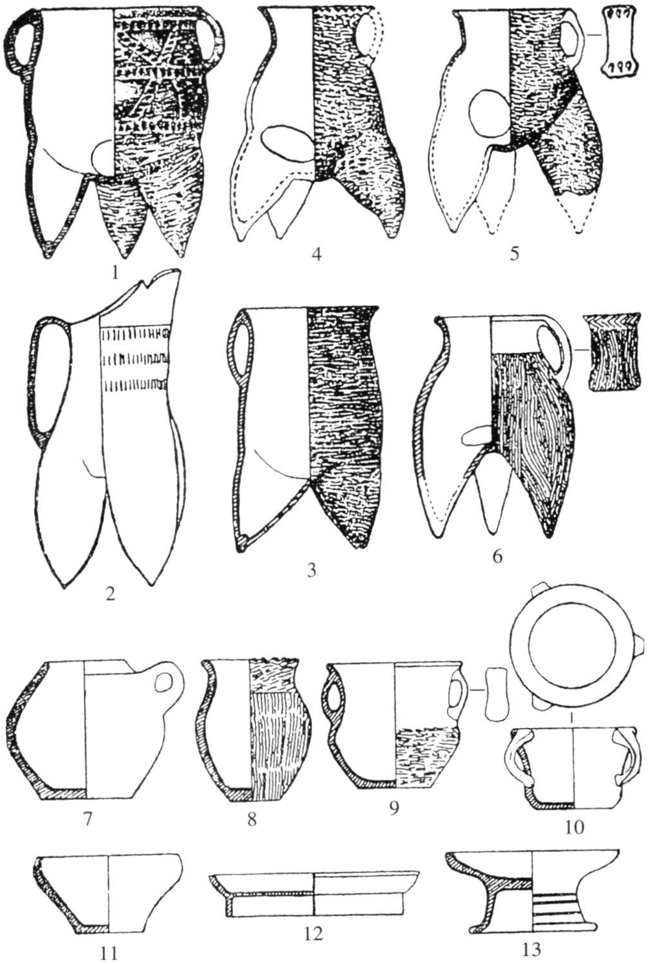

图八　客省庄二期文化主要陶器

1~3. 客省庄　4~5. 双庵　6~13. 姜寨（1~3. 采自《沣西发掘报告》，4~13. 西安半坡博物馆发掘资料）

埋在一起的乱葬坑，其中以96号灰坑所葬最多，乱埋着5具人骨架和3具兽骨架，有的人骨散乱，残缺不全，有的两手前伸做挣扎状，这些人骨遗骸均无固定葬式，亦无葬具，反映出他们生前的地位低下，可能是被残害致死随便埋入垃圾坑的，这可能是阶级已经产生的反映。同时在不少遗址中都发现有卜骨和陶祖。卜骨一般采用牛、羊肩胛骨做成，羊骨较多，均有灼痕。陶祖形象逼真，是妇女对男性崇拜的反映。

30年来陕西的石器时代考古，从原始社会发展的各个大阶段来说，已有不少重要发现，为研究我国和陕西地区的原始社会历史提供了极为珍贵的科学资料。但是，若用现有的资料全面地、完整地来复原各个阶段的历史面貌却又远远不够，这就要求我们今后做两方面的工作：其一，对已做了的工作，仍需继续开展工作，以便取得更多更完整的科学资料；其二，对陕西地区石器时代考古的缺环或薄弱环节，应更有计划地进行调查、发掘，只有这样，才能取得预期的效果。

注　释

① 吴汝康：《陕西蓝田发现的猿人下颌骨化石》，《古脊椎动物与古人类》1964年8卷1期；《陕西蓝田发现猿人头骨化石》，《古脊椎动物与古人类》1966年10卷1期。戴尔俭、计宏祥：《陕西兰田发现之旧石器》，《古脊椎动物与古人类》1964年8卷2期。戴尔俭：《陕西蓝田公王岭及其附近的旧石器》，《古脊椎动物与古人类》1966年10卷1期。

② 吴新智、尤玉柱：《大荔人及其文化》，《考古与文物》1980年1期。

③ 贾兰坡、盖培、黄慰文：《陕西蓝田地区的旧石器》，《陕西蓝田新生界现场会议论文集》，科学出版社，1966年。

④ 汪宇平：《伊盟萨拉乌苏河考古调查简报》，《文物参考资料》1957年4期。吴汝康：《河套人顶骨和股骨化石》，《古脊椎动物学报》1958年4期。裴文中、李有恒：《萨拉乌苏河系的初步探讨》，《古脊椎动物与古人类》1964年8卷2期。

⑤ 黄河水库考古工作队：《黄河三门峡水库考古调查简报》，《考古通讯》1956年5期。安志敏、吴汝祚：《陕西朝邑大荔沙苑地区的石器时代遗存》《考古学报》1957年第三册。

⑥ 陕西分院考古研究所：《陕西西乡李家村新石器时代遗址》，《考古》1961年7期。陕西省社会科学院考古研究所汉水队：《陕西西乡李家村新石器时代遗址一九六一年发掘简报》，《考古》1962年6期。

⑦ 西安半坡博物馆资料。

⑧ 中国社会科学院考古研究所宝鸡工作队：《一九七七年宝鸡北首岭遗址发掘简报》，《考古》1979年2期。

⑨ 苏秉琦：《关于仰韶文化的若干问题》，《考古学报》1965年1期。

⑩ 甘肃省博物馆、北京大学历史系考古专业连城考古发掘队：《从马家窑类型驳瓦西里耶夫的“中国文化西来说”》，《文物》1976年3期。张忠培：《试论东庄村和西王村文化遗存的性质》，《考古》1979年1期。严文明：《黄河流域新石器时代早期文化的新发现》，《考古》1979年1期。

⑪ 中国科学院考古研究所、西安半坡博物馆：《西安半坡》，文物出版社，1963年。考古研究所宝鸡发掘队：《陕西宝鸡新石器时代遗址发掘纪要》，《考古》1959年5期。考古研究所渭水调查发掘队：《宝鸡新石器时代遗址第二、三次发掘的主要收获》，《考古》1960年2期。西安半坡博物馆临潼县文化馆：《1972年春

临潼姜寨遗址发掘简报》，《考古》1973年3期；《陕西临潼姜寨遗址第二、三次发掘的主要收获》，《考古》1975年5期。黄河水库考古队华县队：《陕西华县柳子镇考古发掘简报》，《考古》1959年2期；《陕西华县柳子镇第二次发掘的主要收获》，《考古》1959年11期。黄河水库考古队陕西队：《陕西华阴横阵发掘简报》，《考古》1960年9期。

⑫ 同⑦。

⑬ 西安半坡博物馆：《陕西渭南史家新石器时代遗址》，《考古》1978年1期。

⑭ 同⑦。

⑮ 黄河水库考古队华县队：《陕西华县柳子镇考古发掘简报》，《考古》1959年2期。

⑯ 陕西考古所泾水队：《陕西邠县下孟村遗址发掘简报》，《考古》1960年1期；《陕西邠县下孟村仰韶文化遗址续掘简报》，《考古》1962年6期。

⑰ 同⑦。

⑱ 严文明：《半坡仰韶文化的分期与类型问题》，《考古》1977年3期。

⑲ 同⑦。

⑳ 中国科学院考古研究所：《沣西发掘报告》，文物出版社，1962年。

㉑ 考古研究所西安半坡工作队：《西安米家崖新石器时代遗址调查简报》，《考古通讯》1956年6期。

㉒ 黄河水库考古工作队陕西分队：《陕西华阴横阵发掘简报》，《考古》1960年9期。

㉓ 同⑦。

㉔ 同⑦。

原载于《考古与文物》1980年1期

陕西化石人类及其文化遗存

陕西地处我国中部，属黄河中游及汉水上游地区。南有秦巴山地，北有黄土高原，中部为关中盆地。境内河流密布，山川秀丽，气候温和，土地肥沃。从地史学上考察，陕西在第四纪的各个时期，自然环境都比较优越，是人类生息繁殖的良好地区。所以陕西地区一向被认为是我国远古文化的主要发祥地之一。

陕西化石人类的遗骸及其文化遗存相当丰富，但在历代反动统治时期，都不曾得到应有的重视，尤其近代破坏严重。新中国建立以后，陕西对古人类及古文化的研究工作，在各级党组织的领导和广大人民群众的支持下，科学工作者开展了大量工作，发现了一些阶段的猿人、古人、新人等人类化石材料，以及数十处古文化遗存的重要地点，发掘或采集了一万多件文化遗物。这些都为研究我国的化石人类学、文化人类学及远古社会等提供了极为宝贵的资料。现在依据这些资料，按时代先后及文化性质综述于后。

关于化石人类资料的发现、积累，在全国来说已经相当丰富，在陕西地区来说也为数不少，基本上各个时期都有。陕西在这方面的工作做得较少，并未在全省范围内全面地、比较认真地开展普查工作，只是对部分地区做了一些调查和发掘，但收获是很大的，成绩是相当显著的。不仅发现了更新世中期及更新世晚期的猿人、古人、新人的遗骸，而且还发现了很多当时人类的文化遗存。

一　蓝田猿人及其文化

1963 年，中国科学院古脊椎动物与古人类研究所的野外工作队在蓝田地区进行第四纪地质调查时，在县城西北约 10 千米的泄湖镇陈家窝村附近的一个化石点上发掘出一个猿人的下颌骨化石。这一发现立即引起了工作队对这个地区的极大重视。紧接着又发现了城东公王岭化石地点，在此发掘出大批重要古动物化石。这一年的发现引起了学术界的广泛重视。1964 年，古脊椎动物与古人类研究所等 10 多个单位组成一支综合考察队到蓝田进行工作，发现了大批重要资料，并在从公王岭运到北京的一箱重八百多斤的堆积物中，清理出一个猿人头盖骨化石、一个破碎的上颌骨及一些牙齿化石。这两年在蓝田发现的猿人化石材料经研究定名为“蓝田中国猿人”，简称“蓝田猿人”，属于晚期猿人阶段。蓝田猿人化石均发现于第四纪更新世中期（Q2）红色土层中，属于旧石器时代初期。经研究，公王岭发现的猿人化石属一个个体，可能是一个三十多岁的女性，距今约100万年；陈家窝猿人化石为一老年个体，根据出土地层及动物化石比较研究，比公王岭猿人化石可能稍晚一点，距今约65万年，但两者形态大体相当，故均归入蓝田猿人一类。蓝田猿人的体质形态，表现出眉骨粗壮，前额低平，骨壁很厚，头骨高度很小，牙齿较大，脑量很小（约为780毫升），比爪哇人和北京人脑量的平均数都小。这些特点都表明蓝田猿人的形态比北京猿人和爪哇猿人原始，而大致与较早的爪哇粗健猿人相近，两者的地层层位也大致相当。与蓝田猿人同一层出土的第四纪动物化石很多，学术界把它们分为两个动物群：即公王岭动物群和陈家窝动物群。据胡长康、齐陶的研究，公王岭动物群，计有：麝鼹、蓝田伟猴、鼷鼠、简田鼠、方氏鼢鼠、野鼠、古野鼠、高冠灞河鼠、仓鼠、野原鼠、鼯鼠、姬鼠、牛脊豪猪、复齿鼠兔、西藏鼠兔、变种狼、熊、大熊猫、真獾、中国鬣狗、虎、豹、更新猎豹、蓝田剑齿虎、东方剑齿象、三门马、梅氏犀、蓝田犀、巨貘、中国貘、中国爪蹄兽、李氏野猪、毛冠鹿、葛氏斑鹿、公王岭大角鹿、短角丽牛、苏门羚秦岭亚种等38种。公王岭动物群的重要特点是带有强烈的南方动物群色彩，如大熊猫、猎豹、剑齿象、貘、爪兽及毛冠鹿等，都是我国南方动物群中常见的主要成员。公王岭动物群中种类最多的是森林动物，如蓝田伟猴、虎、豹、猎豹、剑齿象、毛冠鹿、巨貘、中国貘及野猪等。同时也有草原动物如三门马、肿骨鹿及各种啮齿类等。这些情况表明，公王岭蓝田人时期的气候温暖，和我国南方气候相同，是属于温暖湿润的森林草原环境。陈家窝动物群，据周明镇等同志研究，计有：复齿短耳兔、翁氏鼠、丁氏鼢鼠、方氏鼢鼠、高冠灞河鼠、小林姬鼠、豪猪、北豺、獾、虎、象、李氏野猪、葛氏斑鹿、大角鹿等14种。陈家窝动物群是我国华北类型的典型动物群，其中虎、象、野猪等属森林性动物，大角鹿、斑鹿及各种啮齿类等属草原动物，显示出森林—草原组合。鉴于陈家窝也有和公王岭同样的古土壤层，说明这时的气候还是比较温暖而稍湿润的。如与公王岭时期相比较，则表明当时的气候是从温暖湿润的森林为主、草原为次的景观，向温暖但稍干燥的草原为主的森林草原景观发展，即从温暖向寒冷过渡的趋势。但总的来看，蓝田猿人时期的气候是比较好的，他们有猎获不尽的动物资源，也有采集和挖掘不尽的野果及块茎植物可供食用。同时，在陈家窝、公王岭及其附近发现与蓝田猿人同时的旧石器地点13个，计有陈家窝猿人化石地层、公王岭猿人化石地层、涝池河陈家村、平梁、马司沟、赵村、公王岭附近、沙河沟、支家沟、于家西沟、毛家坪、安沟及水子沟等。在这些地点发现了一大批石器材料，它们的主人应是蓝田猿人。这批石器的种类有刮削器、尖状器、盘状器、石片、石核等。所用石料多为脉石英和石英岩砾石。蓝田猿人的石器较为粗糙，经过第二步加工的较少，总体观察，这批石器比较原始。

蓝田猿人及其文化的发现有其极为重要的意义，它不仅增加了世界猿人化石产地，而且也扩大了猿人地理分布范围。蓝田猿人的发现还标志着我国境内埋藏着丰富的古老人类化石，我们可以设想在蓝田地区以至秦岭北麓的关中盆地、晋南、豫西及我国广大地区内，可能是发现化石人类最有希望的地区。蓝田猿人及其文化的发现，填补了人类进化过程中的重要环节，为化石人类学、体质人类学、文化人类学、考古学的研究增添了极为重要的内容①。

二　锡水洞与梁山旧石器时代初期的文化遗存

1981 年西北大学地理系黄春长同志在秦岭北麓的蓝田县辋川锡水洞发现古人类居住过的洞穴遗址一处。经初步发掘出土有打制石器和动物化石，并有灰烬层堆积。石器的器形有刮削器、砍砸器、尖状器和石锤等。大多数采用单面反向打击法，加工与使用痕迹比较清晰，但就总的来看，制作比较粗糙。采用原料多是硅质大理岩、花岗岩和脉石英等。同时还出土有以动物骨骼和鹿角为材料制成的工具，具有明显的人工打击或砍削加工的痕迹，有的有使用痕迹。灰烬层被埋在洞穴堆积物的下部。灰烬色彩斑杂，质地疏松，无黏性。灰烬中含有木炭屑和火烧过的黏土块、石块及动物骨角等。同时出土的动物化石有西藏黑熊、豪猪、中国犀、水鹿、葛氏斑鹿、羚羊和水牛等。从出土石器的特征、动物群的情况以及辋川地区岩溶地貌的发育历史来看，锡水洞遗址的时代应为中更新世早期，亦即旧石器时代初期的文化遗存。这一洞穴遗址的发现，对蓝田猿人的综合研究有着相当重要的意义②。

1980 年，西安矿业学院地质系阎嘉祺同志在南郑县梁山发现一处旧石器时代遗址。经初步踏察发现梁山地区的石器分布相当普遍，无论是山顶、山坡的基岩面上，或者是冲沟、砾石堆中都有散布，而尤以龙岗、土地岭垭口最为集中。发现遗址以后，科学工作者先后采集到打制石器 800 多件。这批石器均为砾石打制成的，每件制品都保留有较大的砾石面。器形重大，制作粗糙，最大的一件砾石砍砸器，重达 4050 克。一般石器的重量也多在 1000～2000 克。石器中砾石石器最多，石片石器次之。器形以砍砸器和石球为主，尖状器和刮削器较少。石器原料以黑色石英岩为主，约占一半以上；其次是褐色石英岩及火山岩等。石球采集最多，有 95% 以上是以脉石英为原料。这批石器均系地表采集，缺乏地层依据。单从石器特征来看与蓝田公王岭、山西匼河的文化性质相近，但龙岗的三棱大尖状器又和山西丁村晚更新世地层出土的尖状器十分相似。笔者认为梁山的旧石器可能在时间上有早晚的不同，有分期的可能。梁山旧石器遗址的性质可能是石器制造场之属。这个遗址地处秦巴之间的汉水岸上，是我国南北自然区划的分界线，这对研究我国旧石器时代南、北方古人类及其文化的传承关系，有着极其重要的意义[③]。

另外，1957 年我国学者在黄河水库区的潼关张家湾、卧龙铺等地点也曾发现过晚期猿人的文化遗存，即旧石器时代初期的打制石器[④]。这说明在陕西东部和毗邻的豫西、晋南同样都有晚期猿人生活，他们和其他地区同时期的人类一样，很早就在这里繁衍生息，以艰苦的劳动创造着我们中华民族的远古文化。

三 大荔人及其文化

1978 年 3 月，陕西省水利电力局刘顺堂等同志在引黄工程的地质勘察中，于大荔县段家公社解放村附近甜水沟的岩壁上发现人类头骨化石一具。之后，西北大学地质系、中国科学院古脊椎动物与古人类研究所、西安半坡博物馆、大荔县文化馆等单位先后在人头骨化石地点作过三次调查试掘或发掘工作。在发掘过程中发现了原头骨残片、动物化石及数百件打制石器。经研究，这一人类头骨化石定名为“大荔人”。大荔化石人发现于中更新世末期或晚更新世早期的地层中，属于早期智人，它处于北京猿人与丁村人之间，是我国已发现的最早的智人。它与北京猿人有着比较密切的亲缘关系，与世界其他地区的同阶段人类可能属于不同的人种。大荔人的体质特征，表现出眉嵴粗壮，额骨低平，前囟角很小，骨壁较厚等，是其较原始的特征，而从顶骨相对较大、顶结节发育、枕骨隆凸位置下移、顶枕部较高、吻部不很突出、两侧眉嵴呈八字形、颧弓较细等特征看，是其较进步的特点；两眉嵴之间部分最宽厚、面骨低矮、鼻颧角大，乃是其他人类化石少见的特征。总的来看，大荔人的体质特征进步性大于原始性，它在人类发展阶段上是处于由猿人向智人进化的过渡阶段，它是这个过渡阶段上的一个典型代表。从大荔人头骨硕大、眉嵴粗壮、骨缝已部分愈合来看，可能为一小于 30 岁的青年男性个体。根据大荔人的出土地层，可以推知其距今的相对年代，大约有 20 万年左右。与大荔人头骨化石同一地层发现的脊椎动物化石有鲤、鲶、鸵鸟、河狸、古菱齿象、马、犀、肿骨鹿、大角鹿、斑鹿、水牛、猪等，还有厚壳蚌、螺蛳类。在这些动物中，古菱齿象、犀、水牛和猪喜欢温暖潮湿的环境，马和鹿则是奔驰于森林草原的动物，能耐干旱，鸵鸟是居于沙漠、草原或热带草原的种类，厚壳蚌、螺、鱼类生活于水中，厚壳蚌目前在长江流域相当繁盛，而北方已经很少了。从这些动物化石来看，我们可知当时的关中一带是遍布森林草原的自然景观，雨量比较充沛，气候温和，是适宜人们生活的良好地区。与大荔人头骨化石同层出土的文化遗存打制石器有数百件之多。这批石器中有石核、石片和石器。采用的原料有石英岩、燧石和脉石英等。在这批材料中，经过进一步加工的石器较少，石器器形较小，类型简单，只有直刃刮削器、凹刃刮削器及凸刃刮削器，未见尖状器及其他类型。刮削器中单刃多见，复刃少见。总的来看，大荔人制造石器的技术还比较原始，不够熟练，许多石器的背面还有原砾石面，刃缘也较钝厚。

大荔化石人头骨的发现，有其相当重要的价值。大荔人头骨的完整程度是极为罕见的。尽管它没有柳江人和山顶洞人的头骨化石那样完好，但大荔人的时代却要早得多；蓝田猿人、北京猿人的时代虽老，但它们头骨化石的完整程度却不如大荔人。所以，我们说大荔人的头骨化石应是我国早期化石人类头骨化石中最古老最完整的标本。

大荔人的发现填补了我国从晚期猿人到智人之间过渡阶段的重要化石人类资料。在我国境内属于猿人和晚期智人的资料经常有所发现，但属于早期智人的材料发现甚少，过去发现的马坝人头盖骨、长阳人的上颌骨和牙齿、丁村人的小孩顶骨及牙齿等都比较残破零碎，而大荔人相当完整的头骨化石的发现，则是一个重大的突破，它在我国化石人类学的研究中有其极为重要的价值。另外，大荔人制造使用的石器器形较小的特点也很重要。近几十年来，在我国华北地区陆续发现了山西峙峪、河南小南海、河北虎头梁等数十处小石器文化遗址。石器特点绝大部分是器形细小，加工精致，与大型石器相比独具一格，有人称其为华北小石器传统。大荔人小石器的发现，可能为寻找小石器传统的渊源提供了有价值的线索⑤。

四　涝池河与长武化石人类遗骸及其文化

1963 年和 1964 年，科学工作者在蓝田县厚镇公社涝池河两岸、十里河的后沟、马家河的魏家沟及姚家沟等地点的调查、发掘中，于红色土层之上的砂质黏土及砂砾互层中（已属晚更新世 Q_3）发现一段人类肱骨化石及石制品 2000 多件。这里出土的人类化石材料较少，难以深入研究，但石器材料相当丰富。这批石器所用原料主要是脉石英和石英岩两种，而以脉石英为多，另外也有少量的燧石和砂岩等。石器的制法多为锤击法或砸击法。石器大部分都有人工打制痕迹，但加工精致的石器较少。器形有圆头刮削器、凹刃刮削器、砍砸器和尖状器等。在出土人类化石及石器的地层中，还出土有大量的动物化石，计有：小耳鼠、变种仓鼠、狼、狐、狗獾、鼬科、鬣狗、虎、野驴、野马、披毛犀、麝、斑鹿、河套大角鹿、獐、东北狍子及牛科等。这些都是比较晚近的种属，它们都是华北各地晚更新世地层中常见的。从这些动物的习性特点来看，可知蓝田涝池河地区在更新世晚期时的自然景观为靠近秦岭山区的辽阔草原地带、夹杂着灌木林及小型河湖。生存在这里的远古人类就生活在这样一个群山环抱，林木、草原丰盛，河湖密布，各种动物出没其中的比较优越的环境之中。他们从事着狩猎和采集经济，藉以繁衍后代，发展文化。从上述地层、动物化石及石器特征来看，这批石器的相对年代应属于旧石器时代中期的早一阶段。这批旧石器材料的发现，对了解我国北部黄土时期早一阶段旧石器文化的发展，有着相当重要的意义⑥。

1972年中国科学院古脊椎动物与古人类研究所黄万波、郑绍华等同志在陇东地区进行第四纪地质考察期间，在陕西长武县城关公社窑头沟及鸭儿沟的晚更新世地层中发现许多打制石器和哺乳动物化石，同时在当地群众出售的“龙骨”中获得一枚人牙化石。人牙齿根缺失，齿冠的近中侧和舌面釉质被损坏，但牙本质完整，可以按其形态复原。牙齿颜色灰白，原尖大，次尖小。后者位于远中侧的中间，前尖略大于后尖，前后尖之间有一个沟，前尖、后尖与原尖之间的沟也很清楚，三尖交界处成一凹。远中侧无接触面，近中侧釉质缺失，与前牙的接触面不清。牙齿近中、远中径10毫米，颊舌径9.9毫米。这些性质似乎表明此牙是萌出不久的左上第二臼齿。可能属于一个少年个体。这个标本尽管不甚完整，又无特殊性质，但它出自陇东黄土高原，便具有相当重要的价值。在窑头沟发现的经人工打制的石制品甚多，经挑选可供研究的有200件。这批旧石器的器形有石核、石片、尖状器、刮削器、砍砸器等，石料多采用石英岩和燧石、脉石英。使用的原材料多为砾石，60%的标本带有砾石面。石核的台面多为砾石面，修整台面的石核较少，石片的形态、大小、厚薄有很大差别，不规则石片为主要成分。石器以小型为主，多用砾石石片制成，加工粗糙。石器的修整很简单，类型单纯。这次发现的化石人类牙齿及人工打制的旧石器的地质时代与甘肃庆阳龙骨沟、环县楼房子及蓝田涝池河等地点的相当层位大体一致。在窑头沟及鸭儿沟出土的动物化石有鼢鼠属、披毛犀属、似野马、野驴、大角鹿属、斑鹿、牛类等，都是晚更新世的代表⑦。

五　河套人及其文化

1922年外籍学者桑志华、德日进在河套地区进行科学考察时，发现一枚人类牙齿化石，命名为“河套人”；他们在河套地区发现的旧石器文化遗存称为河套文化。河套文化人类的牙齿发现于内蒙古、陕西交界的萨拉乌苏河东岸小桥畔村附近，这枚牙齿属于左上外侧门齿，保存完整，齿根尚未发育成熟，齿冠舌面呈铲形。有底结节，属于八九岁小孩个体。1956年在萨拉乌苏河内蒙古境内的滴哨沟湾发现了人类的顶骨和股骨化石。1963年在陕西横山县雷惠农场石马坬又发现了一块额骨连眶部化石。1978至1980年中国科学院兰州沙漠研究所、古脊椎动物与古人类研究所等单位组成多学科综合考察队，在萨拉乌苏河一带进行考察，采得人类化石19件，包括顶骨、额骨、枕骨、下颌骨、股骨、胫骨、腓骨和肩胛骨等，其数量和代表部位都大大增加。经研究上述历次发现的人骨材料，均属于河套人的遗骸。在1980年的野外工作中，有6件人骨材料是从晚更新世原生地层中直接挖出来的，尤为重要，它解决了长期以来河套人化石出土层位的疑问。在发现人类化石的同一地层中发现脊椎动物化石数十种之多，计有巨齿象、披毛犀、骞驴、中亚野马、野猪、赤鹿、蒙古鹿、巨鹿、羱羊、王氏水牛、原牛、洞穴鬣狗、狼、獾、巨鸵鸟等，其中有的保存相当完整。河套文化的石器材料也很重要。河套文化包括宁夏水洞沟及内蒙古、陕西交界的萨拉乌苏河小桥畔两个重要遗址及其附近的一些零星石器地点。石器的种类比较复杂，有尖状器、刮削器、雕刻器和斧状器等。石器材料有石英岩、砂岩、石灰岩及火石等。石器的制作相当精致，刃部或尖端锋利，大部分都经过第二步加工修整。河套文化除水洞沟及萨拉乌苏河小桥畔两个主要遗址外，在陕西境内还有榆林鱼河堡、吴堡黄河岸边及绥德油坊头等地点都发现过一些石器标本。

河套文化，以前被定为旧石器时代中期，由于解放后考古工作的开展，资料的增多，研究的深入，学术界普遍认为河套化石人类遗骸及其文化遗存所在的地层为晚更新世（Q_3），石器特点普遍细化，且有细石器存在，其时代应定为旧石器时代晚期的早一阶段[⑧]。

另外，近几年来在韩城、长武等县也发现过属于晚更新世的文化遗存打制石器标本。

六　沙苑人及其文化

1973 年大荔县文化馆张青山等同志在沙苑地区进行考古调查时，发现一块小孩顶骨，暂命名为“沙苑人”。经研究，沙苑化石人类的顶骨石化程度较轻，距今可能有一万多年。由于人骨材料太少，难以深入研究。早在 20 世纪 50 年代中期，我国科学工作者在沙苑地区就已发现了一种独具特征的石器时代文化遗存，考古界定名为沙苑文化。沙苑地处黄河中游的渭河、洛河与黄河交汇之地，即今大荔县南部。沙苑为广大的沙丘起伏地区，其东部有沼泽水草，当为野兽出没繁殖之地，有利于远古人类的狩猎活动，据文献记载自古以来这里就是狩猎的良好场所。1955 至 1956 年在此发现包含有石片石器及细石器的地点 15 处，采集文化遗物 3000 多件，近几年又发现石器地点 20 处，采集石器 8000 多件。采集到石器的地点一般都有石器、石片及石化程度较轻的兽类骨骼残块共存。在采集的石制品中挑选出来的标本有 1000 多件，主要是一些打制石片或石器，但确有精致加工或使用痕迹的仅占少数。这里的打制石器，一般比较粗糙，形状较小，长约 1.1 ~9 厘米。根据制法的不同，基本上可分为细石器和石片石器两种，这是沙苑文化的典型产物。细石器和我国北部细石器文化中的产物基本相同，所用原料多采用燧石、石英矽化粉砂岩、玛瑙、蛋白石、碧玉和淡色矽质砾石等，制法主要是间接打法，第二步加工则采用压制法，器形比较复杂，有石核、石叶、小石片、尖状器及刮削器等，而每类之间也富有变化。石片石器，其原料多采用石英砂化粉砂岩、淡色矽质砾石等，器形一般大于细石器，但最大的也不超过9厘米，和细石器的主要区别在于制法不同，不仅打片采用直接打击法，加工也采用直接打击法，器形比较简单，仅有石刀、尖状器、刮削器等。沙苑人及沙苑文化的年代，从人骨的石化程度、文化特点及未发现陶片来看，它晚于旧石器时代，早于新石器时代，应属于中石器时代[9]。

沙苑人及其文化的发现有其重要意义，它是我国黄河中游的中原地区晚于旧石器时代早于新石器时代的一种特殊的文化遗存，它暂时填补了我国化石人类及其文化发展锁链上的一个重要缺环，为我国中石器时代文化遗存的进一步探索提供了重要线索。至于始终未发现它的地层证据的问题，随着我们今后深入细致的工作，也许是不难解决的。

七　北庄人

1973年2月笔者与张瑞岭同志在渭南进行考古调查时，于阳郭公社北庄附近的稠水河东岸全新世下部的地层中发现一具人头骨。经贾兰坡教授研究，认为稍有石化。从头骨的形态观察，属新人阶段的智人，其时代为新石器时代初期，还可能略早一些[10]。我国北方新石器时代初期早一阶段的人类及其文化遗存发现很少，几乎是一个缺环。因此，北庄人头骨的发现可能是弥补这个重要缺环的可贵线索。

化石人类的遗骸主要是埋藏在第四纪地层中。陕西第四纪各个时期的地层发育相当完整，一般都有十几米厚，有的地方厚达一百多米。加上当时的气候条件，山、塬、河、川的地形地貌等自然环境，都是比较适宜人类繁殖的地区，地下很有可能埋藏着相当丰富的化石人类的遗骸。这些年来由于“四人帮”极左路线流毒的影响，一些地区农民乱采乱挖“龙骨”的现象相当严重，如长武、府谷等县每年都给药材公司交售十几万斤甚至几十万斤之多。在这大量的脊椎动物化石中，不可断言其中没有人类的遗骸。我们如能有计划有目的地做一次比较普遍的调查、采掘工作，可能会有一大批化石人类的遗骸被发现。就目前我们已经掌握的遗址或地点也很少继续开展工作，对已经积累资料的研究工作也是很不够的，尤其缺乏比较深入地、全面地综合研究。总之，陕西地区化石人类遗骸的埋藏相当丰富，化石人类学的研究还是一个空白，有关这方面的工作基本上还是一块令人向往的静待开垦的处女地。希望同仁志士前往拓荒，把酣睡在地下的化石人类唤醒，为研究整个人类的起源及我们中华民族的族源提供宝贵资料，为我国化石人类学的研究、发展贡献力量。

注　释

① 吴汝康：《陕西蓝田发现猿人下颌骨化石》，《古脊椎动物与古人类》1964年8卷1期；《陕西蓝田发现的

猿人头骨化石》，《古脊椎动物与古人类》1966 年 10 卷 1 期。戴尔俭、计宏祥：《陕西蓝田发现之旧石器》，《古脊椎动物与古人类》1964 年 8 卷 2 期。戴尔俭：《陕西蓝田公王岭及其附近的旧石器》，《古脊椎动物与古人类》1966 年 10 卷 1 期。贾兰坡等：《陕西蓝田地区的旧石器》，《陕西蓝田新生界现场会议论文集》，科学出版社，1966 年。周明镇：《陕西蓝田中更新世哺乳类化石》，《古脊椎动物与古人类》1964 年 8 卷 3 期。周明镇等：《陕西蓝田陈家窝中更新世哺乳类化石补记》，《古脊椎动物与古人类》1971 年 9 卷 3 期。计宏祥：《蓝田人生活时代的自然环境探讨》，《考古与文物》1980 年 3 期。

② 黄春长：《蓝田辋川锡水洞旧石器时代文化遗址的发现与初步研究》，《西北大学学报（自然科学版）》1982 年 2 期。

③ 阎嘉祺：《陕西汉中地区梁山龙岗首次发现旧石器》，《考古与文物》1980 年 4 期；《陕西汉中地区梁山旧石器的再调查》，《考古与文物》1981 年 2 期。

④ 贾兰坡：《山西旧石器》，科学出版社，1961 年。

⑤ 王永焱等：《陕西大荔人化石的发现及其初步研究》，《科学通报》1979 年 24 卷 7 期。吴新智、尤玉柱：《大荔人遗址的初步观察》，《古脊椎动物与古人类》1979 年 17 卷 4 期。吴新智、尤玉柱：《古人类学上的绚丽之花——记大荔人头骨化石的发现及其意义》，《化石》1979 年 4 期。吴新智、尤玉柱：《大荔人及其文化》，《考古与文物》1980 年创刊号；《大荔化石人》，《自然杂志》1979 年 3 卷 3 期。

⑥ 贾兰坡：《陕西蓝田地区的旧石器》，《陕西蓝田新生界现场会议论文集》，科学出版社，1966 年。计宏祥：《陕西蓝田涝池河晚更新世哺乳动物化石》，《古脊椎动物与古人类》12 卷 3 期。

⑦ 黄万波、郑绍华：《记陕西长武晚更新世人牙及共生哺乳动物化石》，《人类学学报》1 卷 1 期，1982 年。盖培、黄万波：《陕西长武发现的旧石器时代中期文化遗物》，《人类学学报》1 卷 1 期，1982 年。

⑧ 贾兰坡：《河套人》，龙门联合书局，1951 年。汪宇平：《伊盟萨拉乌苏河考古调查简报》，《文物参考资料》1957 年 4 期。吴汝康：《河套人类顶骨和股骨化石》，《古脊椎动物学报》1958 年 4 期。张森水：《内蒙南部旧石器的新材料》，《古脊椎动物与古人类》2 卷 1 期，1960 年。汪宇平：《内蒙伊盟南部旧石器时代文化的新收获》，《考古》1961 年 10 期。裴文中、李有恒：《萨拉乌苏河系的初步探讨》，《古脊椎动物与古人类》8 卷 2 期，1964 年。

⑨ 黄河水库考古队：《黄河三门峡水库考古调查简报》，《考古通讯》1956 年 5 期。安志敏等：《陕西朝邑、大荔沙苑地区的石器时代遗存》，《考古学报》1957 年 3 期。巩启明：《三十年来陕西石器时代考古的主要收获》，《考古与文物》1980 年创刊号。西安半坡博物馆等：《陕西大荔沙苑地区考古调查报告》，《史前研究》1983 年创刊号。

⑩ 西安半坡博物馆资料。

原载于《史前研究》1984 年 2 期

关于客省庄文化的若干问题

客省庄文化（一般称为客省庄第二期文化）是分布在陕西地区的新石器时代晚期的一个主要原始文化。本文拟对这一原始文化的认识过程、命名、文化类型的划分及其特征、源流和社会性质等问题，进行讨论。

一　关于客省庄文化的认识过程及其命名问题

解放前，陕西地区的新石器时代考古工作做得很少，仅有少数学者对西安地区及延安附近进行过一些调查工作。建国初期，中国科学院即派出陕西考古调查发掘团赴陕开展考古工作。1951 年，苏秉琦先生在客省庄阿底村发现了有别于已知的仰韶文化的一种新的古文化遗存，并对客省庄遗址进行了小面积清理，发现了西安地区古文化的三叠层，使我们对西安地区古文化的认识提高了一大步①。1955 年，石兴邦先生在报道 1953 年的调查情况时，提出客省庄、阿底村的文化遗存比仰韶文化晚而早于殷周②。1956 年，苏秉琦、吴汝祚先生在《西安附近古文化遗存的类型和分布》中，把西安地区的古文化划分为“文化一”、“文化二”、“文化三”三个类型，将第一类型的“文化一”定为仰韶文化，把第三类型的“文化三”定为周文化，第二类型的“文化二”性质未定，并提出“待讨论”③。1959 年，中国科学院考古研究所沣西发掘队在报道 1955 年对客省庄遗址大规模发掘情况时，把晚于仰韶、早于西周的文化遗存命名为“客省庄第二期文化”④。同时，安志敏先生在《试论黄河流域新石器时代文化》中，将这类文化遗存划归于中原地区龙山文化的三个类型之中，命名为“陕西龙山文化”⑤。此后，两种文化名称同时并用至今，给历史学家带来了很大混乱，甚至有的同志把这同一文化的两种称谓当成了两种文化遗存。经过 20 世纪 50 年代末及 60 年代初对华县柳子镇南台地、太平庄、元君庙的发掘，对华阴县横阵的发掘，以及全省范围内的文物普查和复查工作，尤其是 70 年代以来对临潼姜寨、康家，商县紫荆，岐山双庵，华县梓里，武功赵家来、浒西庄，西乡红岩坝，神木石峁，绥德小官道等遗址的发掘，使我们认识到50年代的文化命名欠妥，而且有必要更正。这是因为：（一）这种文化遗存的特征与山东境内的典型龙山文化的特征大相径庭，根本不是一个文化系统。我们知道龙山文化是从大汶口文化发展来的，它的后继文化是岳石文化。龙山文化的重要特征，就陶器而论，主要以泥质和夹砂黑陶为主，细泥黑陶次之，另外还有少量的泥质和夹砂灰陶、橙红色陶和黄白陶等，轮制技术相当发达，造型优美，器表光亮，器形以鬹、鼎、盉、蛋壳陶高柄杯最具特征。而所谓“陕西龙山文化”的特征，就陶器而论，主要以泥质和夹砂灰陶、红陶为主，黑陶少见，白陶没有，轮制技术不普遍，仅见于小件器物，器形以罐、鬲、斝最具特征。这都是明显的不同，其他遗迹、遗物亦缺乏共同之点。在这里应当说明的是，我们虽然强调它们的不同点，但并不否认它们在生产力发展水平以及社会发展阶段方面的一致性。（二）50年代初，在客省庄发现的三叠层，“文化一”早已被学术界公认为仰韶文化庙底沟类型，“文化三”已判定为西周文化，而且在陕西境内已发现了商代文化遗存，并找到了相当于夏代纪年的近似于二里头文化的线索，故客省庄遗址“文化二”原命名的“客省庄第二期文化”的“第二期”三字，实无存在的必要。何况“客省庄第二期文化”，根本不能代表陕西全境这一时期的文化面貌，张忠培同志在1980年提出此项建议，认为直称“客省庄文化”为好⑥，我们完全同意这个意见。（三）根据夏鼐先生所阐明的考古学文化命名问题的三个条件来考虑⑦，命名为“客省庄文化”，作为同类遗址的代表，也是比较合适的。

二 关于客省庄文化的分期、类型及其特征问题

关于客省庄文化的分期，有同志从器物排比中，得出由罐形斝演变出罐形鬲的结论，并以河南龙山文化及黄河上游刘家峡地区齐家文化的某些器物作为旁证，将客省庄文化分为早、晚两期，即“早期约和庙底沟二期文化相当，晚期应与三里桥龙山文化同时”⑧。但是至今还不曾发现可靠的地层叠压关系，或者是典型遗迹的打破关系，在尚未取得明确的地层根据或其他判定年代数据的情况下，这样的推论是靠不住的，起码是不全面的。

关于客省庄文化类型的划分及其特征问题，从目前已积累的考古资料来看，把全省相当于龙山文化时期、基本特征一致的古文化遗存一并归入客省庄文化是比较合适的。虽然陕北、陕南或关中的这一文化遗存有各自的地域特点，但它们的主要特征却是一致的，比如都采用了双室半地穴式白灰面处理的技术，都是以农业为主，饲养家畜、狩猎为辅的综合经济，都使用了反映宗教迷信的卜骨等，表明它们的生产力发展水平、经济状况，以及意识形态都处于相同的发展阶段。但由于地域特点，又可以划分为几个不同

的文化类型。有同志将它们区分为关中东部、关中西部及陕北地区三种不同的文化遗存[⑨]。除以上三个地区以外，应该还有汉水上游，同甘肃、河南、湖北毗邻地区的这类文化遗存，也有自身的面貌。总的来看，陕西全境相当于龙山文化时期的这一文化遗存是比较复杂的。我们初步拟区分成关中东部、西部，陕北，汉水上游及丹江上游靠下一带五个地区。关中东部可以临潼康家遗址为代表，称作康家类型；西部以岐山双庵遗址为代表，称作双庵类型；陕北以神木石峁遗址为代表，称作石峁类型。汉水上游的工作开展较少，所掌握的资料尚未发现能作为类型的代表，有待继续工作。丹江上游靠下一带也只了解到一些重要线索而已。

现将上述类型各自的文化特征分别阐述如下：

（一）康家类型

康家遗址位于临潼县渭河北岸及石川河东岸。1958 年文物普查时发现，1973 年及 1981 年进行过多次复查，1982 年开始发掘，已发表简报[⑩]。

这一类型的文化遗存主要分布在关中东部，即华阴县以西，兴平以东，黄陵、洛川以南，以及商县、洛南一带[⑪]。经过试掘或发掘的主要遗址有长安客省庄（二期），西安米家崖，临潼姜寨（五期）、康家，华县梓里[⑫]、南台地、太平庄[⑬]、元君庙，华阴横阵，商县紫荆[⑭]等。发现几十座房屋基址、大批窖穴及少量墓葬、陶窑等重要遗迹，同时还出土有大批生产工具和生活用具。这些遗迹、遗物的特征概括起来有：

1. 房屋建筑，多为半地穴式，平面呈方形、圆形及长方形三种。有的遗址房屋多为双间，呈“吕”字形；有的遗址为若干座房屋成排成行布局，室内均有浅圆形灶炕或灶面，有的还有壁炉。建造技术上多使用白灰涂抹居住面及墙壁面。单间房屋室内面积一般较小，约十几平方米，由双间组成的套间房屋室内面积较大。

2. 储藏窖穴整齐划一，绝大多数为圆形袋状，口小底大，深度达二三米，底径四五米，容量很大，有的窖穴周壁和底部经火烧处理。

3. 发现的墓葬比较少，在商县紫荆遗址、华阴横阵遗址都曾发现夫妻合葬墓；在客省庄遗址发现灰坑中埋葬死者的情况，应为乱葬坑；还有将死者和兽类乱葬一起的现象。

4. 生产工具，数量、质量和类别都比仰韶文化有较大进步，无论石质、骨质或陶质工具大都制作精细，棱角清晰，钻孔技术普遍。就生产门类来看，有农业生产用的石铲、骨铲、石刀、磨盘、磨棒、石杵、陶锉；有狩猎用的石镞、骨镞；有纺织、缝纫用的陶、石纺轮，骨锥，骨针；有手工加工用的石斧、石凿、石锛及其他等。仍以磨制石器为主，其他为辅。

5. 陶质生活用具，泥质和夹砂灰陶占绝大多数，依客省庄遗址的统计，灰色陶占总数的80%以上，红色约占总数的11%，黑色的只占1%左右。制法有泥条盘筑、模制和轮制，前者使用最广泛，模制法仅用于一部分陶鬲，轮制法也只用于小型陶罐和陶豆等。器形有三足器、平底器和圈足器三种，以无耳折肩罐、单耳罐、双耳罐、三耳罐数量最多；其次是鬲、斝，鬲比斝多；碗、盆、瓮、豆、盘、盉、鬶较少。纹饰以绳纹最多，篮纹也较多。客省庄遗址绳纹占35%，篮纹占40%，附加堆纹、划纹、方格纹等都较少（图一）。

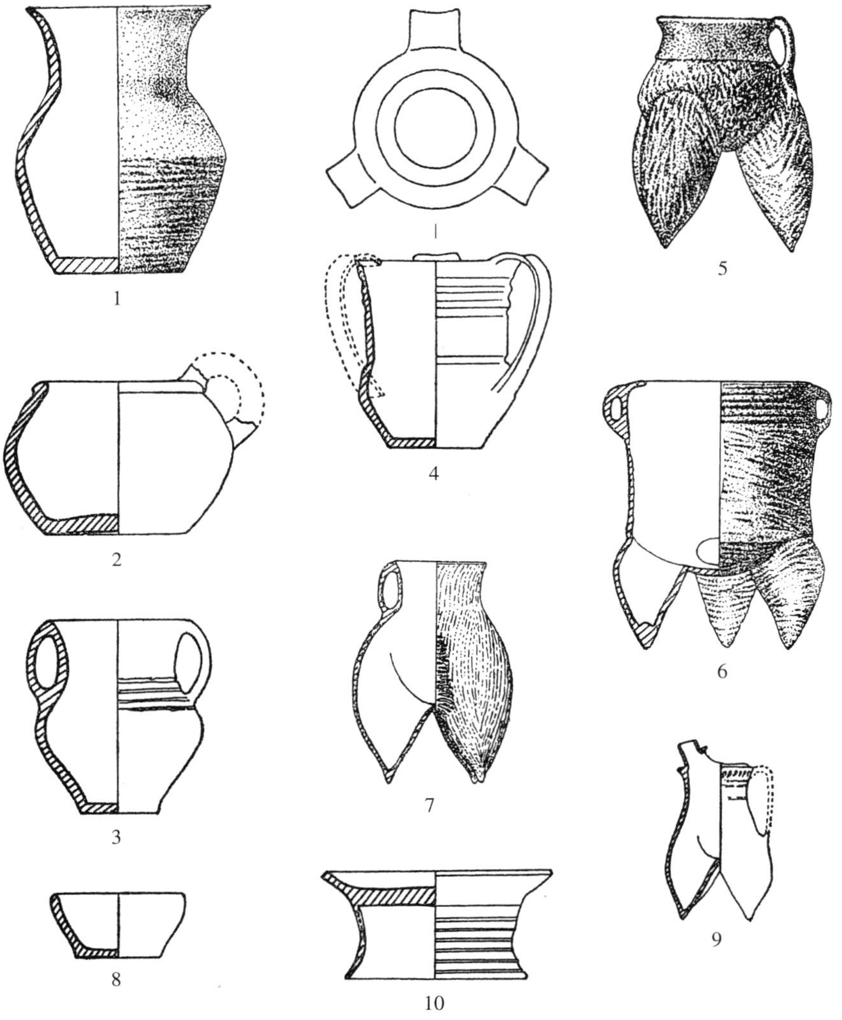

图一　康家类型陶器

1. 罐　2. 单耳罐　3. 双耳罐　4. 三耳罐　5、6. 斝　7. 鬲　8. 碗　9. 盉　10. 豆
（1～6. 长安客省庄，7～9. 临潼康家，10. 临潼姜寨）

6. 各遗址都有卜骨出土。多用羊的肩胛骨，不加修整，只有灼痕，不加钻凿，灼痕一般都透过背面，无定数，一块胛骨上少的二三个，多的十几个，看不出有排列规则。

（二）双庵类型

双庵遗址位于岐山县北的岐山脚下，在周原遗址范围内。双庵遗址东、西、南三面有大沟环绕，沟内有泉水，自然条件较好。1959 年，陕西省考古所渭水队调查时发现[15]，以后经过多次复查。1977 年，西安半坡博物馆进行发掘[16]。这个遗址内涵单纯，面积达 100 万平方米，出土遗迹、遗物丰富。

这个类型的文化遗存主要分布在关中西部的武功以西，陕甘交界地区，与齐家文化有交错分布现象。经过试掘或发掘过的遗址有岐山双庵、扶风案板、武功赵家来及甘肃灵台桥村等[17]。其遗迹、遗物的基本特点是：

1. 房屋建筑，均为半地穴式，有方形、圆形两种。双庵遗址七座方形房址中有五座为双间组成的套间式房屋；赵家来遗址的房址平面多呈“凸”字形。居住面和墙壁面均涂抹一层厚约 0.5 ~1 厘米的白灰面，光滑平整。双庵出土的房内均有灶坑（或壁炉）及储藏东西的窖穴。

2. 窖穴特点与康家类型相同，赵家来遗址的窖穴中有铺木板的痕迹。

3. 墓葬：双庵遗址发现十三座土坑墓，头向不一，葬式复杂，有仰身直肢葬、俯身葬和跪蹲葬等，均无葬具，多数无随葬品，即使有也仅是陶罐一件。也有在灰坑中掩埋死者的情况。

4. 生产工具的数量、质量、制作技术、使用门类和器形等与关中东部的康家类型基本相同，唯有双庵遗址出土农业收割工具石刀数量较多，比康家、客省庄出土的都多，说明双庵在同时期中农业比较发达。

5. 生活用具中的陶器特点突出，与康家类型差异很大。陶质有泥质和夹砂两种。陶色以红陶为主，灰陶很少。据双庵遗址八个灰坑统计，红陶约占总数的 83% ，灰陶约占 16% ，黑陶约占 1% ；赵家来遗址红陶约占总数的 65% ，其余为灰陶。红陶占多数的特点，表明这个类型烧陶技术要比康家类型落后，尚未掌握烧成灰黑陶的技术。制法以手制为主，多用泥条盘筑法，轮制多用于豆和小罐上面，未见模制。器形有平底、三足和圈足，以无耳罐、单耳罐、双耳罐、三耳罐、斝的数量最多，其他如瓮、碗、盆、鬲、鬶、盉、盘、豆都很少。陶器纹饰以绳纹、篮纹为主，弦纹、划纹、方格纹较少（图二）。

6. 出土卜骨的特征与康家类型相同。

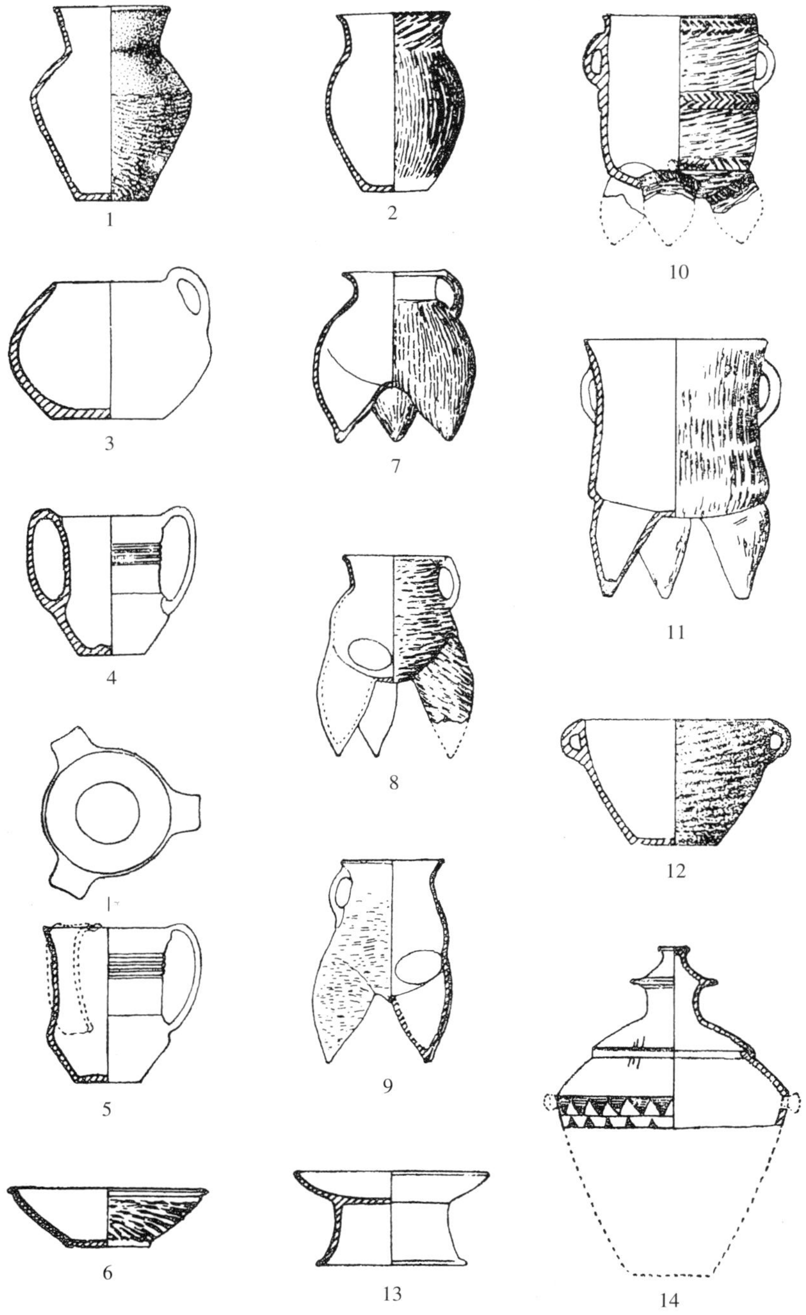

图二　双庵类型陶器

1、2. 罐　3. 单耳罐　4. 双耳罐　5. 三耳罐　6. 碗　7. 鬲　8～11. 斝　12. 盆　13. 豆　14. 瓮（7、11. 武功赵家来，余均岐山双庵）

（三）石峁类型

石峁遗址位于神木县秃尾河支流洞川沟南岸的山梁上，1976 年陕西省文管会在文物普查时发现[18]，此后经过多次复查，1981 年西安半坡博物馆进行试掘[19]。试据出土的遗迹和遗物，使我们对陕北的这类遗存有了一些初步认识，暂以石峁遗址作为这一类型遗址的代表。

石峁类型的文化遗存，根据 20 世纪 50 年代末陕西省文管会的文物普查及 60 年代初陕西省考古研究所对陕北的调查资料可知，它主要分布在陕北黄河西岸诸支流的附近山梁上，已知的遗址大约有数十处之多。经过试掘的仅有石峁一处。依据调查和试掘资料进行分析，其遗迹、遗物的基本特征是：

1. 房屋建筑技术，多为半地穴式的方形房址，居住面和墙壁面均涂抹白灰，相当光滑，平整坚硬。这些情况因多系调查时在地层断面上所见，其内部结构还不清楚。

2. 生产工具，主要是石器，绝大多数磨制精细，刃口锋利，形制规整，棱角清晰。器形有石斧、石凿、石刀、石锛、石纺轮、石铲、玉锛，另外还有骨锥等。这些多是与农业有关的工具。

3. 生活用具中的陶器，以夹砂灰陶最多，约占总数的 57%，泥质灰陶次之，约占总数的 39%，细泥褐陶及夹砂红陶很少。制法以手制为主，多采用泥条盘筑法，在一些陶器的内壁能清楚地看到盘筑情况，小件器物用捏塑法，并有轮旋痕迹。纹饰以篮纹最多，绳纹、弦纹次之，方格纹、划纹、附加堆纹较少。器形以折肩罐、圆腹罐、矮领鬲最多，盆形斝、三足瓮次之，碗、盆、杯、瓶、盉、尊数量都很少（图三）。

4. 墓葬，在石峁遗址发现石椁瓮棺葬四座，系用大小合适的石板作椁盖、底、壁、挡，对扣而成，放入土坑中。椁内放置用大三足瓮和缸对扣起来的瓮棺。棺内放置死者，头向东，有的有随葬品，多实用器。另有瓮棺葬一座，系用两个折肩罐对扣而成。至于这一类型埋葬制度的习俗、规律等总的情况因发现较少而不甚了解。

5. 从石峁类型的文化面貌来看，它应属于客省庄文化系统。比如房屋的建筑技术普遍采用白灰涂抹居住面和墙壁面，生产工具的制作技术水平，生活用具中陶器的原料、制作方法、颜色、纹饰、器形等大多与关中康家类型相同，尤其陶器中数量最多的是折肩罐、圆腹罐、带耳罐，其形状都与康家、客省庄、姜寨的同类器相同，碗、盆、杯、豆也多相同或相近。但鉴于陕北一带紧临黄河岸边交通方便之缘故，这个地区的文化面貌自古以来都与豫、晋西部及内蒙古东南部黄河沿岸的文化传统有着密切的关系。比如，盆形斝在豫西三里桥、王湾和晋南南礼教等遗址中都能找到相近者；大三足瓮在太原光社、内蒙古准格尔旗大口遗址中都能找到相同或相近的器形。

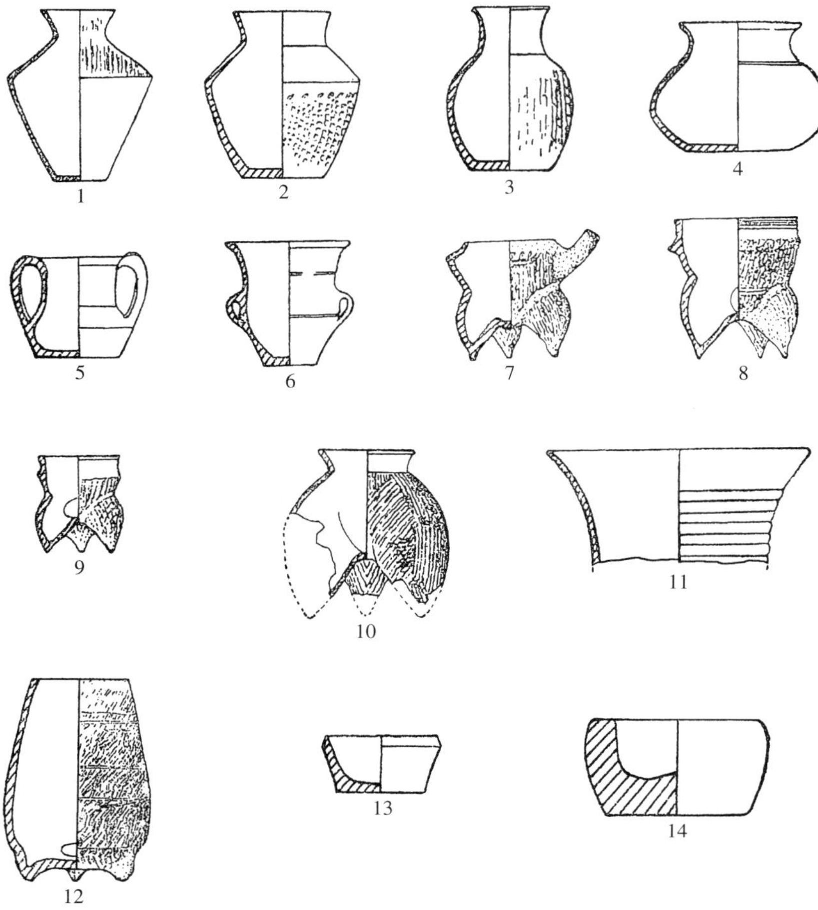

图三　石峁类型陶器

1～4. 罐　5、6. 双耳罐　7. 盉　8、9. 斝　10. 鬲　11. 尊　12. 袋足瓮　13、14. 碗（均神木石峁）

除上述三个文化类型外，陕南的汉水上游，以及与甘肃、河南、湖北毗邻地区的同期文化遗存，也有自身的特点，因掌握资料很少，只能作一些信息性的介绍。

秦岭西南汉水上游地区的新石器时代考古工作已做过多次调查或复查，也试掘或发掘多处重要遗址，发现李家村文化及仰韶文化遗址的分布相当广泛，唯独相当于龙山文化时期的遗址发现很少。经过试掘的西乡红岩坝遗址[20]，下层是仰韶文化庙底沟类型，上层是相当于龙山文化时期的堆积。上层陶器的陶质有泥质和夹砂两种。陶色以黑皮红胎陶为主，红陶次之，灰陶较少。黑皮陶以内外表皆黑者居多数，也有内黑外红的。陶器多为素面，有的器物上饰绳纹、锥刺纹和附加堆纹。器形以罐、盆为多数，其他较少。这里的折肩罐、折腹盆均与关中客省庄遗址的同类器相似，表明红岩坝上层文化遗存与客省庄文化有着一定的关系。但它们的差异是很明显的，比如客省庄文化陶器中常见的鬲、斝等典型器物，以及篮纹、方格纹、划纹等重要纹饰都不曾发现，说明汉水上游的这类遗存有它自身的特征，也可能是另外的文化系统，或者是因为我们的工作做得较少，尚未揭开它的文化全貌。

秦岭东南丹江上游靠下的丹凤、商南、山阳、镇安一带，与河南、湖北交界，也开展过一些考古调查工作，发现仰韶文化遗址不少，同时也发现了一些相当于龙山文化时期的文化遗存，如商南过风楼、金花湾、庙沟街、黄州奎、梳洗楼、徐家店、东岭、毕家湾、胡家湾、镇安前湾等遗址都有此类文化堆积[21]。从采集到的陶片来看，既有客省庄文化的特征，又有河南龙山文化、湖北龙山文化的因素，表明这一带的文化面貌比较复杂，三者之间的关系也比较密切。然而，这里的文化全貌究竟如何，还要靠将来这一带的考古工作资料的积累来说明。

关中盆地西边沿上的陇县、邠县、长武一带，据尹盛平、陈国英等同志调查情况所知，有齐家文化遗址分布，如陇县的川口遗址等。这里的齐家文化遗址中包含着较浓的客省庄文化双庵类型的色彩。从采集到的陶器来看，其特征是：红色陶占绝大多数，制法均为手制，模制和轮制不见，纹饰以篮纹、绳纹最多，素面磨光的也不少，器形以高领折肩罐、双大耳罐、圆腹罐较多，杯、碗、盆次之，鬲、斝罕见。

三　关于客省庄文化的年代及源流问题

20世纪50年代初，苏秉琦先生在客省庄遗址发现了仰韶文化、客省庄文化及周文化的三叠层以后，客省庄文化晚于仰韶文化，早于周文化的相对年代关系已为学术界所公认，以后像这样的地层关系在很多遗址都有发现。50年代后期安志敏先生在豫西三门峡庙底沟遗址发现了晚于仰韶文化早于龙山文化的庙底沟二期文化之后，多数学者认为庙底沟二期文化应是由仰韶向龙山发展的过渡性文化，并认为中原地区的河南龙山文化、客省庄文化都比庙底沟二期文化为晚。此后，在实际工作中又发现了一些地层证据：如洛阳王湾、芮城西王村、华阴横阵、武功赵家来等遗址都发现庙底沟二期文化在下，河南龙山文化、客省庄文化在上的地层叠压关系，这更进一步证明客省庄文化的相对年代要晚于庙底沟二期文化。华县梓里灰坑中出土的木炭标本，经^{14}C测定，距今年代为3635±80年，树轮校正为3950±100年，与河南龙山文化安阳后岗、汤阴白营、临汝煤山、登封告成（王城岗）等遗址^{14}C测定的绝对年代相当[22]。

关于客省庄文化的渊源问题，有两种不同的意见。一种意见认为客省庄文化是晚于并从庙底沟二期文化发展起来的遗存，这是学术界比较普遍的看法；另一种意见认为客省庄文化本身有早晚期之分，从部分器物的演变规律来看，客省庄文化的早期应与庙底沟二期同时，从而否定了前一种意见[23]。上述两种意见都是从对比研究中得出的认识，这是在未发现充分的地层关系的情况下进行的研究，有一定的局限性。近年来有的发掘报告已经出版，同时又开展了一些调查和发掘工作，明确的地层关系已经获得，使我们的认识也有所提高。华阴横阵的地层情况是：第一层农耕土；第二层汉文化层；第三层战国层；第四层可分两层，即4 A 层为龙山文化晚期层（即客省庄文化），4 B 层为龙山文化早期层（即庙底沟二期文化）；第五层为仰韶文化层[24]。武功赵家来的地层情况是：第一层耕土，第二层近代堆积，第三层西周堆积，第四层客省庄文化堆积，第五层庙底沟二期文化堆积，第六层仰韶文化堆积[25]。这两处遗址的地层关系表明关中东部和西部的客省庄文化都是直接由庙底沟二期文化发展来的，即使从两个文化的一些器物的演进规律来看也是比较自然的。实际上，除上举两处遗址的地层情况外，近几年来在商县紫荆遗址也发现过相同的地层关系。同时在关中西部的调查中发现有一大批庙底沟二期文化的遗址分布，在陕北地区也有发现，并在绥德县试掘过一处此类遗址，即小官道遗址[26]。在陕南也有零星器物出土。这说明庙底沟二期文化在陕西境内的分布是相当普遍的，这样便修正了以前只把眼光放在关中东部的局限。

关于客省庄文化的后继文化问题，虽做过一些工作，但总的来看，目前还是一个重要的缺环。1958 年北京大学在试掘华县南沙村商代遗址时，发现上层文化与郑州二里岗上层相同，下层文化既有二里岗下层的特点又有二里头文化的因素，当是地域性较强的文化遗存，其年代应略早于二里岗下层[27]。同年在元君庙遗址的发掘中，发现 T413 第三层的文化内涵及 M451 的情况与洛阳东干沟、偃师二里头一类文化遗存相近[28]。在华阴横阵遗址发现一座成年男女合葬墓，随葬品中有两件陶罐与二里头文化的同类器相似。这三处发现对我们的工作都有很大的启发。20 世纪 70 年代后期以来，我们希望通过对关中西部先周文化遗址、关中东部商代遗址及客省庄文化遗址的研究分期中解决陕西境内相当于夏代纪年的地方性文化遗存，这样的工作目前还正在开展。近几年来我们调查试掘了蓝田怀珍坊[29]、铜川北村[30]、西安袁家崖[31]等商代遗址，联系在各地发现的铜器情况，我们对陕西境内的商代文化面貌有了一些初步认识。同时在商县紫荆新石器时代遗址的发掘中，发现 H18 及 H91 出土的高领罐及高筒杯与二里头文化的同类器近似[32]；在武功郑家坡先周遗址中，发现其早期遗存比客省庄文化为晚，出土的陶尊与二里头文化的陶尊相似[33]。这些零星发现，为我们探索陕西境内晚于客省庄文化、早于商代文化的文化遗存提供了重要线索，客省庄文化的后继文化可能在今后的考古工作中很快得到解决。

四　关于客省庄文化的社会性质问题

我国新石器时代的仰韶文化、龙山文化以及与之年代相当的诸文化遗存的社会发展阶段问题，是学术界正在热烈讨论的重大课题。这是一个非常复杂的问题。关于仰韶文化的社会性质问题，就目前来说，大体有四种看法：（一）认为仰韶文化属于母系氏族社会的繁荣阶段；（二）认为仰韶文化属于父系氏族阶段；（三）认为仰韶文化早期属于母系氏族社会的繁荣阶段，中晚期父系氏族社会在部分地区（中原）已经形成；（四）认为仰韶文化延续时间长，分布地域广，各个阶段、各个地区的发展水平不平衡，不应一刀切，而应作具体分析，发展快的中原地区早期属于母系氏族社会解体阶段，并正在向父系氏族社会过渡，中晚期已进入父系氏族社会，发展慢的地区可能正在向父系氏族社会发展。笔者以前对这个问题的认识也比较保守，鉴于20世纪70年代以来我国考古学的飞跃发展，新的发现层出不穷，促使我们的认识也应有所前进，以更接近历史的实际。我基本上同意上述的第四种意见。我们知道在仰韶文化早期半坡类型的遗址中，不止一次地发现对个别死者的厚葬现象，这应视为贫富不均已经出现，是私有制出现的反映，是母系氏族社会的母体中正在孕育着父系氏族社会的胎儿，正在向父系氏族社会过渡。到了仰韶文化的中晚期，随着生产力的发展，社会结构也在急剧变化，成排成组房屋建筑的出现，是父系大家族住宅的反映，是父系氏族社会已经形成的重要标志。根据^{14}C测定年代的数据，仰韶文化中晚期距今大约五千年左右，也就是说中原地区在距今大约五千年时已形成了父系氏族社会。到了庙底沟二期文化时期，豫、晋、陕中原地区的父系氏族社会达到了高度发展的繁荣昌盛时期。恩格斯在《家庭、私有制和国家的起源》一书中指出：“母权制已让位给父权制；与此同时，正在产生的私有财富在氏族制度上打开了第一个缺口。”所以父权制的形成过程和私有制的出现是联系在一起的。私有制的出现和发展，又是原始社会解体的过程，也是阶级和国家产生的过程。到了客省庄文化时期，客省庄、康家、双庵等遗址石刀、陶刀等收割工具大量出现，表明这时的农业生产已高度发展；猪、羊、狗等骨骼的大量出土，表明家畜饲养及畜牧业的规模已相当可观；套间房屋和成排、成组房屋建筑的普遍出现，是父系大家族的社会结构已经稳定、氏族显贵已经出现的标志；双庵遗址发现的全部房屋内都有地窖设施，是私有制牢固的反映；各遗址卜骨的发现，是已经出现专门从事天文、历法、宗教信仰的祭司和显贵人物的反映；客省庄、双庵等遗址内都有非正常死亡、非正常埋葬的乱葬坑，是社会成员不平等或者是处理奴隶尸骸的反映。这一切都说明客省庄文化时期私有制已经确立，阶级已经分化，国家也可能已经形成，以夏王朝为代表的奴隶制国家已经建立并正在巩固发展。

注　释

① 苏秉琦、吴汝祚：《西安附近古文化遗存的类型》，《考古通讯》1956年2期。

② 石兴邦：《沣镐一带考古调查简报》，《考古通讯》1955年创刊号。

③ 同①。

④ 考古研究所沣西发掘队：《1955—1957年陕西长安沣西发掘简报》，《考古》1959年10期。

⑤ 安志敏：《试论黄河流域新石器时代文化》，《考古》1959年10期。

⑥ 张忠培：《客省庄文化及其相关诸问题》，《考古与文物》1980年4期。

⑦ 夏鼐：《关于考古学上文化的定名问题》，《考古》1959年4期。

⑧ 同⑥。

⑨ 籍和平：《从双庵遗址的发掘看陕西龙山文化晚期遗存的有关问题》，《史前研究》1986年第1、2期。

⑩ 西安半坡博物馆：《陕西临潼康家遗址第一、二次试掘简报》，《史前研究》1985年1期。

⑪ 商洛地区考古调查组：《丹江上游考古调查简报》，《考古与文物》1981年3期。卫迪誉等：《陕西南洛河上游古文化调查简报》，《考古与文物》1981年3期。

⑫ 西北大学历史系：《陕西华县梓里村发掘收获》，《西北大学学报（哲学社会科学版）》1982年3期。

⑬ 黄河水库考古队华县队：《陕西华县柳子镇第二次发掘的主要收获》，《考古》1959年11期。

⑭ 商县图书馆等：《陕西商县紫荆遗址发掘简报》，《考古与文物》1981年3期。

⑮ 陕西考古所渭水队：《陕西凤翔、兴平两县考古调查简报》，《考古》1960年3期。

⑯ 西安半坡博物馆：《陕西岐山双庵新石器时代遗址》，《考古学集刊》第3集，1983年。

⑰ 中国社会科学院考古研究所武功发掘队：《1981—1982年陕西武功县赵家来遗址发掘的主要收获》，《考古》1983年7期。甘肃省博物馆考古队：《甘肃灵台桥村齐家文化遗址试掘简报》，《考古与文物》1980年3期。

⑱ 戴应新：《陕西神木县石峁龙山文化遗址调查》，《考古》1977年3期。

⑲ 西安半坡博物馆：《陕西神木石峁遗址调查试掘简报》，《史前研究》1983年2期。

⑳ 陕西省考古研究所：《陕西西乡红岩坝遗址的调查和试掘》，《考古与文物》1982年5期。

㉑ 同⑪。

㉒ 中国社会科学院考古研究所：《中国考古学碳十四年代数据集》，文物出版社，1983年。

㉓ 同⑥。

㉔ 中国社会科学院考古研究所陕西工作队：《陕西华阴横阵遗址发掘报告》，《考古学集刊》第4集，中国社会科学出版社，1984年。

㉕ 同⑦。

㉖ 陕西省考古所陕北考古队：《陕西绥德小官道龙山文化遗址的发掘》，《考古与文物》1983年5期。

㉗ 北京大学考古教研室华县报告编写组：《华县、渭南古代遗址调查与试掘》，《考古学报》1980年3期。

㉘ 北京大学历史系考古教研室：《元君庙仰韶墓地》，文物出版社，1983年。

㉙ 西安半坡博物馆：《陕西蓝田怀珍坊商代遗址试掘简报》，《考古与文物》1981年3期。

㉚ 卢建国等：《陕西耀县北村商代遗址调查记》，《考古与文物》1984年1期。

㉛ 巩启明：《西安袁家崖发现商代晚期墓葬》，《文物资料丛刊》第5集，文物出版社，1981年。

㉜ 同⑭。

㉝ 宝鸡市考古工作队：《陕西武功郑家坡先周遗址发掘简报》，《文物》1984年7期。

原载于《中国原始文化论集——纪念尹达同志八十诞辰》，文物出版社，1989年。

陕西新石器时代考古工作的几个问题

陕西新石器时代的考古工作，在全国来说规模最大，收获最多，成绩显著，数十年来长期坚持不懈的工作，曾发现重要遗址八百多处，经过试掘或发掘的遗址数十处，积存重要文物数万件之多。通过这些工作，人们基本搞清楚了陕西境内的原始文化发展脉络，并对各个发展阶段的文化特征有了一定了解。这些收获为研究地方史志及中国历史都提供了至为重要的科学依据。

成绩尽管如此突出，但工作仍然做得不够，与党的事业及学术界对陕西考古界的希望差距很大，我们今后的工作任务还相当繁重。这里只把陕西新石器时代考古工作中的几个问题提出来供大家参考，不妥之处请批评指正。

一　关于早期新石器文化的问题

旧石器时代和新石器时代的分界，在考古学界一般认为是磨制石器的出现，定居村落的形成，农业经济和制陶术的发明等。也就是说这四种因素乃是新石器时代出现的显著特征。在国际上曾发现过没有陶器存在而有磨制石器的定居农业村落，这说明陶器是否发明不是新石器时代的首要标志。也说明在人类发展的长河中每个时代的各种特点不是同时出现的，而是逐步发明创造出来的。新石器时代的各种特征也是逐步完备的。陕西和全国一样，旧石器时代的文化遗存相当丰富，新石器时代中、晚期的文化遗存遍布各地，唯独中石器时代及新石器时代早期还是一个重大的缺环。近几十年来虽然已发现了一些细石器遗存如沙苑文化等，然其是否属于中石器时代也不无问题，已发现的老官台文化等虽很重要，但它们是属于新石器早期偏晚阶段的文化内容，在它们之前尚属空白。中石器时代及新石器时代早期这个大的文化缺环应该是我们考古界长期努力的目标。

（一）中石器时代和新石器时代的关系

19世纪末年，欧洲考古学家在欧洲的一些地方发现了细石器遗存，因为它处于旧石器时代与新石器时代之间，而被称为中石器时代。细石器是用间接打法剥片，用压制法进行第二步加工，器形为几何形如三角形、菱形、梯形、半月形等形状。后来在非洲、亚洲、北美洲及大洋洲都有发现。20世纪初欧洲考古学家把中石器时代的地质时代定在末次冰期结束后的全新世初期，绝对年代为公元前一万二千年左右，把磨制石器和陶器的出现作为下限。细石器是用来作复合工具的，特别是弓箭这种最强有力的武器，它的广泛使用使渔猎经济的水平大大提高，因此一些学者认为中石器时代是一个在农业和畜牧业尚未出现，以渔猎经济为主要经济部门的时代。近几十年来我国学者在国内的华北、西北、东北、西南、华南、华东也发现了一些细石器遗存，过去被称为细石器文化或中石器文化。有的同志把这些细石器遗存看作中石器时代；有的同志把许昌灵井、海拉尔、西藏地区、南海西樵山等遗址发现的细石器划归旧石器时代晚期，把大荔沙苑、呼伦贝尔札赉诺尔等地的细石器划归新石器时代，根本不承认“中石器时代”这个发展阶段。我们认为中石器时代考古确实存在不少问题，就我国境内发现的一些细石器遗址来看，多数没有地层根据，特别是旧石器时代晚期—中石器时代—新石器时代的三叠层地层叠压关系根本没有发现过。要从根本上解决这些问题，诸如有没有中石器时代，中石器时代的前后关系、文化特征、经济形态等，都有待进一步开展大量的考古工作方能得到解决。陕西乃至全国中石器时代文化与新石器时代文化的关系，也就是说我国的新石器时代文化是不是从中石器文化发展来的？要解决这个问题，就有待新石器时代初期遗址的发现。但目前我国新石器时代初期文化遗存尚属缺环，无从作对比研究。不过，从已发现的老官台等新石器时代初期晚阶段的诸文化来看，它们是有一定的渊源关系的。

（二）早期新石器文化何在？

陕西和全国一样早期新石器时代文化尚属空白，为什么是个空白？这是一个比较复杂的问题。前边已经提到新石器时代文化的特点是磨制石器，农耕、定居村落及制陶业的出现。但目前国际上已发现了无陶新石器时代文化，并在国际学术界逐步得到普遍认可，从而使这样的传统观念开始动摇。在我国，由于田野考古工作的科学性不断提高，认识也在增进。建国初期在考古调查时，凡是有陶片发现的就定为新石器时代遗址，否则就是旧石器时代遗址，发现红陶片就是仰韶文化遗址，发现灰、黑陶片就是龙山文化遗址，这是很不科学的判断，是时代和认识的局限。实际上早期新石器文化不见得非有陶器不可，这类遗址在西亚地区已经普遍发现，在我国虽属空白，但总有一天会得到弥补。为什么目前尚未解决？（1）我国近代考古学的起步比较晚；（2）不掌握这类遗址的一般规律；（3）缺乏比较研究的基点，即使是有零星遗物发现也不易识别；（4）我们的工作做得不够。所以这里介绍以下西亚地区早期新石器文化的情况，或许对我们今后的工作会有点启发。

近50年来，西亚各地和爱琴海地区的考古发现证明，制陶术的有无，已不再是新石器文化存在与否的标志。从许多已发掘的遗址来看，在陶器出现以前至少约两千年，新石器时代已经发生。不少遗址的地层情况证明，在有陶文化之前，先有一个前陶的或无陶的新石器文化阶段。在20世纪的40至50年代，从伊朗高原、美索不达米亚至叙利亚、巴勒斯坦、地中海沿岸，从安那托利亚、爱琴海岛至希腊半岛，很多无陶或前陶新石器文化遗址被发掘出来。大量考古材料证明，至少在西亚各地和爱琴海地区，新石器文化必须划分为前陶的和有陶的两个阶段。而在我国有没有无陶新石器文化？我们认为怀仁鹅毛口等遗址为探索早期新石器文化提供了重要线索。这个遗址1963年发现，它位于晋北桑干河流域，经调查面积约2万平方米，地表与地层中有大量石器分布，地层的地质时代为全新世初期。调查获得石制品1120件，经挑选出的成形石器约782件，包括石核77件、石片396件、石器309件。其中砍砸器54件，尖状器28件，刮削器56件，石斧87件，磨制石斧1件，石锄（应为石铲）65件，石锤11件，石镰（应为石刀）3件，原尖状器4件。鹅毛口的石器大多数为打制的，少部分是磨制的。从石器类别及其特征来看，它显示了农业经济的特点。从发现较多的石铲、石刀来看，其经济生活应以农业为主，刮剥兽皮用的圆刃刮削器、盘形刮削器的存在，间接说明狩猎也比较发达。鉴于鹅毛口遗址是一个石器制造场所，而不是居址，且制造的石器大多数已被带往它处，剩下的大都系残品，所以对复原他们的生活全貌是有困难的。但从上述石器特征及地层情况来看，它是新石器时代早期遗址无疑。与鹅毛口类似的遗址最近在内蒙古也有发现，这些都是发现于我国华北地区的属于早期新石器文化的重要遗址，是我国新石器时代的开端。这些遗址的发现给我们一点启示：我国的广大地区内可能分布着以打制石器为主，磨制石器刚刚出现，器形中有农业工具兼有狩猎工具，有定居村落而无陶器（或者陶器相当原始）的新石器时代早期遗址。这样的遗址可能很快会被我们发现。

（三）老官台文化和李家村文化

目前，在陕西地区已发现的老官台文化和李家村文化，距今约7000年左右，学术界认为其属于新石器时代初期的晚阶段。对这两个原始文化的研究也还存在不少问题。老官台文化的分布主要在渭水中、下游，即甘肃东部和陕西关中地区，陕南丹江上游也有同类遗址；李家村文化的分布主要在陕南的汉水上游地区。至于它们的全貌均因发掘面积较小而不甚了解。这两种文化的发现都二十多年了，认真的工作还是近几年才抓起来的。这包括对宝鸡北首岭下层、商县紫荆下层、渭南北刘下层、大荔梁家坡下层、临潼白家遗址及西乡李家村、何家湾下层进行的发掘，其中多数至今仍在工作。从工作的进展情况来看，已经有了可喜的收获，从而使我们对这两种文化的特征及分期开始有了一些初步认识。但我们对这两种文化的关系尚不清楚，它们是同一个文化的早晚关系，还是两个独立的文化系统，还不甚了解；它们各自在陕西的分布情况、生产状况、经济形态、社会发展阶段，以及与其他原始文化的关系等都不太清楚，还有待继续工作。

二　关于仰韶文化的问题

仰韶文化一般是认为属于新石器时代中期的原始文化。陕西已发现的仰韶文化遗址有数百处之多，试掘或发掘过的亦有二十多处，是陕西石器时代考古工作最突出的成绩，也是黄河流域各省对仰韶文化开展工作最多的地区。工作做得多，收获自然丰富，截至目前已积累了有关仰韶文化的大批系统资料，各类重要文物达数万件之多。这些工作使人们掌握了仰韶文化在陕西的分布情况、分期和类型方面的特征、社会性质以及与其他原始文化的关系。但仰韶文化延续时间长（二千年左右），分布地域广，分期也较复杂，所以从各期的具体情况来看，了解的并不详尽。过去对它的早期即半坡类型的各种特征了解较多，而对史家类型的资料积累较少，至于中、晚期即庙底沟类型及西王村类型的各种遗迹、遗物的特征了解得就更少了。具体来说对它们的村落布局特征、房屋营造技术的水平、窖藏设施的规律、埋葬习俗、陶窑形制、生产工具和生活用具的进步程度、艺术特点、社会经济形态及社会性质等一系列问题都不甚了解。比如在河南省已发现了属于仰韶文化晚期类型的房屋建筑遗迹，其与早期的单间大不一样，而是成排分组有单间和套间的建筑形式，这样的房屋居住特点反映了父系氏族社会的因素。这种情况在陕西省内尚不曾发现。又如仰韶文化重要特征的彩绘陶器，在河南、甘肃，对它的晚期特点都了解得相当清楚，积累了大量资料，而在陕西省尚不能掌握这方面的特征。所以上述的缺陷都有待做大量的工作，方能弥补这方面的不足。仰韶文化在我国新石器时代考古中，以及在中国原始社会史中占有相当重要的地位，它是我们中华民族由野蛮走向文明的重要发展阶段，所以对仰韶文化进行深入细致的工作具有极为深远的意义。

三　关于龙山文化的问题

陕西地区的龙山文化开展工作较少，建国初期多是在发掘仰韶或西周遗址时顺便做了一些工作，对单纯的龙山文化遗址很少发掘。近几年来，为探索原始社会解体等问题，才开始重视挖掘这方面的遗址。就目前已掌握的龙山文化资料来看，陕西境内的龙山文化可分为早、晚两期，早期为庙底沟二期文化，晚期为客省庄二期文化。庙底沟二期文化只是在发掘华县泉护村、南台地，华阴横阵村等仰韶文化遗址时做了一点工作。除了解它与仰韶文化的继承关系外，其他情况知道甚少，诸如它在全省的分布情况、文化特征、建筑技术、生产、生活面貌等等，都缺乏资料。前些年在西乡李家村遗址曾发现庙底沟二期零星陶器，1977 年在商县紫荆遗址也发现了这类文化遗存，1980 年在武功发掘的浒西遗址也属庙底沟二期文化，而且收获比较丰富。这些发现使人们了解到它的分布情况，原来只知道关中东部有遗址分布，现在不仅关中西部也有，而且陕南的汉水及丹江上游地区也有它的踪迹。客省庄二期文化，也称陕西龙山文化。其分布情况遍及全省，但主要在关中及陕北地区。经过科学发掘的遗址有长安客省庄、西安米家崖、华阴横阵、临潼姜寨、岐山双庵、商县紫荆、临潼康家、神木石峁等。通过这些试掘或发掘，发现遗迹、遗物不少，使人们对它的文化特征、生产状况、生活情景、经济形态等都有一定的认识。只是对上述遗址的发掘规模都较小，完整、系统的资料尚未取得，分期及类型的划分也未解决。如关中东部及关中西部、陕北地区的文化面貌迥然不同，就陶器来看，东部及陕北灰陶约占全部陶器的 90% 左右，西部则恰恰相反，而是红陶约占全部陶器的 90% 左右。陶器的形制也不一样，东部鬲多斝少，西部和陕北都是斝多鬲少。这些情况反映的是早晚关系还是同时存在的不同类型的文化呢？目前还没有充分的资料依据。又如在河南省已经发现了与客省庄二期文化年代相当的城址，这是国家形成的重要因素，而在陕西境内却尚未发现。

上述庙底沟二期文化及客省庄二期文化的工作情况，都存在一定的问题。除这些具体情况外，还有从未系统地、大面积地、大规模地发掘过一个完整的遗址；就地区来说，对关中做了一些工作，而对陕北、陕南开展工作极少。这些问题都是今后应该努力的目标。龙山文化是我国由原始社会向阶级社会过渡的重要文化遗存，我国的原始社会如何解体，私有制、奴隶制、敌对阶级乃至国家怎样产生等，都与龙山文化的研究有着极为密切的关系。

四　关于陕西夏代文化的问题

根据文献记载，我国历史上的商代以前还有个夏代。夏代的存在可以说是肯定的。建国以来对夏代文化的探索，在豫西、晋南开展了大量工作，已经取得很大成绩。在豫西发现有先后衔接的河南龙山文化、二里头文化、商代文化，从考古文化来说，它们是连续不断的，是没有文化缺环的。商代文化以前究竟哪一代文化是夏代文化？现在只是认识问题。学术界多数同志认为二里头一、二期应属夏代文化；有的同志认为二里头一至四期均为夏代文化；有的同志认为晚期龙山文化和二里头一、二期为夏代文化。孰是孰非，都在等待着田野考古新的重要发现来解答。根据文献记载，陕西虽不是夏王朝的统治中心或国都所在，但陕西东部属夏王朝的疆域是肯定的。《北堂书抄》卷十三引《纪年》："启征西河"。西河即指秦晋之间的黄河两岸一带。《尚书序》："启与有扈战于甘之野"。《逸周书·史记》："有夏之方兴也，扈氏弱而不恭，身死国亡"。《汉书·地理志》："鄠古国，有扈谷亭。扈，夏启所伐。"有扈氏，即夏初方国，其地在今户县一带。禹死启立，有扈氏不来，启即发兵镇压，《尚书·甘誓》记载较详。这些记载说明夏王朝与陕西的关系相当密切。过去，我们对陕西地区的仰韶文化、周代文化开展工作较多，了解的比较清楚；而对客省庄二期文化工作开展较少，对它的文化特征、类型的划分及年代分期，至今还是若明若暗，不甚了解；至于对商代文化的了解就更少了，我们发现的只不过是一些零星铜器而已，从未科学地发掘过一处商代遗址。为了探索陕西的夏代文化，近几年来在关中东部地区采取加强对仰韶—西周之间的考古工作，即加强对客省庄二期文化及商代文化遗址的调查和发掘工作，试图在这两种文化的分期中找出本地区的夏代文化。对客省庄二期文化，最近已发掘了华县梓李村、临潼康家、商县紫荆及神木石峁等遗址。

这些工作已为我们积累了一些重要资料，尤其石峁遗址的分期比较重要，它的二期是晚于客省庄二期文化而早于商代文化的重要遗存。对商代文化，最近已发掘、清理了蓝田怀珍坊及西安袁家崖遗址。同时还调查了华县、大荔、耀县等地的一些遗址。发现这里不但有与安阳殷墟基本相同的商代晚期文化遗存，而且还有与郑州二里岗相似的商代早期文化遗存。在华县南沙村遗址的下层已发现了早于商代早期的近似二里头文化的零星遗物。上述石峁二期和华县南沙村下层的文化遗存可能是探索陕西东部夏代文化的重要线索。弥补陕西地区夏代文化的缺环问题，可能很快会得到解决。

五　关于先周文化的探索问题

前述陕西东部文化的发展序列中，夏代文化尚属缺环，而陕西西部古文化的发展序列中，夏代和商代均为缺环。对客省庄二期文化以后、西周文化以前我们几乎一无所知。鉴于和夏、商基本同时的周族先世发祥于西部地区，所以在这个地区内探索西周建国以前周族先世所创造的文化即先周文化，便成为考古研究的重要课题。过去我们对先周文化也不曾认真地做过工作，建国以来对西周遗址的调查、发掘做了很多工作，出土了大量重要文物，对西周的文化面貌颇有了解，而对西周以前的先周文化——周族起源的情况则了解的甚少。邹衡同志对先周文化的研究较详，他认为先周文化源于太原附近的光社文化，似有道理，但笔者不敢盲从，觉得仍有讨论的余地。徐锡台同志对先周文化也颇有研究，立论多从考古实践着眼。认为“早周文化可能是从客省庄二期文化的基础上接受了齐家文化的因素而发展起来的，换言之，早周文化起源于客省庄二期文化，在它发展的后期，受了殷商文化的影响而形成西周时期的社会经济形态”。这样的认识我们是赞成的，这在考古学上已经初步得到实证。近几年来，几个单位的同志都在探索这个问题，都在实际进行调查、试掘或发掘工作。通过这些工作已取得了一些可喜的收获，如扶风白家窑、益家堡、美阳，岐山京当，礼泉北牌，武功郑家坡，长武碾子坡等遗址都有重要发现。出土物的重要特点是：铜器与河南商代铜器近似，而陶器却迥然两样。这样富有地域色彩的文化遗存可能就是人们正在探索的先周文化。

上述四、五两节所讨论内容的时代可能阶级和国家已经形成，不属石器时代的范畴，但它们都与石器时代末期的龙山文化有着至为密切的关系，所以一并略论于此。

六 关于综合研究问题

陕西大部位于我国黄河中游的中原地区，新石器时代考古工作在我国原始社会史的研究中担负着重大任务，半个多世纪以来我们做了大量工作，成绩很大，对各个时期各种类型的文化遗存积累了丰富资料，但系统的、全面的综合研究工作还做得非常不够，可以说还是个极为薄弱的环节。如能运用已经积累的丰富资料以及进一步做一些目的性较强的调查、发掘工作，并结合我国丰富的古文献记载及民族志资料进行深入的综合研究，必将为我国原始社会史乃至夏、商、周三代历史的研究提供更多的科学资料，使我们的工作取得更大的成绩。

原载于《陕西省考古学会第一届年会论文集》，1983 年。

陕西新石器时代考古工作与研究

陕西地处我国中部偏东靠北，大部分属于黄河中游及汉水上游，东邻豫晋，西通甘宁，南接川鄂，北联内蒙古，境内山川秀丽，气候温和，是我国文化的主要发祥地之一。陕西新石器时代文化遗存相当丰富，数十年来开展了大量的考古调查和发掘工作，发现了八百多处古文化遗址，出土数万件珍贵文物，为研究我国新石器时代考古及原始社会史提供了极为宝贵的实物资料。

一 新石器时代考古的主要工作

早在19世纪末的1898年，意大利人吉利欧里（E. H. Giglioli）曾在延安地区做过考古调查，发现了穿孔长方形石斧[①]。20世纪的三四十年代即抗日战争前后，中央研究院历史语言研究所及北平研究院史学研究所的一些学者，在陕西进行了一些考古调查和发掘工作[②]。建国以后，陕西考古事业和其他各项事业一样，蓬勃发展，事实上已成为全国重点考古地区之一。1951至1956年，中国科学院考古研究所先后在西安附近浐、灞、渭、沣之间进行了多次调查和试掘[③]，陕西省文物管理委员会配合工农业基本建设工程也对关中西部进行了文物普查及清理工作[④]。为了配合根治黄河的伟大工程，黄河水库考古工作队在三门峡水库区的陕西境内进行了多次普查工作[⑤]。同时考古研究所从1954至1957年对西安半坡村遗址及长安沣西一带进行了全面、系统的较大规模科学发掘工作[⑥]。这几年的调查和发掘，收获很大，发现了很多古文化遗址，基本上掌握了关中地区新石器时代遗址的分布情况，对诸原始文化的分期及类型的划分有了一些初步认识。

1957至1961年，在前几年工作的基础上又做了大量的普查、复查和发掘工作。1957年中国科学院考古研究所为配合西安半坡遗址的发掘，对浐、灞流域进行了调查[⑦]。1958年陕西省文物管理委员会对全省古文化遗址进行了一次全面普查[⑧]。同年陕西省考古研究所成立，使我省第一次有了专门从事考古工作的科研机构。1959 年陕西省考古研究所配合长江流域规划，对陕南汉水、嘉陵江上游地区进行了调查[9]。同年中国科学院考古研究所与陕西省考古研究所共同对陕西境内渭河中游（咸阳以西）及长安、户县沣、涝之间的古文化遗址进行复查[10]。1960 年陕西省考古研究所对长武、邠县境内的泾河流域进行了调查和复查[11]。通过这些普查和复查工作，我们初步摸清了全省范围内新石器时代遗址的分布情况。而这几年更突出的工作是在考古调查的基础上对几个重点遗址的大规模发掘。1958 至 1959 年中国科学院考古研究所及黄河水库考古工作队同时对宝鸡北首岭、华阴横阵村、华县柳子镇进行了较大面积的发掘[12]。1959 至 1961 年陕西省考古研究所同时对邠县下孟村、西乡李家村两遗址进行发掘[13]。这五个遗址共发掘面积 14247 平方米，加上前几年发掘的半坡、沣西及其他遗址的发掘面积总计约 30000 平方米。通过对上述诸遗址的重点发掘，我们对陕西地区新石器时代考古的分期、各种文化的类型和特征等都有了进一步认识。

1963 年陕西省考古研究所对北洛河流域及陕北长城沿线进行了考古调查和复查。1966 至 1971 年“文化大革命”期间陕西新石器时代考古工作停顿。

从 1972 年开始，由于周恩来总理对全国文物考古工作的重视和关怀，陕西同全国一样，新石器时代考古工作又迅速发展起来。1972 年陕西省文物管理委员会为配合陕南阳安铁路的建设而清理试掘了安康柏树岭遗址[14]。1972 至 1979 年西安半坡博物馆对临潼姜寨遗址做了系统的、全面的、大规模的科学发掘[15]。这几年间为配合姜寨遗址的发掘和研究，西安半坡博物馆对全省各地的一些古文化遗址进行了调查、复查和试掘工作[16]。1974 年调查和试掘了临潼白家遗址，1976 年西安半坡博物馆对渭南史家[17]、蒲城曲里[18]、铜川李家沟[19]进行了试掘或发掘，1977 至 1987 年对岐山双庵、商县紫荆两遗址进行了较大面积的发掘[20]，同年中国社会科学院考古研究所对宝鸡北首岭进行再次发掘[21]。这几处遗址的发掘面积总计约 20000 多平方米。1978 至 1979 年汉中地区文物管理委员会及陕西省考古研究所对汉水上游的新石器时代遗址进行调查和复查[22]。1980 至 1982 年陕西省文物局组织各地区文物干部在全省范围内进行文物普查，据不完全统计新发现新石器时代遗址 200 多处，有的保存相当完好。尤其商洛地区通过普查填补了文物资料缺乏的空白[23]。同时西安半坡博物馆对渭南北刘、大荔梁家坡、神木石峁、临潼康家，陕西省考古研究所对西乡何家湾、红岩坝、李家村、绥德小官道、凤翔大辛村，中国社会科学院考古研究所对武功赵家来、浒西庄、临潼白家等几处重要遗址进行发掘，发掘面积约 6000 平方米，获得了一大批可供比较研究的资料[24]。1983 至 1984 年陕西省考古研究所对南郑龙岗寺、宝鸡福林堡两遗址进行发掘[25]。1984 至 1988 年为配合安康水电站建设工程，陕西省考古研究所对安康水库淹没区的徐家坝、饶家坝、马家营、阮家坝等遗址进行发掘，至今田野工作仍在进行之中。通过对上述各遗址的调查、试掘或发掘工作，积累了丰富的科学资料，使我们对全省新石器时代诸文化的特征、类型、分期、分布、相对或绝对年代及发展序列的认识愈加全面，以下我们将作进一步的研究分析。

二　陕西新石器时代考古研究的主要收获

由上所述，数十年来陕西新石器时代的考古工作成果丰富，为我们进一步地研究工作打下了良好的基础。据粗略统计，有关陕西新石器时代考古的研究文章，约有数十篇之多，探讨的问题也较深入，有些问题已经澄清，有些问题仍在研讨之中，有的结论刚刚得出，争鸣气氛颇浓，学术空气很高。通过学术界的广泛讨论探索，促进了我们的工作，使我们对一些问题的认识也在逐步提高。这里将我们的一些粗浅看法一一陈述如下，谨供参考。

（一）老官台文化

关于老官台文化的田野工作和研究，大致可分为前后两个阶段。20世纪50年代末至60年代初为一个阶段。在这一阶段发现了华县老官台、元君庙，渭南白庙、北刘，宝鸡北首岭，邠县下孟村，西乡李家村等遗址。在这些遗址中都发现了不同于已知文化的重要遗存，尤其是老官台、李家村两处遗址经过试掘和发掘，发现其文化面貌比较特殊，在元君庙遗址的发掘中还发现了明显的地层关系。这些新的发现立即引起了学术界的重视。1964年夏鼐先生指出李家村发现的典型陶器——圈足钵和三足器，在宝鸡北首岭和华县柳子镇元君庙的仰韶遗址中都曾发现过，但都只发现在最早期的墓葬或底下的文化层中……它和典型的仰韶文化有密切的关系，而它所代表的文化可能要较早。……是探索仰韶文化前身的较可靠的线索[26]。1965年苏秉琦先生发表了老官台试掘出土的一组陶器标本，并指出："以北首岭、元君庙下层等为代表的文化遗存，应和半坡类型划分开来"。"两遗址的下层遗存基本一致，而与其余部分之间风格截然不同，也同整个仰韶文化面貌相异"。"这类文化遗存无疑同半坡类型的仰韶文化具有一定的渊源关系"[27]。夏、苏两位先生这种科学的探索性的预见，对我们的工作启发很大，但因"文化大革命"的干扰而中断了这一极为重要的工作。后一个阶段是70至80年代初。在这一阶段发现了临潼白家，长安鲁坡头，商县紫荆，眉县第二坡，西乡何家湾、二里桥、土地庙，南郑龙岗寺，汉阴马家营、阮家坝，石泉后柳，大荔梁家坡，秦安大地湾（属甘肃）等。除鲁坡头、土地庙和第二坡三处遗址外，其他都进行了试掘或发掘，白家、紫荆、何家湾、龙岗寺、大地湾等遗址的发掘面积都比较大，除白家外都发现有和仰韶文化半坡类型的地层关系，遗迹、遗物等也较丰富，遂使我们的认识也较前提高了许多，在学术界也引起了强烈的反响，研究文章各种观点犹如百花齐放。这类文化遗存的命名问题是各家争论的焦点。归纳起来有如下几种不同的认识。（1）把陕西境内及甘肃东部早于半坡类型的新石器文化遗存统统归入老官台文化[28]。（2）将北首岭下层、老官台、下孟村、白家、白庙等归入仰韶文化范畴，称为“北首岭下层类型”[29]。（3）认为分布在汉水上游的李家村、何家村、土地庙等文化遗存应命名为李家村文化；分布在渭水流域的老官台、白家、白庙、北刘等应命名为老官台文化；而北首岭下层应归入老官台文化，不应划归仰韶文化[30]。（4）将汉水上游及渭水流域发现的比半坡类型早的新石器文化遗存统称为“李家村—老官台文化”，鉴于地域性差别，又划分为“李家村类型”及“老官台类型”[31]。（5）认为以北首岭下层为代表的一类文化遗存，应归入仰韶文化范畴，以北刘下层、大地湾下层为代表的文化遗存，应命名为“大地湾文化”[32]。（6）将渭水流域发现的“前仰韶”文化遗存命名为“白家文化”，又分为早、中、晚三期，三个类型，即早期大地湾类型、中期北刘类型、晚期北首岭类型，而分布在汉水上游的“前仰韶”文化遗存应称为李家村文化[33]。（7）认为白家、大地湾下层、北刘下层应命名为白家紫荆下层文化；而北首岭下层、老官台、元君庙 H406、下孟村等应归入仰韶文化早期阶段；李家村文化应独立存在[34]。（8）认为老官台文化应分为北刘、北首岭两个类型，前者是早期阶段，后者是晚期阶段；并认为李家村文化是在老官台文化北刘类型的影响下发展起来的[35]。从上述八种意见来看：多系资料尚不充分时提出的，如今已经做了较多的工作，并进行了比较广泛的讨论，在此情况下我们应当客观地、实事求是地进行认真的分析研究，使我们的认识尽量接近历史的真实。我们经过反复的对比研究，并结合从事这项实际工作的体会，认为将这类早于仰韶文化的遗存命名为老官台文化较为妥帖，同时可分为早、晚两个不同的类型，即北刘类型和北首岭类型，前者包括北刘下层、白庙、白家、紫荆下层、鲁坡头、大地湾下层等，后者包括北首岭下层、第二坡、老官台、元君庙下层、梁家坡下层、李家村、何家湾下层、龙岗寺下层等。其理由：（1）老官台文化的名称提出较早，影响较大，已广为人知，如果随意提出新的名称将势必造成一些混乱。（2）老官台文化的分布地域较广，延续时间也较长，各遗址的文化面貌也不绝对一致，所以我们在时间和类型方面加以区分，看来问题就比较明显。老官台文化无论是早期类型或是晚期类型，其共同的也是明显的特点是三足器及圈足器，这在陕西境内仰韶文化各类型中是没有的，所以将老官台文化的一部分遗址划归仰韶文化或者再命名一个李家村文化是不合适的，何况我们的考古界前辈夏鼐、苏秉琦两位先生在他们关于这类文化遗存的论述中一直是作为一个文化范畴对待的。试想：假设将分布在汉水上游的遗址另立新的文化名称，那么后来的仰韶文化、龙山文化遗存势必也得另立新的文化名称。因为分布在这一地区的各期文化遗存都或多或少地存在着一些地域性特点，所以我们考虑从宏观角度出发，将关中和陕南的这类文化遗存视作一个文化范畴较妥。现将老官台文化早晚不同的两个类型的文化特征作简单介绍。

北刘类型

以北刘遗址为代表的一类文化遗存，主要分布在渭水流域，在汉水上游的后柳遗址仅采到过零星陶片。已经试掘或发掘过的遗址有北刘下层、白家、紫荆下层、大地湾下层等[36]。通过发掘已发现房屋建筑5座，均为圆形半地穴式，居住面系长期踩实的硬土面，一般无专设灶坑，个别靠穴壁处有灶坑，并有火种罐保存，门向朝西、西北或朝北，有坡形门道，房内面积很小。墓葬已发现数十座，大都为竖穴土坑，墓向不一。大地湾有东西和南北两种。白家墓向以西向及偏西南向为主，葬式以单人仰身直肢葬为主，有个别多人合葬墓。白家还发现两座侧身屈肢葬墓，其随葬品不丰富，一般一墓有1～3件，个别墓达10多件，随葬的生产工具均为实用器，陶器一般器形较小，似为专供随葬用的器皿。在已发掘的遗址中发现生产工具较少，器类不多，仅有石器、骨器、蚌器。石器磨制的多，打制的少。而北刘遗址却不见磨制石器，均为打制，器形有铲、斧、凿、锛、刀、镞及磨棒等，不少石器的器身保留有石料皮层，或打琢的痕迹。还发现有一定数量的细石器。骨器均磨制，有矛、锥、镞、针及刻刀等。蚌器均系采用河蚌加工而成，有锯齿镰、弧刃刀等。生活用具主要是陶器。陶质全为夹细砂陶，不见泥质陶。陶色多不纯正，以红褐色为主，次为灰褐色、灰黑色等。大部分陶器火候较低，硬度较小。制法单一，全为手制，陶胎较厚，往往有脱层现象，可能是手制贴塑的缘故。纹饰有直绳纹、斜绳纹、交错绳纹及彩绘等。彩绘以红色宽带纹为特征，多饰在三足钵及圜底钵的口沿下。陶器造型简单，有圜底钵、圈足碗、三足钵、三足直壁罐及小口鼓腹罐等。圜底钵，直口圜底深度适中，口沿下多饰红色宽带，宽带下饰交错绳纹，有的口沿呈锯齿状。圈足碗，系在圜底钵下加制圈足而成，圈足较高，器表饰交错绳纹，有的口沿呈锯齿状。三足钵，系在圜底钵下加制三足，三足有的垂直，有的外撇，均为锥形夹心足。三足罐，直壁，口沿外侈，有的口沿呈锯齿状，三足均锥形夹心，高矮适中，腹壁饰交错绳纹。小口鼓腹罐，球形，器表光滑。在北刘、紫荆、大地湾都发现了它早于仰韶文化半坡类型或庙底沟类型的地层关系。其绝对年代，共有十五个碳十四测定数据。大地湾四个，最早的一个距今7150±90年（BK 80025），最晚的一个距今6730±90年（BK 80007）；北刘二个，分别为距今6960±120年（ZK－918－0）、6390±90年（ZK－1145）；白家九个，最早的距今6710±105年（ZK－1360），最晚的距今6410±130年（ZK—1361）[37]。由此看出北刘类型的距今年代当在7150～6390年，加上树轮校正，其年代当在距今8000年左右。

北首岭类型（或称北首岭下层类型）

以北首岭下层为代表的一类文化遗存，分布面积已经扩大，主要分布在渭水、泾水中下游及汉水上游。已经试掘或发掘过的遗址有北首岭下层、老官台、元君庙下层、梁家坡、李家村、何家湾下层及龙岗寺下层等[38]。已发现房屋建筑一座，保存较差，就整个房屋的建筑技术来说，特点和规律均了解不详。墓葬已发现有土坑墓和瓮棺葬。土坑墓有单人葬、二次合葬及多人二次合葬，有成组排列的现象，头向西北；瓮棺葬系在夹砂红陶瓮上盖一残瓮底，或在较大的三足器上盖一圈足碗。随葬品不多，有陶器、骨器等，陶器多置于足端。在遗址中发现一些遗物，有生产工具和生活用具，前者主要有石器。以磨制为主，也有打制石器，有铲、斧、尖状器、刮削器等。生活用具尤其是陶器特征明显。陶质有夹砂陶和泥质陶。陶色多不纯正，有红褐陶、灰陶、外红里黑陶等。陶器火候较低，皆手制，彩陶罕见。纹饰以绳纹为主，也有附加堆纹、剔刺纹，在渭河流域出土的一些钵、碗的口沿下往往有一周点刺纹。器形简单，造型特殊，以平底器、圈足器及三足器为典型器物。主要器物有平底钵、碗、圈足或假圈足碗、三足罐、三足钵等。平底钵、碗，直口，斜壁微弧，平底，腹较弧，有的口沿下有一周点刺纹。圈足碗，直口深腹，陕南的圈足较高，关中的圈足较矮，多为假圈足。三足钵，直口，斜壁，三足微外撇，北首岭未见此一器形。三足罐，深腹，三足较矮。北首岭类型的相对年代，在北首岭、何家湾、龙岗寺等遗址中都发现它早于半坡类型的地层关系。其绝对年代，共有四个碳十四测定数据。北首岭下层二个，分别为距今6465±120年（ZK－519）、6325±120年（ZK－534）；李家村二个，分别为距今6355±90年（ZK－1268）、6245±90年（ZK－1267）[39]。由此看出北首岭类型的距今年代当在6465～6245年，经树轮校正为7100～6895年。

从两个类型的绝对年代来看，北刘类型的最晚年代与北首岭类型的最早年代之间还有一定的缺环，这可能是因为测定数据较少的缘故，并不一定是文化本身的缺陷。

老官台文化的发现与研究，是我国新石器时代考古的重大收获之一，为仰韶文化渊源的研究找到了重要依据，填补了新石器时代早期的一段空白，同时也为研究黄河流域农业起源及早期农业的生产状况提供了重要的科学资料。

（二）仰韶文化

对陕西境内仰韶文化的研究工作，基本上可以划分为三个阶段。建国前为第一阶段，建国后的20世纪50年代及60年代初为第二阶段，70年代至今为第三阶段。

第一阶段：自从1920年，前地质调查所在河南渑池仰韶村发现新石器时代文化遗址并命名为仰韶文化以后，在河南、山西、甘肃开展了一些调查、试掘或发掘工作，取得了一定成绩，对仰韶文化的研究亦获得了一定成果。同时一些学者在陕西的西安附近及汉中一带做了一些调查工作，发现了一批新石器时代仰韶文化遗址，如鱼化寨等。这是一个良好的开端，给我们以重要的启示，为我们后来的工作奠定了一些基础。

第二阶段：新中国建国伊始，工农业生产及各项事业都蓬勃发展，考古事业也是一样，建立机构，培训人员，田野工作很快发展起来。在陕西境内广泛地进行了文物普查工作，并重点大面积地发掘了半坡、北首岭、横阵、元君庙等遗址，对仰韶文化的类型划分、村落布局、房屋建筑、生产和生活状况、社会组织及社会发展阶段等问题都有了一些初步认识，取得一定的研究成果。

第三阶段：十年动乱后期陕西文物工作和全国一样迅速恢复发展起来，截至今天对仰韶文化的研究又开展了大量工作，大规模地发掘了姜寨、史家及龙岗寺等遗址，收获相当丰富，为我们对一些问题的深入研究提供了大批珍贵资料，为解决仰韶文化的一些疑难问题奠定了坚实基础，从而使我们的认识又大大提高了一步。

以下就几个突出的问题谈谈我们的看法：

（1）关于类型的划分及其特征问题

仰韶文化由于延续时间长，分布地域广，其文化面貌自然会发生很多变异，因而会产生很多文化类型，在陕西境内也是一样。自20世纪50年代中期发掘了半坡、庙底沟两个遗址以后，学术界便提出了半坡类型及庙底沟类型的命名[40]。在讨论中公认这两个类型的文化特征不同，只是谁早谁晚的问题意见不一致。后来由于在不少遗址中发现了半坡类型在下庙底沟类型在上的地层叠压关系及碳十四年代数据的公布，它们的早晚关系才确定下来。后来觉得仅这两个类型并不能概括整个仰韶文化的面貌，在比较广泛的讨论中又提出了若干个类型，在陕西境内提出命名了史家类型、半坡晚期类型（或西王坡类型）[41]。有些同志将史家类型归并到半坡类型之中，当做半坡类型的晚期阶段对待。有人称其为姜寨二期类型。有同志又在庙底沟类型与半坡晚期类型之间加上一个过渡型即福临堡二期类型。我们认为在陕西境内仰韶文化应划分为半坡类型、史家类型、庙底沟类型、半坡晚期类型较妥。这几个类型的文化特征，简要的分述于后。

半坡类型

对半坡类型的文化遗存，最初的认识也是比较含混的，有的同志将半坡遗址的整个文化遗存笼统地称作半坡类型，有的同志将半坡遗址的早晚期区分为两个类型，也有同志将它分为早、中、晚三期。我们认为半坡类型只能包括半坡遗址早期，以及与它相同的诸遗址文化遗存。

半坡类型的文化遗存，在陕西主要分布在关中及陕南一带。经过较大面积发掘的遗址有西安半坡（早期）、宝鸡北首岭（中期）、临潼姜寨（一期）、华阴横阵村、华县元君庙墓地及南郑龙岗寺墓地等[42]。这些遗址可作为半坡类型的代表。从已发掘过的遗址来看，文化内涵都相当丰富，半坡、北首岭及姜寨都发现了保存较好的原始村落布局，一般都有居住区、围沟、公共墓地及陶窑区等，尤其姜寨的氏族村落保存基本完整。姜寨共发现一百多座房屋基址，分为五个群体，每群都有一座大房子、若干座中小型房子。这些房子围成一个大圆圈，中间是一个面积较大的广场。全部房屋的门都朝向广场，哪怕是河边或背阳的建筑也不例外，这些房屋构成一个居住区的整体。居住区外有围沟环绕，并有寨门及哨所。围沟外面有几片公共墓地，河边有公共窑场。这样整齐的原始村落规划，对研究当时的社会组织结构具有极为重要的意义。半坡类型的房屋基址发现不少，多为方形或圆形半地穴式。房内均有灶坑设置，大型房屋内的灶坑较大较深，连通灶较多，中小型房屋内的灶坑较小较浅，有的是灶面。窖穴多分布在房屋附近，有的成群，有的零散，一般容积较小，多为袋状。烧制陶器的窑址，多为横穴窑，容量亦小。墓葬发现很多，有土坑墓和瓮棺葬两种。土坑墓多分布在居住区附近的公共墓地内，瓮棺葬多分布在房屋附近。墓地内的墓葬排列多数整齐，有的零乱无序。葬式绝大多数为一人一次葬，仰身直肢，头西脚东。多人一次葬，一人二次葬，多人二次葬及俯身葬也有，但为数很少。唯横阵、元君庙是以多人二次葬为主，这可能是半坡类型中时间较晚的表现。土坑墓一般都有随葬品。数量悬殊不大，以三四件者常见，十件以上的是个别现象。瓮棺葬绝大多数为幼儿，葬具一般都是一个夹砂陶瓮上扣一个泥质红陶钵或盆。

生产工具数量很多。石器多为磨制，但制作技术原始，不少器身尚保留有石料皮层，有的仅加工刃部。器形比较简单，计有斧、锛、铲、磨石、磨棒、网坠等。骨、角、蚌质的生产工具，均为磨制，有的有穿孔，器形有锥、镞、针等，其他少见。陶质生产工具在生产工具总数中占比例最大，刮削器、陶锉均为常见之物。生活用具主要为陶容器。陶质有泥质红陶、细泥红陶、粗砂红陶、细砂红陶。陶色纯正。均手制，多采用泥条盘筑法。基本器形以直口圜底钵、窄唇或卷唇圜底或平底盆、小口短颈鼓腹双耳尖底瓶、短唇斜直腹或鼓腹小平底瓮、敞口鼓腹平底罐等数量最多，其他如碗、甑、盂等较少。纹饰以绳纹、弦纹、锥刺纹、指甲纹、素面常见。彩陶很少，彩绘纹饰有黑、红宽带纹、人面纹、鱼纹、蛙纹、网纹、鹿纹、直线纹、三角纹等。

史家类型

史家类型的文化遗物或遗迹单位，20 世纪 50 年代在一些遗址中就有发现，只是没发现单一的典型遗址。一些同志将这些零星遗物或遗迹笼统地归入出土遗址的早期或晚期遗存，如半坡遗址在分期中归入晚期，北首岭遗址在分期中划归中期。1976 年我们在渭南史家村发现了单一的典型的这类文化遗存的遗址。史家村遗址的文化遗存特征显著，有代表性，不同于别的类型，所以可暂称为史家类型。

史家类型文化遗存的分布范围，略大于半坡类型，北达陕北南部，西到陇东，南到汉中，东到豫西。已发掘过的遗址有：渭南史家、临潼姜寨（二期）、南郑龙岗寺（晚期）、半坡、北首岭、下孟村等[43]。在调查中发现此类单一的遗址还很多，如华县姜村、铜川吕家崖、秦安大地湾二期、正宁宫家川等。这个类型的遗址由于发掘面积较小，而且多是墓地，使我们对当时的氏族聚落布局、房屋建筑规律不甚了解，只是对当时的墓葬情况知道较多。共发现墓葬三百多座，分土坑墓和瓮棺葬两种，墓地内的墓葬相当集中，一人一次葬是绝对少数，三人以上的多人二次合葬墓是这个类型的主要埋葬制度，也是突出的特征。多人二次合葬式，各个墓葬的个体往往是将头骨放置中间，头骨两侧放置四肢骨，其他骨骼放在头骨下方及两侧四肢骨之间，一般是头向西或西北，面向上或偏向两侧。一个墓坑内埋葬20具个体左右的较多，有的多达40~50具，分作几层几排依次序排列，相当整齐，也有将很多骨骼放在一个坑内乱葬者。墓坑内的死者性别混乱，男女老少都有。一般都有随葬品，但数量较少。多为集体随葬，为个人随葬者较少。随葬品多置于墓坑的一端或一角。瓮棺葬除少数为成人外多数为幼儿，葬具有瓮钵相扣、瓮盆相扣、两瓮相扣及大型尖底器相扣等几种。

这个类型的生产工具出土较少。石器磨制的多，打制的少，通体磨光者增多，保留石料皮层的减少，器形除常见的斧、锛、铲、磨石、磨棒外，石刀是新出的器形。骨器均磨制，器形有锥、针、镞、笄等。陶质生产工具、刮削器、陶锉数量很大，其他较少。生活用具主要是陶器，陶质陶色与半坡类型者基本相同。制法除手制外已采用慢轮加工技术，在姜寨二期遗存中已发现陶轮一件，在一些钵、碗的口沿或底部往往有轮旋痕迹。基本器形有敛口鼓腹圜底或平底钵、卷沿浅腹或折腹盆、带盖敛口鼓腹平底罐、敞口鼓腹平底罐、瓮（罐和瓮的腹部最大径多在中腹部以下）、小口葫芦瓶、细颈壶及无实用价值的小件陶器等。彩陶很少，彩绘纹饰有窄带、宽带、弧线、圆点、鱼纹、鸟纹、人面纹等，全部饰于器表。

庙底沟类型

自从20世纪50年代在陕县庙底沟遗址发现了这类文化遗存以后，凡发现与之相同或相近的文化遗存都称作庙底沟类型。

庙底沟类型文化遗存，在陕西境内分布甚广，北到长城沿线，南达汉水两岸，关中相当稠密。在陕西已经发掘过的遗址有华县泉护村、渭南北刘（上层）、邠县下孟村、武功游凤等[44]，发现不少重要的遗迹遗物。房屋营造技术较前进步，地面建筑已经普遍，居住面处理相当讲究。窖穴形状趋向一致，多为袋形，容积增大，有的窖壁和底部涂以草泥，并经火烧，藉以防潮。烧制陶器的窑址与半坡类型相同。墓葬发现较少，在北刘（上层）发现的九座土坑墓，均为单人仰身直肢葬，头向西南或西北，个别的头向东，无葬具，随葬品除一座较丰富外，一般都很少或者没有。五座瓮棺葬，葬具要求不甚严格，有的用平底瓶与瓮相扣，有的仅用残平底瓶底部草率掩埋而已，瓮棺内多葬幼儿。无随葬品。

这个类型的生产工具发现不少，其中石器磨制的多，打制罕见，通体磨光的数量增多，钻孔技术普遍使用。一般石器都有整齐的棱角，器形也较多较复杂，斧、锛、铲、刀、纺轮、磨石数量较多。骨器制作精致。陶刀和陶纺轮是常见之物。生活用具中的陶器，陶质以细泥红陶为主，夹砂红陶次之，其他少见。从一般陶器来看陶质坚硬，陶胎较薄，陶色纯正，偏晚的陶色有变为黄褐色的，但质地很好，制法仍以手制为主，慢轮修整已较多普遍。器形复杂，品类增多，主要有敛口曲腹碗、曲壁深腹盆、双唇口尖底或平底瓶、釜、灶、杯等。纹饰以线纹常见，彩绘也有一定比例，彩绘多施于细泥红陶，深红色、白色陶衣常见，图案纹饰富于变化，基本上由条纹、涡纹、三角涡纹、圆点纹及方格纹等组成，弧线纹、鸟纹也较常见。

半坡晚期类型

半坡晚期类型的文化遗存，自从发掘半坡遗址以来，多有发现，一般都划归半坡类型。20 世纪 60 年代，苏秉琦先生提出这类遗存不宜归入半坡类型，我们在后来的工作中也认为这种意见是正确的，应另立类型，以示区别。

半坡晚期类型的文化遗存，在陕西遍布全省，陕北、陕南、关中都有，但以关中分布密集，半坡（晚期）、姜寨（四期）、北首岭（上层）、福临堡（上层）等都有较大面积的发掘[45]。在考古调查中，曾发现陇县边家庄、王马咀，岐山王家咀、仓颉庙，扶风案板，户县甘河村、黄堆，临潼义和村、崖底赵，渭南单家堡等都是这类文化遗存内涵单一的典型遗址。这一类型的房屋建筑技术大有改进，地面上的木构建筑较多，房内面积较大，分间房屋出现，居住面处理讲究。半坡的 F1 进门是一大间，后部划分为三个小间，呈“前堂后室”的布局。窖穴形状固定，多为圆形袋状，容积较大。只是墓葬仅有零星发现，规律不详。

这一类型的生产工具，无论是制作技术还是品种、质量等都有较大进步。石器多为磨制，打制罕见，钻孔技术普遍，器类增多。除常见的外，还有新的器类出现，如石镰等。骨、角蚌、陶质的生产工具种类也很复杂，制作精细。生活用具中的陶器，陶质以泥质红陶和夹砂红陶最多，泥质灰陶和夹砂灰陶次之，泥质黑陶也有。陶色多不纯正，有红色、黄色、橙黄色、红色灰斑、灰色褐斑及褐皮红心等。制法以手制轮修盛行。器形复杂，杯、盘、豆数量增加，主要器形有单唇鼓肩尖底瓶、喇叭口束腰尖底瓶、宽平沿浅腹盆、大口直壁假圈足碗、敛口曲腹钵、带流罐、鸡冠耳罐、条带形附加堆纹直壁平底罐（或缸）等。纹饰以绳纹、附加堆纹较多，篮纹已开始出现。

（2）关于诸类型的年代及发展序列问题

关于陕西境内仰韶文化诸类型的年代及发展序列问题，经过几十年来的田野考古实践及比较研究，尤其是放射性碳素测定年代方法的应用，我们的认识已逐步明确。半坡、姜寨、下孟村、李家沟、福临堡等遗址都发现了重要的地层关系。据严文明同志研究，半坡遗址的 F22 地层和遗迹情况是，由下往上，第四层 F13 属半坡类型，第三层 H25 属庙底沟类型，第二层 H21 属半坡晚期类型。T1 第四层属半坡类型，第三层属史家类型，第二层属庙底沟类型[46]。姜寨遗址 ZHT11 和 ZHT12 的地层情况是：由下往上第六层为半坡类型，第五层为史家类型，第四层为半坡晚期类型。ZHT6 庙底沟类型灰坑 H370 叠压在史家类型 M83 之上。T81 的地层由下往上第四层为庙底沟类型，第三层为半坡晚期类型[47]。下孟村、李家沟两遗址都发现了半坡类型在下，庙底沟类型在上的地层关系。福临堡发现了庙底沟类型早于半坡晚期类型的地层关系[48]。依据这些地层叠压或遗迹打破关系，我们对陕西境内仰韶文化诸类型的相对年代有了一个大致的轮廓。归纳起来它们的先后关系应是半坡类型→史家类型→庙底沟类型→半坡晚期类型。

陕西境内的仰韶遗址应用^{14}C测定的绝对年代标本已经不少，兹略加分析（本文所引用^{14}C测定的年代数据，半衰期均按 5730 年计算）。半坡类型已测定过 15 个标本，其中半坡遗址 4 个，分别为距今 6065±100 年（ZK38）、5905±105 年（ZK121）、5840±105 年（ZK122）及 5585±105 年（ZK127）；北首岭遗址 5 个，分别为距今 6140±120 年（ZK 516）、5930±120 年（ZK 501）、5785±100 年（ZK 515）、5760±120 年（ZK 536）及 5665±100 年（ZK 500）；姜寨遗址 3 个，分别为距今 5970±110 年（BK 77041）、5835±170 年（ZK 265）及 5745±140 年（ZK 264）；何家湾遗址 3 个，分别为距今 5780±85 年（ZK 1264）、5610±85 年（ZK 1266）及 5440±80 年（Z K 1265）。史家类型已测定过 5 个标本，其中半坡遗址 1 个，距今 5490±160 年（ZK 148）；北首岭遗址 2 个，距今 5470±100 年（ZK 499）及 5390±100 年（ZK 198）（这两个标本报告编写者归入半坡类型，经核对同出器物应为史家类型）；史家遗址 1 个，距今 5000±100 年（ZK 453）；姜寨遗址 1 个，距今 5030±85 年（ZK 454）（这两个标本均系人骨，测定年代偏晚）。庙底沟类型已测定过 6 个标本，其中北首岭遗址 1 个，距今 5125±85 年（ZK 533－0）（此标本经查对采自 T 1 第三层庙底沟类型堆积）；泄湖遗址 1 个，距今 4995±100 年（ZK 916－1）；南殿村 2 个，分别距今 5190±80 年（WB 81－19）、4720±90 年（ZK 949）；西关堡 2 个，分别距今 4665±120 年（ZK 116）、4410±120 年（ZK 115）。这两个年代数据明显偏晚，可能误差较大。半坡晚期类型福临堡 2 个，分别距今 4640±110 年（ZK－2056）、4390±85 年（ZK－2058）[49]。从上述^{14}C年代数据来看，半坡类型的距今年代在 6440～5585 年，树轮较正为 6790～6240 年；史家类型的距今年代在 5490～5390 年，校正为 6140～6035 年；庙底沟类型的距今年代在 5190～4720 年，校正为 5820～5285 年；半坡晚期类型的两个数据未经校正，但它的年代肯定比庙底沟类型的年代为晚。从这些年代数据来看，可以看出这几个类型的发展序列和上述地层情况所反映的先后关系相同。至于各类型之间的绝对年代略有差距的现象，则可能是测定数据尚少的缘故。关于它们的分期，我们认为半坡类型、史家类型为早期，庙底沟类型为中期，半坡类型为晚期。

（3）关于社会性质问题

关于仰韶文化的社会性质问题，学术界曾在20世纪60年代进行过比较广泛的讨论。在讨论中一般学者都认为仰韶文化时期应是母系氏族社会，但也有同志认为是父系氏族社会。后来随着仰韶文化考古工作的开展，新资料的发现和积累，学术界对这一问题的认识也有改变。有的认为仰韶早期是母系氏族社会，中晚期开始向父系氏族社会过渡；有的认为仰韶早期已开始由母系向父系过渡，中晚期已是父系氏族社会。我们赞成过仰韶文化时期应是母系氏族社会的意见，并主张早期是繁荣的母系氏族社会；后来又提出过早期是母系氏族社会、中晚期开始向父系过渡[50]；目前我们的认识又有改变，基本同意早期已开始向父系氏族社会过渡，中晚期在某些地区已进入父系氏族社会。

我国的旧石器时代和中石器时代的文化遗存所反映的经济形态，是以渔猎和采集的生产手段为主，人们主要以天然食物为生。新石器时代初期的前段应该是农业发生的时候。但在我国我们渴望已久的文化遗存尚未发现，我们发现的是新石器时代初期后段的文化遗存，诸如裴李岗文化、磁山文化、老官台文化等。这些文化遗存所反映的农业生产情况已不是发生阶段的特征，而是发展阶段的特点，磁山遗址大量发现谷物遗存，表明这一时期的农业已有了相当高的水平。这一时期应该是处于母系氏族社会的繁荣期。到了仰韶文化早期，农业生产又有发展。姜寨出土的石铲，通体磨光，体形较薄，刃部锋利，上部平齐并有装柄痕迹，下部尖锐，应是石犁，与今日之铁犁铧极为相似。有种石斧，通体磨光，上窄下宽，上端有孔，体形较薄，刃部锋利，应为石锄，与今日之铁锄极为相似，装柄后使用极为方便。石犁的出现对开垦耕地，深翻土地，改良土壤，保持水分，提高产量，发展农业极为有利。石锄是中耕管理，耕耘禾稼，除去杂草，保证禾苗茁壮成长之利器。这些新式农具的出现，表明当时的农业生产已达到锄耕甚至犁耕的发展阶段。一般来说，犁耕劳动强度大，只有男子才能胜任，使男子变成了农业生产领域中的主力，从而使渔猎业也相应地下降到在整个经济生活中的次要地位。由于男子在社会生产中地位的改变，也导致了他们在家庭中的地位变化。由此，仰韶早期的社会性质应是处于母系氏族社会的晚期，而且已经开始向父权制过渡。

从仰韶早期遗存的小型房屋的用途来看，对偶婚新组成的对偶家庭是存在的，这种情况是学术界公认的。马克思指出："父权的萌芽是与对偶制家族一同产生的，父权随着新家族越来越有一夫一妻制特性而发展起来"[51]。恩格斯也明确指出："对偶婚给家庭添加了一个新的因素。除了生身母亲以外，它又确立了确实的生身父亲"[52]。这种情况在姜寨墓葬资料中也有反映，如M96，墓坑内有两具骨架，一为中年男性，一为八九岁小孩，无随葬品，父子合葬。这正是在对偶家庭中的子女"确立了确实的生身父亲"的真实写照。由此可见，仰韶早期的对偶家庭以及由他们所组成的母系家族应是由母系氏族社会向父系氏族社会开始过渡的反映。

从仰韶文化中、晚期的文化特征来看，这一时期的农业生产又向前有所发展。在生产工具方面，新的器形大量出现，犁、刀、锄、镰已较前普遍，反映出这时已是犁耕农业阶段。农业的发展，使狩猎业相应地降为次要地位，大量男子投身于农业生产，使男子的经济地位有所提高，从而使男子在家庭中的地位也开始改变，这就要求婚姻和家庭形态也要发生相应的变化，由原来不太巩固的对偶婚开始向一夫一妻制转变。这种变化在这时的房屋建筑中有所反映，这时的房屋多为地面建筑，有的房屋开始分间或隔出套间，这是为适应父系家族为特点的一夫一妻制家庭的居住要求而出现的。在仰韶文化中晚期，尽管氏族内的老祖母以及富有生产和社会经验的妇女仍享有崇高的威望，但那些勤劳勇敢、办事公正、对氏族有较大贡献、在氏族中颇有威信的男子已经涌现出来。他们可以被选为氏族首领，办理氏族内外的一切事务，从而使男子在氏族中或社会中的地位逐渐提高。在早期遗址中往往发现妇女的面部塑像或画像，这说明当时妇女在社会上有较高的地位，受人尊敬，受人崇拜。但中、晚期的遗址里往往发现的是男人的头部塑像，如黄陵遗址、北首岭遗址等。这说明男子的社会地位已经变化，他们在人们中间已享有崇高的威望。上述情况表明仰韶文化中、晚期的经济形态已经变化，男子的社会地位已经提高，一夫一妻制可能出现，私有制已经产生，这时的社会性质可能已经发展到父系氏族社会阶段，起码部分地区父系氏族社会已经确定。

（三）龙山文化

根据历次文物普查及考古调查资料所知，陕西境内的龙山文化遗址约有二三百处，但经过正式发掘的很少。20 世纪 50 年代对龙山文化的工作多是在发掘仰韶文化或西周遗址时顺便做了一些，龙山文化在这些遗址中往往是处于上层，保存较差，收获也不丰富。70 年代后期以来为了探索原始社会解体等问题才开始专门发掘这方面的遗址。就目前已掌握的龙山文化资料来看，早期以庙底沟二期文化为代表，晚期以客省庄文化为代表。

庙底沟二期文化

庙底沟二期文化是因 1956 年首先发现于河南陕县庙底沟遗址仰韶层之上而得名[53]。此后在关中东部的华阴横阵、华县泉护村、虫陈村等遗址，进行了规模不等的发掘[54]。在横阵发现了仰韶、早期龙山及晚期龙山的地层叠压关系，使我们认识了它们的相对年代。80 年代以来对庙底沟二期文化的工作在关中西部的武功浒西庄、赵家来，扶风案板等遗址进行了发掘[55]。在案板发现了半坡晚期类型在下庙底沟二期文化在上的地层关系，在赵家来发现了庙底沟二期文化在下客省庄文化在上的地层关系，这使我们对关中西部的仰韶晚期、龙山早期及龙山晚期的相对年代也有了明确的了解。同时对丹江上游的商县紫荆遗址及无定河流域的绥德小官道遗址都进行了发掘[56]。使我们不仅了解到庙底沟二期文化的分布比较广泛，还使我们了解到丹江上游的这类文化遗存的特征基本与关中东部相同，而陕北的地域性特强，与关中相比差异较大。通过这些工作的开展，使我们对关中地区早期龙山文化的面貌有所了解，对陕北、陕南只是略有了解，而对面上的情况尚不清楚。根据现有资料，有同志因陕西境内的庙底沟二期文化各地区所反映的文化面貌不尽相同而将关中地区分作两片认识，即关中东部遗存及关中西部遗存，丹江上游的遗存划归关中东部，陕北则单独认识[57]。有的同志将关中西部的早期龙山文化遗存命名为“案板三期文化”[58]。我们认为陕西境内关于早期龙山文化的工作开展得较少，积累资料尚不充分。比如说华县至武功之间的这项工作尚未开展，文化面貌不清，陕北、陕南的工作刚刚开始，就目前来看暂不急于命名新的文化名称，仍旧沿用原来提法，待积累资料丰富后再进行综合考虑比较稳妥。我们同意梁星彭同志的意见，将现有情况分作不同地区的遗存对待。现根据梁文概述如下。

关中东部的龙山文化早期遗存中，以横阵遗址的发掘面积较大，出土遗迹遗物较为丰富，陶器特点比较突出。陶质以夹砂灰陶最多，夹砂红陶次之，泥质灰陶又次之，泥质红陶最少。器形有鼎、斝、罐、盆、甑、豆、尖底瓶等。纹饰以篮纹为主，绳纹次之，附加堆纹较少。有的遗址有少量彩陶片。商县紫荆出土的陶器特征与关中东部的陶器特征基本相同。从陶器所反映出的特点来看，它们与豫西、晋南典型庙底沟二期文化相比基本一致。如横阵出土的鼎、彩陶罐、尖底瓶、刻槽盆等，分别与陕县庙底沟出土的同类器相似。但也有一定的差异，如关中东部诸遗址常见的双耳罐、双鋬罐、长颈大腹瓶等在庙底沟遗址未见；关中东部的绳纹较多，横阵的绳纹约占 30% ，而庙底沟遗址的绳纹仅占 5% ；红陶的比例关中东部也大于庙底沟遗址。这些现象表明潼关东西虽都是庙底沟二期文化，但它们各有其自身的地域特点，而不是绝对相同的文化面貌。关中西部的庙底沟二期文化遗存，以浒西庄、案板的发掘规模较大，出土遗迹遗物较丰富，文化特点也较明显。陶质以夹砂灰陶最多，泥质陶次之，有少量的红陶、褐陶及磨光黑陶。基本器形有罐、瓶、盆、斝、鼎、釜灶、壶、杯、碗、缸、瓮、器盖等。纹饰以篮纹、绳纹为主，附加堆纹常见，并有少量的方格纹、刻划纹及戳印纹等。这些特点与豫西、晋南的典型庙底沟二期文化相比，也有不少相同或相似的地方，但地域性的差异程度要比关中东部为大。二者的相同或相似点是：陶质均以灰陶为主，纹饰以篮纹最多，绳纹次之，附加堆纹常见，器类大体相同。部分器形相似，如浒西庄、案板遗址的鼎、斝、瓶、刻槽盆等与庙底沟遗址的同类器接近；案板遗址的条带形附加堆纹如缸、深腹缸与庙底沟遗址的同类器相似。二者的差异是：关中西部的鼎多为盆形，个别的为罐形，而庙底沟的则多为罐形，个别的为盆形；关中西部陶器纹饰中的绳纹，附加堆纹远比庙底沟的同类纹饰多；关中西部的套联状窖穴在庙底沟及至豫西、晋南同期遗址中均未见到。关中西部与关中东部的文化面貌也有一些明显的差异，如关中西部陶器上的篮纹多横向或斜向排列，而关中东部陶器上的篮纹则多竖向排列；关中西部的喇叭口圆肩平底罐、屋顶形器盖、双大耳罐等在关中东部罕见；关中东部的一些器形同样也很少见于关中西部。陕北地区的早期龙山文化遗存仅发掘过绥德小官道一处遗址，从出土陶器来看，陶质以泥质灰陶、泥质灰褐陶为主，夹砂灰陶、夹砂棕红陶次之。主要器形有罐、瓮、盆、碗、钵、杯等。纹饰以绳纹为主，篮纹次之。这些特点与豫西、晋南的典型庙底沟二期文化相比，有些与庙底沟二期基本相同，如折肩平底罐、大口直壁平底罐、大口斜直腹平底碗与庙底沟出土的同类器器形相似。但也有一些不同点相当明显，如大口小平底瓮、敛口钵、带流小罐不见于庙底沟遗址，而庙底沟遗址的鼎、斝、尖底瓶及彩陶罐也不见于小官道遗址。这些情况表明陕北早期龙山文化的面貌是既有庙底沟二期文化性质，也有较强的地域特点。总的来看小官道遗存与豫西、晋南及关中东部庙底沟二期文化的关系较为密切，而与关中西部早期龙山文化的关系较为疏远。

陕西境内的早期龙山文化遗存中，除以上谈到的陶器特征外，在发掘过的遗址中还发现一批重要遗迹，如房址、窖穴、陶窑、墓葬等。房屋基址有 20 多座，均为方形半地穴式，居住面及墙壁面均以白灰涂抹，平整光滑，小官道遗址的房址内居住面有采用石板铺砌者，有的房内在墙壁四周涂以枣红色条带作为装饰。发现灰坑及窖穴 100 多个，以圆形袋状的具多，案板遗址出有套联状窖穴，即一个大坑内套有两个小坑的形式，这种情况可能有其特殊意义。其他如墓葬、陶窑因发现数量较少故而规律不甚明确。

另外，除上述关中东部、关中西部及陕北地区的早期龙山文化以外，在陕南的汉水上游也有零星遗物发现，如西乡李家村遗址的上层等，就发现有小口折肩平底罐之类的东西。

陕西早期龙山文化的相对年代，已见前述，即在华阴横阵、扶风案板、武功赵家来等遗址发现的地层关系表明它是处于仰韶文化半坡晚期类型之后、客省庄文化之前的文化遗存，也就是说它是同豫西庙底沟二期文化处于同一发展阶段的文化遗存。其绝对年代，经过 ^{14}C 测定的年代数据共 10 个，其中武功浒西庄 6 个，分别为距今 4455 ± 130 年（ZK－963）、4350 ± 110 年（ZK－962）、4290 ± 110 年（ZK－894）、4275 ± 110 年（ZK－110）、4000 ± 100 年（ZK－964）、3880 ± 80 年（ZK－960）；商县紫荆 1 个，距今 4355 ± 75 年（ZK－950）；扶风案板 2 个，分别距今 4175 ± 85 年（ZK－1378）、4095 ± 105 年（ZK－1377）；西乡李家村 1 个，距今 4190 ± 95 年（ZK－169）[59]。在这些数据中除浒西庄的 ZK－960 系用白灰面标本所测年代偏晚外，其余 9 个数据都在4455～4000 年，加上树轮校正年代，在 4965～4405 年，也正处于仰韶文化晚期之后、龙山文化晚期之前，与发现的地层关系相吻合。

客省庄文化

1951 年苏秉琦先生在沣河流域进行考古调查时，在客省庄、阿底村发现了有别于已知仰韶文化的一种新的古文化遗存，并对客省庄遗址进行了小面积发掘。这次发掘的主要收获是发现了西安地区古文化的三叠层，把它们划分为“文化一”、“文化二”、“文化三”等三个类型，“文化一”定为仰韶文化，“文化三”定为周文化，“文化二”的性质未定，并提出“待讨论”，后来命名为“客省庄第二期文化”，同时安志敏先生命名为“陕西龙山文化”[60]。此后，两种文化名称同时并用沿袭至今，给学术界带来诸多不便。实际上经过后来的大量工作，诸如对华县柳子镇南台地、太平庄、元君庙、梓里，华阴横阵，临潼姜寨、康家，商县紫荆，岐山双庵，武功赵家来，西乡红岩坝，神木石峁等遗址的发掘以及多次的文化普查和考古调查，使我们对陕西境内晚期龙山文化的认识较前全面了一些。通过这一系列的调查和发掘工作，我们觉察到 20 世纪 50 年代的文化命名有更正的必要。1980 年张忠培同志已提出“客省庄文化”的命名，我们完全同意[61]。我们认为陕西境内的晚期龙山文化遗存均应归入客省庄文化系统，以示与其他地区的龙山文化相区别。

从目前已经积累的考古资料来看，陕西境内晚期龙山文化遗存的面貌是比较复杂的。它们虽有许多共同的特点，但地域性差异也很明显，关中、陕北、陕南的这类文化遗存都有自身的地域特点，还有与甘、宁、豫、鄂的交界地区古文化的交错现象也很清楚。我们拟将这些不同的地域差异划分为几个文化类型对待。具体的已有同志将它们分为关中东部、关中西部及陕北等三种不同的文化遗存[62]。这是有益的尝试。我们认为除以上三个地区外，汉水上游和泾、渭上游及丹江上游的晚期龙山文化遗存也应予以重视。我们将临潼康家遗址视为关中东部的代表，定为康家类型；将岐山双庵遗址作为关中西部的代表，定为双庵类型；将神木石峁作为陕北的代表，定为石峁类型。其他地区的工作开展较少，尚无典型遗址作为类型的代表，有待继续工作。现将这些类型各自的文化特征分别介绍于后。

康家类型

康家遗址位于临潼县渭河北岸，面积约 14 万平方米，文化层堆积厚达三四米，内涵单一，从 1982 年开始发掘，至今仍在继续工作，已发现一大批重要遗迹和遗物，文化面貌反映全面，有代表性[63]。这一类型的文化遗存主要分布在关中东部的渭南以西，兴平以东，黄陵、洛川以南以及商县等[64]。经过试掘或发掘过的重要遗址有长安客省庄（二期）、西安米家崖、临潼姜寨（五期）、康家、商县紫荆（四期）等[65]。发现一百多座房屋基址、大批窖穴及少量墓葬和陶窑等重要遗迹，同时出土有大批生产工具和生活用具。房屋基址多为半地穴式，平面有方形、圆形及长方形三种，有的为双间，呈“吕”字形，康家的房屋为成排成行的布局，室内均有灶坑或灶面，有的有壁炉，使用白灰涂抹居住面及墙壁面的情况相当普遍。储藏东西的窖穴绝大多数为圆形袋状，有的将底部及周壁加以火烧处理。发现零星墓葬，在紫荆发现有夫妻合葬的现象，在客省庄发现有乱葬坑。生产工具制作精细，大都棱角清晰，钻孔技术普遍。作为生活用具的陶器，陶质以泥质和夹砂陶占绝大多数，其他较少。客省庄的陶色统计中，灰色陶占总数的80%以上，红色陶占总数的18%，黑色陶仅占总数的1%左右。姜寨和康家均为灰陶占绝大多数，红陶和黑陶是个别现象。制法有泥条盘筑、模制及轮制三种。器形有三足器、平底器及圈足器等。耳、鋬、流、盖常见。以无耳罐、单耳罐、双耳罐、三耳罐数量最多，其次是鬲、斝，其他碗、盆、瓮、豆、盘、盉、鬶较少。纹饰，多数遗址以绳纹最多，篮纹次之，唯客省庄遗址蓝纹占40%，绳纹占38%，略少于篮纹。其他还有附加堆纹、划纹、方格纹等，但都较少。

双庵类型

双庵遗址位于岐山县北的岐山脚下，在周原遗址范围之内。1977年发掘，发现这个遗址内涵单纯，面积达100万平方米，出土遗迹遗物丰富，确是一处典型的重要遗址，故将它作为一个类型的代表。

这个类型的文化遗存，主要分布在关中西部的武功以西，乃至陕、甘交界地区，与齐家文化有交错分布现象。经过试掘或发掘过的遗址有岐山双庵、武功赵家来、凤翔大辛村及甘肃灵台桥村等[66]。发现一大批重要的遗迹遗物。房屋均为半地穴式，有方形、圆形两种。双庵7座房址中有5座为双间组成的套间房，赵家来的房屋平面多为“凸”字形。居住面及墙壁面均涂抹白灰，光滑平整。双庵的房内均有灶坑或壁炉及储存东西的窖穴，窖穴的特点与康家类型相同，唯赵家来的窖穴中有铺木板的痕迹。墓葬，双庵遗址的13座为零散分布，土坑竖穴，头向不一，葬式复杂，有仰身、俯身、跪蹲式等，均无葬具，多无随葬品，也有灰坑中掩埋死者的现象。大辛村M3的墓穴两侧及南端有柱洞9个，可能为墓上建筑的遗存。生产工具的数量、质量、制作技术、类别及器形等与关中东部的康家类型基本相同。生活用具中的陶器特点突出，与康家类型相比有一定差异。陶质有泥质和夹砂两种。陶色以红陶为主，灰陶很少。对双庵遗址八个灰坑出土陶片进行统计发现，红陶约占陶片总数的83%，灰陶约占16%，黑陶约占1%；赵家来遗址的红陶约占陶片总数的65%；其余是灰陶。器形有平底、三足和圈足，以罐、斝数量最多，瓮、碗、盆、鬲、鬶、盉、盘、豆的数量较少。纹饰以绳纹、篮纹为主，弦纹、划纹及方格纹较少。

石峁类型

石峁遗址位于陕北神木县黄河支流秃尾河洞川沟南岸的山梁上，1976年发现，1981年试掘[67]。分析这一遗址的遗迹遗物，使我们对陕北的晚期龙山文化遗存有了一些初步认识，故以石峁遗址作为这个类型的代表。

这个类型的文化遗存，据历次文物普查及考古调查情况可知，主要分布在黄河两岸诸支流附近的山梁上，已知的遗址大约有数十处之多，但经过试掘的仅有石峁一处。从调查和试掘资料来看，发现的遗迹、遗物不少，其基本特征也比较突出。房屋多为半地穴式方形房址，居住面和墙壁面均涂抹白灰，平整坚硬。在石峁遗址还发现了石椁瓮棺葬4座，均用大小合适的石板作为椁的盖、底、帮、挡对扣而成，放入土坑中，椁内放置用大三足瓮和缸对扣起来的瓮棺，棺内放置尸骨，有的有随葬品。生产工具制作精细，形制规整。生活用具中的陶器，以夹砂灰陶最多，约占总数的57%；泥质灰陶次之，约占总数的39%；细泥褐陶及夹砂红陶很少。器形以折肩罐、圆腹罐、短领鬲最多，盆形斝、三足瓮次之，碗、盆、杯、瓶、盉、尊数量较少。纹饰以篮纹最多，绳纹、弦纹次之，方格纹、附加堆纹较少。

从石峁类型的文化面貌来看，与康家类型及山西黄河沿岸、豫西的晚期龙山文化某些特征比较接近，与关中西部双庵类型的文化关系比较疏远。如石峁的盆形斝在豫西的三里桥、王湾，晋南的南礼教都能找到类似的器形；大三足瓮在太原光社，内蒙古准格尔旗大口遗址也能找到相同或相似的器形；罐类器、盆、豆等都与康家类型的同类器相同。

除上述三个类型文化外，在陕南的汉水上游，以及与甘肃、河南、湖北的毗邻地区，都分布有同一时期的文化遗存，各有特点，只是现在掌握资料很少，只能作一些信息性的介绍。

汉水上游的龙山文化遗址发现很少，经过试掘的西乡红岩坝遗址[68]，下层是仰韶文化庙底沟类型，上层是相当于龙山文化时期的遗存。上层陶器的陶质有泥质和夹砂两种。陶色以黑皮红胎为主，红陶次之，灰陶较少。陶器纹饰多为素面，绳纹、锥刺纹及附加堆纹较少。红岩坝的折肩罐、折腹盆均与客省庄的同类器相似，表明它们之间有一定的关系；但它们的差异是很明显的，关中地区常见的鬲、斝等典型器物，以及篮纹、方格纹等重要纹饰在红岩坝不曾发现。

丹江上游靠下的丹凤、商南、山阳、镇安一带，与河南、湖北交界，也开展过一些考古调查工作，发现有不少相当于龙山文化时期的遗存，如商南过凤楼、金花湾、庙沟街、黄州奎、梳洗楼、徐家店、东岭、毕家湾、胡家湾、镇安前湾等遗址都有此类文化堆积[69]。从采集的陶片来看，既有客省庄文化的特征，又有河南龙山文化、湖北龙山文化的因素。表明这一带的文化面貌比较复杂，三者的关系也比较密切。

关中东部的华县、华阴、潼关一带的晚期龙山文化遗存的特点与豫西、晋南的河南龙山文化三里桥类型相同或相似，应属于三里桥类型。关中盆地西边沿的陇县、邠县、长武一带，据调查所知，有齐家文化遗址分布[70]。

关于客省庄文化的年代问题。20世纪50年代初在客省庄遗址发现了它是晚于仰韶文化的遗存。后来在华阴横阵、商县紫荆及武功赵家来等遗址发现了它是晚于庙底沟二期文化的遗存，都有明确的地层关系，从而确定了它的相对年代。其绝对年代，经^{14}C

测定过的年代数据共12个，其中赵家来5个，分别为距今4005±90年（ZK-1025）、3895±165年（ZK-1192）、3850±90年（ZK-1024）、3810±95年（ZK-1026）、3620±85年（ZK-1091）；梓里2个，分别距今3875±80年（ZK-976）、3635±80年（ZK-975）；紫荆2个，分别距今3925±85年（WB 81-18）、3870±95年（ZK-951）；木咀1个，距今3760±90年（ZK-673）；桥村1个，距今3785±60年（ZK-741）；双庵1个，距今3370±75年（WB 82-3）[71]。这些数据中除梓里的ZK-975、赵家来的ZK-1091及双庵的WB 82-3所测年代偏晚外，其余9个数据都在4005~3760年，加上树轮校正都在4410~4105年，正处在庙底沟二期文化之后、夏代纪年之前，其上限与地层关系相吻合，其下限尚未发现与二里头文化（或同期文化）的地层关系。

关于客省庄文化的后继文化问题，虽做了一些工作，但总的来看，目前还是一个重要的缺环。1958年在试掘华县南沙村商代遗址时，发现上层文化与郑州二里岗上层相同，下层文化既有二里岗下层的特点又有二里头文化的因素，当是地域性较强的文化遗存，其年代略早于二里岗下层[72]。同年在元君庙遗址发现T 413第三层的文化内涵及墓葬M451的情况与洛阳东干沟、偃师二里头一类文化遗存相近[73]。1959年在华阴横阵遗址发现一座成年男女合葬墓（M 9），随葬品中有二件陶罐与二里头文化的同类器相似[74]。1977年在商县紫荆遗址发现H 18的高领罐及H 91的高筒杯与二里头文化的同类器近似[75]。1982年在武功郑家坡遗址中，发现下层出土的陶尊与二里头文化的同类器相似[76]。这些零星发现，为我们探索陕西境内晚于客省庄文化、早于商代文化的文化遗存提供了重要线索。

关于客省庄文化的社会性质问题。我们认为这一时期的农业、家畜饲养业、畜牧业及手工业等都有较高程度的发展，比庙底沟二期文化时期大有进步。这时套间房屋、成组成排房屋建筑的出现，可能是父系大家族的社会结构已经稳定的反映；有的遗址全部房屋内都有地窖设施当是私有制牢固的反映；各遗址卜骨的发现，是已经出现专门从事天文、历法、宗教信仰祭司显贵人物的反映；客省庄、双庵等都有乱葬坑的现象，是社会成员不平等或者是处置奴隶尸骸的反映。这些都表明客省庄文化时期私有制已经确立，阶级已经出现，国家也可能已经形成。

注　释

① 裴文中：《史前考古学基础》，《史前研究》创刊号，1983年。

② 徐炳昶：《陕西古迹调查报告》，《北平研究院院务汇报》1933年4卷6期；《陕西最近发现之新石器时代遗址》，《北平研究院院务汇报》1936年7卷6期。陆德懋：《汉中区的史前文化》，《语文月刊》3卷7期。何士骥：《长安鱼化寨新石器时代遗址》，《西安史地季刊》1卷1期，1942年。石璋如：《传说中周都的实际考察》，《历史语言研究所集刊》第二十本下册，1949年。

③ 考古所陕西调查发掘团：《1951年春季陕西考古调查工作简报》，《科学通报》2卷6期，1951年。石兴

邦：《沣镐一带考古调查简报》，《考古通讯》创刊号，1956年。苏秉琦：《西安附近古文化遗存的类型和分布》，《考古通讯》1956年2期。考古研究所西安半坡工作队：《西安米家崖新石器时代遗址调查简报》，《考古通讯》1956年6期。

④ 石兴邦：《陕西渭水流域新石器时代的仰韶文化》，《人文杂志》1959年2～3期。茹士安、何汉南：《西安地区考古工作中的发现》，《考古通讯》1956年3期。陕西省文管会：《凤县古文化遗址清理简报》，《文物参考资料》1956年2期。

⑤ 黄河水库考古工作队：《黄河三门峡水库考古调查简报》，《考古通讯》1956年5期。安志敏、吴汝祚：《陕西朝邑大荔沙苑地区的石器时代遗存》，《考古学报》1957年3期。

⑥ 考古研究所西安半坡工作队：《新石器时代村落遗址的发现》，《考古通讯》1955年3期。考古研究所西安半坡工作队：《西安半坡遗址第二次发掘的主要收获》，《考古通讯》1956年2期。中国科学院考古研究所、陕西省西安半坡博物馆：《西安半坡》，文物出版社，1963年。考古研究所沣西发掘队：《1955—1957年陕西长安沣西发掘简报》，《考古》1959年10期。中国科学院考古研究所：《沣西发掘报告》，文物出版社，1962年。

⑦ 张彦煌：《浐灞两河沿岸古文化遗址》，《考古》1961年11期。

⑧ 陕西省西安半坡博物馆资料。

⑨ 陕西省考古所汉水队：《陕西安康专区考古调查简报》，《考古》1960年3期；《陕西省汉中专区考古调查简报》，《考古》1962年6期。

⑩ 陕西省考古研究所渭水调查发掘队：《陕西渭水流域调查简报》，《考古》1959年11期；《陕西凤翔、兴平两县考古调查简报》，《考古》1960年3期。中国科学院考古研究所沣西发掘队：《陕西长安户县调查与试掘简报》，《考古》1962年6期。

⑪ 陕西省社会科学院考古研究所泾水队：《陕西泾水上游调查》，《考古》1962年6期。

⑫ 考古所宝鸡发掘队：《陕西宝鸡新石器时代遗址发掘纪要》，《考古》1959年5期。考古研究所渭水调查发掘队：《宝鸡新石器时代遗址第二、三次发掘的主要收获》，《考古》1960年2期。黄河水库考古工作队陕西分队：《陕西华阴横阵发掘简报》，《考古》1960年9期。黄河水库考古工作队华县分队：《陕西华县柳子镇考古发掘简报》，《考古》1959年2期；《陕西华县柳子镇第二次发掘的主要收获》，《考古》1959年11期。

⑬ 陕西省考古所泾水队：《陕西邠县下孟村遗址发掘简报》，《考古》1960年1期；《陕西邠县下孟村仰韶文化遗址续掘简报》，《考古》1962年6期。陕西分院考古研究所：《陕西西乡李家村新石器时代遗址一九六一年发掘简报》，《考古》1962年6期。

⑭ 秦岭等：《安康花园柏树岭新石器时代遗址调查试掘记》，《考古与文物》1980年2期。

⑮ 西安半坡博物馆、临潼县文化馆：《1972年春临潼姜寨遗址发掘简报》，《考古》1973年3期；《陕西临潼姜寨遗址第二、三次发掘的主要收获》，《考古》1975年5期；《临潼姜寨遗址第四至十一次发掘纪要》，《考古与文物》1980年3期。

⑯ 西安半坡博物馆资料。

⑰ 西安半坡博物馆：《临潼白家、渭南白庙新石器时代遗址调查》《考古》1983年3期。西安半坡博物馆、渭南县文化馆：《陕西渭南史家新石器时代遗址》，《考古》1978年1期。

⑱ 西安半坡博物馆资料。

⑲ 西安半坡博物馆：《铜川李家沟新石器时代遗址发掘报告》，《考古与文物》1984年1期。

⑳ 西安半坡博物馆：《陕西岐山双庵新石器时代遗址》，《考古学集刊》第3集，中国社会科学出版社，1983

年。商县图书馆等：《陕西商县紫荆遗址发掘简报》，《考古与文物》1981 年 3 期。

㉑ 中国社会科学院考古研究所：《宝鸡北首岭》，文物出版社，1983 年。

㉒ 唐金裕：《汉中地区新石器时代遗址调查简报》，《考古与文物》1981 年 1 期。魏京武、孙中：《汉江上游的几处新石器时代遗址》，《考古与文物》1980 年 2 期。

㉓ 商洛地区考古调查组：《丹江上游考古调查简报》，《考古与文物》1981 年 3 期。卫迪誉等：《陕西南洛河上游古文化遗址调查简报》，《考古与文物》1981 年 3 期。董雍斌：《陕西省山阳县古文化遗址普查简报》，《考古与文物》1985 年 2 期。

㉔ 西安半坡博物馆等：《渭南北刘新石器时代早期遗址调查与试掘简报》，《考古与文物》，1982 年 4 期；《渭南北刘遗址第二、三次发掘简报》，《史前研究》1986 年 1、2 期。西安半坡博物馆：《陕西神木石峁遗址调查试掘简报》，《史前研究》1983 年 2 期。西安半坡博物馆：《陕西临潼康家遗址第一、二次试掘简报》，《史前研究》1985 年 1 期。陕西省考古研究所汉水队：《陕西西乡何家湾新石器时代遗址首次发掘》，《考古与文物》1981 年 4 期；《陕西西乡红岩坝遗址的调查和试掘》，《考古与文物》1982 年 5 期。陕西省考古研究所陕北考古队：《陕西绥德小官道龙山文化遗址的发掘》，《考古与文物》1983 年 5 期。雍城考古队：《陕西凤翔县大辛村遗址发掘简报》，《考古与文物》1985 年 1 期。中国社会科学院考古研究所武功发掘队：《1981—1982 年陕西武功县赵家来遗址发掘的主要收获》，《考古》1983 年 7 期。中国社会科学院考古研究所陕西六队：《陕西临潼白家村新石器时代遗址发掘简报》，《考古》1984 年 11 期。

㉕ 陕西省考古研究所宝鸡工作站：《宝鸡市福临堡遗址 1984 年发掘简报》，《考古与文物》1987 年 6 期。

㉖ 夏鼐：《我国近五年来的考古新收获》，《考古》1964 年 4 期。

㉗ 苏秉琦：《关于仰韶文化的若干问题》，《考古学报》1965 年 1 期。

㉘ 张忠培：《试论东庄村和西王村遗存的文化性质》，《考古》1979 年 1 期。严文明：《黄河流域早期新石器时代文化的新发现》，《考古》1979 年 1 期。巩启明：《三十年来陕西石器时代考古的主要收获》，《考古与文物》创刊号，1980 年。

㉙ 安志敏：《裴李岗、磁山和仰韶——试论中原新石器文化的渊源及发展》，《考古》1979 年 4 期。梁星彭：《关中仰韶文化的几个问题》，《考古》1979 年 3 期。中国社会科学院考古研究所：《宝鸡北首岭》，文物出版社，1983 年。

㉚ 魏京武：《李家村、老官台、裴李岗》，《考古与文物》1981 年 4 期。

㉛ 吴汝祚：《论李家村——老官台文化的性质》，《考古与文物》1983 年 2 期。

㉜ 安志敏：《关于裴李岗文化的性质和年代》，《社会科学战线》1982 年 1 期。

㉝ 石兴邦：《前仰韶文化的发现及其意义》，《中国考古学研究·二》，科学出版社，1986 年。

㉞ 吴加安、吴耀利、王仁湘：《汉水上游和渭河流域“前仰韶”新石器文化的性质问题》，《考古》1984 年 11 期。

㉟ 张瑞岭：《渭水流域新石器时代早期遗存的文化性质与年代》，《考古与文物》1982 年 4 期。

㊱ 西安半坡博物馆等：《渭南北刘新石器时代早期遗址调查与试掘简报》，《考古与文物》1982 年 4 期；《渭南北刘遗址第二、三次发掘简报》，《史前研究》1986 年 1、2 期。中国社会科学院考古研究所陕西六队：《陕西临潼白家村新石器时代遗址发掘简报》《考古》1984 年 11 期。商县图书馆等：《陕西商县紫荆遗址发掘简报》，《考古与文物》1983 年 3 期。

㊲ 中国社会科学院考古研究所：《中国考古学中碳十四年代数据集》，文物出版社，1983 年。甘肃省博物馆文物工作队：《甘肃秦安大地湾遗址 1978—1982 年发掘的主要收获》，《文物》1983 年 11 期。

㊳ 中国社会科学院考古研究所：《宝鸡北首岭》，文物出版社，1983 年。北京大学历史系考古教研室：《元君庙仰韶墓地》，文物出版社，1983 年。北京大学考古教研室华县报告编写组：《华县渭南古代遗址调查与试掘》，《考古学报》1980 年 3 期。陕西省考古研究所汉水队：《陕西西乡何家湾新石器时代遗址首次发掘》，《考古与文物》1981 年 4 期。

㊴ 中国社会科学院考古研究所：《中国考古学中碳十四年代数据集》，文物出版社，1983 年。中国社会科学院考古研究所实验室：《放射性碳素测定年代报告（一二）》，《考古》1985 年 7 期。

㊵ 安志敏：《试论黄河流域新石器时代文化》，《考古》1959 年 10 期。石兴邦：《黄河流域原始社会考古研究上的若干问题》，《考古》1959 年 10 期。

㊶ 同㉞。巩启明：《试论仰韶文化》，《史前研究》创刊号，1983 年。

㊷ 中国科学院考古研究所等：《西安半坡》，文物出版社，1963 年；《宝鸡北首岭》，文物出版社，1983 年。西安半坡博物馆等：《临潼姜寨遗址第四至十一次发掘纪要》，《考古与文物》1980 年 3 期。

㊸ 西安半坡博物馆等：《陕西渭南史家新石器时代遗址》，《考古》1978 年 1 期；《临潼姜寨遗址第四至十一次发掘纪要》，《考古与文物》1980 年 3 期。

㊹ 黄河水库考古队华县队：《陕西华县柳子镇考古发掘简报》，《考古》1959 年 2 期；《陕西华县柳子镇第二次发掘的主要收获》，《考古》1959 年 11 期。陕西考古研究所泾水队：《陕西邠县下孟村遗址发掘简报》，《考古》1960 年 1 期。

㊺ 同㊷。

㊻ 严文明：《半坡仰韶文化的分期类型问题》，《考古》1977 年 3 期。

㊼ 同⑮。

㊽ 陕西考古所泾水队：《陕西邠县下孟村遗址发掘简报》，《考古》1960 年 1 期。西安半坡博物馆：《铜川李家沟新石器时代遗址发掘报告》，《考古与文物》1984 年 1 期。陕西考古研究所宝鸡队工作站：《宝鸡市福临堡遗址 1984 年发掘简报》，《考古与文物》1987 年 6 期。

㊾ 中国社会科学院考古研究所：《中国考古学中碳十四年代数据集》，文物出版社，1983 年。中国科学院考古研究所实验室：《放射性碳素测定年代报告（一一）》，《考古》1984 年 7 期；《放射性碳素测定年代报告（一四）》，《考古》1987 年 7 期。

㊿ 西安半坡博物馆：《中国原始社会》，文物出版社，1977 年。

51 马克思：《摩尔根〈古代社会〉一书摘要》，人民出版社，1965 年。

52 恩格斯：《家庭、私有制和国家的起源》，人民出版社，1972 年。

53 中国科学院考古研究所：《庙底沟与三里桥》，科学出版社，1959 年。

54 中国社会科学院考古研究所陕西工作队：《陕西华阴横阵遗址发掘报告》，《考古学集刊》第 4 集，中国社会科学出版社，1984 年。黄河水库考古队华县队：《陕西华县柳子镇考古发掘简报》，《考古》1959 年 2 期；《陕西华县柳子镇第二次发掘的主要收获》，《考古》1959 年 11 期。北京大学考古教研室华县报告编写组：《华县、渭南古代遗址调查与试掘》，《考古学报》1980 年 3 期。

55 中国社会科学院考古研究所陕西武功发掘队：《陕西武功县新石器时代及西周遗址调查》，《考古》1983 年 5 期；《1981—1982 年陕西武功县赵家来遗址发掘的主要收获》，《考古》1983 年 7 期。西北大学历史系考古专业八一级实习队：《陕西扶风案板遗址 1984 年试掘的主要收获》，《西北大学学报》1985 年 2 期。西北大学历史系考古专业：《陕西扶风县案板遗址第二次发掘》，《考古》1987 年 10 期。

56 商县图书馆等：《陕西商县紫荆遗址发掘简报》，《考古与文物》1981 年 3 期。陕西省考古研究所陕北考古队：《陕西绥德小官道龙山文化遗址的发掘》，《考古与文物》1983 年 5 期。

57 梁星彭：《试论陕西庙底沟二期文化》，《考古学报》1987 年 4 期。

58 王世和等：《论案板三期文化遗存》，《考古》1987 年 10 期。

59 中国社会科学院考古研究所：《中国考古学中碳十四年代数据集》，文物出版社，1983 年。中国社会科学院考古研究所实验室：《放射性碳素测定年代报告（一〇）》，《考古》1983 年 7 期；《放射性碳素测定年代报告（一二）》，1985 年 7 期；《放射性碳素测定年代报告（一三）》，1986 年 7 期。

60 苏秉琦、吴汝祚：《西安附近古文化遗存的类型和分布》，《考古通讯》1956 年 2 期。考古研究所沣西发掘队：《1955—1957 年陕西长安沣西发掘简报》，《考古》1959 年 10 期。安志敏：《试论黄河流域新石器时代文化》，《考古》1959 年 10 期。

61 张忠培：《客省庄文化及其相关诸问题》，《考古与文物》1980 年 4 期。巩启明：《关于客省庄文化的若干问题》，《纪念尹达同志逝世三周年论文集》，文物出版社，1986 年。籍和平：《从双庵遗址的发掘看陕西龙山文化晚期遗存的有关问题》，《史前研究》1986 年 1、2 期合刊。

63 西安半坡博物馆：《陕西临潼康家遗址第一、二次试掘简报》，《史前研究》1985 年 1 期。

64 陕西考古所渭水队：《陕西凤翔、兴平两县考古调查简报》，《考古》1960 年 3 期。商洛地区考古调查组：《丹江上游考古调查简报》，《考古与文物》1981 年 3 期。

65 中国科学院考古研究所：《沣西发掘报告》，文物出版社，1962 年。考古研究所西安半坡工作队：《西安米家崖新石器时代遗址调查简报》，《考古通讯》1956 年 6 期。西安半坡博物馆等：《陕西临潼姜寨遗址第四至十一次发掘纪要》，《考古与文物》1980 年 3 期。

66 西安半坡博物馆：《陕西岐山双庵新石器时代遗址》，《考古学集刊》第 3 集，中国科学出版社，1983 年。中国社会科学院考古研究所武功发掘队：《1981—1982 年陕西武功县赵家来遗址发掘的主要收获》，《考古》1983 年 7 期。雍城考古队：《陕西凤翔县大辛村遗址发掘简报》，《考古与文物》1985 年 1 期。

67 戴应新：《陕西神木县石峁龙山文化遗址调查》，《考古》1977 年 3 期。西安半坡博物馆：《陕西神木石峁遗址调查试掘简报》，《史前研究》1983 年 2 期。

68 陕西省考古研究所：《陕西西乡红岩坝遗址的调查和试掘》，《考古与文物》1982 年 5 期。

69 商洛地区考古调查组：《丹江上游考古调查简报》，《考古与文物》1981 年 3 期。

70 尹盛平：《陕西陇县川口河齐家文化陶器》，《考古与文物》1987 年 5 期。

71 中国社会科学院考古研究所：《中国考古学中碳十四年代数据集》，文物出版社，1983 年。中国社会科学院考古研究所实验室：《放射性碳素测定年代报告（一〇）》，《考古》1983 年 7 期；《放射性碳素测定年代报告（一二）》，《考古》1984 年 7 期；《放射性碳素测定年代报告（一二）》，《考古》1985 年 7 期。文物保护科学技术研究所碳十四实验室：《碳十四年代测定报告（五）》，《文物》1984 年 4 期。

72 北京大学考古教研室华县报告编写组：《华县、渭南古代遗址调查与试掘》，《考古学报》1980 年 3 期。

73 北京大学历史系考古教研室：《元君庙仰韶墓地》，文物出版社，1983 年。

74 中国社会科学院考古研究所陕西工作队：《陕西华阴横阵遗址发掘报告》，《考古学集刊》第 4 集，中国社会科学出版社，1984 年。

75 商县图书版等：《陕西商县紫荆遗址发掘简报》，《考古与文物》1983 年 3 期。

76 宝鸡市考古工作队：《陕西武功郑家坡先周遗址发掘简报》，《文物》1984 年 7 期。

原载于《考古与文物》1988 年 5、6 期

近年来陕西配合基建考古工作的主要收获

配合国家基本建设工程进行随工清理工作，是当前我国考古发掘和研究工作的重要方面，随工清理是进行文物保护的有效措施，解放初期就已经取得了丰富的经验。20世纪50年代考古界对洛阳中州路、洛阳烧沟、三门峡黄河水库区等众多遗址和古墓葬的清理都取得了重要收获，此后一直存在着有计划的发掘和抢救性的随工清理考古发掘两种性质的工作。自80年代以来基本上全国的考古发掘由计划性发掘转到了配合国家基本建设工程进行的随工清理工作。这是为了适应改革开放以来经济建设大幅度上升的新形势，是完全必要和正确的。就配合基本建设考古而言，不只是我国很重视，在日本同样也存在着主动发掘与配合基建发掘两种方式。在那里，从1963年开始，配合基建的发掘数量已超过了主动发掘的数量。到1975年时，主动发掘和配合基建发掘的比例已达到192∶432，由此可见配合基建发掘在考古发掘和研究工作中占有重要的地位和比重，是值得高度重视的。1990年初，中共中央书记处书记李瑞环同志专程来陕，对陕西的文物保护工作做了全面检查，并对搞好文物保护和研究、抢救民族优秀文化遗产等作了明确的指示，强调在基建中必须注意保护地下文物。要有强烈的文物意识和社会责任感。这说明我党和政府一直是很重视文物保护工作的。陕西的文物工作者积极主动地将考古发掘工作的重点转移到了配合基建考古发掘上来。在省委省政府的大力支持下，在省文物局的领导下，我们在基本建设工程考古发掘和研究方面获得了很多收获，同时也有一些体会。回顾这些，对我们搞好以后的工作是非常必要的。

石器时代考古方面，我们主要做了安康水电站水库淹没区、宝鸡福临堡和合阳金水沟大桥等几处大的配合基建工程的考古发掘工作。在安康库区发掘的陈家坝、饶家坝、马家营、阮家坝等遗址中，获得了陕南东部仰韶文化半坡类型遗存的遗物，追寻到了相当于老官台文化在这一地区的线索，更可喜的是发现了陕南汉水流域龙山文化的遗迹和遗物。这些发现与汉水上游过去发掘的西乡何家湾、李家村、南郑龙岗寺等遗址相结合，可以看出陕南汉水流域从旧石器时代到前仰韶文化、仰韶文化半坡类型和庙底沟类型以及龙山文化等的发展脉络，对于研究陕南石器时代各文化的地方特征及关中与周围地区同时期文化之间的相互关系都具有非常重要的意义。这些资料已汇集成《汉水上游考古报告集》一书。相信这些资料的公布将对研究石器时代考古学文化的区系类型有很大的帮助。宝鸡福临堡施工工地的考古发掘，则发现了处在仰韶文化庙底沟类型和西王村类型之间的过渡型文化，发掘者将其命名为“福临堡二期文化”。在随工清理的基础上进行了更大面积的发掘，充实了一大批材料，最后汇成《宝鸡福临堡》一书。最近在配合宝鸡某厂建设施工的随工清理中又发现了老官台文化的遗迹和遗物，这是陕西地区史前考古方面的重要收获。随着工作的进展和资料的公布，相信陕西地区史前考古研究会有更大的进展。

商周时期的遗址和遗物，在近年来配合基建考古发掘中发现的比较少，在陕南的城固、洋县等处发现了几处商代文化的铜器窖藏，在关中的宝鸡、岐山、扶风、淳化、渭南等地零星地发掘了一批西周时期的墓葬和窖藏，这些材料有的已公布出来。淳化发现的西周遗物中，不少器物的特征与陕北清涧、绥德等地发现的李家崖文化面貌有密切的关系，这对研究西周时期关中与陕北的方国之间的相互关系具有重要意义。耀县丁家沟铜器窖藏中“殷毁”的铭文发现，获得了有关西周时期都与鄙之间关系的珍贵资料，证明了文献记载。尤其是宝鸡某厂发现的周墓，是以高领袋足鬲为特征的一批墓葬，文化内涵与过去在扶风刘家发现的“刘家文化”的姜戎墓地的特征相近。这为研究姬周与姜炎之间的关系提供了可靠的实物资料。另外近年来在周原遗址和丰镐遗址范围内也零星发现了一批西周时期的墓葬，抢救了一批西周文物，其中有些铜器上有珍贵的铭文资料等等。这些发现虽然比较零星，但它的学术价值却很高，宝鸡境内近年还在基建施工中抢救了一批強国墓葬，获得了鱼尊等一批重要的青铜器、玉器等文物，补充了《強国墓地》一书的资料，为研究強国历史文化提供了新的资料。

秦汉时期的遗址和墓葬，尤其是西汉时期的遗址和墓葬，在基建施工中几乎常有发现，这当然与西汉建都关中、汉代的经济发达和人口增加社会繁荣等有密切的关系。

春秋战国时期的秦墓发掘，有陇县边家庄、户县宋村、铜川枣庙、铜川黄堡、西安205研究所和咸阳助剂厂等处。前二者发现了大批铜礼器和兵器等重要文物，有的用礼器的规格还很高，有三鼎的，也有五鼎的，时代属于春秋早期和中期。这些出青铜器的春秋秦墓发现之多、规格之高，是过去同类墓葬发掘中少见的。尤其是陇县、千阳一带是秦人入陕的第一站，这些秦墓的发现为探讨秦人东迁、秦文化的早期形态无疑具有重要的学术意义。户县南宋村是继20世纪70年代发现春秋五鼎墓后，又一次发现春秋早期偏晚的出铜礼器的秦墓。这些成套成批春秋时代铜礼器和兵器、车马器等的发现，无疑对研究周秦文化关系、秦国青铜铸造技术等具有很高的学术价值。铜川境内几次春秋战国至秦代秦墓的发掘填补了过去这方面的空白。这里秦墓的上限与秦历公设频阳县治于此地的时间基本相近。由于有这些材料，我们基本上可以弄清了自春秋中期至秦统一时期这一地区秦文化的一些面貌及发展序列，基本解决了这一地区秦小型墓葬的考古学编年。由发掘所获的资料可以看出，这一带的秦墓与凤翔等地同时代的秦墓之间在文化面貌上存在一定差异，有其一定的地域性特点。而这一带在地理上又处于关中平原和陕北高原的交界地带，是关中与陕北古代各文化之间的交错地，所以一直是人们非常重视的地方。在临潼发掘的一处战国晚期至秦代的小型墓葬群中，发现除小型竖穴土洞墓外，还有长方形砖砌墓室，这是目前所见比较早的砖室墓。而更为可贵的是在这些砖上发现了一批陶文资料。这批陶文资料数量大、种类多，充实和补充了过去已发现的秦代陶文资料，在释读上有些地方还可纠正前人释读之误。所以说这是一批极为重要的秦文物资料。近来在咸阳助剂厂发掘的一批春秋至秦统一的秦墓中，发现了成组有打破关系的墓葬，这在秦墓发掘中是少有的现象，它对解决秦墓的编年、相对早晚的时间问题提供了极为重要的地层关系，是一批很难得的资料。秦的墓葬资料在配合基建考古发掘中发现得还不少，如西安郊区205研究所等地也均有发现，这里就不一一再作介绍了。

西汉考古，尤其是西汉的遗址与墓葬在近年来的配合基建考古中发现数量最多，规模也都比较大。在汉代遗址中，对汉代渭河三桥之一的西渭桥遗址进行了抢救性的发掘工作，揭露出了木桥桩、铁板等遗物，发现西渭桥是一座木结构多孔桥。这一发现为研究中国桥梁史、汉代交通史、建筑技术及相关的历史地理变迁等问题提供了重要的实物资料，目前研究工作仍在进行。秦汉时期关中为京畿之地，离宫别墅相望，分布非常密集，近年在蓝田境内因农民动土造砖，触动汉“鼎湖延寿宫”遗址，我们因此作了相应的勘探和小型试掘，获得了“鼎湖”、“鼎湖延寿”等一批瓦当资料，发现了夯筑宫室的墙垣基址，了解了这座离宫的沿革和面貌，这是近年陕西境内对汉代离宫所做工作比较多的一次。

汉代墓葬发掘则比较多，计有陕南汉中张家山、勉县红庙乡、安康水电站库区的陈家坝和徐家坝、陕北绥德画像石墓、黄龙砖瓦厂、眉县常兴、咸阳彩电厂扩建工程、咸阳机场、咸阳煤校和杨陵、西安曲江净水厂、西安北郊大白杨、医疗设备厂、曲江池、陕西电视台转播塔、国安大酒店、省农机厂小学、西安交大小学、西安新安砖厂、秦川机械厂、黄河机器制造厂、西安胶鞋厂、西安电子城、西安石油学院扩建工程、陕西汽车制造厂、西北国棉四厂、西北国棉五厂三分厂、西北国棉五厂住宅小区、向阳公司、庆华厂、临潼床单厂、临潼新丰编组站、韩城芝川镇、韩城新城区等基建施工工地发现和发掘两汉各时期的墓葬千余座。这批材料无疑对研究两汉物质文明、研究陕西两汉墓葬的编年提供了重要的科学依据。从现在所掌握的资料可以看出，关中汉墓由早至晚可以分为六个大期，当然各期之中还可细分成不同的小段落，在这些汉墓的清理中以西安北郊大白杨、眉县常兴、西北国棉五厂商品住宅小区等地的汉墓群比较集中，有的打破或叠压关系为汉墓的分期奠定了基础。西安净水厂、向阳公司、西北国棉五厂等汉墓群的发掘，使我们对汉代由并穴合葬到同穴合葬的演变过程有了比较明确的认识。另外在这些汉墓的发掘中，我们还发现了“天井”等墓葬特点，为研究关中汉墓的形制变化和建筑特点打下了坚实的基础。从现在所知的情况可以看出，关中汉墓与陕南和陕北汉墓之间亦存在地区性的差异，并不完全相同。而关中汉墓与洛阳汉墓之间也是各有特征，并不类同。新安砖厂汉墓、咸阳龚家湾汉墓、华阴岳镇刘琦墓等资料，对弄清大中型墓葬的建筑结构、棺椁结构都有重要的学术价值。而成批的汉代家族墓葬的发现，使我们有了更多的对比材料，在对比的过程中，对秦汉时期由“族墓制”、“公墓制”到大族墓地的演变过程有了比较清晰的认识。一批壁画墓的发现，使我们对汉代的绘画艺术、天文知识水平等有了粗略的印象。新安砖厂汉墓及西安南郊等地汉墓中出土了一批汉俑，这批汉俑由十几厘米至几十厘米高不等，有着衣的男女俑，也有出土时裸体的男女俑，除人俑之外还发现了马、牛、羊等动物家禽俑。这些俑大多采取模、塑、彩绘结合的技法，制作精良，姿态各异，不失为雕塑艺术的精品。在陶俑的发现方面当首推咸阳汉景帝阳陵出土的陶俑。这批俑是在配合咸阳机场东线专用公路施工时发现的，目前发掘的陶俑出自三个俑坑。陶俑出土时全为裸体，身高 60 厘米左右，采用模塑、彩绘相结合的技法制作，出土时未发现上肢，个个身体修长、匀称、比例适度，符合解剖学原理，是一批难得的艺术精品。最近在茂陵附近农民造砖取土时，又发现一批汉代俑，它们与阳陵的陶俑东西呼应、各有千秋。相信以后通过秦汉陶俑的对比研究，可以弄清陶俑制作技艺发展变化的轨迹，也可以弄清同时代陶俑雕塑艺术间存在的不同风格。目前这些工作才刚刚开始，日后定会有更大的突破。

三国至隋以前这个时期，是中国历史上由秦汉文明发展为隋唐盛世的关键时期。这一时期也是战乱纷起的多事之秋，考古发现这时期的文物比较少，在勉县、宝鸡、岐山和眉县等地近年发现有三国时的兵器、印章等遗物。在汉中发掘一座西魏时期的墓葬，出土一组身着喇叭裤的陶俑，这对于研究中原与西域的交往极为重要。在华阴和潼关发现一批北魏时弘农杨氏的墓葬、墓志及金银饰品，经研究基本上弄清了弘农杨氏近千余年的发展谱系和事迹，这是汉魏大家族研究方面的重大进展。在向阳公司发掘的几座晋墓中发现了壁画和纪年，墓葬规模较大，有斜坡墓道、前后室和侧室，出土了一批重要文物。在 206 工地发掘了两座北朝墓，墓葬的建筑风格比较独特。墓门上部有直接在坑壁上刻成的三开间三层仿木结构的门楼，而且绘有彩绘，出土了陶俑等一批重要文物，为研究当时的建筑结构和造型及汉唐建筑的承袭等提供了重要资料。在咸阳机场施工工地发掘了一批北周墓葬，出土了一批金银饰品、陶俑、陶器、铜器等重要文物，这是陕西地区北周墓葬和文物方面比较集中出土的一次，资料之丰富也是前所未有的。这些对于了解这一时期陕西地区的物质文化和民族变迁等都有重要的参考价值。

隋代大兴城和唐代长安城的考古一直是由中国社会科学院考古研究所西安研究室主持，随工清理方面的发现一直是比较零星的。在配合基建随工清理中隋代墓葬的发现和发掘数量不多，在庆华厂曾发掘一座李椿夫妇合葬墓，葬墓规模较大，有石刻墓门、石狮子，还出土了瓷器、陶器、铜器和陶俑等一批重要文物。其墓志书法极为娴熟，堪称上乘之作，有较高的艺术欣赏价值。除此之外还在咸阳机场和长安县等地发现一片隋墓，这些纪年隋墓的发现，为建立关中隋墓的时代序列奠定了基础。

唐代遗址和墓葬是在基建考古发掘中所占数量比较多的。近年发掘的唐代遗址中最重要的应是临潼唐华清宫汤池遗址，揭露出了唐莲花汤、御汤和太子汤等汤池遗址及相应的殿堂布局，这是古代汤池方面唯一的大规模发掘。唐代庆山寺、法门寺地宫及塔基的发掘，发现了制作精致的金棺、银椁，获得了一批制作精湛的金银器、琉璃器、三彩器、秘色瓷器、纺织品和绘画、文字资料。还发现了罕见的佛骨舍利等重要的宗教文物。这些发现有很高的学术价值和观赏价值，对研究唐代历史文化、中外关系史及制造工艺等都是弥足珍贵的实物标本。既可以用此研究唐代茶事，又可研究佛事活动的风俗礼仪，还可以从中看到唐代建筑结构的风采。

唐代墓葬的发掘主要集中在西安附近、乾县的乾陵附近、礼泉的昭陵附近及三原、富平、韩城、长安、临潼、咸阳、凤翔等地。有帝陵陪葬区中的太子、公主及大臣墓，有西安西郊枣园一带的宫女墓，有长安、西安一带的韦氏家族墓，也有少数氏族及异国宾客的墓葬，包括面极广，从皇亲国戚、王孙公子到一般平民百姓的墓都有发现和发掘。出土物包括了金、银、铜、铁、陶、瓷、三彩、木、琉璃、玻璃、琥珀等，各色不同质料的文物，制作精湛，造型优美，等级较高，数量不少。更为难得的是发现了如长安县南里王村等十余座初唐、盛唐等不同时期的壁画墓，保存了一批不可多得的绘画艺术资料。从中不仅可以研究唐代绘画艺术，也可以形象地了解到当时的等级制度、建筑风格、服饰制度、风俗习惯、中外交流等等方面。值得高兴的是这些墓葬的集中发掘还厘清了唐代韦氏、杜氏及白居易等家族的世系变化和当时的宫廷政治。凤翔毛纺厂唐墓殉人现象的发现，增加了唐墓研究的新课题。总之，诸多纪年明确的中小型墓葬的发掘，为建立关中唐墓的年代学标尺创造了有利条件。目前对这批材料的系统分析和研究工作正在进行，有些资料已发表，有关关中唐墓的等级分析和分期问题就会有个比较清楚的线索。同时有关唐代文化方面的研究也会有大的突破，更上一个台阶。

耀窑瓷器是唐宋及金元时期北方窑系有名的瓷窑，除过去 80 年代初的大规模有计划发掘外，近年来还配合基建随工清理发现了唐、五代、宋、金、元、明等时期的制瓷作坊多处。出土了一批唐代瓷器和三彩，获得了一批宋、金、元时期的瓷器标本，以及不同时期的窑具，基本上搞清了唐及其以后耀窑瓷器的生产全过程。1990 年配合三铜一级公路所进行的随工清理工作收获极丰，无论是品类还是数量上，对以前的发现都有很大的补充，为耀瓷研究的深入开展提供了丰富的实物资料。

宋、金时期的遗物及墓葬除上述之外，也有不少发现。在岐山等地发现了几次宋代钱币窖藏，数量大，品类全，是研究工作的第一手资料。在韩城等地发掘了金代僧人墓，从而使人们对金代的文物和葬制也有所了解。

在上述发掘和勘查的基础上，专题研究工作得到了深入的开展，从而推动学术研究工作向纵深发展，弥补了计划发掘之不足。现在已编写出《汉水上游考古报告集》、《宝鸡福临堡》、《陇县边家庄秦墓》、《西安交大西汉壁画墓》、《陕西新安砖厂汉初积炭墓发掘报告》、《眉县常兴汉墓发掘报告》、《西安白鹿原汉墓》、《凤翔毛纺厂唐墓报告》、《咸阳机场北周墓发掘报告》等十余部报告专集和七十余篇简报及论文，充分反映了配合基建考古发掘在考古研究工作中所占的地位是不可忽视的，现在和将来都应该重视这方面的工作，并做得更好。

能取得以上这些成绩，我们有以下几点粗浅的体会：第一，做好文物法的宣传，使人们树立“文物意识”。党政各部门和广大群众都应重视民族文化遗产的保护。中央书记处书记李瑞环同志在陕视察文物工作时，对陕西党政各部门和陕西人民提出了要求，必须在保护文物方面作出应有的贡献。所以，在思想上重视文物保护是做好文物保护工作的基础。第二，在有《文物法》的前提下，进一步制订有关的地方法规和规定，理顺关系，依法办事，遵循规程是文物保护的法律保证。第三，在配合基本建设的随工清理工作中，要真正坚持“既利于国家建设，又利于文物保护”的原则，建设单位和文物部门都应从如何在保护好国家文物的同时，又不影响国家经济建设的大局出发看待问题，统一认识，共同努力，做好工作。这是既矛盾又统一的问题，必须很好地协调，而协调的原则是“两利”方针。第四，配合基建随工清理考古工作过程中，一定要遵循《田野考古工作规程》的规定要求，尽最大努力在时间紧、任务重的艰苦情况下，认真仔细地做到科学发掘，保证材料的完整性和科学性。这是考古研究工作赖以深入的前提。第五，配合基建的考古工作，头绪多，有时材料零星繁杂，这就要求我们从科研规划上做整体的调整和安排，将专题研究和随工清理有机地结合起来。在人员安排等方面相互兼顾，尽可能地使专题研究的方向与相关人员相结合，这是科研工作能在新的情况下继续深入开展的组织保证。第六，高、中、初级科研人员相结合，做好传帮带，使青年人得到更多的锻炼机会。在随工清理考古发掘工作中培养人才，提高业务水平，尽快地建设考古科研队伍，使得考古科研队伍的整体水平不断提高。第七，考古队坚持领队负责制，这是从组织上保证考古发掘成果的完整性和科学性的重要措施。当然，真正做好我们的工作，要求我们每一个考古工作者必须有高度的事业心和责任感，否则任何事情都会一无所成。

巩启明、呼林贵合著，原载于《考古与文物》1994 年 4 期。

近年来陕西史前考古的新收获

近年来陕西史前考古工作在贯彻"保护为主，抢救第一"的方针指导下，取得了一些新的收获。这些新的发现多数是在配合基建考古工作中取得的。陕西自改革开放以来，基建项目逐年增多，尤其是20世纪80年代以来，大规模的建设项目一个接着一个，诸如：宝鸡至中卫的宝中铁路陕西段，神木至朔县的神朔铁路陕西段，西安至延安的西延铁路甘泉段，西安至铜川、西安至宝鸡、西安至渭南、西安至新机场的高速公路，以及大型企业工厂、水利、交通、桥梁、住宅、宾馆等的建设都在蓬勃开展。如此众多的大型建设项目为我们的考古工作带来了难得的机遇。我们在配合这些建设项目中经调查、试掘或正式发掘清理的史前遗址达30多处（含主动发掘项目），其中有千阳县的丰头村、西沟村、冉家村、夹咀村、刘家沟村，陇县的慕尔塬村、川口河村、营沟村、原子头村、坪头村、史家铺村、火烧寨村，神木县的寨峁，府谷县的郑则峁、新民村，子长县的栾家坪，延安市的芦山峁，甘泉县的史家湾，铜川市的瓦窑沟、吕家崖，临潼县的康家、零口，眉县的白家村、宁王村，宝鸡县的巩家泉村、双碌碡村、五一村、乔家堡村，扶风县的案板村，兴平县的侯家村，合阳县的吴家营村，以及安康、商州、洛南等县市的旧石器地点等。其中陕南的旧石器地点、洞穴遗址，关中的瓦窑沟、丰头村、福临堡、案板村、侯家村、零口、康家，陕北的郑则峁、史家湾等遗址的试掘或发掘，多有新的收获。这些新的发现为陕西史前考古的研究提供了一批新的比较重要的珍贵资料。现按时代早晚简要介绍如下。

一

1993年不法分子在河南省西峡县大肆盗掘、倒卖恐龙蛋化石，据报纸披露有两批恐龙蛋化石流入西安市文物市场，并立即被公安部门查获。同时，有一名西峡农民来陕西省考古研究所交献恐龙蛋化石6枚，据交献者称系在西峡县丹水镇三里庙村附近山坡上挖出。考古研究所收藏以后，请化石修复技师进行了及时修理和保护处理。经初步观察及查阅有关资料，从其形态特征及交结在一起的棕红色钙质砂岩等情况分析，确系西峡县恐龙蛋化石产地所出。鉴于西峡县和陕西的商南县毗邻，同属丹江流域，地形、地貌、地质构造近似，遂引起我们的特别重视。1994 年春，商洛地区文管会反映某地质队在商南县发现恐龙蛋化石 2 枚，但出土地点不详。1995 年夏，陕西某建筑公司一工人拿来恐龙蛋化石 1 枚，说是在丹凤县修公路时挖出的，请求鉴定。1996 年 6 月 17 日《西安晚报》报道丹凤县西河乡贺家村东沟组村民在修筑山村公路时挖出恐龙蛋化石 30 枚，由县博物馆收藏。上述陕西境内的三批恐龙蛋化石，出自商南县的因出土地点不详无法进一步勘察，出自丹凤县的二批可能为同一地点所出。据到实地考察过的郭志强等同志介绍，恐龙蛋化石产于中生代白垩纪沉积岩中，由钙质砂岩组成，岩性为灰绿色钙质砂岩，埋藏层位可能属白垩世，距今年代约在 7 千万年以前。已发现的恐龙蛋化石呈扁圆形，颜色为深灰色，蛋壳顶部多已掉层破损，最大直径约 10 ~ 15 厘米，一般保存较好，从已发现的标本看，均为大型蛋化石。陕西这批恐龙蛋化石的发现，与河南发现的恐龙蛋化石有同样的重要价值，它不仅增加了恐龙蛋化石在我国的分布地点，而且它们都是研究古生物、古气候、古生态、古环境、地质构造以及恐龙蛋本身科、属、种分类的珍贵资料。

二

1989 年陕西省考古研究所王社江同志在安康进行考古调查时，在安康城东关庙乡汉水北岸三级阶地堆积土层剖面中采掘到石制品 5 件，其中石核、石片、刮削器、砍砸器及三棱大尖状器各 1 件。所用原料为硅质石英岩及脉石英等。打制方法采用锤击法和碰砧法。石器均用石片制成，器形较大而且规整，特别是三棱大尖状器，加工精细。这批石制品的所在地层、形态特征，都与汉中梁山的旧石器相同，它们的年代均属中更新世（Q_2）、旧石器时代早期。同时在关庙地点的二级阶地土层中采掘到石制品 67 件（包括中岭的 9 件），其中石核 9 件、石片 33 件、各类刮削器 10 件、尖状器 4 件、雕刻器 2 件及石锥 1 件。所用原料有石英、石英岩及变质砂岩三种，其中石英占比例最大。打制方法多用锤击法和碰砧法，偶见砸击法，工具的加工修理多用交互打击法，修理比较仔细，尤其是刮削器、尖状器和石锥修琢考究。石器中小型的多，较大的罕见。从整体看反映出加工技术具有较高的文化面貌。这批石器的时代，从出土地层及石器本身的特点来看应属于晚更新世（Q_3）、旧石器时代晚期。这次调查的收获不仅扩大了汉水上游旧石器时代早期文化遗存的分布地点，同时还首次发现了旧石器时代晚期的文化遗存。这一新的发现填补了汉水上游缺乏旧石器时代晚期文化遗存的空白，并为以后在这一地区继续开展工作提供了新的重要线索[①]。

1995 年陕西省考古研究所和洛南县博物馆联合组成考古队在商洛地区进行考古调查时，在洛河上游的洛南盆地发现旧石器地点 21 处，采掘到石制品 527 件，有石核、石片、石球、尖状器、砍砸器、刮削器等，一般形体较大，其中砍砸器种类较多，所用原料以石英岩、脉石英为主，次为石英砂岩、细砂岩，偶见花岗岩。同时在丹江上游的商州市腰市盆地发现旧石器地点 4 处，采掘到石制品 235 件，有石核、石片、刮削器、尖状器、雕刻器、砍砸器、石球等，形体普遍较小，其中以各种刮削器数量较多，其他较少。原料有石英、石英岩和石英砂岩三种。两地石制品的制法多采用锤击法和碰砧法，其他罕见。研究者认为这两地石制品的特点，既有南方旧石器的文化面貌，又有北方旧石器文化的传统。洛南旧石器的年代可能在距今 50 ~ 30 万年，属旧石器时代早期文化，腰市旧石器的年代可能略晚一些。商洛地区旧石器文化遗存的发现，不仅填补了南洛河、丹江上游地区旧石器时代考古的空白，同时为研究我国旧石器时代南北原始文化的交流也提供了颇有价值的重要资料[②]。

1995 至 1996 年度，陕西省考古研究所等单位联合组成考古队，对洛南县尖角乡东河村花石浪龙牙洞遗址进行系统发掘，收获相当丰富。龙牙洞洞穴遗址位于东河村北山坡上，属洛河北岸的二级阶地，为石灰岩溶洞，洞口朝南，避风向阳，居高临下，视野开阔。周围系浅山、川塬、盆地、丘陵地带，自然条件优越，有利于古人类生息。龙牙洞遗址洞口高 3. 40 米、宽 2 米，洞内面积约 20 平方米。当地群众曾挖掘“龙骨”，将上部地层扰乱，但深层保存良好。经两次发掘，已发现三层居住面、灰烬层、人类和动物化石以及大批旧石器等。居住面可能是因古人类长期生活践踏而形成的，土质较硬，呈灰黑色。居住面上有大量的石制品，分布相当密集。灰烬层厚约 3 ~ 5 厘米，系古人类在洞内长期烧火的遗留。在局部岩壁下有火烧过的遗迹，可能是保存火种的地方。初步鉴定含人类化石左上门齿 1 枚。动物化石有虎、狼、熊、大熊猫、貘、犀牛、鹿、野猪、豪猪、牛、马、鼠类及一些水生动物化石等。石制品共发现 2300 多件，其中有石核、石片、刮削器、尖状器、雕刻器等。器形较小，大型器罕见。原料以石英、石英岩常见。另外还发现有经人工打击过的骨片以及烧石、烧骨等。研究者认为龙牙洞遗址的时代应为中更新世（Q_2）、旧石器时代早期，大致与陈家窝蓝田人的年代接近。龙牙洞旧石器时代早期洞穴遗址的发现丰富了商洛地区古人类和旧石器文化的内容，对探索古人类的生产、生活情景具有很高的学术价值[③]。

三

陕西的新石器时代考古在全国来说是起步较早的地区之一，诸多新的发现曾为我国史前考古的研究提供了大量的珍贵资料。近年来在原来的基础上又做了大量工作，又有一些新的发现。这些发现对本地区及邻近地区新石器时代考古编年的研究具有重要意义。

1994年为配合高速公路建设，陕西省考古研究所的考古工作者对临潼县零口遗址进行了较大面积的发掘。在发掘面积内的多数探方中，发现第五层为典型的仰韶文化半坡类型，第六、七、八层为新发现的文化遗存，第八层下有一个灰坑属老官台文化[④]。从第六、七、八层出土的陶片来看，陶系以泥质红陶为主，夹砂红陶次之，红褐陶又次之。制法多为手制。可辨器形有环形口广肩小平底瓶、直口假圈足钵、罐形鼎、敛口深腹钵、器座、直口弦纹罐及竖绳纹罐等。纹饰以素面为主，有少量的弦纹和绳纹，其他少见[⑤]。这一独具特色的文化遗存，过去在陕西境内早有零星发现，但不曾发现完整地层，而将其归属于仰韶文化的半坡类型或老官台文化之中。如北首岭遗址墓地出土陶器中的Ⅱa式假圈足碗、Ⅳ式瓶[⑥]，元君庙墓地出土陶器中的Ⅱa式和Ⅱb式小口平底瓶[⑦]，半坡遗址的Ⅱ3a式假圈足碗[⑧]，姜寨遗址第一期文化遗存的Ⅸ式假圈足碗[⑨]等。近年来在晋南翼城县枣园村遗址试掘中，于1号灰坑也曾发现过和零口下层遗存基本相同的陶器[⑩]，同时在垣曲东关遗址也有所发现，如Ⅰ式瓶（H40∶163、H132∶30）、Ⅱ式盆（H40∶131、H132∶33、H37∶7）、Ⅰ式钵（H40∶175）等，都与零口遗址下层遗存的同类器相同或相似[⑪]。零口遗址下层遗存的发现十分可贵，为我们寻找老官台文化的下延及仰韶文化的前身提供了新的依据。这里应该指出的是仅在零口遗址发现这类遗存还嫌孤单，尚不足以反映这类文化遗存的整个文化面貌，但它却为我们提供了进一步探索由老官台文化向仰韶文化半坡类型过渡的可喜线索，其学术意义是相当重要的，希望在今后的工作中能有更多的发现。

1991年为配合国家储备粮库建设，陕西省考古研究所的考古工作者对铜川市黄堡镇瓦窑沟新石器时代遗址进行了大规模发掘。瓦窑沟遗址位于黄堡镇东南0.5千米的瓦窑沟与漆水河交汇处，在漆水河东岸的二级台地上，与河西岸的吕家崖遗址遥相对应。遗址总面积约50000平方米，因南部破坏比较严重，此次发掘主要是在整个遗址的中北部布方，揭露面积达8000平方米。该遗址的整个地层比较简单，其文化内涵主要是仰韶文化半坡类型，在局部面积内有先周文化遗存。经发掘共发现属仰韶文化的大围沟1条、地面或半地穴式房址20多座、地穴30多座、灶坑27个、灰坑200多个、土坑墓和瓮棺葬各40多座，出土各类文物数千件。大围沟从遗址东北部的瓦窑沟畔开始，向遗址南偏东、西南部呈弧形延伸，宽约2.5米，深约2.3米，发掘及勘探长度约百米，将整个聚落包围在壕沟以内。房址和地穴都分布在围沟以内，门均朝向西南的漆水河，建房技术和半坡、姜寨相同，只是地穴建筑比较特殊，可能是这里冬季严寒风大，为适应人们防寒防风而建，这些地穴中有的可能是冬季住人的，有的可能是储藏东西的。因发掘面积仅占整个遗址的六分之一，所以房址和穴址在整个聚落中尚难看出一定的分布规律，但其门向均朝向西南，符合背风向阳的需要。灰坑多分布在房址附近。土坑墓和翁棺葬多为零散分布，集中的氏族墓地尚未发现。在整个聚落的东北部发现以小沟环绕的圆形设施一处，其中既有居住址又有较集中的儿童墓葬。该圆形设施直径约 25 米，周长约 70 余米，小沟的深度和宽度均不足 2 米，出入通道宽约 3 米。小围沟内有长方形半地穴和圆形房址各 1 座，房址的附近有 2 座儿童土坑墓及 9 座小儿瓮棺葬，儿童土坑墓的随葬品相当丰富。这里可能是氏族内较有权势或威望者的家庭住地，其子女夭折后即埋葬在住房附近，以小沟环绕的做法可能是权势的象征。这一发现为我们研究当时的社会组织、家庭结构、社会性质提供了重要资料。瓦窑沟遗址的另一特点是在出土遗物中，除有大量的生活用具陶器、骨器外，还有一些磨制的生产工具，但数量较少；而打制的各类细石器占比重很大，在一个灰坑中就发现数百件之多。这一现象与过去在关中已发掘过的同期遗址不尽相同，可能与产业结构不同有关。也就是说瓦窑沟氏族的生产可能是在从事农业生产的同时，也从事畜牧业和狩猎业，并且畜牧业和狩猎业在整个社会经济中占有较重要的成分。瓦窑沟遗址的大面积发掘取得了重要收获，它不仅丰富了关中与陕北两地区交接处的地域性考古资料，同时为聚落考古的研究也提供了重要内容[12]。

关于仰韶文化史家类型。20 世纪 70 年代我们在大规模发掘临潼姜寨和渭南史家遗址时，发现了晚于半坡类型、早于庙底沟类型且以二次合葬墓、葫芦瓶、带盖罐、敛口钵为主要特征的一种文化遗存。它既有明确的地层关系、一定的分布地域，又有独具特色的文化面貌，为了和已知的文化类型相区别，我们建议命名为史家类型[13]。此后，学术界有的学者赞成，有的持有异议。有异议的学者中，有的将其划归半坡类型晚期，有的将其划归庙底沟类型早期，但其独特的文化面貌则是公认的。80 年代以来我们又不同规模地发掘了南郑龙岗寺遗址[14]、蓝田泄湖遗址[15]、合阳吴家营遗址[16]、铜川吕家崖遗址[17]等，都发现了这类文化遗存。前二者有明确的地层叠压或单位的打破关系，后二者都是单一的文化遗存。同时在陆续发表的发掘资料中，发现不少遗址含有这类文化遗存，诸如：秦安大地湾遗址[18]、王家阴洼遗址[19]、正宁宫家川遗址[20]、西乡何家湾遗址[21]、淅川下王岗遗址[22]等，都含有和史家遗址相同或相似的文化遗存。再加上 20 世纪五六十年代在西安半坡、华县元君庙、芮城东庄村、陕县三里桥、宝鸡北首岭等遗址发掘的资料，总的来看，以发现较早文化内涵单一而典型的史家遗址为代表，命名为仰韶文化史家类型是合适的。这一认识通过 80 年代以来的田野工作，使我们在思想上踏实多了。关于史家类型的文化性质、文化特征、分布、年代及其源渊和去向等的综合研究，王小庆同志的《论仰韶文化史家类型》一文，论述比较全面，基本上代表了我们对这一问题的认识，可供参阅[23]。

关于仰韶文化中期庙底沟类型向晚期西王村类型过渡的研究，也有一定的进展。过去我们在对仰韶文化的研究中，总感觉庙底沟类型和西王村类型文化面貌的变化比较突然，两类型之间似有缺环存在，近年来随着田野工作的开展，弥补这一缺环的线索已经发现。1984 至 1985 年我们对宝鸡福临堡遗址的发掘，1984 至 1991 年西北大学文博学院对扶风案板遗址的发掘都有新的发现，为填补两类型之间的缺环提供了重要资料。福临堡遗址共发现三期文化遗存，第一期为庙底沟类型，第二期是由庙底沟类型向西王村类型发展演变的过渡型，第三期为西王村类型。第二期文化遗存的特征比较明显，从陶器来看，陶质陶色以泥质红陶最多，夹砂红陶和红褐陶次之，泥质灰陶、橙黄色陶也有少许。制法多为手制，慢轮修整口沿者常见。纹饰以绳纹、线纹、条带状附加堆纹常见，锥刺纹、划纹、弦纹、戳印纹均有少量，彩陶很少。器形有敛口凹底或平底钵、敛口附沿盆、瓮、退化形重唇口体形修长的尖底瓶、小口双耳平底瓶、下腹部饰条带状附加堆纹罐、短流盆等[24]。这一群陶器在过去已发表过的考古资料中已有零星发现，如西安半坡、宝鸡北首岭、岐山王家咀、武功赵家来、秦安大地湾、城固莲花池、华县南台地、芮城西王村等遗址都有少量出土，因未发现完整的地层关系而被划归庙底沟类型或西王村类型。从福临堡遗址的地层叠压、遗迹单位的打破情况以及这组陶器的自身特征来看，它由庙底沟类型向西王村类型过渡的性质是很明显的。案板遗址发现了三期文化遗存，第一期是庙底沟类型，第二期是西王村类型，第三期是庙底沟二期文化。就仰韶文化的两个类型来看，其文化面貌是不曾间断连续发展的关系。研究者将这里的仰韶文化遗存分为二期四段，各段的典型器物：一期一段有杯形口尖底瓶、原始重唇口尖底瓶、窄沿圜底盆、直口凹底钵、弦纹罐等，既有史家类型的因素又有庙底沟类型的特点，表明其属于庙底沟类型的早期阶段。一期二段有典型重唇口尖底瓶、敛口曲腹凹底钵、弧折沿曲腹平底弧线圆点纹彩陶盆、敛口曲腹平底碗、窄沿鼓腹平底绳纹罐、敛口鼓肩平底缸等，属关中西部典型的庙底沟类型。二期一段有退化型重唇口尖底瓶、原始平唇口尖底瓶、宽平沿浅腹平底盆、窄沿中腹附加堆纹罐、敛口斜腹平底钵、直口斜腹平底碗等，既有庙底沟类型的因素又有西王村类型的特征，表明其由庙底沟类型向西王村类型过渡的性质，或称其为西王村类型的早期阶段。二期二段有典型平唇口尖底瓶、宽平沿斜腹或折腹平底盆、折沿鸡冠双耳腹饰多道附加堆纹平底罐、敛口浅腹平底钵、敞口直腹矮圈足碗等，属关中西部典型的西王村类型。从这四段典型陶器的演变规律来看，我们清楚地看到它们是前后相接一脉相承的关系[25]。福临堡和案板两遗址的发掘，为我们研究仰韶文化中晚期的考古编年以及类型的划分等提供了重要的科学依据。

四

近年来，陕西在新石器时代考古中，除上节介绍的有关考古文化编年的重要发现外，在遗迹、遗物方面也有一些新的收获。如在千阳丰头仰韶文化遗址中发现一大批彩陶，在扶风案板仰韶文化遗存中发现陶塑人像10多件，在庙底沟二期文化遗存中除发现黍、粟的粮食标本外还发现了稻的标本，这些都为仰韶文化和庙底沟二期文化的研究增加了新的内容。1992年在对神木寨峁客省庄二期文化聚落遗址的发掘中，发现石砌墙壁房址1座，并发现整个聚落居住区以石砌墙壁环绕的一段围墙，长约30多米；同年在子长县栾家坪遗址也发现同期石砌围墙一段。1991年在对延安芦山峁遗址的试掘中，发现客省庄二期文化窑洞3座。1993年在兴平侯家遗址发现玉璧2件。1992年在府谷郑则峁遗址发现用红色颜料彩绘墙裙的原始装饰，同时发现一块纺织物标本、炭化黍粒标本0.5公斤[26]。这些都为研究客省庄二期文化的聚落形态、建筑技术、经济状况等提供了珍贵资料。

同时，宝石、玉器的发现也是新石器时代考古遗物中的重要收获。这里联系以前和近年来的宝石、玉器出土及征集情况略加介绍。经初步统计，属老官台文化的共7件，均为装饰品；属仰韶文化的120多件，有生产工具、礼器及装饰品；属客省庄二期文化的170多件，多为礼器和装饰品，少数为其他用途。三个时期的数量合计约300多件。这个数字不算很多，但也不少。清人刘大同在《古玉辨》中说："古玉出土者，以陕甘为最上，冀、鲁、豫、晋以及皖北、徐、扬等处次之。"刘氏所见者可能早已流散国内外各地，今日的统计均为建国后文物部门所得，流散于市场的尚不知多少，仅神木石峁遗址出售于市场的就有数百件之多。可见陕西史前时期宝石、玉器的含量是相当丰富的，这与其发达的史前文化是相称的。至于这些宝石和玉器的具体出土情况、分布、年代、材料来源、制作技术以及用途研究，笔者将另文论述。

注　释

① 王社江、李厚志：《安康关庙旧石器地点》，《考古与文物》1992年4期。

② 王社江、胡松梅等：《洛南旧石器考古调查有重要收获》，《中国文物报》1996年6月9日。

③ 王社江、胡松梅等：《洛南花石浪龙牙洞旧石器时代洞穴遗址发掘收获》，《中国文物报》1996年9月29日。

④ 周言：《专家论证零口遗存》，《考古与文物》1995年6期。

⑤ 零口考古队资料。

⑥ 中国社会科学院考古研究所：《宝鸡北首岭》，文物出版社，1983年。

⑦ 北京大学历史系考古教研室：《元君庙仰韶墓地》，文物出版社，1983年。

⑧ 中国科学院考古研究所、西安半坡博物馆：《西安半坡》，文物出版社，1963 年。

⑨ 半坡博物馆、陕西省考古研究所、临潼县文化馆：《姜寨——新石器遗址发掘报告》，文物出版社，1988 年。

⑩ 山西省考古研究所：《山西翼城枣园新石器时代早期遗址调查报告》，《文物季刊》1992 年 2 期。

⑪ 中国历史博物馆考古部、山西省考古研究所：《山西省垣曲县古城东关遗址Ⅳ区仰韶早期遗存的新发现》，《文物》1995 年 7 期。

⑫ 王炜林：《瓦窑沟史前遗址发掘取得重要成果》，《中国文物报》1995 年 5 月 21 日。

⑬ 巩启明：《试论仰韶文化》，《史前研究》1983 年 1 期。

⑭ 陕西省考古研究所：《龙岗寺——新石器时代遗址发掘报告》，文物出版社，1990 年。

⑮ 中国社会科学院考古研究所陕西六队：《陕西蓝田泄湖遗址》，《考古学报》1991 年 4 期。

⑯ 陕西省考古研究所：《陕西合阳吴家营仰韶文化遗址清理简报》，《考古与文物》1990 年 6 期。

⑰ 陕西省考古研究所：《陕西铜川吕家崖新石器时代遗址试掘简报》，《考古与文物》1993 年 6 期。

⑱ 甘肃省博物馆：《甘肃秦安大地湾 1978 年至 1982 年发掘的主要收获》，《文物》1983 年 11 期。

⑲ 甘肃省博物馆：《甘肃秦安王家阴洼仰韶文化遗址的发掘》，《考古与文物》1984 年 2 期。

⑳ 庆阳地区博物馆、正宁县文化馆：《甘肃省正宁县富家川新石器时代遗址调查记》，《考古与文物》1988 年 1 期。

㉑ 陕西省考古研究所：《陕南考古发掘报告集》，三秦出版社，1994 年。

㉒ 河南省文物研究所：《淅川下王岗》，文物出版社，1988 年。

㉓ 王小庆：《论仰韶文化史家类型》，《考古学报》1993 年 4 期。

㉔ 宝鸡市考古工作队、陕西省考古研究所宝鸡工作站：《宝鸡福临堡——新石器时代遗址发掘报告》，文物出版社，1993 年。

㉕ 张宏彦：《试论案板遗址仰韶文化遗存的分期》，《考古与文物》1988 年 5、6 期。王世和、张宏彦：《案板遗址发掘的主要收获及其意义》，《考古学研究》，三秦出版社，1993 年。

㉖ 陕西省考古研究所年度汇报会资料。

原载于《考古与文物》1997 年 4 期

榆林地区新石器时代文化遗存

榆林地区位于陕西省北部黄土高原丘陵山区，东傍黄河，西邻甘肃、宁夏，北与内蒙古接壤，南与延安地区毗连。行政所辖十二县，总面积47万多平方千米。其地形西北高、东南低，丘陵连绵，沟壑纵横，地貌破碎，黄土裸露，土地贫瘠。无定河是该地区最大的一条河流，发源于定边、靖边县境内的白玉山，流经横山、榆林、米脂、绥德、清涧县地注入黄河，全长350多千米。窟野河、秃尾河分别位于神木、府谷县境，是该地区仅次于无定河的水系。各河支流较多，水源较丰。在原始社会时期，该地区气候较为湿润，土地富饶，水丰草美，森林茂密。萨拉乌苏系的湖相沉积物和鄂尔多斯南部的积沙被郁郁葱葱的植被所封镇，使该地区未曾受到风沙的冲击，优美的自然环境适宜人类生息繁衍。考古资料证明，早在距今1万年前的旧石器时代，我们的祖先就已生息在那里了。社会发展进入新石器时代，先民们对该地区的开发有了大的发展，并创造了丰富多彩的古代文化。

解放以来，文物考古工作者曾在榆林地区作过多次文物普查或考古调查工作，先后发现新石器时代文化遗址700多处。新石器时代文化遗址之丰富，分布之密集，可谓星罗棋布，不亚于中原和关中地区。但是，调查资料多数未整理报道，田野发掘工作进行得更少，研究工作几乎处于空白状态。1984年和1985年，我们对无定河和窟野河流域进行了调查，发现了不少新石器时代遗址。另外，在有的县还作了一些零星的考古调查工作。这些调查资料成为我们了解研究榆林地区新石器时代古文化的第一手珍贵资料。本文根据这些资料，对该地区新石器时代文化遗存作一分类介绍，就有关问题提出自己的粗浅认识，供学术界参考。

一　文化遗存的分类和文化特征

根据文化内涵和特征，我们把榆林地区现知的新石器时代文化遗存分为六类，下面以典型遗址遗存为代表，并结合同类文化遗址的资料将这六类文化遗存分别作一介绍。

第一类文化遗存

属于第一类文化遗存的，现知有靖边县高渠、郑市村和神木县高村三处遗址。这三处遗址均因长期受雨水、强风的侵蚀，遭受破坏甚为严重，文化堆积殆尽，采集的文化遗物不多。从出土的残陶片看，陶系有泥质和夹砂两大类，其中泥质陶分粗泥和细泥两种，细泥多经磨光。陶色绝大多数为红陶，有少量红褐色陶。除素面外，纹饰有线纹、绳纹、附加堆纹等，绳纹、线纹多为斜纹；也有横、竖两种。彩陶尚有宽带纹、平行线纹、斜线纹，只见黑色一种。可辨器类有钵、罐、尖底瓶、壶等。在高渠、高村遗址中还采集到磨制石器和打制的小石器及细石器数十件。

陶器标本，高渠遗址见有陶钵口沿3件，郑市村遗址出土陶壶1件。

陶钵，3件。均为细泥红陶，经磨光。形制相似，各饰不同彩纹。一件为侈口，口部饰倒人字形线纹（图一，1），一件口部饰宽带纹，一件口唇上饰彩（图一，2、4）。三件均为黑彩。

壶，1件。郑市村遗址出土。口近花苞状，短颈，斜肩折腹，小平底。粗泥红褐陶，器表磨光，施黑衣。高12.9厘米（图一，3）。

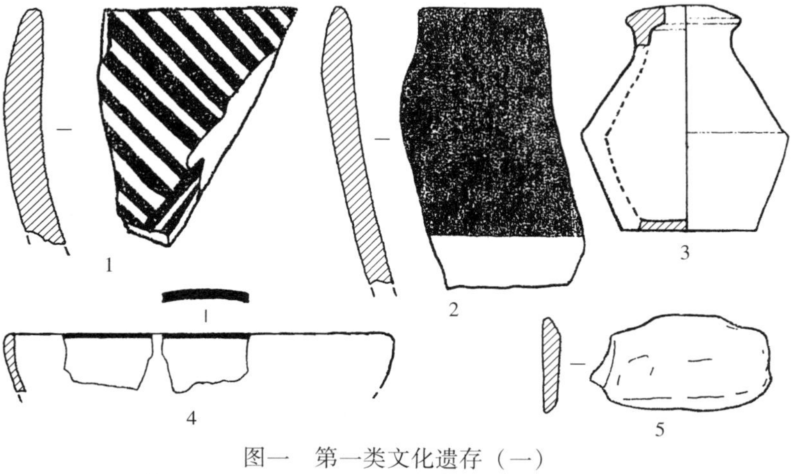

图一　第一类文化遗存（一）

1、2、4. 钵　3. 壶　5. 石刀　（1、2、4、5. 高渠遗址，3. 郑市村遗址）

在高渠遗址采集的两件罐口沿，为夹砂红陶，饰细绳纹。这两件口沿过于残小，器形不清。

在高渠遗址采集各类石器数十件，选标本11件。有磨制石器、打制的小石器和间接压制的细石器和石核。

采集的磨制石器有刀、斧、锛。石刀1件，长方形，单面刃。砂质岩，通体磨光

（图一，5）。石锛1件，梯形，平顶，单面刃。灰岩，通体磨光（图二，6）。石斧残刃部1件，舌状双面刃。砂质岩，磨光。

小石器。有石镞和刮削器两种，后者最为多见。小石器均是用小石片或石皮打制加工而成的，石质有燧石、石灰岩、角岩、灰岩等。体部和刃部有明显的加工痕迹，采用单面打制和左右打制法。石镞1件，三角形，有短铤，一面起隆脊，一面平。灰岩石片，单面打制而成（图二，10）。刮削器按形制分有三角形、楔形、长方形、盘状和不规整形（图二，4、5、7、11、12）。

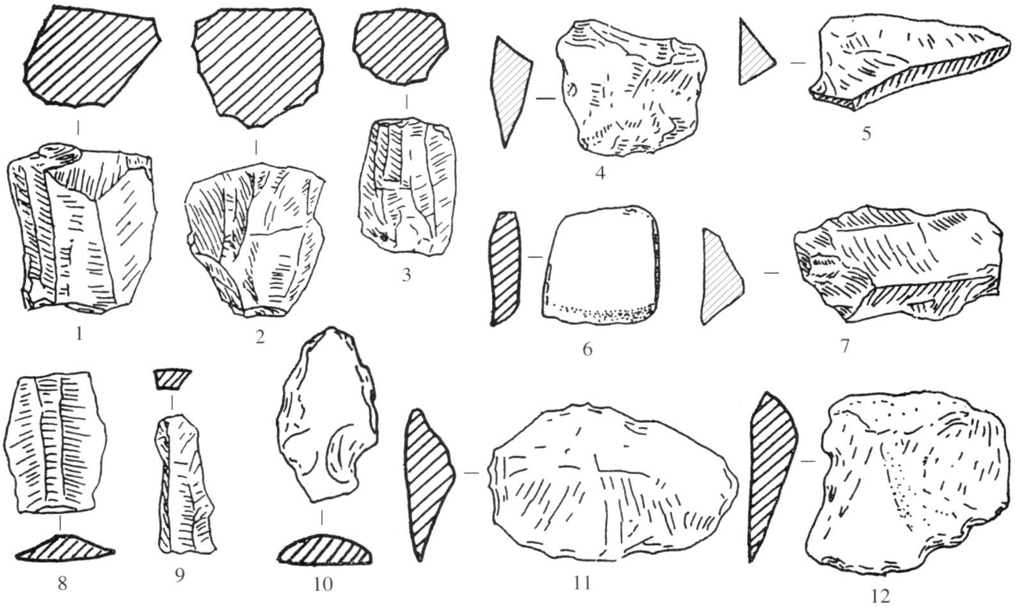

图二　第一类文化遗存（二）
1～3. 石核　4、5、7、11、12. 刮削器　6. 石锛　8、9. 石叶　10. 石镞（均为高渠遗址）

细石器。石叶5件。在高渠遗址中采集2件，均为长方形，断面均呈梯形。一件两侧为薄宽刃；另一件体较窄，两侧窄刃。均为燧石，间接压制剥叶而成（图二，8、9）。石核3件，形制有柱状、锥体状，台面较平，周围剥片疤痕清楚，石质为燧石和灰岩（图二，1～3）。

第二类文化遗存

目前发现该类文化遗存的遗址有子洲县淮宁湾、横山县上烂泥湾、绥德县义合镇、米脂县土木寨、榆林县上盐湾城圪塔、清涧县高杰村等处。从这类文化的残陶片看，陶系有泥质和夹砂两大类，其中泥质陶分粗泥和细泥两种。陶色有红陶和灰陶两种，前者占绝大多数，后者则很少见。纹饰除素面外，有绳纹、线纹、弦纹、附加堆纹，其中以绳纹最为多见，斜绳纹和斜线纹较普遍。彩陶有勾叶纹、宽带纹、平行线纹、网格纹等。彩色有黑、红两种，但以前者居多。器类有卷沿盆、平沿盆、双耳盆、钵、罐、尖底瓶、瓮等。制法以泥条盘筑为主，慢轮修整，小型器为捏制。

陶器特征。彩陶盆：在淮宁湾遗址采集的一件形制为卷沿方圆唇，敛口，鼓腹。泥质红陶，饰勾叶纹，黑彩（图三，1）。在上烂泥湾遗址采集的两件彩陶盆，一件为折平沿，直口，短颈，曲腹，腹有双耳。另一件为敛口，深腹，腹部亦有双耳。前者口部饰宽带状红彩，后者口部饰宽带状黑彩（图三，2、5）。素面盆：在淮宁湾遗址采集一件，敛口，偏圆唇，沿外重沿下垂，斜收腰，泥质红陶（图三，6）。钵：在淮宁湾遗址采集的两件均为敛口，弧腹，细泥红陶。一件口部饰宽带纹彩，另一件口唇内外饰彩，彩均为黑色（图三，4、10）。在上盐湾城圪塔遗址采集的一件钵口部，敛口尖唇，折腹斜收，泥制红陶，口部饰平行线、倒三角和网格纹组成的图案（图三，11），彩为红色。在该遗址采集的另一件彩陶片为细泥红陶，饰菱形网格纹，彩亦为红色（图三，13）。尖底瓶：均为双唇，短颈，有的双唇沿突出，有的趋向消失。泥质红陶，腹部饰细线纹或细绳纹（图三，3、7）。罐：以口部形制分，常见的有斜折沿圆唇敛口罐、卷沿方唇敛口罐和窄斜沿方唇敛口罐。多为夹砂红陶，有的饰斜绳纹，有的腹上部饰阴弦纹，有的在颈部和腹部的绳纹上还饰有附加堆纹（图三，8、9、15）。瓮有两种，在淮宁湾遗址采集的一件瓮为敛口，平沿，有内外唇。泥制红陶（图三，14）。在上烂泥湾遗址采集的一件瓮口沿为敛口，折平沿，圆唇，腹向外斜。夹砂红陶，腹部饰斜线纹，口沿下饰附加堆纹（图三，12）。

石器有斧、刀两种。淮宁湾遗址出土的斧为梯形，双面刃，通体磨光。刀为长方形，双面刃，体中部有孔。

第三类文化遗存

第三类文化遗存，以横山县城关镇苦水村遗址和赵石畔乡杜羊圈村遗址为代表。苦水村遗址位于该村东南的山梁上，该山梁群众俗称瓦墩梁。遗址分布在瓦墩梁南坡的中部，坐北向南，距苦水村约 300 米。遗址面积东西长 300 米，南北宽 100 余米。杜羊圈遗址位于该村南部的山梁上，遗址坐北向南，近临杜羊圈沟小溪，北距杜羊圈村约 500 米。面积东西长 100 余米，南北宽 200 余米。

苦水、杜羊圈两遗址陶系有夹砂、泥质两大类，其中泥质中分粗泥和细泥两种。陶色中红陶占多数，灰陶占有一定比例，有少量黑陶和极少量白陶。纹饰除素面外，以绳纹为主，其次有篮纹、附加堆纹。彩陶图案不清。器类有钵、豆、盆、侈口罐、大口罐、小口罐、瓮。其他有石刀、刮削器、陶环。陶器制法以泥条盘筑为主。

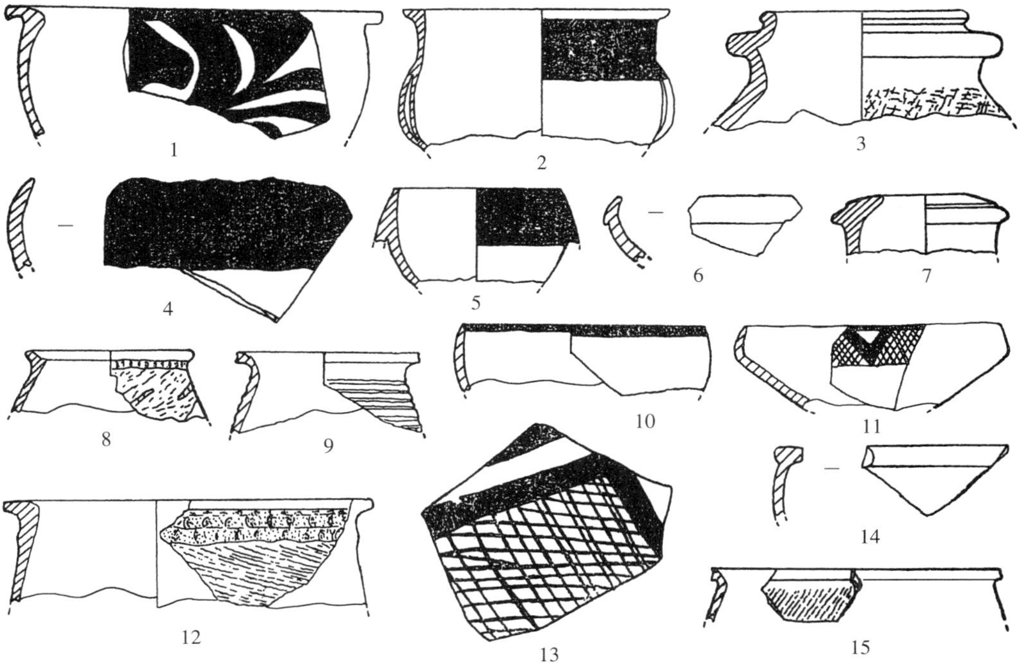

图三　第二类文化遗存

1、2、5. 彩陶盆　3、7. 尖底瓶口　4、10、11. 彩陶钵　6. 素面盆　8、9、15. 罐　12. 瓮　13. 彩陶残片　14. 敛口瓮（1、3、4、6、7、9、10、14. 淮宁湾遗址，2、5、8、12. 上烂泥湾遗址，11、13. 城圪塔遗址）

陶器特征。钵在两遗址中均有发现，形制相同。圆唇，口微敛，斜收腰，泥质红陶，素面（图四，3）。侈口罐1件，在苦水村遗址采集。大侈口，直深腹，泥质褐陶，颈部饰附加堆纹，腹部素面（图四，2）。大口罐1件，在杜羊圈遗址采集，沿微向外卷，扁圆唇，直深腹，腹上部有横鋬，夹砂褐陶，腹部饰绳纹（图四，5）。小口罐2件。在苦水村遗址采集的一件，尖唇，窄沿，侈口，鼓腹，夹砂灰陶，颈部饰一周附加堆纹，腹部饰绳纹（图四，7）。另一件在杜羊圈遗址采集，卷沿，扁圆唇，短颈溜肩，鼓腹，夹砂红褐陶，腹饰细绳纹（图四，9）。敛口盆1件，在杜羊圈遗址采集。敛口，尖唇，折腹内收，泥质红陶（图四，4）。豆在两遗址中均有发现，其形制相同。尖唇，敛口，折盘，下腹斜收，细泥红陶，素面（图四，6）。瓮1件，在苦水村遗址采集。窄折沿，敛口，鼓肩，夹砂红陶，腹饰细绳纹（图四，1）。陶刀、陶环、石刀、刮削器，均在苦水村遗址采集。陶刀略呈方形，方背，双面刃，两侧有缺口，泥质红陶，为陶器残片加工磨制而成（图四，8）。陶环从断面形制看有五边形、梯形、橄榄形等（图四，10）。石刀1件，残，双面刃，砂岩质磨制。刮削器1件，略呈方形，单面刃，刃部有崩裂痕迹（图四，11）。

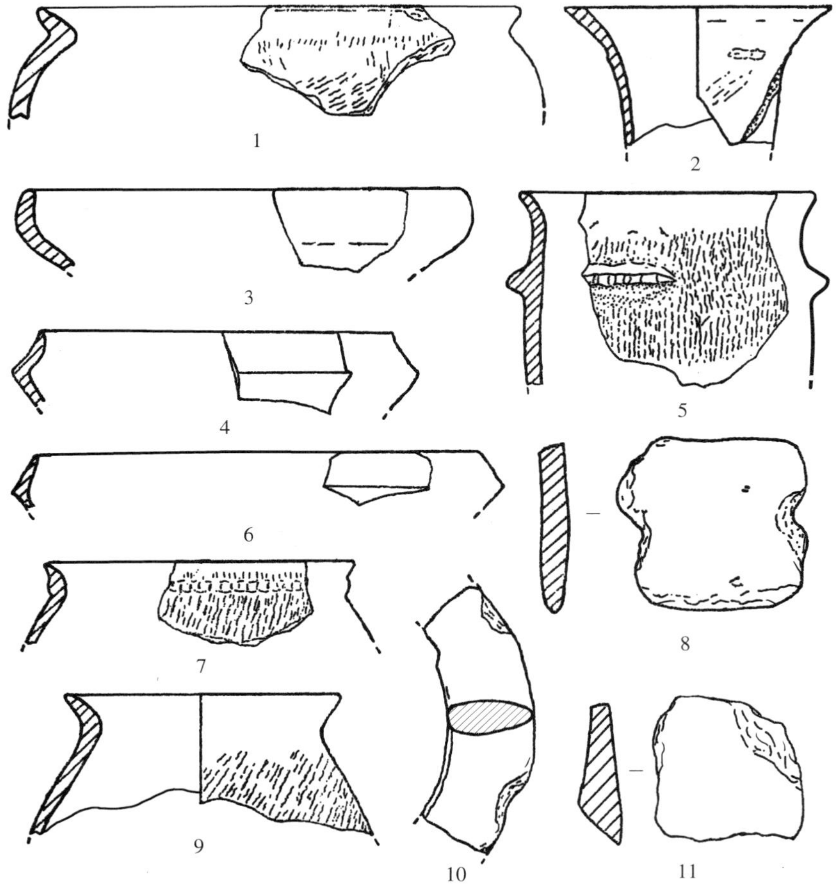

图四　第三类文化遗存

1. 瓮　2. 侈口罐　3. 钵　4. 敛口盆　5. 大口罐　6. 豆　7、9. 小口罐　8. 陶刀　10. 陶环　11. 刮削器（4、5、9. 杜羊圈遗址，其余苦水村遗址）

第四类文化遗存

从现有的调查资料初步了解，该类文化主要分布在榆林地区的南部。1982 年我们对绥德县小官道遗址进行了一次小规模的发掘工作，下面主要以小官道遗址资料为基础对该类文化的内涵和特征作一介绍①。

文化遗迹：有房子、灰坑。房子均为半地穴式，平面形制有吕字形、葫芦形和圆角长方形、圆形、圆角方形，分单间白灰居住面房子及石板铺地房子两种。室内白灰居住面的建筑方法是先在修平夯硬的地面上抹一层草拌泥，泥上敷一层 0.1～0.5 厘米厚的白灰，经夯打磨光而成。房子穴壁上均有高 0.8 米左右的白灰壁裙，有的壁裙底部还饰有一周宽3～5厘米的枣红色壁饰。分前后室的房子灶筑在后室中央，有的呈方形圆角，略低于居住面0.5～1厘米。有的灶面为白灰硬面，白灰面上用颜料涂成黑色，其上有用石块和泥砌筑的灶台。在吕字形双室房子的过廊中还发现有石板立砌的壁龛。无白灰居住面的房子，居住面修平经夯后，还经火烤处理。另外，在石板铺地的房子中，穴壁上有的也有白灰壁裙，但这种结构的房子尚未发现完整的，平面形制不清。

灰坑有圆形袋状和斜壁侈口平底两种。前者是储藏东西的窖穴，后者用途不清。属于该类文化的墓葬尚未发现。

文化遗物有陶器、石器、骨器。

陶器：系有夹砂、泥质两大类，后者占绝大多数，并分粗泥和细泥两种。陶色以灰陶为主，有一定数量的红褐陶。除素面外，纹饰有绳纹、篮纹、附加堆纹、锥刺纹，其中以绳纹为主，篮纹次之，其他纹饰不多。素面中还有磨光陶。器类有鬲、敛口钵、侈口钵、带耳罐、折肩罐、折腹罐、瓶、杯、直口折腹小底瓮、直腹瓮等（图五）。陶器以泥条盘筑为主，小型器捏制，有的经慢轮修整。

石器：有斧、锛、刀、球、盘状器、纺轮和刮削器。石斧形制有梯形、长方形双面刃斧和两端有刃的细腰斧。前两型斧均为磨制，后者均为打制，通体粗糙，不经磨。石锛呈梯形，单面刃，均磨制。盘状器，有的经过粗磨，有的仅作修整，不经磨。石刀，均为长方形，双面刃。刀体中部有的钻有一孔；刀体两端有的有缺口，有的内凹呈内弧形，有的为直边。绝大多数通体磨光。刮削器形制有扇形、多边形，均为打制。该类文化遗存的石器质料多为砂质岩，其次为石灰岩（图五）。

骨器尚见有骨锥、骨针。

第五类文化遗存

第五类文化遗存在榆林地区的靖边、横山、米脂、榆林、神木、府谷等县均有发现，南部的绥德、清涧、吴堡等县尚未发现。下面以榆林县安崖乡刘兴庄遗址和横山县响水乡木浴沟遗址的文化遗存为代表作一介绍。

刘兴庄遗址位于刘兴庄村的东北，遗址分布在一条深沟的南岸山坡上，距村约400米。遗址面积东西宽约200米，南北长约250米。采集文化遗物有陶器残口沿和石器。木浴沟遗址位于木浴沟村北部的小土梁上，距村约100米。遗址面积宽约300米，南北长约200米。采集文化遗物有陶器残口沿和石器。

从这两座遗址上散布的残陶片看，该类文化遗存的陶系有泥质、夹砂两大类，以前者居多。泥质陶中还有少量的细泥陶。陶色有灰陶、白陶和红褐陶及磨光黑皮陶等，其中以灰陶为主，其余各色陶很少。除素面外，纹饰有绳纹、方格纹、篮纹、附加

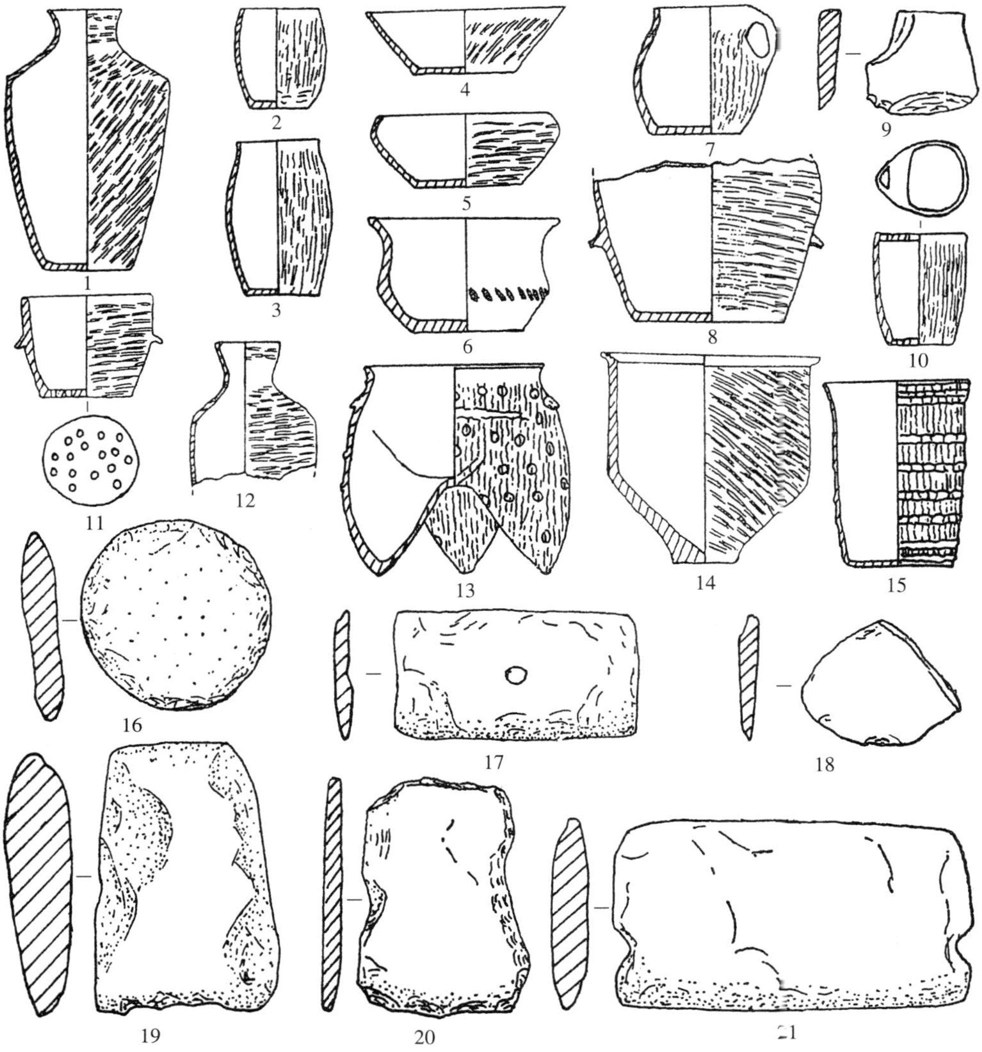

图五　第四类文化遗存

1. 折肩罐　2. 杯　3. 罐　4. 侈口钵　5. 敛口钵　6. 侈口罐　7. 单耳罐　8. 带鋬罐　9. 锛　10. 带流罐　11. 甑　12. 瓶　13. 鬲　14. 小底瓮　15. 直腹瓮　16. 圆饼状器　17、21. 石刀　18. 刮削器　19、20. 石斧（13 为清涧县吕家山，其余为小官道遗址）

堆纹等。绳纹、篮纹、方格纹发达；附加堆纹很流行，多见于瓮的口部。器类尚见有瓮、盆、罐、钵、三足器等，其中瓮最为多见，其次是罐和盆。陶器制法以泥条盘筑为主，有慢轮修整的陶器和捏制陶器。

陶器特征：盆尚见有卷平沿直口盆、卷平沿侈口斜腹盆和卷斜沿敛口曲腹盆，均为泥质灰陶。腹部有的饰方格纹，有的饰篮纹，有的则为素面（图六，8～10）。罐有小

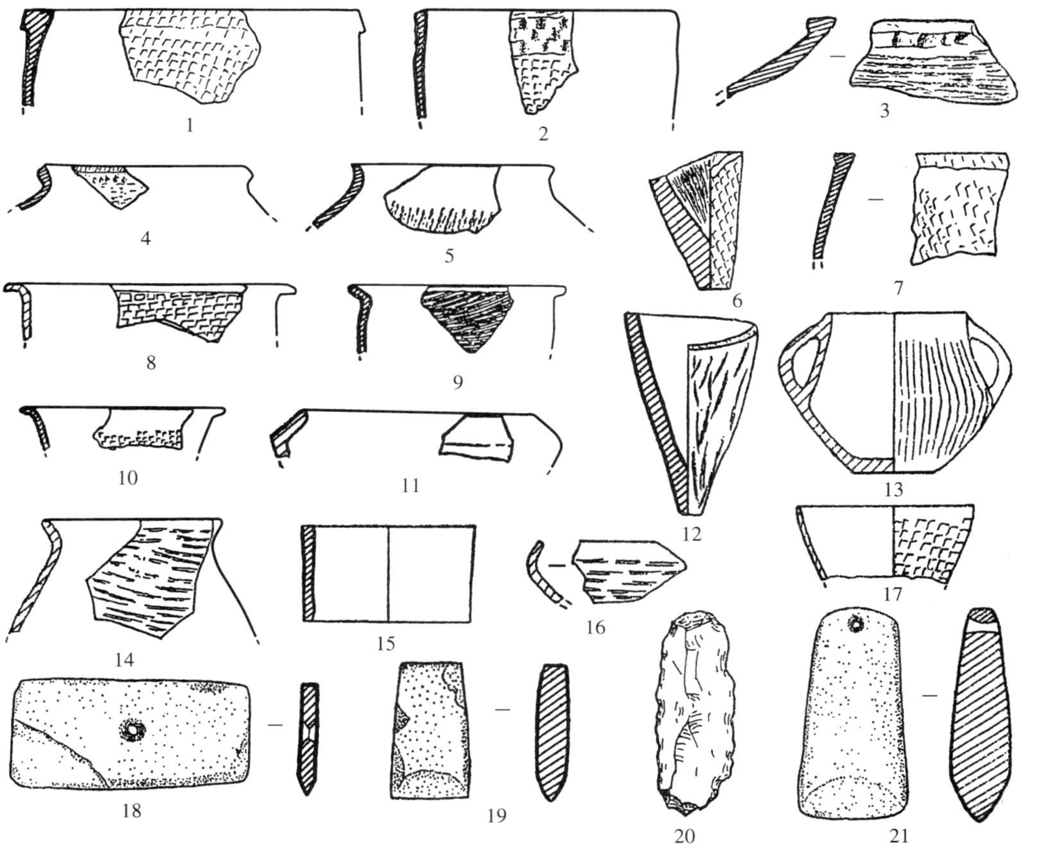

图六　第五类文化遗存

1～4、7. 瓮　5、13、14. 罐　6、12. 斝足　8～10. 盆　11、16. 钵　15. 陶管　17. 瓶口沿　18. 石刀　19、21. 石斧　20. 刮削器（16、17. 白兴庄遗址，8、11、13、14. 木浴沟遗址，其余为刘兴庄遗址遗物）

口矮颈广肩罐、敛口折腹双耳罐、侈口有颈鼓腹罐等（图六，5、13、14）。均为泥质灰陶，有的饰绳纹，有的饰横篮纹或竖篮纹。瓮是该类文化遗存中最多见的器物，形态较多，从口部形状来看可分为五型。A 型：敛口，窄沿方唇，腹较直，夹砂灰陶，器身饰方格纹（图六，1）。B 型：直口，斜唇，腹微内收，夹砂灰陶，口下饰附加堆纹，腹部饰方格纹（图六，2）。C 型：敛口，方唇，腹向外微鼓，泥质灰陶，腹部饰方格纹（图六，7）。D 型：敛口，方唇，斜广肩，泥质陶，呈浅白色，口部饰一周附加堆纹，肩部饰横篮纹（图六，3）。E 型：斜方唇，斜卷沿，敛口有颈，斜广肩，泥质灰陶，颈部饰一周附加堆纹，肩部饰横篮纹（图六，4）。斝足 2 件，形制均呈牛角状，体细瘦，中空袋足，平足跟。一件为夹细砂灰陶，饰方格纹；另一件为泥质灰陶，饰篮纹（图六，6、12）。钵 1 件，在木浴沟遗址采集，敛口，折腹，泥质灰陶，素面（图六，11）。陶管 1 件，形制呈圆筒状，泥质灰陶，素面（图六，15）。另外，在榆林县白兴庄遗址采集的陶器中，除有与刘兴庄遗址形制相似的瓮等器物外，还有敛口钵和瓶口沿各一件。钵为敛口，斜腹，泥质灰陶，腹饰横纹（图六，16）。瓶为侈口，细颈，泥质灰陶，饰方格纹（图六，17）。

石器：采集有石斧、石刀和刮削器。斧刀均为磨制。石斧有梯形圆顶弧刃和梯形方顶，均为双面刃，通体磨光，有的顶端钻有孔（图六，19、21）。石刀 1 件，长方形，双面刃，体中部钻一孔（图六，18）。刮削器有断面呈三角形和长方形的两种，体部和刃部经过修整，刃部有使用疤痕（图六，20）。有的是用压剥下来的石片制成的，有的则是打制而成的。

第六类文化遗存

第六类文化遗存最早是在神木县高家堡乡石峁村发现的，其后考古工作者曾多次对该遗址进行过复查和试掘工作[②]，获得了丰富的资料。从调查资料得知，榆林地区十二县均分布有该类文化遗址。现以神木县石峁、刘石桥畔、石岩梁、大柳塔和横山县水磨沟遗址资料为代表对该类文化的内涵和特征作一介绍。

目前发现这一类文化的遗迹有房子、灰坑两种。房子为半地穴式。未发现保存完整的房子，平面形制不清。房子白灰居住面的筑法：有的是先铺一层红烧土或一层白灰渣，经夯打处理，然后抹筑白灰面；有的则是垫土经夯或在处理硬的地面上抹筑一层草拌泥，然后再抹筑白灰面。白灰面平整，坚硬光滑，厚 0.5～1 厘米。在神木县孙家岔乡刘石桥畔、榆林县安崖乡白兴庄遗址还发现用石块垒砌的建筑遗迹，但在有的遗址中则不见。尚见的窖穴为圆形平底袋状。

陶器特征：陶系有泥质和夹砂两大类，其中泥质陶中有粗泥和细泥两种；各占比重是泥质多于夹砂，粗泥多于细泥。陶色以灰为大宗，有极少的红褐陶和磨光黑皮陶。纹饰除素面外，有绳纹、篮纹、方格纹、弦纹、划菱格纹、人字形印纹、锥刺纹、附加堆纹和镂孔等，其中绳纹最发达，篮纹次之，方格纹、弦纹、附加堆纹再次，其他纹饰不多。素面约占四分之一[③]。绳纹多数较粗，篮纹中长条形篮纹是特点之一。该类遗存的器类比前几类文化遗存大有增加，而且器形多样，有鬲、斝、甗、豆、高圈足盘、盆、罐、钵、三足瓮、杯等。制法有轮制、泥条盘筑、模制、捏制。

器形特征：鬲，侈口圆唇，短颈，大三袋足，高分裆，颈以下饰绳纹，腹部往往有双横錾（图七，1）；还有一种作方厚唇，短直领，三乳状袋足向外撇，高分裆，通体饰绳纹，颈部往往有对称的双横錾（图七，6）。斝，有方唇直口深腹和敛口深腹两型，均为乳状袋足，夹砂灰陶，口部有的饰弦纹，有的为素面，器体有饰绳纹、篮纹、方格纹者，腹部有的有双横錾，有的则无（图六，12）。盉，均为敛口，折腹，有的口沿内敛较平，有的内敛向上起矮沿，有的则为乳状袋足，尖底，分裆，流向上翘，有长有短。

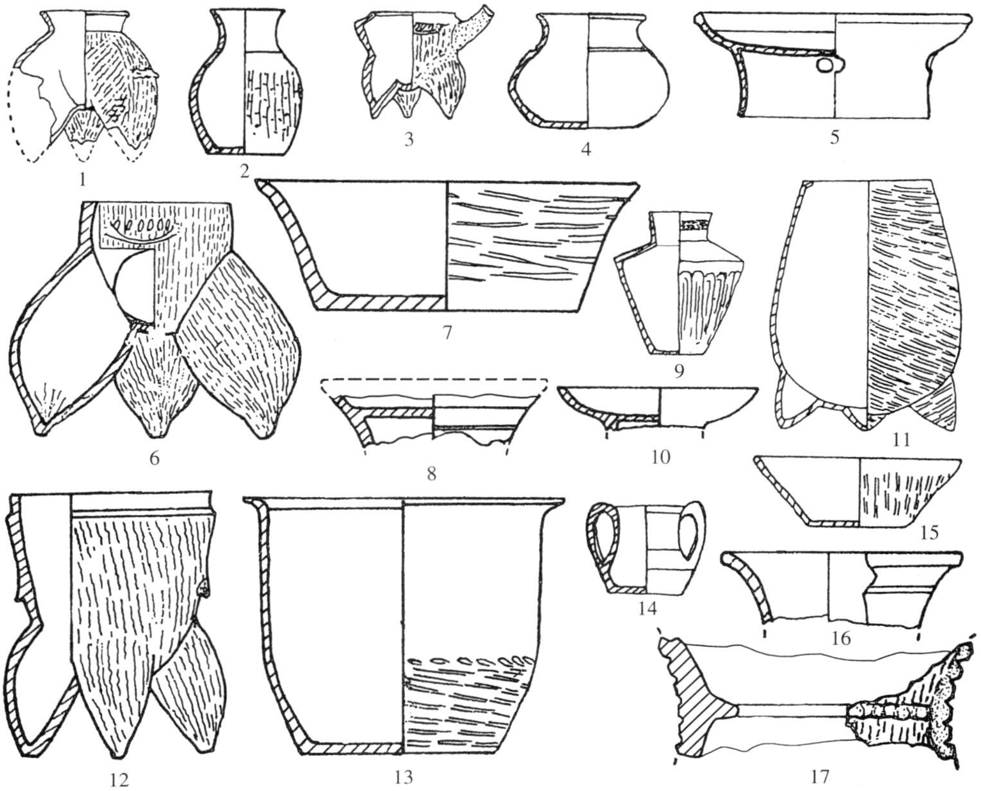

图七　第六类文化遗存（一）

1、6. 鬲　2、4、9. 罐　3. 盉　5. 圈足盘　7、13. 盆　8、10. 豆　11. 三足瓮　12. 斝　14. 双耳罐　15. 钵　16. 尊　17. 甗（1～4、9、14、16. 神木石峁遗址，5、11. 刘石桥畔遗址 F1，6. 神木大柳塔遗址，7. 榆林白兴庄遗址，8. 神木孙家岔石岩梁遗址，10、15、17. 神木上柳塔遗址，12、13. 横山水磨沟遗址）

口部多见有带锥刺纹的横鋬，口部和流为素面，腹部和足部饰有绳纹、篮纹或方格纹（图七，3）。甗，内折沿，敛口，细束腰，三袋足，高分裆，沿面有的饰弦纹，有的为素面，体饰绳纹，腰裆部位往往有附加堆纹（图七，17）。豆，尚见有两型：一种为斜浅盘平底，粗柄，喇叭状座。柄上有弦纹和圆镂孔，细泥灰胎，磨光施黑衣（图七，8）。另一种为浅盘圆底，高柄比前者细，喇叭状座，泥质灰陶，素面，经粗磨（图七，10）。盆尚见一种为侈口，斜收腹，平底，泥质灰陶，饰篮纹（图七，7）。罐数量多，器形多样，有小口直颈折肩罐、侈口短颈深腹罐、侈口短颈扁腹罐、卷沿直口深腹平底罐、长颈折腹双耳罐等（图七，2、4、9、14）。最常见的是小口直颈折肩罐，均为灰陶，有饰篮纹、绳纹者，也有素面的。尊，大侈口，束颈，斜深腹，小平底。有的为磨光黑陶，有的为灰陶。有的饰弦纹，腹部饰篮纹，有的通体为素面

(图七，16)。圈足盘，均作浅盘，平底或圜底，高圈足，有的为泥质褐陶，磨光；有的为细泥灰胎，磨光施黑衣，圈足上饰8字形和圆形、7字形镂孔（图七，5）。另外还有陶拍和陶纺轮等工具。陶拍有圆形、三角形、梯形（图八，8）。纺轮有圆饼形、锥体形。

石器：有斧、铲、刀、锛、凿、纺轮、磨棒和小石器、细石器。制法：小石器为打制，细石器为间接压制，其他石器均为磨制。石斧多数为梯形圆顶，双面刃，有的刃呈弧形，有的为直刃（图八，1）。锛的形体较短，有长方形、梯形，均为单面直刃（图八，2）。凿的体形较窄，宽在2厘米左右，体呈长方形，作双面刃。石刀：均为长方形，体有长有短，有的体中部钻双孔，有的钻单孔，有的无孔，而两端有缺口，均为双面刃，通体磨光（图八，3、4）。石铲：体薄而较长，呈长方形，中锋双面刃，有的顶端钻有孔，有的无孔（图八，7）。磨棒：有圆体、圆角方体（图八，6）。圆饼状器，一面较平，一面较为隆起，该形器多见，均是用砂岩打制成的（图八，9）。小石器有船形、多边形、三角形等（图九，4），石质多为泥质灰岩。细石器有镞、叶和楔形、铲形、多边形、长方形刮削器。石质有燧石、水晶石、石英岩、石灰岩、泥质灰岩等（图九，1、2、3、5）。骨器仅见锥一种（图八，5）。

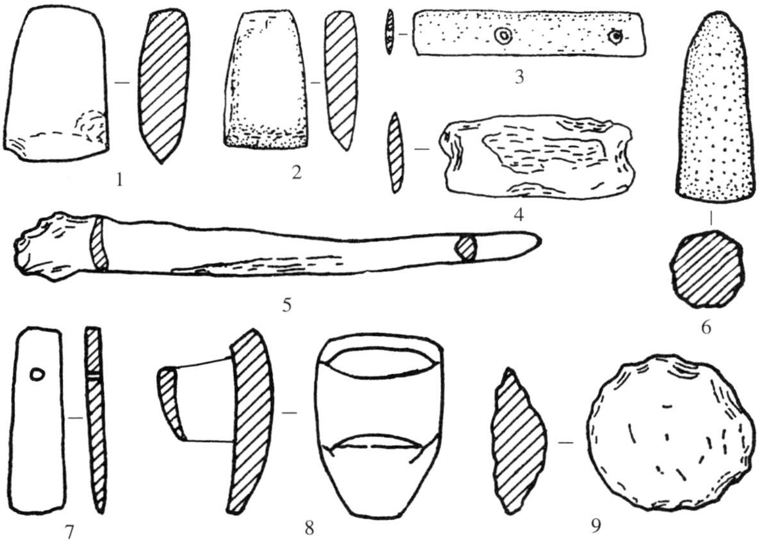

图八　第六类文化遗存（二）

1. 石斧　2. 石锛　3、4. 石刀　5. 骨锥　6. 磨棒　7. 铲　8. 陶拍　9. 圆饼状器（1、4. 神木大柳塔遗址，2～4、7. 神木石峁遗址，5、6、9. 上柳塔遗址，8. 神木刘石桥遗址）

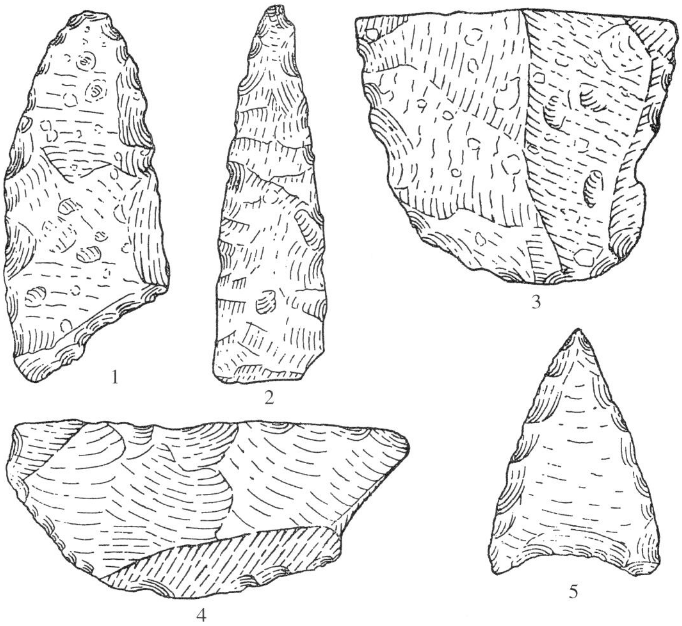

图九　第六类文化遗存（三）

1、2、5. 石镞　3、4. 刮削器（1. 上柳塔遗址，2、5. 刘石桥畔遗址，3、4. 石峁遗址）

二　各类文化遗存的年代和性质

在前面我们把榆林地区的新石器时代文化遗存作了分类分析，从现有资料初步观察各类文化遗存的文化面貌，不仅有相当突出的地域性特征，而且也有不少周邻文化的因素。下面，我们对各类文化遗存的性质和时代作一分析和讨论。

第一类文化遗存目前仅发现三座遗址，而且破坏严重，采集的文化遗物很少。从现有的资料看，该类文化的陶质、陶色、纹饰与关中地区的仰韶文化半坡类型相仿，器形有的与半坡类型的同类器相同，有的则近似，如各型彩陶钵，可在关中地区半坡类型中找到形制和纹饰相同的钵；郑市村遗址中的小口壶，与关中地区半坡类型中常见的小口壶形制近似，不同的只是该器表磨光施黑衣、壶颈短、腹瘦。在高村遗址中与陶器共存的还有丰富的细石器和小石器，在高渠遗址中也有同样的文化内涵。细、小石器虽然在关中、中原地区仰韶文化遗存中也有，但数量甚少。这两座遗址中细、小石器丰富，这当是该类文化的地方特点之一。由上可见，该类文化遗存不但有仰韶文化半坡类型的特点，也有其地方风格。目前我们发现该类文化的遗址少，调查所获资料贫乏，对这类文化的内涵和特征还很不了解。根据以上初步分析，我们认为第一类文化遗存属于仰韶文化半坡类型，其时代与关中地区半坡类型的晚期遗存大约相当。

第二类文化遗存的陶质、陶色与关中地区仰韶文化庙底沟类型近似，彩陶中的勾叶纹、宽带纹是庙底沟类型彩陶中常见的纹饰。器类中，A型彩陶盆和素面盆、彩陶钵、罐、尖底瓶、内折沿双唇敛口瓮等器，是关中、中原地区仰韶文化庙底沟类型陶器中常见之器，其形制也相仿。但彩陶中的双耳彩陶盆则在关中、中原地区仰韶文化庙底沟类型中似为不见，这反映了该类文化面貌上的地方特点。从以上分析看，第二类文化遗存与关中、中原地区仰韶文化庙底沟类型是同一类型的古文化遗存，其时代当大体相同。

第三类文化遗存面貌上与仰韶文化西王村类型基本一致。如陶色和纹饰方面，二者均以红陶为主，灰陶次之；纹饰均以绳纹为主，次为附加堆纹和篮纹，出现方格纹。器类方面，二者均有钵、敛口盆、豆、大口带鋬罐、瓮等器；器形中二者有形制相同、相近器，如第三类文化遗存中的钵、敛口盆、豆、大口带鋬罐与西王村遗址仰韶文化晚期遗存中的Ⅱ式碗、敛口盆（T2：3：6）、豆（H4：2：14）、大口罐形制相似，敛口瓮与西王村遗址中的敛口瓮（H11：2：1）形制有相同因素④。从上述分析看，第三类文化遗存应属于仰韶文化西王村类型，其时代与关中、中原地区该类型文化遗存大约相当。

第四类文化遗存的面貌与晋南、关中地区庙底沟二期文化有不少相同之处，如陶色二者均以灰陶为主，纹饰均以绳纹、篮纹为主，附加堆纹多见，有方格纹；器类中敛口钵、折肩罐、筒形罐、甑、瓶等均是二者常见之器，有的器形二者相同或相仿，如敛口钵、折肩罐、筒形罐、甑、瓶等器均可在关中、晋南庙底沟二期文化遗存中找到形制相同和相仿之器⑤。但是，在文化内涵和特征上二者还存在一定差异。如在关中、晋南地区庙底沟二期文化中常见的鼎、豆、灶在该地区该类文化遗存中尚不见；该类遗存中的折沿、直口折腹小底盆、带流罐、侈口折腹罐在晋南、关中地区庙底沟二期文化遗存中不见；第四类文化遗存中的鬲，口沿小，颈短，三袋足肥大外撇，无耳，体形近方，是与关中、晋南地区庙底沟二期文化鬲在形制上的不同之点。纹饰方面，关中地区庙底沟二期文化陶器以篮纹为主，绳纹次之，而此类文化遗存的篮纹和绳纹比例正与前者相反。遗迹方面：圆形、吕字形半地穴式白灰居住面房子和袋形窖穴是该类文化与关中、晋南地区庙底沟二期文化遗迹的共同点，但该类文化遗迹中的葫芦形半地穴式双间房子和石板铺地的半地穴式房子及房子白灰壁裙下饰枣红色带状壁饰、涂黑色颜料的方形圆角灶址等则在关中、中原地区庙底沟二期文化中未见。由以上分析看，该类文化遗存面貌上不仅有明显的庙底沟二期文化因素，而且还有较多的地方特征。所以，我们认为第四类文化遗存属于庙底沟二期文化的范畴。有同志根据该类文化面貌中的地方特点将它与关中、中原地区庙底沟二期文化遗存分开，称之为庙底沟二期文化“小官道类型”[⑥]。在陕北地区目前虽然已发现不少该类文化遗址，但作过田野发掘的仅小官道遗址一处，发掘面积小，资料少。中国社会科学院考古研究所发掘的山西石楼岔沟遗址与小官道遗存相似。但岔沟遗址出土的文化遗存仍不丰富。所以，我们目前对这类文化的内涵和特征仍了解得不多，有关问题有待进一步开展田野工作后才能得出比较正确的认识。

第四类文化遗存的年代：石楼岔沟遗存与该类遗存是同一区域中的同类文化遗存，岔沟遗存的 8 个年代数据均是用白灰面测定的，除去两个最晚的数据外，其余 6 个数据接近，在距今 4380 ± 130 至 4665 ± 150 年[⑦]。初步统计，用白灰面测定的数据均偏晚，因此，岔沟的数据不能作为判断该类文化遗存年代的唯一佐证。现知关中地区庙底沟二期文化的^{14}C 数据有 9 个、庙底沟二期的数据有 1 个，这 10 个数据中除浒西庄 H30、案板 T6H7、T1H2 的数据偏晚外，庙底沟 H558、紫荆 H124、浒西庄 H28、H16、T17⑤、Y8 的数据接近，年代在距今 4965 ± 205 至 4745 ± 155 年。从第四类文化遗存的陶器形态看，虽有地方特点，但与关中、中原地区的庙底沟二期文化的共同点占主要成分，是同一范畴的古文化遗存。另外，第四类遗存与内蒙古中南地区的阿善三期一类文化遗存有共同因素，如二者均有饰横篮纹的敛口钵、侈口细颈瓶等器。阿善三期一类遗存的^{14}C 年代数据与关中、中原地区以上庙底沟二期文化的^{14}C 数据（年代早的数据）近似，有些数据还稍早。据以上分析，第四类文化遗存的年代应与庙底沟二期文化相当。

第五类文化遗存：该类文化遗存的时代从陶器看，尚不见第六类文化遗存中常见的盉、三足瓮、甗、圈足盘、尊等器，以上诸器是该地区龙山文化晚期遗存的典型器，由此我们认为，第五类文化遗存当早于第六类文化遗存。该类文化遗存中的各型瓮、罐可在朱开沟ⅤⅡ区 H 7003 出土的陶器中找到形制相同或相似器，钵、盆、瓶、瓮亦可在阿善 H31 组、②组遗存中找到形制相仿之器。朱 H 7003 和以上阿善两组遗存被认为是内蒙古中南部早期龙山文化，其时代已跨入了庙底沟二期文化阶段[⑧]。该类文化遗存中的斝足，体细瘦、中空，形似牛角状，其特点近似于庙底沟二期文化的斝足。敛口钵的形制与此第四类文化的敛口钵相似。综上所述，我们认为第五类文化遗存的时代晚于第三类文化遗存，早于第六类文化遗存，与第四类文化遗存的时代大约相当。

从调查资料看，第五类文化遗存的陶系有泥制和夹砂两类，陶色以灰陶为主，有很少的黑皮磨光陶和白陶、红褐色陶。除素面外纹饰主要有绳纹、篮纹、方格纹、附加堆纹等，其中方格纹较发达，占有相当比例，在同类文化遗存有的遗址中，方格纹似乎与绳纹、篮纹比量相差不大，附加堆纹也很普遍，多见饰于瓮的口部。常见器物有瓮、盆、罐，其次是钵、瓶、斝。陶器制法以泥条盘筑为主，有慢轮修整和手捏制法。遗迹中尚见有白灰居住面房子和用石块砌筑的建筑。

该类文化遗存与周邻大约同时期的古文化相比，文化面貌上有明显的自身风格和特点。第四类文化遗存与该类文化遗存相比二者的文化面貌也迥然有别，如陶色和纹饰，虽然二者均以灰陶为主，有少量的红陶和磨光黑皮陶；纹饰中均有绳纹、篮纹、方格纹、附加堆纹，但是第四类文化遗存中没有白陶，红陶比量远多于第五类遗存中的红陶和红褐陶的总和；第五类文化遗存中的方格纹很发达，比量近似于篮纹和绳纹，而第四类文化遗存陶器中的方格纹数量则很少见。在器类中，饰横篮纹的敛口钵两遗存中均有，而且形制相似。但是第四类文化遗存中的鬲、折肩罐、直口折腹小底瓮、带流罐、带鋬罐等在第五类文化遗存的陶器中尚不见，第五类文化遗存中的瓮、盆、敛口折腹双耳罐、矮颈圆肩罐、折腹钵在第四类文化遗存的陶器中不见。第五类文化遗存陶器中瓮、盆最为多见。这也是与第四类文化遗存的不同之点。第五类文化遗存中有用石块垒砌墙壁的建筑，而在第四类文化遗存的遗迹中见有石板铺地的半地穴式房子，尚未见石块垒砌的建筑物。

由上可见，第五类文化遗存与第四类文化遗存虽是同一时期的古文化遗存，二者在文化面貌上虽存在一些相同因素，但是，二者之间的差异和各自的特点却很明显，显然不是同一种考古学文化遗存。

第五类文化遗存与朱开沟Ⅶ区 H7003 和阿善三期一类文化遗存相比，文化面貌上存在着不少共同点，如此类遗存中的各型瓮、盆、罐、瓶、钵均可在前者器类中找到形制相同或相似的器物。瓮是两者最常见器类。两者的陶色近似，方格纹和附加堆纹均发达，且遗迹中均有用石块垒砌的建筑。第五类文化遗存与朱开沟 H7003、阿善三期一类文化遗存的诸多相同点，反映了它们之间存在的密切关系。综上可认为它们当是同一种考古学文化遗存。

目前在榆林地区发现的第五类文化遗存除安崖刘兴庄、横山木浴沟遗址外，还有榆林县上盐湾层山遗址。从我们掌握的调查资料看，第五类文化遗存在榆林地区的中部以北地区有分布，在榆林地区南部及以南的延安地区尚未发现该类文化遗存。据此我们推测，河套和鄂尔多斯高原当是该类文化遗存的主要分布地区，波及范围当更广些。

第五类文化遗存有以瓮、盆、罐等器为代表的具有自身特点的陶器群，且有一定的分布地域。因此，我们认为该类文化遗存当是黄河流域早期龙山文化的又一个新类型。由于我们目前对该类文化遗址未做过田野发掘，掌握的资料甚少，有关问题有待今后开展工作来解决。

第六类文化遗存：关于该类文化遗存的时代，从文化面貌看，有客省庄二期文化、龙山文化陶寺、三里桥类型的因素。如该类文化遗存中的盉、钵、长颈罐、双耳罐、侈口斜腹平底盆等，均可在客省庄二期文化的同类器中找到形制相同或相似之器；该类文化遗存中的斝与客省庄二期文化的斝在形制上有相似之点（如两者均为大袋足、深腹)[⑨]，而与龙山文化三里桥类型的斝形制更接近[⑩]；该类文化中的B型鬲、长颈罐与陶寺遗址中的鬲（H303：12）、长颈罐（H4：23）形制相似，鬲的制法也相同[⑪]。侈口斜收腹平底盆、浅盘圆底高柄豆与河南龙山文化王油坊类型的同类器形相同[⑫]，圈足盘与客省庄二期文化和陶寺类型的圈足盘形制雷同。客省庄二期文化现有^{14}C年代数据8个，其中武功赵家来5个、岐山双庵村1个、商县紫荆2个。这8个数据中除赵家来ZK 1091号和双庵一个数据偏晚外，其余6个数据年代接近，均在距今4410～4165年[⑬]。龙山文化陶寺类型现有17个年代数据，其中14个年代数据接近[⑭]，最早的两个分别在距今4415±130和4410±140年（ZK 1098、ZK579号），最晚的一个距今3855±95年（ZK1101号）。从这些年代数据来看，客省庄二期文化的年代数据与陶寺类型文化遗存的年代上限相同，客省庄二期文化的下限，因目前缺乏分期资料和相应的^{14}C数据，尚不清楚。

据以上分析，以神木石峁遗址为代表的第六类文化遗存的时代上限与客省庄二期文化和陶寺类型相当，年代下限大约不晚于陶寺类型的时代下限。

第六类文化遗存面貌上虽然具有客省庄二期文化和龙山文化陶寺类型的因素，但其文化面貌上也有明显的自身风格和特点。如该类文化遗存的陶器群中有乳状袋足瓮、敛口甗、尊、直领小口折肩罐等，石器中多见的打制小石器（刮削器）、压制的细石器在周邻的客省庄二期文化和龙山文化陶寺、三里桥等类型中不见；斝、鬲与客省庄二期文化的同类器在形制上明显有别。在该类文化遗存的陶器中尚不见客省庄二期文化陶器所见的鬶、鼎、盉、三耳罐、塔式器盖等，也不见陶寺类型陶器中所见的带耳双腹盆、圈足罐、扁壶、单耳杯、灶、扁足鼎等器；陶寺类型的斝、双鋬鬲、单耳鬲的形制与该类文化遗存中的同类器形也有明显差异。该类文化遗存的陶质、陶色和纹饰与客省庄二期文化及陶寺类型的陶质、陶色、纹饰虽有某些相似之处，但陶质、陶色的比量、纹饰的形态互有差异，各有特点。遗迹方面：该类文化遗存的房子尚见有圆角方形半地穴式白灰居住面一种，灰坑有圆形袋状、圆角方形和椭圆形三种。房子和圆形袋状、圆角方形灰坑虽然是与客省庄二期文化的共同之点，但尚未见后者的吕字形、圆形半地穴式房子和地面建筑及筒形灰坑；与陶寺类型的遗迹相比，该类文化遗存的房子和椭圆形、圆形袋状灰坑是二者的共同点，但是未见陶寺类型的吕字形、圆形房子和地面建筑及不规则形灰坑。由上述可见，该类文化遗迹与它周邻文化的遗迹有其共同点，也有自己的特征。

从现有资料得知，该类文化遗存有广阔的分布地域。除在榆林地区有分布外，南部的延安地区也有发现。现知除延安市碾庄乡芦山峁等遗址外，洛川县桐木树村遗址是目前发现的该类文化分布最南的一处遗址[⑮]。内蒙古南部地区也有该类文化遗存，如准格尔旗大口、张家梁，清水河县白泥窑子，包头阿善，呼和浩特市区，凉城县毛庆沟、双古城等。另外，在黄河以东的晋西北地区也发现了该类文化遗存，如汾阳县峪道河遗址等[16]。根据以上资料推测，内蒙古中南部地区、陕北、晋西北地区当是该类文化遗存的主要分布区。

综上分析，第六类遗存在文化面貌上虽然有不少周邻文化的因素，但地域性特点相当突出，分布地域也相当广阔，它代表的当是晚期龙山文化的又一个地方类型。

三　余论

经过前面对榆林地区所发现的新石器时代文化遗存的分类和对各类文化遗存性质及时代的考察，初步了解到该地区目前发现有六类新石器时代古文化遗存。这六类古文化遗存的年代序列是：

第一类文化遗存——第二类文化遗存——第三类文化遗存——{第四类文化遗存
第五类文化遗存}——第六类文化遗存

从现有资料看，该地区的六类新石器时代遗存的先民有居住遗迹，有石质生产工具和丰富的陶质生活用具。根据发现的遗迹、遗物考察，这六类古文化的先民是定居民族，经济生产以农业为主。

在第一和第六类文化遗存中，与陶器共存的还有丰富的小石器和细石器。小石器和细石器在关中、中原地区有的新石器文化遗址中也有发现，但数量少，远不及这两类文化遗存中的细、小石器丰富，反映了这两类新石器时代文化的特点和经济生活的特点。

从现有资料看，该地区新石器时代早期文化遗存的面貌虽然有一定的地方因素，但仰韶文化的因素占有主要成分，它们当属于仰韶文化范畴的古文化遗存。在新石器时代晚期阶段，该地区存在有属于中原、关中地区庙底沟二期文化范畴的第四类文化遗存和具有地方风格及特点的五、六类文化遗存。从现有资料看，五、六类文化遗存与关中、晋南、中原地区同时期的龙山文化遗存有不少相同和近似之点，据此我们认为五、六类文化遗存属于龙山文化范畴的古文化遗存，由于分布地域不同，五、六类文化遗存面貌有相当突出的地域性风格和特点，至于文化类型的划定问题，因目前资料不足，有待进一步研究。

从现有资料看，分布在该地区的属于仰韶文化遗存的不止一、二、三类文化遗存。我们在榆林县上盐湾城圪塔遗址和府谷县新民乡打井塔石老虎梁遗址采集的遗物中，有泥制红陶残片，均饰菱格网状纹，红彩（图三，11、13）。饰这种纹样的彩陶，在该地区一至三类文化遗存中尚未见，而在内蒙古西部的清水河流域发现了几座含有这种彩陶的遗址[17]。以菱格网状纹为代表的这类文化遗存，很可能是分布在该地区的属于仰韶文化范畴的另一类型文化的遗存。在内蒙古清水河流域这类文化遗址中，与菱格网状纹彩陶共存的还有双唇尖底瓶等器。据此初步推知，这类文化遗存的时代大约与仰韶文化庙底沟类型相当。我们目前了解的这类文化遗存的资料甚少，因而本文未作分类和论及，有关问题有待今后的深入研究。

陕西榆林地区与内蒙古接壤，就自然环境而论，该地区大部分属于黄土高原丘陵山区，环接内蒙古的部分地段属于毛乌素沙漠，沙漠以北属于波状起伏的鄂尔多斯高原，黄河以北地区为河套平原，浩瀚的毛乌素沙漠介于它与丘陵山地之间，成了南北自然环境不一的分水岭。由于该地区所处的特殊自然环境和空间位置，它不仅成了南北、东西古文化扩展的交汇地区，也是以农业经济为主的古文化与畜牧业经济发达的古文化的交汇地带。因而，该地区的古文化较复杂，我们在前面所论及的有些问题，是接触到有限的资料后提出的几点不成熟的认识，各种问题还需今后多作田野工作来解决。

注　释

① 张映文、吕智荣:《陕西绥德县小官道龙山文化遗址的发掘》,《考古与文物》1983 年 5 期。

② 戴应新:《陕西神木县石峁遗址龙山文化遗址调查》,《考古》1977 年 3 期。

③ 魏世刚:《陕西神木石峁遗址调查试掘简报》,《史前研究》1988 年 2 期。

④ 中国社会科学院考古研究所山西工作队:《山西芮城东庄村、西王村遗址的发掘》,《考古学报》1973 年 1 期。

⑤ 中国社会科学院考古研究所:《庙底沟与三里桥》，科学出版社，1958 年。中国社会科学院考古研究所山西工作队:《山西夏县东下冯龙山文化遗址》,《考古学报》1988 年 1 期。

⑥ 梁星彭:《试论陕西庙底沟二期文化》,《考古学报》1987 年 4 期。

⑦ 中国社会科学院考古研究所山西工作队:《山西石楼岔沟原始文化遗存》,《考古学报》1985 年 2 期。

⑧ 田广金:《内蒙古中南部仰韶时代文化遗存研究》,《内蒙古中南部原始文化研究文集》，海洋出版社，1991 年。

⑨ 中国科学院考古研究所:《沣西发掘报告》，文物出版社，1962 年。陕西省考古研究所康家考古队:《陕西临潼康家遗址发掘简报》,《考古与文物》1988 年 5、6 期。

⑩ 同⑤。

⑪ 中国社会科学院考古研究所山西工作队、临汾地区文化局:《山西襄汾县陶寺遗址发掘简报》,《考古》1980 年 1 期。

⑫ 中国社会科学院考古研究所洛阳工作队:《一九七七年河南永城王油坊遗址发掘概况》,《考古》1978 年 1 期。

⑬ 中国社会科学院考古研究所实验室:《放射性碳素测定年代报告》,《考古》1983 年 7 期。文物保护科学技术研究所碳 - 14 实验室:《碳 - 14 年代测定报告》,《文物》1984 年 4 期。

⑭ 中国社会科学院考古研究所实验室:《放射性碳素测定年代报告》,《考古》1980 年 4 期、1983 年 7 期。

⑮ 魏世刚：《试论石峁等遗存与客省庄二期文化的关系》，《文博》1990 年 4 期。

⑯ 山西省考古研究所：《山西汾阳峪道河遗址调查》，《考古》1983 年 11 期。崔璇、斯琴：《内蒙古中南部新石器至青铜时代文化初探》，《中国考古学会第四次年会论文集》，文物出版社，1983 年。内蒙古考古研究所：《内蒙古朱开沟遗址》，《考古学报》1988 年 3 期。

⑰ 田广金：《内蒙古伊金霍洛旗朱开沟遗址Ⅶ区考古纪略》，《考古》1988 年 6 期。洲杰：《内蒙古中南部考古调查》，《考古》1963 年 2 期。

巩启明、吕智荣合著，原载于《中国考古学会第八次年会论文集》，文物出版社，1996 年。

半坡遗址的发现、发掘与建馆

——记我国第一座遗址博物馆

半坡遗址位于西安东郊的白鹿塬边浐河之畔。西安这个古老而又年轻的城市，不仅是我国历史上十多个王朝的都城所在，是古代中国的政治、经济、文化中心，历史文物、国之重宝的荟萃之地，而且也是我国史前时期先民们最早繁衍生息的重要地区。一百万年前的蓝田猿人，二十万年前的大荔人等旧石器时代遗址都是我国古人类、古文化的典型代表，星罗棋布的新石器时代遗址更是我国原始氏族社会的缩影。所以，人们往往称之为中华民族的重要发祥地之一。西安半坡的考古成果、科学价值、遗址博物馆的风貌等早已驰名中外，但在它的发现、发掘与建馆过程中，国家和领导人给予的大力支持，众多同志的艰辛劳动却鲜为人知。

建国伊始，新中国的国民经济，工农业生产很快得到恢复，并逐步开始了大规模的生产建设。鉴于关中是我国的重要棉花产区，当时决定在西安东郊建设一个以纺织为主的现代化工业区。1953 年，几座大型纺织厂、印染厂、热电厂、建材厂、公路、铁路等相继动工兴建。当修建由西安通往各纺织厂的公路时，在半坡村路段发现了一些人骨及很多不常见的盆盆罐罐。筑路工人说：这些肚子大两头尖的东西（指小口尖底瓶）像炸弹一样，工程技术人员说这可能是古物，谁也不知究竟。当时西北文物清理队的同志看到后，喜出望外，认为是古代文物，并踏勘附近地质、地形、地貌，认为这是一处重要的远古文化遗址。同年秋，正在西周丰镐遗址做考古工作的中国科学院考古研究所、陕西考古调查发掘团到半坡进行认真、细致、深入的调查勘测，发现遗址面积大、文化层厚、内涵丰富、文化面貌独特，立即引起特别重视，并上报中央，遂决定次年开始科学发掘。

按照预定计划，1954 年秋对半坡遗址的发掘工作正式开始，这是我们新中国成立后开始大规模发掘的第一处新石器时代遗址，在学术界有着继往开来的特殊意义。发掘工作一直进行到 1957 年，共开展了五次科学发掘。整个发掘工作由我国著名考古学家石兴邦先生主持，实际工作人员除中国科学院考古研究所及陕西省文物管理委员会的同志外，还有文化部文物局考古工作人员训练班的学员、北京大学及西北大学考古专业的师生等近200人。发掘面积共10000平方米左右，收获相当丰富。通过发掘发现了先民们居住过的房屋遗迹46座、墓葬250座、储藏东西的窖穴200多个，并有烧制陶器的窑址及饲养家畜的圈栏等，同时还发现各类生产工具和生活用具近万件。从众多的遗迹、遗物来看，这是一处保存较好的氏族村落遗址，文化性质属我国新石器时代的仰韶文化，年代距今6千多年。半坡遗址的重大发现在中央和地方报纸上披露报道以后，很快引起了学术界的关注，广大人民群众和社会各界人士均为之震动。凡国内外专家、学者、来宾、领导同志来西安都要来发掘现场参观，瞻仰这处6千年前先民们所创造的奇迹。

1955年秋，文化部副部长郑振铎及文物局局长王冶秋等领导同志来陕西视察工作。当时，正好国务院副总理陈毅同志主持西藏自治区筹备会成立大会路过西安，作短暂停留，参观文物古迹。郑振铎副部长、王冶秋局长陪同陈老总一起来到半坡遗址，受到以石兴邦先生为首的广大考古工作者热情接待。陈老总一行先参观了发掘现场，而后到西安研究室参观出土文物标本。当时，大部分标本陈列在一楼东头的两个大房子里，石器、骨器、陶器依次排列，古色古香，蔚为壮观。陈老总看了异常兴奋，赞赏不已，对人面鱼纹彩陶盆及骨针、骨鱼钩等6千年前精湛的艺术珍品赞不绝口，并随口说："这不是假的噢，是我们祖先的伟大创造。"休息时，石兴邦先生将半坡遗址的发掘情况、出土文物、重要意义和学术价值等向陈老总作了详细汇报。郑副部长和王局长向陈老总提出："我们想把半坡遗址保存下来成立一个博物馆，作为宣传爱国主义和历史唯物主义的场地。"冶秋局长并将建设博物馆的重要意义作了深刻阐述，博得了陈老总的极大欢欣，当即表示："很好，有价值，就成立个博物馆嘛!"第二天，即电国务院拨款30万元兴建半坡博物馆。后来省上又增拨10万元，我国第一座遗址博物馆就这样开始筹建了。

半坡博物馆的筹建工作由省文化局派王勋同志负责，考古队同志配合。先是征地120多亩，继而设计、施工，工程进度神速，大约经过近两年时间即建成竣工。一座现代化遗址博物馆巍然屹立在浐河之滨的原野上，1958年4月正式开馆，开始接待一批又一批的国内外来宾。1959年，中国科学院院长郭沫若同志访问半坡遗址，当看完出土房屋、墓葬等遗迹现场及文物标本时，兴趣盎然，当场题诗四首：

一

半坡小儿冢，瓮棺盛尸骸。
瓮盖有圆孔，气可通内外。
墓集居址旁，仿佛尤在怀。

大人则无棺，纵横陈荒隈。
可知爱子心，万劫永不灰。

二

一女三岁余，殉葬见其初。
手有骨环镯，耳有碧玉珠。
尚有二彩陶，一瓶兼二盂。
棺乃木所制，与瓮亦复殊。
是缘母爱厚，贫富或不如？

三

二男同一坑，四女共一穴。
男皆壮男子，女年约二十。
当是同时死，其由不可必。
是否以情殉，抑死战或疫？
悠悠五千载，此问谁能答？

四

彩陶形制美，画纹亦多殊。

半坡遗址外景

或则呈人面，或则呈双鱼。
农耕既普及，人群已聚居。
护壕深二丈，其广亦相如。
奈何遗迹中，独不见文书。

半坡遗址博物馆的兴建是党和政府重视发展人民文化事业的业绩，是教育人民、提高人民文化素质的重要设施；广大人民群众也确实从这里得到了不少的知识，为建设社会主义的两个文明增添了无穷无尽的力量。如今，我国又陆续兴建了许多遗址性博物馆，如北京周口店北京猿人遗址博物馆、浙江余姚河姆渡遗址博物馆、河南郑州大河村遗址博物馆、西安秦始皇陵兵马俑博物馆、广西桂林甑皮岩遗址博物馆、柳州莲花洞遗址博物馆及甘肃秦安大地湾遗址博物馆等，都像半坡遗址博物馆一样，是在考古发掘的基础上兴建起来的，它们都正在发挥着遗址性博物馆的作用。

原载于《文物天地》1988 年 5 期

西安半坡博物馆十多年来考古工作的主要收获

西安半坡博物馆于1958年建成开馆，它是在半坡遗址考古发掘的基础上建立起来的，属遗址性博物馆。建馆之初，它的任务主要是通过对半坡遗址出土文物的陈列和保护向国内外观众宣传我们中华民族灿烂的古文化遗存。鉴于该馆的业务力量较强，省文化文物主管部门于20世纪70年代初开始给该馆下达考古研究任务，主要负责全省古生物、古人类及石器时代考古的野外调查、发掘清理及研究工作，半坡博物馆为搞好这项工作，于1973年增设考古队建制。十多年来，考古队在全省开展了大量工作：在陕北、陕南及关中调查、复查并发现了大批古文化遗址；配合工农业基本建设清理发掘了数十处远古文化遗址，发现重要文物数万件之多，撰写科学报告和研究论文数十篇，皆发表在国内有关的学术刊物上。这些工作已经引起了学术界的广泛重视。我这里仅就考古工作的主要收获按时代顺序进行简单介绍。

一　大荔人及其文化遗存的发现

1978年3月，陕西省水电局地质队刘顺堂等同志在水利工程的地质勘察中，于大荔县段家公社解放村大队甜水沟的黄土堆积断崖上发现一具古人类头骨化石。之后，由西安半坡博物馆、西北大学地质系、中国科学院古脊椎动物与古人类研究所、大荔县文化馆等单位先后在人头骨化石地点，进行过三次试掘和发掘工作。半坡博物馆在大荔县境内的洛河东岸三级阶地上又进行过多次调查，发现了多处新的石器地点。通过这些工作，发现了头骨残片及脱落的牙齿化石，同时发现了一大批动物化石及数千件打制石器。经研究，这一人头骨化石定名为“大荔人”。大荔化石人所处的地层为中更新世末期或晚更新世初期，属于早期智人，应处于北京猿人与丁村人之间，是我国发现的最早的智人标本，距今年代约20万年左右。大荔人的体质特征，表现出眉嵴粗壮，额骨低平，前囟角很小，骨壁较厚，顶骨较大，顶结节发育，枕骨隆凸位置下移，顶枕部较高，吻部不很突出，两侧眉嵴呈八字形，颧弓较细，面骨低矮，鼻颧角大等。这些特点呈现出大荔人在整个人类发展阶段上是处于猿人向智人进化的过渡阶段，它是这个阶段的典型代表。从大荔人头骨硕大，骨缝已部分愈合来看，其性别年龄可能为一个小于30岁的青年男性个体。与大荔人头骨化石在同一地层发现的古动物化石有鲤、鲶、鸵鸟、河狸、古菱齿象、马、犀、肿骨鹿、大角鹿、斑鹿、水牛、猪、厚壳蚌、螺等。从这些动物化石可知，当时的关中一带是遍布森林草原、雨量充沛、气候温和、适宜人们生活的良好地区。与人头骨化石同层出土的文化遗存有打制石器数千件，其中有石核、石片及石器等。这批石器材料中，经过进一步加工的石器较少，石器器形较小，类型简单，只有直刃刮削器、凹刃刮削器及凸刃刮削器，未见尖状器及其他类型，刮削器中单刃多见，复刃少见。总的来看，石器制造技术比较原始，不够熟练，许多石器的背面还有砾面，刃缘也较钝厚①。

大荔人头骨标本的发现，有其相当重要的意义。这一标本的完整程度极为罕见，过去发现的蓝田猿人、北京猿人及其他一些人类头骨标本的完整程度都不如大荔人，所以，学术界公认大荔人的头骨化石是我国早期人类头骨化石中最古老最完整的标本。这是一个重大的突破，它在我国化石人类学的研究中有着极为重要的价值，它填补了我国从晚期猿人到智人之间过渡阶段的重要人类资料。

二　沙苑文化的新发现

早在20世纪50年代中期，我国科学工作者在我省东部的沙苑地区就已发现了一种独具特征的石器时代文化遗存，学术界定名为沙苑文化。沙苑地处黄河中游的渭河、洛河与黄河交汇之地，即今大荔县南部。沙苑为广大的沙丘起伏地区，其东部有沼泽水草，当为野兽出没繁殖之地，有利于远古人类的狩猎活动。据文献记载自古以来这里就是狩猎、畜牧的良好场所。1955至1956年，黄河水库考古队在此发现包含有石片石器和细石器地点15处，采集文化遗物3000多件。近十多年来我们多次在沙苑地区进行考古调查工作，新发现石器地点20余处，采集各种石器8000多件。各个石器地点一般都有石器、石片及石化程度较轻的兽类骨骼残块共存。在采集的全部石制品中经挑选出来的标本有一千多件，主要是一些打制的石片或石器，但确有精制加工或使用痕迹的仅占少数。沙苑的打制石器，一般比较粗糙，形状较小，长度约在1.1～9厘米。依据制法的不同，基本上可分为细石器和石片石器两种，这是沙苑文化的典型产物。其细石器的特点和我国北部细石器文化中的产物基本相同，所用原料多采用燧石及石英岩等。制法主要是间接打法，第二步加工则采用压制法。器形比较复杂，有石核、石叶、小石片、尖状器及刮削器等，而每类之间也富于变化。石片石器，其原料多采用石英岩及矽质砾石等。器形一般较大，但最大也不超过9厘米，制法采用直接打法，器形比较简单，仅有石片、尖状器和刮削器等。1977年，大荔县文化馆张青山同志在沙苑地区发现小孩顶骨一块，定名为“沙苑人”。沙苑化石人类的顶骨，经观察研究石化程度较轻，距今可能有1万多年，它可能与沙苑石器遗存同时。沙苑人及沙苑文化的年代，从人骨的石化程度、文化特点及未发现陶片来看，当晚于旧石器时代，早于新石器时代，应属于中石器时代[②]。

沙苑人及其文化的发现有其重要意义，它是我国黄河中游的中原地区晚于旧石器时代早于新石器时代的一种特殊的文化遗存，它暂时填补了我国化石人类及其文化发展锁链上的一个重要缺环，为我国中石器时代文化遗存的进一步探索提供了重要线索。

三　新石器时代早期老官台文化的发现及认识过程

在我国考古学中，属于新石器时代中、晚期的原始文化遗存相当丰富，唯独新石器时代早期的原始文化遗存多少年来不曾发现。对新石器时代早期文化的探索一直是考古学界的共同目标。1958年北京大学考古专业师生在华县、渭南等地进行考古调查时，于华县的老官台、渭南的白庙和北刘等遗址都发现了有别于已知原始文化的陶片。为了搞清这类文化遗存的性质，他们于1959年对老官台遗址进行试掘，发现了一些遗迹和遗物，特征明显[③]。同时在华县元君庙仰韶文化墓地的发掘中也发现和老官台文化面貌相同的文化遗存[④]。这些工作使他们认识到这类文化遗存是不同于已知仰韶文化的一种新的考古学文化。

1960年和1961年，陕西省考古研究所对西乡县李家村遗址进行了较大规模的发掘，发现了李家村遗址的文化面貌与老官台遗址的文化遗存比较接近[⑤]。同时在邠县下孟村及宝鸡北首岭等遗址的发掘中都发现和李家村相同的文化内涵。这些新的发现引起了学术界的重视。1964年夏鼐先生指出：李家村发现的典型陶器——圈足钵和三足器，“在宝鸡北首岭和华县柳子镇元君庙的仰韶遗址中都曾发现过，但都只发现在最早期的墓葬或底下的文化层中……它和典型的仰韶文化有密切的关系，而它所代表的文化可能要较早……是探索仰韶文化前身的较可靠的线索”[⑥]。1965年苏秉琦先生也指出：“以北首岭、元君庙下层等为代表的文化遗存，应和半坡类型划分开来”，“两遗址的下层遗存基本一致，而与其余部分之间风格截然不同，也同整个仰韶文化面貌相异”，“这类文化遗存无疑同半坡类型的仰韶文化具有一定的渊源关系”[⑦]。夏、苏两位先生这种探索性的预见，对我们的工作启发很大，引导我们在20世纪70年代做了大量工作。1973

年，我们在临潼县进行考古调查时于渭北发现了白家遗址，1974 年进行试掘，发现了墓葬和灰坑，出土了一组典型器物，其特征与老官台、元君庙完全相同[8]。1976 年我们在渭南发现白庙遗址并进行了试掘，也发现了和老官台、元君庙同样的文化特征。这些发现立即引起了学术界的重视，北京大学等单位的同志根据考古学文化命名的一般惯例，在《文物》杂志上提出了“老官台文化”一名[9]。为了进一步充实这一文化遗存的资料，1977 年下半年，我们和中国科学院考古研究所分别对商县紫荆遗址及宝鸡北首岭遗址进行了发掘，收获比较丰富，地层最为明显[10]。在这些工作的基础上，我们对这类文化遗存的认识也由肤浅而加深了。于是张忠培、严文明二位同志在 1979 年《考古》杂志第一期重申了“老官台文化”遗存的重要意义[11]，并认为老官台文化和河北省的磁山文化一样，都是属于新石器时代早期偏晚一阶段的原始文化。老官台文化命名后，虽说得到了学术界的承认和支持[12]；但也有同志提出了不同的认识，认为这类文化遗存应是仰韶文化的一个早期类型，而称为“北首岭下层类型”；有的认为应归属河南省的裴李岗文化或者河北省的磁山文化。对于老官台文化不同认识的讨论，反映了学术界对这个问题的关注，这样的讨论有利于学术问题的澄清，有益于我国考古学的发展。为了进一步充实有关老官台文化的资料，1980 年和 1981 年，我们分别对渭南北刘及大荔梁家坡遗址进行了发掘[13]，都取得了大批重要资料。同时，我们在省境内又进行了比较广泛的调查，亦取得了可喜的收获。

通过上述工作，我们基本上搞清了老官台文化的分布情况、文化特征、相对年代及其与别的原始文化的关系。

老官台文化主要分布在陕西关中、甘肃陇东的渭、泾流域，以及陕南的汉水、丹江上游地区。已发现的重要遗址有华县老官台、元君庙，渭南北刘、白庙，大荔梁家坡，临潼白家，长安鲁坡头，西安半坡，宝鸡北首岭、斗鸡台，秦安大地湾，邠县下孟村，西乡李家村、何家湾，洋县土地庙，汉阴阮家坝，商县紫荆等。这些遗址多分布在山麓附近依山傍水的较高台地上，或者是两河交汇的地势较高处。在一定地域内遗址数量较少，遗址一般面积较小，多在一两万平方米之内。在一个遗址内灰层分布不集中，往往是一片一片的，而且堆积较薄，厚度超过 1 米的罕见。遗址内的遗迹分布稀疏，规律难寻；地面地下遗物贫乏，调查时不易采到标本，尤其是多种文化共存的遗址，它居下层不易暴露，颇难发现。从我们已经试掘或发掘过的几处遗址来看，发现灰坑不少，其形状有圆形、长方形及不规则形，一般来说不够规整，尚未形成一定的制度，而且深度较浅，内涵文物较少。墓葬发现较多，在北首岭、白家、北刘都有发现，其特征多为成人墓，均为长方形竖穴土坑，一般无葬具，葬式能辨清者均为仰身直肢单人葬，唯北首岭的 M10 为五人合葬，其中三人为一次葬，二人为二次葬，多数墓头向西北，一般都有三四件实用器皿随葬。发现的生产工具有石器和骨器。石器以打制的较多，器形有石核、石片、刮削器、敲砸器等，有的仍保留着细石器特征，这在北刘、梁家坡都有发现；磨制石器也不少，一般仅在刃部磨光，而器身仍保留着打制痕迹，通体磨光的较少，仅有石铲、石凿等。骨器有骨锥、骨箭镞等。生活用具主要是陶器，陶器的质地以细砂红陶最多，夹砂灰黑陶、泥质红陶及泥质灰黑陶等有相当数量，一般陶质较松，火候较低，各种陶色多不纯正，里黑外红或灰褐色的常见。制法有手制、模制和捏塑等。陶器造型，以三足器、圈足器为突出特点，平底器、圜底器也有一定数量，一般陶器无耳，无流，无嘴，口沿也较简单，带把的陶器也较罕见。主要器形有钵形三足鼎、敞口直腹三足罐、假圈足碗、小口圆腹壶等，圆底或平底钵、平底罐和杯也较常见。陶器纹饰以斜方格绳纹、红色宽带纹较多，其他较少。上述磨制石斧、石铲、石凿等农业生产工具的发现，表明当时农业生产已经产生；骨镞等的发现说明狩猎业较发达；陶器的制作及居住遗迹的发现，表明当时人们已过着定居生活。

老官台文化的年代，已在几处遗址发现了地层叠压或遗迹的打破关系。在元君庙、梁家坡、北首岭等遗址内都发现老官台文化在下仰韶文化半坡类型在上的叠压关系，这表明老官台文化的相对年代是早于仰韶文化半坡类型的，而半坡类型是仰韶文化的早期类型。所以老官台文化也就早于整个仰韶文化。老官台文化的绝对年代经放射性碳素^{14}C测定的标本已经不少，已测的年代数据表明老官台文化距今年代为7800~7100年，比仰韶文化半坡类型已测的最早年代要早得多。

通过对老官台文化遗址的多年工作，获得了一大批重要科学资料，使我们对它的文化性质有了较深的认识。截至目前学术界已经确认它是早于仰韶文化的一种新石器时代初期较晚一阶段的一个原始文化，它和河南省的裴李岗文化、河北省的磁山文化的年代相当。

四　仰韶文化的新发现

建国以来，我省新石器时代考古工作中对仰韶文化的研究成绩相当突出。20世纪50年代及60年代初科学工作者就对西安半坡、宝鸡北首岭、华县元君庙、泉护村、华阴横阵村、邠县下孟村等遗址进行了较大规模的发掘，取得了大批重要的实物资料，为研究我国原始社会史提供了极其珍贵的科学依据，对宣传马克思主义的历史唯物主义起到了相当重要的作用。70年代以来，我们在前段工作的基础上，为解决学术上的一些疑难问题，有计划有目的的对临潼姜寨、渭南史家、铜川李家沟、蒲城曲里、武功游凤及岐山王家咀、屯子头等仰韶文化遗址进行了规模不等的试掘或发掘清理工作，其中对姜寨遗址的发掘规模最大，收获也最丰富。通过对这些遗址的清理或发掘，我们对仰韶文化的研究由肤浅而加深了。我们获得了两项重要发现，现分别介绍于后。

（一）发现了省内仰韶文化的发展序列

陕西境内原始文化遗存相当丰富，就新石器时代来说，20 世纪 50 年代和 60 年代我们已经发现了老官台文化、仰韶文化及龙山文化，它们分属于早、中、晚三期。而仰韶文化本身的分期，却存在不少问题。当时我们对仰韶文化的研究，只知道不同的两个类型，即半坡类型和庙底沟类型，这两个类型的文化特点迥然不同，但他们孰早孰晚或者并存的问题，学术界众说不一。虽说 60 年代在邠县下孟村遗址的发掘中，曾发现过半坡类型早于庙底沟类型的地层证据，但这只是一个孤例。到 70 年代，我们系统地、大规模地发掘了临潼姜寨遗址，发现了多种类型的地层叠压关系，整个地层从下到上为半坡类型、史家类型、庙底沟类型及西王村类型[14]；在铜川李家沟遗址发现了史家类型在下，庙底沟类型在上的地层关系[15]；在岐山王家咀遗址发现了庙底沟类型在下、西王村类型在上的地层关系[16]。这些新的发现，证明了仰韶文化从早到晚的发展情况，即半坡类型→史家类型→庙底沟类型→西王村类型。陕西地区仰韶文化诸类型发展序列的确定，对黄河流域整个仰韶文化的研究起到了积极的作用。

（二）发现一处基本完整的原始村落基址

20 世纪 50 年代在西安半坡遗址的发掘中，发现房址四十多座。这些房址被一条沟道区分为两个部分，学术界认为这可能是两个大家族，或者是两个女儿氏族组成的一个胞族住地。住地的边缘有一条大而深的壕沟，是对住地起防护作用的设施。壕沟的北边是氏族的公共墓地，东边是烧制陶器的窑场。如此，住地、墓地、窑场及壕沟，就整个聚落布局来说也算可观，但它所占面积仅是整个遗址的五分之一，而半坡遗址的地下全貌究竟如何，未经全面发掘，不得其详[17]。后来在宝鸡北首岭遗址的发掘中，发现南北相对的两排房屋基础，中间是个广场。这两排房址被认为可能是两个母系大家族组成的一个氏族的住地。住地南边是氏族墓地。由于遗址本身破坏比较严重，而且发掘面积较小，原始聚落的全貌不曾揭露出来，使我们无从看到这个聚落的完整布局[18]。到了 70 年代有计划地发掘姜寨遗址时，由于遗址本身保存较好，我们采取大规模、大面积揭露，把整个遗址的中心区全部发掘的方法，经过八年的艰苦工作，发现了一大批重要遗迹，如房屋、地窖、墓葬、广场、壕沟、圈栏、陶窑等。这些重要遗迹构成了一个基本完整的原始聚落基址。两条壕沟将整个村落分作居住区和墓葬区两部分，沟外是墓地，沟内是居住区，在小河岸边有一片不大的制陶造器的窑场，壕沟对村落起防护作用，居住区内有一个面积较大的中心广场，广场的周围分布着一百多座房屋。姜寨原始聚落保存之完善，布局之清晰，为国内同期遗址中所未见，是我国新石期时代考古极其重要的发现，在国外史前考古中也是异常罕见的。

从姜寨原始聚落的布局来看，以大型房屋为代表的五个建筑群及三片公共墓地（按一般规律推测，应该有五片墓地才能和房屋建筑群相吻合，但我们只发现了三片，其他两片墓地可能已遭破坏或被现代村庄所压），可能是五个氏族所组成的一个胞族或部落的聚居地。每一个建筑群约有20座大、中、小型房子。小型房屋的面积约20平方米左右，房内除放置一些生产工具和生活用具及其他什物外，留下的面积一般能住三四口人；中型房屋的面积30平方米左右，可住人口较多；大型房屋的面积都在80平方米以上，是老年人及未婚青少年的住所，同时也是氏族议事或举行庆典、集会的场所。由此，我们可以推知，当时在每一个建筑群内可能住着七八十口到一百口人的样子。在整个姜寨聚落内可能住着三百到五百口人，过着日出而作、日入而息的原始生活。从小型房屋内摆设着的生产工具、生活用具、粮食及火塘来看，我们不难推想：房内可能是一个比较稳定的对偶家庭的生活情景。

临潼姜寨遗址原始聚落的发现，为研究我国母系氏族公社繁荣时期的村落布局、氏族组织、家庭和婚姻形态提供了珍贵资料。

另外，我们经过多年来的考古调查和清理发掘工作，还搜集了数万件重要文物，其中有石器、陶器、骨器、蚌器及角器等，有的相当精致，如各种绘画别致的色彩陶器上所反映的动物形象逼真、栩栩如生，实属艺术珍品；刻画在器皿上的各种符号，是研究我国文字起源的重要资料；大量的农作生产工具、狩猎工具及圈栏、动物骨骼的发现，是研究当时以农业为主、狩猎业及驯养家畜为辅的综合性经济结构的重要依据[19]。

五　关于龙山文化

龙山文化是20世纪30年代在山东省历城县龙山镇发现的，50年代以来在河南、陕西、湖北都发现了龙山文化的遗存，并分别称作河南龙山文化、陕西龙山文化、湖北龙山文化。陕西龙山文化又叫客省庄二期文化，是属于龙山文化的晚期遗存，其早期遗存应是庙底沟二期文化。陕西境内的庙底沟二期文化，自50年代发现以来，开展工作极少。1958年在华阴横阵、华县柳子镇等遗址的发掘中，都是在发掘仰韶文化时顺便发现了一些这一文化的零星遗迹和遗物。至于它在全省的分布情况、各地的具体特征都不甚了解。70年代以来我们在考古调查中于陕北、陕南及关中等地都有遗址或遗物发现，这也是我们对庙底沟二期文化研究的一点突破。关于客省庄二期文化（有的同志也称客省庄文化），建国初期开展工作极少。70年代以来我们在大规模的发掘姜寨遗址中，在发现仰韶文化大批重要遗迹遗物的同时，也发现了一些客省庄二期文化的重要资料。近几年来我们又系统地、较大规模地发掘了岐山双庵、商县紫荆、神木石峁及临潼康家等遗址，收获都相当丰富。通过这些遗址的发掘，我们初步认识到客省庄二期文化在省内各地的特点并不一致：关中东部在陶器方面，灰陶约占整个陶器总数的90%以上，器类是鬲多斝少；关中西部与东部的文化特征截然不同，陶器中的红陶占整个陶器总数的90%以上，器类斝多鬲少；陕北虽说与关中东部的文化关系相当密切，但地域性很强，并与黄河东岸的同期文化遗存有一定的关系[20]；陕南汉水由于开展工作较少，对这一文化的特征尚不了解。

上述对龙山文化的调查和发掘工作，使我们搜集了一大批珍贵资料。这些资料对研究我省原始社会的解体，阶级的产生等重大历史问题都有极为重要的意义。

六　关于夏代文化的探索问题

根据文献记载，我国历史上的商代以前还有个夏代，夏代的存在可以说是肯定的。但在考古学文化上至今尚未发现或确认。建国以来我国考古学界对夏代文化的探索研究，在豫西晋南开展了大量工作，现已取得了很大成绩。在这些地区发现了先后衔接的河南龙山文化、二里头文化、商代文化。从考古学文化来说，它们是连续不断的，是没有文化缺环的。商代文化以前究竟哪一种文化是夏代文化？现在只是认识问题。依据文献记载，陕西虽不是夏王朝的统治中心或国都所在，但陕西东部属于夏王朝的疆域是肯定的。《北堂书钞》卷十三引《纪年》："启征西河"。西河即指晋秦之间的黄河两岸一带。《尚书序》："启与有扈战于甘之野"。《逸周书·史记》："有夏之方兴也，扈氏弱而不恭，身死亡国"。《汉书·地理志》："鄠，古国，有扈谷亭。扈，夏启所伐"。有扈氏，即夏初方国，其地今在户县一带。禹死启立，有扈氏不服，启即发兵镇压，《尚书·甘誓》记载较详。这些记载说明夏王朝与陕西的关系相当密切。从考古学角度来看，陕西究竟有没有夏代文化遗存？为了解决我国历史和地方史志上的这一重大问题，1978年省文化文物领导部门将这个任务交给半坡博物馆解决。领受这个任务以后，半坡博物馆开展了大量工作，采取的方法是从解决陕西商代文化及龙山文化入手，试图从这两种文化的分期中解决夏文化问题。陕西过去的考古工作，对仰韶文化、周、秦、汉、唐等文化遗存发掘研究较多，而对商代及龙山文化开展工作较少。我们对陕西龙山文化的特征、类型、分期及年代的认识若明若暗，不甚了解；至于对商代文化的了解就更少了，我们发现的只不过是一些零星铜器而已，从未科学地发掘过一处商代遗址。为了探索陕西的夏代文化，近几年来我们在东部地区对龙山文化和商代文化遗址开展了大量的调查和发掘工作。对龙山文化已发掘了商县紫荆、临潼康家、神木石峁等遗址。这几处遗址的发掘为我们积累了一些重要资料，尤其是石峁遗址的分期比较重要，它的二期是晚于龙山文化而早于商代文化的遗存。对商代文化已发掘清理了蓝田怀珍坊、礼泉朱马咀、华县南沙村及西安袁家崖等遗址[21]；同时还调查了西安、渭南、商洛、铜川及榆林等地市的二十多个县，发现了一大批商代遗址。这些遗址中不但有与安阳殷墟基本相同的商代晚期文化遗存，而且还有与郑州二里岗期相似的商代早期文化遗存。更重要的是在华县南沙村遗址的下层发现了早于商代早期的近似二里头文化的零星遗物。上述神木石峁二期和华县南沙村下层文化遗存，可能是我们探索陕西东部夏代文化的重要线索。

上述半坡博物馆十多年来考古工作的主要收获，只是简况，其详细情况可从已发表及准备发表的调查或发掘报告、简报以及有关论文中得知。该馆通过上述考古工作，初步培养了一批中青年业务干部，这些同志目前都已是科研工作的骨干，他们负担着重要的科研任务。通过这些工作所发现的重要文物，不但增加了馆藏珍宝的数量，而且及时地充实了博物馆的陈列内容，使博物馆的陈列宣传效果有了较大的起色。半坡博物馆的陈列、保护、宣传和考古研究工作在国内外学术界已经颇有影响。该馆主办编辑出版的大型学术刊物《史前研究》杂志自 1983 年创刊以来，发行全国及国外数十个国家，得到国内外的好评。

注　　释

① 王永炎等:《陕西大荔人化石的发现及其初步研究》,《科学通报》1979 年 24 卷 7 期。吴新智、尤玉柱:《大荔人遗址的初步观察》,《古脊椎动物与古人类》1979 年 17 卷 4 期。吴新智、尤玉柱:《大荔人及其文化》,《考古与文物》1980 年创刊号。周春茂:《大荔人在人类进化过程中的位置、种族特征及其意义》,《史前研究》1983 年 2 期。

② 黄河水库考古队:《黄河三门峡水库考古调查简报》,《考古通讯》1956 年 5 期。安志敏等:《陕西朝邑、大荔沙苑地区的石器时代遗存》,《考古学报》1957 年 3 期。西安半坡博物馆等:《陕西大荔沙苑地区考古调查报告》,《史前研究》1983 年创刊号。

③ 北京大学考古教研室华县报告编写组:《华县渭南古代遗址调查与试掘》,《考古学报》1980 年 3 期。

④ 同③。

⑤ 陕西分院考古研究所:《陕西西乡李家村新石器时代遗址》,《考古》1961 年 7 期。陕西社会科学院考古研究所汉水队:《陕西西乡李家村新石器时代遗址一九六一年发掘简报》,《考古》1962 年 6 期。

⑥ 夏鼐:《我国近五年来的考古新收获》,《考古》1964 年 4 期。

⑦ 苏秉琦:《关于仰韶文化的若干问题》,《考古学报》1965 年 1 期。

⑧ 西安半坡博物馆:《陕西临潼白家遗址调查试掘简报》,《史前研究》1983 年 2 期。

⑨ 甘肃省博物馆、北京大学历史系考古专业连城考古发掘队:《从马家窑类型驳瓦西里耶夫的“中国文化西来说”》,《文物》1976 年 3 期。

⑩ 商县图书馆等:《陕西商县紫荆遗址发掘简报》,《考古与文物》1981 年 3 期。中国科学院考古研究所宝鸡工作队:《一九七七年宝鸡北首岭遗址发掘简报》,《考古》1979 年 2 期。

⑪ 张忠培:《试论东庄村和西王村遗存的文化性质》,《考古》1979 年 1 期。严文明:《黄河流域新石器时代早期文化的新发现》,《考古》1979 年 1 期。

⑫ 巩启明:《三十年来陕西石器时代考古的主要收获》,《考古与文物》创刊号。张朋川:《试谈大地湾一期和其他类型文化的关系》,《文物》1981 年 4 期。

⑬ 西安半坡博物馆：《渭南北刘新石器时代早期遗址调查与试掘简报》，《考古与文物》1982 年 4 期。

⑭ 西安半坡博物馆等：《临潼姜寨遗址第四～十一次发掘纪要》，《考古与文物》1980 年 3 期。

⑮ 西安半坡博物馆：《铜川李家沟新石器时代遗址发掘报告》，《考古与文物》1984 年 1 期。

⑯ 西安半坡博物馆资料。

⑰ 中国科学院考古研究所等：《西安半坡》，文物出版社，1963 年。

⑱ 中国社会科学院考古研究所宝鸡工作队：《一九七七年宝鸡北首岭遗址发掘简报》，《考古》1979 年 2 期。

⑲ 巩启明：《姜寨遗址考古发掘的主要收获及意义》，《人文杂志》1981 年 4 期。

⑳ 西安半坡博物馆：《陕西神木石峁遗址调查试掘简报》，《史前研究》1983 年 2 期。

㉑ 西安半坡博物馆：《陕西蓝田怀珍坊商代遗址试掘简报》，《考古与文物》1981 年 3 期。巩启明：《西安袁家崖商代墓葬》，《文物丛刊》第 5 期，文物出版社，1982 年。巩启明等：《陕西耀县北村商代遗址调查记》，《考古与文物》1984 年 1 期。

原载于《史前研究》1985 年 1 期

半坡氏族的婚姻形态

人类婚姻形态的发展、演进，学术界一般认为可划分为五个阶段，即杂婚、血缘婚、群婚、对偶婚及一夫一妻制等。这五种婚姻制度中除原始群初期的杂婚外，其余四种所对应的家庭形式是血缘家庭、普那路亚家庭、对偶家庭及一夫一妻制家庭。它们所处的社会发展阶段：杂婚、血缘婚处于原始群时期，群婚、对偶婚处于母系氏族公社时期，一夫一妻制属于父系氏族公社时期。这种划分并不是绝对的，在前后阶段之间往往是交错的，即在前一阶段中往往孕育或萌生了后一种婚姻形态，而在后一阶段中往往存留着前一阶段婚姻制度的残余。半坡早期的社会发展阶段属于母系氏族公社高度发展的繁荣时期，这个时期的婚姻状况是群婚、对偶婚兼而有之，前者是旧俗，后者是新风。目前学术界对这一问题还有不同看法。下面，我们就根据母系氏族社会婚姻形态的发展情况以及半坡早期的考古资料作一些具体的分析。

从母系氏族各阶段的经济状况分析当时的婚姻状况及其发展

母系氏族社会是一个漫长的历史阶段，它经过了发生、发展和繁荣的几个不同时期，在这几个不同的时期中，人类的婚姻状况也是不尽相同的。我们在探讨半坡早期居民的婚姻状况之前，了解一下母系氏族社会出现至繁荣前这一漫长时期婚姻的状况及其发展情况是十分必要的。母系氏族社会的初期，在考古学上约相当于旧石器时代中期和晚期。在这个时期里，人们按性别和年龄的分工开始出现。狩猎和渔捞是当时人们的主要生产活动，主要由男人负责，劳动收获多不稳定。采集植物果实和挖掘块根主要由妇女负责，她们的劳动收获多有保证，从而成为当时人们生活的主要来源。妇女又是看守住所、食品加工、缝制衣服、生育儿女、养老哺幼等活动的主要承担者。因此，妇女们在氏族中占有相当重要的地位，普遍受到尊敬。她们是氏族组织中的主要成员，她们的一切活动都是为了氏族集团的利益，维系着氏族的生存和繁衍，对于整个社会都起着极为重要的作用。在这样的社会经济形态下，人们的婚姻状况已将原先的杂婚、血缘婚基本排除。不同氏族间的群婚已经盛行，即一氏族的一群男子同另一氏族的一群女子之间的交互群婚，这就是族外婚，而在氏族内部则严禁通婚。这种群婚一般来说应是通过野合而婚的形式实现的。野合婚是在实行氏族外婚制的初期，不同氏族的男女交媾，多是在旷野的一种偶然结合，没有固定的场所。这样的婚姻形式，是与当时的生产力发展水平、居住条件、男女不同的社会经济地位相适应的。

母系氏族社会中期大约相当于考古学上的中石器时代及新石器时代早期。这一时期的生产工具已有较大改进，弓箭已经发明，磨制石器、复合工具已经出现并逐渐被推广。人们可以用弓箭射猎大型猛兽，用渔网、鱼叉捕鱼，用磨制的利刃石斧等加工木竹工具、砍伐树木、开拓荒地。妇女在长期采集植物果实的实践中，逐步掌握了植物生长规律，终于把可供食用的野生植物变成了人工栽培的农作物，从而发明了原始农业。农业的发明是妇女对人类社会的重大贡献。在原始农业的初期阶段，农业生产的进行主要由妇女承担，农业使人们的生活以及整个人类的生存繁衍有了比较可靠的保证，因此这时的妇女在氏族中享有崇高的威信。这一时期是典型群婚的盛行期。当时人们以氏族聚居，每一氏族都有自己居住的风篱、草庐、窝棚或山洞，男女成员分别居住，以便妇女接待另一氏族男子的来访，进行婚姻生活。有的学者称这种情况为女子公共房屋内外的群婚。这种婚姻状况，在我国中石器时代考古资料中有所反映。如陕西的沙苑文化，在几十平方千米内分布着二十多处石器比较集中的地点，有些在很小的范围内就有几处遗址分布，这很可能是几个母系氏族的居住地，它们互相通婚、结成姻缘关系是可以想见的。又如山西的下川文化，在一个不大的山间盆地内，星罗棋布地分布着多处石器比较集中的遗址，这些遗址可能是几个氏族的住地，他们的男女成员自然地会通过群婚的形式结成姻缘关系。

母系氏族社会发展到距今约 7 千年的时候，已经达到了它的繁荣阶段。这时约相当于我国新石器时代的裴李岗文化、磁山文化、老官台文化、北辛文化、前大溪文化以及仰韶文化早期（即半坡早期）、河姆渡文化、大溪文化等时期。在这个阶段里，生产工具，尤其是农业工具有了很大发展，几乎样样俱全。陶器已经发明并有了很大改进。这些都为原始农业的发展创造了条件，从而使农业生产成为社会财富来源的主要经济部门。在半坡的 115 号窖穴内发现尚存已腐朽的谷物皮壳达数斗之多，这表明当时农业已有一定程度的发展。随着农业的初步发展，家畜饲养也作为副业应运而生，渔猎、采集活动此时虽然退居第二位，但仍是不可缺少的经济活动。当时人们在各项生产中的分工情况，大致是妇女主要从事农业生产，如播种、中耕锄草、收割、粮食加工都由妇女承担；男子的主要工作仍是狩猎，但也开始参加一部分农业劳动，如开垦荒地、翻地松土等劳动强度较大的农活。此时农业、狩猎业、饲养业及手工业的发展，已经形成了一个综合性的原始经济形态，从而标志着当时的母系氏族社会已经发展到了高度繁荣时期。半坡早期遗存所反映的生产力发展水平、经济情况正是如此。随着社会经济的发展，人们的社会经济地位也发生了变化。这时男子在综合经济中的地位有了相对的提高，但仍逊于妇女。氏族内的整个生产都由有经验的妇女来组织进行，妇女仍是氏族内最有威望的首领。此时，夜来晨去的走访婚是半坡的主要婚姻形态之一，即一个氏族的男子在夜晚专访外氏族的女子，天明离去，子女只知其母不知其父。随着农业生产的发展，农业劳动强度逐渐增大，一些生产环节只有男子才能胜任。由于男子无法脱离农业生产，他们的流动再也不能像过去那样自由无碍了，这就与专访婚这种婚姻形式产生了矛盾。这种矛盾日渐严重，从而迫使人们改变婚姻形式。随着生产力的提高，人们生活条件有了改善，人口密度逐渐增大，氏族间及人与人之间的交往也越来越方便。在婚姻生活中，一个妇女往往会有很多男子来访，这对妇女来说是一个沉重的负担，尤其子女多、家务负担重的妇女，会感到屈辱和难堪。在这种情况下，恩格斯指出：“妇女也就愈迫切地要求取得保持贞操、暂时地或长久地只同一个男子结婚的权利作为解救的办法。”在这种情况下，为了适宜社会生产和婚姻生活的实际需要，夜来晨去的经常变化的一男一女的走访婚便开始向相对稳定的对偶婚转化。母系氏族社会的繁荣阶段是走访婚和对偶婚同时存在的时期，前者是古老群婚的遗风，后者是最新的婚姻形态。对偶婚实行女娶男嫁，组成对偶家庭，共同生产，共同生活，养育子女，但经济并不独立，依然依附于氏族或母系大家族内。人们的世系仍按母系计算，子女随母姓，但他们已有确定的父亲，不再是只知其母不知其父了；他们的父亲也不再是临时过客，而是家庭中的正式成员。这样的婚姻家庭状况，在我国古代文献和民族志中都有反映。如云南的拉祜族，就有由二十五对夫妻及其子女的对偶家庭所组成的母系大家族；北美易洛魁人也有这种母系大家族的情况，实行男子出嫁，妻方居住的对偶家庭，若干个这样的对偶家庭组成一个母系大家族，人数达一二百人之多。

从半坡早期居住遗迹
分析当时的婚姻状况

远古人类的婚姻制度与人们的生息、起居有着相当密切的关系，婚姻形态的发展与人们居住房屋形式的要求必须适应。从考古资料看，人类建房定居是农业出现后的事情。我国新石器时代早期晚一阶段的许多遗址中已开始出现房屋建筑遗迹，而到了新石器时代中期即半坡早期，大批房屋开始出现，其房屋设计已有一定的形式，以满足人们生活实际的需要。半坡早期房屋建筑的布局、大小、房内设施等都是根据当时盛行的走访婚和对偶婚的需要而营造的。半坡聚落遗址所占面积约5万平方米，除被破坏的部分外，约有3万平方米。围沟以内的居住区约2万多平方米。围沟以北的墓葬区经过发掘的约6000平方米，围沟以内居住区的西北部实际发掘面积约2500多平方米。根据发掘资料可知，整个遗址可分为居住区、墓葬区及制陶区。在已发掘的西北部居住区内发现早期基本同时存在的房屋二十余座，其间有一条东西向壕沟将这些房屋分为南、北两部分，沟南八座，沟北十四座。沟南发掘面积较沟北要小，且有一定的破坏面积，因而沟南的实有房屋数量当不少于沟北的房屋数量。假若沟南、沟北各有十四座房屋，这就构成了南、北两个房屋数量相同的居住单位。这两个单位可能是两个母系氏族，在实行族外婚的原则下，形成两个对偶婚集团，沟北氏族的一群兄弟和一群姐妹与沟南氏族的一群姐妹和一群兄弟婚配。婚配的形式，应是以个别走访和对偶婚同时盛行。半坡早期的房屋从大小面积、房内设施来看可分为三种不同的情况：第一种房屋室内面积较大，约有三四十平方米，室内基本无生活用具；第二种房屋室内面积约十几平方米，室内存有生活用具，如碗、盆、钵、罐、瓶等；第三种房屋室内面积与第二种大体相同，但室内空无一物。第一种室内面积较大的房屋可能是供氏族族长、老人及小孩居住的房子，同时又是供氏族议事、举行庆典等公共活动的场所；第二种可能是实行女方居住的对偶婚家庭的住所，这种小型房屋可供一对夫妇及一两个小孩居住；第三种房屋可能是供一对男女临时结合的走访婚的住处，夜来晨去，不需要日常使用的生活用品。这和我们前面介绍的情况恰恰相符。位于半坡东北十几千米、与半坡早期同时的姜寨早期遗址所反映的社会生活情况与半坡基本相同，人们从姜寨遗址中获得了更为全面的材料。从发掘资料可知，姜寨遗址是一个基本完整的部落村庄。就平面布局来看，整个村落的周围三面以围沟环绕，一面临河，形成一个很严密的防卫圈；围沟以外的东部及北部，是五片不同氏族的墓地（其中有两片因在现代村庄之下而尚未发掘），围沟以内是居住区；居住区的中心是较大的广场，一百多座房屋有规律地分布在广场的周围；临河岸边是一片烧制陶器的窑场。居住区的房屋可分为五个单元，每个单元各有一座大房子、几座中型房子、十多座小型房子，房子的门向一致，统统朝向中心广场。我们认为整个村落以内的五个单元可能是五个母系氏族的聚居地，这五个氏族的婚龄男女，在实行族外婚的原则下，在整个部落内可以自由的选择配偶，这样人们选择配偶与只有两个氏族的聚落相比余地大多了。姜寨早期居民的婚姻形式同半坡一样，可能是走访婚、对偶婚同时盛行。这种情况可以从一个氏族内的各种房子的用途得到证明。大型房子的面积在50～100平方米，是氏族首领、老人和小孩的住处，同时也是氏族议事、举行庆典的公共活动场所。比大型房子面积较小的中型房屋，面积约30平方米左右，是母系大家族内的族长、老人及未成年小孩的住处，同时也是家族内会议、庆典的地方。小型房子中也有两种情况，一种室内有生产工具和生活用具，应是一对夫妇及其子女居住的对偶家庭的住所；

另一种室内除火塘供取暖外，无一件日常用品，应是临时走访配偶者的住处，只是夜里来访同居，白天回本氏族进行生产、生活。这种情况和云南纳西族实行的走访婚制度所住的房子布局十分相似。纳西族母系大家族的住宅是一组四合院式建筑，由门房、东和西厢房、正房及中心庭院组成，布局相当规整。北面为正房，是一座大型房屋，供家族内老人及未婚少年居住，也是全家族做饭、议事及招待客人的公共活动场所；门房、东厢房是二层楼房，楼上用木板隔成若干小间，是已婚妇女夜间接待男“阿注”的居室，各小间内设有火塘供取暖、烧茶之用。纳西族的“阿注”（意即亲密伴侣）夜里来白天走，关系不稳定，长者数年，短者数月，亦有更短时间而离异者。这种房屋建筑及使用特点，在某种意义上正与半坡、姜寨房屋建筑及使用情况相吻合。

从半坡早期的埋葬习俗
分析当时的婚姻状况

人类在历史发展的长河中，每个历史阶段的每个民族都有自己的信仰。在氏族社会里，由于人们对自然界的认识有限，对某种宗教的信仰就更加突出、更加虔诚。这种人为的观念，包括氏族中的血缘关系、婚姻关系等，往往通过埋葬习俗反映出来。这种情况在很多考古资料和民族志资料中都有体现。半坡遗址早期的埋葬习俗就突出地反映出属于母系氏族社会繁荣时期的血缘关系及婚姻状况。半坡遗址的墓葬区被规划在整个聚落大围沟以外的北部及东部，这两片墓地可视为村落以内已被发现的两个氏族的墓地，每个氏族各有一片。这种情况表明，在当时生产力还比较低下的时候，氏族是人们赖以生存的命脉。同一氏族的人，生前生活在一起，死后也不分离，也要集中埋葬在同一个墓地，这是氏族实行共居制在葬俗上的反映。而婚姻情况也是如此。半坡遗址早期的两片墓地，共发现成人墓葬 174 座，其中除两座为女性四人合葬和男性二人合葬外，其余都是单人葬。单人葬和同性合葬的葬俗都是母系氏族实行族外婚的反映。郭沫若先生主编的《中国史稿》对此阐述得相当透彻，认为这是因为“本氏族的兄弟姊妹不能通婚，兄弟必须出嫁，在相互通婚的对方氏族的女子中寻找配偶；同样，对方氏族中的成年男子则嫁到本氏族来，在本氏族的女子中寻找配偶。出嫁的男子死后，都分别归葬于各自的出生氏族，而按照氏族内不许通婚的制度，他们也不能跟本氏族的姊妹同墓合葬。反之，姊妹只能从外氏族娶夫进来，她们死后同样不能跟本氏族的兄弟合葬。但同性合葬或男女分别埋葬，则是许可的。因此，兄弟与姊妹分开埋葬，就是十分自然的了”。这段分析主要指的是对偶婚，女娶男嫁、女方居住的情况。这其中还应该包括走访婚的夜来晨去，临时结合的两性关系。走访婚的男女死后当然被埋葬在自己出生的氏族墓地中，因为走访婚的男女平常根本没有生活的基础，只不过是夜间的同居关系而已。临潼姜寨早期的墓葬资料同半坡一样，也反映了当时人们实行走访婚及对偶婚的婚姻状况。姜寨共发现三片墓地，有规律地分布在整个聚落围沟以外的东部、东北部及东南部，这三片墓地应分属于聚落内的三个氏族。在这三片墓地中共发现清理成人墓 174 座，除个别特殊情况外，绝大多数为单人葬，没有发现成年男女的合葬。这些情况表明在当时还没有建立起牢固家庭，是当时盛行临时结合性质的走访婚以及极不稳定的对偶婚的反映。另外临潼白家、宝鸡北首岭、南郑龙岗寺、吴县草鞋山早期等遗址的墓葬所反映的婚姻状况也都具同样的性质。在陕西华县元君庙、渭南史家、临潼姜寨二期、华阴横阵和河南淅川下王岗早期等遗址，人们还发现了多人二次合葬墓。学者公认这种墓葬也是母系家族或大家族血缘关系的反映，同时也反映了当时盛行对偶婚。母系家族是母系氏族内部的组成部分，是在氏族中相对独立的经济生活单位。母系家族又由若干代对偶家庭所组成，从而形成一个血缘集团。一个母系家族将在一个时期内死去的家庭成员葬在一起，于是就形成了多人二次合葬墓。

人类婚姻制度的发展、演变是一个极其复杂的问题。有些问题还有待于深入的探索和研究，有些观点还可能被修正。随着考古工作的进展，人们对半坡早期居民婚姻状态的认识必将会越来越符合历史的真实。

原载于《半坡仰韶文化纵横谈》，文物出版社，1988 年。

姜寨遗址考古发掘的主要收获及其意义

姜寨新石器时代遗址位于骊山脚下，在临潼县城北约1千米的临河东岸的第二台地上，是1972年当地农民在农田基本建设时发现的。遗址总面积约5万平方米，除天然或人为的破坏外，现存面积约2万多平方米，遗址中心或重要区保存基本完好。从1972年春至1979年底前后进行了十一次发掘，揭露面积17084平方米。经过八年的系统工作，我们基本上掌握了遗址的地下情况，发现了大批遗迹和遗物，从而为研究石器时代考古及中国原始社会史提供了许多重要的资料。

一 主要收获

（1）发现了多种文化类型的地层叠压或打破关系。姜寨遗址的地层比较复杂，内涵也很丰富。这个遗址由于延续时间较长（约二千多年），各个时期的居民数量不同，村庄大小各异，加上历年来天然和人为的破坏，形成了在整个遗址范围内因地段不同而堆积也不相同的现象。有些地段是一个时期的文化堆积，有些地段是几个时期的文化堆积。在叠压堆积的地段内，有的是紧紧相接的关系，有的是不相衔接而有间隔的叠压关系。如在遗址中部发现了四个不同时期的文化堆积层，它们由下往上迭次堆积，越靠下的越早，越靠上的越晚；在遗址东部及西部的小片地段内发现了第三期和第四期的叠压关系，在中部个别探方内发现了第三期的地窖叠压在第二期的墓葬之上的关系。这样，第一期至第五期的发展序列，都有了可靠的地层或遗迹的叠压根据。我们根据各期的文化特征判断：第一至第四期属仰韶文化不同的四个类型，即半坡类型、史家类型、庙底沟类型及半坡晚期类型（或西王村类型），第五期属于客省庄第二期文化（或陕西龙山文化）。

（2）发现了仰韶文化早期基本完整的村落布局。姜寨遗址的上部地层破坏比较严重，而处于下层的仰韶文化早期地层（即半坡类型）保存相当完好，堆积遍布整个遗址。在这一层里发现了大批遗迹，如房屋、地窖、墓葬、广场、壕沟、圈栏、陶窑等。这些重要遗迹构成了一个基本完整的原始聚落基址。两条壕沟将整个村落分作居住区和墓葬区两个部分。沟外为三片墓地，沟内为村落的居住区，临河岸边还有一片不大的制造陶器的窑场。壕沟对村落起防护作用。居住区内有一个面积较大的中心广场。在广场周围的东、西、南、北四个方向分布着以大房屋为主体的五个建筑群。每个建筑群各有一座大型房屋，其附近分布着十几座或二十几座中、小型房屋，全部房屋的门向均朝向中心广场。烧制陶器的窑址除在临河岸边比较集中的有几座外，在有的建筑群内也有零星分布。在一些房屋附近还分布着一些储藏东西的地窖群和埋葬小孩的瓮棺葬群（图一）。就整个原始村落来说，五个建筑群及三片墓地，联系当时的社会发展阶段及附近同期遗址的分布情况，它们可能分属于若干个氏族，这几个氏族又组成一个胞族或一个较小的部落。

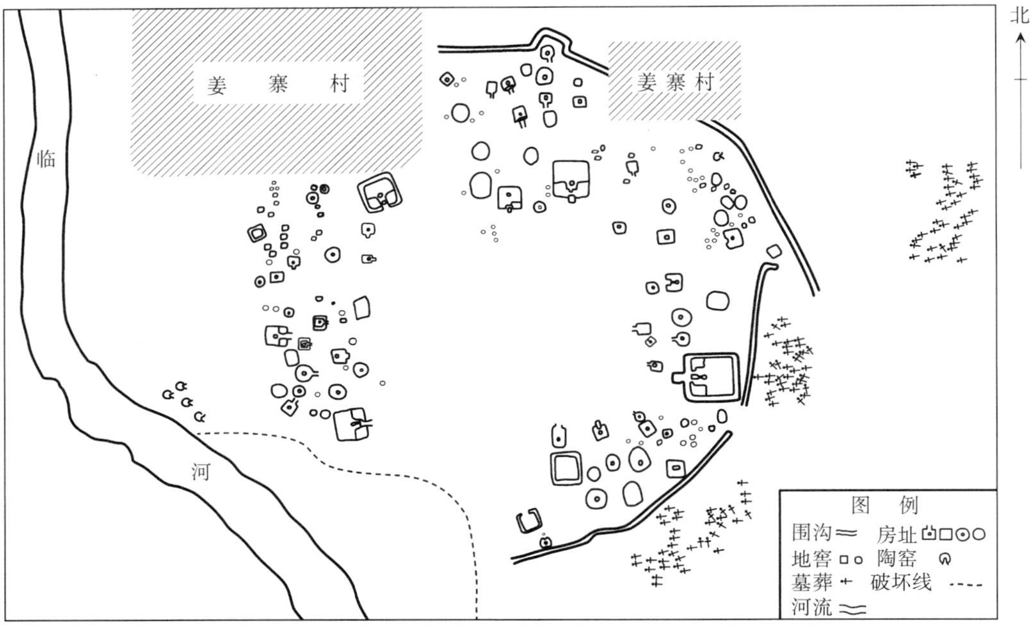

图一　姜寨一期原始氏族村落布局图

（3）发现了新的文化类型。在姜寨遗址中部的 2 千多平方米内，都发现了第二期的文化遗存，它与第一期文化有明显的区别，并且直接叠压在第一期文化遗存之上，厚有 1 米左右。其中有居住遗址数座，储藏什物的窖穴 30 多个，各种墓葬 200 多座，生产工具和生活用具等重要文物数千件。发现的 200 多座墓葬中，有土坑墓 180 多座、瓮棺葬 40 多座。土坑墓中多数为二次葬，少数为一次葬。墓坑形制，多为土坑竖穴，一般为方形或长方形，也有不规则形的。葬法有一人一次葬、一人二次葬、多人二次合葬，前者较少，后者占绝大多数。一个坑内埋葬人骨数具、十数具或二三十具不等，最多有达七八十具者，以二十具左右的比较常见。多人二次葬的葬式也多种多样，有的墓内将若干个个体分作几排排列，有的墓内将数十具个体分作一排数层迭次垒积，有的分为数排数层迭次垒积，亦有不分排列和层次而乱葬的，但以排列整齐有序者为多。墓坑内每一个体的骨骼放置情况一般都很规矩，大都是将头骨放在中间，四肢骨及其他骨骼置于头骨两侧或头骨之前。墓葬的头向一般朝西，有的略偏数度。墓葬一般都随葬有数量较少的几件实用陶器，少数墓以生产工具随葬。从随葬品放置情况来看似为集体随葬，但也有专为个人随葬的情况。如第 84 号墓中 7 号骨架的足下置有石砚、石磨棒、水杯各一件及颜料（氧化锰）数块，为一套美工用具，似属专为个人随葬。7 号骨架生前可能是一位原始美术工作者。瓮棺葬有的成群分布，有的散见于房屋附近。葬具多为钵、瓮相扣，也有大型尖底器与钵、瓮与瓮、钵与钵、瓮和器盖相扣的。棺内多为幼儿，但成人二次瓮棺葬也常见，也有母子合葬于一个瓮棺内的。个别的瓮棺葬内有小件器物数件，以示随葬。又如生产工具和生活用具的特点也很明显。生产工具按质料可分为石、骨、角、蚌及陶等。石器磨制多，打制少，通体磨光及有钻孔的数量增加。器形以斧、锛、铲常见，盘状器、凿、磨石、磨棒、磨盘、锄次之。骨、角、蚌器有箭头、矛头、锥、针等，磨制相当精致。陶质工具，有刮削器、纺轮等。生活用具，主要是陶器。陶质以夹砂红陶、泥质红陶、细泥红陶为多，泥质黑陶及灰陶很少。制法多为手制，个别的于口沿处似有轮修痕迹。主要器形有钵、碗、盆、罐、瓮、瓶、壶、甑、尖底器和杯等。在这些器形中，以敛口浅腹钵、平底碗、带盖敛口鼓腹罐（罐的腹部最大径多在中腹以下）、大口鼓腹瓮、直口直腹尖底器、葫芦瓶、小口溜肩尖底瓶、短径壶等最为常见。陶器纹饰以绳纹常见，弦纹、凸饰次之，指甲纹、席纹、布纹少见。彩陶多为黑彩，有鱼纹、鸟纹、圆圈纹、椭圆圈纹、圆点纹、弧线纹及黑条带纹等。彩绘多施于器表或口沿，器里施彩者罕见。这些都是这一文化遗存的突出特点。这类遗存过去虽有零星发现，但因不集中，未能从半坡类型中区别出来。由于姜寨二期遗存较多，又有明确的地层关系。同时 1976 年在渭南史家更发掘了一处较单纯的遗址，因此我们建议把这类遗存单独命名，把它称为“史家类型”[①]，或至少是作为半坡类型的晚期。

（4）发掘出土了一万多件重要文物。通过对姜寨遗址大规模、大面积地科学发掘，不仅发现了上述的重要地层关系、基本完整的原始聚落布局及新的文化类型，而且还发现了大批的珍贵文物。在我们清理的五百多座墓葬中，获得原始人骨二千多具，大部进行了性别、年龄的鉴定，少数进行了骨质病态的观察，又选出人骨标本若干具，这些都为我们进一步研究我国的古人类学等提供了重要依据。我们在各期地层及数百个灰坑中，发现了一大批各类动物的遗骸，选择了大量标本，经初步观察，其中以鹿、猪、羊、狗较多，尤其前者占比重很大，其他如鸡、兔、鱼、蚌、螺蛳等都有。这些标本为我们研究当时的自然环境、气候和经济生活等提供了很重要的资料。在发现的大批石制生产工具中，石斧、石铲、石锛、石磨盘、石磨棒、砥石等均较常见。而在一个属一期的灰坑中却发现了一件犁铧形状的三角形石器，极为罕见。它的前半部呈三角形，尖端和两翼有刃，刃部锋利，尾部平齐，厚约 2 厘米，通体磨光。在第一期的房址中及第二期的地层中都发现了“粟”的标本，这为研究我国黄河流域粮食作物的种植增添了新的资料。1973 年 11 月清理第 29 号房址的居住面时，发现一枚半圆形的铜片，它立即引起了考古队的特别重视，后经有关部门研究化验，发现铜占 65%，锌占 25%，余为少量的锡、铅、硫、铁等，属于铜锌合金杂质较多的黄铜（有人认为是青铜）。在一座墓葬里发现了一套绘画工具，计有石砚一方，形体规整，砚面凹处圆平，砚盖较小，仅盖砚面凹处；砚旁有数块黑色颜料（氧化锰）；石质磨棒一支及喇叭形灰陶水杯一件，共五件，构成了一套完整的绘画工具。这是我国发现最早的一方石砚，也是最早的一套美工用品。在遗址中发现了数十件花纹别致的彩绘陶器，造型美观，纹饰瑰丽。彩绘花纹的题材主要有鱼、蛙、鸟、人面等动物、人物图像，以及由直线三角或弧线圆点组成的各种几何图形，件件都绘得生动形象，栩栩如生，尤其动物图案及人面鱼纹笔法简练生动，不失为原始艺术中的珍品。在发掘出土的一部分陶器上发现有 129 个刻划符号标本，共 38 种之多（图二），比同期的半坡遗址要多十几种，而且有些是别处从未发现过的。在遗址中还发现了一些墙壁上的装饰图案残块，多为手指圆窝和直线组成的方形、菱形、三角形及平行四边形等几何图案，为原始建筑技术和装饰艺术的佳品。另外在墓葬中还发现贝饰若干，说明在距今六七千年前的黄河流域，先民已有了远距离交换。这些重要发现，都是研究我国原始社会历史的珍贵资料。

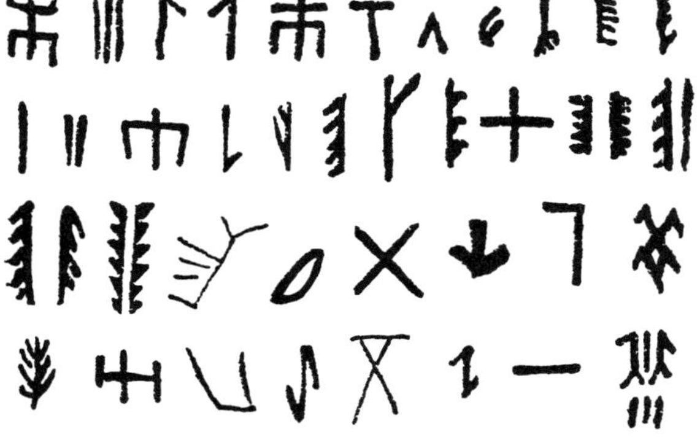

图二　姜寨遗址所出刻划符号

二 重要意义

在我国新石器时代考古中，姜寨遗址的发掘是规模最大的；揭露出来的第一期村落遗迹，是现知史前村落中保存最好和最完整的一个；其他各期的遗存也很重要，而且它们之间的地层关系为确立关中地区新石器时代文化发展的相对年代序列提供了明确的证据。这些成果很自然地引起了学术界的普遍重视，现在正式的发掘报告正在整理编写。兹就对姜寨遗址主要发现的价值和意义，谈几点初步认识：

（1）为研究关中地区原始文化发展的序列提供了可靠的地层根据。关中地区的原始文化遗存相当丰富，就新石器时代来说，早在50年代就发现了老官台文化、仰韶文化及客省庄第二期文化，它们的年代，孰早孰晚的问题也大体确定。它们分属于新石器时代初期（偏晚）、中期和晚期三个发展阶段。但仰韶文化本身的分期，特别是半坡与庙底沟两个类型，就孰早孰晚或者同时并存的问题，学术界众说不一。20世纪60年代在邠县下孟村遗址发掘中，曾发现半坡类型早于庙底沟类型的地层证据，但因只有这一个地点，故有些同志认为它与两个类型同时说并不矛盾。随着半坡遗址发掘报告的出版，学术界又提出了半坡类型只能代表半坡早期，而半坡晚期应另立类型的看法，也就是说关中的仰韶文化应分为半坡类型、庙底沟类型及半坡晚期类型，它们可能分属于早、中、晚三期[②]。但半坡和庙底沟两个类型的文化特点很不相同，在它们之间很少看到有互相继承和衔接的关系，它们之间很可能存在着发展阶段上的缺环问题。同时，在庙底沟类型与半坡晚期类型之间也不曾发现明确的地层关系，判断它们的早晚也还是悬案。到70年代对姜寨遗址的发掘及其他遗址考古材料的发表，发现了半坡类型、史家类型、庙底沟类型及半坡晚期类型依次叠压的地层关系，从而进一步明确了关中地区仰韶文化诸类型的年代先后或发展序列的问题。史家类型是新发现的文化类型，从其文化特点来看，它有承前启后的特征，是界于半坡类型与庙底沟类型之间的过渡类型。史家类型的发现正好弥补了半坡、庙底沟两类型之间的文化缺环。这样，关中地区仰韶文化诸类型发展序列的确定，在黄河流域整个仰韶文化的研究中也将起到促进的作用。

（2）为研究我国母系氏族公社繁荣时期的村落布局、氏族组织、家庭和婚姻形态等提供了珍贵资料。仰韶文化半坡类型的社会发展阶段，学术界一般都认为是处于母系氏族公社的繁荣时期。在姜寨遗址发现的基本完整的原始村落基址，从地层学以及大批遗迹、遗物的特征来看，其年代正好属于这一时期。从考古资料来看，这一时期的原始聚落遗址发现很少。20世纪50年代在西安半坡遗址的考古发掘中，曾发现房址四十多座。这些房址被一条沟道区分为两个部分，学者认为这可能是两个母系大家族，或者是两个女儿氏族组成的一个胞族住地。在住地的边缘有一条大而深的壕沟，是对住地起防护作用的设施。壕沟的北边是氏族的公共墓地，东边是烧制陶器的窑场。如此，住地、墓地、窑场及壕沟，就整个聚落布局来说也算可观。但它所占面积仅仅是整个遗址十万平方米的十分之一，而半坡遗址的地下全貌究竟如何，未经发掘，不得而知。后来，在宝鸡北首岭遗址的发掘中，发现南、北相对的两排房屋基址，中间是个广场。这两排房址被认为可能是两个母系大家族组成的一个氏族的住地，住地的南边是氏族墓地。再者，由于遗址本身破坏比较严重，而且发掘面积较小，原始村落的全貌不曾揭露出来，使我们无从看到这个聚落的完整布局。待至对姜寨遗址的发掘，由于遗址本身保存较好，我们采取大规模、大面积揭露，把整个遗址的中心区全部发掘的方法，经过八年的工作，发现了一个基本完整的原始聚落基址。像姜寨原始聚落这样保存之完善、布局之清晰的遗址，为国内同期遗址中所未有，它是我国新石器时代考古中极其重要的发现，在国外史前考古中也是非常罕见的。

从姜寨原始聚落的布局来看，以大型房屋为代表的五个建筑群及三片公共墓地（按一般规律推测，应该有五片墓地才能和房屋建筑群相吻合，但我们只发现了三片，其他两片墓地可能已遭破坏或被现代村庄所压），可能是五个氏族所组成的一个胞族或部落的聚居地。每一个建筑群约有 20 座大、中、小型房屋。小型房屋的面积 20 平方米左右，房内除放置一些生产工具和生活用具及其他什物外，留下的面积一般能住三至四口人；中型房屋的面积 30 平方米左右，可住人口较多；大型房屋的面积都在 80 平方米以上，是老年人及未婚青少年的住所，同时也是氏族内议事或举行庆典、集会的场所。由此，我们可以推知，当时在每一个建筑群内可能住着七八十口到一百口人的样子。在整个姜寨聚落内可能住着三百到五百口人，过着日出而作、日入而息的原始生活。从小型房屋内摆设着生产工具、生活用具、粮食及火塘来看，我们不难推想：房内住的可能是一个比较稳定的对偶家庭的生活情景。当时的婚姻制度一般来说是处于群婚制尚有残余，对偶婚正在兴盛时期。这在姜寨原始聚落内的房屋特点上也有反映。姜寨聚落内的婚姻情况，在学术界有不同的看法。一种意见认为这个聚落是由五个氏族所组成的一个小型部落，部落内的各氏族间是可以通婚的，男女配偶在聚落以内即可解决，无需和另外的距离较远的村落发生婚姻关系（当然这不是绝对的）；另一种意见认为姜寨聚落是由五个家族所组成的一个氏族，或者是五个氏族所组成的一个胞族，而在一个氏族或一个胞族之内一般是不允许通婚的，姜寨聚落以内的居民，互相之间是不能结为婚姻关系的，如果可以通婚，他（她）们完全能够实行望门居，而不必在对偶家庭中设置炉灶，储备食物。而姜寨某些保存较好的小房子中正是有炉灶和食物储备的，可见是相对稳定的对偶家庭，当是妻方居住的反映。如果在村落内能够通婚，这种妻方居住是没有必要的，可见整个村落的居民的社会组织为一个胞族的可能性较大[③]。所以，通过对房屋布局及房内摆设情况的研究，我们可以大体推知当时的婚姻、家庭和社会组织的一些情况。

（3）为研究当时的经济形态、精神文化等提供了宝贵的实物证据。在姜寨遗址的发掘中，发现的一万多件珍贵文物，对于研究各个文化时期的生产情况、原始艺术的发展程度、文字的起源等都是相当重要的资料。比如在第一期文化遗存中，发现了一大批石斧、石铲、石锄、犁铧形石器、骨铲、陶刮削器等农业生产工具，说明当时的农业生产已经有了相当的规模。粮食标本“粟”的发现，说明当时关中地区种植的粮食主要是粟。同时还发现了一大批石磨盘、石磨棒等粮食加工工具。从这些拓荒、翻土、中耕管理、收割及加工工具和粮食的发现，可以看出农业生产在当时人们的整个经济生活中已占相当重要的地位。由于人们定居，从事农业生产，家畜饲养业也随着发展起来，并作为一种生产手段，在人们的物质生活中起着一定的作用。我们在遗址中发现了大批兽骨，其中能确认为家畜者有猪、狗、羊、鸡等，以猪骨最多。在聚落内我们还发现了数处饲养家畜的圈栏遗迹，栏内似有粪便堆积达数十厘米厚。另外还发现面积约一百多平方米的两片无栅栏设施的粪便堆积场地，这可能是畜群的夜宿场所。从大批兽骨、圈栏、畜群夜宿场的发现来看，当时的家畜饲养业已经具备了一定的规模。狩猎生产，在遗址中也有大批资料发现，如石、骨质的矛头、箭头等投射工具就曾成批的出土，石球、陶球也发现不少。当时狩猎的对象主要是附近骊山上的斑鹿及其他动物，鹿骨在发现的兽骨中占有相当大的比重。可见狩猎业在当时人们的经济生活中差不多同农业一样占有相当重要的地位。从出土的文物来看，捕鱼业在姜寨并不发达，而采集经济尚有一定的地位。出土的石料、石器半成品、砥石、陶拍及窑址等再现了当时对生产工具和生活用具的制造也是比较重视的。从上述农业、家畜饲养业、狩猎业及生产工具和生活用具的制造业等项目的生产情况可知，姜寨第一期文化遗存的经济形态，已经是以农业为主，以家畜饲养、狩猎、采集、工具和用具制造为辅的综合性经济。

属于意识形态方面的资料，主要有绘画、雕塑艺术的珍品以及大批记事符号标本等。绘画艺术主要表现在遗留下来的彩绘陶器上面，我们在第一、二期文化遗存中发现完整的彩陶器皿数十件及其残片数百件，还有前面介绍的绘画工具一套。这些都为我们研究当时的绘画题材、艺术成就，以及由它们所反映的意识形态方面的种种问题（如信仰问题等），提供了重要资料。在姜寨发现的刻划在陶器上的记事符号，也是属于意识形态方面的重要内容。过去在西安半坡，宝鸡北首岭，长安五楼，合阳莘野，铜川李家沟，临潼零口、垣头等遗址都曾或多或少地发现过一些标本，但都没有姜寨遗址发现的数量和种类多。姜寨的标本大大充实了这方面的研究资料，它对研究我国古文字的渊源和形成，对研究我国古代的精神文化都具有相当重要的意义。

（4）为探索我国冶金技术的起源提供了可喜的线索。姜寨冶金资料（铜片）的发现，很快引起了学术界的广泛重视。过去认为我国的冶金技术自商代的青铜器开始，但商代青铜器相当发达，冶炼技术相当成熟，不少学者认为我国冶金技术在商代以前应该有一个发生、发展的过程，这样的过程学术界一直在不懈地探索着。姜寨铜片的发现，引起了学术界的讨论，众说不一，概括起来有两种意见：一种意见认为这应该是我国青铜器的起源，冶金史的开端，应予充分肯定，高度评价。已故学者唐兰先生临终前，根据姜寨等遗址冶金资料的发现，对我国青铜器的起源、发展进行了专门研究，认为古代人没有选矿知识，把铜、铅、锡、锌等共生的矿石混在一起冶炼，矿石溶化后经冷却凝结成青铜的饼块，至于“把红铜和锡的合金称为青铜，是后代的事情，古代人还不知道铜和锡的区别，而只是统称为‘金’。一直到春秋时代，还把这种铜称为金”。所以他认为“中国青铜器的起源，应在六千多年前”[④]的仰韶文化时期。另一种意见认为在仰韶文化早期遗存中发现冶金资料为时过早，不敢承认，或者怀疑出土地层有扰乱的可能。我们认为：姜寨铜片出土自一座早期房基的居住面上（已压印在居住面中），这座房基属遗址的最下层，距地表二三十米，其上叠压有瓮棺葬及其他遗迹，被发现时慎重地检查过地层情况，未发现有被扰乱的迹象。但在野外进行考古发掘，也有一些客观情况应该考虑，即像田鼠等小虫、小兽向下打洞，将地表什物带进洞内也有可能；在整个遗址发掘前或发掘过程中进行局部钻探所形成的眼洞，不用后也有将地表的东西填进去的可能。上述情况也就是说标本的出土地层一般来说是没有问题的，但鉴于某些客观情况，地层也有被扰乱的可能，但这样的可能是比较小的。我们认为姜寨铜片标本的发现，只是为探索我国冶金技术的起源提供了一点可喜的线索，这样的线索我们应予充分重视。假若今后在和它同时或稍晚的文化遗存中陆续发现冶金资料，那将自然地证明姜寨资料无误，假若它永远是孤例，那它也将自然地被人们摒弃。据我所知，远在1956年西安半坡仰韶文化遗址中就曾发现过一件铜片[⑤]；1977至1978年在东乡林家马家窑文化遗址中，发现完整铜刀一件及铜器碎块；1974至1975年在胶县三里河龙山文化遗址中发现铜锥二件[⑥]；在甘肃永靖秦魏家、大何庄、武威皇娘娘台及青海贵南尕马台等齐家文化遗址中都发现有小件铜器[⑦]；河南偃师二里头、山西夏县东下冯等二里头文化（或称夏文化）遗址中也发现有铜器[⑧]。凡此，从早到晚，一直到商代以前诸考古文化中都有冶金资料发现，这应该引起我们的足够重视，慎重地探索我国冶金技术的起源问题。

注　释

① 巩启明：《三十年来陕西石器时代考古的主要收获》，《考古与文物》1980年创刊号。

② 严文明：《半坡仰韶文化的分期与类型问题》，《考古》1977年3期。

③ 巩启明、严文明：《从姜寨早期村落布局探讨其居民的社会组织结构》，《考古与文物》1981年1期。

④ 唐兰：《中国青铜器的起源与发展》，《故宫博物院院刊》1979年1期。

⑤ 半坡博物馆资料。半坡遗址出土的铜片，在当时由于某种原因，未曾发表。

⑥ 考古研究所山东队：《山东胶县三里河遗址发掘简报》，《考古》1977 年 4 期。

⑦ 中国社会科学院考古研究所甘肃工作队：《甘肃永靖秦魏家齐家文化墓地》，《考古学报》1975 年 2 期；《甘肃永靖大何庄遗址发掘报告》，《考古学报》1974 年 2 期。甘肃省博物馆：《武威皇娘娘台遗址第四次发掘》，《考古学报》1978 年 4 期。李虎侯：《齐家文化铜镜的非破坏鉴定》，《考古》1980 年 4 期。

⑧ 中国科学院考古研究所二里头工作队：《河南偃师二里头遗址三、八区发掘简报》，《考古》1975 年 5 期。东下冯考古队：《山西夏县东下冯遗址东区、中区发掘简报》，《考古》1980 年 2 期。

原载于《人文杂志》1981 年 4 期

从姜寨早期村落布局探讨其居民的社会组织结构

西安半坡博物馆等单位从 1972 年开始，就有计划有步骤地对陕西省临潼县姜寨遗址进行发掘，直到 1979 年底才结束，实掘面积一万六七千平方米，遗址的主要部分均已揭露出来[①]。

初步看来，这个遗址的堆积是比较复杂的，大体可分为先后相继的五个文化时期，分别相当于半坡早期、史家、半坡中期、半坡晚期和客省庄二期文化。其中早期（即第一期）的村落遗址是最引人注目的，它包括居住区、窑场和墓地，有房屋基址一百多座、灶坑二百多个、窖穴三百多个、墓葬三百多座，还有圈栏、陶窑、围沟、广场和道路等重要遗迹，构成了一个基本完整的原始村落的轮廓。结合同时出土的许多生产工具、生活用具、粮食朽壳、动物骨骸，以及装饰器、工艺品等各种遗物，通过研究复原是能够比较充分地再现当时氏族社会村落的生动图景的。

现在田野工作结束不久，发掘报告尚在编写之中。本文仅就其村落布局和各种遗迹的关系作一简单介绍，并对其所反映的社会面貌进行初步研究。引用资料如有出入之处，当以日后发表的正式报告为准。

村落的总体布局

姜寨遗址位于临潼县城北约 1 千米许，南依骊山，北望渭水，临河自南而北流于遗址西侧。这里正值山前的河谷平原，地势平坦，水源充足，对于原始的锄耕农业和家畜饲养都是很方便的，周围还有丰富的野生动物和植物资源可供渔猎和采集。像这样的自然环境，在仰韶文化早期的村落遗址中是很有代表性的。

村落的总体布局分为居住区、烧陶窑场和墓地三个部分。居住区位于中央，周围有壕沟环绕。村东越过壕沟即是墓地，村西靠近临河岸边有一片不大的窑场。这样的布局同西安半坡早期遗址十分相似，只是墓地和窑场的方位不同而已。渭河流域其他仰韶早期的遗址如宝鸡北首岭、华阴横阵村、华县元君庙和渭南史家等处，也都是把居住区同墓地安排在相邻的两个区域，具体方位则随地形的变化而各不相同。这种生活区、生产区和安葬区连接在一起的规划，看来在当时是颇为流行的。

姜寨居住区的北、东、南三边有壕沟为界，范围确切。西北因有部分为现代村落所占，西南又被临河洪水冲蚀，边界不明。但从房屋的对称情况和迫近临河而余地无多来看，损坏部分的宽度恐怕不会超过 10 米。村落轮廓呈椭圆形，南北短径 150 米，东西长径约 160 米，面积约一万八九千平方米。

居住区周围的壕沟分为三段：北段西端为现代村落所压，现存长度约 150 米；东段长 50 米；南段西端遭受冲蚀，残长约 70 米。从整个形势来看，北段和南段都应向西延伸若干米，至于西南部分已靠近河岸，可能无须再挖壕沟了。这些壕沟规模较小，沟面宽仅 1～2 米、底宽 0.7～1 米、深 1～2 米。沟边比较整齐，走向也很规则，显然是人工挖成的。再者，这些沟不相连续，不能起排水作用，可见完全是为了防御而设。

与姜寨一期同时的半坡遗址也有围沟，但仅发掘了两小段，其余部分是通过钻探得知的，中间是否分段并不清楚。值得注意的是在北边一段沟中发现有三根炭化木柱，柱径 15 厘米、残长 130 厘米[②]。我们推测这是被火烧毁的围沟内侧栅栏的木柱。姜寨的壕沟比半坡小得多，一般人都能跨越过去。如要充分发挥其防御的作用，内侧也应有用木桩和树枝编成的栅栏或围墙才行。

为了加强防御，在围沟内侧每隔一定距离盖一座小房子作为哨所。其中一座（F130）设在东南缺口（实即寨门所在）正中，一座（F10）设在东北缺口（又是一个寨门）正中，还有一座（F45）设在北边凸形沟内，可以瞭望到东、北、西三面。如果不是作哨所用，这段沟挖成凸形就无意义了。由于北段和南段的沟都局部遭到破坏，估计有些哨所也不复存在了。如按现存哨所的距离推测，至少还应有两座才是。从这种围沟、栅栏（假如有的话）到哨所的周密安排中，可以看到姜寨居民对于防务的重视。

在中亚细亚纳马兹戛二期文化中，也多次发现过设防的村寨。村子周围用土墙环绕，在每段土墙结合的地方盖一座圆形小房，房门朝里，内有火塘。它的位置、形状、大小和结构都和姜寨的哨所相像，发掘者也推定其为望楼或哨所[③]。其年代为公元前第四千年末期，大约与仰韶文化的晚期相当。此种在寨墙或栅栏附近设立哨所的做法，在近代某些保留原始社会残余的部落中仍能见到。

姜寨围沟东部的两个缺口，表示那里有两个寨门。但因门内房屋密集，出门就进入三片墓地，不大可能是主要的通道。从各方面的情况来看，经常出入的正门应设在西南边。那里留有三十几米宽的通道没有盖任何房子，出去就是临河岸边，人们取水、驱赶牲畜饮水或到河里去捕鱼都很方便；由于多数陶窑就在近旁，烧陶器时必须经过这里。就是从防卫的角度来考虑，把正门开在临河的一边也是比较安全的。可惜因为河水的冲刷，这个正门本身已没有任何遗迹了。

居住区房屋的布局是比较整齐的，其最大特点就是围成圆圈：北边的房屋门朝南开，东边的房屋门朝西开，西边和南边的房屋则分别朝东和朝北开，总之是面向中央。中央无物，只有一片4000平方米的空地。空地周围略高，向中央逐渐低平，局部保留着当年人们踩踏过的路土。西边有两片可能是牲畜的夜宿场。

世界上有许多保存氏族制度的居民，为了强调其血缘集团的牢固性和生活的集体性质，同时也是为了防务的需要，往往把整个村子的房屋围成圆形、椭圆形、半圆形乃至方形的一圈。例如北美大草原印第安人的提皮营帐（Tepe）、西南印第安人的帕布罗（Pueblo）、澳洲土人的风篱、巴布亚人的村落、非洲富尔伯族的乌罗、东非和南非的克拉阿尔（Kraal）等，都是围成圆圈形的。这些村落的周围常有土墙或栅栏，中间是广场或畜栏，有时则有一个较大的公共建筑。

在考古发现中比较著名的圆圈形村落见于东欧的特里波列文化。例如属B/Ⅱ期的弗拉基米罗夫克遗址有354座房子，依地势高低排列为许多同心的椭圆形和半圆形；C/Ⅰ期的科罗米辛遗址的住宅排列为两个相套的圆圈，里圈8座，外圈30座，中间是空地，发掘者推测是畜栏或举行仪式的地方④。这两期的年代，据^{14}C测定和必要的调整，大多落在公元前第四千年的前半期，大体上与仰韶文化的庙底沟期相当。

考察各种圆圈形村落的居民，其社会组织和发展阶段均有很大的不同。南非班图人的克拉阿尔通常只住一个父系家族⑤；北美印第安人的帕布罗往往住一个母系氏族⑥；至于大草原印第安人的提皮营帐，则居住着整个的部落⑦。所以，如果要了解姜寨早期村落的居民究竟属于何种集团，处于哪一阶段，单是根据圆圈形的房屋布局这一点来进行比较民族学的研究是不够的，还必须对房屋的类型和各类房屋的关系、与房屋有关的经济建筑物和墓葬等进行具体的分析。

住房的分类和分组

在姜寨早期村落遗址中发现比较完整或大体能看出形状的房子有117座，但是还有许多房子残破过甚，仅仅剩下了一个灶坑，若按灶坑编号则有261个（包括完整房子中的灶坑）。由于在居住期中不断地有损坏，有重建，叠压打破关系比较复杂。要确定同一时期的房屋总数，首先就要排除有叠压打破关系中的重复数目，还要看是否确实属于同一层位，从室外地面找到联系。反复排比核实的结果，可以基本上确定为同一时期的房子大概有一百多座。

所有房屋都是住人的，没有一幢专做手工作坊、储藏室或宗教建筑的。房屋的建筑技术和质量也很相近，大部分为半地穴式，只有少数是平地起建的；一般无墙，少数有木骨泥墙；房顶则用木椽、树枝架设，然后抹一层厚厚的草泥。在这里看不出有穷人和富人的区别，但是根据房屋的大小和室内布置的情况，却可以明确地划分为三类：

第一类是小型房屋，数量最多，有圆形和方形两种，但面积和功用并没有什么不同。一般为15平方米左右，大的有二十多平方米，小的仅八九平方米。迎门正中有一个火塘，兼作炊事和取暖之用。室内地面平坦，有经长期践踏而形成的路土面，少数在地面和壁面上涂抹草泥并用火焙烧，显得平整坚硬。大多数因为是自然毁弃，室内空无一物；少数则因被火烧毁，室内器物来不及搬走，基本上按原来的位置保存下来，这就有可能据以复原当时居住的情况乃至人数。

兹以F14为例进行说明。它位于村落东边的大房子F1的右前方，方形，半地穴式。穴深0.4～0.64米、长3.68米、宽3.88米，面积为14.9平方米。门向基本朝西，偏北约8°。有斜坡门道，宽0.6米，仅容一人出入。进门正中有一个火塘，圆形，径约1米。室内地面用黏土和姜石粉末铺成，厚2～3厘米，平整而坚硬。四壁用草泥土涂抹，厚1.5厘米，也比较平整。由于是被火烧毁的，房顶的草泥被烧成红烧土而塌落下来，正好把室内的器物掩埋起来。揭去房顶堆积，原先室内布置的情况便生动地呈现出来了。房内的左边即南边一半基本上摆满了器物，计有陶盆、陶钵、陶罐和陶甑等生活用具11件，石斧、石铲、石磨棒、石球、骨鱼叉、骨箭头和骨笄等生产工具和用具9件。其中一件弦纹夹砂罐的里面还盛着已经朽坏的粮食。房子右边部分被F12打破，仅在灶坑旁边发现一件陶器。这样，室内剩下的较大空地就只有右边宽约1.5米的一块了，那充其量能睡下三四个人，还得包括小孩在内。

像F14这样保存较好的居室在半坡也曾发现过一些，如F41就是一例，也是方形，半地穴式，长、宽各为3.2和4.4米。因为火毁，整个房顶塌落下来，故发现了很多炭化木椽。室内中间有火塘，左边放满器物，包括陶罐、陶瓮、箭头和刮削器等，陶瓮中盛放着许多螺蛳壳。右边有一高出地面约10厘米的土床，长、宽各为3.2和1.5米，表面平整，没有放什么器物，显然是专为睡觉而安排的。

圆形房屋差不多也是这个样子。如半坡的F6，外径6.3～6.7米，室内直径不足6米。左边和后边放了许多器物，其中有一个小口尖底瓶和两个粗陶瓮，还有6个陶土墩子（红烧土泥团），中间是火塘，右边有高8厘米的土床。因为房子是圆形的，土床也只好做成扇面形，最宽的地方不过1.8米，也只能睡三四个人。

不论是姜寨、半坡还是北首岭，凡属因火毁而侥幸保存室内摆设情况的大多如此，所以要了解小房子的使用情况，这几座房子具有一定的代表性。首先，它们都是住人的，而且是左边放什物，右边睡人，似乎有一定之规。通常一室住三四人，大的可能住四五人，小的可能只有两三人。其次，室内有火塘，有整套的生活用具，甚至还有少量的食物储备和粮食加工工具，可见其中的居民不是临时分派的，而是经常生活在一起的一个消费单位。换言之，住在每一所小房子里的两三个、三四个或四五个人不是一般的关系，而是一个家庭的成员。

历史上的家庭有各种形态，分别代表着不同的社会发展阶段。像姜寨这种两三人到四五人的小家庭只有两种情形是可能的，要么是一夫一妻制下的个体家庭，要么是同大家族相联系的对偶家庭。前者主要是文明社会的现象，姜寨所属的仰韶文化早期不可能达到那样的阶段，因而最大的可能是对偶家庭。这种家庭的基础是男女双方或长或短时期的结合，它是一个生活单位，但不是一个生产单位。这样它就不能完全独立，必定要同一个较大的家庭组织——家族联系在一起，并成为后者的组成部分。如果从房屋遗迹来看，那就意味着除了对偶家庭所住的小房子以外，还应该有家族中其他成员的居室，它同小房子的区别不仅应表现在大小上，在室内布置上也应有所反映，这就是我们将要分析的第二类房屋。

第二类房屋可称为中型房屋，面积约 20～40 平方米。一般为方形，半地穴式，同样设置火塘并摆放许多器物，不但可以住宿，也可以在里面做饭。它和小型房屋的不同之处有二：一是睡觉的地方比较宽敞，能够住下远比对偶家庭人数为多的人；二是床位往往分为左右两半，不像小房子多在右边。

F17 就是一座中型房子，面积 31.2 平方米，方形，半地穴式。室外有斜坡形门道，迎门有灶台和火塘，围着火塘有 6 个柱洞，当是立柱以支撑屋顶的。在内门道、灶台和柱子周围有陶盆、陶钵和陶罐等 10 件生活用具，还有石斧、石锛、箭头、骨锥和骨笄等。这样，房内就留下左、右两片不大的空地，大约各可睡三四个人。其他一些中型房子因为是自然毁弃，室内摆设已不存在，很难确定其住人的部位和可住的人数。只有 F36 是清楚的，因为那所房子的前半部有左右对称的两个土床，而且面积还比较大，起码能睡十多个人。

中型房子的分布是分散的，如 F17 和 F29 在东边，F86 在北边，F36 在西边，F111 在南边等，而它们的周围都有一些小房子。看样子像是一座中型房子和若干小房子组成一个单元，居住着一个家族——很可能是母系家族，如后文将要讨论的那样。但某一中型房子究竟同哪几座小型房子组成一个单元，由于没有明确的界标而很难确定。

这种由一所中型房子同若干小房子组成一个单元的情况，可以从云南永宁纳西族的房屋布局上得到启发。那里每个母系家族都住着一所单独的院落，其中有一间较大的房子（主室）和若干小房子（客房）。主室住着女家长、老年人和未婚的青少年，客房则分配给正在过婚姻生活的妇女，让她们在晚上接待自己的男朋友（阿注）[⑧]。特别有趣的是在主室中以火塘为界立了两根大柱子，右边的称女柱，是少女举行穿裙之礼的地方；左边的称男柱，是少男举行穿裤之礼的地方。全家商议事情或举行宗教仪式时，也总是女子坐右席，男子坐左席。此种情况在民族志中并非孤例，柯斯文就曾指出：“以中央支柱为界分住所内部为两面，男子的一面和女子的一面”，乃是原始社会房屋发展到一定阶段的产物⑨。由此可见，姜寨的中型房子以火塘为界而把床位分成左右两半的做法，很可能与上述观念有关，而且根据小型房子多把床位安排在右边的情况，推测当时也是以右为尊，在中型房子中则可能表现为男左女右。

姜寨还有一类房子，这就是第三类的大型房子。全村一共五所，也是分散排列，周围有若干中型和小型房子。平面均为方形，有矮墙，也有门道、灶台和火塘，只是相应地大一些罢了。室内面积远较中小型房屋为大，如 F1 为 124 平方米，F47 为 87 平方米，F53、F74 和 F103 分别为 74、70.4 和 53 平方米。除 F103 外，火塘两旁都有低平的方形土床，面积因房子的大小而异，约 10～18 平方米，这样一所房子可以住二三十个人。由于房子较大，床位后面有很大一片空地，除了一些必要的摆设外，还可以容纳较多的人集会议事、举行节日庆祝或宗教仪式等。住在其中的人可能有两种情况，一是较大家族的成员，特别是氏族酋长所在家族的成员，一是男子或妇女的秘密同盟。此种秘密同盟在许多原始部落中存在过，一般都是住在公共的大房子里面的。

大房子不是孤立存在的，它的周围还有若干群中小型房子，合起来构成一个较大的单元。姜寨共有五个这样的单元，我们称之为甲乙丙丁戊组。

甲组位于居住区的东边，门向朝西。有大型房子 1 座（F1），中型房子 2 座（F17、F29），小型方屋 2 座（F14、F139），小型圆屋 9 座（F15、F19、F20、F22、F24、F32、F33、F131、F139），还有七座仅剩灶坑（K19、K23、K27、K30、K38、K307、K309），东边的哨所 F10 也应属于这组房屋，因而总共是 22 座。

按照反时针方向排列，乙组在居住区北边，门向南开，个别的稍稍偏东（F30、F35）。有大型房子 1 座（F47），中型房子 1 座（F86），小型方屋 5 座（F30、F35、F42、F46、F56），小型圆屋 5 座（F26、F34、F44、F85、F93），此外还有九座仅剩灶坑（K96、K98、K116、K118、K135、K193、K200、K304、K306），加上北边的哨所 F45，共是 22 座房屋。

丙组位于居住区的西北，门朝东南，只有 F137 门朝正南，但它的位置适在丙组房屋之中而距乙组甚远，故仍应属于丙组。本组西北部有很大一片地方已为现代村落所占，所剩房屋遗迹较少。有大型房子 1 座（F74），小型方屋 4 座（F66、F70、F72、F137），小型圆屋 4 座（F68、F69、F73、F76），灶坑 4 个（K192、K148、K154、K197），共 13 座。

丁组房屋位于西边，门多朝东，只有F41门朝东北。因受河水侵蚀，本组南部房屋已被破坏。现有大型房子1座（F53），中型房子1座（F36），小型方屋4座（F37、F41、F52、F63），小型圆屋5座（F38、F39、F40、F43、F60）和灶坑5个（K107、K122、K151、K160、K167），共16座。

戊组房屋居南，门朝北开，但F109和F111为北偏西。有1座大型房子（F103），1座中型房子（F111），5座小型方屋（F88、F89、F97、F98、F117），9座小型圆屋（F79、F80、F90、F91、F95、F108、F109、F124、F127）和5个灶坑（K252、K268、K270、K281、K282），加上哨所F130，总数为22座。

每两组房屋之间，有的隔了比较大的空间，如乙组和丙组之间、丁组和戊组之间就是如此。有的虽然靠得比较近，但是门向不同，所以界线还是比较清楚的。其中甲、乙、戊三组房屋数目相同，丙、丁两组如无破坏，也当在20座以上，可见是相当整齐的。

为什么在同一村落里会划分为这样整齐的五组房屋呢？如果说每一座中型房子连同若干小房子的居民可能是一个母系家族，那么由几群这样的房子连同一座大房子构成的一组房屋，其居民自然是更大一些的人们共同体。在原始社会，比家族更大的共同体就是氏族，因而姜寨实乃五个氏族的聚居地。

前面列述各组房屋的构成时，一般只有一至二座中型房子，但这不应是原有的数目。因为第一，每组中都有许多房子仅存灶坑，其中可能有一二座中型房子；第二，有些20～30平方米的房屋，可以是小型的，也可以是中型的，关键要看室内布置。在室内器物荡然无存的情况下暂都划入小型房屋，但不能排除个别有划入中型房屋（即两边睡人）的可能。由于中型房屋的数目不能确定，每个氏族究竟包含几个家族的问题也难以确定。但从各方面来考虑，起码不会少于两个，最多大概也不会超出四个（如果大房子也住一个家族的成员的话）。

每一氏族的人数也同样难以确定，只能粗略地估算出大致的范围。按大房子住20人左右，中型房子住10多人，小型房子住3至4人来推算，每组房屋可住90至120人。其中有将近20人（与小房子数目相等）是外氏族的男子，因与本氏族女子结婚而在妻方建立了对偶家庭。同样本氏族也将有大体相等的男子到其他氏族去居住。所以，虽然每组房屋中的居民并非全部属于一个氏族，而一个氏族的人数还是同一组房屋的居民人数相当，即在90人到120人之间。

姜寨五个氏族的房子既是按照严格的规划来安排的，就说明它们不是偶然地凑集在一起，而必定是有亲缘关系，并属于一个更高的共同组织的。

世界上保持氏族制度的居民中，有些就是几个氏族聚居在一起的，其中最著名的当推北美大草原的印第安人。他们以猎捕野牛为主要生业，有的兼营一些农业。他们的住房是用木条和野牛皮搭起来的帐篷。若干氏族的帐篷搭在一个宿营地，并按秩序围成圆圈。“在他们的想象中，这圆圈便是部落组织的公式。每一氏族在圆圈里有严格规定的撑开自己帐篷的地点。部落议事会的帐篷布置在营帐的中央。”[10]折颜部落（Cheyenne）就是一个很好的例子。它有五个氏族，分别称为第一氏族即阿尔它氏族，第二氏族即毛发氏族，第三氏族即雪拜氏族，第四氏族即半折颜氏族，第五氏族即多格曼氏族。每个氏族有 12 至 13 个帐篷，按照顺时针的方向排成圆圈，只在东边留一条通道。中央则是一个部落议事会的大帐篷（图一）[11]。将这个营地的平面布局图同姜寨居住区的平面布局图作一对比，的确是十分相像的。那么姜寨早期村落是否就是一个部落的聚居地呢？这需要作进一步的分析。

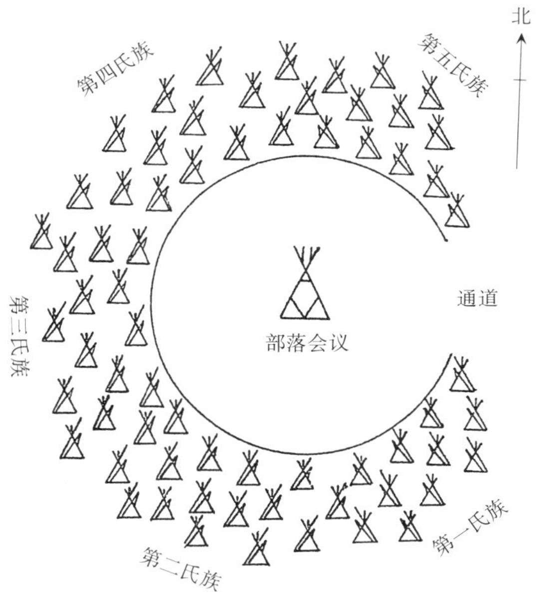

图一　折颜部落宿营地略图

在原始社会，大于氏族的组织首先是胞族，几个胞族才组成一个部落。但胞族是在氏族增殖过程中形成的，故早期部落没有胞族。在氏族制度受到破坏的时期，胞族往往最先衰亡。至于在发达的母系氏族社会时期，胞族组织还是很普遍的，我们在后文将要说明。姜寨早期正是属于发达的母系氏族社会，应该存在着胞族这一级组织。从房屋布局来看，五组的地位是完全相同的，很难把其中的某两组或三组划在一起，而与其他各组相区别。如果认为整个村落是一个部落的聚居地，就得说明当时没有胞族组织，而这是没有证据的。

把全村看成是一个部落还将遇到另外两个困难，一是村中没有供部落议事会使用的公共建筑，二是以小型房屋为标志的对偶家庭的普遍建立。

由于部落有行政的（就当时的意义而言）、社会的、军事的和宗教的广泛职能，所以设立议事会，并有专用的公共建筑。在一些围成一圈的村子里，这种建筑往往设在中央。胞族有时虽也有议事会，但它的职能仅限于某些宗教的和社会的事务，一般没有专用建筑。姜寨村中既没有这样的建筑，则胞族的可能性当较部落的可能性为大。

姜寨的小型房屋多是能住三四个人的居室，其中有火塘，有整套的生活用具（炊器、水器、饮食器、盛储器等），有少量食物的储备，有的甚至还有粮食加工工具（石磨棒），显然是一个可以自己过日子的相对独立的生活单位。它同纳西族大院落中的对偶居室（客房）很不相同，而与易洛魁人长屋中的对偶家庭住房比较接近。

纳西族的客房仅供夫妻晚上同居，自己并不单独做饭，因而也无所谓粮食储藏。丈夫和妻子既不在一起劳动，也不在一起吃饭，所以在那里实际上只有对偶婚而没有对偶家庭。易洛魁人的男子结婚后是要住到妻方氏族去的，夫妻建立对偶家庭，共同参加妻方氏族的生产劳动。他们住在长屋之中，有自己的房间和火塘，定期从女系家长那里领取粮食和其他生活资料。由于有这样的不同，纳西族妇女的丈夫（阿注）只能是本村人或离村不远的，易洛魁人则可以从较远的氏族中去寻找配偶。如果姜寨是一个部落，婚姻将在本村缔结（因为部落是实行族内婚的），夫妻尽可以像纳西族那样实行望门居，没有必要建立对偶家庭。但如果是胞族，情况就显然不同了。因为胞族本身是由一个氏族增殖而成的，内部一般禁止通婚，只是发展到后来才不那么严格罢了。这样，姜寨的大多数适龄男女将不得不同别的村落缔结婚姻。根据考古调查，相当于姜寨一期的其他村落遗址，最近的也有十余千米。要使婚姻维持下去，就必须建立对偶家庭。正如我们从某些小房子的分析中看到的，姜寨普遍存在着对偶家庭。所以姜寨应是一个胞族的聚居地。这个胞族的人口，按前面对氏族人口的估算，当有 450 人到 600 人之多。

经济性建筑物和墓地

姜寨早期村落中与经济活动有关的建筑物有陶窑、圈栏和窖穴等。

陶窑的设置比较分散。有两座在居住区内，其中一座（Y2）在甲组房屋的东北角，一座（Y3）在丁组房屋的北边。有些陶窑可能考虑到防火的需要而设在居住区外，其中一座（Y11）在村子东边，紧靠东北的寨门，另外大约还有三四座在村子西头的临河岸边，当地农民过去见过它的残迹，已遭破坏。建在甲组和丁组房屋附近的，无疑和该组房屋属于同一主人，即分别属于甲氏族和丁氏族。村东的一座，从位置看虽比较接近于甲组房屋，但它既与 Y2 明显地隔开，便充分表明它不属于甲氏族，当也不属于已有陶窑的丁氏族，而是属于其他某一氏族的。临河岸边的陶窑，位置虽比较接近于丁组，但又明显地与丁组陶窑分开。它们可能分别属于乙、丙、戊中的某两组，也可能是全村的公共产业。

在仰韶文化早期，有的地方设置公共窑场，如半坡在围沟东边就有六座陶窑，那很像是全村的产业；有的地方则把陶窑建在居住区内，如北首岭的三座陶窑中，有两座在南面一组房子附近，一座在西南一组房子附近，很像姜寨的布局，大概是分属于各个氏族的。

姜寨有两个牲畜圈栏和两处牲畜夜宿场。两个圈栏均位于乙组房屋分布区内，在大型房子 F47 的西北边，略呈圆形，直径约为 4 米，周围有很多柱洞，原先当是用木栅围起来的，栏内有厚约 20～30 厘米的畜粪堆积。牲畜夜宿场分别位于丙组大房子 F74 和丁组大房子 F53 的门前，均呈不规则形，面积约 100 多平方米。似有厚约 20 厘米的畜粪堆积，但未见栅栏的遗迹。由于牲畜圈栏和夜宿场都分别安排在各组大房子的附近，可以推知家畜的饲养乃是各氏族的集体事业，既不归家族所有，也不是全村人所共有。

一个以农业为主的氏族公社，总是要特别注意粮食和其他消费物品的储藏，姜寨当然也不例外。那里属于早期的灰坑有 301 个，分为圆袋形、方袋形、圆角长方形、椭圆形和不规则形五种，以前两种为多，并且往往设有台阶。台阶的形状多种多样，有的是沿直线逐级下降，有的是沿顺时针或逆时针方向旋转而下，有的下去后分为两室。这类灰坑的口径多在 1 米左右，底径 1.5～2 米，深达 2～3 米。周壁比较光滑，有的涂抹草泥并经火焙烧，具有一定的防潮性能。半坡有一个圆袋形灰坑 H115，里面堆着 18 厘米厚的粮食朽灰[12]，可以证明此类灰坑的用途之一就是存放粮食。

所有灰坑都分布在各组房屋附近，并且大多是集合成群，每组房屋附近都有三到四群。如甲组大房子 F1 北部的一群有 11 个，中型房子 F17 附近的一群有 9 个，最北部的一群有 13 个，此外还有少数零散地分布在某些小房子的附近。再如丙组西边的两群各为 7 个。在这种有比较严格规划的村落内，灰坑（多为窖穴，即当时的仓库）的分布在很大程度上反映着它们的归属，也就是反映一部分财产的所有权和分配制度。鉴于灰坑大多是成群分布的，一个氏族有三四群，那么每一群当属于一个家族，氏族本身至多也只有一群。因此可知消费物品（主要是食物）大部分是掌握在家族手中的，对偶家庭只有很少的储藏。

在母系氏族社会，经济活动是以氏族为基本单位的。土地归氏族所有，各类生产劳动由氏族来组织，产品由氏族向各家族实行分配，所以称为氏族公社。姜寨的资料表明，至少家畜饲养和制陶这两种生业是由氏族掌握的。产品的最初分配权大概也在氏族，各家族分到后储藏起来，再定期地分给各个对偶家庭享用。此种情况同易洛魁印第安人十分相近，其社会发展阶段自应基本相同，下述墓葬的资料将进一步地证明这一点。

姜寨一期共有墓葬365座，其中土坑墓175座、瓮棺葬190座。后者除个别为成年人二次葬外，绝大部分是埋葬早夭的婴儿。

成年人和较大的孩子死后大多埋在村东专设的公共墓地里，只有十几座分别埋在各组房屋之间。后者为什么不埋在墓地而作这样的安排，意义不明。

墓地分为三片。居住区正东的一片有53座土坑墓和20座瓮棺葬，东南的一片有51座土坑墓和31座瓮棺葬，这两片相距约20米。东北的一片只有53座土坑墓，同正东一片相距约40米。

所有土坑墓都是长方形竖穴，其中不少因在灰土层中，墓边不甚清楚。绝大多数为仰身直肢葬，也有个别的俯身葬和二次葬。均无葬具，头朝西方，少数为北偏西。大多数墓有随葬品，包括日用陶器、生产工具和装饰品等。无论从墓葬的规模大小和随葬物品的多少优劣来看，差别都是不显著的。正同房屋建筑一样，在这里看不出贫富分化的迹象，表明当时姜寨人过的是原始共产主义的生活。倘若将男女进行对比，则可看出女子一般地优于男子。试以第一次发掘的属于正东一片的32座墓葬来进行统计[13]，其中女子平均随葬陶器4.2件，男子只有2.3件；随葬陶器5件以上的女子占60%，男子只占23%。个别随葬物品最多的也是女子，如M7埋葬一位十六七岁的女性青年却随葬了2件陶罐、2件陶钵、1件尖底瓶、1件陶锉、1件刮削器、2件玉坠饰、1件骨管和12件石球；还有成串的骨珠来回缠绕在颈部、胸部和腰部等处，总数达8577颗。从这些情况来看，似乎女性在社会上是更受尊重的，只有发达的母系氏族社会才可能出现这种现象。

瓮棺葬绝大部分安排在各组房屋近旁，其中甲组39座、乙组31座、丙组24座、丁组6座、戊组36座，另有51座在村东墓地中。一般认为把瓮棺埋在住房附近是表示对早夭婴儿的特殊关怀，如果房子附近埋得够多了，再把一部分埋到氏族墓地去，那当然也是合乎情理的。

瓮棺葬在各组房屋附近的分布既不是高度集中的，也不是完全分散的，而是分为若干小群。例如甲组哨所附近有12个一群，紧贴大房子东北边有3个一群，F17门前有8个一群，F29东南有4个一群等。乙组的F47北边有4个一群，F86后面有7个一群，另外还有个别零散的。其他各组的情况大多类此。这些瓮棺葬既分布在各组房屋的近旁，当然是分属于每一氏族的，而每一小群则可能属于某个家族。

村东公共墓地的死者无疑即是本村的居民，但又为什么分为三片呢？我们知道，在美洲印第安人中，有不少部落的墓地是按氏族来划分的。摩尔根和恩格斯据此都认为具有公共墓地乃是氏族的重要特征之一。摩尔根曾引述图斯卡罗拉部落的例子来说明这一点，那个部落在特居地内有一个公共墓地，按照八个氏族分为若干墓列，每一氏族有一列或两列。他还指出“在鄂农达加部和鄂奈达部的墓地中现在也流行与此相同的按氏族分行的埋葬方式”[14]。姜寨既是一个胞族聚居的村落，那整个公共墓地当然就属于胞族，而每一片墓则必定是属于氏族了，这与氏族制度的原则是相适应的。

现在出现了一个很大的矛盾——墓地的分片和房屋的分组不相一致。按照房屋的分组，姜寨居住着五个氏族；按照墓地的分片，却只能区分为三个氏族。难道还有两个氏族就没有自己成年人的墓地吗？这当然是不可能的。

姜寨早期的埋葬制度最接近于半坡早期和北首岭中期。在半坡的250座墓葬中有瓮棺葬73座，北首岭的396座墓葬中有瓮棺葬58座[15]，瓮棺葬所占比例分别为29.2%和14.6%。姜寨早期有墓葬365座，其中瓮棺墓190座，比例高达52.1%，同前两处墓地很不协调。由此我们推测姜寨还应有许多成年人的墓葬没有发现。考虑到居住区以北的很大一片土地已被现代村落所占而无法进行发掘，从墓葬分布的趋向来看，那里是很可能有两片墓地的。假如这一推测不至大谬，那么瓮棺葬所占比例就会显著下降而趋向合理，墓地分片和房屋分组不一致的矛盾也就得到解决了。

姜寨遗址发掘的收获相当丰富，资料极为珍贵，它为我们研究石器时代考古及原始社会史的一些问题提供了重要的科学依据，我们在本文中只是对其早期村落进行了一点初步研究。若对姜寨遗址进行全面地、深刻地研究还有待发掘报告的出版及发掘资料的全面公布，也有待学术界的广泛讨论，方能得到良好的效果。我们的初步研究权当抛砖引玉之作，诚恳地希望专家、学者参加讨论，发表高见，让考古学上的这一重要收获在科学研究中起到它应有的作用。

注　释

① 西安半坡博物馆、临潼县文化馆：《陕西临潼姜寨遗址第四至十一次发掘纪要》，《考古与文物》1980年8期。

② 中国科学院考古研究所、陕西省西安半坡博物馆：《西安半坡》52页，文物出版社，1963年。

③ И. Н. Хлопин, Геосюрская Группа Поселений Эпохи Энеолита, Стр, 13－15, Москва, 1964.

④ Т. С. Пассек, ПериодиЗачия Трипольских Поселений,《Материалы и Исследования по Археологии СССР》, Ио. 10, Рис. 36и Рис. 70, Москва, 1949.

⑤ 奥尔德罗格和波铁辛主编：《非洲各族人民》696页，生活·读书·新知三联书店，1960年。

⑥ И. А. 佐洛塔列夫斯卡雅：《帕布罗印第安人》，《美洲印第安人》文集，生活·读书·新知三联书店，1960年。

⑦ Ю. П. 阿维尔基华等：《大草原印第安人》，《美洲印第安人》文集，生活·读书·新知三联书店，1960年。

⑧ 宋兆麟：《云南永宁纳西族的住俗》，《考古》1964年8期。

⑨ 柯斯文：《原始文化史纲》103页，人民出版社，1955年。

⑩ 同⑥，145 页。

⑪ A. Goldenweiser, Anthropology Introduction to Primitive Cuture fig, 36, New York, 1937.

⑫ 同②45～47 页，图 41：4。

⑬ 西安半坡博物馆、临潼县文化馆：《1972 年春临潼姜寨遗址发掘简报》，《考古》1973 年 3 期。这次发现 33 座墓葬，其中 M1 属第二期，故未统计。

⑭ 路易斯·亨利·摩尔根：《古代社会》81 页，商务印书馆，1977 年。

⑮ 考古所宝鸡发掘队：《陕西宝鸡新石器时代遗址发掘纪要》，《考古》1959 年 5 期。考古研究所渭水调查发掘队：《宝鸡新石器时代遗址第二、三次发掘的主要收获》，《考古》1960 年 2 期。

巩启明、严文明合著，原载于《考古与文物》1981 年 1 期。

临潼姜寨一期文化墓葬人骨研究

一　前言

本报告的材料是西安半坡博物馆和临潼县文化馆于1972至1979年在陕西临潼姜寨遗址考古发掘中收集的一部分人骨。据已发表的发掘简报认为，姜寨遗址共分五期文化遗存，这批人骨属于创造第一期文化遗存的居民的遗骸[①]。姜寨第一期文化遗存的性质属于新石器时代仰韶文化半坡类型。出土这些人骨的墓葬保存较好，有一定的埋葬规律，一般都是竖穴土坑单人葬，无葬具，葬式为仰身、直肢，头西、脚东，面向上，大部分有少量随葬品。这批人骨材料可供测量的计有：头骨8个，其中男性6个、女性2个。下颌骨男性7个，女性6个。长骨可供测量并与头骨配合的计有：股骨，男性7根，女性2根；胫骨，男性4根，女性1根；肱骨，男性5根，女性2根；尺骨，男性3根，女性1根；桡骨，男性3根，女性1根。长骨不与头骨配合的计有：股骨，男性4根，女性5根；胫骨，男性3根；肱骨，男性1根，女性1根；尺骨，男性1根；桡骨，男性1根，女性1根。

二　人骨的性别与年龄

这批人骨的性别与年龄曾由西安医学院人体解剖教研室及西安半坡博物馆王志俊等同志作过初步鉴定，与我们鉴定的结果基本一致。现按性别、年龄分期统计如下：

表一

年龄＼性别	男	女	合计	百分比（%）
青年期（性成熟～23岁）	0	6	6	40
壮年期（24～35岁）	4	1	5	33.3

续表一

年龄＼性别	男	女	合计	百分比（%）
中年期（36～55岁）	4	0	4	26.7
老年期（56岁以上）	0	0	0	0
总　计	8	7	15	

由表一可以看出，姜寨一期文化的男性居民死于壮年和中年期，女性多死于青年期。总的来看，这与山东省西夏侯新石器时代居民的死亡情况大体相同，而与其他新石器时代居民多死于壮年和中年期的情况相近。

三　头骨形态观察

从表二头骨形态观察的情况来看，姜寨一期组的头形两性皆以卵圆形占多数，次之为楔形。头骨不对称者较多，其中男性不对称的以右侧为多，女性左、右两侧相等。颅顶缝简单和极简单。眉弓不发达，以不及眶缘1/2的占绝大多数。翼区皆H型。眶形主要是圆钝型。梨状孔以心型居多，其次是梨型。梨状孔下缘多为人型，次为婴儿型，少数男性呈鼻前窝型。鼻前棘不发达，女性多为Broca Ⅰ级，男性则以Broca Ⅱ级占多数。颧形以重度深而宽，转角处欠圆钝的略占多数。男女两性犬齿窝皆弱，上颌门齿皆呈铲形。此外，有额中缝的仅见一例，为中年男性。女性顶孔仅有右孔者与有附加孔者各一例。男性两孔俱全者居多数，其次是仅有右孔，仅有左孔者只一例。

总的说来，简单的颅顶缝，弱的眉弓，圆钝的眶形，心形梨状孔，不发达的鼻前棘，深而宽的颧形，浅而弱的犬齿窝，铲形门齿等形态，都显示了这组头骨具有蒙古人种的特征。

四　头骨测量值的分析与比较

（一）姜寨一期组与现代亚洲蒙古人种的比较

从表三中各项平均值的比较可以看出，姜寨一期组除头高（ba－b）、额角（n－m－FH）两项（分别为141.1，87.0）超出亚洲蒙古人种各组的上限外，其余十四项都落在亚洲蒙古人种范围之内，因此，姜寨一期组头骨也属于蒙古人种。

表二 姜寨一期新石器组头骨形态观察

项目	性别	形态分类					
头形	男（7） 女（4）	圆形	椭圆形	卵圆形 57.1%（4） 75%（3）	五角形	楔形 42.9%（3） 25%（1）	
头骨不对称	男（6） 女（3）	无明显不对称 16.7%（1） 33.3%（1）	左侧 33.3%（2） 33.3%（1）	右侧 50%（3） 33.3%（1）			
颅顶缝	男（6） 女（5）	弧线	极简单 16.6%（1） 40%（2）	简单 83.4%（5） 60%（3）	复杂		
额中缝	男（5） 女（1）	无 80%（4） 100%（1）	1/3 以下 20%（1）	1/3－2/3	2/3 以上	全	
眉弓	男（6） 女（2）	弱 16.6%（1）	不及眶缘 1/2 66.7%（4） 100%（2）	达眶缘中点 16.7%（1）			
翼区	男（4） 女（2）	H 型 100%（4） 100%（2）	I 型	K 型	X 型	缝间型	
眶形	男（6） 女（3）	圆钝型 66.7%（4） 66.7%（2）	圆钝兼矮型	角型	圆钝兼高型 16.7%（1） 33.3%（1）	低矮型 8.3%［（右）1/2］	高型 8.3%［（左）1/2］

续表二

<table>
<tr><th>项　目</th><th>性　别</th><th colspan="60">形态分类</th></tr>
<tr><td>梨状孔</td><td>男（6）
女（3）</td><td colspan="20">心型
83.3%（5）
66.7%（2）</td><td colspan="20">三角型</td><td colspan="20">梨型
16.7%（1）
33.3%（1）</td></tr>
<tr><td>梨状孔
下　缘</td><td>男（8）
女（6）</td><td colspan="15">婴儿型
37.5%（3）
33.3%（2）</td><td colspan="15">人型
25%　（2）
66.7%（4）</td><td colspan="15">鼻前窝型
37.5%（3）</td><td colspan="15">鼻前沟型</td></tr>
<tr><td>鼻前棘</td><td>男（7）
女（4）</td><td colspan="12">Broca Ⅰ
14.2%（1）
75%　（3）</td><td colspan="12">Ⅱ
85.8%（6）
25%　（1）</td><td colspan="12">Ⅲ</td><td colspan="12">Ⅳ</td><td colspan="12">Ⅴ</td></tr>
<tr><td>颧　形</td><td>男（6）
女（5）</td><td colspan="30">轻度深而宽，颧上颌交界处圆钝或呈喙状
50%（3）
40%（2）</td><td colspan="30">重度深而宽，颧上颌交界处呈直角
50%（3）
60%（3）</td></tr>
<tr><td>犬齿窝</td><td>男（7）
女（4）</td><td colspan="12">无</td><td colspan="12">弱
100%（7）
75%（3）</td><td colspan="12">中等
25%（1）</td><td colspan="12">重度</td><td colspan="12">极度</td></tr>
<tr><td>门　牙</td><td>男（5）
女（5）</td><td colspan="30">铲形
100%（5）
100%（5）</td><td colspan="30">非铲形</td></tr>
</table>

表三 姜寨一期新石器组头骨测量与亚洲蒙古人种的比较（男性） 单位：毫米

组别 体征	姜寨一期组	亚洲蒙古人种			
		西伯利亚人种	北极人种	远东人种	南亚人种
1 头长（g－op）	181.15(6)	174.9—(14)—192.7	180.7—(12)—192.4	175.0—(19)—182.2	169.9—(13)—181.3
8 头宽（eu－eu）	142.88(5)	144.4—(14)—151.5	134.3—(12)—142.6	137.6—(19)—143.9	137.9—(13)—143.9
8：1 头指数	79.04(5)	75.4—(14)—85.9	69.8—(12)—79.0	76.9—(19)—81.5	76.9—(13)—83.3
17 头高（ba－b）	146.7(1)	127.1—(14)—132.4	132.9—(12)—141.1	135.3—(16)—140.2	134.4—(13)—137.8
17：1 头长高指数	78.49(1)	67.4—(14)—73.5	72.6—(12)—75.2	74.3—(16)—80.1	76.5—(13)—79.5
17：8 头宽高指数	96.39(1)	85.2—(14)—91.7	93.3—(12)—102.8	94.4—(16)—100.3	95.0—(13)—101.3
9 最小额宽（ft－ft）	95.89(5)	90.6—(13)—95.8	94.2—(7)—96.6	89.0—(16)—93.7	89.7—(13)—95.4
32 额角（n－m－FH）	87.83(3)	77.3—(10)—85.1	77.0—(5)—79.0	83.3—(8)—86.9	84.2—(8)—87.0
45 颧宽（zy－zy）	140.2(1)	138.2—(14)—144.0	137.9—(12)—144.8	131.3—(16)—136.0	131.5—(13)—136.3
48 上面高（n－pr）	72.54(4)	72.1—(14)—77.6	74.0—(12)—79.4	70.2—(16)—76.6	66.1—(12)—71.5
48：17 垂直颅面指数	—	55.8—(14)—59.2	53.0—(12)—58.4	52.0—(16)—54.9	48.0—(12)—52.2
48：45 上面指数	49.93(1)	51.4—(14)—55.0	51.3—(12)—56.6	51.7—(16)—56.8	49.9—(12)—53.3
77 鼻颧角（fmo－n－fmo）	146.04(5)	147.0—(9)—151.4	149.0—(3)—152.0	145.0—(6)—146.6	142.1—(9)—146.0
72 面角（n－pr－FH）	83.00(2)	85.3—(12)—88.1	80.5—(6)—86.3	80.6—(15)—86.5	84.1—(8)—84.2
52：51 眶指数（右）(mf－ek)	81.62(3)	79.3—(13)—85.7	81.4—(5)—84.9	80.7—(12)—85.0	78.2—(8)—81.0
54：55 鼻指数	51.63(5)	45.0—(14)—50.7	42.6—(12)—47.6	45.2—(16)—50.2	50.3—(13)—55.5
SS：SC 鼻根指数	29.41(5)	26.9—(9)—38.5	34.7—(3)—42.5	31.0—(3)—35.0	26.1—(9)—36.1

注：表中亚洲蒙古人种各项数字转引自注释②。

姜寨一期组各项平均值落在远东人种范围内的计有：头长、头宽、头指数、头长高指数、头宽高指数、上面高、鼻颧角、面角、眶指数等九项，占比较项目总数的

56.25%。落在北极人种范围内的有头长、头宽高指数、最小额宽、颧宽、面角、眶指数等六项，占总数的37.5%。落在南亚人种范围内的有头长、头宽、头指数、头长高指数、头宽高指数、上面指数、鼻指数、鼻根指数等八项，占50.0%。落在西伯利亚人种范围内的有头长、头指数、颧宽、上面高、眶指数、鼻根指数等六项，占37.5%。通过以上的粗略对比发现，姜寨一期组头骨与远东蒙古人种最接近，其次为南亚人种，再次为北极和西伯利亚人种。

对姜寨一期组头骨各项体征与亚洲蒙古人种比较各组接近或差异的具体分析表明，姜寨一期组头骨主要直径（长、宽、高）组成的头型与远东和南亚人种较接近。较宽而较为陡直的前额与南亚人种的上限较接近，与具有较后倾前额的其他各组差别显著。较宽的面部与西伯利亚和北极人种较接近。上面高与西伯利亚和远东人种的下限较接近。阔而近中的上面型则与南亚人种的下限较接近。上面扁平度（鼻颧角）与远东和南亚人种的上限较接近。中颌型的突颌度与北极、远东人种较接近。眶指数表示的中眶型与北极和远东人种的下限较接近。阔鼻型和鼻根指数与南亚人种较接近。总的说来，姜寨一期组头骨具有中颅型、较宽而较陡直的额形、较宽的中部面宽、较大的上面扁平度、中颌型的突颌度、中眶型眼眶和较宽的鼻等综合特征。这些特征与亚洲蒙古人种中的远东人种较为接近，但在最小额宽、额倾角、上面指数等方面，则与南亚人种较接近。

（二）姜寨一期组与其他新石器时代蒙古人种各组的比较

从表四可以看出，姜寨一期组的一些重要体征多与仰韶文化关中各组接近，如头指数、头长高指数、头宽高指数、上面高（n－pr）、上面指数、眶指数（mf）、鼻指数、鼻根指数、面角、齿槽面角、鼻颧角、颧上颌角、鼻角等，其中又多接近宝鸡、半坡两个组。而头长、头高、最小额宽、颧宽、眶间宽等项绝对值均大于关中各组，眶宽一项则小于关中各组。由表四还可以看出，姜寨一期组接近于庙底沟组、大汶口组、西夏侯组的诸项体征分别有：颧宽、上面指数、眶指数、面角、眉间前囟角、额角（g－m－FH）、鼻角等。而最小额宽、鼻指数、齿槽面角、颧上颌角、额倾角（n－m－FH）等均大于上述各组，头宽高指数、鼻根指数、鼻面角等则小于上述各组。姜寨一期组与昙石山组接近的仅颧上颌角一项。

总结表四的三十八项体征，姜寨一期组与宝鸡组接近或比较接近的约为36.84%，与半坡组接近或比较接近的约为23.68%，与华县组接近或比较接近的约为15.79%，与横阵组接近或比较接近的约为15.79%，与庙底沟组接近或比较接近的约为23.68%，与大汶口组接近或比较接近的约为21.05%，与西夏侯组接近或比较接近的约为21.05%，与昙石山组接近或比较接近的约为15.79%。

表四 姜寨一期组头骨测量与其他新石器组的比较（男性） 单位：毫米

体征＼组别	姜寨一期组	宝鸡组[3]	半坡组[4]	华县组[5]	横阵组[6]	庙底沟组[2]	大汶口组[7]	西夏侯组[8]	昙石山组[9]
头长（g－op）	181.15（6）	180.22（26）	180.84（11）	178.84（9）	180.4（15）	179.43（12）	181.11（12）	180.30（6）	189.7（3）
头宽（eu－eu）	142.88（15）	143.25（24）	138.93（9）	140.69（8）	144.8（14）	143.75（10）	145.70（12）	140.90（6）	139.2（3）
头高（ba－b）	146.7（1）	141.55（14）	138.80（3）	144.80（8）	141.4（9）	143.17（3）	142.89（11）	148.33（6）	141.3（2）
耳上颅高	123.03（3）	122.25（19）	118.64（5）	119.65（10）		120.06（7）	123.71（11）	122.24（8）	120.3（3）
最小额宽（ft－ft）	95.89（5）	93.29（21）	93.10（11）	94.25（12）	93.1（14）	93.69（13）	91.64（14）	93.94（9）	91.0（3）
颧宽（zy－zy）	140.2（1）	137.13（8）	130.50（2）	133.86（5）	138.7（3）	140.83（6）	140.56（8）	139.43（7）	135.6（3）
上面高（n－pr）	72.54（4）	72.66（11）	75.9（5）	75.23（13）	69.5（8）		74.84（10）	72.03（9）	68.0（3）
（n－sd）	75.47（4）					73.48（6）	77.34（10）	74.33（9）	71.1（3）
眶高 R.	32.21（4）	33.90（13）	34.20（2）	33.05（11）	32.9（9）	32.42（6）	35.05（11）	34.34（8）	33.8（3）
眶宽 R.（mf－ek）	40.56（3）	43.60（14）	42.75（2）	42.92（12）	43.4（9）	41.75（6）	42.82（11）	44.22（9）	42.2（3）
R.（d－ek）	35.75（1）	40.47（11）	39.95（2）	39.14（7）		41.00（1）	40.19（8）	40.98（8）	39.9（3）
鼻高（n－ns）	52.16（5）	52.13（15）	55.50（7）	53.51（14）	53.6（8）	53.99（7）	54.72（9）	57.12（9）	51.9（3）
鼻宽	27.14（5）	27.29（15）	27.05（7）	28.52（13）	27.5（9）	27.31（8）	27.45（10）	27.66（9）	29.5（3）
眶间宽（mf－mf）	25.42（5）	18.70（17）	20.14（4）	18.95（13）		20.56（8）	19.66（10）	17.68（9）	
两眶外缘宽（fmo－fmo）	100.51（5）	99.56（14）	99.30（3）	99.59（7）		100.03（10）	99.94（11）	98.51（8）	
面基底长（ba－pr）		102.02（9）	102.20（1）	103.44（7）		104.50（2）	98.28（9）	101.69（9）	103.5（2）
颅基底长（ba－n）	116.6（1）	102.63（12）	93.85（2）	105.65（8）		108.13（4）	104.95（11）	106.00（9）	101.1（2）
腭长（ol－sta）	49.82（7）	49.11（11）	48.22（6）	49.76（11）		45.60（10）	44.95（11）	48.50（9）	
腭宽（enm－enm）	42.34（7）	39.94（17）	42.17（11）	40.09（11）		42.44（9）	41.85（11）	40.17（9）	
矢状弧（arc n－o）	382.0（2）	388.83（18）	372.70（5）	372.71（7）		378.64（11）	364.56（9）	374.60（8）	
颅横弧（arc po－po）	323.5（2）	334.71（24）	338.75（4）	326.57（7）		326.78（9）	349.25（12）	331.75（8）	
颅周长	530.33（3）	522.42（18）	502.20（4）	507.50（6）		511.67（9）	506.00（12）	506.50（8）	

续表四

组别 体征	姜寨一期组	宝鸡组③	半坡组④	华县组⑤	横阵组⑥	庙底沟组②	大汶口组⑦	西夏侯组⑧	昙石山组⑨
头指数	79.04（5）	79.34（24）	78.38（7）	78.5（8）	80.5（13）	80.31（11）	80.45（11）	78.20（6）	73.4（3）
头长高指数	78.49（1）	78.73（14）	77.27（3）	80.43（8）	77.9（9）	77.64（3）	88.24（10）	82.29（6）	73.8（2）
头宽高指数	96.39（1）	98.80（14）	97.37（3）	103.90（7）	96.1（8）	99.47（2）	97.46（11）	105.34（6）	99.5（2）
上面指数	51.93（1）	53.49（6）	51.28（1）	57.79（5）	52.2（3）		54.31（7）	52.26（7）	50.2（3）
垂直颅面指数		52.10		53.06（8）		*51.86（5） *54.06（2）	*55.02（7） *54.13（8）	*54.17（7） *50.25（6）	*52.5（3）
眶指数 R.（mf－ek）	81.62（3）	77.98（12）	82.14（1）	77.02（11）	76.1（9）	77.71（6）	51.37（8） 81.94（11）	48.92（6） 77.97（8）	48.1（2） 80.0（3）
R.（d－ek）	81.12（1）	84.41（10）	85.18（1）	84.06（7）		78.05（1）	86.18（8）	84.61（7）	84.7（3）
鼻指数	51.63（5）	52.50（15）	50.00（5）	53.40（13）	49.9（7）	50.15（7）	49.45（8）	48.46（9）	57.0（3）
腭指数	85.40（7）	81.40（17）	88.64（6）	81.04（10）		92.55（9）	93.32（11）	82.99（9）	
鼻根指数	29.41（5）	28.09（15）	29.24（8）	37.24（11）	27.2（7）	33.6	33.6（9）	31.05（8）	37.4（2）
面角（n－pr－FH）	83（2）	82.35（16）	81.00（3）	83.61（9）	80.4（8）	85.75（6）	83.61（9）	84.38（8）	81.0（3）
鼻面角（n－ns－FH）	83.25（2）	86.06（16）	80.12（4）	85.77（11）		88.67（6）	85.50（10）	86.94（8）	85.0（3）
齿槽面角（ns－pr－FH）	78（2）	70.73（14）	78.50（4）	77.57（7）		71.50（6）	77.56（9）	60.38（8）	71.7（3）
眉间前囟角（g－b－FH）	49（3）	48.25（16）	46.00（2）	46.55（10）		47.93（7）	49.61（9）	49.13（8）	45.3（3）
额角（g－m－FH）	78.33（3）					78.71（7）	72.21（9）	77.19（8）	79.0（3）
鼻颧角（fmo－n－fmo）	146.04（5）	144.13（12）	146.70（5）	145.18（6）	149.6（10）	147.56（10）	149.76（11）	145.03（8）	143.8（3）
颧上颌角（zm－ss－zm）	137.83（3）	137.38（12）	136.70（3）			131.90（7）	134.68（11）	131.70（8）	137.0（3）
鼻角（rhi－n－pr）	14（2）	14.42（6）		17.75（2）		17.20（5）	19.70（5）	14.8	
额角（n－m－FH）	87.83（3）		79.5（1）				73.06（9）	83.50（8）	86.5（3）

注：凡有星号者其上面高的测点均为鼻根点到齿槽最下缘点（n－sd）。

从表五可以看出，姜寨一期组头高和头指数都超过比较各组，上面高和眶高、眶宽则小于比较各组。头长、面角与甘肃河南组接近，与其他各组相去较远。最小额宽、眶宽（mf）、鼻高与印度支那组接近，与其他各组相去较远。头宽、颧宽、眶指数（mf）、齿槽面角与贝加尔湖全组接近，与其他各组相去较远。与贝加尔湖A组较接近的则有最小额宽一项。在十六项体征中，与甘肃河南组接近的约为18.75%，与印度支那组接近或较接近的约为31.25%，与贝加尔湖A组接近或较接近的约为6.25%，与贝加尔湖全组接近或较接近的约为43.75%。

表五 姜寨一期组头骨测量与其他新石器组的比较（男性） 单位：毫米

体征 \ 组别	姜寨一期组	甘肃河南组 Black	印度支那组（H·Mansuxe & M·colani）	贝加尔湖A组（Дебец）	贝加尔湖全组（Дебец）
1 头长	181.15（6）	181.65（25）	177.0（2）	191.5（12）	189.7（77）
8 头宽	142.88（5）	137.00（26）	135.0（2）	138.8（13）	144.5（77）
17 头高	146.7（1）	136.80（23）	138.50（2）	126.8（10）	132.4（57）
9 最小额宽	95.89（5）	92.30（24）	97.0（2）	94.07（12）	94.4（83）
45 最大颧宽	140.2（1）	130.70（19）	136.5（2）	137.5（8）	141.3（69）
48 上面高	72.54（4）	74.80（16）	66.5（2）	75.1（8）	74.9（68）
52 眶高	R.32.21（4）	R.33.80（16）	R.34.5（2）		L.33.9（63）
51 眶宽 mf－ek	R.40.56（1）	R.45.00（18）	R.41.5（2）		L.42.2（35）
51 眶宽 d－ek	R.35.75（3）	R.42.00	38.6（2）		40.3（63）
55 鼻高	52.16（5）	55.00（20）	51.0（2）		55.0（65）
54 鼻宽	27.14（5）	25.60（17）	29.5（2）		25.0（65）
8:1 头指数	79.04（5）	74.06（25）	76.48（2）	72.6（13）	76.3（77）
48:45 面指数	49.93（1）	56.48（15）	48.89（2）	56.6（8）	53.0
52:51 眶指数 mf－ek	R.81.62（3）	R.75.02（19）	83.15（2）		L.80.7（35）
52:51 眶指数 d－ek	R.81.12（1）	R.80.48	89.14（2）	R.89.2（8）	84.4（63）
54:55 鼻指数	51.63（5）	47.33（18）	58.49（2）	45.1（8）	47.2（65）
72 总面角	83.00（2）	82.16（17）		85.2（8）	86.3（52）
74 齿槽面角	78.00（2）				78.4（43）

注：表中各项数字转引自注释⑦、⑨。

综上所述，姜寨一期组头骨具有的中颅型近圆颅型（长宽比）、高颅型（长高比）、中颅型近狭颅型（宽高比）、中上面型、阔鼻型近中鼻型、中眶型、中颌型（总面角）、突颌型（齿槽面角）等特征，分别接近于仰韶文化关中各组和大汶口组，并与其中的宝鸡组更为接近，而与其他比较各组差异显著。然而，姜寨一期组的额形（中额型）则较宽于关中各组（窄额型近中额型）和其他比较各组，腭形（阔腭型近中腭型）也与所有比较各组有明显区别，说明姜寨一期组本身的特点是明显的。

五　下颌骨形态观察与测量比较

姜寨一期组下颌骨形态观察见表六。男性颏形全部为方形，女性颏形全部为尖形。颏孔数目大多数为单孔，仅个别为两个孔，只占总数的7.7%。颏孔在第二前臼齿下方的居多，在第二前臼齿和第一臼齿之间下方的次之，在第一前臼齿和第二前臼齿之间下方的最少。下颌枝男性以外翻的居多，无内翻形态。女性三种形态的数量相等。下颌圆枕出现率较高，为50%（以侧计算），位置多在P_1P_2处。下颌体粗壮程度以颏孔处或M_1M_2之间的下颌体高和厚组成指数比较，如表七。对比结果表明，姜寨一期组下颌骨颏孔处粗壮指数与其他各组差别较显著。M_1M_2间粗壮指数男性最接近大墩子组，与其他各组均较接近（山顶洞人除外）；女性最接近大墩子组，与其他各组也较接近，但与西夏侯、大汶口两组差别显著。仅此一项，姜寨一期组与大墩子组最接近，与其他各组也略接近。

姜寨一期组下颌骨各项测量平均数与新石器时代及现代各组的对比见表八和表九。对比结果表明，姜寨一期组下颌髁间径一项，男性与大汶口组、大墩子组、西夏侯组最接近，与其他各组差别较大。女性髁间径与大墩子组最接近，与西夏侯组、大汶口组较接近，而与其他各组差别显著。角间径一项，男性与庙底沟组、半坡组最接近，与大墩子组、西夏侯组、大汶口组、昙石山组较接近，与其他各组差别显著；女性则与大汶口组、西夏侯组最接近，与其他各组相差较远。髁颏长一项，男性与半坡组较接近，与大汶口组、西夏侯组略接近，与其他各组相差显著；女性与华县A组、大墩子组、昙石山组最接近，与大汶口组较接近。颏联合高，男性与横阵组、西夏侯组最接近，与庙底沟组、大汶口组较接近；女性与半坡组、大墩子组较接近，与其他各组相去较远。下颌体高，男性与华县B组、女性与昙石山组最接近，与其他各组都较接近。下颌体厚，男性与西夏侯组、大墩子组最接近，与其他各组都较接近；女性与西夏侯组、大汶口组最接近，与大墩子组较接近，与其他各组差别明显。下颌角，男性与昙石山组最接近，与西夏侯组较接近；女性与西夏侯组较接近，与其他各组差别显著。综合上述测量值的对比，姜寨一期组下颌骨与西夏侯组、大墩子组、大汶口组最接近。而且，姜寨一期组下颌骨各项平均值基本上都落在新石器时代对比各组变异范围之内，这说明姜寨一期组下颌骨的体征也属于蒙古大人种。

表六 姜寨一期组下颌骨形态观察

体征	性别	形态分类							
颏形（12）	男（7）	方形 100%（7）	圆形	尖形	角形	杂形			
	女（5）			100%（5）					
下颌圆枕（26侧）	男（14侧）	无 28.6%（4侧）	稍显 28.6%（4侧）	显著 12.8%（6侧）					
	女（12侧）	75%（9侧）	25%（3侧）						
下颌圆枕位置（13侧）	男（10侧）	I_2C 10%（1）	C	CP_1	P_1	P_1P_2 50%（5）	P_2 20%（2）	P_2M_1 20%（2）	M_1
	女（3侧）			33.3%（1）		66.7%（2）			
下颌角外面（26侧）	男（14侧）	栉状 35.7%（5）	结节状 42.9%（6）	粗糙面 21.4%（3）	光滑				
	女（12侧）		33.3%（3）	33.3%（3）	33.3%（3）				
下颌角内面（25侧）	男（14侧）	栉状 42.9%（6）	结节状 50%（7）	粗糙面 7.1%（1）					
	女（11侧）	18.2%（2）	81.8%（9）						
下颌枝（26侧）	男（14侧）	外翻 71.4%（10）	直形 28.6%（4）	内翻					
	女（12侧）	33.3%（4）	33.3%（4）	33.3%（4）					
颏孔数目（26侧）	男（14侧）	1孔 85.7%（12）	2孔 14.3%（2）						
	女（12侧）	100%（12）							
颏孔位置（26侧）	男（14侧）	P_1	P_1P_2	P_2 64.3%（9）	P_2M_1 35.7%（5）	M_1			
	女（12侧）		16.7%（2）	75.0%（9）	8.3%（1）				
门齿（11）	男（6）	铲形 83.3%（5）	非铲形 16.7%（1）						
	女（5）	100%（5）							
M_2齿尖数（12）	男（6）	四尖 33.3%（2）	五尖 66.7%（4）	六尖					
	女（6）	33.3%（5）	16.7%（1）						
牙弓形状（13）		圆形	卵形	方形 53.8%（7）	尖形 46.2%（6）	U形			

表七 下颌体粗壮指数的比较

指数 / 组别 \ 位置 / 性别	颏孔平面		M_1 M_2平面	
	男	女	男	女
姜寨一期新石器组	43.31（7）	44.92（6）	52.63（7）	55.28（6）
北阴阳营新石器组	39.8	41.5	54.0	57.3
西夏侯新石器组			54.0（10）	61.7（8）
大汶口新石器组			58.8（14）	61.3（14）
大墩子新石器组	41.5（123 侧）	41.7（60 侧）	51.8（119 侧）	54.8（66 侧）
安阳侯家庄殷代组	40.4	42.0	54.4	58.0
安阳小屯隋唐组	40.0	41.9	54.1	57.9
南京绣球山近代组	39.6	41.4	53.8	57.2
山顶洞人	34.8（101 号）	42.1（104 号）	42.0（101 号）	56.7（104 号）
	35.8（108 号）		40.6（108 号）	
北京人	48.3（G）	58.4（HI）	54.3（GI）	53.4（HI）

注：表中各项数字均引自注释⑩。

姜寨一期组与现代蒙古人种各组对比结果，除下颌角一项男女性平均值及颏联合高女性平均值都落在现代各组平均值变异范围之内外，其余各项都明显超出了现代各组变异范围的上限，尤以髁间径、髁颏长、下颌枝最小宽三项最为显著。这说明姜寨一期组下颌骨比现代蒙古人种各组更粗大。

六　长骨的测量观察

从表一〇可以看出，股骨干中部指数一项，姜寨一期组与大汶口组相比，男性 A、B 两组皆小于大汶口男性 B 组，微小于大汶口男性 A 组而几乎相等；女性 A 组、男女合计 A 组小于大汶口 A、B 组；女性 B 组大于大汶口 A 组，微小于大汶口 B 组而几乎相等；男女合计 B 组大于大汶口 A 组，略小于大汶口 B 组而近似相等。与西夏侯组相比，除女性 B 组微大于西夏侯 A 组而几乎相等外，余者均小于西夏侯 A 组。与华县组相比，女性 B 组、男女合计 B 组大于华县组；女性 A 组略大于华县组而近乎相等，余者微大于华县组而几乎相等。与宝鸡组相比，男性 A、B 两组小于宝鸡 A、B 两组；女性 A 组大于宝鸡 A 组，小于宝鸡 B 组；女性 B 组大于宝鸡 A、B 组；男女合计 B 组大于宝鸡 A 组，小于宝鸡 B 组；男女合计 A 组小于宝鸡 B 组，略小于宝鸡 A 组而近乎相等。与半坡组相比，均小于半坡组。与沙锅屯组相比，则大于沙锅屯组。与仰韶组相比，

表八 姜寨一期新石器组下颌骨测量与其他新石器组的比较 单位：毫米

体征	性别	姜寨一期组	宝鸡组	半坡组	华县组 A	华县组 B	横阵组	大汶口组	大墩子组[10]	西夏侯组	昙石山组	庙底沟组	对比各组平均值变异范围
髁间径	男	132.58（3）	127.38（12）	121.53（15）	118.5（2）	118.0（6）	126.6（4）	132.42（14）	132.0（36）	133.24（7）	123.0（3）	124.93（4）	118.0～133.24
	女	123.68（2）		117.16（5）				126.46（13）	123.6（23）	125.96（8）	120.9（4）		117.16～126.46
角间径	男	105.86（7）	102.92（18）	106.15（16）	96.5（5）	101.6（11）	101.5（8）	107.75（14）	103.3（56）	107.44（9）	107.9（3）	106.14（7）	96.5～107.75
	女	99.88（6）		92.2（3）				98.63（13）	96.6（34）	100.96（8）	98.6（5）		92.2～100.96
颏联合高	男	37.42（5）	34.17（20）	34.0（26）	31.9（5）	34.3（19）	38.1（13）	35.45（12）	34.3（41）	36.60（10）	34.9（3）	36.13（7）	31.9～38.1
	女	30.73（4）		31.81（8）				33.79（14）	32.0（31）	35.22（8）	34.9（5）		31.81～35.22
髁颏长	男	113.15（4）		111.9（9）	101.5（2）	110.86（8）	108.5（4）	110.46（13）	106.7（33）	110.4（8）	107.4（3）	106.00（4）	101.5～111.9
	女	101.68（4）		107.73（3）	102（1）			103.31（13）	102.0（23）	105.6（9）	102.3（4）		102.0～107.73
下颌体高（M_1M_2平面）	男	31.38（7）	30.89（20）	29.9（35）	30.92（6）	31.3（19）	L. 32.4（14）	32.41（14）	31.0（119侧）	30.45（10）	32.5（2）	31.96（8）	29.9～32.5
	女	29.70（6）						27.84（14）	28.6（67侧）	28.19（8）	29.8（5）		27.84～29.8
下颌体厚（M_1M_2平面）	男	16.58（7）	18.06（23）	17.9（28）	18.5（6）	17.3（19）	L. 17.3（14）	17.09（14）	16.0（134侧）	16.10（10）	17.8（3）	17.69（8）	16.0～18.5
	女	16.29（6）			19（1）			16.94（14）	15.2（69侧）	16.81（8）	18.5（5）		15.2～19.0
下颌枝最小宽	男	38.08（7）	38.95（23）	36.58（27）	37.04（5）	38.85（20）	38.0（10）	37.64（14）	37.5（125侧）	37.30（9）	36.6（3）	37.31（8）	36.58～38.95
	女	37.07（6）		37.03（8）	40（1）			35.62（13）	35.5（67侧）	36.6（8）	36.2（6）		35.5～40.0
下颌枝高	男	66.17（5）							61.3（90侧）	60.6（9）			60.6～61.3
	女	61.02（4）							56.0（57侧）	58.0（9）			56.0～58.0
下颌角	男	119.93°（7）							122.0°（94侧）	118.9°（9）	120.5°（3）		118.9°～122.0°
	女	120.17°（6）							125.3°（60侧）	118.4°（9）	117.8°（6）		117.8°～125.3°

表九　姜寨一期新石器组下颌骨测量与现代各组的比较　　单位：毫米

体征	性别	姜寨一期新石器组	抚顺组（岛五郎）	华北组（小金井）	北京组（黑伯勒）	福建组（哈弗罗）	海南岛组（哈弗罗）	平均值变异范围
髁间径	男	132.58（3）	123.4（54）		121.63（24）	121.9（38）	122.5（39）	121.63～123.4
	女	123.68（2）	117.8（10）		110.50（6）			110.5～117.8
角间径	男	105.86（7）	104.20（65）	99.8（53）	102.60（16）	101.0（38）	99.6（39）	99.6～104.2
	女	99.88（6）	98.20（10）		96.30（4）			96.3～98.2
颏联合高	男	37.42（5）	34.0（56）	34.3（51）	35.2（16）	32.9（38）	30.7（38）	30.7～35.2
	女	30.73（4）	31.8（8）		30.5（4）			30.5～31.8
髁颏长	男	113.15（4）	104.0（61）	101.7（25）	101.7（25）	103.7（39）	103.8（38）	101.7～104.0
	女	101.68（4）	99.8（10）		97.2（6）			97.2～99.8
下颌体高（M_1M_2 平面）	男	31.38（7）	28.00（59）					
	女	29.70（6）	25.50（10）					
下颌体厚（M_1M_2 平面）	男	16.58（7）	15.80（68）					
	女	16.29（6）	15.80（10）					
下颌枝最小宽	男	38.08（7）	34.50（69）			34.40（38）	33.20（39）	33.2～34.5
	女	37.07（6）	33.90（11）					
下颌角	男	119.93°（7）	120.5°（61）	123.9°（16）	118.0°（26）	121.03°（36）	122.12°（39）	118.0°～123.9°
	女	120.17°（6）	120.1°（10）	127.3°（4）	129.2°（6）			120.1°～129.2°

注：表中各项数字转引自注释⑩。

表一〇　姜寨一期组股骨指数与其他组的比较

体征 / 性别 / 指数 / 组别		干中部指数			嵴指数			扁平指数		
		男	女	男女	男	女	男女	男	女	男女
姜寨一期组	A	89.93（7）	93.16（2）	91.55（9）	111.89（7）	107.29（2）	109.59（9）	68.29（6）	75.10（2）	71.70（8）
	B	89.37（4）	103.21（5）	96.29（9）	111.79（4）	97.18（5）	104.49（9）	75.46（2）	72.12（5）	73.79（7）
大汶口组	A	90.29（9）	98.04（13）	94.28（22）	111.98（9）	102.76（13）	107.37（22）	79.8（9）	74.34（13）	77.07（22）
	B	92.76（12）	103.67（5）	98.25（17）	109.02（12）	97.74（5）	103.38（17）	82.34（15）	75.54（6）	78.74（21）
西夏侯组	A	99.5（14）	103.0（13）	101.3（27）	100.9（14）	97.5（13）	99.2（27）	75.8（15）	75.0（16）	75.4（31）
	B									
华县组	A							72.71（2）		
	B	89.31（14）	92.05（2）	90.93（16）	111.47（13）	108.04（2）	109.76（15）	77.6（23）	71.89（9）	74.75（32）
宝鸡组	A	96.16（3）	90.25（2）	93.20（5）	105.05（4）	104.5（3）	104.77（7）	78.86（10）	77.36（6）	78.11（16）
	B	97.58（23）	99.88（2）	98.83（25）	106.93（22）	100.3（2）	103.61（24）	75.24（49）	76.05（9）	75.65（58）
半坡组		111.58（4）	111.1（2）	111.34（4）	91.34（4）	90.38（2）	90.86（6）	70.55（2）	72.06（2）	71.30（4）
沙锅屯组⑪				80.5（7）			119.0（7）			
仰韶组⑫		90.8（8）	101.6（10）	96.2（18）	110.1（8）	89.0（10）	99.5（18）	75.5（8）	67.7（10）	71.2（18）
华北近代组⑬		94.3（41）	101.6（7）	97.9（48）	106.7（41）	98.5（7）	102.6（48）	79.8（41）	75.4（7）	79.1（48）

注：A组为与头骨互相配合的，B组为与头骨不互相配合的。

女性A组、男女合计A组小于仰韶组；女性B组大于仰韶组；男性A组微小于仰韶组而几乎相等；男性B组略小于仰韶组而近乎相等；男女合计B组微大于仰韶组而几乎相等。与华北组相比，女性B组大于华北组，男女合计B组略小于华北组而近乎相等，余者均小于华北各组。

股骨嵴指数一项，姜寨一期组与大汶口组相比，男性A、B两组微小于大汶口男性A组而几乎相等，大于大汶口B组；女性A组大于大汶口A、B组；女性B组小于大汶口A组，微小于大汶口B组而几乎相等。男女合计A组大于大汶口B组，略小于大汶口A组而近乎相等；男女合计B组小于大汶口A组，略大于大汶口B组而近乎相等。与西夏侯组相比，女性B组微小于西夏侯组而几乎相等；余者均大于西夏侯组。与宝鸡组相比，女性B组小于宝鸡A、B组，男女合计B组微小于宝鸡A组，微大于宝鸡B组，都几乎相等；余者均大于宝鸡各组。与华县组相比，男性A、B组微大于华县组，女性A组、男女合计A组皆微小于华县组而几乎相等；余者均小于华县组。与半坡组相比，均大于半坡组。与沙锅屯组相比，则小于沙锅屯组。与仰韶组相比，男性A、B组略大于仰韶组而近乎相等；余者均大于仰韶各组。与华北组相比，女性B组略小于华北组而近乎相等；男女合计B组略大于华北组而近乎相等，余者均大于华北各组。

股骨扁平指数一项，姜寨一期组与大汶口组相比，女性A组微大于大汶口A组，微小于大汶口B组，都几乎相等；余者均小于大汶口各组。与西夏侯组相比，男性B组微小于西夏侯组，女性A组微大于西夏侯组，都几乎相等；男女合计B组略小于西夏侯组而近乎相等；余者均小于西夏侯组。与华县组相比，男性B组大于华县A组；女性A组大于华县B组；女性B组微大于华县B组而几乎相等；男女合计B组微小于华县B组而几乎相等；余者均小于华县各组。与宝鸡组相比，男性B组微大于宝鸡B组而几乎相等；女性A组微小于宝鸡B组而几乎相等；男女合计B组略小于宝鸡B组而近乎相等；余者均小于宝鸡各组。与半坡组相比，男性A组小于半坡组；女性B组、男女合计A组微大于半坡组而几乎相等；余者均大于半坡组。与仰韶组相比，男性A组小于仰韶组，男性B组微小于仰韶组而几乎相等；男女合计A组微大于仰韶组而几乎相等；余者均大于仰韶组。与华北组相比，女性A组微大于华北组而几乎相等，余者均小于华北组。

从姜寨一期组与其他各组各项股骨指数的比较来看（表一一），姜寨一期组总的趋势似乎是：干中部指数小于大汶口B组，几乎等于大汶口A组；嵴指数小于大汶口A组，大于大汶口B组；扁平指数小于大汶口组。干中部指数、扁平指数均小于西夏侯组；嵴指数大于西夏侯组。干中部指数大于华县B组；嵴指数小于华县B组；扁平指数小于华县B组，几乎等于华县A组。干中部指数大于宝鸡A组，小于宝鸡B组；嵴指数大于宝鸡A、B组；扁平指数小于宝鸡A、B组。干中部指数小于半坡组；嵴指数、扁平指数均大于半坡组。干中部指数大于沙锅屯组；嵴指数小于沙锅屯组。干中部指数小于仰韶组；嵴指数、扁平指数均大于仰韶组。干中部指数、扁平指数均小于华北近代组，嵴指数大于华北近代组。

表一一 股骨指数的比较

体征	性别	姜寨一期组	大汶口组		宝鸡组		西夏侯组	华县组		半坡组	沙锅屯组	仰韶组	华北近代组
			A	B	A	B	A	A	B				
干中部指数	男	A	≤	<	<	<	<	—	≥	<	>	≤	<
		B	≤	<	<	<	<	—	≥	<	>	≤	<
	女	A	<	<	>	<	<	—	≥	<	>	<	<
		B	>	≤	>	>	≥	—	>	<	>	>	>
	男女合计	A	<	<	≤	<	<	—	≥	<	>	<	<
		B	>	≤	>	<	<	—	>	<	>	≥	≤
嵴指数	男	A	≤	>	>	>	>	—	≥	>	<	≥	>
		B	≤	>	>	>	>	—	≥	>	<	≥	>
	女	A	>	>	>	>	>	—	≤	>	<	>	>
		B	<	≤	<	<	≤	—	<	>	<	>	≤
	男女	A	≥	>	>	>	>	—	<	>	<	>	>
		B	<	≥	≤	≥	>	—	<	>	<	>	≥
扁平指数	男	A	<	<	<	<	<	<	<	<	—	<	<
		B	<	<	<	≥	≤	>	>	>	—	≤	<
	女	A	≥	≤	<	≤	≥	—	>	>	—	>	≤
		B	<	<	<	<	<	—	≥	≥	—	>	<
	男女	A	<	<	<	<	<	—	<	≥	—	≥	<
		B	<	<	<	≤	≤	—	≤	>	—	>	<

注：>为大于，<为小于，≤、≥为等于或接近于。

总结以上各项指数的对比，姜寨一期组股骨干中部指数小于半坡组，除女性 B 组大于 100 外，余者均小于 100，表明姜寨一期组股骨的前后径大于左右径，这与大汶口、宝鸡、华县诸组相同，而与半坡组的前后径小于左右径相反。嵴指数男性 A、B 两组比较接近，除女性 B 组小于 100 外，其余均大于 100，表明骨嵴较为发育。在扁平指数方面，除男性 B 组、女性 A 组稍大于 74.9，接近于扁平型下限外，其余均小于 74.9，属于超扁平型，但接近其上限。

由表一二可以看出，在股骨粗大指数方面，姜寨一期组男性 A 组与仰韶史前组几乎相等，较大于其余比较各组。男性B组与满洲近代组几乎相等，较小于其余比较各组。女性B组几乎等于大汶口A组，较大于西夏侯B组和满洲近代组，较其余比较各组稍小。男女合计B组几乎等于满洲近代组，较小于其余比较各组。

表一二 股骨粗大指数的比较

组别＼性别		男	女	男女合计组
姜寨一期组	A	12.94（3）		
	B	12.32（2）	12.46（12）	12.39（4）
大汶口组	A	12.88（9）	12.37（12）	12.63（21）
	B	12.52（12）	12.57（5）	12.55（17）
西夏侯组		12.85（13）	12.18（9）	12.51（22）
华县组	B	12.74（12）	12.88（2）	12.81（14）
仰韶史前组⑭				12.90
甘肃史前组⑮				12.65
华北近代组				12.60
满洲近代组⑯				12.30

由股骨粗线观察，姜寨一期组男性11例中，不高于3毫米的占54.55%，高于3毫米以上的占45.45%；女性7例中，虽无大于3毫米以上者，但不高于3毫米的占71.43%，这与嵴指数的大小基本相符，表明姜寨一期组的骨嵴较为发育。由于中部形态观察，男性11例中卵圆形占81.62%，椭圆形占9.19%，三角形占9.19%；女性7例中卵圆形占42.86%，椭圆形占57.14%，可见观察所得的形态与干中部指数的大小是相符合的。第三转子在女性7例中出现率为零，在男性11例中出现率为66.67%，高于3毫米以上的占22.22%。

胫骨指数，姜寨一期组男性A组（6例）为68.03，B组（4例）为66.78；女性A组（仅1例）为60.50。男性A、B两组属中胫型。女性属扁径型，可能是例数较少的原因。

肱骨横断面指数，姜寨一期组男性A组（5例）为71.76，B组（1例）为75.11；女性A组（2例）为66.67，B组（2例）为73.17。男女B组与大汶口男女B组较为接近。滑车上孔女性出现率为66.67%，男性为零。

股胫指数，姜寨一期组男性A组为77.78，B组为77.35，均属于短胫型。据魏德（Wilder）的记载，欧洲人、中国人、鞑靼人与爱斯基摩人属此种范畴。股肱指数，男性A组为70.10，B组为70.06，均属中肢型。据魏德的记载，中国人、美洲印第安人、澳洲人、黑人和印度人属中肢型。

七 长骨长度的比较

由表一三可以看出，股骨最大长、生理长，姜寨一期组男性 A、B 组均小于大汶口组和西夏侯组；最大长除男性 A 组与宝鸡 A 组接近、男性 B 组与仰韶组接近外，均大于其余比较各组。女性 B 组在最大长方面与大汶口 B 组、宝鸡 B 组接近，而小于大汶口 A 组和西夏侯组，大于其余比较各组；在生理长方面与宝鸡 B 组接近，小于大汶口 A 组和西夏侯组，大于其余比较各组。胫骨最大长，男性 A、B 组小于大汶口 B 组、半坡组和仰韶组；男性 A 组与西夏侯组相近，小于宝鸡 A 组，大于其余比较各组；男性 B 组和宝鸡 A 组接近，大于其余比较各组。在生理长方面，男性 A、B 组小于大汶口 B 组、西夏侯组、半坡组和仰韶组，大于其余比较各组。女性 A 组在最大长方面小于大汶口 A 组、西夏侯组、华县 B 组、宝鸡 A 组，与大汶口 B 组较接近，大于其余比较各组。在生理长方面与宝鸡 B 组相等，与半坡组接近，小于大汶口 A 组、华县 B 组，大于其余比较各组。肱骨最大长，男性 A 组大于貘子窝组，小于其余比较各组；男性 B 组与大汶口 A 组接近，小于大汶口 B 组、西夏侯组、宝鸡 A 组、仰韶组，大于其余比较各组。女性 A 组与仰韶组接近，大于华北近代组，小于其余比较各组；女性 B 组小于宝鸡 B 组，大于其余比较各组。尺骨最大长，男性 B 组与华县 B 组相等，与大汶口 A 组接近，大于华县 A 组，小于其余比较各组。在生理长方面，男性 A 组、女性 A 组均大于华县 A 组，小于其余比较各组；男性 B 组小于大汶口 A、B 组和西夏侯组，大于其余比较各组。桡骨最大长，男性 A 组大于宝鸡 A 组，小于其余比较各组；男性 B 组与貘子窝组相等，大于大汶口 A 组、华县 B 组、宝鸡 A 组、华北近代组，小于其余比较各组。女性 A 组小于大汶口 A 组、西夏侯组、华县 B 组，大于其余比较各组。在生理长方面，男性 A 组小于比较各组；男性 B 组与貘子窝组较接近，大于大汶口 A 组、华县 B 组、宝鸡 A 组，小于其余比较各组。女性 B 组小于大汶口 A 组、西夏侯组，大于大汶口 B 组、华县 A 组。

八 身长的估计

身长选用 M·Trotier 与 G·C·Glessr 应用蒙古人种的身长公式，以男性 M149、M186、M275、M151、M96 的长骨最大长来进行计算，将得出结果制成表一四。所得结果为 169.47 ~ 171.67 厘米，平均身长为 170.29 厘米。

表一三　姜寨一期组长骨长度与其他组的比较　单位：厘米

组别（长度体征／骨别／性别）		男性 股骨 最大长	男性 股骨 生理长	男性 胫骨 最大长	男性 胫骨 生理长	男性 肱骨 最大长	男性 尺骨 最大长	男性 尺骨 生理长	男性 桡骨 最大长	男性 桡骨 生理长
姜寨一期组	A	44.97（3）	44.60（3）	37.39（4）	34.69（4）	30.60（5）		22.80（2）	23.60（3）	22.20（3）
	B	45.37（2）	44.93（2）	37.58（2）	34.77（3）	31.95（1）	26.45（1）	23.73（1）	24.90（1）	23.55（1）
大汶口组	A	46.08（9）	45.55（9）	36.85（5）	34.44（5）	31.82（9）	26.49（11）	25.45（11）	24.59（9）	22.98（9）
	B	48.36（12）	47.88（12）	39.56（11）	38.45（11）	33.49（7）	27.75（10）	25.77（10）	26.32（10）	24.66（10）
西夏侯组		16.1（13）	45.7（13）	37.4（14）	35.7（14）	32.6（15）	26.9（11）	24.0（12）	25.1（14）	23.8（14）
华县组	A			36.4（2）	32.7（2）	31.74（3）	25.9（1）	22.5（1）	25.4（2）	24.1（2）
	B	13.7（12）	44.9（13）	35.97（10）	34.09（10）	31.45（13）	26.45（5）	23.25（5）	24.64（12）	23.2（12）
宝鸡组	A	44.9（7）	44.6（7）	37.60（1）		37.51（5）			23.5（1）	22.75（1）
	B	44.59（22）	44.33（22）	36.40（26）	34.23（22）		26.72（4）	23.54（7）	25.17（4）	23.72（4）
半坡组		44.43（1）	45.2（3）	37.77（3）	35.7（1）	31.6（1）				
貔子窝组[17]		43.6（2）	43.5（2）	34.7（2）	33.9（2）	30.2（2）			24.9（1）	23.6（1）
仰韶组		45.78（8）	45.42（8）	37.82（8）	34.83（8）	33.77（4）			26.85（2）	
华北近代组		44.20（39）	43.83（39）	36.49（36）	34.09（36）	31.12（39）			23.86（18）	

续表一三

性别 / 骨别 / 长度体征 / 组别		女性								
		股骨		胫骨		肱骨	尺骨		桡骨	
		最大长	生理长	最大长	生理长	最大长	最大长	生理长	最大长	生理长
姜寨一期组	A			34.70（1）	33.90（1）	28.50（2）		22.50（1）	22.95（1）	
	B	42.65（2）	42.25（2）			31.20（1）				21.75（1）
大汶口组	A	43.86（12）	43.38（12）	36.13（12）	34.08（12）	30.59（10）	25.31（10）	23.34（10）	24.11（11）	22.71（11）
	B	42.44（5）	41.95（5）	34.56（9）	32.70（9）	29.32（11）		22.54（4）	22.79（9）	21.53（9）
西夏侯组		43.2（9）	42.9（9）	34.9（8）	33.8（8）	30.5（8）	25.2（8）	22.3（9）	23.2（11）	22.0（11）
华县组	A						22.5（12）	21.4（2）	22.3（2）	21.1（2）
	B	40.3（2）	40.8（2）	35.88（5）	34.18（5）	29.4（1）			23.9（2）	
宝鸡组	A	40.3（3）	39.9（3）	35.6（4）	33.5（4）	29.1（5）				
	B	42.4（2）	42.1（2）		33.9（2）	31.64（20）				
半坡组			39.23（1）		33.3（1）			22.5（1）		
貔子窝组[17]			40.71（7）							
仰韶组		41.05（8）	39.48（7）	34.15（12）	33.4（13）	28.41（6）			21.39（5）	
华北近代组		39.80（7）		32.58（5）	31.08（5）	28.31（7）			21.18（7）	

注：A组为与头骨互相配合的，B组为与头骨不互相配合的。

表一四 男性身长的估计 单位：厘米

骨别	侧别	M149	M186	M275	M151	M96
股骨	左	169.32（45.0）		170.29（45.45）		
	右	169.75（45.20）	168.75（44.70）	169.97（45.30）		
胫骨	左	170.96（37.45）				
	右	171.08（37.50）	170.36（37.20）	170.84（37.40）	170.84（37.40）	171.67（37.75）
股骨+胫骨	左	170.96（82.45）				
	右	171.26（82.70）	170.23（81.90）	171.26（82.70）		
肱骨	左	167.34（31.40）		168.82（31.95）		
	右	166.54（31.10）	166.81（31.20）			
尺骨	左			169.50（26.45）		
	右					
桡骨	左		171.21（25.2）	168.15（24.90）		
	右					
平均		169.65	169.47	169.83	170.84	171.67
总平均		170.29				

九 脑容量的估计

采用皮尔逊（K·Pearson）氏公式，可资利用的有 M177、M149、M150 三个男性头骨。结果是男性平均脑容量 1492.77 立方厘米。

十 结语

这批人骨所属的文化性质是仰韶文化半坡类型。对这批人骨的研究，为阐明我国黄河流域新石器时代人类体质的特征增添了新的资料。经过研究，我们对这批人骨资料得出了如下几点初步认识。从一些有人种鉴定意义的头骨形态观察、实际测量和指数项目的分析比较，可以看出姜寨一期组的体质特征与亚洲蒙古人种中的远东人种较为接近，如它的头骨具有中颅型、较宽而较陡直的额叶、较宽的中部面宽、较大的上面扁平度、中等突颌、中眶形和阔鼻型等特征，就说明了这一点。从头骨三十八个项目与各新石器组的比较中，可以看出姜寨一期组的一些重要体征多与仰韶文比各组相近，如头指数、头长高指数、鼻指数、鼻根指数、颧上颌角、鼻角等与宝鸡组接近；头宽高指数、上面指数、眶指数、齿槽面角、鼻颧角等与半坡组接近；而与大汶口文化、昙石山文化各组相比较为疏远。从下颌骨九个项目与各新石器组的比较来看，姜寨一期组下颌骨各项平均值体都落在黄河流域各新石器组的变异范围之内。

王月华同志参加了人骨测量和计算，特此致谢。

注　释

① 西安半坡博物馆、临潼县文化馆：《临潼姜寨遗址第四至十一次发掘纪要》，《考古与文物》1980 年 3 期；《1972 年春临潼姜寨遗址发掘简报》，《考古》1973 年 3 期。

② 韩康信、潘其风：《陕县庙底沟二期文化墓葬人骨的研究》，《考古学报》1979 年 2 期。

③ 颜訚、刘昌芝、顾玉珉：《宝鸡新石器时代人骨的研究报告》，《古脊椎动物与古人类》第 2 卷第 1 期。

④ 颜訚、吴新智、刘昌芝、顾玉珉：《半坡人骨的研究》，《考古》1960 年 9 期。

⑤ 颜訚；《华县新石器时代人骨的研究》，《考古学报》1962 年 2 期。

⑥ 考古研究所体质人类学组：《陕西华阴横阵的仰韶文化人骨》，《考古》1977 年 4 期。

⑦ 颜訚：《大汶口新石器时代人骨的研究报告》，《考古学报》1972 年 1 期。

⑧ 颜訚：《西夏侯新石器时代人骨的研究报告》，《考古学报》1973 年 2 期。

⑨ 韩康信、张振标、曾凡：《闽侯昙石山遗址的人骨》，《考古学报》1976 年 1 期。

⑩ 韩康信、陆庆伍、张振标：《江苏邳县大墩子新石器时代人骨的研究》，《考古学报》1974 年 2 期。

⑪ 转引自注⑦。

⑫ 同⑪。

⑬ 同⑪。

⑭ 转引自注⑤。

⑮ 同⑭。

⑯ 同⑭。

⑰ 同⑪。

夏元敏、巩启明、高强、周春茂合著，《史前研究》1983 年 2 期。

临潼姜寨第二期墓葬人骨研究

一　前言

本报告的人骨材料是西安半坡博物馆和临潼县文化馆于 1972 至 1979 年在陕西临潼姜寨遗址考古发掘中收集的一部分人骨标本。已发表的考古发掘简报认为，这个遗址属新石器时代，共分五期文化遗存，第一至第四期属仰韶文化，第五期属客省庄二期文化①。第一期文化墓葬的人骨标本，我们已于 1982 年作过研究②。本报告研究的人骨系第二期文化墓葬所出，属仰韶文化史家类型。史家类型的墓葬特征明显，且与半坡类型的墓葬区别很大，它们所代表的文化也不相同，所以，对史家类型墓葬人骨的研究是很有意义的一项工作。姜寨二期墓葬一般保存较好，有一定的墓葬制度和规律，都是竖穴土坑，无葬具，多为二次葬，头向西或略偏南、偏北；一个坑内埋葬个体少的 3 至 5 个，多的达七八十个，一般的是 20 个左右；单人葬很少；同一个坑内的性别年龄混杂，男女老幼皆有；多数墓有少量随葬品。这次研究的标本可供测量的计有：头骨，男性 11 个、女性 12 个；下颌骨，男性 5 个、女性 7 个；股骨，女性 4 根；胫骨，男性 1 根；肱骨，男性 2 根、女性 2 根；尺骨，女性 1 根；桡骨，女性 1 根。头骨与下颌骨基本配合，而与长骨则基本不配合。

二　人骨的性别和年龄

这批人骨标本的性别和年龄曾由西安医学院张怀镏教授及西安半坡博物馆王志俊等同志作过初步鉴定。这次我们又复查了一遍，鉴定结果基本一致。现按性别、年龄分期统计如下：

表一

年龄＼性别	男	女	合计	百分比（%）
青年期（性成熟～23 岁）		2	2	8.7
壮年期（24～35 岁）	4	5	9	39.0
中年期（36～55 岁）	6	5	11	48.0
老年期（56 岁以上）	1	0	1	4.3
总计	11	12	23	100

由表一可以看出，姜寨第二期文化居民多死于中年期和壮年期。这种现象与其他新石器时代居民的死亡情况大体相近。

三　头骨的形态观察

（1）头形　男、女性皆以卵圆形占大多数（分别为 54.5%、72.7%），楔形次之（均为 18.2%），五角形最少（均为 9.1%）。男性还有少数为椭圆形者（18.2%）。

（2）头骨不对称　男性多右侧明显不对称（54.6%），无左侧明显不对称现象。女性左、右侧明显不对称者比例相同（均为 27.3%），余皆无明显不对称。

（3）额中缝　男、女性的出现率皆较高（分别为 60%、50%），除男性有一例此缝为完全者外，其余位置均在三分之一以下。

（4）颅顶缝　男性前囟段以微波型为主（55.6%），深波型和锯齿型数量较少（均为 22.2%）。女性前囟段为微波型与深波型各占一半（均为 50%）。男、女性的顶段、顶孔段及后段皆以锯齿型为主。

（5）翼区　男、女性皆以 H 型占绝大多数（分别为 88.2%、82.4%）。此外，男性尚有两侧为 X 型（11.8%）；女性有一侧为 K 型（5.8%），两侧为缝间型（11.8%）。

（6）眉弓　眉弓凸度，男性以显著者居多（72.7%），特显及稍显者较少（分别为 18.2%、9.1%）。女性以稍显者居多（66.7%），微现者次之（25%），显著者仅一例（8.3%）。眉弓范围，男性多达眶上缘的二分之一处，女性多不及眶上缘的二分之一处。

（7）鼻根点凹陷　男性大多数为浅型（88.9%），余者缺如。女性大多数缺如（75%），浅型者较少（25%）。

（8）梨状孔形状　男女性皆以梨型居多（分别为 55.6%、58.3%），心型次之（分别为 44.4%、41.7%）。

（9）梨状孔下缘　男性以鼻前窝型居多（54.5%），钝型次之（27.3%），锐型及鼻前沟型各一例（均为 9.1%）。女性以鼻前窝型较多（33.3%），钝型及锐型次之（均为 25%），鼻前沟型较少（16.7%）。

（10）鼻骨形态　男、女性皆以Ⅰ型占多数（分别为66.7%、50%），Ⅱ型次之（分别为22.2%、41.7%），Ⅲ型者各有一例（分别为11.1%、8.3%）。这一现象与现代中国人（云南）十分相近。

（11）鼻前棘　依Broca分类，男、女性皆以Ⅰ级居多（分别为50%、55.6%），Ⅱ级次之（分别为37.5%、44.4%），Ⅲ级者仅男性中有一例。

（12）眶形　男性以正方形居多（54.6%），长方形次之（36.4%），椭圆形仅一例。女性正方形与长方形皆较多（均为33.3%），斜方形次之（16.7%），近圆形及椭圆形各一例。

（13）眶下缝　男、女性有此结构的占大多数（分别为60%、83.3%）。

（14）颧形　男、女性皆以重度深而宽、上颌交界处欠圆钝者占大多数（分别为63.64%、66.67%），而轻度深而宽者约占总数的三分之一（分别为36.36%、33.33%）。

（15）犬齿窝　依Broca分类，男性以弱者居多（45.4%），无及中等者次之（均为27.3%）。女性以弱者占绝大多数（83.4%），无及中等者各一例。

（16）门齿　男、女性的门齿绝大多数已缺失，对仅存的四枚男性门齿观察的结果显示，其全部为铲形。

（17）缝间骨　男性的出现率较高（54.6%），女性较低（27.3%）。男、女性缝间骨皆出现在人字缝之中，呈长方形或不规则形。有的人字缝左、右侧各镶嵌一块；有的左、右侧各有二块；有的一侧为一块，另一侧为二块；有的仅一侧有一块等。

（18）顶孔　男性以仅一侧有一个顶孔者占大多数（63.6%），两侧各有一个顶孔者次之（27.3%）。女性以两侧各一个顶孔者占绝大多数（72.8%），仅一侧有一个顶孔者次之（18.2%）。男、女性各有一例为无顶孔者。无附加顶孔现象。

（19）额鼻缝　男性以弧线型居多（40%），曲折线型与直线型次之（均为30%）。女性以曲折线型居多（50%），弧线型及直线型次之（均为25%）。

总的来看，姜寨二期组头骨所具有的蒙古大人种的特点是十分明显的，例如：简单的颅顶缝，较弱的眉弓，鼻前窝型的梨状孔下缘，欠发达的鼻前棘，浅而弱的犬齿窝，出现率高的铲形门齿，深而宽的颧形等。因此，姜寨二期头骨应属蒙古大人种范畴。

四　头骨测量值的分析与比较

姜寨二期组头骨测量平均值、指数及角度见附表一。现分析如下。

（一）姜寨二期组与近代亚洲蒙古人种的比较

由表二的十七项重要体征平均值的比较可以看出，姜寨二期组除头高（ba－b）一

表二 姜寨二期新石器组与亚洲蒙古人种各近代组头骨测量的比较（男性） 单位：毫米

体征 \ 组别	姜寨二期组	亚洲蒙古人种			
		西伯利亚人种	北极人种	远东人种	南亚人种
1. 头长（g－op）	186.05（10）	174.9（14）192.7	180.7（12）192.4	175.0（19）182.2	169.9（13）181.3
8. 头宽（eu－eu）	142.76（8）	144.4（14）151.5	134.3（12）142.6	137.6（19）143.9	137.9（13）143.9
8∶1 头指数	77.20（7）	75.4（14）85.9	69.8（12）79.0	76.9（19）81.5	76.9（13）83.3
17. 头高（ba－b）	145.43（4）	127.1（14）132.4	132.9（12）141.1	135.3（16）140.2	134.4（13）137.8
17∶1 头长高指数	75.80（3）	67.4（14）73.5	72.6（12）75.2	74.3（16）80.1	76.5（13）79.5
17∶8 头宽高指数	101.34（3）	85.2（14）91.7	93.3（12）102.8	94.4（16）100.3	95.0（13）101.3
9. 最小额宽（ft－ft）	93.38（10）	90.6（13）95.8	94.2（7）96.6	89.0（16）93.7	89.7（13）95.4
32. 额角（n－m－FH）	83.29（7）	77.3（10）85.1	77.0（5）79.0	83.3（8）86.9	84.2（8）87.0
45. 颧宽（zy－zy）	143.10（2）	138.2（14）144.0	137.9（12）144.8	131.3（16）136.0	131.5（13）136.3
48. 上面宽（n－Pr）	73.21（8）	72.1（14）77.6	74.0（12）79.4	70.2（16）76.6	66.1（12）71.5
48∶17 垂直颅面指数	50.29（2）	55.8（14）59.2	53.0（12）58.4	52.0（16）54.9	48.0（12）52.2
48∶45 上面指数	50.73（2）	51.4（14）55.0	51.3（12）56.6	51.7（16）56.8	49.9（12）53.3
77. 鼻颧角（fmo－n－fmo）	143.44（8）	147.0（9）151.4	149.0（3）152.0	145.0（6）146.6	142.1（9）146.0
72. 面角（n－Pr－FH）	81.83（6）	85.3（12）88.1	80.5（6）86.3	80.6（15）86.5	81.1（8）84.2
52∶51 眶指数（右）	75.26（9）	79.3（13）85.7	81.4（5）84.9	80.7（12）85.0	78.2（8）81.0
54∶55 鼻指数	53.26（9）	45.0（14）50.7	42.6（12）47.6	45.2（16）50.2	50.3（13）55.5
鼻根指数	25.20（9）	26.9（9）38.5	34.7（3）42.5	31.0（3）35.0	26.1（9）36.1

注：表中亚洲蒙古人种各项数字转引自参考文献③。

项大于亚洲蒙古人种各组的上限，以及眶指数（右）、鼻根指数小于亚洲蒙古人种各组的下限外，其余十四项都落在亚洲蒙古人种各组平均值变异范围之内。其中，落在西伯利亚人种变异范围内的有头长、头指数、最小额宽、额角、颧宽、上面高等六项，占比较项目总数的35.88%；另外，还有上面指数一项与这一组的下限比较接近。落在北极人种变异范围内的有头长、头指数、头宽高指数、颧宽、面角等五项，占29.41%；另外，还有头宽、头长高指数二项分别与这一组的上限很接近或较接近，以及最小额宽、上面高、上面指数三项分别与这一组的下限比较接近。落在远东人种变异范围内的有头宽、头指数、头长高指数、最小额宽、上面高、面角等六项，占35.88%；另外，还有额角、上面指数二项分别与这一组的下限十分接近或比较接近。落在南亚人种变异范围内的有头宽、头指数、最小额宽、垂直颅面指数、上面指数、鼻颧角、面角、鼻指数等八项，占47.06%；另外，还有头宽高指数一项与这一组的上限十分接近，以及头长高指数、额角、鼻根指数三项分别与这一组的下限比较接近。由以上对比可见，姜寨二期组属于蒙古人种范畴。相比较而言姜寨二期组与南亚人种最接近，次之为远东人种和西伯利亚人种，而与北极人种则较为疏远。

从头骨各项体征的具体分析看，姜寨二期组头长宽值组成的头型与远东、南亚人种比较接近，而与北极人种中有较长头的类型和西伯利亚人种中有较宽头的类型比较疏远。长高值组成的头型与南亚人种和远东、北极人种中有较高头的类型接近，而与西伯利亚人种疏远。宽高值组成的头型与北极、南亚、远东人种中有较高头的类型接近，而与西伯利亚人种疏远。略窄而略为陡直的前额与远东、南亚人种接近，而与具有较宽而较后倾前额的北极人种较疏远。较宽的面部结合中等的上面高与西伯利亚和北极人种接近。中上面型与南亚人种接近。上面扁平度与南亚人种接近。中颌型的突颌度与南亚人种接近，而与平颌型的西伯利亚人种区别显著。阔鼻型与南亚人种接近，而与狭鼻型的北极人种区别显著。总的说来，姜寨二组头骨具有中颅型（长宽比）、高颅型（长高比）、狭颅型（宽高比）、略窄而略为陡直的额形、较宽的面宽配合中等上面高的面部、较小的上面扁平度、中颌型的突颌度、低眶型的眼眶（右）、较宽的鼻和较低平的鼻梁等综合特征。这些特征与亚洲蒙古人种中的南亚人种较接近，但在面宽方面与西伯利亚人种和北极人种较接近，在头长高指数方面则与远东人种较接近。另外，姜寨二期组低眶型的眼眶（右）和较低平的鼻梁则与上述亚洲蒙古人种诸类型有显著区别。

（二）姜寨二期组与其他新石器时代蒙古人种各组的比较

由表三各项重要体征测量平均值的比较可以看出，姜寨二期组除了颧宽一项大于所有比较各组外，其余且多与仰韶文化关中各组接近，如头宽、头高、最小额宽、上面高、颅基底长、鼻高、鼻宽、眶宽、上面指数、总面角、鼻指数等，其中更接近于华县、

表三 姜寨二期组与其他新石器组头骨测量平均值的比较（男性） 单位：毫米

体征＼组别	姜寨二期组	姜寨一期组[4]	宝鸡组[5]	半坡组[6]	华县组[7]	下王岗组[8]	大汶口组[9]	西夏侯组[10]	野店组[11]	昙石山县[12]	庙底沟组[13]
1. 头长	186.05	181.15③	180.22⑦	180.84⑤	178.84⑨	175.75⑩	181.11④	180.30⑥	181.40②	189.70①	179.43⑧
8. 头宽	142.76	142.88①	143.25②	138.93⑩	140.69⑤	146.38⑨	145.70⑥	140.90④	146.00⑦	139.20⑧	143.75③
8：1 头指数	77.20	79.04⑤	79.34⑥	78.38②	78.50③	83.24⑩	78.71④	78：20①	80.49⑧	73.40⑨	80.31⑦
17. 头高（ba－b）	145.43	146.70②	141.55⑧	138.80⑩	144.30①	147.08③	142.89⑤	148.33⑥	141.70⑦	141.30⑨	143.17④
17：1 头长高指数	75.80	78.49⑥	78.73⑦	77.27①	80.43⑧	84.59⑩	88.24⑤	82.29⑨	78.11④	73.8③	77.64②
17：8 头宽高指数	101.34	96.39⑩	98.80④	97.37⑦	103.90⑤	101.02①	97.46⑥	105.34⑧	97.05⑨	99.5②	99.47③
9. 最小额宽	93.38	85.89⑩	93.29①	93.10②	94.25②	94.81⑦	91.64⑧	93.94④	94.30⑥	91.00⑨	93.69③
45. 颧宽	143.10	140.20③	137.13⑦	130.50⑩	133.86⑨	137.85⑤	140.56②	139.43④	137.3⑥	135.6⑧	140.83①
48. 上面高（n－pr）	73.21	72.54④	72.66③	75.96⑨	75.23⑦	71.06⑧	74.84⑥	72.03⑤	73.3①	68.0⑩	73.48②
40. 面基底长	106.60		102.02	102.20	103.44	107.30	98.28	101.69	100.25	103.5	104.50
5. 颅基底长	105.23	116.60⑨	102.63⑥	93.85⑩	105.65③	105.27①	104.95②	106.00⑤	105.67④	101.1⑧	108.13⑦
55. 鼻高	53.55	52.16⑤	52.13⑥	55.50⑨	53.51①	53.68②	54.72④	57.12⑩	55.15⑦	51.9⑧	53.99③
54. 鼻宽	28.36	27.14⑧	27.29⑤	27.05⑨	28.52①	27.20⑦	27.45③	27.66②	26.10⑩	29.5⑥	27.31④
52. 眶高（左）	33.37	35.15⑨	34.02⑥	33.68③	33.50②	32.93④	35.25⑩	34.19⑦	33.85⑤	33.4①	R. 32.42⑧
51. 眶宽（mf－ek 左）	43.33	41.28⑩	43.50②	42.38⑦	42.88④	41.38⑨	43.07③	44.04⑤	42.40⑥	43.3①	R. 41.75⑧

续表三

体征＼组别	姜寨二期组	姜寨一期组[④]	宝鸡组[⑤]	半坡组[⑥]	华县组[⑦]	下王岗组[⑧]	大汶口组[⑨]	西夏侯组[⑩]	野店组[⑪]	昙石山县[⑫]	庙底沟组[⑬]
52∶51 眶指数（mf－ek）	76.94	83.08⑩	78.30⑤	82.11⑨	77.96③	79.26⑦	81.83⑧	77.97④	75.12⑥	77.1①	R.77.71②
48∶45 上面指数	50.73	49.93③	53.49⑧	51.28②	57.79⑩	51.80④	54.31⑨	52.26⑥	53.38⑦	50.2①	51.86⑤
48∶17 垂直颅面指数	50.29		52.10	53.48	53.06	48.50	51.37	48.92	51.73	48.1	54.06
72. 总面角	81.83	83.00③	82.35①	81.00②	83.61④	84.90⑥	83.61④	84.38⑤	85.50⑦	81.0②	85.75⑧
74. 齿槽面角	73.71	78.00⑧	70.73⑤	78.50⑨	77.57⑦	74.10②	77.56⑥	60.38⑩	74.0①	71.7③	71.50④
77. 鼻颧角	143.44	146.04	144.13	146.70	145.18		149.76	145.03	149.0	143.8	147.56
54∶55 鼻指数	53.26	52.02③	52.50②	50.0⑥	53.40①	50.05⑤	49.45⑧	48.46⑨	47.33⑩	57.0⑦	50.15④
总积分数		112	91	122	88	110	103	110	113	97	86
十九项平均积分数		5.89	4.79	6.42	4.63	5.79	5.42	5.79	5.95	5.11	4.53

注：1. 表中各项数字分别取自参考文献④～⑬。

2. 庙底沟组的面基底长的测点为 n－sd。

3. 半坡组的垂直颅面指数是作者根据原报告中提供的测量数值计算所得。

宝鸡两个组。而头长、面基底长等项绝对值均大于关中各组，头指数、头长高指数、眶高、眶指数等则小于关中各组。另外，姜寨二期组与河南下王岗组（仰韶文化）接近的体征有头高、头宽高指数、颅基底长、鼻高、齿槽面角等；与河南庙底沟组（龙山文化早期）接近的体征有头宽、头长高指数、最小额宽、鼻高等；与山东大汶口、西夏侯、野店诸组接近的体征有头指数、上面高、颅基底长、鼻宽、眶高、眶宽、齿槽面角等；与福建昙石山组接近的体征有头长、眶高、眶宽、眶指数、上面指数、总面角、鼻颧角等。

我们采用等差级数法，对表三中的十九项重要体征测量平均值进行比较，以表示各组彼此接近的程度。计算结果表明，姜寨二期组与比较各组的接近程度，由近及远依次为庙底沟组（4.53 分）、华县组（4.63 分）、宝鸡组（4.79 分）、昙石山组（5.11 分）、大汶口组（5.42 分）、下王岗组（5.79 分）、西夏侯组（5.79 分）、姜寨一期组（5.89 分）、野店组（5.95 分）、半坡组（6.42 分）。由此可见，姜寨二期组与河南庙底沟组最接近，与关中华县、宝鸡两组也很接近，而与山东诸组的关系较疏远，尤与关中半坡组的关系最疏远。

五　下颌骨的观察与测量

下颌骨的形态观察见表四。颏形，男性以方形居多，女性则以尖形居多。下颌圆枕男性出现率高达 100%，位置多在 P_4 下方，女性出现率为 73.3%，位置多在 M_1 下方。下颌角区外面男、女性均以粗糙面居多，内面则以栉状居多。下颌枝男、女性均以外翻者居多。颏孔数目女性全部为单孔；男性大多数为单孔，个别为双孔（约占总数的 4.17%）。颏孔位置男、女性均以在 P_4 下方者为多。牙弓形状，男性全部为方形；女性也以方形居多，但尖形也占一定比例，仅次于方形。M_2 齿尖数，男性四尖型、五尖型各占一半；女性全部为四尖型。

下颌骨各项测量平均值与比较各组的对比见表五。髁间径一项，女性小于所有比较各组。角间径一项，男性大于华县 A 组，小于其余比较各组；女性大于半坡组、大墩子组，略小于大汶口组并与其比较接近，而小于其余比较各组。颏联合高，男性仅一例，大于所有比较各组；女性小于西夏侯组、昙石山组，略大于大汶口组并与其比较接近，而大于其余比较各组。髁颏长，女性小于半坡组，微大于西夏侯组并与其比较接近，而大于其余比较各组。M_1M_2 平面处的体高，男、女性均大于所有比较各组。M_1M_2 平面外的体厚，男性大于所有比较各组，但与华县 A 组接近；女性小于华县 A 组、昙石山组，大于其余比较各组。下颌枝最小宽，男性大于所有比较各组，但与宝鸡组和华县 B 组较为接近；女性小于华县 A 组，大于其余比较各组。下颌枝高，男性大于所有比较各组；女性小于姜寨一期组，大于其余比较各组。下颌角，男、女性均小于大墩子组，大于其余比较各组。

表四　姜寨二期新石器组下颌骨形态观察

项目	性别	形态							
颏形	男（5） 女（7）	方形 80%（4） 14.29%（1）	圆形 14.29%（1）	尖形 20%（1） 71.42%（5）					
下颌圆枕	男（9侧） 女（15侧）	无 26.67%（4）	稍强 66.67%（6） 60%（9）	显著 33.33%（3） 13.33%（2）					
下颌圆枕位置	男（9侧） 女（11侧）	I_2C	C	CP_3 18.18%（2）	P_3	P_3P_4 22.22%（2） 27.27%（3）	P_4 44.44%（4） 18.18%（2）	P_4M_1 22.22%（2）	M_1 11.12%（1） 36.37%（4）
下颌角外面	男（6侧） 女（13侧）	栉状 15.38%（2）	结节状 7.69%（1）	粗糙面 83.33%（5） 46.15%（6）	光滑 16.67%（1） 30.78%（4）				
下颌角内面	男（6侧） 女（13侧）	栉状 66.67%（4） 76.92%（10）	结节状 33.33%（2） 23.08%（3）	粗糙面	光滑				
下颌枝	男（8侧） 女（14侧）	外翻 87.50%（7） 71.43%（10）	直形 21.43%（3）	内翻 12.50%（1） 7.14%（1）					

续表四

项目	性别	形态							
颏孔数目	男（9侧） 女（15侧）	1孔 88.89%（8） 100%（15）	2孔 11.11%（1）						
颏孔位置	男（9侧） 女（15侧）	P_3	P_3P_4	P_4 77.78%（7） 73.33%（11）	P_4M_2 22.22%（2） 26.67%（4）	M_1	M_2	M_3	
M_2齿尖数	男（6侧） 女（2侧）	四尖 50%（3） 100%（2）	五尖 50%（3）	六尖					
牙弓形状	男（5侧） 女（7侧）	圆形	卵圆形 14.29%（1）	方形 100%（5） 57.14%（4）	尖形 28.57%（2）	U形			

表五 姜寨二期组下颌骨与其他各组的比较 单位:毫米

项目	性别	姜寨二期组	姜寨一期组	宝鸡组	半坡组	华县组 A	华县组 B	横阵组	大汶口组	大墩子组	西夏侯组	昙石山组	庙底沟组	对比组平均值变异范围
髁间径	男		132.58(3)	127.38(12)	121.53(15)	118.5(2)	118.0(6)	126.6(4)	132.42(14)	132.0(36)	133.24(7)	123.0(3)	124.93(4)	118.0~133.24
	女	111.2(1)	123.68(2)		117.16(5)				126.46(13)	123.6(23)	125.96(8)	120.9(4)		117.16~126.46
角间径	男	98.03(2)	105.86(7)	102.92(18)	106.15(16)	96.5(5)	101.6(11)	101.5(8)	107.75(14)	103.3(56)	107.44(9)	107.9(3)	106.74(7)	96.5~107.75
	女	98.57(6)	99.88(6)		92.2(3)				98.63(13)	96.6(34)	100.96(8)	98.6(5)		92.2~100.96
颏联合高	男	40.25(1)	37.42(5)	34.17(20)	34.0(26)	31.9(5)	34.3(19)	38.1(13)	35.45(12)	34.3(41)	36.60(10)	34.9(3)	36.13(7)	31.9~38.1
	女	33.95(2)	30.73(4)		31.81(8)				33.79(14)	32.0(31)	35.22(8)	34.9(5)		30.73~35.22
髁颏长	男		113.15(4)		111.9(9)	101.5(2)	110.86(8)	108.5(4)	110.46(13)	106.7(33)	110.4(8)	107.4(3)	106.0(4)	101.5~113.15
	女	105.7(1)	101.68(4)		107.73(3)	102(1)			103.31(13)	102.0(23)	105.6(9)	102.3(4)		101.68~107.3
下颌体高(M_1M_2 平面)	男	36.0(5 侧)	31.38(7)	30.89(20)	29.9(35)	30.92(6)	31.3(19)	L.32.4(14)	32.41(14)	31.0(119 侧)	30.45(10)	32.5(2)	31.96(8)	29.9~32.5
	女	30.22(17 侧)	29.70(6)						27.84(14)	28.6(67 侧)	28.19(8)	29.8(5)		27.84~29.8
下颌体厚(M_1M_2 平面)	男	18.63(6 侧)	16.58(7)	18.06(23)	17.9(28)	18.5(6)	17.3(19)	L.17.3(14)	17.09(14)	16.0(134 侧)	16.10(10)	17.8(3)	17.69(8)	16.0~18.5
	女	17.8(17 侧)	16.29(6)			19.0(1)			16.94(14)	15.2(69 侧)	16.81(8)	18.5(5)		15.2~19.0
下颌枝最小宽	男	39.46(4 侧)	38.08(7)	38.95(23)	36.58(27)	37.04(5)	38.85(20)	38.0(10)	37.64(14)	37.5(125 侧)	37.30(9)	36.6(3)	37.31(8)	36.58~38.95
	女	37.91(12 侧)	37.07(6)		37.03(8)	40.0(1)			35.62(13)	35.5(67 侧)	36.6(8)	36.2(6)		35.5~40.0
下颌枝高	男	70.6(2)	66.17(5)							61.3(90 侧)	60.6(9)			60.6~66.17
	女	59.96(5)	61.02(4)							56.0(57 侧)	53.0(9)			53.0~61.02
下颌角	男	121°(1)	119.93°(7)							122.0°(94 侧)	118.9°(9)	102.5°(3)		118.9~122.0
	女	123.75°(6)	120.17°(6)							125.3°(60 侧)	118.4°(9)	117.8°(6)		117.3~125.3°

综上所述，姜寨二期组下颌骨男性除角间径在比较各组的变异范围以内并接近其下限，下颌角在比较各组的变异范围内并接近其上限外，其余诸项均大于所有比较各组；女性除髁间径一项小于所有比较各组、体高一项大于所有比较各组外，其余诸项均在比较各组变异范围以内并接近其上限。同样的特征也反映在下颌骨粗壮指数上（表六）。男性 M_1M_2平面处小于所有比较各组；女性 M_1M_2平面处则大于多数比较各组。颏孔平面处男、女性均大于所有比较各组（北京人除外）。因此，除了例数较少的原因外，上述特征可能还意味着姜寨二期组的下颌骨比各组的粗壮。

表六　　姜寨二期组下颌体粗壮指数与其他各组的比较

位置 / 指数 / 性别 / 组别	颏孔平面		M_1M_2平面	
	男	女	男	女
姜寨二期新石器组	44.34（7 侧）	44.97（17 侧）	51.67（5 侧）	59.19（17 侧）
姜寨一期新石器组	43.31（7）	44.92（6）	52.63（7）	55.28（6）
北阴阳营新石器组	39.8	41.5	54.0	57.3
西夏侯新石器组			54.0（10）	61.8（8）
大汶口新石器组			58.8（14）	61.3（14）
大墩子新石器组	41.5（123 侧）	41.7（60 侧）	51.8（119 侧）	54.8（66 侧）
安阳侯家庄殷代组	40.4	42.0	54.4	58.0
安阳小屯隋唐组	40.0	41.9	54.1	57.9
南京绣球山近代组	39.6	41.4	53.8	57.2
山顶洞人	34.8（101 号） 35.8（108 号）	42.1（104 号）	42.0（101 号） 40.6（108 号）	56.7（104 号）
北京人	48.3（G）	58.4（HL）	54.3（G）	53.4（HL）

注：表中各项数字均引自参考文献⑭。

六　长骨的测量观察

姜寨二期组长骨可供测量和观察的仅有四根女性股骨。

从表七可以看出，姜寨二期组与所有比较各组女性相比，股骨干中部指数一项，姜寨二期组仅小于半坡组，而大于其余比较各组，但与大汶口 B 组近乎相等。股骨嵴指数一项，姜寨二期组大于半坡组和仰韶组，而小于其余比较各组，但与姜寨一期 B 组近乎相等。股骨扁平指数一项，姜寨二期组小于所有比较各组，但与仰韶组几乎相等。

表七 姜寨二期组股骨指数与其他组的比较（女性）

组别＼体征		干中部指数	嵴指数	扁平指数
姜寨二期组		104.98（4）	95.54（4）	66.82（4）
姜寨一期组	A	93.16（2）	107.29（2）	75.10（2）
	B	103.21（5）	97.18（5）	72.12（5）
大汶口组	A	98.04（13）	102.76（13）	74.34（13）
	B	103.67（5）	97.74（5）	75.54（6）
西夏侯组	A	103.0（13）	97.5（13）	75.0（16）
华县组	B	92.05（2）	108.04（2）	71.89（9）
宝鸡组	A	90.25（2）	104.5（3）	77.36（6）
	B	99.88（2）	100.3（2）	76.05（9）
半 坡 组		111.1（2）	90.38（2）	72.06（2）
仰 韶 组		101.6（10）	89.0（10）	67.7（10）
华北近代组		101.6（7）	98.5（7）	75.4（7）

总结以上各项指数的对比，姜寨二期组股骨干中部指数大于100，表明姜寨二期组股骨的前后径小于左右径，这与姜寨一期B组、大汶口B组、西夏侯A组、半坡组、仰韶组、华北近代组相同，而与其余比较各组相反。姜寨二期组嵴指数小于100，表明骨嵴不甚发育，这可能和性别有关。姜寨二期组扁平指数小于74.9，属于超扁平型，这与姜寨一期B组、大汶口A组、华县B组、半坡组、仰韶组相一致。

由表八可以看出，在股骨粗大指数方面，姜寨二期组微大于大汶口B组女性、男性、男女合计组，并与其几乎相等；也微大于西夏侯男女合计组，并与其几乎相等，微小于华北近代男女合计组、大汶口A组的男女合计组、甘肃史前男女合计组，并与其近乎相等；大于姜寨一期B组（男性，女性和男女合计组）、大汶口A组女性、西夏侯组女性、满洲近代男女合计组；小于姜寨一期A组、大汶口A组、西夏侯组、华县B组等诸组的男性和华县B组女性，以及华县B组的男女合计组和仰韶史前男女合计组。

表八 姜寨二期组股骨粗大指数与其他组的比较

组别＼指数＼性别		男	女	男女合计
姜寨二期组			12.59（4）	
姜寨一期组	A	12.94（3）		
	B	12.32（2）	12.46（12）	12.39（4）

续表八

组别 \ 指数 \ 性别		男	女	男女合计
大汶口组	A	12.88（9）	12.37（12）	12.63（21）
	B	12.52（12）	12.57（5）	12.55（17）
西夏侯组		12.85（13）	12.18（9）	12.51（22）
华县 B 组		12.74（12）	12.88（2）	12.81（14）
仰韶史前组				12.90
甘肃史前组				12.65
华北近代组				12.60
满洲近代组				12.30

由股骨粗线观察，姜寨二期组女性 4 例中高于 3 毫米者占 25%，但低于 2 毫米者占 75%，这与嵴指数的大小基本相符，表明姜寨二期组女性骨骼不甚发育。由中部形态观察，女性 4 例中等边三角形占 75%，菱形约占 25%，可见观察结果与干中部指数的大小基本符合。此外，第三转子出现率为零。

七 长骨长度的比较

由表九可以看出，股骨最大长一项，姜寨二期组女性大于华县 B 组、宝鸡 A 组、仰韶组、华北近代组，而小于其余比较各组，但与宝鸡 B 组、大汶口 B 组、姜寨一期 B 组、仰韶组较接近。在生理长方面，姜寨二期组女性大于华县 B 组、仰韶组、宝鸡 A 组、半坡组、华北近代组，而小于其余比较各组，但与华县 B 组、仰韶组、大汶口 B 组、宝鸡 B 组较接近。胫骨最大长、生理长，姜寨二期组男性仅小于大汶口 B 组，而大于其余比较各组，但与仰韶组、半坡组、宝鸡 A 组、姜寨一期 B 组、大汶口 B 组较接近。胫骨最大长，姜寨二期组男性小于宝鸡 A 组、仰韶组、大汶口 B 组，而大于其余比较各组，但与西夏侯组、大汶口 B 组、仰韶组较接近；姜寨二期组女性大于姜寨一期 A 组、仰韶组、华北近代组，而小于其余比较各组，但与姜寨一期 A 组、仰韶组、华北近代组、宝鸡 A 组、大汶口 B 组、华县 B 组很接近或较接近。桡骨最大长，姜寨二期组女性小于大汶口 A 组、华县 B 组、西夏侯组，而大于其余比较各组，但与西夏侯组、姜寨一期 A 组、大汶口 B 组、华县 A、B 组很接近或较接近。生理长方面，姜寨二期组女性小于所有比较各组，但除大汶口 A 组外，与其余比较各组皆较接近。

表九 姜寨二期组长骨长度与其他组的比较

单位：厘米

长骨长度体征 / 组别		男性 胫骨 最大长	男性 胫骨 生理长	男性 肱骨 最大长	女性 股骨 最大长	女性 股骨 生理长	女性 肱骨 最大长	女性 桡骨 最大长	女性 桡骨 生理长
姜寨二期组		38.5（1）	36.4（1）	32.95（2）	41.85（4）	41.23（4）	28.65（2）	23.1（1）	21.2（1）
姜寨一期组	A	37.39（4）	34.69（4）	30.60（5）			28.50（2）	22.95（1）	
	B	37.58（2）	34.77（3）	31.95（1）	42.65（2）	42.25（2）	31.20（1）		21.75（1）
大汶口组	A	36.85（5）	34.44（5）	31.82（9）	43.86（12）	43.38（12）	30.59（10）	24.11（11）	22.71（11）
	B	39.56（11）	38.45（11）	33.49（7）	42.44（5）	41.95（5）	29.32（11）	22.79（9）	21.53（9）
西夏侯组		37.4（14）	35.7（14）	32.6（15）	43.2（9）	42.9（9）	30.5（8）	23.2（11）	22.0（11）
华县组	A	36.4（2）	32.7（2）	31.74（3）				22.3（2）	22.1（2）
	B	35.97（10）	34.09（10）	31.45（13）	40.3（2）	40.8（2）	29.4（1）	23.9（2）	
宝鸡组	A	37.60（1）		37.71（5）	40.3（3）	39.9（3）	29.1（5）		
	B	36.40（26）	34.23（22）		42.4（2）	42.1（2）	31.64（20）		
半坡组		37.77（3）	35.7（1）	31.6（1）		39.23（1）			
貔子窝组		34.7（2）	33.9（2）	30.2（2）					
仰韶组		37.82（8）	34.83（8）	33.77（4）	41.05（8）	40.71（7）	28.41（6）	21.39（5）	
华北近代组		36.49（36）	34.09（36）	31.12（39）	39.80（7）	39.48（7）	28.31（7）	21.18（7）	

八　身长的估计

我们采用 M·Trotter 与 G·C·Glesser 应用于蒙古人种的公式，以男性 M 82③:2、M75②:12、M238:1 的个别长骨来计算（表一〇），所得结果为 167.88～170.09 厘米，平均身高为 168.81 厘米。

表一〇　　男性身长的估计　　单位：厘米

骨别	侧别 \ 墓别	M82③:2	M75②:12	M238:1
胫骨	左	168.45（36.4）		
肱骨	左		167.88（31.6）	
	右			170.09（32.8）
平均		168.81		

九　脑容量的估计

我们采用 K·Pearson 推算脑容量的两个公式。姜寨二期组可资运用这两个公式推算脑容量的头骨有男性 2 个、女性 6 个，结果见表一一。采用第一公式计算的结果，男性平均脑容量为 1489.31 立方厘米，女性平均脑容量为 1324.72 立方厘米。采用第二公式计算的结果，男性平均脑容量为 1466.61 立方厘米，女性平均脑容量为 1341.94 立方厘米。第一、二公式的平均值，男性为 1477.96 立方厘米，女性为 1333.33 立方厘米。

表一一　　姜寨二期组颅容量的估算　　单位：立方厘米

性别	K·Pearson 公式	M75②:12　M203:11	总数	例数	平均数
男	Ⅰ.524.6+0.000266×长×宽×高	1538.06　1440.55	2978.61	2	1489.31
	Ⅱ.359.35+0.000365×长×宽×耳上颅高	1516.57　1416.64	2933.21	2	1466.61
	两公式平均值	1527.32　1428.60	2955.92	2	1477.96

性别	K·Pearson 公式	M75:2　M112:10　M112:11　M168:17　M198:30　M202:36	总数	例数	平均数
女	Ⅰ.812.0+0.000156×长×宽×高	1290.50　1297.68　1380.04　1402.37　1321.61　1256.12	7948.32	6	1324.72
	Ⅱ.296.40+0.000375×长×宽×耳上颅高	1310.74　1298.62　1489.10　1453.26　1282.03　1217.89	8051.64	6	1341.94
	两公式平均值	1300.62　1298.15　1434.57　1427.82　1301.82　1237.01	7999.99	6	1333.33

十　结语

本报告人骨标本的文化性质属新石器时代仰韶文化史家类型，比半坡类型晚，但比庙底沟类型早，经^{14}C测定，其年代为距今5490～5000年（未经树轮校正）。这批人骨资料为阐明我国华北地区新石器时代人类体质的特征增添了新的资料。经过研究，我们对这批人骨资料产生了一些初步认识。从头骨形态观察、实际测量以及各项目平均值、指数的分析比较，可以看出姜寨二期组的体质特征与蒙古大人种接近，如简单的颅顶缝、较弱的眉弓、不发达的鼻前棘、浅而弱的犬齿窝、出现率高的铲形门齿、较宽的颧形等都说明了这一点。从头骨十九个项目的测量平均值与各新石器组的比较中可以看出，姜寨二期组的一些重要体征多与庙底沟组（龙山文化早期）接近，与华县、宝鸡两组也比较接近，而与山东诸组的关系比较疏远，尤其是与半坡组的关系最远。从下颌骨几个重要项目与各新石器组的比较来看，姜寨二期组下颌骨各项平均值大都在比较各组的变异范围之外，并大于所有比较各组。从下颌体粗壮指数与其他各组的比较来看，姜寨二期组的下颌骨较比各组的粗壮。

附表一　　姜寨二期组颅骨测量平均值、指数及角度

长度：毫米；角度：度；指数:%

体征 ＼ 性别		男	女
1. 头长（g－op）		186.05（10）	176.69（10）
8. 头宽（en－en）		142.76（8）	139.08（10）
17. 头高（ba－b）		145.43（4）	134.69（6）
9. 最小额宽（ft－ft）		93.38（10）	90.15（12）
25. 颅矢状弧（arc　n－o）		387.83（6）	366.0（8）
24. 颅横弧（arc　po－po）		320.57（7）	313.15（10）
23. 颅周长		535.93（7）	511.75（10）
5. 颅底长（enba－n）		105.23（4）	98.28（6）
40. 面底长（enba－pr）		106.60（3）	99.70（5）
45. 颧宽（zy－zy）		143.10（2）	127.83（3）
48. 上面高（n－pr）		73.21（8）	68.91（10）
（n－sd）		75.82（9）	73.13（9）
颧骨高（fmo－zm）	左	47.77（10）	44.29（10）
	右	46.61（10）	43.52（11）

续附表一

体征 \ 性别		男	女
颧骨宽（zm－rim. orb.）	左	29.30（10）	26.07（10）
	右	28.92（10）	25.55（11）
52. 眶高	左	33.37（9）	32.94（10）
	右	32.73（9）	32.34（12）
51a. 眶宽（mf－ek）	左	43.33（9）	41.68（11）
	右	43.55（9）	41.57（12）
51. 眶宽（d－ek）	左	39.63（8）	38.65（11）
	右	39.79（9）	38.50（11）
50. 眶间宽（mf－mf）		20.52（9）	19.26（12）
49. 眶间宽（d－d）		25.03（9）	23.42（11）
55. 鼻高（n－ns）		53.55（10）	50.17（12）
54. 鼻宽		28.36（9）	27.12（12）
43. 两眶外缘宽（fmo－fmo）		100.25（10）	96.55（11）
60. 上齿槽弓长（pr－alv）		57.62（7）	54.41（9）
61. 上齿槽弓宽（ekm－ekm）		69.17（10）	64.78（12）
62. 腭长（ol－sta）		48.22（11）	45.78（12）
63. 腭宽（enm－enm）		40.68（9）	38.43（11）
64. 腭深		14.01（8）	11.85（11）
8:1 头指数		77.20（7）	78.82（10）
17:1 头长高指数		75.80（3）	77.07（6）
17:8 头宽高指数		101.34（3）	96.74（6）
9:8 额宽指数		65.66（7）	64.67（10）
40:5 面突指数		100.26（3）	101.32（5）
48:45 上面指数		50.73（2）	52.96（2）
18:17 垂直颅面指数		50.29（2）	50.97（2）
52:51 眶指数（mf－ek）	左	76.94（9）	79.25（10）
	右	75.26（9）	77.77（12）
52:51a 眶指数（d－ek）	左	83.29（8）	85.45（10）
	右	82.32（9）	84.08（11）
54:55 鼻指数		53.26（9）	53.34（12）
鼻根指数		25.20（9）	21.76（12）

续附表一

体征 \ 性别	男	女
63∶62 腭指数	83.60（9）	84.32（11）
72. 总面角（n－pr－FH）	81.83（6）	83.64（7）
73. 鼻面角（n－ns－FH）	85.77（7）	88.25（10）
74. 齿槽面角（ns－pr－FH）	73.71（7）	68.79（7）
眉间前囟角（g－b－FH）	47.38（8）	47.61（10）
32. 额侧面角（g－m－FH）	75.69（8）	79.90（10）
77. 鼻颧角（fmo－n－fmo）	143.44（8）	147.50（11）
颧上颌角（zm－ss－zm）	134.61（9）	137.17（9）
75. 鼻角（n－rhi－FH）	65.50（1）	75.50（1）

参考文献

① 西安半坡博物馆、临潼县文化馆：《陕西临潼姜寨遗址第四至十一次发掘纪要》，《考古与文物》1980年3期。

② 夏元敏、巩启明、高强、周春茂：《临潼姜寨一期文化墓葬人骨研究》，《史前研究》1983年2期。

③ 韩康信、潘其风：《陕县庙底沟二期文化墓葬人骨的研究》，《考古学报》1972年2期。

④ 同②。

⑤ 颜訚、刘昌芝、顾玉珉：《宝鸡新石器时代人骨的研究报告》，《古脊椎动物与古人类》第2卷第1期。

⑥ 颜訚、吴新智、刘昌芝、顾玉珉：《西安半坡人骨的研究》，《考古》1960年9期。

⑦ 颜訚：《华县新石器时代人骨的研究》，《考古学报》1962年2期。

⑧ 张振标、陈德珍：《下王岗新石器时代居民的种族类型》，《史前研究》1984年1期。

⑨ 颜訚：《大汶口新石器时代人骨的研究报告》，《考古学报》1972年1期。

⑩ 颜訚：《西夏侯新石器时代人骨的研究报告》，《考古学报》1973年2期。

⑪ 张振标：《从野店人骨论山东三组新石器时代居民的种族类型》，《古脊椎动物与古人类》第18卷第1期。

⑫ 韩康信、张振标、曾凡：《闽侯昙石山遗址的人骨》，《考古学报》1976年1期。

⑬ 同③。

⑭ 韩康信、陆庆伍、张振标：《江苏邳县大墩子新石器时代人骨的研究》，《考古学报》1974年2期。

巩启明、高强、周春茂、王志俊合著，原载于《中国考古学研究论集——纪念夏鼐先生考古五十周年》，三秦出版社，1987年。

姜寨遗址早期生态环境的研究

科学发展到今天，人类已经更加深刻地意识到自然生态环境对自身的重要性了。近年来，随着全球范围内生态环境的日趋恶化，人类的危机感日益加深，由此，科学家们不断寻求各种方法保护我们人类赖以生存的生态环境，而充分地了解、认识地球历史上、特别是第四纪晚期以来生态环境的变迁益发显示出其重要性。所幸考古学发展积累的比较丰富的资料为这种研究创造了良好条件。近几十年来，以研究生态环境变迁和考古学结合为发轫，诞生了环境考古这朵科学奇葩。它从一产生起便显示出强大的生命力，引起各相关领域学者的高度重视。

自然环境对人类文化的发展有着深刻的制约作用，愈是人类的童年时代，这种情况表现得愈加明显。从某种意义上说，人类的诞生正是第四纪以来环境变迁的结果，地理环境的变化推动了人类的发展。一方面，山川地貌、水文气象条件、动植物资源诸要素制约人类的生存与迁徙，它们任何一方面的变化都会使古代人类生活产生明显的连锁反应；另一方面，人类也以自身及其创造的文化积极地适应自然、改造自然，当然这种改造自然的活动有时甚至是消极的、破坏性的。所以，人类的文化遗迹现象正是适应自然和改造自然的一种反映，结合动植物资料、地质地貌，我们便可复原当时人类的生活环境。一部人类发展史正是在地理环境变迁这个外因变化的推动下向前发展的。姜寨遗址是渭河流域一个内涵非常丰富的古文化遗址，基于上述认识，本文拟对该遗址早期的生态环境作一个综合性的研究探讨，其中有些看法很可能是不成熟的，敬希学者们批评指正。

一　姜寨遗址的地理环境

姜寨遗址位于骊山北麓下的临潼县城以北约 1 千米处，地理坐标为东经 109°13′E、北纬 34°24′N。遗址西南方为源于骊山的临河，该河经县城东南向西北注入渭水，遗址西南部已被临河部分冲毁。

临潼县地处陕西关中平原的东部，境内地势南高北低。渭河平原海拔一般在500米以下，约占境内面积的四分之三。从大范围看，关中平原的基础构造是汾渭内陆断陷西部的渭河地堑，该地堑形成于第三纪中后期，断裂活动一直延续至今，同时与沉积并行，它的沉积体是一个由河流阶地、山前洪积扇、冲积洪积平原三角洲等组成的复杂地貌。渭河地堑充填着巨厚的第四纪堆积地层，特别是东部，这些堆积在山前则形成渭河及其支流阶地。渭河两岸阶地发育是不对称的，其基本特征是北翘南倾，这与秦岭强烈凸起上升、黄土塬掀起、谷地南侧沉陷有关。

在第三纪以来的新构造运动中，秦岭强烈上升，在骊山周围有大小不等的许多河流形成并注入渭水。河口均由洪积、冲积物形成冲积扇裙，这在华清池周围也得到表现。骊山海拔600～1200米。骊山山体系变质岩、花岗岩、片麻岩构造；山周围均为渭河支流，从山顶俯瞰，这些支流呈放射状水系环绕骊山，分别注入渭水。这些河流形成的冲积扇裙流水分选明显，扇坡不大，形成三级到四级阶地。一级阶地高出河平面5～10米，形成于距今约12000年前；二级阶地高20～45米，形成于晚更新世末次冰期——大理冰期，距今20000年前左右，二级阶地在临潼周围比较窄；三级阶地是中更新世末（Q_2^3）到晚更新世初（Q_3^1），由于构造差异，渭河在黄土塬面上强烈下切侵蚀，破坏黄土台塬，从而在侵蚀不整合面之上形成三级阶地冲积层①。这些河流阶地，在骊山周围，由于新构造运动使山体凸起，随着河流下切冲积，对渭河形成一个向左岸的推顶作用，从而使渭河河道北移，而且全新世以来这种推顶作用的速度明显加快。应该指出的是，临河水量不大，故其推移速度及形成的冲积扇裙的面积要较上游灞河小得多。从地层上看，黄土台塬基底为倾动后的三门系河湖相沉积及第三纪红色土，上不整合覆以较厚的老黄土，顶部则为老黄土堆积，其中有些地方还覆以全新世初期的黑垆土。姜寨遗址正处于临河注入渭河的冲积三角扇裙上，距今渭河河道4千米左右。但据以上情况和一级阶地形成的时代，很显然，在6000年以前，姜寨遗址距渭河河道应大大近于目前这个距离。这里水源充足，土质肥沃，十分利于早期人类生活。

从现在的气候条件看：临潼属温带季风性气候，根据长期以来积累的气象统计资料，1月份平均气温为-1.3℃，7月份平均气温为27.2℃，年平均气温为13.4℃，年降水量为550毫米左右，雨水多集中于夏秋季，无霜期215天，光照充分，年日照时间为2094小时。这里将这些条件也列出，以供后文参考对比。

二　姜寨遗址的发掘情况及年代

姜寨遗址发现于1972年，从1972年4月至1979年11月，八年间先后经过11次发掘。根据勘查，确认遗址总面积为50000平方米，除去人为及自然破坏面积，现存约20000平方米。遗址中心或村落集中区保存完好，文化堆积厚度一般为1~2米，最厚4米。姜寨又名岗寨，因地势高亢，形似山冈而得名。遗址在20世纪50年代尚为高出现地面2~3米的岗阜，60年代将最高处的文化层破坏掉约2米，发掘前这里为落差不大的五级梯田。

通过11次发掘，共发掘各种面积的探方、探沟367个，发掘面积17084平方米。这11次发掘可归纳为五期不同的文化遗存，其中1至4期属仰韶文化的四种不同类型，第五期属客省庄二期文化。在五期文化遗存中，第一期文化遗存保存最好，遍布整个遗址，其间发现了大批房址、窖穴、墓葬及围沟、圈栏、陶窑等重要遗迹所组成的基本完整的原始聚落，唯其余几期保存不佳，破坏严重[②]。

从地层上看，姜寨遗址由于处于黄土台地上，遗址东北高而西南低，人类在这里居住延续时间久远，故有些地区仅有一个时期的堆积，而有些地方则是几期文化遗存互相叠压，从而使整个遗址地层堆积比较复杂。地层叠压关系所反映的文化发展序列为：仰韶文化半坡类型→史家类型→庙底沟类型→西王村类型→客省庄二期文化。整个文化层上部覆以耕土层及扰动层，文化层以下为黄土堆积。

姜寨遗址的^{14}C年代，第一期文化遗存曾测定三个标本：木柱（ZK－264）5835±170aB. P.，树轮校正年代为6405±200 aB. P.；炭化木椽（ZK－265）5835±170 aB. P.，树轮校正年代为6495±185 aB. P.；另一个标本年代为（BK－77 041）5970±170 aB. P（未经树轮校正）。从这几个年代测定数据可以看出其文化延续的大致时间，第一期文化遗存时代应在6500 aB. P. ~6400 aB. P.（4500~4400 aB. C.）前后，这个时间和仰韶文化半坡类型遗址时间吻合；第二期有一个人骨测定数据（ZK－454），ZHT_{12} M_{238}第3号人骨，年代为5030±85 aB. P.，经树轮校正为5640±110 aB. P.（3690±110 aB. C.），该数据和史家类型相当；姜寨后几期文化遗存没有^{14}C年代测定数据，仅根据器物类型学和地层叠压关系断代，估计出入不会太大。本文涉及的时间基本上是第一期至第四期，这个阶段为仰韶文化时代，但侧重于第一期，因为第一期文化遗存保存得最完好，无论是村落布局还是建筑设施、墓地等概莫如此，另外出土的动物骨骼也最为丰富，占整个遗址所出60%以上。

三　姜寨遗址的动物遗存

姜寨遗址早期阶段遗存出土了大批动物骨骼，包含无脊椎动物和脊椎动物两大类。从鉴定结果看，无脊椎动物有两种：中华田螺和圆顶珠蚌。事实上，姜寨遗址发现有大量的软体动物，经过鉴定者只是极小部分。值得一提的是，这些软体动物也能反映当时的气候和生态环境。田螺一类软体动物的适应性是不同的，其中有广适型、喜干冷或温湿型、半干旱半湿润型等等，另外加之其迁徙速度很慢，所以它们的存在组合往往更能反映出古气候。遗憾的是这个工作并未得到应有的重视，收集、鉴定工作亟待提高。

姜寨的脊椎动物骨骼包含了鱼纲、鸟纲、哺乳纲三大类。鱼类中有鲤鱼和草鱼；鸟纲中有鹈鹕、雕、鹤和鸡；哺乳类动物遗存在姜寨最为丰富，包含了六个目，其中有食虫目两种：刺猬和麝鼹；灵长目的猕猴；啮齿目的中华鼢鼠和中华竹鼠；兔形目的兔；食肉目犬科狗、豺、貉；熊科黑熊；鼬科狗獾、猪獾；猫科动物虎、猫；偶蹄目猪科家猪（也可能含野猪）；鹿科麝、獐、梅花鹿、鹿，牛科黄羊、黄牛等21种。单从动物遗骨丰富这一点足以说明狩猎活动在距今6000年前的姜寨时代先民生活中占有很明显的比重。

现在再来分析姜寨动物群中动物的生活习性，从对气温适应性方面讲，姜寨遗址广适性动物占大多数，也就是说，大部分脊椎动物既适于北方较干冷的气候条件，又适应南方温湿的环境，这些动物对确定当时的气候情况意义不大。比较能反映当时气候特征的动物有猕猴、中华鼢鼠、中华竹鼠、豺、猪獾、鹿、麝、刺猬几种，这些动物都是喜暖型动物，从目前的分布地域看，它们一般见于秦岭以南或长江流域，在关中地区已很少见或不见，如猕猴目前在我国主要分布于华南和秦岭以南的西南地区，关中黄河流域已经绝迹。根据考古资料，第四纪以来，从中更新世到全新世早期，关中平原一直有猕猴分布，北首岭遗址就曾见及，从现阶段猕猴的生活习性观察，它喜栖息于竹林、河边岩壁，而今关中已无这种自然景观。中华竹鼠和中华鼢鼠在新石器时代的黄河流域也屡见不鲜，它们的存在和猕猴的存在相佐证。由此不难断定，当时黄河流域是分布有大片竹林的。另外，豺、鹿、麝、獐等几种动物也表现出相同的秉性。由是观之，姜寨的气候在6000年前应较今天为暖，动物群的变化为我们提供了这方面的证据。

动物群组合不仅能反映一个地区的气候特征，同时也能反映一个地区的地貌环境，因为各种动物对地理环境的选择是不同的。姜寨动物群动物种类多，但归类一下我们不难发现其规律。在这些动物中，喜欢林栖的动物有猕猴、中华竹鼠、熊、虎、猫、麝等；喜于山坡或平地草丛生活的有梅花鹿、鹿、黄羊、黄牛等；獐、貉性喜潮湿，生活于多芦苇的河岸或湖边；除此之外，还有一些喜欢在水边生活的动物，如鹤、鹈鹕等。可以看出，姜寨先民生活的时代，在姜寨周围分布有面积较广的水域，鱼、水鸟及貉的大量分布是其重要标志，这从今天的地貌环境看也不难理解，在骊山及其以南一定覆盖有大片的林木。根据前文对渭河流域地理地貌的分析，临河对渭河有一个推顶作用，由于6000年来这一进程的持续，姜寨遗址当时距渭河河道一定较现在为近，加之其傍依临河，处于高台地上，那时的临河口冲积扇上沼泽众多，芦苇、草丛丰茂，湿暖、潮湿，丰美的水草为大批的食草动物提供了充足的食物来源，这样又吸引了食肉类动物前来捕食，使食肉类动物能大量繁衍，从而也使整个食物链结构能保持正常运转。动物资源的丰富对当时的人类来说是一个十分有利的条件，很适于人类狩猎，而渔猎活动促进了人类的发展，姜寨遗址发掘的大量动物遗存说明在6000年前这里先民生产生活的多样性。

四 姜寨遗址的孢粉分析

王开发对姜寨遗址作了孢子花粉分析，其孢粉样品多采自仰韶文化层，在分析时，我们排除了耕土层的孢粉样品，也就是原15号样品，只计原4、6、9号样品，这些样品基本上反映了姜寨早期仰韶阶段的植被。

姜寨早期仰韶层的孢粉可归为：喜湿的水生植物孢粉，其中包括环纹藻、鼓藻、眼子菜、香蒲等；耐旱、耐寒的草本植物，如豆科、藜科、禾本科、蒿属、莎草科等；喜暖湿阔叶乔灌木的栎、桤木、冬青等；耐旱针叶乔木，如柏科、松属，蕨类有卷柏等；属冷湿针叶乔木的落叶松；除上述外，其余孢粉基本是生态适应性广、反映气候不明显的，如杨、柳、百合科等。

根据对姜寨早期文化层的孢粉组合统计，草本植物花粉占绝对优势，几近62%～96%，而木本植物只占12%～29%，在草本植物中蒿属花粉又占了38%～56%。单依据这种组合我们似可认定其所反映的植被条件为草原占主导地位的稀疏森林—草原景观。但是，只要略微深思一下我们便不难明白，在原始人类的居住区，这时一般接近河边，大批野生动物栖息于近河的草原上，平地也有利于耕作，加之畜养业也需要将草带回居住地，砌房子也大量地用到草类植物，因此，这些草本植物花粉必然比较多地被带到遗址上，成为文化层堆积中的孢粉，而木本植物却没有这种有利条件。从地理环境看，姜寨早期文化层时代，附近必然分布着面积比较广泛的森林，特别是南面山区，只是遗址离那里稍远，才使花粉保留得较少，而草原则分布于近水和附近平地上。

在姜寨的孢粉组合中，喜暖和喜湿的植物所占比例是比较大的，这个比例高于目前该地的情况，特别是植物花粉组合中含有较多的水生植物花粉和淡水藻类，说明遗址距河口近处有湖沼。另外，鱼蚌类的大量发现也印证了河水径流量应高于目前，这是降水丰沛的标志；除此之外，姜寨又有喜冷湿的针叶乔木及耐旱草本，这种组合特征说明姜寨早期时是四季比较分明的时代，降雨多集中于夏秋季节，春天则较旱，从而也使耐旱的蒿属等能大量生长，这与今天的情况比较类似。只有这样，各种植物才都能充分生长。

单从植物花粉可以看出姜寨早期时的气候可能较目前要湿润，河水充足的条件之一就是降水量大，另外植被条件好也利于固水，使径流量均匀，沼泽地的存在则反映出地面水的下渗小于降水供给，和姜寨早期时代相当的半坡遗址也有相似的组合特征。所以，我们有充足的理由认为：植物孢子花粉所反映的当时略为干旱，但较今天为湿的温暖季风型气候是比较可信的。

五　人类文化现象对气候的反映

人类文化现象也是人类对自然的适应，过去我们对此有所忽视，没有引起更多的注意，实际上，房子在这方面往往有其独特的功能。房子是人类文化进步的表现，它是人们栖息的场所。对于新石器时代的人类，房子的设计更多的应是从其实用性角度考虑的，冬季御寒，夏季防晒，房子设计中防潮设施也是必不可少的，形式的不同反映了地理位置和降水量等气候条件的差异。

姜寨早期阶段发现的房子比较多（图一），虽然其形态各异，但营造方式不外乎地穴式、半地穴式及地上建筑三种形式。从建筑学的观点看，地穴式和半地穴式房子的保

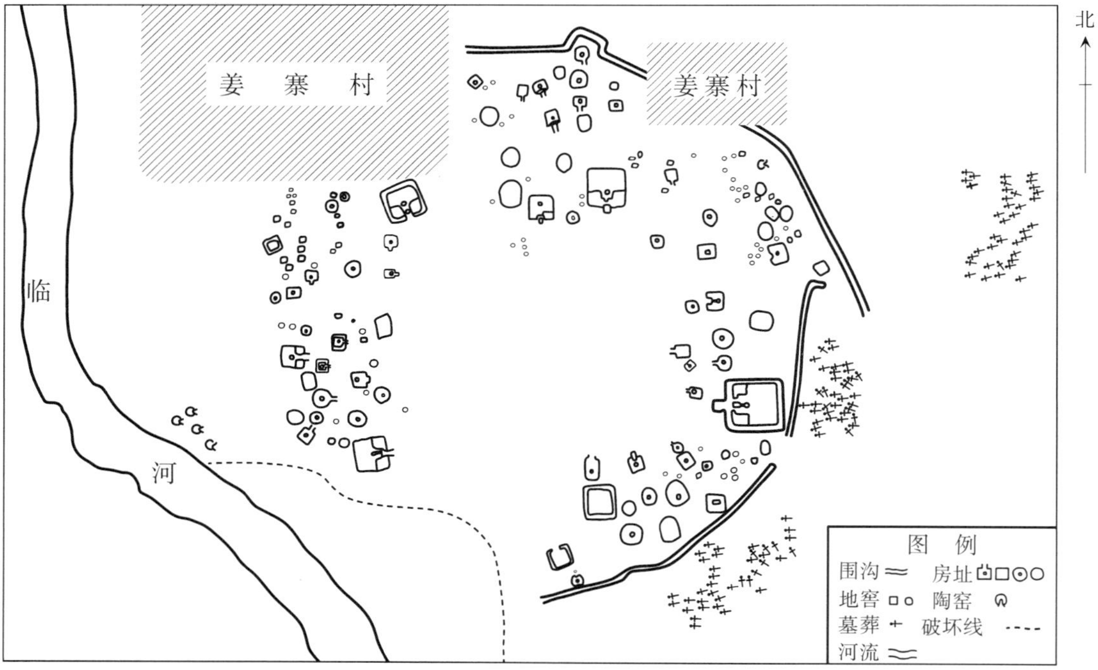

图一　姜寨一期原始氏族村落布局图

暖性能是比较优越的，在炎热的夏季这种房子也比较凉快，其建筑方法也比较简便，但是在潮湿的气候环境这种房子则是不适应的；而木架结构地面式建筑有利于防潮和适应多雨的气候条件。我们以第一期文化为例来说明，姜寨第一期文化遗存共发现房屋建筑120座，其中地穴式房子6座，占房子总数的5%；半地穴式房子41座，占34.2%；而地面木架结构房子为73座，占60.8%。据此我们不难发现，在三种房子构筑形式中，地穴式房子所占的比例非常小，这至少说明当时的气候比较潮湿，如果气候很干燥的话，以这种房子建筑方式的简便易行是不会不为人类广泛采用的。大量的地面木架结构房子占主导地位，一方面说明人类建筑营造水平的进步，另一方面也说明，人类已经认识到房屋建筑应如何适应潮湿的气候条件，与姜寨早期遗存处于同时代的西安半坡遗址也是这种情况[③]。江南的雨季更长，降雨更多，于是创造河姆渡文化的先民就选用了干栏式建筑，这也为我们提供了一个例证。

从房子的布局特征看，姜寨遗址基本上是向心型的，原报告作者在分析其原因时认为这是氏族生活的体现。这里我们姑且不论其分析的合理性与否，由于这种布局特点，使得姜寨房屋门向均朝村落中心开门，即便是位居村落南部的房屋门向同样朝向中心——朝北开门，这种现象说明当时的冬季并不十分寒冷。一般地讲，门窗的开口能反映该地的气候特征，今天的河北一带由于冬季盛行西北风，故民房建筑门窗一般均朝南，而北面一般不开窗口或只开小的窗户，这种情况在陕西、甘肃等地也有类似反映。当然，姜寨遗址房子的窗口已无从查考，但从门向开口等方面来看足以说明那时的冬季是不太寒冷的。从地貌学的情况看，历史时期黄土高原上仍为大片的森林和草地覆盖，长城沿线也未沙漠化，生态平衡尚未破坏，这很有利于固沙防风，保持地表水不致流失。6000年以前的姜寨早期时代，由于人为破坏更小一些，情况可能更好。因此我们不难确信：姜寨早期时代气候是比较宜人的，相较今天气候更为潮湿，冬季也不很冷，温度稍高。

人类的文化遗存除房子外，陶器陶色是否也有这方面的反映，目前还无法确认，但是，这一时期彩陶的彩绘纹饰上都有蛛丝马迹可寻。黄河流域仰韶文化的彩陶大量绘有鱼纹等图案，艺术是现实生活的直观反映，有些仰韶文化类型的彩陶还绘有太阳纹饰。姜寨鱼纹图案的发现，说明捕鱼在人们生活中占有很重要的比重，如此多渔具的发现也说明了这点，没有较大的水面是没有那么多鱼的。同样，降雨量的多少又决定着径流量，因此这些也应是气候湿润的标志。而其他类型文化太阳纹饰的发现我们认为可能是气候热的标志。另外，这时的陶色以红色为主，整个黄河、长江流域如出一辙，如果排除了烧制方法上的局限外，有可能和气候有关，或许它也反映了气候的暖湿。

六　讨论

我国有些学者对我国全新世地层作了划分，一般认为在大西洋期的仰韶文化时代气候是一个温暖而潮湿的时期[④]。

竺可桢先生在《中国五千年来气候变迁的初步研究》中指出："自五千年前的仰韶文化以来，竹类分布的北限大约向南后退纬度1°~3°，如果检查黄河下游和长江下游各地的月平均温度及年平均温度，可以看出正月份的平均温度减低3℃~5℃，年平均温度大约减低2℃"[⑤]。姜寨遗址地处黄河中游，在全球性气候变迁的影响下，即使温度变化不及这个指数，但相差也不会太大。当然，也有人认为，在距今6800~5000年前，在今渭河流域，西北季风转为优势，相当于温带干旱气候，森林草原植被，干旱缺水，河流水量减少[⑥]。周昆叔在分析半坡遗址孢粉时也指出，半坡（和姜寨早期同期）时期的气候和环境属半干旱性气候，但温暖湿润的气候能波及到此区[⑦]。

对于以上意见，结合姜寨遗址多方面的综合研究分析，我们认为，姜寨早期的气候的确是处于大西洋期的温暖而湿润的气候阶段，当时的气候较今天温度应高出2℃左右，这就意味着一月份的气温平均指数不低于0℃，河流径流量较今天丰富得多，它一方面说明附近水土保持好，另一方面说明降雨量充沛，气候湿润，但应该指出的是这是基于和今天的气候对比后得出的，气候有时仍略为干旱，但这只是年度变化问题，总的看较今天为佳。

气候的变化决定了整个生态系统及人类文化现象，这是牵一发而动全身的问题。一言以蔽之，姜寨早期时代的气候代表了一个温暖而湿润的时期，这时的植被为森林—草原环境，动物种类也较今天繁多，主要表现为一些南方色彩的动物那时在这里大量繁衍。以后，随着气候和环境的变化，这些动物向南迁徙。气候的变化也影响到了人类文化现象，尽管这个问题比较复杂，现在还无法完全说明，但是地理环境对人类的影响确是一个不容忽视的因素，相信随着以后工作的进行，这个问题会愈来愈引起人们的足够重视，姜寨遗址在这方面为我们提供了非常丰富而又翔实的资料，它对说明关中地区全新世的古气候和古环境变迁有着重要的学术价值，当我们把它置于全新世人类发展的历史上全方位考察时其作用更加显著。

注　释

① 聂树人：《陕西自然地理》，陕西人民出版社，1980年。

② 半坡博物馆、陕西省考古研究所、临潼县博物馆：《姜寨——新石器时代遗址发掘报告》，文物出版社，1988年。

③ 中国科学院考古研究所:《西安半坡》,文物出版社,1963 年。
④ 王开发、王宪曾:《孢粉学概论》,北京大学出版社,1982 年。
⑤ 竺可桢:《中国近五千年来气候变迁的初步研究》,《考古学报》1972 年 1 期。
⑥ 黄春长:《渭河流域全新世黄土与环境变迁》,《地理研究》1989 年 1 期。
⑦ 周昆叔:《半坡新石器时代遗址的孢粉分析》,《考古》1963 年 9 期。

巩启明、王社江合著,原载于《环境考古研究》第一辑,科学出版社,1991 年。

恢弘的史前聚落

——临潼姜寨遗址发掘记

姜寨史前聚落遗址的考古工作是20世纪70年代进行的，自1972年开始至1979年结束，经过长达8年大规模大面积的田野考古发掘，发现了从仰韶文化早期到龙山文化晚期的五期文化遗存，其中处于最下层的仰韶文化早期原始聚落保存最好，其他因处于上层，破坏比较严重。在仰韶早期的聚落中，发现有100多座房址所组成的居住区，近400座墓葬所组成的墓葬区，还有陶制品、围沟、地窖、道路及广场等。同时还发现了不同类别的珍贵文物1万多件。从这一聚落所揭示的情况看，无论是当时的设计思想、平面布局、建筑技术，还是居民的生产、生活情况、社会组织结构、社会性质等，都反映得比较全面，为研究距今6700年前黄河流域的史前考古、原始社会史提供了丰富的科学资料。当这些重要发现在报刊上陆续发表以后，很快引起了国内外学术界以及社会各界的关注，中国历史博物馆、陕西历史博物馆将它制成复原模型陈列在展览大厅，形象地向广大群众展示。大学的考古学、历史学教材以及中国大百科全书都有专题介绍。然而如此世所罕见的重要考古发现，考古工作者是怎样坚持8年时间，以坚韧不拔的精神，艰辛的劳动，克服种种困难，一镢一铲，签子拨，刷子刷地发掘出来的呢？笔者现将亲见、亲闻的情况如实写出，以飨读者。

姜寨遗址的发现

20世纪70年代初、中叶，正是史无前例的“文化大革命”深入发展的“斗批改”阶段，是广大文物考古干部遭到无情打击以后，下放工厂或农村接受工人、贫下中农再教育的时期。当时陕西负责文物保护管理、考古研究的文物管理委员会办公室及省考古研究所合并为陕西省博物馆，所属人员有的下放工厂或农村，有的到“五七”干校劳动锻炼。由此，导致了和全国一样，分布在全省的各类文物遭到严重破坏，部分古建筑被拆除或失修，古遗址被“农业学大寨”平整土地所挖坏，古墓葬被盗、古石刻被砸的现象异常严重。在这种破坏行为实在令人无法容忍的情况下，全国人民敬仰的周总理高瞻远瞩，在中央提出了“文革”中要注意文物保护的指示，并采取了一系列具体措施，使这一正确的指示很快在全国落实。全国文物系统在此精神的感召下，各级文物管理、文物考古研究机构、博物馆、文化馆等的正常工作很快就陆续恢复并得到发展。陕西为了落实周总理的指示，省革命委员会于1970至1972年连续三次召开文物工作会议，并邀请部分兄弟省市革委会代表参加。这三次会议不但对本省而且对全国文物工作的恢复和发展都起到了极大的推动作用。在领导的重视下，陕西的文物保护管理、考古调查、发掘、博物馆的展览都进行得有声有色，在全国起到了表率作用。姜寨这一重要遗址正是在这一形势下发现的。

姜寨遗址位于临潼县城旧城北1千米临河东岸的二级台地上，从地理地貌看应是渭河南岸的二级阶地。1967年，修筑从县城到火车站的公路时，公路从遗址东部穿过，挖掉了一批史前墓葬遗存，群众说被挖出的古物（陪葬品）遍地皆是，无知者一镢头一个地砸碎，垫地了。1969至1970年，农业学大寨平整土地修梯田时从遗址东部最高处向西部推进，又挖掉1～2米厚的文化堆积，并逐级向西铺垫。当时有一定文化的群众不敢过问，县文化馆尚未恢复工作，无人管理。1972年初，在继续平整土地时，农民再次挖出大批人骨和古物，这时已经恢复工作的县文化馆文物干部闻讯立即赶到现场察看，发现这是一处重要的古文化遗址，遂报告了省文化局。省文化局为了抢救和保护古文化遗址，及时通知西安半坡博物馆组织考古队前往清理发掘。当时的省文化局虽然仍处在军宣队领导下的“斗批改”阶段，但为了落实周总理的指示精神，对文物工作已经相当重视，已有文件规定全省的古生物、古人类、石器时代考古发掘、保护由西安半坡博物馆负责。半坡博物馆接到通知以后，很快组建了考古队，队长由当时的党支部书记兼革委会主任赵世昌担任，副队长由革委会副主任靳富彦担任。赵世昌是由军队转业的党政干部，不熟悉考古业务，但对这项工作非常重视和支持。靳富彦虽是大学考古专业毕业，但忙于行政工作，无时间下田野做实际工作。而实际到临潼姜寨开始工作的是王耀华、张鼎玉、王志俊、高强、程学义等以及临潼县文化馆的赵康民。后来又陆续增加了张瑞岭、巩启明、郭世元、籍和平、魏世刚、成建正、高耀成、周春茂等。博物馆群工部的讲解员高淑敏、张容华、刘燕玲、高玉英、王惠如、刘月莲、傅桂芬等也都到姜寨工地参加短期发掘工作。

发掘经过

姜寨遗址前后8年共进行了11次科学考古发掘工作，考古队进驻姜寨时，整个遗址地貌已是落差不大的五级水平梯田，地面种植各类蔬菜作物。第一次发掘自1972年4月下旬开始，至5月中旬结束，发掘面积约500平方米。这次工作主要是对整个遗址进行了全面勘查，遗址的总面积约50000平方米，除自然的和人为的破坏面积及遗址的边缘区外，现存面积约20000平方米，但遗址中心区域文化层集中区保存基本完好。文化层厚1~2米，最厚处4米左右，内涵相当丰富，对考古工作者来说，这是一处较为理想的古文化遗址。在遗址东部发掘出的30多座新石器时代墓葬清楚整齐地暴露在发掘坑内，看起来十分壮观。第一次发掘可以说是旗开得胜，附近县城的干部群众闻讯都来观看，考古队利用这一机会向群众广泛宣传文物保护政策。县上的领导看后表示对我们的工作要大力支持。省文化局的领导看后，当场决定要继续发掘。省委负责文教工作的书记肖纯看后非常重视，批示要立即采取保护措施。考古队在上级领导的关怀下，很快购买了当时很难买到的两汽车杉木杆和草席，搭棚将这片史前墓地盖在棚内，以供临时保护参观。

第二次发掘自1972年10月21日至11月30日，发掘面积约400平方米。这次主要是扩大第一次的发掘面积，又发现部分墓葬及一座房址（F1）的局部。发掘期间正值陕西省第三次文物工作会议在西安召开，与会代表除陕西省内文物系统的各级领导外，还有国家和部分兄弟省市文物考古界的领导及专家。会议期间，与会代表参观了姜寨考古工地，异口同声地称赞陕西文物工作“搞得好，领导重视”，并认为姜寨遗址的发现和发掘太重要了，中国科学院考古研究所主办的《考古》杂志编辑部同志当场约稿，表示要及时发表这批重要资料。对临潼姜寨遗址的两次发掘，不但在考古学上取得了一定成绩，而且对省内外文物考古工作影响颇大，为陕西文物工作的形象增添了几分光彩，同时也极大地影响了西安半坡博物馆的领导。西安半坡博物馆自1958年建馆以后，其工作任务主要是对半坡遗址的保护、陈列及接待参观，全馆工作人员不足30人，除了正常的博物馆工作外，又增加了考古任务，馆领导深感人力不足，尤其是田野考古人员。由此半坡博物馆领导在接受对全省开展史前考古任务的同时，着力于物色业务干部，很快就调进了一批田野考古人员，笔者乃是其中之一。本人1959年西北大学考古专业毕业后，曾先后在甘肃师范专科学校、甘肃教育学院、甘肃师范大学任教，教过中国古代史、中国历史要籍介绍及选读、考古学通论，并着力研究中国原始社会史，后两者属于考古学的内容，主要是考古学理论研究，因而我对石器时代的考古资料比较熟悉。此间调进半坡博物馆充实业务干部，是我自己要求归队的，同时也是为了和家人团聚，解决个人困难。鉴于本人的情况，当时的馆领导因我年龄较大、考古专业毕业较早、理论基础较好，所以于1973年初即向省文化局及国家文物局申报我和张鼎玉分别为临潼姜寨考古队的正、副队长，经国家文物局和中国科学院考古研究所审查批准并签发了“考古发掘执照”（此后每年报批一次），这就为姜寨遗址的继续发掘做好了人力的准备。

第三次发掘自1973年4月16日至7月10日。参加这次发掘工作的人员除以半坡博物馆和临潼县文化馆业务干部为主力外，还有西北大学考古专业教师曾骐、王世和带领20名来工地实习的学生。这次主要是继续发掘遗址东部，发掘面积890平方米，发现一批仰韶文化房屋建筑基址，门向均朝西开，同时发现一批客省庄二期的文化遗迹和遗物。这次发掘给我们提出了一些问题：已发现的这批房屋门均朝西开，那么，整个遗址的其他部分还有没有房屋建筑？如果有，其门向如何？这些问题促使我们继续发掘。这些情况由馆领导及时向主管上级汇报。国家文物局文物处处长陈滋德专程来视察姜寨遗址的发掘情况，当看了发掘现场及出土文物标本以后，肯定了我们的工作成绩，希望再接再厉继续发掘，争取以前在半坡遗址未解决的问题在姜寨解决。领导的指示给了我们很大鼓舞。省文化局为解决姜寨考古队人力不足的问题，又抽调省文物训练班部分学员（地、县文物干部）罗西章、左忠诚、郭卓生、乔英杰等到姜寨工地实习，这就为姜寨遗址的继续发掘提供了条件。

第四次发掘自1973年9月4日至12月10日。这次除继续发掘整个遗址的东部外，并试掘了遗址的北部和西部，发掘面积2103平方米。发现仰韶文化不同类型的内涵及北部房址门向南开、西部房址门向东开的现象。这些情况为我们进一步探索村落布局的整体面貌提供了可喜的线索。同时还在第29号房址居住面上发现一件金属铜片，经认真检查地层无误，遂成为稀世珍宝，为我国冶金史的研究提供了重要资料。在1973年田野工作期间，第一次发掘的简报在《考古》杂志1973年第3期发表，在国内文物考古界、自然科学界影响很大，专程来姜寨考古工地参观、指导或配合工作的单位和人员很多，这对我们的工作有很大帮助。10月15日，省文化局文物处负责人陈孟东陪同国家文物局局长王冶秋等到姜寨视察。我们的汇报立即引起了老首长的浓厚兴趣，特别是当看到已发现的房址分别位于遗址的东、北、西各个部分后，又对我们讲了很多鼓励的话，希望我们继续努力，进一步探索，争取更大的成绩。10月29日，上海自然博物馆古生物学家黄象洪、林嘉煌来姜寨访问。11月11日，美国考古代表团来姜寨访问。中国历史博物馆馆长陈桥，新疆博物馆馆长李遇春以及武汉大学、中山大学、辽宁大学等单位的考古专业教师也都先后来姜寨考古工地考察访问。

第五次发掘自1974年4月16日至7月16日。这次主要是大规模地发掘遗址北部和西部。参加工作的除以半坡博物馆的考古人员为骨干外，还有陕西师范大学的斯维至教授和宝鸡、渭南、西安三地市的文物干部尹盛平、陶仲云、王仲纪等5位协助工作，南京大学历史系考古专业由系党总支书记蒋克带领教师张志恒、秦浩、洪家义及25名学生也来姜寨实习。发掘面积共1975平方米，并钻探了北部偏东刘氏宅基地下情况。发现大批房址、窖穴、瓮棺葬、圈栏及烧制陶器的窑址等重要遗迹，其中的两座大型房址（F47、F53），分别位于北部和西部，与东部大房子（F1）遥相对应。同时在北部发现了一条壕沟，系东部壕沟的延续。至此，在整个遗址东、西、北三个部分相当清楚地发现了建筑遗迹的分布规律，即东部房屋建筑的门均朝西开，西部房屋建筑的门均朝东开，北部房屋建筑的门均朝南开。从地层及房址内出土的遗物来看，它们是基本同时的各种设施，也都同属于一个原始聚落。这又引发了我们必须发掘遗址南部的兴趣。发掘期间，郑州大学历史系李敏、河南大学历史系陈昌远及山东大学考古专业刘敦愿教授曾先后带学生到姜寨参观。7月4日，中央新闻纪录电影制片厂来姜寨考古工地现场拍新闻纪录片。7月11日，省文化局领导小组成员延文舟、陈孟东陪同国家文物局文物处处长陈滋德、任际奉及中国科学院考古研究所马德志、石兴邦等先生来临潼处理发现秦始皇兵马俑坑问题时，到姜寨视察，对我们的工作表示满意，并指示：希望继续大规模发掘，争取将姜寨整个史前聚落全部揭露出来。

第六次发掘，自1974年9月11日至11月8日。这次除大面积继续发掘北部和西部外还试掘了南部。参加工作的除姜寨考古队基本队员外，宝鸡地区的吴秀兰、胡志仁、时协之、罗英杰及西北大学考古专业籍和平、刘景芝、王博、翟春林也来姜寨协助工作。发掘面积2000平方米。发现了北部偏西的一座大房屋（F74）及南部的建筑遗址。至此，确知整个遗址的东、西、南、北四个部分的房屋建筑都向中部开门，即使是西部靠近河边或者是南部背向阳光的也不例外，可见整个聚落布局的严谨。这里又给我们提出了新的问题，整个遗址的中心是什么？根据民族志资料可知，在一些仍处于氏族制阶段的原始聚落中，中心有大型房屋建筑，以用作氏族内的公共活动场所，有的在中心树立图腾柱以和别的氏族相区别。那么，姜寨史前聚落的中心有没有更大的房屋建筑？或者是别的什么设施？省文化局文物处负责人陈孟东到姜寨工地和考古队一起讨论，决定下次开始发掘中部。在第六次发掘期间，内蒙古、甘肃、四川省的文物工作队同行及西北大学刘士莪、温暖根先生等先后来姜寨参观指导，他们看到已具雏形的史前聚落平面布局情况，莫不赞叹不已，都认为应该大面积、大规模地全面揭露，将聚落内的各种设施都了解得一清二楚。

第七次发掘，自1975年4月3日开始至7月28日结束。这次除大规模发掘南部外，还试掘了中部。参加工作的除本队队员外，西北大学考古专业教师曾骐、王世和带领77届20名学生来姜寨实习。发掘面积1600平方米。发现南部房屋建筑遗址规律划一，并发现了南部大房屋（F103），所有房屋均朝北开门。在中部未发现一期的建筑遗迹，只发现了较一期晚的墓葬多座，我们估计中部可能是一期的一个较大的广场。至此，我们联想到：假设已发现的五座大型房屋及门向一致的若干中小型房屋所构成的五个建筑群，是五个社会单位或氏族组织居民的居住场所，那么，住址有了，墓地又在哪里？当时只发现两片不相连属的墓地，而且时间也不相同，这就要求我们寻找到更多的墓地。当时，姜寨遗址的发掘已达三年半之久，发掘面积将近 1 万平方米，发现的房址、墓葬、窖穴、灰坑、圈栏、壕沟、陶窑等重要遗迹的数量及出土的珍贵文物在国内外学术界已经引起了广泛关注。慕名而来的同行及学术单位专家很多，有的是来考察访问的，有的是来和我们合作研究的，有的是主动来的，有的是我们请来的，这些专家学者的到来对我们的工作都给予了很大的帮助，使我们的研究和认识得到了很大的提高。如中国科学院地球物理研究所专家魏青云、曹冠宇来姜寨采样研究史前地磁及地球磁场的起源问题。国家建委建筑材料研究院的同志来姜寨采集标本，研究水泥起源问题。他们认为姜寨发现的用料礓石粉掺黏土抹成的房屋居住面经火烧后应产生原始水泥的效应。上海自然博物馆的同志来姜寨采挖孢粉分析土样，对姜寨的古地理环境、植物状况进行研究。自第一次发掘发现墓葬开始，对于人骨特征和年龄的观察研究，就都是请西安医学院解剖教研室张俊岭教授及韩玉茂等来发掘现场进行的，并指定王志俊、高强等跟着记录学习，以期能逐步独立工作。后来还请复旦大学古人类学研究室夏元敏先生来西安讲授《人体测量方法》的课程，同时对姜寨一期人骨进行合作测量研究。1975 年春，在我们已经发现了姜寨史前聚落的雏形时，如何联系民族志资料对当时居民的社会组织结构、婚姻形态乃至社会性质等问题进行研究？这些问题如何在聚落内的各种设施中得到反映？在日后的继续发掘中还应注意些什么？诸如此类的一系列问题都是耐人寻味的。因为这在国内考古学上以前是不曾遇到过的，在国际上也是罕见的，所以只能借助于民族志资料了。半坡博物馆的民族志资料是欠缺的，尤其是此时全国仍处在“文化大革命”中，“斗私批修”、“批林批孔”仍在深入进行，新闻出版界除“两报一刊”外，各类出版社的广大干部尚在“五七”干校改造。即便是周总理特批的《文物》、《考古》准予复刊，也得在每一期上首先照顾大批判的稿子，然后才是专业性的文章，故此时要想查到更多的民族志资料是很困难的。国内的如此，国外的除摩尔根的《古代社会》及恩格斯的《家庭私有制和国家的起源》外，新的资料更难得到。正当我们如饥似渴地需要民族志资料时，实在是巧遇，我国著名的民族学家及民族考古学家在短时间内先后来到姜寨考古工地，指导我们工作。5 月初中央民族学院的林耀华教授等来姜寨考察访问，林先生为我们讲了很多民族的情况，有国内的，也有国外的，使我们深受启迪。6 月 9 日中国历史博物馆的杜耀西、宋兆麟来访，因为是老同学、老朋友关系，在一起促膝畅谈了一天直到深夜方休，二位将他们在云南、西藏民族调查中遇到的母系、父系氏族社会遗俗，如居住情况、婚姻形态、生产、生活、家庭状况，谈了很多，使我们得到了很大启发。7 月 18 日北京大学历史系考古专业教师李仰松来姜寨考察，李仰松是陕西临潼人，对临潼的一切都有特殊的感情。他结合民族志资料及考古发现给我们讲了大中小型房屋的使用情况、氏族成员的埋葬情况、制陶在云南少数民族中残存的原始状况、纳西族青年男女中的阿注制度婚姻情况等，并讲了姜寨史前聚落是国内外罕见的重要发现。希望我们在今后继续发掘时，要注意各种遗迹之间的关系，如壕沟与墓葬的关系、壕沟与房子的关系、墓葬之间的关系、房子之间的关系、墓葬与房子的关系等等。李先生的教导，对我们日后的工作有极大的指导意义。8 月 2 日云南省博物馆的同行来姜寨参观，也给我们介绍了大量的云南少数民族当代存在的原始建筑，并介绍了他们在博物馆复制的少数民族建筑情况。上述民族学、民族考古学专家、学者给予我们的指导，使我们对史前聚落的认识步步提高，对我们在姜寨遗址的继续发掘和研究帮助很大。

第八次发掘，自 1975 年 9 月 9 日开始至 12 月 25 日结束。继续发掘南部和中部，试掘东北部。这时半坡博物馆的领导有所调整，赵世昌、荆富彦已调出，范志文调来任党支部书记兼革委会主任，提拔张鼎玉任副主任，闫磊仍为副主任，张鼎玉不能经常到工地工作。新的领导班子对田野考古的重视和支持，有增无减。考古队的王耀华已调上海和家人团聚，但又调进了郭世元、王仲纪、李凌长期借用，并从群工部、保管部抽调高强、高耀成来考古队工作，遂使考古队力量有所加强。这次共发掘 2500 平方米。在东南部发现壕沟一条，即东部壕沟的延伸；在南部偏东即整个遗址的东南部发现一片墓地；在东北部也发现一片墓地。从地层、葬式及随葬品判断，新发现的这两片墓地与第一、二次发掘发现的东片墓地基本同时。在中部较晚的墓地也发现大批墓葬，其葬式、随葬品等都与其他墓地不同。现已发现的四片墓地均有空白面积可挖，也就是说四片墓地均未挖到完整的程度，同时除中部的一片墓地时间较晚，与其他三片墓地距离较远不相连属外，东部、东北部、东南部的三片墓地是连属的或者是分开的，关系不清，尚需进一步了解。1976 年，本应集中力量对姜寨遗址继续发掘，但因种种原因不得不改变计划。（1）1972 年下半年及 1973 年上半年即第二、三次工作的发掘简报于 1975 年《考古》第 5 期发表，同年《文物》第 8 期也简要报道了近年的发掘收获，历次发掘情况都向上级主管作了书面汇报，以致人口相传，使姜寨的发掘情况在国内学术界影响颇广，各界学仁都希望我们尽快发表已经发现的重要资料。这样的要求也是我们的愿望，由此，我们应该加大人力对近几次发掘所获资料进行整理，对出土文物标本进行整理修复、编号、登记、填卡等。（2）全省范围内即面上的史前考古工作需要处理。虽然说自 1972 年以来，全省的古生物、古人类、旧石器遗址的调查情况已处理过几起，如安康象牙的抢救清理、彬县长武群众乱挖龙骨（化石）的制止等，但新石器时代遗址的调查保护及抢救每年都要按时抽人开展工作，如 1973 年对武功游风遗址的试掘抢救、1974 年对临潼白家遗址的试掘保护等。除此之外，还有一批工作量较大的需要配合工作，省文化局也接二连三地催促我们前往处理。如蒲城洛河支流大峪河修建水库，库岸的曲里遗址面临被全部推掉的局面，抢救迫在眉睫；渭南史家遗址，被三个生产队起土破坏相当严重，大量史前墓葬已经暴露岸畔；铜川李家沟遗址，由于铁路局水泥厂恰好建在遗址的中心部位，遗址被大面积破坏；岐山双庵遗址因修渠被毁，使大批灰坑和其他遗迹暴露在渠边；而1976年周原遗址大规模发掘，也需要配合行动。这些急迫的任务，都需要我们去开展工作。（3）对姜寨遗址本身诸多问题的研究，需要开展面上的工作，这样方能收到手中有典型、心中有全局之效。如姜寨的五期文化遗存之地层关系，需要在更多的遗址中得到验证，在姜寨遗址中部发现的多人二次合葬墓，需要在更多的遗址中发现，以及比较早与较晚的地层关系，还有各遗址问题的共性和个性等问题，都需要开展更多的工作进行比较研究。（4）若继续大规模、大面积发掘姜寨遗址，经费也有一定的困难。鉴于这些情况，博物馆革委会决定自1976年开始采取点面结合的方法开展工作，但由于现有人员中具备领队资格的同志尚少，只好先抓急中之急，多组织几个队以应急需。馆里组织了五个考古队，并申报批准了五个队的发掘执照，即临潼姜寨考古队、渭南史家考古队、蒲城曲里考古队、铜川李家沟考古队、岐山双庵考古队。前两者均由笔者做队长，曲里由张瑞岭任队长，李家沟由张鼎玉任队长，双庵由闫磊任队长。笔者虽然任姜寨、史家两个队的队长，但精力和时间主要放在史家工作上，因姜寨已连续工作多年，基础较好，便委托王志俊实际负责，赵康民、李凌、籍和平协助。姜寨遗址的继续发掘委托王志俊实际负责，馆领导和笔者是放心的，虽说他年轻，大学毕业时间较短，但他对姜寨的情况最熟，他自第一次发掘开始至第八次发掘都参加了，而且工作认真细致，责任心强，并善于思考问题，像这样的重要任务由他实际负责是最合适的。史家是新开工地，则由本人负责，王仲纪、左忠诚协助，由张瑞岭协同高强、陶仲云开展工作，但后因水利工程紧迫只清理了一小部分，工作就无法进行了。曲里队合并到李家沟队协助张鼎玉工作，双庵队因夏季地震拖延到秋冬开始工作。同时还安排了一批修复工在馆内进行文物修复，整理姜寨出土的大批文物，这些工作由张鼎玉、郭世元负责。

姜寨遗址的第九次发掘，自1976年3月13日开始至8月31日结束。因人力较少，只继续发掘了中部，目的是继续了解中部的其他情况，及其与别的文化遗存的关系。这次发掘面积850平方米。通过发掘发现了一批墓葬，确知中部墓葬为姜寨遗址第二期文化遗存的墓地，并了解到中部的已掘面积以第一期文化层较多，没有什么重要遗迹，可能是属于第一期文化遗存的一个较大的广场。

第十次发掘，自1977年3月28日开始，至5月28日结束，继续发掘东北部墓地，进一步了解这片墓地的大小范围及其与东片墓地的关系。这次发掘仍是第九次参与工作的同志参加，发掘面积460平方米。通过这次发掘确定了东北部墓地的范围及其与东片墓地的关系为：两者是同时存在且互不连属的两片墓地。1978年为配合陕西夏文化调查并结合姜寨遗址的发掘，对西安、渭南、商洛三地市的部分县新石器时代至商代遗址进行了调查，这对提高姜寨遗址五期文化遗存的认识大有裨益。同时还选择了几个龙山文化遗址及商代文化遗址，计划陆续发掘，希望对陕西夏文化探索能有一定的帮助。同年4月，和中国科学院古脊椎动物与古人类研究所合作发掘，新发现了大荔人旧石器时代遗址。

1979年4月姜寨东南片墓地发掘情况

1979年集中力量对姜寨遗址进行田野发掘收尾工作，即第十一次发掘，自1979年2月27日开始至1980年1月23日结束。继续发掘东南部和中部，目的是了解东南片墓地与东片墓地的关系，以及彻底弄清第一期广场上是否有重要设施。开工不久，正值全国考古学界在西安召开中国考古学会成立大会，各地专家汇集西安。会议期间与会代表到姜寨遗址参观指导，考古学会首任理事长夏鼐先生在姜寨考古工地现场给我们作了很多重要指示，不但对我们的工作给予了充分的肯定，而且鼓励我们再鼓一把劲，把这个原始聚落挖完、挖好。我们趁此良机于会后邀请苏秉琦、安志敏、石兴邦、邹衡、张忠培等10多位著名考古学家到半坡博物馆观看、审查渭南白庙、临潼白家、姜寨、铜川李家沟、岐山双庵、蓝田怀珍坊等遗址出土的文物标本，并进行了座谈。在座谈会上，苏秉琦先生指出："①渭南白庙、临潼白家很重要，这和华县老官台、元君庙是一个东西，与河北的磁山、河南的裴李岗等都是比仰韶文化早的内容。②姜寨的村落布局很好，目前半坡挖不全了，北首岭也挖不全了，就姜寨有希望，全国都看着你们这一张平面图例，以后的考古、历史教学要用，中国历史要用，世界历史也要用，很重要，意义很大。中部这片墓地与广场的关系要搞清楚。③双庵遗址多是红陶，与客省庄不同，可能与先周文化有关。并说，若有可能的话，我要在这里住几天，细细地看看，这几年你们搞的东西太丰富了。"安志敏先生提出："姜寨的广场一定要挖完，不管有否重要遗址，都能说明问题，并希望今后在陕西要抓两头的缺环工作，即比仰韶早的和比龙山晚的内容。"石兴邦先生指出："姜寨的一期广场不但要挖完而且还要挖好，中部的一片墓地要搞清楚。"张忠培先生一再鼓励我们："再鼓一把劲，把整个姜寨遗址挖完，一个人一辈子能做好一件大事，就是最大的贡献，当然是不容易，困难是很多的，要有毅力，要有耐心，千万不要半途而废。"邹衡先生指出："怀珍坊的东西很重要，南沙村遗址可能有比商代早的内容。"专家们的指导给我们以极大的鼓舞，使我们的工作信心和干劲倍增。这次发掘面积3386平方米。发掘情况相当理想，确定了东南片墓地与东片墓地是不相连属的两片墓地，两者之间以空白地为界。同时确定了中部第一期文化遗址广场的整个面貌，也搞清了中部第二期墓地的范围。

上述11次发掘工作，共发掘各种面积不同的探方、探沟367个，总面积达17084平方米，加上局部钻探面积，合计近20000平方米。即整个遗址的中心区全部揭露，仅在西部河边尚有2000平方米的面积留待后人对已做的工作进行验证。应该说明的一点是，在发掘过程中，有人提出将来对整个姜寨史前聚落进行复原的建议。由此，我们通过上级主管部门同意，将5个建筑群中保存完整或基本完整的40多座房址及东南片墓地的大部分墓葬，进行记录、绘图、照相以后，并不提文物标本，而是在上面填埋约80厘米厚的细沙、草木灰及黄土进行覆盖，其上仍可继续耕作种植，予以就地保护。

通过11次科学发掘，共发现五期不同的遗存。第一至四期是仰韶文化的四种不同类型，第五期属客省庄二期文化（即陕西龙山文化）。第一期文化遗存由于埋藏较深，居于最下层，地层保存比较完整，就分布面来说遍布整个遗址。发现了大批房址、窖穴、墓葬、围沟、圈栏、陶窑及广场等重要遗迹，这些遗迹构成了一个基本完整的原始聚落，同时发现了大批珍贵遗物。第二至五期均因居于上部地层，破坏相当严重，除第二期发现了一片保存较好的墓地外，其他遗迹、遗物发现较少。

主要收获及其价值意义

（1）发现了多种文化类型的地层叠压及打破关系，为研究关中地区原始文化的发展序列提供了可靠的地层根据。姜寨遗址的地层关系比较复杂，内涵相当丰富。这个遗址由于延续时间较长（2000 多年），各个时期的居民数量不同，村庄大小各异，加之历年来天然和人为的破坏，因此在整个遗址内形成了因地段不同堆积也不相同的现象。有些地段是一个时期的堆积，有些地段是几个时期的文化堆积。在叠压堆积的地段内，有的是紧密相接的关系，有的是不相衔接而有间隔的叠压关系。如在中部发现了四个不同时期的文化堆积层，它们由下往上在中部发现了第一期在下和第二期在上的大面积叠压关系，并在小面积内发现了第二期遗迹被第三期遗迹打破的关系，在东部和西部的小片地段内发现了第三期在下和第四期在上的叠压关系，在东部发现了第四期在下和第五期在上的叠压关系。这样，从第一期至第五期的发展序列都有了可靠的地层叠压或遗迹打破的根据。我们根据各期的文化特征判断：第一期至第四期属于仰韶文化的四个不同类型，即半坡类型、史家类型、庙底沟类型及半坡晚期类型（或西王村类型），第五期属于客省庄二期文化（或陕西龙山文化）。关中地区的新石器时代文化遗存相当丰富，早在 20 世纪 50 年代就发现了老官台文化、仰韶文化及客省庄二期文化，它们的早晚年代也大体确定。但仰韶文化本身的分期，学术界众说不一，以致展开了广泛的讨论，后来随着半坡、庙底沟、下孟村等重要遗址发掘资料的发表或出版，多数学者认为关中的仰韶文化应分为半坡类型、庙底沟类型及半坡晚期类型。但半坡、庙底沟两类型的文化特征很不相同，在它们之间很少看到有互相继承和衔接的关系，它们之间很可能存在着发展阶段上的缺环。同时在庙底沟类型与半坡晚期类型之间也不曾发现明确的地层关系，因而难以判断它们的早晚。通过其他遗址考古资料的发表，以及^{14}C 测年数据的公布，发现了半坡、史家、庙底沟及半坡晚期四个类型依次叠压的地层关系，从而进一步明确了关中地区仰韶文化诸类型的年代先后或发展序列的问题。史家类型是新发现的文化类型，从其文化特点来看，它有承前启后的特征，是介于半坡、庙底沟两类型之间的过渡类型。史家类型的发现正好填补了半坡、庙底沟两类型之间的文化缺环。关中地区仰韶文化诸类型发展序列的确定，在黄河流域整个仰韶文化的研究中起到了很大的促进作用。

（2）发现了仰韶文化早期基本完整的村落基址，为研究我国母系氏族公社繁荣时期的聚落布局、社会组织结构、家庭、婚姻状态、社会性质等提供了珍贵资料。仰韶文化早期（即半坡类型）地层在姜寨遗址保存得相当完好，堆积遍布整个遗址。在这一层里发现了大批重要遗迹，如房屋、地窖、墓葬、广场、壕沟、圈栏、陶窑等。这些生活遗迹构成了一个基本完整的原始村落基址。壕沟呈环形围绕，将整个村落分作居住区和墓葬区两个部分，即沟外为三片墓地，沟内为村落的居住区，在临河岸边有一片不大的制作陶器的窑场。壕沟对村落起防护作用。居住区中部有一个面积较大的中心广场（约4000平方米）。在广场周围的东、西、南、北四个方向分布着以大房屋为主体的5个建筑群。每个建筑群有一座大型房屋，在其附近分布着十几座或二十几座中小型房屋，全部房屋的门向都朝着中心广场。烧制陶器的窑址除在临河岸边有比较集中的几座外，在有的建筑群内也有零星分布。在一些房屋附近还分布着一些储藏东西的地窖群和埋葬小孩的瓮棺葬群。整个原始聚落共有5个建筑群及3片墓地，联系当时的社会发展阶段及附近遗址的分布情况，推测它们可能分属于若干个氏族，这几个氏族又组成一个胞族或一个较小的部落。从考古资料来看，这一时期的原始聚落基址发现很少。在20世纪50年代半坡遗址的发掘中，曾发现房址40多座，这些房址被一条壕沟区分为两个部分，学者认为这可能是两个母系大家庭，或者是两个女儿氏族组成的一个胞族聚居地。壕沟对住址起防护作用。在壕沟的北边是氏族的公共墓地，东边是烧制陶器的窑场。如此，住地、墓地、窑场及壕沟，就整个聚落布局来看也算可观，但其仅是整个聚落的一部分，所占面积只是整个遗址10万平方米的1/10，整个遗址的地下情况究竟如何，因未经发掘，尚不得其详。后来，在宝鸡北首岭遗址的发掘中，发现南北相对的两排房屋基址，中间是个广场，学者认为这可能是两个母系大家族组成的一个氏族的住地。住地南边是氏族的墓地。但因整个遗址破坏得比较严重，而且发掘面积较小，原始聚落的全貌不曾揭露出来，使我们无从看到这个聚落的完整布局。待至对姜寨遗址的发掘，由于遗址本身保存较好，并采取大规模、大面积地揭露，把整个遗址的中心区全部发掘的方法，历时8年而发现了一个基本完整的原始聚落基址。像姜寨原始聚落保存之完善、布局之清晰，为国内同期遗址中所未见，是我国新石器时代考古中极其重要的发现，在国外史前考古中也是非常罕见的。

从姜寨原始聚落的布局来看，以大型房屋为代表的5个建筑群及3片公共墓地（按一般规律推测，应有5片墓地才能和5个建筑群相吻合，但我们只发现了3片，其他两片据调查所知，一片已遭破坏，另一片被现代村庄所压），可能是5个氏族所组成的一个胞族或部落的聚居地。每个建筑群约有20座大中小型房屋。小型房屋的面积20平方米左右，房内除放置一些生产工具、生活用具及其他物品外，留下的面积一般能住三四口人，即两个成年人和一两个孩子；中型房屋的面积30平方米左右，可住人口较多；大型房屋都在80平方米以上，是老年人和未婚青年的住所，同时也是氏族内议事或举行庆典、集会的场所。由此，我们可以推知，当时在每一个建筑群内可能住着七八十口到一百人的样子。在整个姜寨聚落内可能住着三百到五百口人，过着日出而作、日入而息的原始生活。从小型房屋内摆放着生产工具、生活工具、粮食及火塘的情况来看，我们不难推想：房内住的可能是一个比较稳定的对偶家庭。当时的婚姻制度一般来说是处于群婚的残余阶段，而对偶婚正在兴盛时期，姜寨原始聚落内的小型房屋正是对偶家庭的反映。

（3）发掘出土了1万多件珍贵文物，为研究当时的经济形态、精神文明等提供了重要的实物证据。通过对姜寨遗址的发掘，我们发现了600多座墓葬，从中获得了2000多具原始人骨，并对其中的大部分进行了性别、年龄的鉴定，对少数进行了骨质病态的观察，还对第一、二期人骨标本进行了骨骼测量研究，为我国古人类学的研究提供了重要资料。我们在各期地层及500多个窖穴（灰坑）中发现了大批动物遗骸，选择标本3542件，经观察研究发现，其种类有田螺、珠蚌、鱼、雕、鹤、鸡、刺猬、猕猴、鼢鼠、竹鼠、兔、狗、豹、貉、熊、獾、虎、猫、猪、麝、獐、鹿、羊、牛等，其中以鹿、猪、狗、牛、熊、羊、鸡、貉较多，所占比例较大。这些标本对于我们研究当时的自然环境、气候和经济生活等都是很重要的资料。

我们在第一期文化遗存中发现了大批石斧、石铲、石锄、犁铧形石器、骨铲、陶刮削器、石磨盘、石磨棒等农业生产工具及粮食加工工具，同时还发现了粟的标本，表明农业在当时人们的整个经济生活中占有相当重要的地位。从动物遗骸、圈栏、畜群夜宿场以及矛、石、骨箭头等狩猎工具的发现来看，当时的家畜饲养业已经具备了一定的规模，狩猎业在经济生活中也占有一定的地位。从石料、石器半成品、砥石、陶拍及陶窑的发现来看，当时人们对生产工具和生活用具的制造是相当重视的，推测当时已经是以农业为主，以家畜饲养、狩猎、采集、工具、用具制造为辅的综合性经济形态。

属于意识形态方面的资料，主要有绘画、雕塑艺术的珍品，以及大批记事符号标本等。绘画艺术主要表现在遗留下来的彩绘陶器方面。我们在第一、二期文化遗存中发现完整或复原完整的彩绘器皿数十件及其残片数百

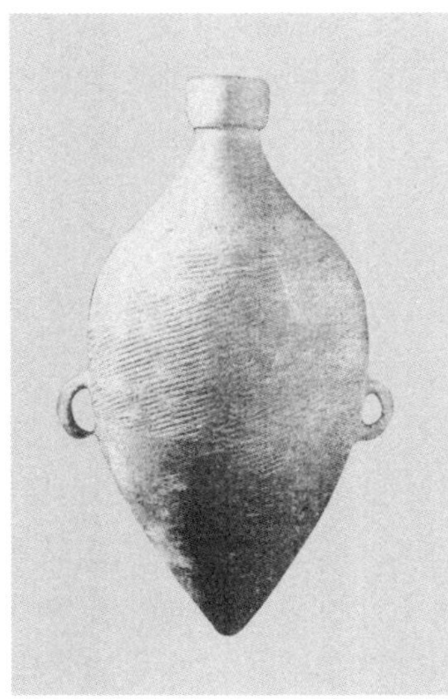

尖底瓶

彩陶瓶

件，还有一套绘画工具。这些彩绘陶器造型美观，纹饰别致。彩陶花纹的题材主要有鱼、蛙、鸟、人面等动物、人物图像，以及由直线三角或弧线圆点组成的各种几何图形，生动形象，栩栩如生，尤其是动物图案及人面鱼纹笔法简练，不失为原始艺术中的珍品。这些都为我们研究当时的绘画特点提供了重要资料。在发掘出土的一部分陶器上，发现129个刻划符号标本，可分为不同的38种之多，也是属于意识形态方面的重要内容。过去在西安半坡、宝鸡北首岭、长安五楼、合阳莘野、铜川李家沟、临潼零口、垣头等遗址都曾或多或少地发现过一些标本，但都没有姜寨遗址发现的数量和种类多。姜寨的标本大大地充实了这方面的研究资料，对于研究我国古文字的渊源和形成、研究我国古代的精神文化都具有相当重要的意义。

黑带钵上的刻划符号

1973年11月，我们在发掘第29号房址时，于居住面上发现一枚半圆形铜片，后经北京钢铁学院柯俊、韩汝玢二位教授采用金相显微镜及扫描电子显微镜进行分析鉴定，获知其成分为铜占66.54%、锌占25.56%、锡占0.87%、铅占5.92%、铁占1.11%，研究认为它是采用杂质较多含铅锌的铜矿石，在原始的较低温度（950℃~1000℃）下冶炼获得的，再经重熔，在单面范中铸成圆片。姜寨冶金资料的发现很快就引起了学术界的广泛重视。过去认为我国的冶金技术自商代的青铜器开始，但商代的青铜器已相当发达，冶炼技术也相当成熟，因而不少学者认为我国的冶金技术在商代以前就应该有一个发生、发展的过程，这样的过程学术界一直在不懈地探索着。姜寨金属资料的发现为探索我国冶金技术的起源提供了可喜的线索。事实上也的确如此，后来在甘肃马家窑文化、山东、河南龙山文化遗址中都陆续有所发现，虽说数量很少，但它们已经为我们探索我国古代冶金技术的起源提供了相当重要的信息。

原载于《三秦60年重大考古亲历记》，三秦出版社，2010年。

姜寨遗址发掘回望

临潼区（原为县）位于陕西关中东部，南依骊山，北面渭水，境内山、塬、川地由南向北接连分布，地上地下水源丰富，气候温和，土质肥沃，自然条件相当优越，自远古以来这里就是最为适宜人们聚居繁衍的上好地区。新中国成立以来，经过多次考古调查和文物普查，已查明史前遗址近30处，驰名中外的姜寨聚落遗址乃是其中之一。

图一　发掘前的姜寨遗址

姜寨遗址的考古工作是在1970年代进行的，自1972年开始至1979年结束，经过长达八年的大规模田野考古发掘，发现了从仰韶文化早期到龙山文化晚期的五期文化遗存，其中处于最下层的仰韶文化早期原始聚落保存最好，其他时期遗存的破坏均比较严重。在仰韶早期的聚落中，发现由100多座房址所组成的居住区，近400座墓葬所组成的墓葬区，还有制陶区、环壕、窖穴、圈栏、道路及广场等。同时还出土了不同类别的珍贵文物近万件。从这一聚落所揭示的情况看，无论是当时的设计思想、平面布局、建筑技术，或者是居民的生产状况、生活情景、家庭、婚姻、意识形态、部落、胞族、氏族、家族、社会组织结构和社会性质等，都反映得比较全面，为研究距今6700年前黄河流域的史前考古及原始社会史提供了丰富的科学资料。这在当时国内外史前考古中都是极为重要的发现，很快就引起了国内外学术界以及社会各界的广泛关注。大学的考古学和历史学教材、中国大百科全书及很多考古学专著都有专题介绍或研究，中国国家博物馆及陕西历史博物馆将它制作成复原模型陈列在展厅，并在20世纪末又入选20世纪中国考古学100项重大考古发现。如此罕见的重要考古发现，是考古工作者坚持了八年时间，以坚韧不拔的精神及付出的艰辛劳动，克服了这样那样的困难，一镢一铲地细致发掘才完成的。在发掘过程中我们曾得到了很多领导和专家的指导和帮助。在发掘结束三十年后，笔者追忆亲历的鲜为人知的发掘过程，以飨读者。

姜寨遗址的发现

1970年代初期从全国来说正是史无前例的“文化大革命”深入发展的“斗批改”阶段，也是广大文物考古干部遭到无情打击以后，下放工厂或农村接受工人贫下中农再教育的时期。当时陕西负责文物保护管理、考古研究的文管会（办公室）及省考古研究所合并到陕西省博物馆，所属人员有的下放工厂或农村，有的到“五七”干校劳动锻炼。由此，导致了分布在全省的各类文物遭到严重破坏，部分古建筑被拆除或失修，古遗址被“农业学大寨”平整土地所挖坏，古墓葬被盗，古石刻被砸的现象异常严重。在这种破坏行为实在令人无法容忍的情况下，周恩来总理高瞻远瞩，作出了在“文革”中要注意文物保护的指示，并采取了一系列具体措施，使这一正确的指示很快在全国落实。全国文物系统的各级文管机构、文物考古研究机构、博物馆、文化馆等的正常工作因此而陆续恢复。陕西省为了落实周总理的指示，省革委会于1970至1972年连续三次召开文物工作会议，并邀请部分省、市革委会代表参加。这三次会议不但对陕西省，而且对全国文物工作的恢复和发展都起到了极大的推动作用。在领导的重视下，陕西的文物保护管理、考古调查和发掘、博物馆的展览等都搞得有声有色，在全国起到了带头的作用。临潼姜寨遗址正是在这一形势下发现的。

姜寨遗址位于西安市临潼区城北约1千米临河东岸的二级台地上，从地理地貌看应是渭河南岸的二级阶地，是古渭河与临河的交汇处。姜寨又名岗寨，本是比附近平地较高的岗埠之地。然而“文化大革命”初期的1967年修筑从县城到火车站的公路时，公路从遗址东部穿过，挖掉了一批史前墓葬遗存。群众说被挖出的古物（随葬品）遍地皆是，无知者一镢头一个砸烂垫地了。1969至1970年“农业学大寨”平整土地修梯田时，从遗址东部最高处向西部推进，挖掉1～2米厚的文化堆积，逐级向西铺垫。当时有一定文化知识的群众不敢过问，而临潼县文化馆尚未恢复工作，故无人管理。1972年初在继续平整土地时，农民再次挖出大批人骨和古物。这时已经恢复工作的县文化馆文物干部赵康民闻讯后立即赶赴现场察看，发现这是一处重要的古文化遗址，便立即上报陕西省文化局。省文化局为了抢救和保护古文化遗址，及时通知西安半坡博物馆组织考古队前往清理发掘。当时的省文化局虽然仍处在军宣队领导下的“斗批改”阶段，但为了落实周总理的指示精神，对文物工作已经相当重视，已有文件规定全省的古生物、古人类、石器时代考古调查、发掘、保护由西安半坡博物馆负责。半坡博物馆接到通知后，很快组建了考古队，队长和副队长分别由党支部书记兼革委会主任、副主任赵世昌与荆富彦担任。1972年春、秋共进行了两次发掘。从1973年开始，为落实省文化局对考古领队的业务能力要求，姜寨考古队正、副队长分别由业务干部巩启明、张鼎玉担任，一直到1979年姜寨遗址的全部发掘工作结束为止。在此期间，每年都按规定向陕西省文化局和文化部文物局（即国家文物局，下同）提出考古发掘申请书，由文化部文物局会同中国科学院考古研究所审核批准并颁发《中华人民共和国考古发掘证照》后，才进行

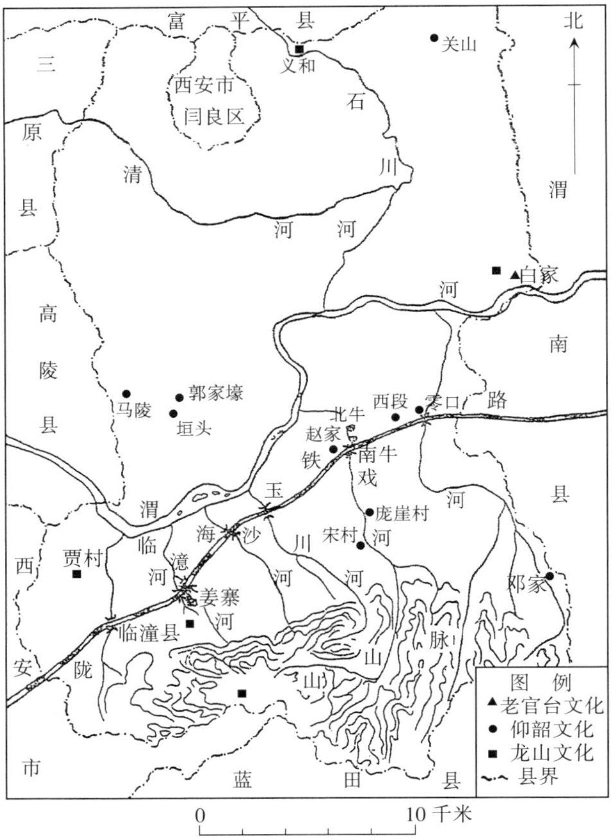

图二 姜寨遗址所在位置及附近史前遗址分布图

图三　姜寨遗址西部发掘现场

考古发掘工作。

姜寨史前聚落的发掘与发现

姜寨遗址的发掘，从1972年4月开始，至1979年11月结束，历时八年，前后进行了11次发掘。

第一至三次发掘属抢救性发掘，从1972年春至1973年夏实施。考古队进驻后，首先制止了平整土地继续破坏遗址的行为，同时对整个遗址进行了勘查和测绘，发现遗址总面积约5万平方米，除自然和人为的破坏部分及遗址边缘区外，残存面积约2万多平方米，遗址中心或灰层集中区保存基本完好。文化层厚度一般为1～2米，最厚处达4米左右，遗存内涵相当丰富。这三次发掘主要是对在平整土地过程中被破坏的地段进行抢救清理。发掘区位于整个遗址的东部，发掘面积近1800平方米，发现互不连接的壕沟2条，两者之间有缺口，壕沟以东是一处基本完整的墓地，清理土坑墓46座，壕沟以西是居住区，发现大批房址、灶坑、灰坑（窖穴）及瓮棺葬。这些遗迹和墓葬从其所在层位及自身特点或遗物特征来看，均属仰韶文化半坡类型，同时还发现了少量的客省庄二期文化遗存。这三次发掘的收获不仅使我们了解了已发掘区

图四　姜寨遗址出土陶器

黑带纹彩陶钵　小口尖底瓶　波折纹彩陶尖底瓶

的文化性质，而且也使一个原始聚落的平面布局初露端倪，即这里发现的房址门向均朝西开。这就给我们提出一个重要问题，使我们联想到，整个遗址东部的房屋门均朝西开，那么，遗址的西部、北部和南部有没有居住遗存？假若都有，其房门朝向如何呢？同时又使我们联想到，此前半坡遗址发现的房址大多数门向南开；北首岭遗址发现的房址为南、北两排，其门向是相对开门；下孟村遗址发现的房址门向均朝东开。这些遗址有的是地下保存不好而终止发掘，有的是只了解了一下文化性质或其他原因而终止。共同的缺憾是未搞清楚一个完整的或基本完整的原始聚落的平面布局。西安半坡博物馆陈列室展出的半坡遗址原始聚落复原模型是根据民族志资料推想的，而不是实际的发掘资料。姜寨遗址东部发现的情况促使我们考虑，应该继续发掘，以便了解整个遗址其他部分的情况。

从第四次以后的多次发掘均属主动发掘。第四至六次发掘在1973年秋至1974年冬，发掘面积6075平方米。第四次发掘主要是继续发掘遗址东部的剩余面积及试掘遗址北

图五　姜寨遗址出土陶器

五鱼纹彩陶盆　鱼蛙纹彩陶盆及细部

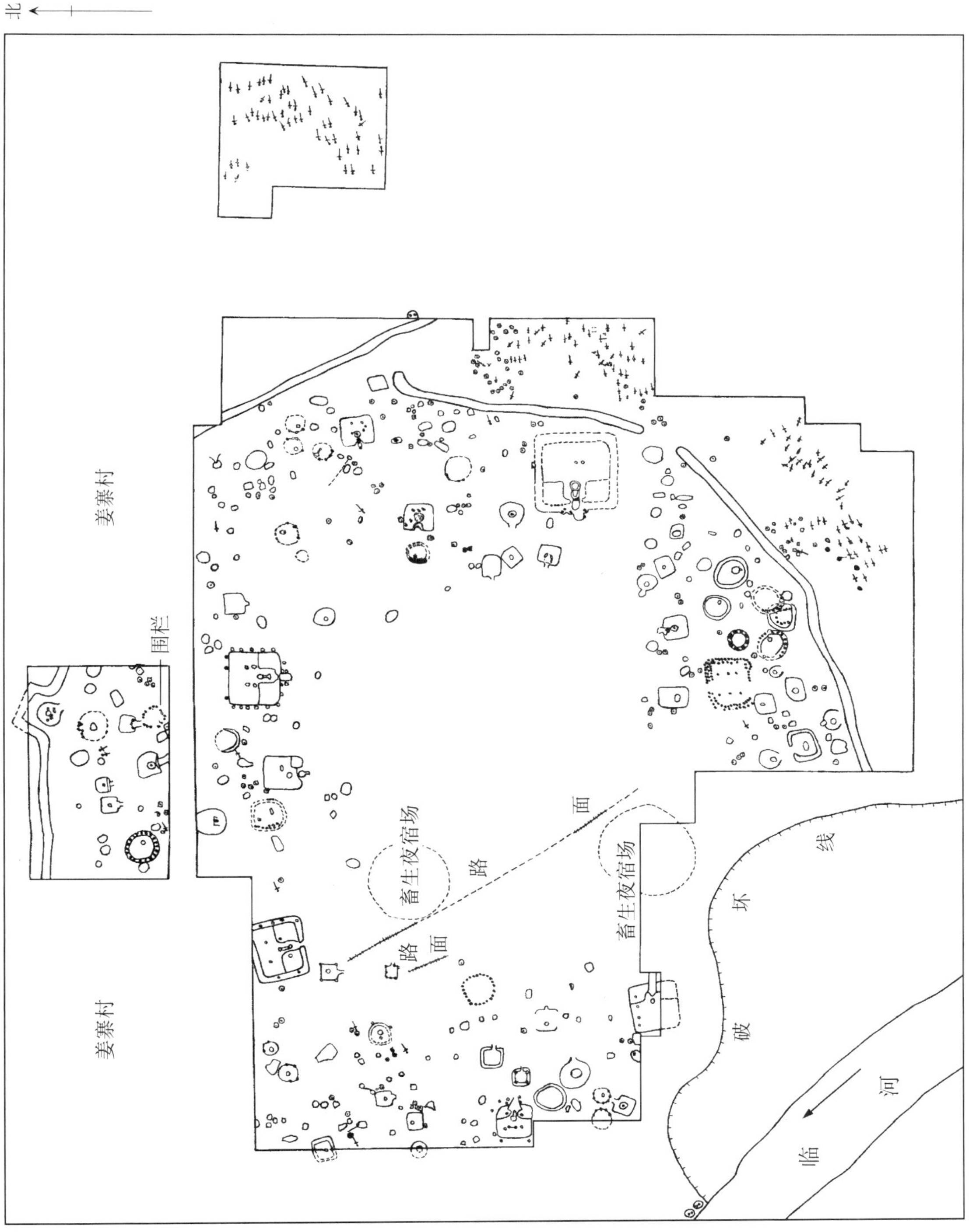

图六 姜寨一期聚落遗迹分布示意图

部和西部。至此东部面积已基本全部揭露，加上前两次的发掘，共发现房址 22 座，其中大型房址 1 座（F1）、中型房址 2 座（F17、F29）及小型房址 19 座。这些房址的附近大都分布有窖穴和瓮棺葬。这些房址分布得如此密集，说明它们应是一处人类群体的聚居地。遗址北部和西部的试掘，更是令人振奋，发现北部的房屋门向南开，西部的房屋门向东开，即整个遗址的房屋门向隐约成围合之势。这为我们进一步探索村落布局提供了可喜的线索。第五、六次发掘，主要是大面积发掘北部和西部，同时试掘南部。在北部和西部发现大批房址、窖穴、瓮棺葬及圈栏、壕沟（HG3）、陶窑等。于北部、西部及西北部各发现大型房址 1 座（F47、F53、F74），其附近都分布有中、小型房址及其他设施。同时发现南部房址门向北开。至此，已发现遗址的东、西、南、北四个部分的房屋建筑都是向中部开门，即便是西部靠近河边或者是南部背向阳光的也不例外，分布规律相当清楚。从地层及出土遗物来看，它们是基本同时的，可以确认都同属一个原始聚落。为了对整个遗址有更全面的了解，决定下次试掘中部。

第七至十次发掘，自 1975 年春至 1977 年夏实施。发掘面积 5410 平方米。第七次发掘主要是大规模发掘南部，试掘中部。发现南部建筑遗迹非常有规律，房屋门向全朝北，并在南部发现一座大房子（F103）及一条壕沟（HG4），在中部发现一批较晚的墓葬。至此，我们联想到：整个遗址在四条壕沟以内的东、西、南、北及西北五个方位分

图七　姜寨一期聚落复原图

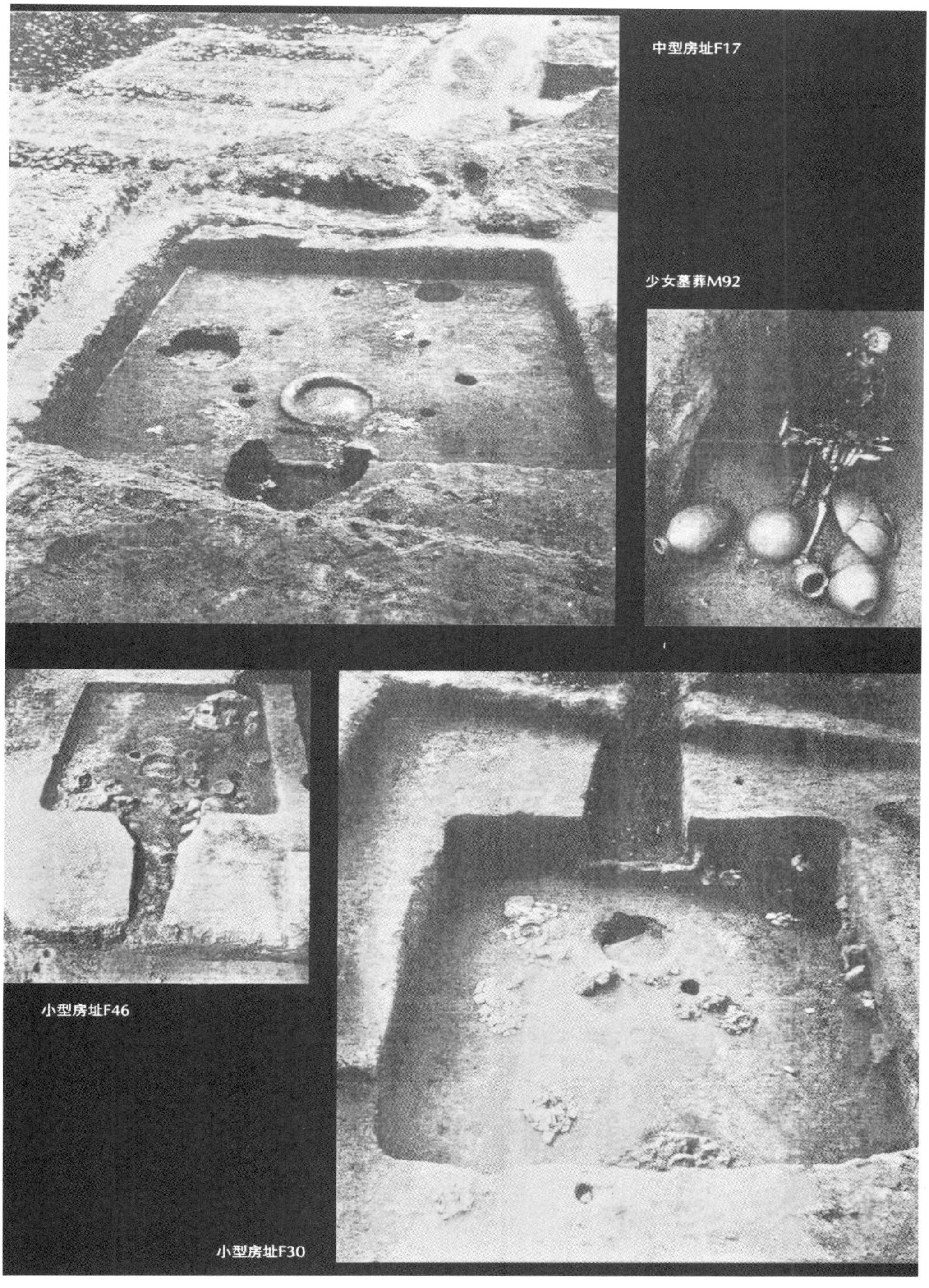

图八　姜寨一期出土房址和墓葬

布着由五座大型房屋，及与其门向一致的若干座中小型房屋所构成的五群建筑物。假设它们是五个社会单位或氏族组织，那么，住地有了，墓地又在哪里？当时只发现两片不相连属的墓地，而且埋葬时间也不相同，这就给我们提出了寻找更多墓地的任务。第八、九次发掘，主要是继续发掘南部和中部，试掘东北部。在南部偏东灰沟（HG4）外即整个遗址的东南部发现一片墓地，在东北部即公路以东也发现一片墓地。从地层及随葬品和葬式判断，这两片墓地与第一、二次发掘发现的东片墓地基本相同，在中部较晚的墓地发现大批墓葬，其葬式、随葬品都与其他墓地不同，经分析确知中部是一片规模庞大的公共墓地。同时于中部发现大片明确的地层叠压关系，这对整个遗址的文化分期具有重要意义。第十次发掘是继续发掘东北部，目的是进一步了解这片墓地的

图九　大型房址 F47

大小范围及其与东片墓地的关系。通过发掘确定了东北片墓地的范围及其与东片墓地的关系是互不连属的两片。

1978 年为配合姜寨遗址的发掘，对关中地区中东部的新石器时代遗址进行了复查。

第 11 次发掘在 1979 年 2 至 11 月，继续发掘东南部和中部，发掘面积 3386 平方米。目的是了解东南片墓地与东片墓地的关系，并彻底搞清中部广场上有否重要设施。通过发掘，发现东南片与东片两片墓地是各自独立互不连属的关系，同时在广场上并没有发现任何重要设施，仅在其西部发现用黄土和料礓石铺垫的两条道路，均为东南—西北走向，并于道路侧畔发现两处牲畜夜宿场。至此，我们还考虑到已确认的环壕以外的三片墓地（即东片、东北片及东南片）与环壕以内居住区的五个建筑群所代表的社会单位——氏族并不对应。假若每个氏族都有一片墓地，则姜寨聚落的五个氏族就应该有五片墓地才算合理，但我们只发现了三片，应该还有两片尚未发现。对于这个问题，我们从当地群众中了解到，在遗址的东北部刘氏宅后曾发现过破坏严重的两座墓葬，因此这里可能还有更多的墓葬被早年取土破坏了；另外有群众反映，1960 年代姜寨村民赵生财在院内挖井时曾挖出一具人头骨，同时挖出的还有红色陶器残片若干。据此我们推测刘氏宅后及赵生财宅院所在区域可能是两片墓地所在。

上述 11 次科学发掘，即对整个遗址中心区的全部揭露，发掘总面积达 17084 平方米，加上局部钻探面积合计约 2 万平方米左右。通过发掘，我们对整个遗址的地下情况了如指掌：共发现五期文化遗存，第一至四期属仰韶文化四种不同的类型，第五期属客省庄二期文化（即陕西龙山文化）。除位于最下层的半坡类型地层保存良好、遍布整个遗址外，其余各期地层都不完整。一期聚落内的基本设施遗迹仍有存留，经过发掘揭露，展现了完整的聚落平面布局：即周围有环壕环绕，环壕外有多片墓地，环壕内的全部房屋建筑有 100 多座，其中东、西、南、北及西北各有大型房屋 1 座，共 5 座。这五座大型房屋的附近均分布着 20 座左右的中小型房屋，组成五组建筑群，这五组建筑群可能是五个社会单位或氏族组织的居住地。聚

图一〇　时任陕西省委书记的肖纯同志到姜寨考古工地视察

落的中部是一个较大的广场。第二至五期均因居于上部地层，破坏严重，除第二期发现一片保存较好的墓地外，其他各期遗迹、遗物都较少。

领导重视和专家指导

姜寨史前聚落的发现是西安半坡博物馆考古工作的一项重要业绩，二十几位长期坚持田野考古的同志，同心同德，不辞劳苦，不计得失，忠于职守，克服了种种困难，同时也得到上级领导的重视和众多专家的指导。

1970年代初，由于“文化大革命”的原因，全国范围内的考古发掘项目很少，姜寨遗址的发掘便显得尤为突出。尤其是连续发表了两篇发掘简报，引起了国内外学术界的关注。国内有二十几个省、市的同行及十几所大学历史、考古专业的师生先后来姜寨参观访问或实习。文化部文物局和陕西省文化局的领导也特别重视，多次亲临发掘现场指导工作。

1973年8月初和1974年7月，文化部文物局文物处处长陈滋德同志和中国科学院考古研究所石兴邦先生两次考察姜寨遗址的发掘情况。看了发掘现场及出土文物标本以后说：“看到你们的汇报材料后，就觉得陕西又有了重要发现，看后果然不错，希望你们再接再厉，继续发掘，争取以前在半坡遗址未解决的问题在姜寨解决（指村落的平面布局问题）。”1973年10月，文化部文物局局长王冶秋同志到姜寨考古工地考察，看到发现的房址分别位于遗址的东、北、西三个部分，各部分房址的门向都朝向中心时，兴致勃勃，不顾年长下到探方坑底去看，并鼓励发掘的同志“争取将这个原始聚落的平面布局彻底搞清楚”。

1974年底，当我们对姜寨遗址的第六次发掘结束时，已确知整个聚落的东、西、南、北四个部分的房屋建筑都向中心开门，即便是靠近河边或者是南部背向阳光的也不例外，可见整个聚落布局之严谨。这里又给我们提出了新的问题，即整个原始聚落的中心是什么？根据民族志资料，在一些仍处于氏族制阶段的原始聚落中，其中心有大房屋建筑，以用作氏族内的公共活动场所，有的在中心树立图腾柱以示和别的氏族相区别。那么，姜寨史前聚落的中心有没有更大的房屋建筑，或者是其他设施？陕西省文化局的陈孟东同志到工地和考古队同志一起讨论，决定下次开始发掘中部。在1975年上半年对姜寨的第七次发掘中，于南部发现一座大型房址（F103），在中部的试掘中未发现与一期聚落同时的建筑遗迹，只发现较一期晚的墓葬多座。至此，姜寨遗址的发掘已达三年半之久，发掘面积近1万平方米，发现的房址、墓葬、窖穴、圈栏、环壕和陶窑等重要遗迹所构成的原始聚落雏形，及出土的大量珍贵文物在学术界已有广泛影响。因此引来了很多同行和相关单位的专家造访。有的是来参观访问的，有的是来和我们合作研究的。这些专家学者的到来对我们的工作都给予了很大的帮助，使我们的研究和认识得到了提高。如中国科学院地球物理研究所专家魏青云、曹冠宇先生来姜寨采样研究史前地磁学问题；国家建委建筑材料研究院的同志来姜寨采集标本，研究水泥的起源问题。他们认为，在姜寨发现的用料礓石粉掺黏土用水调和后抹成的居住面经火烧烤所形成的硬面应具原始水泥的效应；上海自然博物馆的同志来姜寨采挖孢粉分析土样，对姜寨的古地理环境植被状况进行研究。对姜寨墓葬人骨的性别、年龄的观察研究，我们邀请了西安医学院解剖教研室张俊岭教授及韩玉茂等同志来现场，并指定考古队王志俊、高强等同志跟着记录学习，后来他们逐步能独立工作。同时我们又考虑到，姜寨原始聚落的确认，需要对当时居民的社会组织结构、婚姻形态，乃至社会发展阶段等问题进行研究；这都是以前所不曾遇到过的，只能借助于民族志资料。半坡博物馆图书室的民族志资料是很欠缺的，除了摩尔根的《古代社会》及恩格斯《家庭私有制和国家的起源》外，新的资料一无所有。正当我们如饥似渴地需要民族志资料时，几位著名的民族学家及民族考古学家在短时间内先后来到姜寨考古工地，向我们讲解民族地区尚保留着的原始遗风遗俗。如 1975 年 5 月，中央民族学院的林耀华教授等来姜寨考察时，讲了很多国内外民族的情况；同年 6 月，中国历史博物馆的宋兆麟和杜耀西二位先生来访，将他们在云南、西藏民族调查中遇到的母系、父系民族社会的遗风遗俗，如居住情况、婚姻形态、生产和生活情景、家庭状况等讲给我们；同年 7 月，北京大

图一一　西安医学院解剖教研室同志在现场对墓葬出土人骨进行鉴定

学李仰松先生来姜寨考察，他结合民族志资料及考古发现给我们讲了大中小型房屋的使用情况、氏族成员的埋葬情况、制陶术在云南少数民族中残存的原始状况、纳西族青年男女的阿注制度婚姻情况等，并提示在下一步继续发掘中，要注意各种遗迹之间的关系，如壕沟与墓葬的关系、壕沟与房子的关系、墓葬之间的关系、房子之间的关系、墓葬与房子之间的关系等等；同年 8 月，云南省博物馆文物工作队来姜寨参观时，也给我们介绍了大量云南少数民族当代存在的原始遗俗，并谈到了他们在博物馆复制的少数民族建筑情况。同时我们在对姜寨遗址的发掘和研究过程中，北京大学严文明先生和西北大学曾骐先生对我们工作的指导帮助最多，无论是考古学理论问题、国内外有关资料问题还是实地发掘中遇到的具体问题等，都给予了热情帮助。上述各位考古学、民族学、民族考古学家们给予的指导，使我们对姜寨史前聚落的认识大有提高，对姜寨遗址的继续发掘和研究帮助很大。

根据专家们的指导意见，我们于 1975 年下半年至 1977 年上半年又进行了三次大规模发掘，新的发现使我们对一期聚落平面布局的认识又前进了一步，更加清晰了。剩下的问题是，东南片墓地与东片墓地的关系，是连属的一片还是各自独立的两片；一期聚落中部尚有 2000 多平方米没有发掘，这个位置的功能是否是聚落的中心广场？为了解决这两个问题，我们决定集中力量，备足经费，争取于 1979 年继续发掘，完成揭露整个一期聚落的任务，以实际行动迎接全国考古界盼望已久的“中国考古学会”的成立。这次发掘于 1979 年 2 月下旬开始，工作进展得异常顺利。4 月 11 日，中国考古学会首届年会的代表到姜寨遗址参观，刚刚成立的中国考古学会的首任理事长夏鼐先生在考古工地现场给我们作了很多重要指示，不但对我们近几年来的工作给予了充分的肯定，而且鼓励我们“再鼓一把劲，把这个原始聚落挖完、挖好”。我们乘此良机于会后邀请 10 多位考古界著名学者到半坡博物馆观察近几年在渭南白庙、临潼白家、姜寨、铜川李家沟、岐山双庵、蓝田怀珍坊等遗址出土的从老官台文化到商文化的文物标本，之后进行了座谈。在座谈会上，苏秉琦先生指出：“姜寨的村落布局很好，目前半坡和北首岭遗址挖不全了，就姜寨有希望，全国都在看着你们这一张平面图，以后的考古、历史教科书要用，中国历史要用，世界历史也要用，意义很大。中部这片墓地与广场的关系要搞清。”张忠培先生一再鼓励我们：“把整个姜寨遗址挖完，一个人一辈子能做好一件大事，就是最大的贡献。”专家们的指导给我们以极大的鼓舞，也为我们后来的工作指明了方向。行文至此，笔者不禁感叹不已，已故的老领导王治秋局长、陈滋德处长、陕西省文化局陈孟东处长和考古学家夏鼐先生、苏秉琦先生、安志敏先生、邹衡先生、俞伟超先生以及姜寨考古队同仁郭卓生、左忠诚、王仲纪、张瑞岭四位同志为姜寨遗址的发掘、姜寨史前聚落的发现所给予的指导帮助与付出的艰辛劳作，值得我们无限崇敬，深深缅怀。

姜寨史前聚落遗址的保护

姜寨遗址于1972年春被发现后，很快引起各级政府文物部门的高度重视。陕西省文化局立即安排西安半坡博物馆组织考古队进行抢救性发掘清理工作。考古队进驻姜寨开始发掘的同时采取了三项保护措施：一是首先制止当地生产队大面积平整土地继续破坏遗址的行为；二是当考古队清理出一大片墓葬（46座）时向参观群众宣传党和政府的文物保护政策法令；三是负责文教工作的陕西省委书记肖纯同志到姜寨考古现场视察时，指出："这么重要的考古发现，一定要尽快采取保护措施"。我们立即采购了一大批杉木杆和苇席等搭建了一座200多平方米的保护大棚，将这批史前墓葬大部分罩在棚内，借以防雨防晒，并指定专人日夜看管。

图一二　发掘结束在室内整理修复出土陶器

从1973年开始及其在以后的发掘过程中，每年都有保存较好的遗址发现，省、县等领导也都有将来可能建设博物馆的想法，并建议我们不要将这些保存好的重要遗迹挖掉，要尽量保护起来。有鉴于此，我们对出土的大批房址中保存特好者，采取了就地保护措施，即在房址的居住面上用细砂和草木灰铺垫约10厘米厚，再在其上填埋黄土至地面。因地段不同，填埋厚度也不一样，但必须在80厘米以上。用此方法保护起来的房址约有40多座，分布在五个建筑群内，如东部的F1、F14、F17、F29，北部的F47、F46、F45、F56，南部的F103、F109、F130、F95，西部的F53、F36、F41，西北部的F74、F70、F137等。掩埋以后的地表仍可继续耕种，但要求生产队不得在遗址上挖渠挖沟建房。1979年在最后一次发掘结束回填时，我们考虑，前几年在整个史前聚落内已保护了大批保存完整的房址，现在所发现的东南片墓地也应保护起来。经请示并得到陕西省文化局领导同意，决定先对每座墓葬的人骨进行性别、年龄、病态观察鉴定，并对人骨和随葬品进行编号、绘图、照相、记录等，不予起取，原封不动的用细砂、草木灰、黄土掩埋保护，距离地表厚度也都必须在80厘米以上。一般农耕动土约30厘米左右，对埋在80厘米以下的房址和墓葬影响不到。1979年姜寨遗址的考古发掘工作全部结束后，对整个遗址的地形地貌也完全恢复到发掘前的原样。这种对土质文物或墓葬就地掩埋保护的方法，后来得到了文物局和专家的肯定，并在周原宗庙建筑遗址及秦咸阳宫殿遗址的保护中得到推广运用。

图一三　姜寨考古队部分人员合影

前排左起：郭卓生、郭世元、赵康民、巩启明、罗西章、高耀成（前右）

后排左起：乔英杰、王耀华、赵世昌、王志俊、成建正、张瑞岭

对姜寨遗址发掘以后的日常保护工作交由临潼县负责。1983 年临潼县人民政府公布姜寨遗址为县级文物保护单位。1985 年县政府成立姜寨遗址文管所，负责日常的保护管理工作。1992 年姜寨遗址被陕西省人民政府公布为省级文物保护单位，并划定了重点保护区、一般保护区和建设控制地带。1996 年姜寨遗址被国务院公布为第四批全国重点文物保护单位。近 10 年来随着地域经济的发展，县城不断向北拓展，遗址东侧的公路逐步变成了一条商业街，街道两侧的商铺所建房屋可能对地下掩埋的重要遗迹略有破坏。整个遗址的地表，原来是种植蔬菜，现已改种石榴等果树，但待树大根深时也会对地下掩埋遗迹不利。这一现象已经引起群众和文物主管部门的关注，2004 年 12 月国家文物局单霁翔局长来陕西调研姜寨遗址保护工作时，针对该遗址的保护现状提出了“把改善姜寨遗址环境与改善老百姓的生活环境结合起来，建设遗址公园或遗址博物馆”的保护理念。由此，姜寨遗址公园建设列为 2005 年临潼区重点工程项目之一，并委托设计部门于 2005 年 3 月完成了该遗址保护规划大纲的编制工作；2005 年 6 月和 12 月国家文物局两次组织专家评审论证；修改后的《姜寨遗址保护规划》于 2006 年 3 月上报国家文物局。目前，临潼区人民政府正委托设计部门根据国家文物局的批复意见修改和完善《姜寨遗址保护规划》，并对各类文物保护、展示、环境整治及相关基础设施建设项目制订实施前的具体方案，可望不久姜寨遗址公园将顺利建成并向全社会开放。

原载于《中国文化遗产》2010 年 1 期

巩启明论著细目

1. 《陕西临潼姜寨遗址第二、三次发掘的主要收获》，《考古》1975 年 5 期。

2. 《临潼姜寨新石器时代遗址的新发现》，《文物》1975 年 8 期。

3. 《中国原始社会》，文物出版社，1977 年。

4. 《陕西渭南史家新石器时代遗址》，《考古》1978 年 1 期。

5. 《蓝田怀珍坊商代冶铜遗址》，《陕西日报》1978 年 8 月 28 日。

6. 《姜寨遗址的发掘》，《陕西日报》1978 年 9 月 10 日。

7. 《三十年来陕西石器时代考古的主要收获》，《考古与文物》创刊号，1980 年 1 期。

8. 《临潼姜寨遗址第四至十一次发掘纪要》，《考古与文物》1980 年 3 期。

9. 《从姜寨早期村落布局探讨其居民的社会组织结构》（巩启明、严文明合著），《考古与文物》1981 年 1 期。

10. 《陕西蓝田怀珍坊商代遗址试掘简报》，《考古与文物》1981 年 3 期。

11. 《姜寨遗址考古发掘的主要收获及其意义》，《人文杂志》1981 年 4 期。

12. 《西安袁家崖发现商代晚期墓葬》，《文物资料丛刊（5）》，文物出版社，1981 年。

13. 《为祖籍争光》，《郑州晚报》1982 年 4 月 22 日。

14. 《黄河流域新石器时代考古》，山西大学历史系考古专业授课教材，1982 年编写。

15. 《试论仰韶文化》，《史前研究（创刊号）》1983 年 1 期。

16. 《论半坡遗址的社会性质》，《中学历史教学参考资料》1983 年 3 期。

17. 《临潼姜寨一期文化墓葬人骨研究》（夏元敏、巩启明、高强、周春茂合著），《史前研究》1983 年 2 期。

18. 《陕西新石器时代考古工作的几个问题》，《陕西省考古学会第一届年会论文集

（考古与文物丛刊第3号）》，《考古与文物》编辑部，1983年。

19. 《丰富的陕西商代文化遗存》，《陕西日报》1984年1月19日。

20. 《陕西耀县北村商代遗址调查记》，《考古与文物》1984年1期。

21. 《陕西化石人类及其文化遗存》，《史前研究》1984年2期。

22. 《尹达同志与〈史前研究〉——纪念尹达同志逝世一周年》，《史前研究》1984年3期。

23. 《从考古资料看我国原始社会氏族聚落的平面布局》，中国人类学学会编：《人类学研究（第一辑）》，中国社会科学出版社，1984年。

24. 《试论老官台文化》，《中国考古学会第四次年会论文集》，文物出版社，1985年。

25. 《西安半坡博物馆十多年来考古工作的主要收获》，《史前研究》1985年1期。

26. 《陕西石器时代考古》，1984~1985年陕西文物干部培训中心授课教材。

27. 《姜寨遗址》，《中国大百科全书·考古学》，中国大百科全书出版社，1986年。

28. 《陕西新石器时代考古研究概况——巩启明先生在纪念仰韶村遗址发现65周年学术讨论会上的演讲》，河南省考古学会、渑池县文物保护管理委员会编：《中原文物》特刊《论仰韶文化——纪念仰韶村遗址发现六十五周年学术讨论会论文集》，《中原文物》编辑部，1986年。

29. 《临潼姜寨第二期墓葬人骨研究》（巩启明、高强、周春茂、王志俊合著），《中国考古学研究论集》编委会编：《中国考古学研究论集——纪念夏鼐先生考古五十周年》，三秦出版社，1987年。

30. 《六千年前的画家》，《中国美术报》1987年4月13日。

31. 《姜寨——新石器时代遗址发掘报告》（合著），文物出版社，1988年。

32. 《半坡氏族的婚姻形态》，西安半坡博物馆编：《半坡仰韶文化纵横谈》，文物出版社，1988年。

33. 《一幅生动的古代猎牧人历史画卷——谈〈阴山岩画〉》，《考古与文物》1988年3期。

34. 《半坡遗址的发现、发掘与建馆——记我国第一座遗址博物馆》，《文物天地》1988年5期。

35. 《陕西新石器时代考古工作与研究》，《考古与文物》1988年5、6期。

36. 《发掘与研究结合，弘扬祖国文明》，陕西省社会科学学会联合会编：《陕西社会科学十年》，陕西人民出版社，1989年。

37. 《考古发掘研究硕果累累》，《陕西日报》1989年9月23日。

38. 《华北新石器时代早期诸文化遗存的新发现》，美国密执安大学人类学系讲演稿，1989 年。

39.《姜寨史前聚落研究》，美国哈佛大学人类学系讲演稿，1989 年。

40.《关于客省庄文化的若干问题》，田昌五、石兴邦主编：《中国原始文化论集——纪念尹达同志八十诞辰》，文物出版社，1989 年。

41.《秦文化的考古工作与研究》（巩启明、呼林贵合著），《文博》1990 年 5 期。

42.《近年来陕西配合基建考古工作的主要收获》（巩启明、呼林贵合著），《考古与文物》1991 年 4 期。

43.《香港考古之旅》序，邓聪编著：《香港考古之旅》，香港区域市政局出版，1991 年。

44.《姜寨遗址早期生态环境的研究》（巩启明、王社江合著），周昆叔主编、巩启明副主编：《环境考古研究（第一辑）》，科学出版社，1991 年。

45.《古都长安》（英文版）第一、二章，朝花出版社，1992 年。

46.《陕西配合基建考古主要收获 1979～1991》前言，陕西省考古研究所编：《陕西配合基建考古主要收获 1979～1991》，三秦出版社，1992 年。

47.《现代自然科学技术在考古学中的应用》序，韩钊、秦小丽、王小庆译：《现代自然科学技术在考古学中的应用》，西北大学出版社，1992 年。

48.《论中国新石器时代住宅建筑与聚落的产生、发展及演变》（巩启明、王小庆合著），《考古学研究》编委会：《考古学研究——纪念陕西省考古研究所成立三十周年》，三秦出版社，1993 年。

49.《试论龙山文化的社会性质》（巩启明、姜捷合著），《纪念城子崖遗址发掘六十周年国际学术讨论会文集》，齐鲁书社，1993 年。

50.《陕西考古概况》，《1993 年两岸科技学术研讨会论文集》，三秦出版社，1995 年。

51.《唐代玉册的重要发现：〈唐惠昭太子陵发掘报告〉评介》（巩启明、王辉合著），《考古与文物》1993 年 4 期。

52.《浅论牙璋》（巩启明、杨亚长合著），邓聪编：《南中国及邻近地区古文化研究——庆祝郑德坤教授从事学术活动六十周年论文集》，香港中文大学出版社，1994 年。

53.《对中国文明起源问题深入研究的典范——读〈中国文明起源的比较研究〉》，《考古与文物》1995 年 4 期。

54.《中德修复技师在西安——一个共同研究和培训实验室的建立》（巩启明、D·安戈纳尔合著），陕西省考古研究所编：《修复与保护》，陕西人民美术出版社，1996 年。

55.《榆林地区新石器时代文化遗存》（巩启明、吕智荣合著），中国考古学会编辑：《中国考古学会第八次年会论文集》，文物出版社，1996 年。

56.《陕西古代简史》第一章，陕西人民教育出版社，1996 年。

57.《中国先秦金属史研究的佳作——读〈中国上古金属技术〉》，《文博》1996 年 5 期。

58.《丰富的香港古文化遗存》，《西安晚报》1997 年 1 月 20 日。

59.《香港访古记》，《文博》1997 年 2 期。

60.《香港考古工作闻见记》，《陕西日报》1997 年 4 月 8 日。

61.《香港的古文化遗存》，《陕西日报》1997 年 6 月 3 日。

62.《近年来陕西史前考古的新收获》，《考古与文物》1997 年 4 期。

63.《香港考古学家邓聪》，《陕西日报》1997 年 7 月 1 日。

64.《狮子与狮子文化》，《陕西日报》1998 年 2 月 10 日。

65.《香港地区的史前文化遗存》，《史前研究（1958～1998，西安半坡博物馆成立四十周年纪念文集）》，三秦出版社，1998 年。

66.《唐永康陵调查记》，《文博》1998 年 5 期。

67.《漫谈华表》，《陕西日报》1998 年 10 月 6 日。

68.《陕西文物古迹大观》前言，陕西省文物事业管理局编：《陕西文物古迹大观——全国重点文物保护单位》，三秦出版社，1998 年。

69.《考古研究与现代科学技术》（巩启明、尹申平合著），北京大学考古学系编：《“迎接二十一世纪的中国考古学”国际学术讨论会论文集》，科学出版社，1998 年。

70.《唐献陵踏查记》，《文博》1999 年 1 期。

71.《半坡与姜寨遗址》，《中华人民共和国重大考古发现》编辑委员会编，宿白主编：《中华人民共和国重大考古发现 1949～1999》，文物出版社，1999 年。

72.《从考古资料看仰韶文化的社会组织及社会发展阶段》，《中原文物》2001 年 5 期。

73.《仰韶文化》，文物出版社，2002 年。

74.《唐睿宗桥陵——考古钻探测绘报告》，德国，美茵兹出版，2002 年。

75.《唐代离宫研究新收获——读〈唐华清宫〉》，《陕西日报》2002 年 8 月 28 日 005 版。

76.《唐章陵调查简报》（巩启明、王保东、李江红合作），《文博》2003 年 3 期。

77.《论仰韶文化居民的埋葬制度》（巩启明、巩文合著），《中国史前考古学研究——祝贺石兴邦先生考古半世纪暨八秩华诞论文集》，三秦出版社，2003 年。

78.《陕西文物古迹大观——全国重点文物保护单位巡礼之一》前言，陕西省文物局编：《陕西文物古迹大观——全国重点文物保护单位巡礼之一》，三秦出版社，2003 年。

79.《陕西文物古迹大观——全国重点文物保护单位巡礼之二》前言，陕西省文物局编：《陕西文物古迹大观——全国重点文物保护单位巡礼之二》，三秦出版社，2003 年。

80.《花石浪遗址》，陕西省文物局编：《陕西文物古迹大观——全国重点文物保护单位巡礼之二》，三秦出版社，2003 年。

81.《唐穆宗光陵》，陕西省文物局编：《陕西文物古迹大观——全国重点文物保护单位巡礼之二》，三秦出版社，2003 年。

82.《唐文宗章陵》，陕西省文物局编：《陕西文物古迹大观——全国重点文物保护单位巡礼之二》，三秦出版社，2003 年。

83～119. 陕西省全国重点文物保护单位的古遗址、古墓葬介绍，共 37 篇，《全国重点文物保护单位》编辑委员会编：《全国重点文物保护单位（第一批至第五批）》，文物出版社，2004 年。

120.《陕西文物古迹大观（三）陕西省省级文物保护单位巡礼》前言，陕西省文物局编：《陕西文物古迹大观（三）陕西省省级文物保护单位巡礼》，三秦出版社，2006 年。

121～142. 陕西省文物保护单位，共 22 篇，载陕西省文物局编：《陕西文物古迹大观（三）陕西省省级文物保护单位巡礼》，三秦出版社，2006 年。

143.《对 1984 年陕西省考古研究所归属陕西省文化文物厅的回忆》，《中国文物报》2008 年 9 月 26 日。

144.《姜寨遗址发掘回望》，《中国文化遗产》2010 年 1 期。

145.《恢弘的史前聚落——临潼姜寨遗址发掘记》，中国人民政治协商会议陕西省委员会、陕西省文物局编著：《三秦 60 年重大考古亲历记》，三秦出版社，2010 年。

146.《华北新石器早期文化遗存的发现及相关问题的探讨》，北京大学考古文博学院、北京大学中国考古学研究中心：《考古学研究（十）——庆祝李仰松先生八十寿辰论文集》，科学出版社，2012 年。

147.《华南新石器时代早期文化遗存的发现及相关问题的探讨》，《史前研究——2013 年纪念半坡遗址发掘 60 周年暨石兴邦先生 90 华诞研讨会论文集》，西北大学出版社，2015 年。

148.《略论仰韶文化彩陶的源流及其对周边诸史前文化彩陶的影响》，《史前研究——2013 年纪念半坡遗址发掘 60 周年暨石兴邦先生 90 华诞研讨会论文集》，西北大学出版社，2015 年。

巩启明主要学术活动年表

1935 年

- 7 月 21 日，生于河南省临颍县繁城镇西街村。

1955 年

- 7 月，参加高考被西北大学历史系录取。

1956 年

- 9 月，转入西北大学历史系考古专业（当时称考古专门化）学习。

1958 年

- 春，参加唐兴庆宫勤政务本楼遗址考古发掘实习。
- 秋冬，参加唐大明宫麟德殿遗址考古发掘实习。

1959 年

- 3 月，参加宝鸡北首岭遗址考古发掘实习。
- 4～6 月，参加陕西汉江流域考古调查实习。
- 8 月～1972 年 8 月，西北大学毕业后被分配到甘肃，先后在甘肃师范专科学校、甘肃教育学院、甘肃师范大学任教，讲授中国古代史、中国历史要籍介绍及选读、中国考古学通论等。

1960 年

- 秋冬，参加大办农业，在甘南劳动，在大夏河上游驻地附近进行考古调查，发现桑科齐家文化遗址一处。

1964 年

• 春，带学生到兰州曹家咀遗址（马家窑类型）、青岗岔遗址（半山类型）、白道沟坪遗址（马厂类型）等史前文化遗址进行考古调查实习。

• 冬～1965 年春，参加河西走廊高台县社教运动，调查驻地附近汉长城，于十坝村东发现烽燧 2 个。同时调查了八坝以东的明长城（参加者有巩启明、李秀明、朱兴国、黄居宝，调查资料交当地公社备查）。

1969 年 10 月～1970 年 8 月

• 在甘肃省临泽县平川公社劳动锻炼时，调查驻地（黄家堡大队）附近汉长城。同时调查了明长城（参加者有巩启明、樊执敛、罗世义等，调查资料交当地公社存查）。

1972 年

• 冬，与张鼎玉、张瑞岭到铜川、黄陵考古调查，发现仰韶文化遗址 5 处、龙山文化遗址 2 处。

• 冬，为西安半坡博物馆青年同志开设专题讲座《中国历史文选》，培养青年人古文献阅读能力。

1973～1979 年

• 主持发掘临潼姜寨新石器时代遗址（长期参加发掘的有巩启明、张鼎玉、张瑞岭、王耀华、王志俊、高强、周春茂、郭世元、高耀成、王仲纪、赵康民、籍和平、魏世刚等，短期参加发掘的约 100 多人）。

1973 年

• 2 月，与曾骐、张鼎玉、张瑞岭、左忠诚赴渭南、华县考古调查及复查新石器时代遗址 22 处。

• 8 月，利用姜寨遗址发掘间休时间，与王耀华、郭世元、张瑞岭赴武功县对游凤仰韶文化遗址进行调查和试掘。

• 冬，与张鼎玉、张瑞岭、王志俊对临潼县渭北一带进行考古调查时，发现白家遗址。

1973～1974 年

• 辅导西北大学、南京大学考古专业四个年级学生在姜寨遗址考古实习，为每班开设“田野考古发掘技术”专题讲座。

1975 年

• 9 月，在《考古》1975 年 5 期发表《陕西临潼姜寨遗址第二、三次发掘的主要收获》。

1976 年

• 4 月～1977 年 4 月，主持发掘渭南史家遗址，发掘清理出 43 座仰韶文化墓葬，命名为史家类型（参与者有巩启明、王仲纪、左忠诚等）。

• 4 月 5～12 日，参加在浙江省杭州市召开的“河姆渡遗址第一期考古发掘工作座谈会”，并赴余姚考察遗址发掘现场。

• 6 月 7～13 日，参加国家文物局在陕西省岐山县召开的“周原遗址亦工亦农考古短训班现场经验交流会”。

• 7 月 11 日，与王仲纪、左忠诚在发掘史家遗址的同时，对隔河相望的白庙遗址进行试掘，发现上层为仰韶文化、下层为老官台文化的地层叠压关系。

1977 年

• 3～4 月，为西北大学考古专业进修班学员讲授“仰韶文化研究现状”专题。

• 4～6 月，为配合周原遗址的发掘，主持岐山双庵龙山文化遗址发掘（参加者有巩启明、李全英、籍和平、王秀娥、张荣华、王宜涛等）。

• 6 月 16～25 日，与籍和平等五人调查凤翔县水沟，眉县第二坡、杨家村，宝鸡南坡、仝家崖、稍柴等遗址，复查西乡李家村、何家湾，城固莲花池等遗址。

• 8 月，编著的《中国原始社会》由文物出版社出版。

• 10 月 8～17 日，参加在江苏省南京市召开的“长江下游新石器时代文化学术讨论会”，并赴吴兴草鞋山遗址考察。

• 11 月 4～10 日，查看商县紫荆遗址发掘情况，之后与王宜涛赴商南县调查过风楼遗址。

• 11 月 18～22 日，参加国家文物局在河南省登封市召开的“河南登封王城岗遗址发掘现场会”（即夏文化讨论会，是首次在考古发掘现场探讨夏文化的盛会）。

1978 年

• 1 月，在《考古》1978 年 1 期发表《陕西渭南史家新石器时代遗址》。

• 4 月～1980 年，参加大荔人遗址的调查、发掘工作。

• 5月1~6日，为配合大荔人遗址的发掘，与阎磊、张瑞岭试掘大荔温汤村狐仙洞（崖厦）。

• 5月7~12日，与阎磊、张瑞玲开始陕西夏文化的探索工作，在渭南县辛市白起墓附近发现商代遗址1处。在华县瓜坡公社发现铁王村、梓李村龙山文化遗址，复查南沙村商代遗址（含二里头文化）。在蓝田发现营上、南水磨、李华、屈家四处龙山文化遗址及怀珍坊商代冶铜遗址。在泄湖遗址发现二里头文化陶片。

• 7月22日~8月4日，与阎磊、周春茂赴户县、礼泉考古调查。对户县的泔河、涝河、太平河三河流域的调查未发现龙山—商代遗址，在礼泉的泔河水库发现有零星商代铜器，遗址可能在修水库时已挖掉，在泾河南岸的朱马咀村发现商代遗址。

• 8月24日~9月3日，参加在江西省庐山召开的“江南地区印纹陶问题学术讨论会”，并考察了筑卫城遗址及福建昙石山遗址等。

• 10月4日，据西安东郊袁家崖农民李广孙反映，农民挖窑洞时发现古物，10月11日与曾骐、陶祖根前往调查，经清理为一座商代晚期墓葬，此处为老牛坡遗址北部边沿。

• 10月20日~12月20日，主持发掘蓝田怀珍坊商代冶铜遗址，同时调查大寨公社黄沟商代遗址及老牛坡商代遗址（含龙山和二里头文化，参加者有巩启明、魏世刚、樊维岳）。

1979年

• 主持姜寨遗址继续大规模发掘，迎接中国考古学会在西安成立。会议期间，与会全国代表参观指导考古工地，并赴半坡博物馆视察几年来的考古收获、几处重要遗址出土的文物标本，召开座谈会。在姜寨遗址参观时，夏鼐先生对发掘工作给予充分肯定，并鼓励“再鼓一把劲，把这个原始聚落挖完挖好”。在座谈会上，苏秉琦先生指出：“姜寨的村落布局很好，目前半坡和北首岭遗址都挖不全了，就姜寨有希望，全国都在看着你们这一张平面图，以后的考古历史教科书要用，中国历史要用，世界历史也要用，意义很大。”张忠培先生说：“把整个姜寨遗址挖完，一个人一辈子能做好一件大事，就是最大的贡献。”专家们的指导给我们以极大的鼓舞，并为后来的工作指明了方向。

• 12月30日，四川大学考古专业宋治民、王子岗老师带领考古专业学生来西安参观实习，受邀为学生作“陕西新石器时代考古的新发现”专题讲座。

1980年

• 1月8~20日，与范志文、张瑞岭赴临潼、渭南、华县、华阴、大荔、合阳、韩城等县市调查龙山文化、商文化遗址，试图从中探索夏文化，同时复查了一些老官台文化和仰韶文化遗址。

• 3 月，在《考古与文物》1980 年创刊号发表《三十年来陕西石器时代考古的主要收获》。

• 5 月 25 ~30 日，陪同安志敏先生考察大荔人遗址和沙苑地区的中石器时代遗址。在沙苑地区的八鱼公社八鱼大队七队饲养室附近、南轆轆把公路西侧、官池公社拜家东沙滩、县城附近石家庄东北菜地及官渡菜地等五个地点采集到细石器。在县北石槽公社九龙村采集到几件细石器。在羌白公社东白村采集到商文化及二里头文化陶片。在渭南复查了北刘、白庙和史家遗址。在蓝田复查了公王岭、陈家窝旧石器时代遗址，在泄湖遗址兽医站院内窑洞后壁发现史家类型多人二次合葬墓一座，在该遗址中部发现有二里头文化陶片。

• 8 ~9 月，参加陕西省文物局组织的渭南地区文物普查。与赵康民、卫迪誉一组，对临潼县进行了普查，包括古遗址、古墓葬、古建筑、石窟寺及石刻、近现代重要史迹等。

• 9 月，在《考古与文物》1980 年 3 期发表《临潼姜寨遗址第四至十一次发掘纪要》。

• 11 月，与卢建国、尚友德赴耀县考古调查，发现北村商代遗址一处。

1981 年

• 2 月，与李全英等一起清理发掘西安市国棉六厂基建工地的一批汉墓。

• 3 月，在《考古与文物》1981 年 1 期发表《从姜寨早期村落布局探讨其居民的社会组织结构》（合著）。1982 年获陕西社会科学优秀成果一等奖。

• 7 月 23 日，被陕西省文物局任命为西安半坡博物馆副馆长。

• 8 月，主持神木石峁遗址试掘，发现早、晚两期文化遗存，早期属客省庄二期文化，晚期相当于夏代文化时期（参加者有巩启明、魏世刚、高耀成）。

• 9 月 14 日、12 月 2 日，分别为四川大学 78 级、厦门大学 79 级来西安参观实习的考古专业学生讲授“黄河流域新石器时代遗存的缺环问题”。

• 9 月，在《考古与文物》1981 年 3 期发表《陕西蓝田怀珍坊商代遗址试掘简报》。

• 10 月，在《人文杂志》1981 年 4 期发表《姜寨遗址考古发掘的主要收获及其意义》。

• 10 月 ~1982 年 6 月，主持临潼康家遗址的发掘，发现属客省庄二期文化的成排房屋遗迹（参与者魏世刚、郭世元、赵康民等）。

• 12 月，在《文物资料丛刊（5）》发表《西安袁家崖发现商代晚期墓葬》。

1982 年

• 2 月 6 ~ 9 日，与张青山复查大荔育红村旧石器时代遗址，采集到若干石器标本。

• 2 月 21 ~ 26 日，赴黄龙县考古调查。据农民赵明福反映 1976 年修水库时发现猿人头骨一具，现存于南沟大队曹店村赵长安家窑洞内，遂与县文化馆文物干部刘在时、文物爱好者霍英前往调查，并组织民工在该窑洞及其附近发掘寻找但均未找到，据分析可能被山洪冲走。同时，调查发现曹店沟西、南沟及南山三处新石器时代遗址，采集陶片及石器若干。三处遗址均为仰韶文化晚期及庙底沟二期。

• 3 月 23 日 ~ 4 月 6 日，与吴梓林赴安康水电站库区调查、复查需要发掘、搬迁的文物项目，并作出经费预算 100 万元。

• 3 ~ 12 月，筹办《史前研究》。8 月获省委宣传部批准。

• 10 月，经陕西省文物局、陕西省委组织部推荐、中共中央对外联络部批准为中国国际交流协会理事。

• 11 月 1 日，为陕西省文物局主办的文物干部培训班讲授“陕西石器时代考古”。

• 11 月 5 日，与石兴邦先生一道赴京，参加文化部电影局召开的电影剧本《轩辕黄帝》座谈会。

• 12 月 3 ~ 8 日，陕西省考古学会成立大会暨首届年会在西安召开，在此次会上当选为陕西省考古学会副会长。

1983 年

• 1 月 10 日，为西安市文物局文物干部培训班作“陕西史前考古概况”专题讲座。

• 3 月 20 日，主编的《史前研究》杂志创刊发行。在《史前研究》1983 年创刊号上发表《试论仰韶文化》，1985 年获陕西社会科学优秀成果一等奖。

• 5 月 9 ~ 17 日，与石兴邦、徐锡台参加在河南省郑州市召开的“中国考古学会第四次年会”，被选为理事。

• 6 月 11 日 ~ 7 月 2 日，赴山西省太原市为山西大学考古专业系统讲授“黄河流域新石器时代考古”。

• 7 月 28 日 ~ 8 月 6 日，为国家文物局河南郑州考古领队培训班学员系统讲授“中国新石器时代考古”。

• 8 月，在《中学历史教学参考资料》1983 年 3 期发表《论半坡遗址的社会性质》。

• 9 月，在《史前研究》1983 年 2 期发表《临潼姜寨一期文化墓葬人骨研究》（合著）。

• 11 月 8 日，被陕西省委组织部任命为陕西省文物局副局长。

• 11 月，在《陕西省考古学会第一届年会论文集（考古与文物丛刊第三号）》发表《陕西新石器时代考古工作的几个问题》。

• 12 月 24 日，为延安地区文物工作会议代表讲授“陕西古文化遗存”。25 日，调查延长县黑家堡公社张罗沟商代遗址。

1984 年

• 1 月，在《人类学研究（第一辑）》（中国社会科学出版社出版）发表《从考古资料看我国原始社会氏族聚落的平面布局》。

• 1 月 19 日，在《陕西日报》发表《丰富的商文化遗存》。

• 1 月，在《考古与文物》1984 年 1 期发表《陕西耀县北村商代遗址调查记》。

• 4 月，在《史前研究》1984 年 2 期发表《陕西化石人类及其文化遗存》。

• 1984 ~ 1988 年，主持安康水电站库区考古发掘工作。发掘清理安康陈家坝、饶家坝、紫阳曹家坝、白马石、马家营、汉阴阮家坝等遗址及沿汉江崖墓 38 座，搬迁古建筑数处（参加者有巩启明、魏京武、穆生玉、王炜林、孙秉君、袁广阔、李凤山、李启良、徐新印、吕厚之等）。

• 7 月，在《史前研究》1984 年 3 期发表《尹达同志与〈史前研究〉——纪念尹达同志逝世一周年》。

• 1984 ~ 1985 年，为陕西省文物干部培训中心 1 ~ 4 期学员授课，讲授“中国新石器时代考古”。

1985 年

• 1 月，在《史前研究》1985 年 1 期发表《西安半坡博物馆十多年来考古工作的主要收获》。

• 3 月 1 ~ 6 日，参加在北京大学召开的“中国考古学会第五次年会”。

• 11 月 6 ~ 10 日，参加在河南省渑池县召开的“全国仰韶文化学术讨论会”。

• 12 月，在《中国考古学会第四次年会论文集》（文物出版社出版）发表《试论老官台文化》。

1986 年

• 1 月 21 日，完成《古都长安》（原始社会部分）。

• 1 月 27 日，主编《姜寨——新石器时代遗址发掘报告》全部完成定稿。

• 3 月 18 日，应邀参加“研究陕西历史博物馆陈列大纲”的研究讨论。

• 3 月 22 日，被省文物局任命为陕西省考古研究所副所长（陕西省考古所的大事记是 10 月，与袁仲一一起）。

• 3 月 29 日，陕西省文物局成立职称评定办公室，任陕西省文物局中级职称评审委员会主任。

• 5 月 17 ~ 30 日，赴日本参加“黄河文明展”开幕式，并考察日本文物保护考古发掘情况。国家文物局局长吕济民为访日代表团团长。

• 8 月 1 ~ 7 日，参加在甘肃省兰州市召开的“大地湾遗址考古发掘座谈会”。

• 10 月 17 ~ 29 日，参加陕西省文物考古代表团赴意大利考察文物保护考古发掘情况，省委常委、宣传部长毛生铣为团长。

• 12 月 4 日，为陕西师范大学历史系师生作“陕西新石器时代考古新发现”讲座。

• 12 月，在《中原文物》特刊《论仰韶文化——纪念仰韶村遗址发现六十五周年学术讨论会论文集》上发表纪念仰韶村遗址发现 65 周年的学术演讲《陕西新石器时代考古研究概况》。

1987 年

• 1 月，任《考古与文物》主编。

• 5 月 11 日，陪同贾兰坡先生及美国人类学家柯德曼考察蓝田猿人遗址——公王岭和陈家窝。

• 5 月 20 日，获省职称改革办公室批准，任陕西省考古研究所研究员，同时还有袁仲一、徐锡台。

• 12 月，在《中国考古学研究论集——纪念夏鼐先生考古五十周年》（三秦出版社出版）发表《临潼姜寨第二期墓葬人骨研究》（合著）。

1988 年

• 3 月 30 日，在陕西省考古学会第二届年会上当选为陕西省考古学会副会长兼秘书长。

• 6 月 9 日，应西北大学之邀，任答辩委员会主任，主持西北大学考古专业硕士研究生答辩会。张宏彦、钱耀鹏、陈洪海及段清波四人通过答辩。

• 8 月，在《半坡仰韶文化纵横谈》（文物出版社出版）中发表《半坡氏族的婚姻形态》。

• 9 月，在《考古与文物》1988 年 5、6 合期发表《陕西新石器时代考古工作与研究》，1991 年获陕西省文物局社会科学优秀成果奖二等奖。

• 10 月，主编的《姜寨——新石器时代遗址发掘报告》，由文物出版社出版。

1990 年获陕西省第三次社会科学优秀成果一等奖。

• 10 月，在《文物天地》1988 年 5 期发表《半坡遗址的发现、发掘与建馆——记我国第一座遗址博物馆》。

• 1988 年 5 月至 1989 年，与美国密执安大学（University of Michigan）人类学系 Henry. T. wright 教授合作指导博士生李润权撰写博士论文。

1989 年

• 2 月 27 日 ~3 月 4 日，参加国家文物局在广西南宁召开的“全国考古发掘工作汇报会”。

• 4 月，与周昆叔先生一起对关中地区环境考古进行野外考察。

• 5 月 15 ~20 日，参加在湖南省长沙市召开的“中国考古学会第七次年会”。

• 5 月，在《陕西社会科学十年》（陕西人民出版社出版）发表《发掘与研究结合，弘扬祖国文明》。

• 5 月 30 ~6 月 3 日，被国家文物局聘为考古领队班考核委员，赴山东兖州参加第四期考古领队培训班学员结业考核。

• 6 月，在《中国原始文化论集——纪念尹达同志八十诞辰》（文物出版社出版）发表《关于客省庄文化的若干问题》。

• 7 月 11 日，被陕西省文物局任命为陕西省考古研究所所长（陕西省考古研究所的大事记上写的是 6 月）。

• 9 月 23 日，在《陕西日报》发表《考古发掘研究硕果累累》。

• 10 至 12 月，应美国密执安大学 Henry. T. wright 教授、哈佛大学张光直教授、路易斯安那州立大学 Robert · W · Neuman 教授及香港中文大学陈方正教授之邀，前往访问讲学，分别为四校的人类学系、艺术系、历史系、东方研究所及中国文化研究所讲授“华北地区古人类及旧石器时代考古的新收获”、“前仰韶文化的新发现在中国新石器时代考古中的重要意义”、“姜寨遗址的发掘与研究”、“中国史前住宅建筑与聚落的产生、发展与演变”、“中国古代文明起源的探讨” 等专题。

1990 年

• 5 月 26 ~30 日，赴山东兖州参加国家文物局第五期考古领队培训班学员结业考核。

• 5 月 31 日 ~6 月 1 日，应山东省考古研究所之邀，由黄景略带领培训班考核委员查看章丘城子崖遗址发掘现场，在探沟中发现的龙山文化城墙遗迹很明显，并进行座谈。

• 6 月 19 日，当选为“秦文化研究会”副会长。

• 8 月 28 日，为陕西省讲解员培训班讲授“中国新石器时代考古”专题。

• 10 月，在《文博》1990 年 5 期发表《秦文化的考古工作与研究》（合著）。

• 与周昆叔先生积极推动环境考古学在中国的兴起，筹划环境考古学术研讨会，10 月 21 ~ 24 日，“中国环境考古学术讨论会”（即“第一届环境考古学术讨论会”）在陕西省临潼县召开。

• 1990 年，为指导研究生田野考古实习，主持铜川吕家崖遗址的发掘，清理出一批仰韶文化史家类型墓葬（实习者王小庆）。

1991 年

• 1 月 17 日，应邀为陕西省外事办事处及省旅游局机关干部讲授“近年来陕西考古重要发现”专题。

• 1 月 28 日 ~2 月 2 日，参加国家文物局在福建省福州市召开的“全国考古工作汇报会”。

• 4 月 8 ~ 16 日，应中国驻香港新华分社之邀赴香港指导考古调查发掘研究工作，并为香港中文大学中国文化研究所、香港古物古迹办事处、香港博物馆讲授“陕西考古新发现”专题。

• 4 月 20 日，应中山大学之邀为人类学系、历史系师生讲授“姜寨、秦陵、汉阳陵、法门寺及耀州窑考古新收获”专题。

• 6 月 3 日，参加西北大学历史系考古专业硕士论文答辩会，于志勇通过答辩。

• 7 月，在《考古与文物》1991 年 4 期发表《近年来陕西配合基建考古工作的主要收获》（合著）。

• 9 月 14 ~ 18 日，参加在内蒙古自治区呼和浩特市召开的“中国考古学会第八次年会”。

• 12 月 2 日，被西北大学文博学院聘为考古专业兼职教授。

• 1991 ~ 1993 年，主持西安—宝鸡高速公路沿线文物清理工作。调查古遗址四十余处，重点清理发掘重要遗址七处，有兴平侯家村龙山文化遗址、汉黄山宫遗址及眉县白家村仰韶文化遗址等（参与者有巩启明、呼林贵、侯宁彬、杨亚长、孙铁山、谭青枝等）。

• 1991 ~ 1994 年，为配合国家粮库建设，主持铜川瓦窑沟仰韶文化遗址发掘（参加者有巩启明、王炜林、王小庆、王社江、胡松梅等）。

1992 年

- 1992、1994 年应香港中文大学之邀，为配合香港新机场建设，带队与中国文化研究所合作对大屿山周围进行考古调查，并发掘扒头鼓新石器时代遗址（参加者陕方有巩启明、杨亚长、阎毓民、王炜林、王小庆、周春茂、王社江；港方有邓聪、区家发、黄韵璋、吴炜宏等）。
- 7 月 27 日，为台湾文化大学来陕参观考察师生讲授“陕西史前考古新发现”。

1993 年

- 3 月 12～17 日，参加国家文物局在广东省珠海市召开的“全国考古工作汇报会”。
- 4 月 23 日，任陕西省文物局高级职称评委会委员。
- 8 月 17～31 日，与陕西省文物局局长王文清、陕西历史博物馆馆长陈全方访问日本，与兵库县教委签署文物考古交流协议。并在兵库县文化财研究所、神户市博物馆作“陕西考古概况”演讲。此讲稿后收入《93 两岸科技学术研讨会论文集》。
- 10 月 1 日，获国务院颁发的“为发展我国科学技术做出突出贡献荣誉证书”，享受政府特殊津贴。
- 10 月，在《考古学研究——纪念陕西省考古研究所成立三十周年》（三秦出版社出版）发表《论中国新石器时代住宅建筑与聚落的产生、发展及演变》（合著）。1995 年 5 月获陕西省文物局社会科学优秀成果二等奖。
- 11 月，在《纪念城子崖遗址发掘六十周年国际学术讨论会文集》（齐鲁书社出版）发表《试论龙山文化的社会性质》（合著）。
- 12 月 8 日，为西北大学文博学院师生讲授“近年来陕西考古重大发现”。
- 1993～1995 年，主持中德合作唐陵研究项目，对蒲城唐睿宗桥陵、玄宗泰陵、宪宗景陵、穆宗光陵及其 20 余座陪葬墓进行了调查、勘探、测绘工作，为各陵区大遗址保护提供了科学资料。同时及以后几年断续对陕西、河南、河北、山东的全部唐陵做了调查（参加者中方有巩启明、贠安志、穆海亭、汪瑞、张明惠、赵赋康、邓攀、王小刚、苏森淼、朱建武；德方有 Alexander Koch、Guido Heinz、Thomas Lonr、Lutz Ropel、Thomas Salin、Sabine Wenzel、Angela Eckhart 等）。

1994 年

- 8 月 13～23 日，出访韩国，考察韩国文物保护情况。
- 9 月 14 日，邀请北京大学宿白先生、俞伟超先生、故宫博物院院长张忠培先生、中国社会科学院考古研究所马德志先生及国家文物局文物处王军同志赴蒲城考察指导唐桥陵的调查、勘探及测绘工作，并举行了座谈会，会上宿白先生对已做的工作给予了充分肯定，并指出渭南市在通往桥陵的公路上新建的牌楼不符合唐制。

1995 年

• 7 月 3 日 ~8 月 23 日，赴德国开始编写《唐睿宗桥陵——考古钻探测绘报告》，回国后继续此项工作，至年底完成，并将打印稿交德方出版社。

• 9 月 26 日 ~10 月 4 日，国家文物局与日本 NHK 电视台合作拍摄《中华五千年》电视片，在姜寨遗址拍摄模拟考古现场，应邀组织、指导现场模拟发掘。

• 11 月，退休。

1996 年

• 8 月，在《中国考古学会第八次年会论文集》（文物出版社出版）发表《榆林地区新石器时代文化遗存》（合著）。

• 10 月，《陕西古代简史》（合著）由陕西人民教育出版社出版。

• 12 月 10 日，被陕西省文物局聘为学术委员会委员。

1997 年

• 1 月 20 日，在《西安晚报》发表《丰富的香港古文化遗存》，获国务院港澳事务办公室征文三等奖。

• 1997 ~2006 年，接省文物局任务编写《陕西文物古迹大观》（1 ~3 册），断续对全省范围内 100 多个县（市、区）的数百项全国重点文物保护单位及省级重点文物保护单位实地调查并核实。三册分别于 1998、2003、2006 年由三秦出版社出版。全书收入国保单位 140 处（171 个文物点）、省保单位 415 处，共 586 篇文稿，约 157 万字，700 张照片、插图和表格。

• 7 月，在《考古与文物》1997 年 4 期发表《近年来陕西史前考古的新收获》。

• 10 月，与中国科学院古脊椎动物与古人类研究所张森水先生考察洛南花石浪龙牙洞旧石器洞穴遗址。

1998 年

• 4 月，在《“迎接二十一世纪的中国考古学”国际学术讨论会论文集》（科学出版社出版）发表《考古研究与现代科学技术》（合著）。

• 8 月、9 月，先后两次分别带领北京大学博士生沈睿文，硕士生范淑英和陕西历史博物馆谢伟、张群喜调查关中唐十八陵。

• 9 月，在《文博》1998 年 5 期发表《唐永康陵调查记》。

1999 年

• 1 月，在《文博》1999 年 1 期发表《唐献陵踏查记》。

• 2 月 20 日 ~4 月 16 日，赴德国美茵兹编写《唐玄宗泰陵、宪宗景陵、穆宗光陵调查、勘探、测绘报告》。

• 9 月 25 ~27 日，带领伦敦大学博士生刘昭慧调查富平唐中宗定陵、三原唐高祖献陵及蒲城唐睿宗桥陵、玄宗泰陵、宪宗景陵、穆宗光陵。

• 9 月，在《中华人民共和国重大考古发现 1949—1999》（文物出版社出版）发表《半坡与姜寨遗址》。

2001 年

• 10 月，在《中原文物》2001 年 5 期发表《从考古资料看仰韶文化的社会组织及社会发展阶段》。

• 11 月 4 ~6 日，参加在河南省渑池县召开的“仰韶文化发现 80 周年纪念大会”。

2002 年

• 4 月，在德国美茵兹出版《唐睿宗桥陵——考古钻探测绘报告》。

• 5 月 10 ~12 日，参加在西北大学召开的“陕西地区商周文化研讨会”。

• 9 月 15 ~17 日，参加在山东省济南市召开的“第三届中国环境考古学大会”。

• 10 月，撰写的“20 世纪中国文物考古发现与研究丛书”之一《仰韶文化》由文物出版社出版。

2003 年

• 5 月，在《文博》2003 年 3 期发表《唐章陵调查简报》。

• 10 月 21 ~24 日，参加在陕西省西安市召开的“汉唐陵墓制度”国际学术研讨会。

• 11 月 10 日，应唐昭陵考古队王小蒙之邀，与石兴邦先生、禚振西女士赴礼泉县查看昭陵北司马门遗址发掘情况。

• 11 月，在《中国史前考古学研究——祝贺石兴邦先生考古半世纪暨八秩华诞论文集》（三秦出版社出版）发表《论仰韶文化居民的埋葬制度》。

• 11 月 27 ~28 日，与王小庆赴大荔县黄河沿岸调查旧石器遗址。

2004 年

• 9 月 1 日和 9 月 16 日，在调查陕西省重点文物保护单位之时，详细踏查靖边县五庄果墚遗址及佳县石摞摞山龙山时代石砌城墙遗址。

• 10 月 17 日，赴岐山县周公庙遗址参加西周高等级墓葬发掘典礼，同时比较详细地观察了整个遗址及墓地的情况。

• 10 月 22 日，赴西安东郊观察隋灞桥被河水新冲出的 11 座桥墩。

• 12 月，《蓝田猿人遗址》、《轩辕黄帝陵》等三十七篇介绍性文章被收入《全国重点文物保护单位》编辑委员会编《全国重点文物保护单位（第一批至第五批）》（全三卷），由文物出版社出版。

2005 年

• 10 月 17 日，在临潼姜寨遗址接受韩国电视台现场采访。

• 12 月 21 日，临潼区文物局正副局长姚华山、董虎力及姜寨遗址保护规划小组办公室主任王崇安等同志来访，征求对姜寨保护规划的意见。

• 12 月 28 日，赴北京参加由国家文物局文保司主持的“姜寨遗址保护规划论证会”，参加会议的有徐苹芳、严文明、徐光冀及十多位文物局相关司、处干部。

2006 年

• 3 月 20 日，接受《新京报》采访，28 日该报发表《姜寨遗址发掘主持者讲述古遗址建筑特点——巩启明 11 次发掘姜寨遗址》。

• 4 月 4～10 日，赴蒲城县参加中央电视台《走遍中国・走进蒲城》摄制活动，演示考古调查情况现场等，拍摄唐睿宗桥陵玄宫、墓道、神道石刻、陵园门阙。

2007 年

• 4 月，应西北大学文博学院之邀，为其审查四篇博士论文。

2008 年

• 4 月，为庆祝陕西省考古研究所建所 50 周年撰写《对 1984 年陕西省考古研究所归属陕西省文化文物厅的回忆》一文，文章发表于 2008 年 9 月 26 日《中国文物报》。

2009 年

• 4 月，参观正在发掘的蓝田新街仰韶文化晚期遗址。

• 6 月，参观正在发掘的唐玄宗泰陵东神门遗址。

• 9 月，考察高陵县杨官寨遗址发掘的环壕情况。

2010 年

• 2 月，在《中国文化遗产》2010 年 1 期发表《姜寨遗址发掘回望》。

• 5 月 17 日，将已完成的《唐泰陵景陵与光陵——考古调查勘探测绘报告》书稿发给德国美茵兹博物馆，由他们翻译、编辑出版。

• 8 月 6 日，与张建林一起赴蒲城县查看景陵下宫遗址的发掘情况，遗址破坏比较严重。

• 12 月，在《三秦 60 周年重大考古亲历记》（三秦出版社出版）一书中发表《恢弘的史前聚落——临潼姜寨遗址发掘记》。

2011 年

• 8 月，参观西汉大司马卫将军张安世家族墓园的发掘情况。

2012 年

• 6 月，与周昆叔赴高陵县杨官寨遗址及其附近进行环境考古调查。

• 9 月 15～16 日，参加在甘肃省兰州市兰州大学召开的"第五届环境考古学大会"，荣获中国第四纪科学研究会环境考古专业委员会颁发的"环境考古杰出贡献奖"奖杯和奖状。

• 12 月，在《考古学研究（十）——庆祝李仰松先生八十寿辰论文集》（科学出版社出版）发表《华北新石器早期文化遗存的发现及相关问题的探讨》。

2013 年

• 6 月 28 日，参加"纪念半坡遗址发掘 60 周年暨石兴邦先生 90 华诞"研讨会，会上发表了《华南新石器时代早期文化遗存的发现及相关问题的探讨》和《略论仰韶文化彩陶的源流及其对周边诸史前文化彩陶的影响》两篇论文。

编后记

本文集共收录巩启明先生史前考古研究的论文、文章共30篇，可分为“中国新石器时代考古研究”、“陕西石器时代考古研究”和“半坡与姜寨遗址研究”三个专题。本文集的编辑出版承蒙文物出版社的大力支持，特别是总编辑葛承雍先生的热情策划；陕西省考古研究院领导和同志们的关怀和支持，特别是院长王炜林、副院长孙周勇先生给予的诚挚关照和积极襄助，在此对他们表示衷心的感谢！文集中收录的文章时间跨度达三十多年，有的发表在期刊上，有的发表在论文集中，不一而足。在资料收集、校勘核对、统一体例、规范整修线图、配发照片等等方面都遇到不少困难。在此期间得到了朋友、同事及家人的鼎力相助与无私支援，在文集出版之际，特别感谢李淼、王小庆、巩昭宇、赵海涛、王怡然先生，史檬媛、孙秀丽、郭继艳、程新华、马利清女士在诸多方面提供的帮助；感谢丁小雷先生提供的英文翻译。

由于时间紧迫，难免有错疏不周之处，还请批评指正。

巩　文

2015年6月